Juden
unterm
Haken-
kreuz

Juden unterm Hakenkreuz

Verfolgung und Ausrottung der deutschen Juden 1933–1945

Klaus Drobisch
Rudi Goguel
Werner Müller
unter Mitwirkung
von Horst Dohle

Röderberg-Verlag G. m. b. H.
Frankfurt (Main) 1973

Die Autoren danken Helmut Eschwege
für Anregung und Vorarbeiten zu diesem Buch

ISBN Nr. 3876825113
1973

Lizenzausgabe mit Genehmigung des
VEB Deutscher Verlag der Wissenschaften, Berlin,
für Röderberg-Verlag GmbH, Frankfurt a. M.
Umschlag: Peter Schulz, Berlin
Gesamtherstellung: Offizin Andersen Nexö, Graphischer Großbetrieb, Leipzig III/18/38-5
Printed in the German Democratic Republic

Inhalt

Einleitung

Zur Entwicklung des Antisemitismus von der Reichsgründung bis zur Machtübertragung an den Faschismus in Deutschland

1. Die Funktion des Antisemitismus im imperialistischen Herrschaftssystem

„So ist für sie die Judenverfolgung besonders deswegen so ärgerlich, weil sie eine ganz ‚überflüssige' Ausschreitung scheint. Es rangiert für sie so etwas unter den Äußerlichkeiten, den nicht zur Sache gehörenden Dingen. Man muß keineswegs annehmen, daß die Chamberlains in solchen Dingen wie den Pogromen tatsächlich echte Ausbrüche der elementaren Bestialität des Faschismus sehen, die man dem eigenen Volk verheimlichen muß, damit man sich mit der Bestie an den Verhandlungstisch setzen kann, der immer ein Eßtisch ist. Sie haben den Eindruck, daß Pogrome für den Kapitalismus nicht lebensnotwendig sind, also unterbleiben können. Sie haben nichts begriffen von der Methode des Faschismus, den Klassenkampf in Rassenkämpfe zu verwandeln. Sie selber brauchen ihre eigenen Klassenkämpfe noch nicht zu verwandeln. Sie können noch Parlamente haben, da sie noch die Mehrheit in den Parlamenten haben."[1]

Der Schreiber dieser Zeilen ist Bertolt Brecht. „Sie", das sind die englischen Konservativen, die „Münchener" vom Schlage eines Neville Chamberlain, die den Nazis die Judenverfolgung als „Schönheitsfehler" vorwerfen. Wir haben Brechts treffende Bemerkungen an den Anfang gestellt, weil sie das entscheidende Anliegen dieses Buches berühren: Die Manipulierung der Klassenkämpfe zu Rassenkämpfen durch die moderne imperialistische Ideologie und Massenpsychologie.

Als nach dem Machtantritt der Faschisten in Deutschland 1933 eine stetig steigende Welle antisemitischer Ausschreitungen, eine Flut von Terrorakten gegen die jüdische Bevölkerung in Deutschland einsetzte, hat mancher in Deutschland selbst, der Betroffenen wie der Passiven, und auch das westliche Ausland den eigentlichen Sinn der Vorgänge nur ungenügend verstanden. Man findet auch heute noch in der einschlägigen Literatur zu diesem düstersten und blutigsten Kapitel deutscher Geschichte Ansichten wie die, es sei dies alles plötzlich vom Himmel gefallen, als Folge der antisemitischen Besessenheit einer zufällig an die Macht gelangten Pogrompartei der äußersten nationalistischen Rechten.

Eine Reihe von Autoren verweisen andererseits auf die zahlreichen geistigen Ahnen dieses Antisemitismus in Deutschland selbst, der sich bis ins Mittelalter zurückverfolgen läßt. Diese Autoren übersehen, daß auch in vielen anderen europäischen Ländern der Antisemitismus eine Tradition hat, insofern die dortigen gesellschaftlichen Verhältnisse ihn prinzipiell mit der gleichen Konsequenz hervorbrachten wie in Deutschland. Die Faschisten leiteten aus diesem Tatbestand eine Kontinuität elementaren Judenhasses unter den Massen ab. So wollten sie ihre in der berüchtigten „Endlösung" – in der physischen Vernichtung einer ganzen Bevölkerungsgruppe – gipfelnde Ausrottungspolitik gleichsam „historisch" rechtfertigen.

Beide Versionen aber gehen an dem Kern der einleitend zitierten Brecht-Worte vorbei: Die Rolle des Antisemitismus für die Verfälschung der Klassenkämpfe in Rassenkämpfe.

Diese Verfälschung war alles andere als eine Erfindung der Hitlerfaschisten. Sie reicht in der Tat zurück in das letzte Drittel des 19. Jahrhunderts, da die herrschenden Klassen in den entwickelten kapitalistischen Ländern Europas angesichts des Wachstums der Arbeiterklasse pseudowissenschaftliche „Rassenlehren" in das ideologische Arsenal zur Beherrschung und Irreführung der Massen aufnahmen. Der Anspruch zum Imperialismus übergehender Großmächte, die Welt zu beherrschen, immer mehr Gebiete des Erdballs unter ihre eigene Botmäßigkeit zu bringen, erheischte Theorien, die diese Raubvorhaben in den Augen der anderen Völker wie des eigenen Volkes zu rechtfertigen geeignet waren. Zu diesen Theorien gehörte die „Rassenlehre", die Lehre von der Höherwertigkeit des einen Volkes über andere, darum zu unterdrückende, auf ein niedereres Niveau beschränkte Völker oder Gesellschaftsgruppen.

Die Theoretiker des Rassismus beschränkten sich jedoch keineswegs darauf, jene Völker und Menschengruppen zu diffamieren, über die sie ihre Kolonialherrschaft errichtet hatten (Neger, Mongolen, Indianer) oder deren Unterjochung sie beabsichtigten, sondern sie richteten von Anfang an zugleich ihr Augenmerk auf eine Gruppe im eigenen Volk, für die sichtbare rassische Unterscheidungsmerkmale überhaupt nicht existierten und denen eine kulturelle Minderwertigkeit nicht nachzuweisen war: die Juden.

Dafür, daß der Antisemitismus zum Kernstück des Rassismus wurde und daß die Juden auf die unterste Stufe der diffamierten „fremden Rassen" verbannt wurden, bestanden verschiedene Motive ökonomischer, politischer, sozialer und ideologischer Art.

Erstens. Die Emanzipation hatte zum sozialen Aufstieg vieler Juden geführt, die sowohl in der kapitalistischen Wirtschaft als auch in Wissenschaft, Literatur und Kunst führende Positionen erobern konnten. Das Bestreben der traditionell führenden Gruppen in Industrie, Handel und Bankwesen, die lästigen Mitbewerber um die Macht im Staat zurückzudrängen oder gänzlich auszuschalten, war zweifellos eine Haupttriebkraft des modernen Antisemitismus. Um dieses Ziel zu erreichen, bedienten sie sich auch weitgehend einer pseudorevolutionären Demagogie, wobei sie allerdings stets besorgt waren, daß sich antikapitalistische Tendenzen nur gegen jüdische Kapitalisten richteten, ohne die Grundlagen der kapitalistischen Gesellschaftsordnung anzutasten.

Zweitens. Die jüdische Intelligenz, die – von den Fesseln der Ghetto-Vergangenheit befreit – in steigendem Maße das geistige und politische Leben der Gesellschaft mitgestaltete, sah sich auf Schritt und Tritt durch den gesellschaftlichen Boykott reaktionärer Kreise, durch einen ungeschriebenen Numerus clausus in ihrer Bewegungsfreiheit eingeengt. Die natürliche Reaktion war, daß viele jüdische Intellektuelle – Schriftsteller, Journalisten, Wissenschaftler, Künstler, Rechtsanwälte und Ärzte – sich zu liberalen und progressiven Ideen bekannten. Sie stellten ein bedeutendes Kontingent führender Funktionäre in linksbürgerlichen Parteien und in der Arbeiterbewegung. Indem die Antisemiten ihr Feuer gegen die jüdischen Intellektuellen richteten, versuchten sie, die revolutionäre Arbeiterbewegung wie auch alle fortschrittlichen bürgerlichen Tendenzen generell zu diffamieren und zu verleumden.

Drittens. Wenngleich der moderne Antisemitismus überwiegend rassistisch motiviert wurde, kamen ihm doch bestimmte religiöse Traditionen in der Bevölkerung entgegen. Hier wirkte sich die durch die Jahrhunderte betriebene judenfeindliche Haltung der christlichen Kirchen aus, die auch die Periode der Aufklärung und der Emanzipation vor allem in kleinbürgerlichen und bäuerlichen Schichten unterschwellig überdauert hatte. Andererseits hatte die leidvolle Geschichte der Juden seit ihrer Austreibung aus Palästina durch die Römer, die lebendige Erinnerung an fürchterliche Pogrome und an die Isolierung im mittelalterlichen Ghetto das Antlitz dieser Gruppe geprägt. Das kam insbesondere in einem starren Festhalten an jüdischen Überlieferungen zum Ausdruck, sei es im religiösen Bereich, sei es in spezifischen Lebensgewohnheiten und in einer bestimmten Form des Gruppenzusammenhalts über die nationalen Grenzen hinaus. So war die „Andersartigkeit" vieler Juden, namentlich der orthodoxen „Ostjuden", eine bevorzugte Zielscheibe für antisemitische Demagogen, um in der nichtjüdischen Bevölkerung eine latente aggressive Feindseligkeit, zum mindesten aber Abwehrbereitschaft oder Reserviertheit gegen die jüdische Gruppe zu verbreiten. Es muß allerdings festgestellt werden, daß im Zuge der Emanzipation der Prozeß der Anpassung an das gesellschaftliche Milieu vor allem im nicht-orthodoxen jüdischen Bürgertum bereits vor dem ersten Weltkrieg erhebliche Fortschritte gemacht hatte.

Viertens. Schließlich war der Antisemitismus – wiederum historisch bedingt – nicht auf einen nationalen Bereich beschränkt, sondern er grassierte in fast allen europäischen und zum Teil auch in außereuropäischen Ländern, deren herrschende Ideologie christlich oder auch moslemisch geprägt war, wie ein fressendes Krebsgeschwür. Besonders stark war er in Ost- und Südosteuropa sowie in der Donaumonarchie, schwächer in Westeuropa vertreten, hatte aber auch in den Vereinigten Staaten zahlreiche Anhänger. So fand der Antisemitismus, von den Zentren in Rußland und Österreich-Ungarn ausgehend, immer wieder neue Impulse, und der Kampf gegen ihn glich dem Kampf gegen eine Hydra: War ihr in einem Lande der Kopf durch energische Gegenmaßnahmen abgeschlagen, so erhob sie ihr Haupt in einem anderen Lande – meist ohne äußere erkennbare Motive. Dies erweisen die antijüdischen Kampagnen im Zusammenhang mit angeblichen jüdischen Ritualmorden und anderen unsinnigen Anschuldigungen in Rußland (Ukraine 1881/82), Ungarn (Tisza-Eszlar 1882), Deutschland (Xanten 1891), wiederum Rußland (1891), Frankreich (Dreyfus-Affäre 1896), Rußland (Kishinew 1903) und wiederum Deutschland (Konitz 1908). Nur wenige europäische Länder erwiesen sich als einigermaßen immun gegen den Import antisemitischer Verseuchung, beispielsweise Skandinavien oder Großbritannien.

Diesen Hintergrund gilt es im Auge zu behalten, wenn wir uns anschicken, die Wurzeln des modernen oder – im Gegensatz zum religiös begründeten Antisemitismus – politischen Antisemitismus in Deutschland[2] aufzudecken, um die grauenvolle Phase, die mit dem hitlerfaschistischen Jahrzwölft für die Juden in Deutschland wie im überwiegenden Teil Europas hereinbrach, zu begreifen.

Wir beginnen diese Darstellung, die keinen anderen Anspruch als den eines einführenden Überblicks erhebt, mit der Reichsgründung „von oben her" im Jahre 1871, die in mehrfacher Hinsicht einen Einschnitt in der neueren deutschen Geschichte darstellt.

2. Die Erscheinungsformen des modernen Antisemitismus

„Alle noch bestehenden, aus der Verschiedenheit des religiösen Bekenntnisses hergeleiteten Beschränkungen der bürgerlichen und staatsbürgerlichen Rechte werden hierdurch aufgehoben. Insbesondere soll die Befähigung zur Teilnahme an der Gemeinde- und Landesvertretung und zur Bekleidung öffentlicher Ämter vom religiösen Bekenntnis unabhängig sein."[3]

Mit diesem Gesetz für die Gebiete des Norddeutschen Bundes vom 3. Juli 1869, erlassen vom preußischen König und gegengezeichnet von Bismarck, war auch für die deutschen Juden jener Länder die juristische und formelle Gleichberechtigung verkündigt worden. Baden und Württemberg waren schon 1862 und 1864 vorangegangen, und Bayern übernahm das obige Gesetz nach seinem Beitritt zum Norddeutschen Bund während des Krieges von 1870/71. Mit diesem Akt endete das seit der Französischen Revolution 1789 und unter dem Einfluß der napoleonischen Herrschaft in wachsendem Maße geführte Ringen um die Emanzipation und bürgerliche Gleichstellung der jüdischen Minderheit in Deutschland. Damit wurde gleichsam nachträglich der bereits 1808 und 1812 von Stein und von Hardenberg eingeleitete Emanzipationsprozeß der deutschen Juden legitimiert. So erschien diese Frage und die der Gewerbefreiheit angesichts der fortgeschrittenen kapitalistischen Entwicklung in Deutschland längst fällig, „im ganzen in liberaler Weise, durch Gesetze geordnet", wie Friedrich Engels sich ausdrückte.[4]

Doch muß man – nicht nur im Lichte der späteren Entwicklung – dem US-Historiker Paul W. Massing zustimmen, der in seiner bemerkenswerten Arbeit über die Vorgeschichte des politischen Antisemitismus zu der Feststellung kommt, die Emanzipation habe, „da sie nicht das Resultat einer revolutionären Veränderung gewesen war, den Charakter eines Gnadenaktes" gehabt.[5]

In Preußen, dem größten Gliedstaat des Deutschen Reiches 1871, blieben jüdische Bewerber – im Widerspruch zu der einleitend zitierten Gesetzesbestimmung – weiterhin von der Beamtenlaufbahn, von geringfügigen Ausnahmen abgesehen, vor allem aber vom aktiven Armeedienst ausgeschlossen. Auch ist bezeichnend, daß die Emanzipationsbestimmung nicht Bestandteil der Verfassung des Deutschen Reiches selbst war, sondern gleichsam nur Anhängsel.

Es offenbarte sich sehr bald, wie unsicher es um die rechtliche Gleichstellung gerade der jüdischen Bürger in Deutschland stand. Die umfassende Wirtschaftskrise von 1873 verursachte in dem von der Hektik der „Gründerjahre" erfüllten Deutschland den berüchtigten „Gründerkrach", der nicht allein viele neureiche Spekulanten ruinierte. Handwerker, Gewerbetreibende, Angehörige des Mittelstandes im weitesten Sinne wurden in dessen Auswirkungen einbezogen. Zum ersten Male, nachdem die nationale Frage im bürgerlichen Sinne gelöst worden war, wenn auch durch die „Revolution von oben", zeigte es sich in Deutschland, daß die Widersprüche des Kapitalismus nach wie vor existierten, ja daß sie sich zugespitzt hatten. Das Wesen dieser Erscheinung blieb den betroffenen Kreisen freilich unbekannt. So griffen sie gierig nach Erklärungen für ihre Lage, die bereitwilligst angeboten wurden. Die sich schnell entwickelnde Massenbasis des im folgenden dargestellten antisemitischen Ideengutes erfolgte in jenen sozialen Mittelschichten, die der stürmischen kapitalistischen Entwicklung ökonomisch nicht gewachsen waren, die niederkonkurriert und „aus dem Rennen geworfen" wurden. Jene sozialen Schwebeschichten, deren größte Angst in der Proletarisierung und deren größte Hoffnung im ökonomischen Aufstieg in die Bourgeoisie lag, waren der Nährboden antisemitischer Argumente. Indem ihnen der Antisemitismus wenigstens im geistigen Bereich ein Bewußtsein angeblicher Überlegenheit gab, wurde er zu ihrer Ideologie. Er gab ihnen das Bewußtsein, daß auf der sozialen Stufenleiter noch jemand unter ihnen stand, obwohl sich ihre lautstarke antisemitische Radikalität im umgekehrten Verhältnis zu ihrer tatsächlichen ökonomischen Lage verhielt.

1879 erschien die Schrift von Wilhelm Marr (1819–1904) „Der Sieg des Judentums über das Germanentum"[6], die schon im Titel eine neue Qualität im Vergleich zu früheren Hetzkampagnen gegen jüdische Menschen anklingen ließ. Marr distanzierte sich ausdrücklich von Angriffen auf die jüdische Religion, enthielt sich scheinbar objektiv gehässiger Anwürfe gegen die Juden wegen schlechter Eigenschaften; im Gegenteil, er lobte die „staunenswerte Zähigkeit und Ausdauer" der Juden.[7] Dafür tischte er eine ganz neue Variante auf, die später bei den Hitlerfaschisten wie bei allen antisemitischen Publizisten der folgenden Zeit Nachahmung fand: das Märchen von der „Weltmacht" der Juden. Sie seien im 19. Jahrhundert „die erste Großmacht des Abendlandes in der Gesellschaft" geworden und auf dem Sprunge, „heute der socialpolitische Diktator Deutschlands" zu werden, „ohne Schwertstreich, im Gegenteil, politisch verfolgt durch Jahrhunderte hindurch." Aus dieser Vitalität läßt Marr die Juden als furchtbarste Gegner der Germanen auftreten, für die es schon fast zu spät sei, sich gegen die „Verjudung der Gesellschaft" aufzulehnen.[8]

Die aktuell-konkrete Begleitmusik zu dieser Theorie lieferte in etwas platterer Form die weitverbreitete „Gartenlaube" mit einer Artikelserie, die später auch in Buchform herauskam. Sie stammte aus der Feder des Journalisten Otto Glagau und trug den Titel „Der Börsen- und Gründungsschwindel in Berlin". Auch Glagau, ähnlich wie Marr von persönlichen Motiven getrieben, attackierte den liberalen Kapitalismus, unter dem sich ein „tüchtiger und behäbiger Handwerkerstand nicht behaupten könne, er wird von der Großindustrie erbarmungslos verdrängt". Dabei charakterisierte Glagau die Juden als die Verkörperung dieser liberalen kapitalistischen Entwicklung. „Das Judenthum treibt beständig, in den verschiedensten Formen – Gründerei und Jobberei. Als ein fremder Stamm steht es dem Deutschen Volke gegenüber und saugt ihm das Mark aus. *Die sociale Frage ist wesentlich Judenfrage*, alles Übrige ist Schwindel!"[9]

Wenige Jahre danach gesellte sich zu Marr und Glagau, im Strome der antisemitischen Modewelle mitschwimmend, auch Eugen Dühring (1833–1921) gegen dessen pseudowissenschaftliche Theorien Friedrich Engels in seinem „Antidühring" glänzend polemisierte. Dühring publizierte eine Schrift „Die

Judenfrage als Frage der Racenschädlichkeit für Existenz, Sitte und Kultur der Völker", die u. a. folgende zentrale These verbreitet, wie immer bei Dühring ebenso anmaßend wie „grundsätzlich": „Die jüdische Rasse hat ihre Eigenschaften in markiertestem Gegensatz zum übrigen Menschengeschlecht ausgebildet. Die Einimpfung der Eigenschaften der Judenrasse in die Völker ist die äußerste Gefahr für deren Charakter. Die eigentliche Ursache aber, welche die tiefste Geringschätzung und Verachtung der Judenrasse begründet und motiviert, ist deren absolute Inferiorität betreffs aller höherwertigen Geistesanlagen. Wo sie sich mit der Wissenschaft abgeben, hat das stets nur einen geschäftlichen Zweck gehabt. Treue, Achtung vor dem Großen und alles Edle überhaupt ist den Juden fremd. Die jüdische Rasse ist verderbt und inferior." [10]

Ferner wäre als einer der geistigen Väter des modernen Antisemitismus der Orientalist Paul de Lagarde (eigentlich Paul Bötticher, 1827–1891) zu nennen, dem die deutschen Faschisten später bescheinigten, er entwickele in seinen „Deutschen Schriften" (1886) das „heldische Bild eines freien deutschen Menschen, der sein Leben und Handeln für Volk und Heimat aus der Tiefe einer neuen völkisch bedingten Religion speiste".[11]

Lagarde gibt dieser „völkischen Religion" eine offen antisemitische Wendung mit Tiraden wie der folgenden: „Es gehört ein Herz von der Härte der Krokodilhaut dazu, um mit den armen ausgesogenen Deutschen nicht Mitleid zu empfinden und – was dasselbe ist – um die Juden nicht zu hassen, um diejenigen nicht zu hassen und zu verachten, die aus ‚Humanität' diesen Juden das Wort reden oder die zu feige sind, das Ungeziefer zu zertreten. Mit Trichinen und Bazillen wird nicht verhandelt, Trichinen und Bazillen werden auch nicht ‚erzogen', sie werden so rasch und so gründlich wie möglich unschädlich gemacht." [12]

Trotz aller Unterschiede und Widersprüche im einzelnen weisen die antisemitischen Schriften der Marr, Glagau, Dühring und Lagarde eine gemeinsame Komponente auf: die mehr oder weniger offene rassistische Begründung und Rechtfertigung des Antisemitismus, die von nun an zum Bestandteil der imperialistischen Ideologie in Deutschland wurde. Der Antisemitismus, so zeigte sich bereits in jener ersten antisemitischen Welle der siebziger Jahre in Deutschland sehr deutlich, „wurde im 19. Jahrhundert Ideologie zunächst der junkerlichen, dann junkerlich-bourgeoisen Reaktion im Kampf gegen demokratische und liberale Bestrebungen, gegen Ende des Jahrhunderts zur Demagogie gegen die sozialistische Arbeiterbewegung", wie Wolfgang Heise in einer diesen Zusammenhängen gewidmeten Studie feststellte. An anderer Stelle weist der Autor darauf hin, daß die antidemokratische Stoßrichtung des Antisemitismus seit der zweiten Hälfte des 19. Jahrhunderts untrennbar mit seinem antikommunistischen Charakter verbunden ist.[13]

Wer aber waren die geistigen Väter jener Ideen, zu deren Verkünder sich die schon genannten antisemitischen Schreier und andere ihrer Couleur willig gemacht hatten?

Die Grundlagen des Rassismus hatte bereits in den fünfziger Jahren der französische Literat Graf Gobineau (1816–1882) gelegt, dessen umfangreiches Buch über „Die Ungleichheit der Menschenrassen" einen Hymnus auf die überlegenen Eigenschaften der „arischen", d. h. der weißen Rassen gegenüber den schwarzen und gelben anstimmte. Gobineau – wie Lagarde ebenfalls Orientalist – billigte lediglich der weißen Rasse eine Geschichte zu, sie allein war für ihn Triebkraft der menschlichen Entwicklung von Anfang an, eine Behauptung, die zum festen Bestand insbesondere des modernen Antisemitismus wurde. Gobineau handelt in seinem Opus lang und breit ab, „daß da, wo nur die schwarzen Rassen einander bekämpften oder wo die gelben Rassen sich innerhalb ihres eigenen Kreises bewegten, oder auch da, wo schwarze und gelbe Mischungen miteinander im Streite lagen, Geschichte nicht möglich ist. Diese Kämpfe waren im wesentlichen unfruchtbar, wie die ethischen Triebkräfte, die sie hervorriefen. Sie haben aber nichts geschaffen, und keine Erinnerung an sie ist zurückgeblieben ... Geschichte ergibt sich nur aus der gegenseitigen Berührung weißer Rassen."[14]

Es liegt auf der Hand, welche idealen Möglichkeiten sich für die kolonialistische Politik des Spätkapitalismus aus einer solchen ideologischen Begründung ergaben. Die Bourgeoisie, die im 18. Jahrhundert unter der Losung des Naturrechtes, den Losungen von „Freiheit, Gleichheit und Brüderlichkeit" als Beglückerin des Menschengeschlechts angetreten war, nahm mit solcherlei Gedanken alle ihre Jugendillusionen selbst zurück und behauptete nun, gerade die Ungleichheit der Menschenrassen sei das Gesetzmäßige in der Geschichte, ein unveränderbares Axiom.

Die Gedanken Gobineaus fanden ihre Ergänzung durch August Julius Langbehn (1851–1907), der unter dem bescheidenen Pseudonym „Ein Deutscher" das reichlich unsystematische Buch „Rembrandt als Erzieher" verfaßte, „eine scharfe Waffe gegen die einseitige Herrschaft von Verstand und Eigennutz für eine aus deutschen Gemütstiefen wachsende gemeinschaftsfrohe und rassenbewußte Lebenshaltung", wie das schon zitierte Literaturlehrbuch der faschistischen höheren Schulen schwülstig formulierte.[15]

Langbehns Schrift, die unter alldeutscher und chauvinistischer Förderung zweifellos viel dazu beigetragen hat, insbesondere unter deutschen Lehrern den Geist des Rassismus zu verbreiten, konzentrierte sich auf mystische Werte der „deutschen Seele" und des „deutschen Geistes". Sie enthielt jedoch den interessanten und weite Perspektiven öffnenden Satz: „Eine Ahnenprobe, zwar nicht auf rein deutsches Blut, aber auf rein deutsche Gesinnung hin angestellt, wäre so übel nicht. Die Fortschrittspartei dürfte sie, bezüglich der letzten Generationen, nur schlecht bestehen; sie hat zuviel fremdes politisches Blut in sich."[16] Dieser Aphorismus war, wie der zweite Satz zeigt, ausdrücklich auf alle Demokraten, alle „Undeutschen", also auch auf die Juden bezogen. Doch Langbehn tat noch nicht den letzten Schritt zu jener rassistischen Maßlosigkeit, die sich als so brauchbares und leicht manipulierbares Werkzeug der Herrschenden erweisen sollte. Dieser Schritt, gleichsam über Gobineau hinaus, war dem Engländer oder auch „Wahldeutschen" Houston Stewart Chamberlain (1855–1927), dem Schwiegersohn Richard Wagners, vorbehalten.

In den berüchtigten „Grundlagen des 19. Jahrhunderts", von deren krausen Gedankengängen später die Ideologen der Hitlerpartei lange zehren konnten, ohne sich selbst sonderlich in geistige Unkosten stürzen zu müssen, erklärte Chamberlain unumwunden die Deutschen als den eigentlichen Gipfel der menschlichen Entwicklung. Was bei Gobineau noch die „weißen Rassen" schlechthin sind, das wird bei Chamberlain zu dem außerordentlich verschwommenen Begriff „Germanentum". Die Theorie der Menschheit steht bei Chamberlain „jeder richtigen Einsicht in die Geschichte ... im Wege". Sie muß „wie Unkraut mühsam ausgejätet werden ..., ehe man mit Hoffnung auf Verständnis die evidente Wahrheit aussprechen darf: Unsere heutige Zivilisation und Kultur ist spezifisch germanisch, sie ist ausschließlich das Werk des Germanentums."[17]

Diesem manischen Anspruch auf die Geschichte folgt die Drohung gegen das „Artfremde". „Was an ihr (der Kultur – d. Verf.) nicht germanisch ist ... ist Krankheitsstoff ..., oder es ist fremde Ware, segelnd unter germanischer Flagge ... solange segelnd, bis wir diese Kaperschiffe in den Grund bohren."[18]

Solche Schriften prägten in Deutschland den modernen Rassismus, der sich vor allem bei Chamberlain auf Darwin beruft, ohne dessen Entwicklungslehre anzuerkennen. Dieser „Sozialdarwinismus" übertrug Darwins Erkenntnisse aus dem Gebiet der exakten Naturwissenschaften schematisch auf das Gebiet der menschlichen Gesellschaft. Er lieferte die „wissenschaftliche" Verkleidung für den modernen Antisemitismus, der die alten, religiös verbrämten Argumente gegen „die Juden" ersetzte. Es versteht sich, daß diese „Wissenschaftlichkeit" immer mehr Zuflucht zu Mythen nehmen mußte, da solche Behauptungen wie die von der „Inferiorität" anderer Rassen, von der prinzipiellen Ungleichheit der Menschen naturgemäß letztlich wissenschaftlich unbeweisbar blieben.

Einen besonderen Akzent erhielt der moderne Antisemitismus schließlich noch durch eine Gruppe Nationalliberaler, deren bedeutendster Vertreter der Historiker Heinrich von Treitschke (1834–1896) war. Dieser bekannte sich zwar zu der vollzogenen Emanzipation der Juden, forderte aber gleichzeitig, daß sich die Juden die Gleichberechtigung verdienen, daß sie den Nachweis ihrer Würdigkeit erbringen müßten. Die Judenhetze erklärt er als „natürliche Reaktion des germanischen Volksgefühls gegen ein fremdes Element" und charakterisierte die öffentliche Meinung mit dem lapidaren, berühmt gewordenen Satz:

„Die Juden sind unser Unglück", solchermaßen den antisemitischen Hetzern goldene Brücken bauend.[19]

Bezeichnenderweise hatten die sozialdarwinistischen pseudowissenschaftlichen Theorien der Gobineau, Chamberlain, Marr, Dühring und ihrer Nachbeter eine Neubelebung des religiösen Antisemitismus zur Folge, der auf die ihm gemäße Weise den Chor der Judenhetzer verstärkte. Es war der Professor der Theologie der Universität Münster August Rohling, der 1871 mit seinem Pamphlet „Der Talmudjude"[20] die Berechtigung der unsinnigen Ritualmordbeschuldigungen gegen die Juden aufs neue – diesmal aus dem Talmud – nachzuweisen suchte. Hier handelte es sich – wie ihm alsbald von dem Leipziger Theologen Franz Delitzsch nachgewiesen werden konnte – um plumpe Fälschungen, die Rohling aus einem im Jahre 1700 (!) erschienen Machwerk „Entdecktes Judentum" fast Wort für Wort abgeschrieben hatte. Rohling trat in verschiedenen Ritualmordprozessen als „Sachverständiger" auf, wurde öffentlich des Meineides bezichtigt und verschwand nach einem von ihm gegen seine Widersacher angestrengten, aber erfolglosen Prozeß 1885 unrühmlich in der Versenkung.

Auf der gleichen Ebene bewegte sich der Schriftsteller Theodor Fritsch (1852–1933), der die Juden bezichtigte, eine internationale Geheimgesellschaft zu bilden „mit verborgenen Grundsätzen und Absichten", die in einem Rechtsstaat nicht geduldet werden dürften. Sein Standardwerk „Handbuch der Judenfrage"[21] erschien 1943 in 49. (!) Auflage. Eine ähnlich weite Verbreitung fand der „Judenspiegel" von E. v. Rudolf, den dieser unter dem Pseudonym „Justus" im Jahre 1883 veröffentlichte und der 1933 eine Neuauflage erlebte.[22] Da der religiös motivierte Antisemitismus entsprechend seiner jahrhundertelangen Tradition nur mit plumpen Fälschungen arbeiten konnte, war seine sachliche Widerlegung nicht schwierig. Aber seine demoralisierende Breitenwirkung blieb trotzdem bedeutend und gefährlich, denn er appellierte an die irrationalen Masseninstinkte und kulminierte in der Regel in antijüdischen Exzessen und Pogromen.

3. Antisemitische Parteien und Gruppierungen im Kaiserreich

Aus den Erscheinungsformen antisemitischer Hetze in Deutschland während der drei letzten Jahrzehnte des 19. Jahrhunderts und aus ihrer ideologischen Kontinuität ergibt sich, daß sie nicht mehr „ein gelegentliches, sondern ein organisiertes und andauerndes Ablenkungsmanöver"[23] seitens der herrschenden Klassen war. Auch der Staat selbst handhabte den Antisemitismus, wie sich zeigte, als „brauchbares Werkzeug politischer Taktik".[24]

Wie trefflich manipulierbar dieses Werkzeug war, bewies die Kampagne, die 1874 konservative und katholische Kreise unter dem Banner des Antisemitismus gegen den Reichskanzler Bismarck selbst eröffneten, indem sie ihn des Bundes mit dem „jüdischen Liberalismus" verdächtigten. Dieser Angriff seltsamer Verbündeter, ostelbischer Junker und süddeutscher Katholiken, war momentaner Taktik entsprungen. Die Konservativen wollten einen Druck auf den Kanzler ausüben, die in Ostelbien von jeher verfemte Zusammenarbeit mit den Nationalliberalen und Fortschrittlern aufzugeben. Das Zentrum nahm mit jenen antisemitischen Nadelstichen für den von Bismarck eingeleiteten „Kulturkampf" eine kleine Rache. Doch ebenso schnell wie der Angriff auf den Kanzler aufgeflammt war, verebbte er wieder, verschwand der Antisemitismus aus den politischen Blättern der Konservativen und Katholiken. Bismarck ging unter dem Eindruck der ökonomischen Veränderungen, die sich seit dem Ende der Gründerkrise ergeben hatten, daran, das Bündnis der sechziger Jahre mit der liberalen Bourgeoisie zu lösen. Sozialreform und Schutzzollpolitik waren die Losung. Das hieß aber für den Kanzler, sich wiederum näher an die Konservativen und an das Zentrum anzuschließen, eine Wendung, die Ende der siebziger Jahre vollzogen wurde. Die Grundlagen für diese parteipolitische Konstellation wurden gerade während der heftigen antisemitischen Attacken gegen Bismarck gelegt.

Bismarcks Politik der Sozialreform sollte die revolutionäre Arbeiterbewegung eindämmen, die vor allem seit der Vereinigung von Eisenachern und Lassalleanern auf dem Gothaer Parteitag 1875 stetig anwuchs. Gleichzeitig damit trat eine organisierte christlichsoziale „Reformbewegung" auf, die deutliche Zeichen von Antisemitismus trug. Diese „Reformbewegung" war auf jene Schichten des Mittelstandes orientiert, die bereits seit dem „Gründerkrach" für die antisemitische Agitation anfällig gewesen waren. „Ein evangelischer Pfarrer, Adolf Stoecker", so schreibt Massing, „war der erste, dem es gelang, die vielfältigen Klagen und Hoffnungen dieser Schichten zu kanalisieren. Er gab ihnen einen Namen, ein Ziel und eine politische Organisation."[25] Damit trat zum ersten Male der Antisemitismus politisch organisiert in die Arena. Das Schicksal dieser Antisemitenpartei demonstrierte wiederum überzeugend, daß sie vorwiegend an die Tagesbedürfnisse der herrschenden Klassen gebunden war und keineswegs an „eherne Prinzipien" der immer von neuem beredt vorgetragenen „Weltanschauung". Stoecker (1835–1909) konnte bei seinem Unternehmen die Unterstützung hoher und höchster Kreise für sich buchen, was aus seiner Stellung als Hofprediger resultierte. Dabei zielte die ursprüngliche Agitation der

Christlichsozialen darauf ab, die Arbeiter der revolutionären Bewegung abspenstig zu machen und auf den Weg des „christlichkonservativen Staates" zurückzuführen. Erst als die Christlichsoziale Partei gegenüber den Sozialdemokraten keine nennenswerten Erfolge in den Wahlen zu verzeichnen hatte, begann in wachsendem Maße eine antisemitische Agitation. Christlichsozial wurde gleichbedeutend mit „antijüdisch".

Den Gipfelpunkt der antisemitischen Vorstöße erreichte Stoeckers Partei zweifellos mit einer Petition im Reichstag aus dem Jahre 1880, die 267 000 Unterschriften trug. Sie forderte die Beschränkung der jüdischen Einwanderung, das ausdrückliche Verbot der Beschäftigung von Juden in wichtigen Staatsämtern, Ausschluß von Juden aus dem Lehrerberuf und die Wiedereinführung einer gesonderten Statistik für Juden.

Im Grunde enthielt die Petition Forderungen, die größtenteils in der Praxis schon gang und gäbe waren, trotz formaler Gleichberechtigung für jüdische Bürger. Der preußische Kultusminister von Puttkamer tat ein übriges und verfügte, alle jüdischen Gymnasiallehrer zu entlassen.

Die liberale Bourgeoisie protestierte im Parlament wie auch sonst in der Öffentlichkeit gegen die Petition, ohne dabei einen nennenswerten Effekt zu verbuchen. So stellte sich die Sozialdemokratie, die doch unter den Ausnahmebestimmungen des Sozialistengesetzes arbeiten mußte, als die Kraft heraus, die dieser Attacke auf die Rechte von Mitbürgern den entschiedensten Widerstand entgegensetzte. Mehr und mehr verwandelten sich die Antisemitenversammlungen in Tribünen für die illegale sozialdemokratische Partei, insbesondere in Berlin, auf das sich ja auch die Agitation der Partei Stoeckers besonders konzentrierte.

Vor allem dieser Umstand dürfte es auch gewesen sein, daß Bismarck, erschreckt und von seinem Bankier Bleichröder auf die revolutionären Gefahren der Stoeckerschen Agitation aufmerksam gemacht, erwog, Stoeckers Partei unter Berufung auf das Sozialistengesetz für ungesetzlich zu erklären. Doch gaben die Reichstagswahlen und die Verkündigung des Bismarckschen „Sozialreformprogramms" Stoecker und den Seinen Zulauf und wieder Oberwasser. Die Jahre 1881 bis 1885 waren unzweifelhaft Höhepunkte dieser ersten organisierten antisemitischen Agitation in Deutschland. In diese Zeit fiel auch der erste internationale Antisemiten-Kongreß in Dresden (1882), dem Stoecker präsidierte. Mit der Rückkehr zur Politik der „scharfen Mittel" 1886 im letzten Stadium des Sozialistengesetzes machte sich eine neue parteipolitische Konstellation für Bismarck nötig. Er ging nun zu dem widerspruchsvollen Gebilde des „Kartells" über, das Zentrum, Nationalliberale und Konservative vereinigte. Bei dieser Politik war Stoeckers Bewegung ein Hindernis. Stoecker geriet außerdem persönlich in Ungnade und quittierte, vor die Wahl zwischen politischer Agitation und dem Hofpredigerdienst gestellt, schließlich sein Hofamt.

Aber damit war die Bewegung des Antisemitismus keineswegs beendet. Andere politische Kräfte begannen sich um Stoeckers Argumente zu bemühen, denen die christlich-soziale Haltung des früheren Hofpredigers nicht konservativ genug erschien. Und diese Kräfte waren die Junker, nach wie vor im ostelbischen Preußen die außerordentlich einflußreichen und tragenden Kräfte der Gesellschaft.

Außerdem waren Ende der achtziger Jahre jene Gruppen von Radauantisemiten, die im Sinne von Wilhelm Marr und Otto Glagau allein mit den Argumenten des Judenhasses arbeiteten, immer einflußreicher geworden und hatten die Stoeckersche Bewegung in den neunziger Jahren ebenso überholt wie die antisemitische Demagogie der Konservativen.

Als die Konservativen auf ihrem ersten Parteitag auch über ein neues Programm berieten, wurde eine den Antisemitismus milde verurteilende Formulierung aus dem Programm herausgenommen. Graf Otto von Manteuffel, einer der Führer der Konservativen, begründete das folgendermaßen: „Die Judenfrage war nicht zu vermeiden, wollten wir nicht den demagogischen Antisemiten den vollen Wind überlassen, mit dem sie einfach an uns vorbeigesegelt wären." [26]

Diese demagogischen Antisemiten waren eben jene vorhin erwähnten, bis dahin recht isolierten Gruppen, die sich schon ein Jahrzehnt lang vergeblich bemüht hatten, eine politische Organisation von größerem Einfluß auf der Basis des Antisemitismus aufzubauen. Zu ihnen trat noch die Agitation des neugegründeten Bundes der Landwirte, der ebenfalls bestrebt war, unter Bauern und Mittelständlern mit Hilfe antisemitischer Parolen Wahlgeschäfte zu machen. Nichtsdestoweniger lag die Führung bei den „völkischen" Antisemiten, die mit dieser Bezeichnung ihre Distanz und Kritik zu Stoeckers christlich verbrämtem Antisemitismus ausdrücken wollten. Der bekannteste Repräsentant dieser Gruppe recht heterogener Elemente wurde Hermann Ahlwardt (1846 bis 1914), ein verkrachter Lehrer, der seine persönliche antijüdische Voreingenommenheit gleichsam zum verbindlichen Weltanschauungsgrundsatz machte. Er und seine „Mitstreiter" waren bereit, allüberall den Finger der Juden zu sehen, und scheuten in ihrer Demagogie nicht davor zurück, die Parole „Gegen Juden und Junker!" auszugeben, eine auf dem Lande natürlich durchaus zugkräftige Losung.[27] Charakteristisch für das Vorgehen solcher Leute wie Ahlwardt war die von ihm verfaßte Broschüre „Judenflinten", die der Berliner Waffenfabrik Ludwig Löwe den Vorwurf machte, sie habe, um die deutsche Wehrkraft zu untergraben, mangelhafte Waffen an das preußische Heer geliefert. In diese Polemik mischte sich dann freilich das preußische Kriegsministerium ein, wie überhaupt die Regierung dieser Radauantisemitenagitation mit großer Reserve gegenüberstand. Der Pseudoradikalismus der Völkischen bewirkte allerdings, daß nicht wenige Anhänger Stoeckers und auch Antisemiten aus konservativen Wählerkreisen zu Ahlwardt und den Seinen überliefen.

Die Zugkraft der völkischen Parolen wurde durch den Umstand erhöht, daß 1893, als die völkische Bewegung ihren Gipfelpunkt erreichte, sowohl wirtschaftlich als auch innerpolitisch eine äußerst gespannte Situation entstand, ähnlich wie das zwanzig Jahre zuvor beim Auftreten der ersten antisemitischen Demagogen mit rein politischer Argumentation gewesen war. Gerade aus diesem Grunde war der Regierung des Reichskanzlers Graf von Caprivi, die mit ihrem „Neuen Kurs" recht massiv von allen Seiten beschossen wurde und letzten Endes an den Auseinandersetzungen zwischen Junkertum und Monopolkapital scheiterte, nicht an der Erhöhung sozialer Spannungen gelegen.

Caprivi selbst hat seine Auffassung über die Gefahr des völkischen Antisemitismus einmal so formuliert: Er befürchte, daß sich die Bewegung, jetzt nur gegen das „jüdische Kapital" gerichtet, eines Tages gegen das Kapital überhaupt richten werde. „Das aber ist das Gefährliche an der Agitation ... daß zuletzt nicht mehr unterschieden wird."[28]

Auf der Welle der Krise wie der hemmungslosen Demagogie der Völkischen, die sogar den Konservativen „Verjudung" unterstellten, gelangten bei den Reichstagswahlen 1893 insgesamt 16 Antisemiten der verschiedensten Couleur in den Reichstag, in dem vorher bereits Ahlwardt und einige andere gesessen hatten. Die Abgeordnetenzahl war nun groß genug, um eine Fraktion zu bilden, die dann auch über das Recht verfügte, in die verschiedenen Ausschüsse des Reichstages gewählt zu werden, dort Gesetzesanträge einzubringen und anderweitig Einfluß auszuüben. Doch dauerte diese Situation nur 5 Jahre. 1898 sank die Gruppe der antisemitischen Abgeordneten auf 13, 1903 gar auf 11 und 1912 auf 7, was den Niedergang dieser politischen Gruppierung deutlich vor Augen führt. Lediglich 1907 kam es zu einem ganz kurzen, vorübergehenden Aufschwung der Antisemitenpartei. Im Zuge der von Bülow gegen die Sozialdemokraten eingeleiteten Blockbildung aller „nationalen Elemente" und unter dem Einfluß einer regierungsamtlich betriebenen chauvinistischen Kampagne, den sogenannten Hottentotten-Wahlen, kamen noch einmal 17 antisemitische Abgeordnete in den Reichstag. Abgesehen davon, daß die Abgeordneten untereinander ziemlich rettungslos verkracht waren, erwies sich der Antisemitismus als einzige politische Grundlage einer Partei, hinter der keine eigene Klassenkraft steckte, sondern nur momentane Interessen und Ressentiments, nicht als tragfähig genug.

Das hatte zur Folge, daß schon von der Jahrhundertwende an dieser völkische Zweig am Strauche des Antisemitismus in Deutschland mehr und mehr welkte.

Dieser Prozeß wurde vor allem durch die neuen Tendenzen hervorgerufen und beschleunigt, die in der zweiten Hälfte der neunziger Jahre innerhalb der herrschenden Klassen mit dem Übergang zum Imperialismus in Deutschland vor sich gingen. Massing stellt zu Recht als Ursache die Politik der „Nationalen Sammlung" heraus, die von nun an unter verschiedenen Nuancen den Kurs der Regierungen des Kaiserreiches bestimmte. Nachdem sich Industrielle und Agrarier gegen den christlich und antisemitisch gefärbten Sozialismus Stoeckers gemeinsam ausgesprochen hatten, weil er gewisse Gefahren für den Bestand der kapitalistischen Gesellschaftsordnung in sich zu bergen schien, durfte „die solide Front vom Kaiser bis zum linken Freisinnigen Eugen Richter"[29] gegen die Sozialdemokratie nicht durch verwirrenden Antisemitismus von oben gestört werden.

Das bedeutete jedoch nicht, daß innerhalb der deutschen Vorkriegsgesellschaft der Antisemitismus nicht unter anderen Verkleidungen weiterblühte. Außer dem schon genannten Bund der Landwirte, der nach wie vor ein solches Reservoir antisemitischer Ressentiments blieb, ist insbesondere der Deutschnationale Handlungsgehilfenverband zu nennen, der schon in seinem Namen die Elite-Ideologie des Verbandes gegenüber Fremden und vor allem gegenüber Juden betonte; nur „Blutsbrüder" durften Mitglied des Verbandes werden, jüdische Handlungsgehilfen waren von vornherein ausgeschlossen.

Die ökonomische Wurzel dieser Einstellung war, daß mit der zunehmenden Zusammenballung auch der Gewerbe und des Handels für die in proletarischen Verhältnissen lebenden, jedoch nach kleinbürgerlichen Leitvorstellungen denkenden Handlungsgehilfen die Aussicht immer mehr schwand, selbst einmal Besitzer eines Geschäftes zu werden. Diese Perspektive aber verhinderten, nach Meinung der Mitglieder des Verbandes, die großen Warenhäuser, die zugleich samt und sonders als „jüdisch" abgestempelt wurden. Auch an derlei Demagogie konnten später die Hitlerfaschisten anknüpfen. Doch trat in den Reihen des Verbandes der Antisemitismus in dieser speziellen Form jeweils in dem Maße in den Hintergrund, wie es dem Verband gelang, in quasi gewerkschaftlicher Weise bessere Lebensbedingungen für seine Mitglieder zu erreichen. In Krisenzeiten trat aber der Antisemitismus als bequemes Ventil zum Abreagieren sozialer Spannungen innerhalb der Organisation wieder hervor. Die Zählebigkeit solcher antijüdischer Ressentiments war in den Berufsverbänden auch dadurch bedingt, daß – wie dies auch vom Bund der Landwirte galt –, diese Organisationen nicht ausschließlich antisemitische Parolen wie die Völkischen zu bieten hatten.

Eine weitere Reserve für antisemitische und rassistische Lehren bildete der Alldeutsche Verband, doch war diese nationalistische Organisation nicht so ausgesprochen antisemitisch orientiert wie die Völkischen, mit denen ja von der Rassenlehre her vielerlei Gemeinsamkeiten bestanden. Der Alldeutsche Verband war zunächst vor allem auf Kolonialpolitik, Weltmacht, Expansionsdrang ausgerichtet, wozu natürlich die Lehre von der Eliterolle des Germanentums und insbesondere der Deutschen trefflich paßte. Eine Zeitlang hatte sich der Verband sogar auf die Stellungnahme gegen die Einwanderung osteuropäischer Juden beschränkt mit dem Argument, dieser Zuzug schaffe Hindernisse für die Assimilierung des in Deutschland ansässigen Judentums. Mit der Übernahme des Verbandes durch Heinrich Claß (1868–1953) im Jahre 1908 wurde der bereits praktizierte Antisemitismus stärker offiziell propagiert.[30]

So erschien der erste offen antisemitische Artikel in den „Alldeutschen Blättern" 1913, am Vorabend des ersten Weltkrieges, als die Krise innerhalb der deutschen Gesellschaft nach dem hektischen Aufschwung um die Jahrhundertwende allenthalben spürbar zu werden begann. Er soll hier zitiert sein, weil er wieder auf Argumenten fußt, die wir bereits im Zusammenhang mit solchen rassenantisemitischen Ideologen wie Gobineau und Houston Stewart Chamberlain kennengelernt haben: „Die rassenbiologische Weltanschauung sagt uns, daß es Führerrassen und Folgerassen gibt. Die politische Geschichte ist nichts weiter als die Geschichte der Kämpfe zwischen den Führerrassen. Insbesondere sind Eroberungen stets ein Werk von Führerrassen. Solche Menschen können erobern, dürfen erobern, sollen erobern! Und sie sollen auch Herren sein, sich und den anderen zu Nutz und Frommen. Das gilt für die Neuzeit genauso wie für das Altertum. Denn nicht Vernichtung, sondern Höherentwicklung bedeutet das Hereinbrechen einer hochgesinnten Edelrasse. Sie dient dem Herrn der Heerscharen und was sie tut, ist ein Erlöserwerk."[31]

Mit dieser Hymne auf Aggression nach außen und Unterdrückung angeblich Minderwertiger zu eigenem „Nutz und Frommen", die ideologisch auf die Vorbereitung des ersten Weltkrieges hinzielt, schließt sich der Kreis der Varianten des Antisemitismus seit 1871 in Deutschland. Der Überblick zeigt die vielfältige Verwendbarkeit dieser wissenschaftlich drapierten Theorie für die Manipulation der Menschen. Die Stafette wurde von Marr zu Claß, dem führenden alldeutschen Ideologen, weitergegeben und damit der politische Antisemitismus in das Gefüge des gesamten imperialistischen ideologischen Systems fest einbezogen.

Es scheint hier am Platze, Massings treffende Definition der Politik der „nationalen Sammlung" anzuführen, die im wesentlichen mit marxistischen Einschätzungen übereinstimmt: „Unter dem Banner der nationalen Sammlung vereinigten sich die alten Mächte des preußisch-deutschen Staates mit den Mächten der modernen Großindustrie zu einer Partnerschaft, die für beide Teile verlockend war. Sie ließ die altertümliche Mächtestruktur unberührt, gestattete eine schnelle militärische und wirtschaftliche Ausdehnung und fesselte den Mittelstand an den undemokratischen Staat. Auf diese Weise gelang es auch, die große und ständig wachsende sozialistische Arbeiterbewegung zu isolieren."[32]

4. Die jüdische Minderheit – ein Spiegelbild der imperialistischen Klassengesellschaft

Wer waren nun eigentlich „die Juden", gegen die sich der Haß der Antisemiten wandte? Da – wie wir gesehen haben – der Antisemitismus auf irrationalen Vorstellungen aufbaute und sich ausschließlich betrügerischer Argumente bediente, um ein gesellschaftliches Anti-Symbol zu schaffen, erscheint eine Begriffsbestimmung seines Angriffszieles, eben der jüdischen Gruppe, geboten.

Bis zum Jahre 1933 wurden in Deutschland wie in den meisten Ländern unter „Juden" die Angehörigen der jüdischen Religionsgemeinschaft verstanden. Alle amtlichen statistischen Angaben über den „jüdischen Bevölkerungsanteil" bezogen sich auf die Konfession. Erfaßt wurden nur die in den jüdischen Gemeinden registrierten „Glaubensjuden", also Bürger, die zur jüdischen Religionsgemeinschaft gehörten, wie es bei Katholiken, Lutheranern oder Reformierten auch geschah. Ein Ausscheiden aus der Gemeinschaft etwa durch Konversion zum Katholizismus oder durch Übergang zur Konfessionslosigkeit bedeutete also für den Betreffenden das Ende seines „Judentums". Selbst die Vertreter des rassistischen Antisemitismus sahen paradoxerweise keine andere Möglichkeit, als die von ihnen erfundene „jüdische Rasse" durch den Rückgriff auf das Glaubensbekenntnis der Eltern und Großeltern zu definieren. In diesem Sinne haben dann auch die deutschen Faschisten ihre Nürnberger Gesetze formuliert.

Es handelt sich demzufolge bei der jüdischen Gruppe in Deutschland eindeutig um eine religiöse Minderheit. Nur in einigen Ländern Osteuropas – Rußland, Polen, Rumänien – nahmen die jüdischen Gruppen gewisse Züge nationaler Minderheiten an, da hier zu dem Gruppenmerkmal der gemeinsamen Religion noch ein weiteres Merkmal, das einer gemeinsamen Sprache, des Jiddischen, hinzutrat. Jedoch waren dort die religiösen und die nationalen Minderheiten keineswegs identisch, da zahlreiche Juden vor allem der sozial gehobenen Schichten gesellschaftlich sich völlig assimiliert und nur ihre jüdische Religion als Gemeinsamkeit bewahrt hatten. So bekannten sich zum Beispiel im Jahre 1921 in den von Polen annektierten litauischen, belorussischen und ukrainischen Territorien 1 155 306 Bürger zur jüdischen Religion, aber nur 830 344 zur jüdischen Nationalität.[33]

In Deutschland stellten die Juden einen verhältnismäßig kleinen Bevölkerungsanteil, der niemals ein Prozent der Gesamtbevölkerung überschritt.[34] Er stieg von 512 153 (1871) auf seinen Höchststand mit 615 021 (1910), um dann wiederum bis zum Jahre 1933 etwa auf den alten Stand bei der Reichsgründung abzusinken. Die stärkere Zunahme in den achtziger Jahren und nach der Jahrhundertwende ist neben der natürlichen Vermehrung auf die Einwanderung aus Rußland und Österreich-Ungarn zurückzuführen, wo sich die Juden steigenden Verfolgungen und Pogromen ausgesetzt sahen. Diese „Ostjuden" – ihre Zahl betrug im Jahre 1925 107 747 oder 19,1 Prozent des gesamten jüdischen Bevölkerungsanteils Deutschlands – unterschieden sich deutlich von den seit Generationen eingesessenen jüdischen Familien und bildeten selbst innerhalb der jüdischen Gemeinden einen Fremdkörper. Meist waren sie arm, durch die ghettoartige Isolierung und die jüngsten Pogrome in ihren gesellschaftlich unterentwickelten Herkunftsländern geprägt, fremdartig und abgeschlossen. Viele wohlhabende eingesessene Juden schämten sich ihrer ostjüdischen Glaubensgenossen, und sie wurden vor allem deshalb nicht gerne gesehen, weil sie als Störungsfaktor der im Gange befindlichen Assimilation empfunden wurden, berichtet Maria Zelzer aus Stuttgart. So nahmen dort der „Familienverein" und die Loge „B'nai B'rith" keine „Ostjuden" als Mitglieder auf, das Betreten des exklusiven „Union-Klub" war ihnen untersagt.[35] Ähnlich wie in Stuttgart lagen die Verhältnisse auch in anderen Städten. Unabhängig von der Differenzierung durch die Herkunft war übrigens beiden Gruppen eine starke Konzentration in den Großstädten gemeinsam.

Das Absinken des jüdischen Bevölkerungsteiles nach 1910 und besonders nach dem ersten Weltkrieg ist auf zwei Ursachen zurückzuführen: Einmal drückt sich darin der Prozeß der Assimilation aus, Austritt aus den jüdischen Gemeinden und Übertritt zum Christentum meist im Zusammenhang mit Mischehen, zum anderen aber auch eine zunehmende Auswanderung nach Übersee. Vor allem Deutschland war für viele „Ostjuden" nur eine Zwischenstation. Aber auch eingesessene Familien begannen unter dem Druck versteckter oder offener Judenfeindschaft in Länder abzuwandern, die ihnen gesellschaftliche Gleichberechtigung in höherem Maße zu garantieren schienen.

In sozialer Hinsicht bot die jüdische Gruppe ein Spiegelbild der sie umgebenden Klassengesellschaft, allerdings mit einigen spezifischen Merkmalen, die durch die historische Entwicklung bedingt waren.[36] Jüdische Bauern waren so gut wie unbekannt. Die jüdische Konzentration in der Zirkulationssphäre (1933 noch 61 Prozent der jüdischen Berufstätigen) wurde von antisemitischer Seite mit Vorliebe als besonderes „parasitäres" Gruppenmerkmal apostrophiert, ungeachtet der Tatsache, daß zahlreiche Antisemiten die gleiche Tätigkeit ausübten! Gegen Ende der Weimarer Republik hatten zum Beispiel von den 201 Privatbanken in Berlin (die allerdings nur einen Bruchteil des Umsatzes der großen Aktienbanken erzielten) 150 jüdische Eigentümer, in Frankfurt a. M. von 47 Privatbanken deren 11. Jüdische Warenhäuser bestritten etwa 75 Prozent des gesamten Warenhausumsatzes, und im Großhandel mit Damenoberbekleidung fielen 70 Prozent des Umsatzes auf jüdische Firmen. Doch das waren vereinzelte Grenzfälle, die nicht zu verallgemeinern sind. Diese beruflichen Besonderheiten waren Relikte der durch die Jahrhunderte in Kraft befindlichen Ausnahmegesetze gegen die Juden, wie etwa das Verbot des Erwerbs von Grundbesitz durch Juden oder das Verbot des Zinsnehmens für Christen.

Der Prozeß der Polarisierung der Klassenkräfte, der für die sich stürmisch entwickelnde kapitalistische Gesellschaft in der zweiten Hälfte des 19. Jahrhunderts charakteristisch ist, hatte auch die jüdische Gruppe erfaßt. Eine Reihe jüdischer Familien war im Laufe weniger Generationen in die höchsten Schichten der Geldaristokratie eingedrungen, so die Bleichröder, Rothschild, Mendelssohn, Warburg, Goldschmidt (Banken), Tietz, Karstadt, Wertheim (Handel), Ullstein, Mosse (Presse und Film), Rathenau, Merton, Silverberg, Hirsch, Loewe und andere (Industrie) – um nur einige prominente Namen zu nennen. Sie beherrschten wichtige Zweige der Wirtschaft, wenngleich ihr Einfluß bei weitem nicht so groß war, wie es die antisemitische Propaganda darzustellen suchte.

Es bestanden keine prinzipiellen Meinungsverschiedenheiten zwischen jüdischen und nichtjüdischen Unternehmern hinsichtlich der Erhaltung des Ausbeutungsverhältnisses und des Privateigentums an Produktionsmitteln, vielmehr fanden sie sich einträchtig vereint im Kampf gegen das revolutionäre Proletariat. Und da es keine jüdischen Sonderinteressen gab, so wenig wie es spezifisch katholische oder evangelische gab, existierten auch keine jüdischen Unternehmerverbände, die ihr finanzielles Potential gemeinschaftlich zur Bekämpfung des Antisemitismus und seiner kapitalistischen Hintermänner hätten einsetzen können.

Die große Masse der jüdischen Bürger gehörte dem Mittel- und Kleinbürgertum an, wobei sie stärker in den Bereichen des Handels und des Geldwesens, schwächer im Handwerk vertreten waren. Ihr Anteil in der Arbeiterklasse war zahlenmäßig gering, jedoch die Aktivität von Revolutionären jüdischer Herkunft in den Klassenorganisationen des Proletariats außerordentlich groß (Marx, Lassalle, Bernstein, Hilferding, Eisner und nach der Oktoberrevolution in der Kommunistischen Partei Rosa Luxemburg, Eugen Leviné, Paul Levi – um auch hier nur einige herausragende Namen zu nennen). Viele klarsehende Menschen jüdischer Herkunft hatten erkannt, daß in der kapitalistischen Gesellschaft eine vollständige Emanzipation nicht möglich ist, sondern daß diese nur im Bunde mit der revolutionären Arbeiterklasse und auf dem Boden ihrer wissenschaftlichen Weltanschauung erreicht werden kann. Dieser Umstand erlaubte der nationalistischen Propaganda, einen angeblichen Zusammenhang zwischen „Judentum“ und „Revolution“ zu konstruieren.

Einen hervoragenden Platz nahmen Juden im kulturellen und wissenschaftlichen Bereich ein, den sie sich hart erkämpfen mußten. Unverhältnismäßig groß ist die Zahl von Nobelpreisträgern jüdischer Herkunft – allein zwanzig seit Gründung der Stiftung im Jahre 1905 bis zum Machtantritt des Faschismus, darunter elf aus Deutschland! – und zwar besonders auf den Gebieten der Chemie, Physik, Medizin und Literatur.

Wenn die deutschen Juden in soziologischer Hinsicht ein getreues, wenn auch spezifisches Spiegelbild ihrer Umwelt boten, einer modernen, in Klassen gespaltenen kapitalistischen Gesellschaft mit allen ihren sozialen antagonistischen Widersprüchen, so waren sie auch in politischer und weltanschaulicher Hinsicht in sich gespalten. Jüdische Geschäftsleute betätigten sich in den beiden führenden bürgerlichen Gruppierungen des Kaiserreiches, der Fortschrittspartei und der Nationalliberalen Partei, aktiv. Sie wetteiferten in nationalistischer Gesinnung durchaus mit anderen bürgerlichen und kleinbürgerlichen Kreisen. Auf sie bezog sich die warnende Bemerkung von Guido Weiß, der schon 1874 in der Zeitschrift „Die Wage" schrieb: „Ihre (des Nationalliberalismus – d. Verf.) rüstigsten Wortführer jüdischen Stammes, welche einst, tief belehrt von der eigenen Väter Leid, heißen Herzens die Torheit und die Gefahr des beschränkten Nationalitätsgeistes zu schildern wußten, sind jetzt grimme Germanen geworden und schauen in hochmütiger Risches (Exklusivität) auf den verhaßten Franzmann herab, der ihnen einst doch so gutmütig das Brot des Exils zu reichen hatte. Oh, und dereinst wird er es ihnen vielleicht noch einmal zu reichen haben, wenn erst die Saat, die sie jetzt so eifrig ausstreuen, in die Halme geschossen ist, wenn erst in deutschen Gauen das neuerstandene Volk, auf seine Stammeseinheit stolz und eifersüchtig, jenes gewaltige Verdikt wieder anstimmen wird, dessen Kehrreim endet mit Hep! Hep!"[37]

Die überwältigende Mehrheit der jüdischen Bürger bekannte sich zum bürgerlichen Liberalismus, zur gesellschaftlichen Integration und zur Assimilierung. Ihr Sprachrohr war der 1893 gegründete Centralverein deutscher Staatsbürger jüdischen Glaubens (CV)[38], der 1913 35 248 Mitglieder hatte und seinen Höchststand im Jahre 1925 mit 70 134 erreichte; das bedeutet, daß fast jeder dritte erwerbstätige Jude Mitglied des CV war. Bereits 1886 war der Kartell-Convent deutscher Studenten jüdischen Glaubens (KC) gebildet worden, der einen besonders schweren Stand hatte, da die studentischen Korporationen, die die große Mehrheit der Studenten an deutschen Universitäten repräsentierten, seit jeher Brutstätten des Antisemitismus waren.

Nach dem ersten Weltkrieg gewann der 1919 ins Leben gerufene Reichsbund jüdischer Frontsoldaten (RjF) eine gewisse politische Bedeutung. Er wollte die volle Anerkennung der jüdischen Gleichberechtigung nicht aus bürgerlich-demokratischen Prinzipien ableiten, sondern aus der aktiven Teilnahme jüdischer Bürger als Soldaten und Offiziere am imperialistischen Krieg. Ihm gehörten rund 30 000 ehemalige jüdische Kriegsteilnehmer an. Er stand in betonter Frontstellung zu den liberalen Kreisen des jüdischen Bürgertums und natürlich auch gegen progressive und sozialistische jüdische Repräsentanten. Seine reaktionäre Politik führte zur Desorientierung zahlreicher jüdischer Bürger und lähmte bei ihnen in der Folge den Willen zum Widerstand gegen die Nazidiktatur.

Zeitweise arbeitete er mit dem 1921 von Dr. Max Naumann begründeten Verband nationaldeutscher Juden (VNJ) Hand in Hand, einer kleinen Gruppe, die sich durch betonten Antikommunismus mit den Nazis verbunden fühlte. Die „Nationaldeutschen" stießen bei Liberalen und Zionisten gleichermaßen auf kategorische Ablehnung. Ihre würdelose Anbiederung an das Naziregime nach 1933 bewahrte sie indessen nicht vor dem unrühmlichen Ende: Ihre Organisation wurde 1935 verboten, und sie verschwanden von der Bildfläche.[39]

Eine völlig andere politische Richtung vertraten die Orthodoxen, von den Liberalen mit einer Mischung von geheimer Hochachtung und Geringschätzung „die Frommen" genannt. Besonders stark waren sie im Reichsverband ostjüdischer Organisationen verankert. Sie, die in früheren Jahrhunderten Träger des jüdischen Zusammenhaltes gegen die christlich begründeten Verfolgungen durch die herrschenden Klassen gewesen waren und starr an dem religiösen Dogma und den rituellen Traditionen festhielten, mußten jedoch die gleichen Erfahrungen wie die Orthodoxen in den christlichen Kirchen machen: Sie zeigten sich den drängenden sozialen und politischen Problemen der kapitalistischen Gesellschaft nicht gewachsen, entfremdeten sich zusehends von dieser Gesellschaft und vermochten infolgedessen den Prozeß der Säkularisierung, die Abkehr vieler aufgeklärter Juden aus der zunehmend als anachronistisch empfundenen rituellen Gemeinschaft nicht aufzuhalten. Erst in der Zeit der Verfolgungen nach dem Machtantritt des Faschismus sollten sie eine religiöse Renaissance erleben.

In die frühen sechziger Jahre des vorigen Jahrhunderts fällt die Geburtsstunde einer weiteren politischen Richtung unter den jüdischen Gruppierungen: des Zionismus. Er erstrebte die Errichtung einer „nationalen Heimstatt" für die Juden aus aller Welt in dem von Arabern besiedelten Palästina und faßte die jüdischen religiösen Minderheiten in den verschiedenen Ländern der Welt als Glieder einer gemeinsamen jüdischen „Nation" oder „Rasse" auf.

Der erste Theoretiker dieses erwachenden jüdischen Nationalismus war Moses Heß (1812–1875), der aus der deutschen Arbeiterbewegung kam, eine Zeitlang von Marx und Engels beeinflußt wurde, sich dann jedoch stärker auf Lassalle orientierte und im Allgemeinen Deutschen Arbeiterverein in Köln führend betätigte. Sein 1862 veröffentlichtes Werk „Rom und Jerusalem" war eine prinzipielle Kampfansage an die Erkenntnisse des wissenschaftlichen Sozialismus. Einer der Kernsätze des von Heß formulierten Programms lautete: „Die ganze bisherige Geschichte bewegte sich in Rassen- und Klassenkämpfen. Der Rassenkampf ist das Ursprüngliche, der Klassenkampf das Sekundäre."[40]

Zwar vermochte Heß keine objektiven Kriterien der von ihm apostrophierten „Rassen" zu geben (ebensowenig wie das die Rassisten im antisemitischen Lager konnten!), war aber nichtsdestoweniger davon überzeugt, daß es vor allem zwei „welthistorische Menschenrassen" sind, die die moderne Gesellschaft prägten: die „Arier" und die „Semiten". Heß meinte, die Juden könnten den Rassenkampf dadurch überwinden, daß sie die Erkenntnis Gottes verbreiten, Recht üben und lehren sowie die Arbeit von der „Spekulation", also von der kapitalistischen Ausbeutung, befreien.[41]

In dem sich in den folgenden Jahrzehnten herausbildenden Zionismus flossen verschiedene Strömungen zusammen. Einen starken Impuls übte ein unter den orthodoxen Juden tiefverwurzelter alttestamentarischer Chiliasmus aus, die Verheißung der Errichtung eines jüdischen Gottesreiches im Gelobten Land. Einen weiteren Anstoß gaben zweifellos die fürchterlichen Pogrome in Rußland in den Jahren 1881 und 1882 und später 1891, die über die wehrlosen Juden hereinbrachen und jegliche assimilatorische Bestrebungen zunichte machten. Die Juden flohen zu Zehntausenden über die Grenzen, stießen aber in den Aufnahmeländern ebenfalls auf versteckten gesellschaftlichen Boykott oder auf offene Ablehnung. Unter diesen Bedingungen mußte der Gedanke einer „nationalen Heimstatt" auf fruchtbaren Boden fallen. Schließlich soll nicht übersehen werden, daß auch der nationale Befreiungskampf der unterdrückten Nationen in den Völkergefängnissen des zaristischen Rußlands und der Donaumonarchie einen nachhaltigen Einfluß vor allem auf die jüdische Jugend in diesen Ländern ausübte. Unmittelbar nach den Pogromen brachen die ersten Auswanderergruppen aus Rußland nach Palästina auf. Ihre Wortführer wurden Elieser Perlmann (er nannte sich Ben Jehuda), Ascher Ginzberg (Achad Ha'am) und Leon Pinsker, der Initiator der Chowewe Zijon (Zionsfreunde), die man als Vorläufer der späteren Zionistenorganisation bezeichnen kann. Pinsker organisierte auch im Jahre 1884 den ersten internationalen Palästinakongreß in Kattowitz (Katowice).

In Westeuropa und auch in Deutschland, wo der Emanzipationsprozeß im vollen Gange war (wenngleich nicht ohne heftige Gegenwehr der Antisemiten), fanden zionistische Ideen nur wenig Resonanz innerhalb der jüdischen Gruppen. Jedoch engagierten sich hier einige tatkräftige Förderer in der jüdischen Großbourgeoisie. Vor allem war es der Pariser Großbankier Edmund von Rothschild und späterhin die 1860 gegründete erste internationale jüdische Hilfsorganisation Alliance Israélite Universelle, die die osteuropäischen Einwanderer in Palästina mit Geldmitteln ausstatteten, um ihnen eine dauerhafte Ansiedlung zu ermöglichen.

Bis Anfang der neunziger Jahre des 19. Jahrhunderts kann man noch nicht von einer theoretisch fundierten und organisatorisch gefestigten zionistischen Bewegung sprechen. Den vielfältigen und großenteils unklaren Bestrebungen eines jüdischen bürgerlichen Nationalismus verlieh erst der in Budapest geborene Journalist Theodor Herzl (1860–1904) durch sein 1896 erschienenes und alsbald weltberühmt gewordenes Buch „Der Judenstaat"[42] ein einheitliches politisches Profil. Herzl formulierte nicht nur das politische Programm des Zionismus, sondern er baute auch eine weltweite zionistische Organisation auf. Er berief den ersten zionistischen Weltkongreß nach Basel (29. bis 31. August 1897), schuf ein ständiges Organisationskomitee mit Sitz in Wien und entfaltete alsbald eine rege diplomatische Tätigkeit. Er verhandelte mit dem Sultan in Konstantinopel, mit dem deutschen Kaiser, mit russischen, englischen und französischen Regierungsmitgliedern und ließ sich auf gewagte Finanzspekulationen ein, um Mittel für die „nationale Heimstatt" zu beschaffen. Aber die politischen Widerstände, die dem „Judenstaat"-Projekt entgegenstanden, wuchsen nach anfänglichen Erfolgen und erwiesen sich als nahezu unüberwindlich. Erst lange nach Herzls frühem Tod errang der Zionismus seinen bedeutendsten diplomatischen Erfolg, die offizielle Zusage der britischen Regierung, die Schaffung einer „nationalen Heimstatt" in Palästina, das im Ergebnis des ersten Weltkrieges britisches Mandatsgebiet wurde, tatkräftig zu unterstützen. Niedergelegt wurde sie in einem persönlichen Schreiben des britischen Außenministers Lord Balfour an den britischen Zionistenführer Lord Rothschild vom 2. November 1917 und ist als Balfour-Deklaration in die Geschichte eingegangen. Sie gilt als die eigentliche Geburtsurkunde des erst 31 Jahre später begründeten Staates Israel.

Der politische Zionismus stieß bei der großen Masse der Juden anfänglich auf Verständnislosigkeit, Ablehnung und heftige Kritik. Die assimilierten Liberalen wurden nicht müde, ihre vollzogene völlige Integration in die sie umgebende kapitalistische Gesellschaft zu betonen, und sahen im Zionismus – nicht ganz zu Unrecht – einen unfreiwilligen Verbündeten der auf die jüdische Dissimilierung drängenden Antisemiten. Viele jüdische Arbeiter befürchteten – ebenfalls nicht zu Unrecht – vom zionistischen Nationalismus Spaltungstendenzen in der Arbeiterbewegung. Aber selbst von orthodoxen Kreisen der russischen Juden wurden bereits zu Herzls Lebzeiten Bedenken laut, die Politisierung und Säkularisierung des Gedankens der „nationalen Heimstatt" werde seinen eigentlichen religiösen und messianischen Inhalt deformieren und schließlich verschütten.

Daß sich der Zionismus in der Folge zu einem höchst gefährlichen Instrument des Weltimperialismus entwickeln konnte, liegt in seinem Klassenstandort und in seiner von den Marxisten von Anfang an kritisierten verfehlten ideologischen Ausgangsstellung begründet. Die zionistischen Nationalisten setzten sich über die Tatsache hinweg, daß in Palästina, wo sie ihren „Judenstaat" errichten wollten, seit Jahrhunderten Araber ansässig sind. Die Besitzergreifung dieses Landes durch die jüdischen Einwanderer konnte also nur mit neokolonialistischen Methoden erfolgen und mußte zur Unterjochung oder zur Vertreibung der eingesessenen Bevölkerung führen. Ein gleichberechtigtes Zusammenleben von Juden und Arabern auf der Grundlage demokratischer Verhältnisse wird durch den religiös verbrämten Ausschließlichkeitsanspruch der in diesem Staat herrschenden Zionisten unmöglich gemacht. Fühlten sich unter dem Eindruck der antisemitischen Verfolgungen und Pogrome ursprünglich viele Juden von dem zionistischen Wunschbild eines eigenen Staates angezogen, so hat doch die weitere Entwicklung erwiesen, daß der Zionismus keine echte Alternative zur bestehenden Klassengesellschaft mit ihren rassistischen Entartungserscheinungen bieten kann, sondern höchstens deren imperialistische Neuauflage.

In Deutschland wurde die erste zionistische Organisation im Jahre 1897 in Berlin ins Leben gerufen. Sie nannte sich Zionistische Vereinigung für Deutschland (ZVD). Obwohl sie große Aktivität an den Tag legte und in den folgenden Jahren in zahlreichen Städten Ortsgruppen gründete, vermochte sie die beherrschende Stellung des assimilationsfreudigen CV nicht zu erschüttern. Ihr Organ, die „Jüdische Rundschau", verfügte noch 1933 über nicht mehr als 7 000 Abonnenten.

Eine kleine, aber einflußreiche Richtung innerhalb des Zionismus verkörperte die 1925 entstandene Organisation der „Staatszionisten". Da sie die Dissimilierung vorbehaltlos bejahten und sich sogar zu den nazistischen Rassegesetzen ungeachtet ihres diskriminierenden Charakters bekannten, wurden sie im Gegensatz zu den „nationaldeutschen" Juden des Dr. Naumann von der Naziregierung bis zum Jahre 1938 offen protegiert. Dann verloren sie ihre Bedeutung als Propagandainstrument für die Nazis und gerieten in den Malstrom der Massenvernichtung. Ihr Führer Georg Kareski betätigte sich in den späteren Jahren als Agent provocateur, worüber in den nächsten Kapiteln berichtet wird.

So bot also die jüdische Minderheit in Deutschland ein in jeder Hinsicht differenziertes und uneinheitliches Bild, und auch das einzige einigende Band, die jüdische Religion, war nicht mehr stark genug, um den Prozeß der sozialen und politischen Polarisation, des Auseinanderstrebens der Klassenkräfte, aufzuhalten. Nichts deutete auf die von den Antisemiten jeglicher Couleur als drohende Gefahr an die Wand gemalte „jüdische Weltverschwörung" hin.

5. Die Arbeiterbewegung und die Juden in Deutschland bis zum ersten Weltkrieg

In unserem Zusammenhang ist es von großer Bedeutung, die Haltung der deutschen Arbeiterbewegung und insbesondere ihrer marxistischen Partei zu der Frage des Antisemitismus zu untersuchen. In Deutschland, dem Geburtsland des wissenschaftlichen Sozialismus, des Marxismus, übte das von Karl Marx und Friedrich Engels ausgearbeitete „Manifest der Kommunistischen Partei" eine große Anziehungskraft auch auf die jüdischen Arbeiter und große Teile der jüdischen Intelligenz aus. Sie erkannten vor allem die Bedeutung des proletarischen Internationalismus als Waffe gegen die nationalistische Verhetzung. Es war das erste Programm in Deutschland, das den Juden einen realen Weg zur Gleichberechtigung zeigte. So taten bereits in der Frühzeit der deutschen Arbeiterbewegung viele jüdische Menschen, Seite an Seite mit den deutschen Arbeitern, erste Schritte im Kampf um die politische Gleichberechtigung.

Karl Marx hat in einer Frühschrift „Zur Judenfrage" diese, noch bevor er zu den Erkenntnissen des dialektischen Materialismus vorgestoßen war, als eine den allgemeinen gesellschaftlichen Verhältnissen untergeordnete Frage behandelt.[43] Er wie auch Friedrich Engels haben den Kampf für die Gleichberechtigung der jüdischen Menschen in Deutschland stets als Teil des allgemeinen proletarischen Befreiungskampfes betrachtet.

Von dieser Position ging die revolutionäre deutsche Arbeiterklasse von Anfang an aus. Sie sah im Antisemitismus vor allem den Versuch, die kapitalistische Gesellschaft durch das Aufreißen willkürlicher, künstlicher, letztlich die Macht der Bourgeoisie konsolidierender Gegensätze zu sichern.

Ein Beispiel dafür bildete eine Episode, die in Eduard Bernsteins „Geschichte der Berliner Arbeiterbewegung" geschildert wird und den Höhepunkt der Stoeckerschen Agitation während des Sozialistengesetzes betrifft. Als Antwort auf eine rüpelhafte Antisemitenversammlung vom 30. Dezember 1880 organisierten die Berliner revolutionären Arbeiter eine Gegendemonstration: „Durch Anschläge an den Säulen ward auf den 11. Januar eine allgemeine Arbeiterversammlung mit dem Thema: ‚Die Stellung der Arbeiter zur Judenfrage' in die Reichshallen einberufen und hinzugefügt, daß nur diejenigen Einlaß finden würden, die sich wirklich als Lohnarbeiter legitimieren könnten. Diese Ankündigung schlug ein, der Andrang zur Versammlung war ein ungeheurer ... Das Referat hielt ... *Ferdinand Ewald*, Vergolder. Er kennzeichnete scharf den mit der antisemitischen Agitation verbundenen Lug und Trug, erklärte, daß es sich nicht darum handle, die Fehler der Juden zu beschönigen, sondern darum, eine Agitation für eine reaktionäre, nach dem Mittelalter zurückgreifende Gesetzgebung zu bekämpfen und die Arbeiter, die unter einem Ausnahmegesetz schmachteten, zu warnen, sich für reaktionäre Wahlmanöver zu Werkzeugen herzugeben. Im gleichen Sinne sprachen fast sämtliche nachfolgenden Redner."[44]

Zwölf Jahre später nahm August Bebel auf dem Parteitag der Sozialdemokratischen Partei Deutschlands in Köln 1893 zum Antisemitismus Stellung. Der Kölner Parteitag stimmte einer bereits 1892 dem Berliner Parteitag vorgelegten Resolution zu, in der es hieß: „Der Antisemitismus entspringt der Mißstimmung gewisser bürgerlicher Schichten, die sich durch die kapitalistische Entwicklung bedrückt finden und zum Teil durch diese Entwicklung dem wirtschaftlichen Untergang geweiht sind, aber in Verkennung der eigentlichen Ursache ihrer Lage den Kampf nicht gegen das kapitalistische Wirtschaftssystem, sondern gegen eine in demselben hervortretende Erscheinung richten, die ihnen im Konkurrenzkampf unbequem wird, gegen das jüdische Ausbeutertum ...

Der einseitige Kampf des Antisemitismus gegen das jüdische Ausbeutertum muß notwendig erfolglos sein, weil die Ausbeutung des Menschen durch den Menschen keine speziell jüdische, sondern eine der bürgerlichen Gesellschaft eigentümliche Erwerbsform ist, die erst mit dem Untergang der bürgerlichen Gesellschaft endigt. Da nun die Sozialdemokratie der entschiedenste Feind des Kapitalismus ist, einerlei ob Juden oder Christen seine Träger sind, und da sie das Ziel hat, die bürgerliche Gesellschaft zu beseitigen, indem sie deren Umwandlung in die sozialistische Gesellschaft herbeiführt, wodurch aller Herrschaft des Menschen über den Menschen wie aller Ausbeutung des Menschen durch den Menschen ein Ende bereitet wird, lehnt es die Sozialdemokratie ab, ihre Kräfte im Kampfe gegen die bestehende Staats- und Gesellschaftsordnung durch falsche und darum wirkungslos werdende Kämpfe gegen eine Erscheinung zu zersplittern, die mit der bürgerlichen Gesellschaft steht und fällt."[45]

Die Resolution, die mit großer Mehrheit angenommen wurde, ist offensichtlich von Äußerungen Friedrich Engels' geprägt worden, welche die „Wiener Arbeiter-Zeitung" am 9. Mai 1890 abdruckte, als die Antisemiten die Mehrheit im Wiener Stadtrat erlangt hatten. Es ist ein Brief an Isidor Ehrenreich, einen Arbeiterfunktionär, in dem es heißt:
„Ob Sie aber mit dem Antisemitismus nicht mehr Unglück als Gutes anrichten werden, muß ich Ihnen zu bedenken geben ... Es ist in Preußen der Kleinadel, das Junkertum, das 10 000 Mark einnimmt und 20 000 Mark ausgibt und daher den Wucherern verfällt, das in Antisemitismus macht, und in Preußen und Österreich ist es der dem Untergang durch die großkapitalistische Konkurrenz verfallene Kleinbürger, Zunfthandwerker und Kleinkrämer, der den Chor dabei bildet und mitschreit. Wenn aber das Kapital *diese* Klassen der Gesellschaft

vernichtet, die durch und durch reaktionär sind, so tut es, was seines Amtes ist, und tut ein gutes Werk, einerlei, ob es nun semitisch oder arisch, beschnitten oder getauft ist; es hilft den zurückgebliebenen Preußen und Österreichern vorwärts, daß sie endlich auf den modernen Standpunkt kommen, wo alle alten gesellschaftlichen Unterschiede aufgehen in den einen großen Gegensatz von Kapitalisten und Lohnarbeitern.

Der Antisemitismus ist also nichts anderes als eine Reaktion mittelalterlicher, untergehender Gesellschaftsschichten gegen die moderne Gesellschaft, die wesentlich aus Kapitalisten und Lohnarbeitern besteht, und dient daher nur reaktionären Zwecken unter scheinbar sozialistischem Deckmantel; er ist eine Abart des feudalen Sozialismus, und damit können wir nichts zu schaffen haben. Ist er in einem Lande möglich, so ist das ein Beweis, daß dort noch nicht genug Kapital existiert. Kapital und Lohnarbeit sind heute untrennbar. Je stärker das Kapital, desto stärker auch die Lohnarbeiterklasse, desto näher also das Ende der Kapitalistenherrschaft ...

Dazu kommt, daß der Antisemitismus die ganze Sachlage verfälscht. Er kennt nicht einmal die Juden, die er niederschreit. Sonst würde er wissen, daß hier in England und Amerika, dank den osteuropäischen Antisemiten, und in der Türkei, dank der spanischen Inquisition, es Tausende und aber Tausende *jüdischer Proletarier* gibt; und zwar sind diese jüdischen Arbeiter die am schlimmsten ausgebeuteten und die allerelendesten. Wir haben hier in England in den letzten zwölf Monaten *drei* Streiks jüdischer Arbeiter gehabt, und da sollen wir Antisemitismus treiben als Kampf gegen das Kapital?"[46]

Man darf bei dieser prinzipiell klaren Aussage von Engels aus der Sicht der späteren Entwicklung jedoch nicht außer acht lassen, daß sich zu seinen Lebzeiten die Funktion des Antisemitismus in der imperialistischen Ideologie und Politik in ihrem verbrecherischen Wesen noch nicht voll herausgebildet hatte. Lenin und die Bolschewiki haben im Geiste von Marx und Engels die Klassenposition des russischen Proletariats zur sogenannten Judenfrage dargelegt. Mit großer Sachkenntnis und in Anwendung der Erkenntnis von Engels wies Lenin immer wieder darauf hin, daß eine Absonderung der jüdischen Arbeiter die Einheit der revolutionären Arbeiterklasse gefährdet und ihnen weder nationale noch soziale oder religiöse Befreiung und Gleichberechtigung bringt. Lenin sagte:

„Antisemitismus nennt man die Verbreitung von Feindschaft gegen die Juden. Als die verfluchte Zarenmonarchie ihre letzten Tage durchmachte, war sie bemüht, unwissende Arbeiter und Bauern gegen die Juden aufzuhetzen. Die Zarenpolizei veranstaltete im Bunde mit den Gutsbesitzern und Kapitalisten Judenpogrome ... Auch in anderen Ländern hat man nicht selten Gelegenheit, zu sehen, daß die Kapitalisten Feindschaft gegen die Juden schüren, um den Blick des Arbeiters zu trüben, um seine Aufmerksamkeit von dem wirklichen Feind der Werktätigen – vom Kapital – abzulenken ...

Nicht die Juden sind die Feinde der Werktätigen. Die Feinde der Arbeiter sind die Kapitalisten aller Länder. Unter den Juden gibt es Arbeiter, Werktätige; sie bilden die Mehrheit. Was die Unterdrückung durch das Kapital anbelangt, sind sie unsere Brüder, im Kampf für den Sozialismus sind sie unsere Genossen. Unter den Juden gibt es Kulaken, Ausbeuter, Kapitalisten, wie es sie unter den Russen, wie es sie unter allen Nationen gibt. Die Kapitalisten sind bemüht, zwischen den Arbeitern verschiedenen Glaubens, verschiedener Nation, verschiedener Rasse Feindschaft zu säen und zu schüren. Die Nichtarbeitenden halten sich durch die Stärke und die Macht des Kapitals. Die reichen Juden, die reichen Russen, die Reichen aller Länder unterdrücken und unterjochen im Bunde miteinander die Arbeiter, plündern sie aus und entzweien sie." [47]

Die Sozialdemokratische Partei gab in ihren Verlagen eine große Anzahl populärwissenschaftlicher Broschüren mit hoher Auflage heraus, die dem Antisemitismus und der „Judenfrage" gewidmet waren. Eine solche ständige Aufklärungsarbeit machte die Arbeiterklasse zu einem guten Teil gegen die antisemitische Hetze immun, weil sich zum Klassenbewußtsein die auf Sachkenntnis gegründete Argumentation gesellte.

Später trat diese Auseinandersetzung in den Hintergrund. Wenn in der „Neuen Zeit", der theoretischen Zeitschrift der deutschen Sozialdemokratie, zwischen 1890 und 1895 noch 30 Aufsätze erschienen, die sich mit den verschiedenen antisemitischen „Bewegungen" und ihren ideologischen Grundlagen auseinandersetzten, so waren es von 1903 bis 1912 lediglich drei, davon zwei Artikel, die dem Antisemitismus in Rußland galten. August Bebel stellte dem Antisemitismus um die Jahrhundertwende die folgende Prognose, die sich in ihrem zweiten Teil jedoch ein Jahrzehnt nach der Novemberrevolution dann als falsch erwies. „Der Antisemitismus, der nach seinem Wesen auf die niedrigsten Triebe und Instinkte einer rückständigen Gesellschaftsschicht sich stützen kann, repräsentiert die moralische Verlumpung der ihm anhängenden Schichten. Tröstlich ist, daß er in Deutschland nie Aussicht hat, irgendeinen maßgebenden Einfluß auf das staatliche und soziale Leben auszuüben." [48]

Hand in Hand mit der entschiedenen Frontstellung der marxistischen Arbeiterbewegung gegen Rassismus und Antisemitismus als Elemente einer reaktionären Ideologie wurde der Zionismus als untauglicher Versuch, den Antisemitismus zu überwinden, abgelehnt. „Die Neue Zeit" setzte sich in zahlreichen Artikeln mit der verfehlten theoretischen Ausgangsstellung des Zionismus auseinander. Die Sozialdemokratie, hieß es in einer Abhandlung im Jahre 1900, bekämpfe diese Bewegung nicht, weil sie gegen einen „Judenstaat" sei, sondern weil die Zionisten Klassenzusammenarbeit und jüdische Absonderung predigten und der jüdischen Religion Reverenz erwiesen.[49] Vor allem richtete sich die Kritik gegen die Behauptung der Zionisten, die Juden in aller Welt seien Angehörige einer Nation. Schon Marx hatte die Juden eine „schimärische Nationalität" genannt, und Karl Kautsky hatte sich mit der gleichen Begründung gegen die Errichtung eines „Judenstaates" gewandt, der seiner Natur nach nur ein „Weltghetto" sein könne.[50]

Die Kritik des wissenschaftlichen Sozialismus richtete sich ferner gegen die religiösen Absonderungstendenzen innerhalb der Juden, die sich mit den nationalistischen Absonderungstendenzen der Zionisten verbanden.

„Die Juden", sagte Kautsky in seiner 1914 erschienenen Schrift „Rasse und Judentum", „sind ein eminent revolutionärer Faktor geworden, das Judentum aber ein reaktionärer. Es ist ein Bleigewicht am Fuße der vorwärtsdrängenden Juden selbst; einer der letzten Überreste aus dem feudalen Mittelalter, ein soziales Ghetto, das sich im Bewußtsein noch behauptet, nachdem das greifbare Ghetto schon verschwunden ist."[51]

Und im Hinblick auf den künftigen „Judenstaat" meinte er: „Auf biblische Erinnerungen kann man eine Industrie nicht begründen."[52]

In den folgenden Jahrzehnten fand der Revisionismus innerhalb der Arbeiterbewegung zunehmend Berührungspunkte mit dem Zionismus. So verwischte er die verfehlten theoretischen Ausgangspositionen dieser Bewegung, die sie in der Folge zu einem willfährigen Instrument der jüdischen Bourgeoisie und des Weltimperialismus gegen die antikoloniale Befreiungsbewegung im arabischen Raum werden ließen.

In diesem Zusammenhang ist eine Stellungnahme des Organs der Kommunistischen Partei Frankreichs „Humanité" vom 20. Juni 1967 von Interesse, die die marxistisch-leninistische Kritik am Zionismus gültig formulierte: „Die zionistische Theorie, derzufolge die Juden von Frankreich, Italien, Polen oder in anderen Ländern kein integrierender Bestandteil der französischen, italienischen oder polnischen Nation seien, sondern alle zusammen eine besondere ‚Nation' bildeten, ist eine von Grund auf reaktionäre Theorie. Angeblich soll sie es den Juden ermöglichen, dem antisemitischen Rassismus zu entkommen, aber sie selbst ist nicht gefeit gegen die Beschuldigung des Rassenhasses."

Wolle man versuchen, alle jene Juden, die sich im Laufe der Jahrhunderte in die französische Nation integriert haben und sich als Franzosen fühlen, vom Gegenteil zu überzeugen, so hieße das zu versuchen, sie in ein neues Ghetto zurückzubringen. Der Artikel schloß mit der Feststellung, daß die zionistische Auffassung von der „jüdischen Nation" heute wie gestern eine – wie Lenin formulierte – „vom wissenschaftlichen Standpunkt aus absolut unhaltbare und in bezug auf ihren politischen Inhalt reaktionäre Auffassung" sei. Ausdrücklich wurde allerdings darauf hingewiesen, daß sich diese Feststellung nicht auf die im Staat Israel lebenden Juden beziehe. Im gleichen Sinne äußerte sich auch die Kommunistische Partei Israels, die im Bericht an den XVI. Parteitag im Sommer 1967 feststellte, daß „die zionistische Bewegung . . . keine nationale Befreiungsbewegung, sondern eine nationalistische, reaktionäre politische Strömung" sei. Im übrigen seien die meisten Juden in der Welt keine Anhänger des Zionismus, ja nicht einmal die Bevölkerung des Staates Israel sei mit dem Zionismus gleichzusetzen.[53]

Die Feststellung der internationalen Beratung der kommunistischen und Arbeiterparteien vom 17. Juni 1969 bestätigte, was der israelische Überfall auf Ägypten im Oktober 1956 und die Juni-Aggression 1967 gegen die arabischen Nachbarstaaten sichtbar machte, daß nämlich „der Imperialismus – vor allem der amerikanische – die fortschrittlichen Regimes in den arabischen Ländern zu stürzen, die arabische Freiheitsbewegung zu unterdrücken und seine Positionen im Nahen Osten zu behaupten" versucht.[54]

Die grundsätzliche Kritik der marxistischen Arbeiterbewegung am Zionismus stand – wir sagten es bereits – nicht im Gegensatz zur kategorischen Ablehnung des rassistischen und religiösen Antisemitismus. Die Stellungnahmen von Marx, Engels, Bebel, Lenin und vielen anderen hervorragenden Arbeiterführern fanden sich in den Programmen der sozialdemokratischen und – nach der Oktoberrevolution – der kommunistischen Parteien wieder. Sie prägten die Politik dieser Parteien sowie der Gewerkschaften, die stets und ohne Einschränkung für die volle Gleichberechtigung der jüdischen Bürger und gegen jegliche Form ihrer Diskriminierung auftraten. Die pseudorevolutionäre Demagogie des Antisemiten Stoecker hat ebensowenig wie ein halbes Jahrhundert später die antikapitalistisch drapierte Hetze eines Julius Streicher oder Robert Ley in der klassenbewußten Arbeiterschaft Fuß zu fassen vermocht.

Ungeachtet dieses eindeutigen Tatbestandes wird in jüngster Zeit von einigen zionistischen Publizisten der schwerwiegende Vorwurf erhoben, eine der Wurzeln des Antisemitismus wäre in der sozialistischen Arbeiterbewegung zu suchen, in der seit ihren ersten Anfängen antisemitische Tendenzen ein integrierender Bestandteil gewesen seien. Der massivste Versuch dieser Art stammt von Edmund Silberner in seinem Buch „Sozialisten zur Judenfrage", in dem er kritische Bemerkungen über Juden und Judentum von Fourier und Proudhon über Bakunin bis Marx, Engels, Lassalle, Adler und anderen Führern der internationalen Arbeiterbewegung in einen latenten „sozialistischen Antisemitismus" ummünzt (paradoxerweise sind viele der hier apostrophierten „Antisemiten" jüdischer Herkunft!).[55]

Das eigentliche Ziel Silberners, die Politik der jüdischen Bourgeoisie und ihr zionistisches Programm zu rechtfertigen, geht aus folgender, von ihm formulierter Definition hervor: „Antisemit ist jedermann, der den Juden feindlich gesinnt ist, unabhängig davon, ob seine Anklage ganz oder teilweise stimmt oder einfach grundlos ist."[56]

Von dieser Position aus wird nun berechtigte (marxistische) und unberechtigte (antisemitische) Kritik in einen Topf geworfen.

Die erste Fehlerquelle der Beweisführung Silberners besteht darin, daß er die Wortführer anarchistischer und utopischer Strömungen, die in der modernen Arbeiterbewegung längst überwunden sind, mit den Vertretern des wissenschaftlichen Sozialismus gleichsetzt. Sicherlich sind die Anarchisten Proudhon und Bakunin Antisemiten gewesen, aber ihre kleinbürgerlichen Auffassungen, die sie objektiv zu Ideologen der Bourgeoisie werden ließen, wurden von der marxistischen Arbeiterbewegung prinzipiell abgelehnt. Das verschweigt Silberner.

Die zweite Fehlerquelle besteht darin, daß Silberner die jüdischen Kapitalisten mit „den Juden", also der gesamten Gruppe einschließlich der jüdischen Proletarier, gleichsetzt. Auf diese Weise verschleiert er den Klasseninhalt der Kritik, wie sie vor allem von Marx und Engels geübt wurde, aber auch von Lenin, den Silberner bezeichnenderweise aus seiner Betrachtung ausgeschlossen hat.

Es ist drittens bekannt, daß der wissenschaftliche Sozialismus eine beharrliche ideologische Auseinandersetzung mit dem Klerikalismus jeglicher konfessioneller Färbung führt, da dieser der Aufrechterhaltung der kapitalistischen Klassenherrschaft dient. Die jüdische Orthodoxie unterscheidet sich in der Klassenfrage grundsätzlich nicht von der katholischen, protestantischen oder moslemischen Orthodoxie. Damit soll nicht geleugnet werden, daß progressive Bewußtseinsinhalte in allen Religionen enthalten sind, an die in der Bündnispolitik anzuknüpfen ein Hauptanliegen der Marxisten ist. Aber es hat nichts mit wissenschaftlicher Beweisführung zu tun, den Kampf der Kommunisten gegen religiöse Rückständigkeit (bis auf den heutigen Tag verweigert zum Beispiel das orthodoxe Rabbinat den jüdischen Frauen in der Synagoge die Gleichberechtigung!) als „Antisemitsmus" zu apostrophieren oder das allmähliche Zurücktreten religiöser Auffassungen und der von ihnen bestimmten Einrichtungen, etwa der Gemeinden, als eine spezifisch kommunistische Form der „Endlösung" zu bezeichnen.

Schließlich wird die prinzipielle Ablehnung des bürgerlichen Zionismus durch den Marxismus-Leninismus – nicht weil er jüdisch, sondern weil er nationalistisch und reaktionär ist, weil er, um mit Moses Heß zu sprechen, den Klassenkampf durch den Rassenkampf ersetzen will – ebenfalls als Argument ins Feld geführt, um einen angeblichen proletarischen Antisemitismus zu konstruieren.

In den nachfolgenden Kapiteln wird berichtet, wie die deutschen Juden in den Zeiten der schwersten Verfolgungen stets auf die Solidarität der klassenbewußten Arbeiterschaft rechnen konnten. In der Tat läßt Silberner die Frage unbeantwortet, inwiefern die deutsche und internationale moderne Arbeiterbewegung, deren geistige Väter und Wortführer angeblich einem latenten Antisemitismus gefrönt haben, das stärkste Bollwerk gegen die Judenhetze und gegen die späteren Judenverfolgungen war. Wenn Massing hervorhebt, daß den jüdischen Arbeitern und Intellektuellen, die zur revolutionären deutschen Arbeiterbewegung stießen, diese deshalb besonders anziehend war, weil sie hier jene Gleichheit genossen, die ihnen die offizielle deutsche Gesellschaft versagte[57], so befindet er sich jedenfalls – im Gegensatz zu Silberner – auf dem Boden unbestreitbarer historischer Tatsachen.

6. Der Antisemitismus in der Weimarer Republik

Die Große Sozialistische Oktoberrevolution 1917 und der erste Weltkrieg, die gewaltige Auswirkungen auf das internationale Geschehen hatten, beeinflußten auch die Entwicklung des Antisemitismus. „Mit der Großen Sozialistischen Oktoberrevolution begann eine neue welthistorische Ära, die Ära des Zusammenbruchs des Kapitalismus und des Siegeszuges des Sozialismus und Kommunismus über den ganzen Erdball.“[58] Auf Deutschland übte die Oktoberrevolution einen besonders nachhaltigen Einfluß aus. Die Novemberrevolution 1918 besiegelte zugleich den Bankrott der Pläne des deutschen Militarismus und Imperialismus. „Die Novemberrevolution war die erste Revolution der deutschen Arbeiterklasse gegen den deutschen Imperialismus und Militarismus, für die Lösung der nationalen und sozialen Lebensfragen des deutschen Volkes. Sie war die größte antiimperialistische revolutionäre Massenbewegung in Europa nach der Großen Sozialistischen Oktoberrevolution und hatte auch große internationale Auswirkungen.“[59]

Zu Beginn des ersten Weltkrieges hatte in dem nationalistischen Taumel der Antisemitismus kaum eine Rolle gespielt. Das lag in der allgemeinen Linie der „Burgfriedenspolitik“, die die Politik der bereits erwähnten „Nationalen Sammlung“ unter den neuen Bedingungen mit Unterstützung der rechten sozialdemokratischen Führer fortsetzte. Überdies benutzte die Oberste Heeresleitung (OHL) in den ersten Kriegsmonaten die „jüdische Frage“ für ihre speziellen Aggressionszwecke. Kein anderer als der Chef des Generalstabes von Ober-Ost, General Ludendorff, erließ einen Aufruf an „Insere lieben Jidden in Paulen“, um die polnische jüdische Bevölkerung gegen die zaristische Herrschaft aufzuwiegeln.[60] Bald jedoch wendete sich das Blatt, und die deutsche

Militärbehörde verlangte von den jüdischen Organisationen, billige jüdische Arbeitskräfte für die deutsche Kriegswirtschaft in den eroberten Ostgebieten anzuwerben. Damit der Antisemitismus auch im Rahmen des „Burgfriedens" nicht mangele, veranstaltete die OHL 1916 eine Judenzählung im deutschen Heer, die nachweisen sollte, daß die Juden nicht an den Fronten kämpften, sondern nur im Hinterland, in der Etappe ihren Dienst versähen, also gewissermaßen von Hause aus „Drückeberger" seien.[61] Diese Konstellation war zur Zeit der Befragung künstlich durch entsprechende Kommandierungen erzeugt worden. In der Weimarer Republik spielte dieses Argument eine gewichtige Rolle, wovon noch zu berichten sein wird.

Unmittelbar vor dem Beginn des ersten Weltkrieges war die Diskussion um die deutschen Juden von der Frage der sogenannten Assimilation, ihres Aufgehens in der deutschen Gesellschaft, beherrscht worden. Persönlichkeiten des öffentlichen Lebens der verschiedensten Richtungen hatten in einer von Werner Sombart veranstalteten Umfrage zu „Judentaufen" ihre Meinung geäußert.[62] Sombart selbst hatte in jenen Jahren ein Buch veröffentlicht, das von einem besonderen volkswirtschaftlichen Blickpunkt her, gleichsam als Antithese zu Marx, die Assimilation der Juden in die jeweilige nationale Wirtschaft forderte. Sombart argumentierte, daß, wenn die Juden tatsächlich ein kapitalistisches Volk schlechthin seien, sie allein dadurch schon in die moderne kapitalistische Gesellschaft integriert würden und demnach sowieso keinen „Fremdkörper" in ihr darstellten, wie die deutschen Nationalisten und Alldeutschen behaupteten.[63]

Dergleichen Argumente waren in der Weimarer Republik nach 1918 zunächst völlig verpönt. Es erfolgte im wachsenden Maße ein Rückgriff auf die völkischen Auffassungen der neunziger Jahre, als diese über die Stoeckerschen Gedanken des antisemitisch gefärbten christlichen Sozialismus die Oberhand gewannen. Dabei fällt auf, daß keine prinzipiell neuen Argumente von den rassistischen Antisemiten vorgebracht wurden. Das entscheidend Neue in der antisemitischen Hetzpropaganda war allein das stärkere Hervortreten einer bereits während der vergangenen Jahrzehnte vorgeprägten Verbindung: Die jüdische Minderheit wird mehr als zuvor mit dem Fortschrittsgedanken, mit Demokratie, mit Marxismus und seit 1917 natürlich mit dem Kommunismus in Zusammenhang gebracht. In jenen Jahren begann das von den Hitlerfaschisten später durchexerzierte Modell der „jüdisch-bolschewistischen Weltverschwörung" als praktikabler Popanz der Weltbourgeoisie feste Umrisse anzunehmen.

Die deutsche Monopolbourgeoisie hat, wie die Geschichte beweist, stets versucht, für ihr Unvermögen, die Nation zu führen, irgendwelche mystischen Ursachen verantwortlich zu machen. In der Rangfolge dieser Gründe spielte die

„Schuld der Juden am Zusammenbruch 1918“, am – wie sie es nannte – „Novemberverbrechen“ eine außerordentlich gewichtige Rolle. Stärker als es jemals der Fall gewesen war, trat die Verbindung von nationalistischer Demagogie und Antisemitismus hervor. Wenn „die Juden“ die Niederlage Deutschlands „verschuldet“ hatten – wie behauptet wurde –, dann lag es auf der Hand, daß man nationalistisch-rassistischen Argumenten sein Ohr leihen müsse, um in Zukunft ähnliche „nationale Katastrophen“ zu vermeiden.

Auf diese Weise wurde es auch relativ leicht, die Weimarer Republik in der öffentlichen Meinung als „Judenrepublik“ abzustempeln, ein Wort, das dem späteren Schlagwort von der „Systemzeit“ entsprach und ein mächtiges agitatorisches Mittel gegen die Demokratie überhaupt darstellte.[64] Darüber hinaus wurden neue, spezifische antisemitische Argumente nicht geprägt, sofern die rassistische Begründug in Frage steht. Das Standardwerk jener Jahre des berüchtigten Antisemiten Arthur Dinter, „Die Sünde wider das Blut“, lebt völlig von den völkischen Ideen der neunziger Jahre.[65] Es erreichte 1935 bezeichnenderweise eine Auflage von 260 000 Exemplaren. Dinters Werk fußte auf einer breiten Grundlage völkisch-„erdgebundener“ Literatur, auf die im einzelnen einzugehen sich hier erübrigt.

Die Legende, die „Juden“ seien an der Niederlage Deutschlands im ersten Weltkrieg „schuld“, erhielt für viele auch durch die von dem geschlagenen Kriegsdiktator Erich Ludendorff herausgegebenen Publikationen autoritative Bedeutung. Ludendorff handelte bei seiner umfassenden antisemitischen Propaganda in erster Linie im Interesse des eigenen Prestiges; dennoch hatten natürlich die gesamte herrschende Klasse und insbesondere die mit der Vorbereitung eines Revanchekrieges befaßten Militärkreise ein unmittelbares Interesse, daß die Schuld an der Niederlage von 1918 irgendwelchen schwer faßbaren Gewalten in die Schuhe geschoben wurde. Andererseits gefiel sich die antisemitische Literatur der beginnenden zwanziger Jahre in einer gewissen Pseudogelehrsamkeit, wie sie beispielsweise in dem Werk von Otto Hauser „Geschichte des Judentums“ zum Ausdruck kommt.[66] Hauser bekennt sich im Vorwort des Buches ganz offen zur „anthropologischen Geschichtsauffassung“ und knüpft dabei, wie er selbst sagt, auch an Gobineau an. Der Verfasser neigt in seinen Schlußfolgerungen eher dem Zionismus zu, dem er bestimmte Perspektiven zugesteht und von dem er eine gewisse Gleichberechtigung von „Juden“ und „Nichtjuden“ erwartet.[67] Hauser, und das ist bezeichnend für diese Gattung intellektuellen Antisemitismus, hält nichts von organisierten Ausrottungen, wenngleich er die „Judenfrage“ mit den radikalen sozialen Umwälzungen in mitteleuropäischen Ländern nach 1918 durchaus ebenso demagogisch verbindet, wie das bereits durch andere deutsche Ideologen geschehen war.[68]

Zu diesen Betrachtungen gesellte sich nach 1918 in der Publizistik eine ganze Flut von Veröffentlichungen voller mystischer Rückgriffe auf antisemitische Ressentiments, die im Grunde genommen dem Arsenal mittelalterlicher Vorurteile entstammten. Bereits während der Hochwoge des Antisemitismus in den neunziger Jahren hatte es solche Rückgriffe, genährt durch Impulse aus dem benachbarten Österreich-Ungarn, gegeben.[69]

Jetzt konzentrierte sich die antisemitische Propaganda aus jeder völkischen Richtung auf zwei Fragen: auf die Frage des Talmud und des Schulchan-Arukh, die angeblich jüdischen Gläubigen Angriffe auf Nichtjuden zur Pflicht machten, und auf die „Protokolle der Weisen von Zion", von denen 1943 der jüdische Historiker Ismar Elbogen sagte, sie „wurden das Grundbuch des Nationalsozialismus, der nach ihrem Rezept die Unterjochung der Welt in Angriff nahm".[70]

Angesichts der Bedeutung dieser Publikation, die in der antisemitischen Propaganda der Nachkriegszeit in der ganzen Welt, besonders aber in Deutschland, eine herausragende Rolle spielte, lohnt es sich, bei ihrer abenteuerlichen Entstehungsgeschichte zu verweilen. Ende 1919 erschien in München ein Buch „Die Geheimnisse der Weisen von Zion".[71] Hinter dem Herausgeber-Pseudonym Gottfried zur Beek verbarg sich ein gewisser Hauptmann a. D. Müller von Hausen. Den Hauptteil des Buches bilden angebliche Verhandlungsberichte vom Basler Zionistenkongreß 1897. Dieses „Protokoll" ist in die Form eines Monologes gekleidet, in dem ein jüdischer Sprecher ein Programm zur Eroberung und Sicherung der Weltherrschaft des jüdischen Volkes entwickelt: Danach sollen die nichtjüdischen Völker durch „Spiele, Leidenschaften und öffentliche Häuser" und durch „Zerstörung des Gottesglaubens" moralisch zugrunde gerichtet werden.

„Der Tod", so doziert der Sprecher, „ist das unvermeidliche Ende aller Menschen. Daher ist es besser, dieses Ende für diejenigen zu beschleunigen, die unserer Sache schaden, als zu warten, bis es auch uns, die Schöpfer des Werkes, trifft."[72] Das Buch erregte ungeheures Aufsehen und wurde von antisemitischen Kreisen aller Schattierungen begierig aufgegriffen.

Schon nach wenigen Monaten enthüllte indes der Theologieprofessor H. L. Strack[73], daß Hausen den Inhalt seines monologischen „Protokolls" fast wortwörtlich einem bereits 1866 (über 30 Jahre vor dem Zionistenkongreß) erschienenen Roman „Biarritz" von Sir J. Retcliffe (Pseudonym für Hermann Goetzsche) entnommen hatte. Hier läßt der Autor die Sprecher der zwölf jüdischen Stämme zu nächtlicher Geisterstunde auf dem jüdischen Friedhof zu Prag zusammentreffen, um dort den „Weltverschwörungsplan" zu erörtern. Spätere Nachforschungen ergaben, daß auch Goetzsche abgeschrieben hatte, und zwar aus einem 1864 anonym veröffentlichten Pamphlet (Antisemiten liebten es offenkundig, ihre wahren Namen zu verbergen!) eines gewissen Maurice Joly „Dialogue aux enfer entre Machiavel et Montesqieu ou la Politique de Machiavel au XIXe siècle".

Diese literarischen Phantasieprodukte erregten auch das Interesse des russischen Polizeichefs General Rachkowsky, der die „Protokolle" zwischen 1897 und 1900 in Paris fabrizierte und mit entsprechender Einleitung und dokumentarischen Anhängen versah. Damit waren die „Protokolle" in die große Politik eingeführt! Rachkowsky spielte sein Falsifikat einem Beamten des russischen kirchlichen Überwachungsdienstes namens Sergej Nilus zu, der durch eine antisemitische Schmähschrift „Großes im Kleinen. Der nahende Antichrist und die Herrschaft des Teufels auf Erden" im Jahre 1901 die Verfolgung von Juden und Freimaurern in Rußland zu rechtfertigen suchte und den Boden für künftige Pogrome bereitete. 1905 erschienen die „Protokolle" in der erweiterten zweiten Auflage von Nilus' Schrift und wurden zum Hauptpropaganda-Instrument des Zarismus im Kampf gegen den bürgerlichen Fortschritt und die Arbeiterbewegung. Nach der Oktoberrevolution brachten zaristische Emigranten das Pamphlet nach Deutschland, von wo es dann überall Verbreitung fand. Nun erhielt die „jüdische Weltverschwörung" einen neuen Akzent: Sie wurde zur „jüdisch-bolschewistischen Weltverschwörung" erweitert und die Sowjetunion als deren angebliches Zentrum zur Hauptzielscheibe der Antisemiten in aller Welt.

Diese Zusammenhänge wurden außer durch Strack durch eine Reihe der historischen Wahrheit verpflichteter Publizisten – P. Graves in London 1921, B. W. Segel in Berlin 1924, späterhin H. Bernstein 1935 und J. S. Curtiss 1942[74] – in allen Einzelheiten enthüllt. Aber alle diese Schriften bewirkten schon darum wenig, weil der Antisemitismus – wie wir bereits für die Zeit vor 1914 darzulegen bestrebt waren – ein ideologisches Kampfmittel der herrschenden Klasse war und dies in der sich zuspitzenden Situation der Weimarer Republik in immer stärkerem Maße wurde. So stellt Elbogen zutreffend fest, „daß selbst ‚ernste' Staatsmänner Gebrauch von dieser schamlosen Erfindung machten, wenn sie ihrer antibolschewistischen Politik diente".[75]

Das kommt auch in der Haltung der deutschen bürgerlichen Mittelparteien zum Ausdruck, die später von den Faschisten samt und sonders als „Parteien von Weimar" abgestempelt wurden.[76] Bei ihnen findet sich durchweg ein mehr oder minder versteckter Antisemitismus, wenn nicht in programmatischer Beziehung, so doch als passives Verhalten gegenüber antisemitischen Aktivitäten anderer Gruppen.

In der Popularisierung und Verbreitung antisemitischer Gedankengänge und politisch-aktuell gefärbter Judenhetze standen natürlich die Organisationen der deutschen Rechtsparteien an erster Stelle. Sie wahrten das „Erbe" jener in den letzten Jahrzehnten vor dem ersten Weltkrieg aufkommenden völkischen Antisemiten. Demgemäß waren auch ihre Argumente die gleichen.

Die Bamberger Erklärung der Alldeutschen von 1919, noch ganz unter dem Eindruck des „Schmachfriedens" von Versailles, knüpfte an jene Gedanken an, die 1913 in dem ersten offen antisemitischen Artikel der „Alldeutschen Blätter" als Leitlinie des Verbandes ausgesprochen worden waren. Auf einen Nenner gebracht hieß es: Die nationale Wiedergeburt des deutschen Volkes sei nur möglich bei Ausschaltung des Einflusses der jüdischen Rasse. Die Alldeutschen lieferten im Grunde genommen allen völkischen Verbänden das geistige Rüstzeug, von den Bünden der Freikorpskämpfer bis hin zu der bereits erwähnten Gemeinde Ludendorffs mit ihrer germanischen Mystik, die der gescheiterte Feldherr in seiner „Volkswarte" pflegte. Eine gewisse Sonderstellung nahm eine Zeitlang die sogenannte Deutschvölkische Freiheitsbewegung ein, die unter Reinhold Wulle eine Reihe von völkischen Splittergruppen zusammenfaßte. Im Reichstag konnte sie eine gewisse Rolle spielen, gleichsam als Lückenbüßer für die 1924 noch verbotene Nationalsozialistische Deutsche Arbeiterpartei (NSDAP) Hitlers, in ihrem Einfluß ging sie dann aber rasch zurück. Es erwies sich gerade an einer solchen Erscheinung, daß, wie schon am Beispiel der Ahlwardtschen Radauantisemiten der Jahrhundertwende erkennbar, Antisemitismus allein nicht ausreichte, um eine tragfähige parteipolitische Grundlage zu bilden. Zudem wurden diese völkischen Splittergruppen gegen Ende der Weimarer Republik überflüssig. Sie gingen entweder in der NSDAP auf oder wurden durch deren Aufstieg ersetzt. Anders hingegen war es mit einer Massenorganisation wie dem Deutschnationalen Handlungsgehilfenverband, den wir bereits als Träger antisemitischer Gedanken vor 1914 kennengelernt haben und dessen Mitgliederzahl sowie Einfluß sich vor allem unter den Auswirkungen der Weltwirtschaftskrise 1929 bis 1932 wesentlich steigerte. Hier bestand, von der NSDAP abgesehen, ein Sammelbecken, in dem sich die verschiedenen antisemitischen völkischen Richtungen trafen bzw. auch miteinander konkurrierten. Den wesentlichsten Einfluß hatte die Deutschnationale Volkspartei (DNVP), deren völkische Grundlinie wie auch ihr spezifischer Antisemitismus durchaus mit dem der NSDAP konform ging. Im Verlaufe der Zuspitzung der Klassengegensätze in der Weimarer Republik loderte, wie einer ihrer Ideologen selbst schrieb, „‚die antisemitische Glut, durch die deutschnationale Aufklärungsarbeit entfacht, in hellen Flammen'" auf.[77] Hinsichtlich der antijüdischen Propaganda, besonders während der Wahlkampagnen zu Beginn der dreißiger Jahre, konnte man die Plakate der DNVP und der NSDAP ohne weiteres miteinander vertauschen. Das galt auch in der Frage des Antimarxismus, die für die Deutschnationale Volkspartei ebenso wie bei der NSDAP eng mit der antisemitischen Grundeinstellung verknüpft war. Hugenberg, seit 1928 Parteivorsitzender, war zudem mittels seines großen Pressekonzerns in der Lage, antisemitische Gedanken – offen und unterschwellig – bis in den letzten Winkel Deutschlands zu tragen. Auch der Stahlhelm als angeblich politisch neutraler

Frontkämpferbund folgte im wesentlichen den Schlagworten Hugenbergs und der DNVP. Was die Meinungsverschiedenheiten zur NSDAP anging, so beschränkten sie sich vornehmlich auf die der Deutschnationalen Volkspartei anrüchig scheinende Massenhysterie, welche die NSDAP skrupellos mit Appellen an niedere Instinkte zu nähren bestrebt war. Das war für viele Völkische mit ihrem auch dem Rassegedanken eigenen Elitebewußtsein schon „Vermassung" und „Bolschewismus". Aus dieser Einstellung heraus erklärt sich dann während des Faschismus diese und jene Opposition aus diesen extrem rechten Kreisen gegen die NSDAP.

Waren die Deutschnationalen neben der NSDAP die Hauptträger eines aktiven Antisemitismus, so waren die anderen bürgerlichen Parteien in der Weimarer Republik durch einen mehr unterschwelligen und passiven Antisemitismus gekennzeichnet. Die Deutsche Volkspartei (DVP), seit 1918 Nachfolgerin der weitgehend imperialistisch orientierten Nationalliberalen Partei, war von ihrer Wählerschaft her mit den traditionellen antijüdischen Ressentiments des deutschen Bürgertums behaftet. Da sie in ihrem Programm eine Rückwendung zur Monarchie und die Feindschaft gegen die Republik proklamierte, war dies an sich schon eine Kampfansage gegen alle Kräfte, die sich mit der Weimarer Demokratie identifizierten, was bei der Mehrzahl jüdischer Bürger in Deutschland der Fall war. Allerdings vermied die DVP noch im Wahlkampf 1930 jede Stellungnahme zur Frage der jüdischen Bürger in Deutschland und zum Antisemitismus. Hingegen sprach die Parteiführung ziemlich offen in ihren Kundgebungen im Jargon der deutschnationalen Hugenbergpresse, und auch wenn das Wort „Jude" im allgemeinen vermieden wurde, genügte doch die Andeutung „undeutsch", um bei den Anhängern die entsprechenden Assoziationen hervorzurufen. Im Konkurrenzkampf mit den erfolgreicheren Deutschnationalen und Nazis wollte die DVP, die in der Einstellung zum Antisemitismus in sich gespalten war, keine Anhängereinbußen wegen dieser Frage riskieren. Andererseits wurde sie durch den immer deutlicheren Rechtstrend am Ende der Weimarer Republik in diese Richtung gedrängt. Die Rede des Parteivorsitzenden Dingeldey vom 9. Oktober 1932 „Botschaft an das nationale Deutschland" verurteilte das System von Weimar als „*Überspannung* eines Gedankens, der unserem Volkstum *fremd* ist," [78] und leistete durch diese zwar nicht offene und schon gar nicht grobe, aber unterschwellige Tendenz der antisemitischen Stimmung, die von anderen Kräften geschürt wurde, Vorschub.

In gewissem Sinne war die Lage innerhalb der stark an den deutschen Katholizismus angelehnten Zentrumspartei ähnlich. Die Partei selbst machte von sich aus keine antisemitische Propaganda. Sie setzte sich mit nazistischen Rasseargumenten im allgemeinen von der Ebene des katholischen Glaubensdogmas auseinander. Aber die Anhängerschaft der Partei war außerordentlich differenziert, und in ihren Reihen, vor allem den bäuerlichen, konnte man nicht wenige antisemitische Ressentiments finden, die natürlich auf die Partei und ihre taktischen Äußerungen zurückwirkten. Es wurden zwar in der Zentrumspresse Schändungen jüdischer Grab- und Kultstätten verurteilt und als „Vandalismus" gekennzeichnet, doch andererseits tat die Führung der Zentrumspartei in den beginnenden dreißiger Jahren so gut wie nichts, eine breitere Anti-Nazi-Front mit anderen bürgerlichen Parteien zu schaffen. Im Sommer 1932 unternahm das Zentrum sogar eine Reihe taktischer Schritte gegenüber der NSDAP, die es nun als mögliche künftige Regierungspartei auf Reichsebene betrachtete. Damit begann eine Annäherung auch dieser, während mehrerer Jahrzehnte verhältnismäßig stabilen Partei der Mitte an die nationalistischen Parteien. Ein ähnliches Bild, nur auf bayrisch-lokaler Ebene, zeigte die Bayerische Volkspartei (BVP), deren Stellung zum Antisemitismus nicht wesentlich von der des Zentrums abwich. Es war für diese Partei mit ihren föderalistisch-separatistischen Sonderinteressen mehr eine Frage am Rande.

Am stärksten fühlte sich unter den bürgerlichen Parteien die Deutsche Demokratische Partei (DDP) (später Deutsche Staatspartei) zu einer Stellungnahme in der Frage des Antisemitismus gedrängt. Hier waren noch vorimperialistische liberale Traditionen in der Frage der zivilen Rechtsgleichheit am meisten ausgeprägt. In diesem Sinne gab die Partei 1927 in einem Handbuch, das der Information der Wählerschaft diente, unter dem Stichwort „Antisemitismus" eine recht eindeutige Erklärung ab. Sie nannte dort den Antisemitismus „eine unmoralische Bewegung", an die niedersten Instinkte appellierend und „auf einer Unzahl längst widerlegter, aber immer und immer wieder vorgebrachter Lügen, Fälschungen und Verleumdungen fußend" [79]. Doch betraf das, so ehrenwert diese Haltung war, natürlich nicht den Kern des Antisemitismus als Mittel der Manipulierung der Massen. Außerdem bedeutete Distanzierung vom Antisemitismus noch nicht schlechthin Sympathie und Unterstützung für jüdische Bürger. Das zeigte sich schließlich in jenem Manöver der Deutschen Demokratischen Partei im Sommer 1930, als sich die Partei ziemlich überraschend mit dem antisemitischen Jungdeutschen Orden (Jungdo) von Arthur Mahraun zusammenschloß. Diese Volksnationale Reichsvereinigung hielt nicht lange stand und war kein Ausweg für die auf dem Abstieg befindliche Deutsche Demokratische Partei. Immerhin ist es bezeichnend für die Atmosphäre jener Jahre der Weimarer Republik, daß selbst diese bürgerliche Partei, die unter den jüdischen Bürgern des Mittelstandes einen beträchtlichen Anhang besaß, in Gestalt jenes zeitweiligen Zusammengehens mit dem Jungdo einen antisemitischen Tribut auf Umwegen entrichtete. Schließlich bleibt darauf zu verweisen, daß auch auf dem Wege über die Kirchen beider großer christlicher Konfessionen in Deutschland antisemitische Ideologie verbreitet wurde. Natürlich war dieser Antisemitismus religiös gefärbt und begründet, wie dies bei dem bereits erwähnten Hofprediger Stoecker und seiner Bewegung der Fall gewesen war.

Jetzt formierte sich innerhalb der protestantischen Kirche sogar eine Strömung, die als „Deutsche Christen“ sowohl Stoeckersche als auch faschistische ideologische Elemente verfocht. Dabei mischte sich ziemlich unverblümt Antimarxismus mit Antisemitismus, wie etwa die folgende Stellungnahme aus dem Jahre 1931 beweist: „Der falsche messianische Wahn des Marxismus ist nicht das Erzeugnis eines warmfühlenden christlichen Herzens, sondern der eiskalten Logik eines jüdischen Kopfes. Juden als Anstifter und Vorkämpfer der Revolution, als Inhaber und Nutznießer des anonymen internationalen Leihkapitals, als Besitzer und Schreiber einer undeutschen, unchristlichen, das deutsche Volksleben vergiftenden Presse und Literatur, kurzum Juden überall. Deshalb ist das ‚Deutschland erwache‘ wohl am Platze . . .“ [80]

Gewiß gab es Stimmen, die den Antisemitismus offen verurteilten, wie etwa die 1928 erschienene Broschüre „Evangelische Kirche und Judentum – Ein Beitrag zu christlichem Verständnis von Judentum und Antisemitismus“ aus der Feder des Stuttgarter Stadtpfarrers Eduard Lamparter. Lamparter erklärte darin, gestützt auf die wissenschaftlichen Erkenntnisse der Anthropologie, „daß es die Rasse als Inbegiff der einem Stamme von Anfang an mitgegebenen und unverlierbaren Eigenschaften und Merkmale nicht gibt.“ [81] Doch kamen solche besonnenen Äußerungen damals nicht gebührend zur Geltung.

Was die offizielle Stellungnahme der katholischen Kirche in Deutschland zu jener Zeit betrifft, so wurde Antisemitismus als den Grundsätzen der christlichen Sittenlehre zuwiderlaufend abgelehnt. Andererseits bestanden Tendenzen, „Maßnahmen gegen unberechtigten und schädlichen Einfluß des wirtschaftenden und geistigen Judentums“ für „erlaubt“ zu erklären.[82]

7. Die Lage der Juden in der Weimarer Republik

Wollte man der antisemitischen Argumentation folgen, so brach für die deutschen Juden nach dem ersten Weltkrieg das goldene Zeitalter an. Wie war nun ihre Lage wirklich?

Sicherlich brachte die Verfassung, deren Entwurf von Hugo Preuß, einem liberalen Bürger jüdischer Konfession, formuliert worden war, eine gewisse Erweiterung der bürgerlich-demokratischen Rechte und Freiheiten, ohne jedoch die Grundlagen der reaktionären Monarchie, die Großbourgeoisie, das Junkertum und den gesamten Apparat der alten Regierungs-, Verwaltungs- und Justizbürokratie zu beseitigen oder auch nur anzutasten. So blieb auch weiterhin die jüdische Gleichberechtigung vielfach auf dem Papier. Hierfür einige charakteristische statistische Angaben [83]:

Zwischen 1918 und 1932 waren von insgesamt zweihundert Reichsministern nur sechs jüdischer Herkunft. Kein einziger Oberpräsident der preußischen Provinzen, kein Regierungspräsident der 35 preußischen Regierungsbezirke und erst recht keiner der 400 preußischen Landräte war Jude. Dabei galt Preußen während der Weimarer Republik noch als fortschrittlichstes Land, denn es war durchgängig eine Bastion der Sozialdemokratie! Im Jahre 1925 verfügte Preußen in der höheren Verwaltung und Rechtspflege offiziell über 371 jüdische höhere Verwaltungsbeamte, Richter und Staatsanwälte, was einem Prozentsatz von 1,67 gleichkam. Von 1 657 000 preußischen Beamten waren 5 446 (0,33 Prozent) jüdischer Herkunft. Auch der Reichstag vom 14. September 1930, das Parlament, in das die Nazis mit so spektakulärem Anteil von 107 Abgeordneten einzogen, zählte unter den 577 Mitgliedern nur zwei „Glaubensjuden". An den Universitäten und Hochschulen waren nur fünf Prozent der Ordinariate von jüdischen Professoren besetzt (in einigen naturwissenschaftlichen Fächern war ihr Anteil allerdings erheblich höher!), die militärische Laufbahn war Juden nach wie vor so gut wie verschlossen. So also sah es in Preußen, im Hauptland der angeblichen „Judenrepublik", aus.

Sozial setzte sich der Anpassungsprozeß an die gesellschaftliche Umgebung weiter fort. In die Augen springend ist der Polarisierungsprozeß, der sich vor allem mit dem Ausbruch der Weltwirtschaftskrise erheblich verstärkte. So wurden 1930 rund 115 000 jüdische Arbeiter und Angestellte gezählt. Das bedeutet, daß nahezu jeder zweite jüdische Erwerbstätige als Arbeiter oder Angestellter dem Proletariat zuzurechnen war, während die Zahl der selbständigen klein- und mittelbürgerlichen Existenzen weiter zurückging. 30 000 Juden waren um diese Zeit bereits erwerbslos. In den großen Klassenschlachten der Jahre 1931 und 1932 standen sich jüdische Unternehmer und jüdische Proletarier nicht weniger unversöhnlich gegenüber als ihre Klassengenossen christlicher Observanz.

Unter den jüdischen gesellschaftlichen Organisationen nahm der CV nach wie vor die beherrschende Stellung ein.[84] In seinem Führungsgremium dominierten bürgerlich-liberale, konservative und orthodoxe Kräfte. So waren der Direktor des CV Ludwig Holländer, der Syndikus Alfred Wiener und das Vorstandsmitglied Georg Bernhard (Chefredakteur der „Vossischen Zeitung") Mitglieder der Deutschen Demokratischen Partei. Der stellvertretende Vorsitzende Ernst Wallach (Privatbankier) und die Vorstandsmitglieder Max M. Warburg (Privatbankier) und Jakob Goldschmidt (Direktor der Darmstädter und Nationalbank) waren Mitglieder der Deutschen Volkspartei. Es gab auch einige Sozialdemokraten im CV und diese „bemühten sich denn auch, den jüdischen Kritikern der C.V.-Arbeit auf der Linken entgegenzuhalten, daß der Centralverein die Rechte aller Juden, eben auch der jüdischen Bourgeoisie, gegen den Antisemitismus und den judenfeindlichen Faschismus vertrete. Die jüdische Bourgeoisie nehme zwar noch einen Teil der Führerstellen im deutschen Judentum ein, aber angesichts einer sozialen Umschichtung sei ihr Einfluß im steten Schwinden begriffen. Jeder jüdische Sozialist könne als Jude und Klassenkämpfer den C.V. unterstützen."[85]

Diese Behauptung, die Arnold Paucker, zum konservativen Flügel des CV gehörig, in einer dem CV gewidmeten Schrift im Jahre 1968 aufstellt, wird allerdings durch die Tatsachen ad absurdum geführt. Es genügt der Hinweis, daß Jakob Goldschmidt am 16. Juni 1928 seinen Austritt aus dem CV vollzog als Protest gegen ein Flugblatt des CV, das bestimmte sozialdemokratische Argumente aufgegriffen hatte.[86] Aber auch der linksliberale Holländer wandte sich in einer internen, an die Hauptvorstandsmitglieder versandten Studie am 6. Dezember 1929 gegen jegliche „Art von *Sozialisierung* aller größeren Privatbetriebe, an denen den Arbeitern und Angestellten ein Gewinnbeteiligungsrecht gesetzlich garantiert werden soll", und forderte, „einen Damm auf(zu)richten gegen die Wogen des Radikalismus."[87] In diesem Falle handelte es sich um jene pseudorevolutionären Phrasen der deutschen Faschisten, die Holländer als „Rechtsbolschewismus" bezeichnete und dem Programm der revolutionären Arbeiter- und Soldatenräte des Jahres 1918 „unseligen Gedenkens" gleichsetzte. Im übrigen widerlegt Paucker an anderer Stelle seines Buches die von ihm behauptete Bereitschaft der jüdischen Bourgeoisie zur antifaschistischen Einheitsfront mit dem Argument, die soziologische und ideologische Struktur des deutschen Judentums sei so geartet gewesen, „daß sie eine einheitliche politische Linie unmöglich machte".[88]

Aber auch außerhalb des CV konnte es kaum eine Interessengemeinschaft zwischen den jüdischen Linkskräften und der jüdischen Finanzoligarchie geben, wie die Transaktionen um die antisowjetische „Paneuropa"-Bewegung des Grafen Coudenhove-Kalergi im Jahre 1924 (sie wurde bekanntlich von den Bankhäusern Rothschild und Warburg finanziert) und die noch übleren Transaktionen der Bankhäuser Bleichröder und Mendelssohn im Zusammenhang mit der „Internationalen Gläubiger-Vereinigung" zur Eintreibung von Schulden der Zarenregierung mit Hilfe eines internationalen Kreditboykotts gegen die Sowjetunion erkennen lassen.[89]

Der CV verfügte über direkte Verbindungen zum Reichspräsidenten von Hindenburg und zu Regierungsstellen durch einflußreiche Vertrauensleute und fühlte sich infolgedessen durch die staatliche Exekutive vor dem Radauantisemitismus der Nazis genügend abgeschirmt. Als sich jedoch Anfang der dreißiger Jahre herausstellte, daß die Rückendeckung seitens der Behörden gegen die faschistische Hetze immer labiler und unverbindlicher wurde und der CV nun zu aktiver Abwehr des Antisemitismus schreiten wollte, mußte er erleben, daß „viele Juden der Idee aktiver jüdischer Selbstverteidigung ablehnend oder feindselig“ gegenüberstanden und es vorzogen, die „umstürzlerische Bewegung“ der Nazis durch Anrufung der Gerichte zu bekämpfen.[90] So konnte es nicht ausbleiben, daß auch innerhalb des CV unklare Vorstellungen über den Charakter des Faschismus herrschten. Nicht wenige jüdische Bürger meinten, der Hitlerfaschismus werde nur ein Übergangsstadium sein, und diese Durststrecke müsse man eben durchstehen. Noch im Herbst 1932, als der Vormarsch der Faschisten in ganz Deutschland unverkennbar und ihre chauvinistisch-nationalistische Position ganz eindeutig geworden war, glaubte der CV an die „‚Herstellung würdiger Daseinsbedingungen für eine *lebensvolle jüdische Gemeinschaft* in deutscher Heimat und in untrennbarer Verbundenheit mit ihr.‘ “[91]

Der Hamburger Bankier Max Warburg soll hier mit seinen nachträglichen Bekenntnissen als Beispiel für viele illusionäre Vorstellungen jüdischer Bürger angeführt werden. Er sagte: „... bis zum Sturze Schleichers ... gab ich mich dem Wahn hin, es könne nicht so schlimm werden, wie es mitunter den Anschein hatte ...“ Er gab zu, daß er im Jahre 1933 die Folgen des Umsturzes auch nicht im mindesten übersah. Er schrieb es einer bloßen Verkettung von Intrigen zu, daß Hitler an die Macht gekommen war.[92]

Diese Situation wird hier eingehend beschrieben, weil sonst die späteren Reaktionen führender jüdischer Persönlichkeiten des CV in den Jahren nach 1933 nicht verständlich würden. Außerdem wirkte diese Haltung tragischen Miß- und Unverständnisses auch auf die Wirksamkeit jener Maßnahmen gegen den faschistischen Antisemitismus zurück, die von seiten des CV und des Reichsbundes jüdischer Frontsoldaten in den Jahren der Weimarer Republik ergriffen wurden.

Ihre Schwäche war vor allem, daß in Unkenntnis über das wahre Wesen des Hitlerfaschismus fast durchweg nur dessen Antisemitismus bekämpft und angeprangert wurde. Das illusionäre Bestreben, antisemitische völkische und faschistische Hetze mit Gegenbeweisen in verschiedenster Form von „Aufklärung“ zu widerlegen, führte die Aktionen des CV geradezu mit logischer Konsequenz in die Defensive. Praktisch diktierte der antisemitische Gegner die Linie der Argumentation des CV und seiner Aufklärung. Freilich konnte die vom CV eingerichtete Rechtsschutzstelle Prozesse gegen Antisemiten einleiten, Boykottforderungen gegen jüdische Geschäfte zum Teil abwehren. Auch gegenüber Friedhofs- und Synagogenschändungen gab es Teilerfolge. Doch konnten solche Aktionen keinen grundlegenden Wandel bewirken. Dieser Aktivität waren im Rahmen der immer mehr zerbröckelnden formalen Weimarer Demokratie enge Grenzen gesetzt, und Prozesse und Gerichtsverhandlungen begünstigten noch die Nazi-Propaganda, deren Vertreter dort „streng legal“ ihre antisemitischen Ansichten vertreten konnten. Religionsbeleidigungsprozesse, die der CV anstrengte, verwandelten sich auf diese Weise in „Talmud“-Prozesse, in denen die Kläger plötzlich in die Lage von Angeklagten versetzt waren und den Nachweis erbringen sollten, daß es keine „jüdischen Geheimlehren" gäbe. Eines der bezeichnendsten Beispiele für die gegenteilige Wirkung mancher CV-Aktionen ist ein Plakat vom Sommer 1932, das ein Zitat aus „Mein Kampf" nebst einer Hitlerkarikatur kommentarlos wiedergab und Anklage gegen die Nazis erheben sollte. Goebbels, damals Nazi-Gauleiter von Berlin, bedankte sich in seinem Organ „Der Angriff" höhnisch bei den Herausgebern des Plakats als einer wirkungsvollen Wahlhilfe für die NSDAP.

Zu diesem Zeitpunkt hatte der CV bereits begonnen, mittels eines besonderen Korrespondenzbüros, des „Büros Wilhelmstraße", die Nazipartei zu attackieren. Titularchef dieses Büros war ein ehemaliger nichtjüdischer Polizeioffizier namens M. Brunzlow, Archivar der ebenfalls nichtjüdische Journalist W. Gyssling. Die eigentliche Leitung lag in den Händen von Hans Reichmann, einem führenden Mitglied des CV. Das Büro, das als „Ausschuß für Volksaufklärung" und später als „Deutscher Volksgemeinschaftsdienst" firmierte, verbreitete Plakate, Zeitschriften und Flugblätter in hohen Auflagen und veranstaltete im Zusammenhang mit Reichstags- und Landtagswahlen große Werbekampagnen zur Unterstützung solcher Parteien, die nicht offen antisemitisch auftraten.

Finanziert wurde vom CV die Propaganda der SPD, der Staatspartei und des Zentrums. Beim Wahlkampf 1930 wurden etwa 3 Millionen Reichsmark ausgegeben, 1932 noch mehr. Eine Finanzierung der „antireligiösen Linken" war ausgeschlossen, berichtet Paucker.[93]

Auch das Bekanntwerden der Verhandlungen zwischen Zentrum und NSDAP und das zeitweilige Bündnis der Staatspartei mit dem reaktionären Jungdeutschen Orden hat den CV nicht davon abgehalten, diese Parteien auch weiterhin zu unterstützen.

Das „Büro Wilhelmstraße" belieferte die Presse der nichtfaschistischen bürgerlichen Parteien wie der beiden Arbeiterparteien mit Materialien über die Führer der Nazipartei. Dies war gewiß ein Beitrag im Kampf gegen den heraufziehenden Faschismus, zumal das Büro über außerordentlich sachkundige Experten und gute Informationsquellen verfügte. Das Archiv wurde nach 1933 aus Sicherheitsgründen leider vernichtet. Dennoch blieb auch diese Tätigkeit letztlich inkonsequent, weil der Hitlerfaschismus als ein von der sonstigen gesellschaftlichen Entwicklung losgelöstes Phänomen behandelt und eingeschätzt wurde.

Unklarheit bewies schließlich der Schritt, den im Herbst 1932, zum Geburtstag Hindenburgs, der Reichsbund jüdischer Frontsoldaten unternahm. Die Organisation, die auch Beziehungen zum Reichsbanner Schwarz-Rot-Gold hatte, geriet mit ihrer ständigen Agitation über den hohen Anteil der jüdischen Frontkämpfer am „Blutzoll" des deutschen Volkes im ersten Weltkrieg in fatale

Nähe zu deutschnationalen und Reichswehrkreisen. Damals überreichten ihre Vertreter eine Gedenkliste jüdischer Kriegsgefallener an den Reichspräsidenten von Hindenburg – den Mann, der nur wenige Monate später Hitler zum Reichskanzler berief.

Man kann im ganzen gesehen Arnold Paucker zustimmen, wenn er in rückschauender Einschätzung die Maßnahmen des CV und des Reichsbundes jüdischer Frontsoldaten gegen den Antisemitismus nur als „Rückzugsgefecht" charakterisiert.[94]

Die Zionisten hatten durch die Balfour-Deklaration von 1917, über die wir bereits berichteten, Auftrieb erhalten. Einen weiteren Erfolg errangen sie auf der Pariser Friedenskonferenz, wo eine zionistische Delegation die Anerkennung grundsätzlicher Minderheitenschutzbestimmungen für die Juden durch den Völkerbund und die Aufnahme entsprechender Garantieklauseln in den Verträgen mit den Nachfolgestaaten Österreich-Ungarns, des zaristischen Rußland und mit anderen ost- und südosteuropäischen Staaten durchsetzte. Allerdings konnte diese Delegation nicht für die jüdischen Minderheiten den Status von „nationalen Minderheiten" erreichen, vor allem infolge des Widerstandes der Juden in den westeuropäischen Ländern und in den USA. Am 29. September 1923 trat das Palästina-Mandat für Großbritannien in Kraft, in dem sich die Mandatsmacht verpflichtete, die „Errichtung einer nationalen Heimstätte für das jüdische Volk in Palästina" zu fördern. Damit war die Balfour-Deklaration völkerrechtlich verbindlich geworden. Ferner wurde die Jewish Agency als jüdische Interessenvertretung im Lande mit bestimmten Privilegien ausgestattet. 1924 gelang es schließlich den Zionisten, auch Nichtzionisten zur Mitarbeit in einer erweiterten Jewish Agency zu gewinnen.

Ungeachtet dieser unbestreitbaren außenpolitischen Erfolge blieb die zionistische Gruppe innerhalb der deutschen Juden eine Minderheit, und ihr Programm stieß vor allem in den liberalen jüdischen Kreisen auf unverändert heftige Ablehnung. Noch 1933 erklärte Bruno Weil, führender Repräsentant des CV, wörtlich: „Wir sind keine nationale Minderheit und werden auch nicht anerkennen, was in dieser Richtung gegen unseren Willen von anderer Seite geschieht."[95]

Erst nach dem Machtantritt des Faschismus in Deutschland gelang es dem Zionismus, unter den Schlägen der einsetzenden Verfolgungen und Pogrome zur führenden Kraft innerhalb der jüdischen Gruppe aufzusteigen.

Die Aktivität der großen bürgerlich-jüdischen Organisationen – des CV, des RjF – wie auch der Zionisten und der Orthodoxen in der Abwehr des Antisemitismus und des zur Macht drängenden Faschismus mußte ohne nachhaltige Wirkung bleiben, da sie ein Bündnis mit jenen politischen Kräften ablehnten, die allein die Voraussetzungen für die Verhinderung des Machtantritts der Faschisten boten. Doch diese Brücke zu den natürlichen Verbündeten, den klassenbewußten Arbeitern, zu schlagen, hinderte die genannten Organisationen in erster Linie ihre eigene Klassenposition. Die Furcht vor Repressalien war nur vorgeschoben. Die Führer der jüdischen Organisationen lehnten vor allem ein Bündnis mit den Linkskräften ab, weil sie eine Einheitsfront von Kommunisten und Sozialdemokraten fürchteten. Die weiter vorn geschilderten Beispiele für die Haltung der jüdischen Bourgeoisie lassen keinen Zweifel, daß die Ablehnung des Bündnisses nicht taktischer, sondern prinzipieller Natur war.

8. Kommunisten und Sozialdemokraten zur „Judenfrage" in der Weimarer Republik

Die bereits gekennzeichneten Traditionen des Marxismus in der Frage des Antisemitismus und des Rassismus wirkten während der Weimarer Republik in der Arbeiterbewegung weiter. Die KPD und auch die SPD und die Gewerkschaften erwiesen sich immun gegen jegliche Form antisemitischer Verseuchung. Selbst die Politik der „Vaterlandsverteidigung" und die nationalistische Position der SPD seit 1914 hatten auf ihre Stellung zum Antisemitismus keinen unmittelbaren Einfluß. Allerdings hatte sich die Haltung einiger sozialdemokratischer Führer in der Frage des Zionismus im Laufe der Jahre gewandelt. So schwenkte Bernstein, der noch vor dem Kriege jeglichen jüdischen Nationalismus zionistischer Prägung abgelehnt hatte, Ende der zwanziger Jahre in das zionistenfreundliche Lager um und wurde sogar Mitglied des „Sozialistischen Komitees für das arbeitende Palästina".

Voll und ganz auf dem Boden der marxistischen Auffassung zu Antisemitismus und „Judenfrage" stand hingegen die Kommunistische Partei Deutschlands. In ihren Reihen kämpften revolutionäre Führer der Arbeiterklasse jüdischer Herkunft, und viele von ihnen fielen den Mordanschlägen faschistischer Freikorpsbanden oder zügellosen Militärexekutionen zum Opfer.

In Übereinstimmung mit den bereits zitierten Äußerungen von Marx und Engels betrachteten die Kommunisten die Frage der Juden in Deutschland wie auch das Problem der jüdischen Emanzipation in anderen Ländern als untrennbar mit der Lösung der sozialen Frage und mit dem Sturz des Kapitalismus verbunden. Darauf ist es vor allem zurückzuführen, daß zur „Judenfrage" speziell nur wenige Äußerungen zu finden sind. Als maßgeblich für die Haltung der deutschen Kommunisten zu Problemen der deutschen Juden seien zwei Stellungnahmen angeführt. Das erste betrifft die Verurteilung des Zionismus auf dem II. Kongreß der Kommunistischen Internationale im Jahre 1920. Es wurde dort im Rahmen der Diskussion über nationale und koloniale Fragen ausgeführt: „Die Zionisten suchen sich in allen Ländern Anhänger zu gewinnen und dienen durch ihre Agitation und ihre Propaganda den Interessen der kapitalistischen Klasse. Die Kommunistische Internationale muß diese Bewegung aufs energischste bekämpfen." [96]

Nicht minder entschieden im gleichen Sinne sind die Feststellungen, welche unter dem Titel „Zurück ins Mittelalter" im April 1933 von dem Organ der KPD, der in Basel erscheinenden „Rundschau", getroffen wurden: „Der Antisemitismus war einer der wirkungsvollsten Mittel der sozialen Demagogie, die Hitler in seinem Kampf zur Macht zur Anwendung brachte. Um dem Antisemitismus einen antikapitalistischen Deckmantel zu geben, genügte es für das primitive Denken der rückständigen, kleinbürgerlichen Schichten in Deutschland, die Dinge so darzustellen, als ob das Kapital und insbesondere das Finanzkapital eine Waffe des Judentums gegen die übrigen Völker sei. Es genügte, den verelendeten kleinbürgerlichen Massen einzureden, daß nicht der Kapitalismus im Ganzen, sondern nur eine bestimmte Gruppe von Kapitalisten, die jüdischen, die ‚raffenden' Kapitalisten, die Schuldtragenden an allem Elend seien, um diese Massen für die Ziele der Diktatur des Finanzkapitals einzuspannen. Auch andere reaktionäre Mächte haben sich der antisemitischen Stimmungen kleinbürgerlicher Schichten zum Kampfe gegen die revolutionäre Bewegung bedient. Das System der Judenpogrome wurde in der Vorkriegszeit im größten Maßstabe in Rußland angewendet; der Antisemitismus war eine der wirksamsten Waffen in dem Kampfe der schwarzen Hundertschaften zur Unterdrückung der revolutionären Arbeiterbewegung. Daß auch andere reaktionäre Regierungen, um ihre innere Schwäche zu verbergen, sich der Waffe des Antisemitismus bedienten, beweist das Beispiel des Hilsner-Prozesses in Österreich vor dem Kriege, beweisen die Judenpogrome, die noch heute in Polen und Rumänien an der Tagesordnung sind ... Was den Hitlerschen Antisemitismus jedoch von allen anderen Bewegungen dieser Art unterscheidet, das war die Fähigkeit Hitlers, den Antisemitismus mit der antikapitalistischen Phraseologie des Faschismus zu verknüpfen und gerade durch die Verbindung dieser beiden Elemente eine ungeheure Massenwirkung zu erzielen."

So wird hier gleichsam die prinzipielle Auffassung der KPD während der Weimarer Republik resümiert und daran der Aufruf geknüpft, in diesem Sinne die Barbarei des Antisemitismus zu bekämpfen.

„Gerade deshalb ist es heute Pflicht des internationalen Proletariats, den Kampf gegen die mittelalterlichen Judenverfolgungen im faschistischen Deutschland zu organisieren, den wahren Charakter der deutschen Judenpogrome zu entlarven und alle Werktätigen von der Richtigkeit der kommunistischen Stellung zur Judenfrage zu überzeugen." [97]

Diese prinzipielle und klassenmäßige Einschätzung blieb die Richtschnur für die KPD in den kommenden schweren Jahren der Illegalität. Sie findet sich in allen Kundgebungen und Stellungnahmen, die die Partei – selbst grausam unterdrückt – bei den verschiedensten Anlässen gegen die barbarischen Judenverfolgungen und Pogrome manifestierte: beim Aprilboykott 1933, beim Erlaß der faschistischen Nürnberger Gesetze, beim großen Pogrom der „Kristallnacht" 1938 und im Zusammenhang mit den im zweiten Weltkrieg einsetzenden Deportationen. Hierüber wird in den folgenden Kapiteln ausführlich berichtet.

Kapitel 1

Die erste Phase der Judenverfolgung im Nazireich – Dissimilierung und Isolierung (1933–1935)

1. Die Errichtung der Nazidiktatur

Am 30. Januar 1933 beauftragte Reichspräsident von Hindenburg den Führer der NSDAP Adolf Hitler mit der Bildung einer Regierung der „nationalen Konzentration". Dieser schwärzeste Tag in der neueren deutschen Geschichte beendete die Ära der bürgerlich-parlamentarischen Weimarer Republik und leitete die faschistische Diktatur ein. Im Faschismus verkörperten sich die reaktionärsten Tendenzen der deutschen Geschichte: aggressiver Chauvinismus, Militarismus, Antikommunismus, Antidemokratismus und Antihumanismus. Die Ultras innerhalb der deutschen Finanzoligarchie und des Junkertums sahen in der Nazidiktatur das geeignete Instrument, den 1918 gescheiterten „Griff nach der Weltmacht" – eine Formulierung des westdeutschen progressiven Historikers Fritz Fischer – unter den veränderten Bedingungen der weltpolitischen Lage erneut und mit mehr Erfolg zu wagen. So waren die folgenden Jahre gekennzeichnet durch eine umfassende ökonomische und militärische Aufrüstung, um das erstrebte Ziel mit Waffengewalt zu erzwingen, sowie durch einen hemmungslosen Terror gegen jene Kräfte im Volk, die sich der Kriegs- und Eroberungspolitik entgegenstemmten – in erster Linie die Arbeiterklasse und demokratisch eingestellte Teile des Bürgertums und der Intelligenz.

Eine von den Verfolgungen durch die Faschisten in besonderem Maße betroffene Gruppe waren die deutschen Juden. Es unterliegt keinem Zweifel, daß die Verfolgung der Juden in der blutigen Geschichte der faschistischen Herrschaft in Deutschland einen spezifischen, überwiegend ideologisch bedingten Charakter trug. Hier handelte es sich nicht darum, den Widerstand einer organisierten politischen Opposition durch den Einsatz von Massenrepressalien zu brechen, wie das bei der Verfolgung von Kommunisten, Sozialdemokraten und bürgerlichen Nazigegnern der Fall war, sondern um die vorsätzliche Ausrottung einer Menschengruppe, die weder als religiöse noch als nationale Einheit angesprochen werden kann und erst durch willkürliche Festsetzung angeblicher Rassekriterien von den Faschisten als Gruppe geschaffen wurde („Rassejuden").

Die persönliche Tragödie vieler im Glauben an den bürgerlichen Rechtsstaat erzogenen Juden bestand darin, daß sie den Sinn und Zweck der gegen sie durchgeführten Verfolgungsmaßnahmen überhaupt nicht begriffen und daher auch nicht zu einem organisierten Widerstand fähig waren.

Das Schicksal der Juden unter dem Hakenkreuz ist in der Nachkriegszeit Gegenstand zahlreicher historischer, soziologischer, philosophischer und psychologischer Untersuchungen geworden. Die größte Initiative auf diesem Gebiet entwickelten verständlicherweise Überlebende der jüdischen Minderheit, wobei bürgerlich-liberale, orthodoxe und zionistische Autoren den hauptsächlichen Anteil der einschlägigen Literatur in den kapitalistischen Ländern lieferten und liefern. Die Ergebnisse dieser Forschungen sind vielfältiger und unterschiedlicher Natur. Einige sehen in dem mit wildem Fanatismus betriebenen Ausrottungsfeldzug der deutschen Faschisten das Aufbrechen irrationaler Kräfte, andere suchen die Verantwortung für das Geschehene bei einer kleinen verbrecherischen Gruppe der faschistischen Machthaber; einige betrachten die Pläne, die europäischen Juden auszulöschen, als ein historisch einmaliges, typisch deutsches Phänomen, andere suchen die Wurzeln des antisemitischen Mordgeistes in den zweitausendjährigen christlichen Traditionen, ja es gibt sogar vereinzelte Stimmen, welche meinen, die Juden hätten durch ihr jahrhundertelang konserviertes „Anderssein", durch ihre selbstgewählten Absonderungstendenzen ihren Untergang selbst besiegelt.

All diese widersprüchlichen Interpretationen haben ihren Ursprung darin, daß sie die Funktion des Antisemitismus (in größerem Maßstab des Rassismus) in der modernen Klassengesellschaft des Imperialismus als Massenmobilisierungs- und Brutalisierungsideologie nicht oder nur ungenügend zu erkennen vermögen. Der von den deutschen Faschisten bis zur fürchterlichen Endkonsequenz praktizierte Antisemitismus kann aber nicht losgelöst von den außen- und innenpolitischen Zielen der herrschenden Monopolbourgeoisie in der Phase der Vorbereitung des zweiten Weltkrieges betrachtet werden. Am Anfang einer ernsthaften Analyse der Judenverfolgung in Deutschland muß daher die Beantwortung der Frage stehen: Warum kam es zur Errichtung der faschistischen Diktatur in Deutschland, wer waren die treibenden Kräfte, die auf diese Diktatur zustrebten, wer waren ihre Nutznießer?

Wir können hier keine detaillierte Darstellung jener Ereignisse geben, die im Schoße der Weimarer Republik zur Herausbildung der Nazidiktatur führten. Wir verweisen in diesem Zusammenhang auf einige Standardwerke der marxistisch-leninistischen Historiographie in der DDR.[1] Wir müssen uns in dem gesteckten Rahmen darauf beschränken, die wichtigsten Hauptlinien zu skizzieren, die den bereits Ende der zwanziger Jahre einsetzenden Prozeß der schrittweisen Faschisierung in Deutschland begünstigten.

Das ist einmal der Ausbruch der großen Weltwirtschaftskrise, die sich durch den „schwarzen Freitag" am 25. Oktober 1929 an der New Yorker Börse ankündigte. Binnen weniger Tage erreichten die Kursstürze am Aktienmarkt die Summe von rund 25 Milliarden Dollar. Zahlreiche amerikanische Banken und Industrieunternehmen gerieten in Zahlungsschwierigkeiten und zogen Kontrahenten anderer kapitalistischer Länder in Mitleidenschaft. Im Verlauf weniger Jahre sank die Industrieproduktion in den kapitalistischen Hauptländern unter den Vorkriegsstand ab, zum Teil um bis zu 40 Prozent des erreichten Produktionsniveaus. Arbeitslosigkeit und Kurzarbeit, allgemeine Verelendung und drohende Staatsbankrotte waren die unmittelbaren Folgen der Krise.

In Deutschland erreichte die Krise einen ersten Kulminationspunkt im Sommer 1931. Kurz nacheinander brachen im Juni einige Großunternehmen – darunter der Warenhauskonzern Rudolf Karstadt AG – zusammen. Am 13. Juli schloß die Darmstädter und Nationalbank, eine der größten deutschen Banken, an deren Spitze Jakob Goldschmidt stand (von ihm war bereits im einleitenden Kapitel die Rede), ihre Schalter. Einige Tage später folgte die zweite Großbank, die Dresdner Bank, sowie mehrere kleinere Bankhäuser. Die von der Regierung ergriffenen Stützungs- und Hilfsmaßnahmen konnten zwar die akute Gefahr einer Massenpanik der Gläubiger bannen, vermochten aber das Fortschreiten der Krise nicht aufzuhalten. Die um ihre Existenz besorgten Monopole drängten nun mit Macht auf eine staatsmonopolistische Regulierung, die praktisch eine Subventionierung bankrotter Großunternehmen auf Kosten der werktätigen Steuerzahler bedeutete. Erbittert wehrten sich die Arbeiter und Angestellten gegen den ihnen aufgezwungenen Lohnraub. Streiks und Demonstrationen in wachsender Zahl und Intensität erschütterten das Land.

Der Einsatz des Staatsapparates zur Umverteilung des durch die Krise geminderten Nationaleinkommens war – wie Joachim Streisand zutreffend feststellt[2] – eines der Hauptmotive für den Abbau des bürgerlich-parlamentarischen Systems. Bis zum März 1930 bestand eine Koalitionsregierung der traditionellen Weimarer Parteien – SPD, die den Reichskanzler Müller stellte, Zentrum, Deutsche Demokratische Partei (DDP) und Deutsche Volkspartei (DVP) –, die sich auf eine sichere parlamentarische Mehrheit im Reichstag stützen konnte. Von seiten des Reichsverbandes der deutschen Industrie war bereits im Dezember 1929 eine radikale Einschränkung der demokratischen Rechte im Zusammenhang mit Lohnabbau, Abbau der Sozialleistungen, Erhöhung der Verbrauchersteuern und Förderung der Kapitalbildung gefordert worden. Die Industrie- und Bankmonopole steuerten nunmehr offen auf den Sturz der Koalitionsregierung und auf ein Ermächtigungsgesetz hin, das die Regierung weitgehend der parlamentarischen Kontrolle entziehen sollte. Sie fanden Unterstützung bei der Reichswehrgeneralität. Dabei ging es den Reaktionären nicht nur um die ungehinderte Durchsetzung ökonomischer Forderungen, sondern um eine grundlegende Änderung der Herrschaftsform.

Am 27. März 1930 trat die Regierung Müller unter dem massiven Druck der DVP-Minister zurück. Nun beauftragte Hindenburg den Fraktionsvorsitzenden des Zentrums, Heinrich Brüning, mit der Bildung eines Präsidialkabinetts. Der neuen Regierung gehörten Minister aus den bürgerlichen Parteien einschließlich der bisher in Opposition stehenden Deutschnationalen (DNVP) unter Ausschluß der Sozialdemokraten an. Sie besaß keine Mehrheit im Reichstag und stützte sich weitgehend auf den Notverordnungsparagraphen 48 der Weimarer Verfassung. Den rechten Führern der Sozialdemokratie war die Funktion zugedacht, als wohlwollende Opposition die undemokratische Regierung zu tolerieren und auf diese Weise die verhängnisvolle Spaltung der deutschen Arbeiterklasse in abgewandelter Form fortzusetzen.

Die nun einsetzende Entwicklung war gekennzeichnet durch ein kontinuierliches Abbröckeln der Massenbasis der traditionellen Weimarer Parteien: Die bürgerlichen Wähler wandten sich – enttäuscht von der Notverordnungsdiktatur Brünings und entwurzelt durch die Folgen der sich immer weiter ausbreitenden Krise – der faschistischen Nazipartei Hitlers zu, der mit demagogischen Versprechungen nicht geizte. Die Arbeiterwähler dagegen wechselten in steigendem Maße von der SPD zur KPD. Infolge dieser Entwicklung wurden die Grundlagen der Weimarer Koalition, die Brüning durch die Ausbootung der Sozialdemokraten bereits unterminiert hatte, völlig zerstört. Im Oktober 1931 schlossen sich die Deutschnationalen unter Führung Hugenbergs, die Nazipartei, der „Stahlhelm" und einige kleinere Gruppen der äußersten Rechten zur „Harzburger Front" zusammen, die nun im Bunde mit einflußreichen Monopolisten und Militärs auf den Zusammenbruch des bürgerlich-parlamentarischen Systems – das heißt, was davon noch übrig geblieben war – hinarbeitete. Bei den Präsidentenwahlen im Jahre 1932 errangen die Nazis im ersten Wahlgang am 13. März 11,3 Millionen, im zweiten Wahlgang am 10. April sogar 13,4 Millionen Stimmen.

Inzwischen wurde auf der staatlichen Ebene der Abbau der bürgerlichen Demokratie konsequent weiter betrieben. Während sich die Großindustriellen Thyssen, Vögler, Poensgen, Krupp, Haniel, Borsig und andere in verstärktem Maße auf die Nazipartei orientierten, sie finanziell unterstützten und bereits in direkte Verhandlungen mit den Naziführern über ein künftiges Regierungsprogramm eintraten, erzwang eine andere Monopolgruppe unter Führung des Hapagdirektors Cuno im Oktober 1931 die Umbildung der Brüningregierung im Sinne eines verstärkt autoritären Kurses. Doch die Tage Brünings waren gezählt: Er wurde am 30. Mai 1932 zum Rücktritt gezwungen, da er nach Ansicht der Monopolisten den Abbau der bürgerlich-demokratischen Grundrechte nicht energisch genug betrieb. Sein Nachfolger wurde der erzreaktionäre, aus dem Zentrum hervorgegangene Hitler-Wegbereiter Franz von Papen. Er beseitigte durch einen Staatsstreich am 20. Juni 1932 die sozialdemokratische Preußenregierung und ließ sich selbst vom Reichspräsidenten zum Staatskommissar für Preußen ernennen. Damit reiften die innenpolitischen Bedingungen heran, um die Übergabe der Regierung an die Nazipartei in die Wege zu leiten.

Spielten ökonomische und innenpolitische Aspekte eine bedeutende Rolle beim Faschisierungsprozeß in den letzten Jahren der Weimarer Republik, so gab es auch gewichtige außenpolitische Faktoren, die diesen Prozeß begünstigten. Unter den verheerenden Auswirkungen der Weltwirtschaftskrise verschärften sich die Spannungen unter den imperialistischen Hauptmächten. Beschleunigt wurde dieser Prozeß durch die stürmische ökonomische Entwicklung der Sowjetunion und die damit bedingte Verschiebung des internationalen Kräfteverhältnisses. Die deutschen Monopole kämpften zäh und verbissen gegen die Reparationszahlungen und gegen die Deutschland im Versailler Friedensvertrag auferlegten Rüstungsbeschränkungen. Ihre Propagandisten malten die wachsende Stärke der Sowjetunion als drohende Gefahr für die gesamte kapitalistische Welt an die Wand und boten den Siegermächten ein wiederaufgerüstetes Deutschland als antibolschewistischen Sturmbock an. Der Völkerbund erwies sich immer mehr als ein unzureichendes Instrument, um die sich am Horizont abzeichnende Gefahr eines neuen Weltkrieges zu bannen und die Aggressoren in die Schranken zu weisen.

Das von Frankreich kontrollierte Bündnissystem in Europa begann zu zerbröckeln. Ein Geist des Defätismus breitete sich unter den kleineren Nationen aus, die ihre Sicherheit durch das Zurückweichen Frankreichs und Englands vor den deutschen Forderungen nach Revision des Versailler Friedensvertrages zunehmend gefährdet sahen. In der „Kleinen Entente" – Tschechoslowakei, Jugoslawien und Rumänien – entwickelten sich zentrifugale Tendenzen. Der „Cordon sanitaire", jener Trennwall von den Westmächten abhängiger Staaten zwischen der Sowjetunion und möglichen revolutionären Zentren in Mittel- und Westeuropa, hatte seine Geschlossenheit durch die schwelenden Gegensätze zwischen Polen und Litauen und innerhalb der baltischen Staatengruppe längst eingebüßt, und beide Bündnissysteme waren durch den polnisch-tschechoslowakischen Grenzstreit um das Olsagebiet belastet. In den meisten ost- und südosteuropäischen Staaten waren Militärdiktaturen zur Macht gelangt, deren Grundzug Antikommunismus im Innern und eine feindselige Haltung gegenüber der Sowjetunion war. Schon dadurch ergaben sich gewisse ideologische Affinitäten mit den deutschen Faschisten ganz von selbst. Die englische Regierung förderte offen das Erstarken des deutschen Imperialismus. Bereits im September 1930 hatte der englische Presselord Rothermere erklärt: „Wenn wir den Übergang der politischen Macht in die Hände der Nationalsozialisten näher betrachten, dann sehen wir, daß er verschiedene Vorteile bietet, vor allem schafft er einen dauerhaften Damm gegen den Bolschewismus."[3]

Ähnliche Tendenzen herrschten in Kreisen der französischen und auch der amerikanischen Hochfinanz, und sie bestimmten wesentlich die Regierungspolitik dieser Länder.

Die hier kurz skizzierten Faktoren – Weltwirtschaftskrise, Wegbereiterrolle der bürgerlichen Parteien von den Deutschnationalen bis zum Zentrum, Schützenhilfe der imperialistischen Weltmächte – begünstigten den Faschisierungsprozeß in Deutschland. Aber die entscheidende Voraussetzung dafür, daß die aggressivsten und reaktionärsten Gruppen des deutschen Finanzkapitals, die Junker und Militaristen sowie deren ideologische Helfershelfer ihre weitgesteckten Ziele durchsetzen konnten, war die Aufrechterhaltung der Spaltung der Arbeiterklasse als der einzigen Kraft, die in der Lage gewesen wäre, diese Entwicklung zu verhindern. Das wurde von der Finanzoligarchie sehr klar erkannt.

„Die notwendige Bedingung jeder sozialen Rekonsolidierung der bürgerlichen Herrschaft (Umschreibung für die Entrechtung der Arbeiterklasse – d. Verf.), die in Deutschland seit dem Krieg möglich ist, ist die Spaltung der Arbeiterschaft"[4], heißt es in einem Artikel der privaten Unternehmerkorrespondenz „Deutsche Führerbriefe" vom September 1932.

Die Überwindung der Spaltung und damit der Lähmung des Widerstandswillens, die Herstellung der Aktionseinheit der Arbeiterklasse und des Bündnisses mit den durch die Krise betroffenen und verelendeten Bauern und kleinbürgerlichen Schichten war der Hauptinhalt der Politik der KPD in diesen Jahren. Von ausschlaggebender Bedeutung war hierbei die Programmerklärung der KPD zur nationalen und sozialen Befreiung des deutschen Volkes vom 24. August 1930.[5]

In dem Dokument wurde der Faschismus als Ausdruck der extremsten, reaktionärsten und aggressivsten Kräfte des Finanzkapitals charakterisiert und überzeugend dargelegt, daß der Kampf gegen die Faschisten als Klassenkampf gegen die Monopole geführt werden muß.

In diametralem Gegensatz zu dieser Klassenanalyse und der daraus resultierenden Aufgabenstellung stand die Politik der rechten SPD-Führer. Sie bezeichneten Brünings Notverordnungsdiktatur nicht als eine Etappe im Faschisierungsprozeß, sondern als das „kleinere Übel", das man tolerieren muß, um die Machtergreifung des Faschismus zu verhindern. Sie sahen in Hindenburg nicht den eingefleischten Militaristen und Wegbereiter Hitlers, sondern den Hüter der Weimarer Verfassung, die er in Wirklichkeit am 30. Mai 1930 und von da an systematisch Stück um Stück außer Kraft setzte, und sie riefen am

13. März 1932 unter der Parole „Wer Hindenburg wählt, schlägt Hitler!" zu seiner Wiederwahl als Reichspräsident auf. Auf dem SPD-Parteitag (31. Mai bis 5. Juni 1931) konnte der Gewerkschaftsführer Tarnow unwidersprochen die These entwickeln, die Arbeiterklasse müsse die Rolle des „Arztes am Krankenbett des Kapitalismus" übernehmen. Die sozialdemokratischen Führer nährten bei ihren Anhängern den Irrglauben an eine über den Klassen stehende „Legalität" der Republik, und sie beantworteten folgerichtig den Staatsstreich Papens nicht mit einem Aufruf zu Massenaktionen gemeinsam mit den Kommunisten, sondern lehnten auch jetzt noch die Aktionseinheit ab und riefen statt dessen den von Reaktionären und Profaschisten beherrschten Staatsgerichtshof an.

Diese die Kampfkraft der Arbeiterklasse lähmende Politik erschwerte das Zustandekommen der Arbeitereinheit gegen den Faschismus. Arbeiterfeindliche Aktionen sozialdemokratischer Staatsfunktionäre hatten Haß und Erbitterung hervorgerufen. So der Berliner Polizeipräsident Zörgiebel, auf dessen Konto das Blutbad unter den demonstrierenden Arbeitern am 1. Mai 1929 ging; oder der Polizeipräsident von Altona Eggerstedt, dessen Polizei einem provokatorischen SA-Aufmarsch am 17. Juli 1932 den Weg in die Arbeiterviertel der Stadt bahnte und zahlreiche protestierende Arbeiter – Männer und Frauen – ermordete.

Das Zentralkomitee der KPD unter Ernst Thälmann ließ sich nicht beirren, die als richtig erkannte Generallinie durchzusetzen. Die Führung der Partei eröffnete im Dezember 1931 eine breite ideologische Offensive, um sektiererische Auffassungen zu überwinden und die antifaschistische Einheitsfront zu schaffen. Sie forcierte die Bündnispolitik mit den werktätigen Bauern durch Einberufung des ersten Bauernkongresses am 23. Januar 1932, sie stellte auf der 3. Parteikonferenz (15. bis 18. Oktober 1932) die konkrete Aufgabe, „größere Teile der von den Nazis irregeleiteten Werktätigen vom faschistischen Einfluß zu lösen und für die antifaschistische Bewegung zu gewinnen."[6]

Die Massenarbeit der Partei trug sichtbare Früchte: Im Laufe des Jahres 1932 gewann sie Hunderttausende neue Anhänger und erreichte bei den Reichstagswahlen am 6. November 1932 über 6 Millionen Stimmen, während die SPD Stimmen einbüßte; das bedeutete, daß sich jeder sechste deutsche Wähler zum Programm der KPD bekannte. In Berlin und anderen Großstädten war die KPD zur stärksten Partei aufgerückt. Aber ihr faktischer Einfluß war größer, als die Stimmenzahl erkennen läßt. Das bewiesen die gewaltigen Streikkämpfe und Massendemonstrationen im Winter 1932/33. So folgten dem Streikaufruf der Revolutionären Gewerkschaftsopposition (RGO) im November die 22 000 Arbeiter der Berliner Verkehrsgesellschaft geschlossen und legten den gesamten Berliner Verkehr tagelang lahm. Am 25. Januar 1933 demonstrierten 130 000 Berliner vor dem Karl-Liebknecht-Haus, dem Sitz des Zentralkomitees der KPD, ihre Kampfentschlossenheit gegen Faschismus und Kriegsgefahr.

In dieser für die Großbourgeoisie prekären Situation gewannen jene Monopolgruppen, die die Nazipartei unterstützten und überwiegend die Montanindustrie und einige Großbanken repräsentierten, die Oberhand. Auf Fritz Thyssens Initiative hatte Hitler am 27. Januar 1932 vor 300 Industriellen in Düsseldorf sein politisches Programm vortragen können: den militaristischen Ständestaat ohne proletarische Klassenorganisationen, dessen Führer-Gefolgschafts-Prinzip dem Herr-im-Hause-Standpunkt der Unternehmer weitgehend entgegenkam; das Großdeutsche Reich, dessen kolonialer „Ergänzungsraum" bis zum Ural und zum Schwarzen Meer reichen und in dem der Kommunismus ein für allemal ausgerottet sein werde. Dieses Programm fand den ungeteilten Beifall der Anwesenden. Jedoch war damals der Zeitpunkt für die Auslieferung der Regierungsgewalt an Hitler noch nicht gekommen. Eine ihm angebotene Beteiligung der NSDAP an einem von Deutschnationalen geführten Präsidialkabinett lehnte Hitler kategorisch ab und forderte selbst die Führung. Da es indes auch dem Reichskanzler Papen nicht gelang, der politischen Krise Herr zu werden und der Regierung eine nationalsozialistische Massenbasis zu sichern, forderten die nazifreundlichen Industriellen am 19. November 1932 in einer Eingabe an den Reichspräsidenten die Berufung Hitlers zum Reichskanzler in einem Kabinett, dem Faschisten und Konservative angehören sollten.

In dem von 40 führenden Monopolvertretern – unter ihnen Krupp, Thyssen, Siemens, Vögler, Springorum, Schacht und Schröder – unterzeichneten Schreiben heißt es: „Wir erkennen in der nationalen Bewegung, die durch unser Volk geht, den verheißungsvollen Beginn einer Zeit, die durch Überwindung des Klassengegensatzes die unerläßliche Grundlage für einen Wiederaufstieg der deutschen Wirtschaft erst schafft. Wir wissen, daß dieser Aufstieg noch viele Opfer erfordert. Wir glauben, daß diese Opfer nur dann willig gebracht werden können, wenn die größte Gruppe dieser nationalen Bewegung führend an der Regierung beteiligt wird. Die Übertragung der verantwortlichen Leitung eines mit den besten sachlichen und persönlichen Kräften ausgestatteten Präsidialkabinetts an den Führer der größten nationalen Gruppe wird die Schlacken und Fehler, die jeder Massenbewegung notgedrungen anhaften, ausmerzen und Millionen Menschen, die heute abseits stehen, zu bejahender Kraft mitreißen."[7] Im Sinne dieser Empfehlungen nahm Papen, der am 3. Dezember 1932 als Reichskanzler durch den General von Schleicher ersetzt worden war, Verhandlungen mit Hitler über die Bildung eines gemeinsamen Kabinetts auf. Die entscheidende Zusammenkunft fand am 4. Januar 1933 im Hause des Kölner Bankiers von Schröder statt.

Eile tat not, denn die Nazipartei hatte ihren Kulminationspunkt bereits überschritten. Die Reichstagswahlen am 6. November 1932 hatten ihr einen Verlust von 2 Millionen Wählerstimmen gebracht. Bei den kurz darauf folgenden Kommunalwahlen in Sachsen betrug der Stimmenrückgang bis zu 34 Prozent (z. B. in Zwickau). In der Partei traten Zersetzungserscheinungen auf. Zweifellos war der Abfall breiter Wählerschichten von der NSDAP nicht zuletzt auf die zunehmende Ernüchterung kleinbürgerlicher Anhänger über den offen prokapitalistischen Kurs Hitlers zurückzuführen.

„Mit dem Übergang zur faschistischen Diktatur rettete das deutsche Finanzkapital seine in der Krise schwer erschütterte Macht, bevor sich die antifaschistischen, antiimperialistischen Kräfte genügend sammeln konnten."[8]

Diese Zusammenhänge gilt es im Auge zu behalten, wenn wir in der Folge die Politik der Naziregierung gegenüber den deutschen Juden zu analysieren versuchen.

2. Die NSDAP und ihr Programm

Worin bestanden nun die spezifischen Merkmale dieser Partei, die sie für die Pläne der Großbourgeoisie als besonders geeignetes Herrschaftsinstrument erscheinen ließen?

Die ersten Anfänge der Partei weisen sie als eine der zahlreichen rechtsradikalen Splittergruppen auf, die in der revolutionären Krise nach dem ersten Weltkrieg von der Bourgeoisie und den Militärs ausgehalten wurden, um die kapitalistischen Klassenpositionen zu erhalten. Die meisten dieser miteinander rivalisierenden Gruppen scharten sich um militärische Abenteurer und Landsknechtstypen; sie waren straff und nach dem Prinzip bedingungsloser Unterordnung unter den jeweiligen „Führer" organisiert und Anhänger hemmungslosen Terrors bei der Erfüllung der ihnen von ihren Geldgebern gestellten Aufgaben. Ihr ideologisches Rüstzeug waren Antikommunismus, Chauvinismus und Rassismus.

Mit dem Ende der Nachkriegskrise und dem Beginn der relativen Stabilisierung des Kapitalismus in Deutschland 1923 verloren die Terror- und Femeorganisationen ihre Bedeutung für die Bourgeoisie, sie lösten sich auf oder vegetierten am Rande der Gesellschaft dahin. In dieser Periode begannen die Führer der NSDAP, die Partei auf den Kampf um die Macht unter Ausnutzung des bürgerlich-parlamentarischen Systems durch die Gewinnung breiter Anhängermassen zu orientieren. Sie forcierten ihre pseudorevolutionären und sogar antikapitalistischen Losungen, die besonders auf die Nachkriegsgeneration faszinierend wirkten, während sie gleichzeitg den Kapitalisten die Ungefährlichkeit dieser Forderungen für den Bestand der kapitalistischen Ordnung nachzuweisen suchten.

Die NSDAP erfreute sich seit ihrer Gründung der finanziellen Unterstützung durch kapitalistische Kreise.[9] Waren es Anfang der zwanziger Jahre zunächst noch einzelne Unternehmer von begrenztem politischem Einfluß wie der Flügelfabrikant Bechstein in Berlin oder der Verleger Bruckmann, so erregten die Nazis bereits nach dem mißglückten Novemberputsch 1923 das Interesse bedeutender Großindustrieller wie Fritz Thyssen, Ernst von Borsig und Emil Kirdorf. Thyssen zahlte der Partei im Jahre 1923 nachweislich 100 000 Reichsmark (Goldmark) und finanzierte den Bau des „Braunen Hauses" – des Hauptquartiers Hitlers in München – im Jahre 1930 mit 300 000 Reichsmark. Der Verein für die bergbaulichen Interessen in Essen erhob von seinen Mitgliedern ab Februar 1930 eine Umlage von 7 Pfennigen für jede Tonne geförderte Kohle[10], deren Ertrag der Unterstützung „nationaler Belange" dienen sollte. Der Löwenanteil dieser Spende floß in die Parteikasse der NSDAP. Subventionen und Unterstützung erhielt Hitler übrigens schon frühzeitig auch durch ausländische Monopolisten, so durch den Begründer des britisch-niederländischen Shell-Konzerns Sir Henry Deterding, durch den schwedischen Zündholzkönig Ivar Kreuger und durch Henry Ford, dessen bereits 1921 erschienene antisemitische Schmähschrift „Der internationale Jude" in den Reihen der NSDAP weite Verbreitung fand.[11] Trotz dieser finanziellen Zuwendungen blieb die NSDAP bis zum Ende der relativen Stabilisierung ohne größeren Masseneinfluß, sie blieb gewissermaßen die „Reservestellung in der Strategie des deutschen Finanzkapitals".[12]

Das änderte sich mit dem Ausbruch der Weltwirtschaftskrise. Nun begannen Massen deklassierter Kleinbürger und Bauern, aber auch Teile der Intelligenz sich von den Parteien der bürgerlichen Mitte abzuwenden und in die NSDAP zu strömen. Insbesondere übten pseudorevolutionäre und nationalistische Losungen – „Brechung der Zinsknechtschaft", „Kampf dem raffenden Kapital", „Gemeinnutz geht vor Eigennutz", die Verherrlichung des „Frontkämpfertums", der „Kampf gegen Versailles und Youngplan", „Volk ohne Raum", der Mythus von „Blut und Boden" und nicht zuletzt die besondere Mission der „nordischen Rasse" – eine große Anziehungskraft auf diese Schichten aus. Damit begann sich allerdings auch die soziale Zusammensetzung der Partei grundlegend zu ändern. Die pseudorevolutionäre und soziale Demagogie kam den Interessen der durch die Krise aus ihrem bisherigen gesicherten Lebensbereich gerissenen Kleinbürger entgegen und schlug sich in einem radikalen Aktivismus nieder, der den objektiven Widerspruch zwischen den Interessen der Massenbasis und den Interessen der herrschenden Kapitalmacht – unabhängig von aller subjektiven Illusion – widerspiegelte.[13] Es gab Spannungen und Meutereien in der Partei, die sich verschärften, je mehr die Mitglieder- und Anhängerzahl anschwoll. Hitler und der ihm ergebenen Führerclique gelang es nur mit Mühe, offene Rebellionen radikalisierter Elemente, z. B. der Gruppe um Otto Strasser im Juli 1930 oder um den Hauptmann Stennes im April 1931, zu unterdrücken und die Rebellen aus der Partei auszustoßen.

Die Nazis beherrschten das Instrument der Massenpsychologie auf virtuose Weise. Mit ihrer Propaganda schufen sie sich eine Armee fanatisierter, vor keinem Verbrechen zurückschreckender Anhänger.[14] Einerseits stärkte das zahlenmäßige Anwachsen der Nazipartei die Position Hitlers gegenüber seinen politischen Konkurrenten, den Deutschnationalen, andererseits erhoben sich bei seinen Geldgebern zunehmend Zweifel, ob nicht Hitler eines Tages die Kontrolle über seine radikalisierten Anhänger verlieren könne. Daher zögerten sie den Zeitpunkt hinaus, der NSDAP die alleinige Regierungsverantwortung zu übertragen und bemühten sich, die Nazibewegung durch schrittweise Übertragung von Mitverantwortung am Staat ihrer revoluzzerhaften Schlacken zu entkleiden.

Der erste Naziführer, der Minister in einer bürgerlichen Landesregierung wurde, war Wilhelm Frick: Er übernahm am 14. Januar 1930 in Thüringen das Innen- und das Volksbildungsministerium in einer Koalitionsregierung von NSDAP, DNVP, DVP, Wirtschaftspartei und Landbund. Von nun an rissen die Bestrebungen schwerindustrieller Kreise nicht mehr ab, die NSDAP in Regierungsfunktionen zu lancieren. Nach den Reichstagswahlen vom 14. September 1930, die den Nazis einen Zuwachs von 800 000 auf 6 Millionen Stimmen brachten, sprach sich Thyssen vor dem Hauptausschuß des Reichsverbandes der deutschen Industrie am 27. November 1930 für die Einbeziehung der Nazis in die Regierung Brüning aus. Zur gleichen Zeit warb Schacht auf einer Reise durch die USA um Verständnis für die NSDAP. Im Dezember 1931 forderte die ostpreußische Landwirtschaftskammer den Reichspräsidenten auf, Hitler die Macht zu übertragen. Im Januar 1932 verhandelten die Generale Groener und Schleicher mehrere Male mit Hitler, und am 6. Juni 1932 fanden Besprechungen zwischen Naziführern und Vertretern des Zentrums über eine gemeinsame Regierung statt. Der Kölner Bankier von Schröder erklärte nach dem Kriege vor der amerikanischen Untersuchungsbehörde des Internationalen Militärgerichtshofes in Nürnberg ausdrücklich, daß das „wirtschaftliche Programm Hitlers" „der Wirtschaft allgemein bekannt" war und „von ihr begrüßt" wurde.[15]

Je breiter die Massenbasis der NSDAP wurde, desto größere Bedeutung gewann die soziale und pseudorevolutionäre Demagogie und damit das ideologische Element in der Politik der Partei. Ihre besondere Stoßkraft erhielt sie durch die Verbindung mit der Rassentheorie und dem Antisemitismus. Der „Jude" wurde die Zauberformel, die auf mythisch-magische Weise eine rassische Einheit zwischen revolutionärem Proletariat und „raffendem Kapital", zwischen der sozialistischen Sowjetunion und den imperialistischen „Plutokratien" schaffen sollte. Der Antisemitismus fungierte in Verbindung mit dem Pseudosozialismus als Ablenkungs- und Entdemokratisierungsdemagogie, um antikapitalistische Stimmungen aufzufangen, zugleich aber auch als praktische Vorwegnahme und Einübung der Behandlung anderer Völker.[16]

Als der Antisemitismus im 19. Jahrhundert seine Renaissance – dieses Mal im rassistischen Gewand – erlebte, stieß er, wie wir im einleitenden Kapitel gesehen haben, auf den Widerstand der revolutionären Arbeiterbewegung, aber auch von Vertretern des liberalen Bürgertums. Sehr schnell war sein „theoretischer" Gehalt als ein Konglomerat von Fälschungen und wissenschaftlich leicht zu widerlegenden Ungereimtheiten, war sein ethischer Gehalt als schlechthin verbrecherisch und seine politische Zielsetzung als fortschrittsfeindlich und reaktionär entlarvt worden. Wenn jedoch die bürgerlichen Gegner des Antisemitismus glaubten, allein durch Appelle an die Vernunft und an das moralische Verantwortungsbewußtsein der Menschen diese ideologische Pest zu überwinden, sahen sie sich getäuscht. Zwar blieb der Kreis der fanatischen Antisemiten bis zum Jahre 1933 – selbst in den Reihen der NSDAP – begrenzt; nichtsdestoweniger behielt der Antisemitismus wegen der ihm innewohnenden barbarischen Aggressivität eine gefährliche ideologische Sprengkraft und erschien den Naziführern daher als ein besonders geeignetes Instrument zur Mobilisierung der Massen für ihre politischen Ziele.

Vergebens wird man in den programmatischen Schriften der Naziideologen, angefangen von Adolf Hitler („Mein Kampf"), Alfred Rosenberg („Die Protokolle der Weisen von Zion und die jüdische Weltpolitik", 1933) und Gottfried Feder („Die Juden", 1933) bis zu Walter Frank („Höre Israel!", 1933), Hans F. K. Günther – dem berüchtigten „Rassengünther" – („Rassekunde des jüdischen Volkes", 1930) und anderen Naziideologen neue, originäre Gedankengänge entdecken können. Ihr „theoretisches" Rüstzeug bezogen sie Wort für Wort von den Protagonisten des Antisemitismus im 19. Jahrhundert.

So finden sich in Hitlers „Mein Kampf" Passagen über den parasitären Charakter der jüdischen Rasse, die er von Paul de Lagarde übernommen hatte, wie etwa die folgende: „... er (der Jude – d. Verf.) war deshalb auch nie Nomade, sondern immer nur *Parasit* im Körper anderer Völker. Daß er dabei manchmal seinen bisherigen Lebensraum verließ, hängt nicht mit seiner Absicht zusammen, sondern ist das Ergebnis des Hinauswurfes, den er von Zeit zu Zeit durch die mißbrauchten Gastvölker erfährt. Sein Sich-Weiterverbreiten aber ist eine typische Erscheinung für alle Parasiten".[17]

Wurden die Naziideologen von ihren Kritikern (als Kritik noch möglich war) zur Auseinandersetzung, zum wissenschaftlichen Nachweis ihrer Behauptungen gestellt, so traten sie die Flucht in die Regionen einer verschwommenen Mystik an, wie sie z. B. in den Begriffen der „nordischen Rassenseele" oder in geheimnisvollen Zusammenhängen zwischen „Blut und Boden" ihren sinnfälligen Ausdruck fand. Sie griffen auf die längst ad absurdum geführten plumpen Fälschungen der im einleitenden Kapitel erwähnten „Protokolle der Weisen von Zion" zurück, die im Jahre 1932 ungeachtet aller Gegenbeweise ihre 12. Auflage erlebten. Hierzu wiederum Hitler in „Mein Kampf": „Wie sehr das ganze Dasein dieses Volkes auf einer fortlaufenden Lüge beruht, wird in unvergleichlicher Art in den von den Juden so unendlich gehaßten ‚Protokollen der Weisen von Zion' gezeigt. Sie sollen auf einer Fälschung beruhen, stöhnt immer wieder die ‚Frankfurter Zeitung' in die Welt hinaus; der beste Beweis dafür, daß sie echt sind ... Es ist ganz gleich, aus wessen Judenkopf die Enthüllungen stammen, maßgebend aber ist, daß sie mit geradezu grauenerregender Sicherheit das Wesen und die Tätigkeit des Judenvolkes aufdecken".[18]

Auf den gefälschten „Protokollen" bauten die Nazitheoretiker ihr Programm von der „Rassenhygiene" auf, die das deutsche Volk betreiben müsse, eine „Hygiene", die geradeswegs in die Gasöfen von Auschwitz führen sollte.

Ein weiteres Element, das von den Faschisten in ihr antisemitisch-weltanschauliches Lehrgebäude aufgenommen wurde, waren Rudimente eines christlichen Obskurantismus mittelalterlichen Gepräges, so die katholische Lehre, die Juden seien das Volk der Christusmörder und müßten für diesen Mord büßen (die Nazis verwandelten hierbei Jesus flugs in einen „Arier") oder die Märchen von den österlichen jüdischen Ritualmorden. Auch die blamablen Ergebnisse der letzten Ritualmordprozesse in Europa hinderten Hitler, Streicher und Konsorten nicht, die alten Lügen wieder aufzuwärmen und zu popularisieren. Luthers gegen die Juden gerichtete Schriften wurden neu aufgelegt, der Hofprediger Stoecker erlebte seine unselige Auferstehung.[19] Dieses Sammelsurium primitivster Argumente fand in das politische Programm der NSDAP Eingang. Punkt 4 des bereits 1920 proklamierten Parteiprogramms lautete: „Staatsbürger kann nur sein, wer Volksgenosse ist. Volksgenosse kann nur sein, wer deutschen Blutes ist, ohne Rücksichtnahme auf Konfession. Kein Jude kann daher Volksgenosse sein."[20]

Das Programm verlangte weiterhin die Ausbürgerung der Juden (Punkt 5), ihre Entfernung aus allen öffentlichen Ämtern (Punkt 6) und die Ausweisung aller nach dem 2. August 1914 eingewanderten Juden (Punkt 8).

Diese Programmpunkte sind in mehrfacher Hinsicht bemerkenswert. Zunächst einmal vermitteln sie dem politisch ungenügend orientierten Bürger den Eindruck, hier werde lediglich die staatsrechtliche Zurückdrängung einer zu Unrecht bevorrechteten nationalen Minderheit – eben der „Juden" – gefordert.

In der von Chauvinismus und Nationalismus geschwängerten europäischen Nachkriegsatmosphäre war die Unterdrückung nationaler Minderheiten weit verbreitet, wenngleich sie sich in keinem Lande bis zur Aberkennung staatsbürgerlicher Grundrechte de jure verstieg. Im allgemeinen blieb es dem einzelnen Bürger überlassen, ob er sich durch Option zu einer nationalen Minderheit bekennen wollte oder nicht.

Nun waren die Juden in Deutschland zwar keine nationale, sondern eine religiöse Minderheit, für die allerdings die gleichen Kriterien galten: freiwilliges Bekenntnis zur Zugehörigkeit. Da die Faschisten die Zugehörigkeit zu dieser Minderheit jedoch nicht vom Bekenntnis, sondern von einem irrationalen Faktor, dem „deutschen Blut", abhängig machten, wurde hier ein Novum geschaffen, das die deutschen Juden nicht den anderen Minderheiten in Deutschland, z. B. den Polen oder Dänen, gleichstellte, sie vielmehr unter Ausnahmerecht nahm. Der im Programm vorgesehene Sonderstatus der Juden war die Voraussetzung zu ihrer späteren politischen und gesellschaftlichen Isolierung, zur Abstempelung als „Antisymbol".

Trotzdem enthüllt das Programm natürlich nicht die letzten Absichten der Faschisten. Indem die Nazipropagandisten die Angehörigen der jüdischen Minderheit mit „Parasiten" verglichen, gegen die mit den Mitteln der „Rassenhygiene" vorgegangen werden müsse, konnten sie nicht bei der Forderung nach staatsrechtlicher Dissimilierung stehen bleiben. Sie mußten konsequenterweise die Ausrottung, die physische Vernichtung betreiben, wenn die politischen Voraussetzungen gegeben waren. Die Dissimilierung konnte in jedem Fall nur eine Etappe auf dem Weg zur „Endlösung" sein.

Natürlich waren die blutrünstigen antisemitischen Tiraden Hitlers und die entsprechenden Punkte im Programm der NSDAP allgemein bekannt. Da aber die Nazis in ihrer Argumentation nicht über das hinausgingen, was ihre geistigen, nicht weniger blutrünstigen Väter bereits vor fünfzig Jahren proklamiert hatten, und da bei den bisherigen antisemitischen Ausschreitungen das jüdische Blut noch nicht in Strömen geflossen war, wie etwa bei den Pogromen im zaristischen Rußland, sahen ihre großbourgeoisen Auftraggeber hierin zunächst nur ein Element der Massendemagogie, das sich im Zuge der Regierungsverantwortung sicherlich kanalisieren ließe, Alfried Krupp von Bohlen und Halbach drückte das vor dem Internationalen Militärtribunal in Nürnberg folgendermaßen aus: „Als ich über die antijüdische Politik der Nazis befragt wurde und was ich davon wußte, sagte ich, daß ich nicht von der Ausrottung der Juden gewußt habe, und weiterhin, daß, wenn man ein gutes Pferd kauft, muß man ein paar Mängel hinnehmen." [21]

Niemand wird Krupp das Märchen abnehmen, er habe bis Kriegsende nichts von Auschwitz gewußt. Aber es kam ihm und seinesgleichen beim „Kauf des Pferdes" – also 1933! – in erster Linie darauf an, daß die Klassenorganisationen des Proletariats zerschlagen würden und eine expansionistische Außenpolitik die Vorherrschaft des deutschen Finanzkapitals in Europa bald wiederherstellen würde. Unter diesen Aspekten hätten sie auch eine Verdrängung der jüdischen Kapitalisten aus ihren Besitz- und Machtpositionen durch die Nazimachthaber akzeptiert. Daß solche „gemäßigten" antisemitischen Repressionen unter den Bedingungen der faschistischen Diktatur in einigen Jahren in einen organisierten Völkermord münden würden, muß damals den Konzernherren, wenn auch sicherlich nicht dem Großteil der Nazianhänger, klar gewesen sein.

Offenbar unterlagen auch die maßgebenden jüdischen Vertreter des deutschen Finanzkapitals bestimmten Illusionen hinsichtlich ihrer eigenen Zukunft. Sie fühlten sich durch Verflechtung mit der nichtjüdischen Finanzoligarchie genügend abgesichert, zudem besaßen sie durch weitreichende internationale Verbindungen einen mächtigen Rückhalt im Ausland. In den schweren Klassenschlachten des Jahres 1932 standen die jüdischen Unternehmer Seite an Seite neben ihren nichtjüdischen Klassengenossen im Kampf gegen die Forderungen ihrer Arbeiter und Angestellten. Da sie im Grunde genommen keine Sonderinteressen verfolgten, bestand für sie keine Notwendigkeit eines gemeinschaftlichen Auftretens. Sie betätigten sich vielmehr in den verschiedensten Interessenverbänden und bürgerlichen Parteien von der Staatspartei über das Zentrum bis zur Deutschen Volkspartei und unterhielten Kontakte zur Sozialdemokratie und vereinzelt sogar zu den Bundesgenossen der Nazis, den Deutschnationalen.

Wenngleich der Kreis fanatischer und aktiver Antisemiten verhältnismäßig nicht groß war – er beschränkte sich allerdings keineswegs auf die Führung der Nazipartei –, so bestand doch eine historisch bedingte passive Aufnahmebereitschaft für antisemitische Argumentationen in breiten Schichten der deutschen Bevölkerung, vor allem im Bürgertum, während sich die große Masse der Arbeiterklasse als immun gegen jegliche antisemitische Propaganda erwies. In dieser Hinsicht unterschied sich die Lage in Deutschland nicht wesentlich von der Lage in anderen Ländern, z. B. Polen, Österreich, Rumänien, der Ukraine und auch in Frankreich (man denke an den Fall Dreyfus um die Jahrhundertwende).

Daß es den Faschisten in Deutschland gelang, den Antisemitismus zur Staatsdoktrin zu erheben, ist nicht zuletzt auf das verhängnisvolle Wirken zahlreicher Angehöriger der Intelligenz zurückzuführen. Sie bestimmten unter den herrschenden gesellschaftlichen Bedingungen weitgehend die Atmosphäre an den Schulen und Hochschulen, im höheren Beamtenapparat und in der Militärkaste, sie dominierten in beiden Kirchen und beeinflußten die zeitgenössische Literatur, wie die Flut der kriegverherrlichenden, vom deutschen Herrenmenschenstandpunkt durchtränkten Belletristik in der Weimarer Republik beweist.

Der deutsche Imperialismus bediente sich des Rassismus, um seine weitgesteckten Ziele durch Erziehung des Volkes zu Brutalität und Menschenverachtung zu erreichen. Die Idee vom germanischen Herrenmenschen, von den „rassisch minderwertigen Fremdvölkischen" und schließlich vom „jüdischen Untermenschen" war das geistige Rüstzeug der Kriegsvorbereitung. Nur von dieser Ausgangsposition aus ist der Sinn der sich planmäßig steigernden diskriminierenden und isolierenden Verfolgungsmaßnahmen gegen die Juden, die zwangsläufig in die „Endlösung" mündeten, zu begreifen.

3. Erste Schritte zur Festigung der Diktatur

Dem neugebildeten Kabinett gehörten neben Hitler als Reichskanzler zunächst nur zwei weitere Naziminister an: Wilhelm Frick als Innenminister und Hermann Göring als Reichsminister ohne Geschäftsbereich und kommissarischer preußischer Innenminister. Ihnen standen sieben deutschnationale oder parteilose konservative Minister – in wichtigen Schlüsselstellungen Papen als Vizekanzler, Hugenberg als Wirtschaftsminister und Freiherr von Neurath als Außenminister – gegenüber. Der Reichswehrminister General von Blomberg gehörte nicht der NSDAP an, galt aber als nazifreundlich.[22] Am 13. März 1933 erreichten die Nazis dann noch die Aufnahme eines vierten Vertreters der NSDAP in das Kabinett: Joseph Goebbels erhielt das neu geschaffene Propagandaministerium, das sich in der Folge zu einer Hetzzentrale von bisher unbekanntem Ausmaß entwickelte.

In der ersten Sitzung des Kabinetts am 30. Januar 1933 stand als vordringlichste politische Maßnahme der baldige Erlaß eines Ermächtigungsgesetzes zur Debatte. Über die Forderung, mit Hilfe dieses Gesetzes den Reichstag weitgehend von der Kontrolle über die Regierung auszuschalten, gab es unter den Regierungsmitgliedern keine Meinungsverschiedenheiten. Wenn die Fassade der Weimarer Verfassung gewahrt werden sollte, mußte allerdings – paradoxerweise! – eine Zweidrittelmehrheit des Reichstages seiner eigenen Entmachtung zustimmen. Unter den gegebenen Stärkeverhältnissen der Fraktionen war diese Mehrheit nur zu erreichen, wenn das Zentrum zustimmte und wenn die Kommunistische Partei als Parlamentsfraktion ausgeschaltet werden konnte. Jedoch schien selbst den Naziführern ein unmittelbares Verbot der KPD als zu riskant, weil es die Gefahr eines Generalstreiks mit unabsehbaren politischen Folgen heraufbeschwor. Lediglich Hugenberg plädierte für das Verbot. Weniger riskant erschien den meisten Regierungsmitgliedern die Ausschreibung von Neuwahlen. Die Regierungsparteien – so hofften sie – würden durch den Einsatz von Propaganda und zügellosem Terror gegen Kommunisten und Demokraten eine

Veränderung des Kräfteverhältnisses zu ihren Gunsten erreichen, ja, die Naziführer erwarteten insgeheim sogar, daß sie die absolute Mehrheit für die NSDAP allein erringen könnten. Am 1. Februar 1933 entsprach Reichspräsident von Hindenburg dem Antrag der Regierung und löste den Reichstag auf. Neuwahlen wurden für den 5. März angesetzt.

Die historischen Vorgänge in den ersten Wochen der Hitlerregierung sind allgemein bekannt. SA- und SS-Banden wurden gegen die proletarischen Zentren in Marsch gesetzt. Täglich fanden Überfälle auf Parteilokale der KPD und auf Gewerkschaftshäuser statt, zahlreiche klassenbewußte Arbeiterfunktionäre wurden verhaftet, mißhandelt und erschlagen. In verschiedenen Städten formierten sich die Arbeiter zum Widerstand und lieferten den Faschisten erbitterte Straßenschlachten. Jedoch stieß der Appell des Zentralkomitees der KPD zum Generalstreik bei SPD und Gewerkschaftsführung auf Ablehnung.

Zwar hatte der Vorstand der SPD in seinem Aufruf am 31. Januar 1933 zur „Einigkeit des ganzen arbeitenden Volkes" aufgerufen, aber zugleich betont, daß er den Kampf gegen den Faschismus nur „auf dem Boden der Verfassung" führen wolle.[23] Ein Zusammengehen mit den Kommunisten im außerparlamentarischen Massenkampf lehnte die SPD-Führung nach wie vor kategorisch ab und setzte damit die bereits beim Staatsstreich vom 20. Juni 1932 an den Tag gelegte Kapitulationspolitik fort.

Demgegenüber vertrat die KPD den Standpunkt, daß die Hitlerdiktatur nur das Instrument des reaktionärsten Flügels der herrschenden Monopolgruppen zur Niederknüppelung und Entrechtung der Arbeiterklasse und aller Werktätigen war und daß es daher „wahrscheinlich keine andere Art der Ablösung dieser Regierung geben kann als ihren revolutionären Sturz". Es wäre ein Verbrechen, erklärte Ernst Thälmann auf der historischen Tagung des Zentralkomitees, die am 7. Februar 1933 bereits unter den Bedingungen der Illegalität im Sporthaus Ziegenhals bei Berlin stattfand, irgendwelche legalistische Illusionen in den Reihen der KPD zu dulden.[24]

Wie richtig die KPD die Situation eingeschätzt hatte, sollte sich bereits in den folgenden Wochen zeigen. Die Faschisten dachten natürlich nicht daran, die KPD in den Reichstag einziehen zu lassen. Sie sannen auf Mittel, die Partei unschädlich zu machen. Der angeblich von dem Holländer van der Lubbe am 27. Februar 1933 angelegte Brand des Reichstagsgebäudes, der den Kommunisten in die Schuhe geschoben wurde, diente als Vorwand, nunmehr mit aller Brutalität gegen die Partei vorzugehen. Innerhalb von vierundzwanzig Stunden wurden über 10 000 Arbeiterfunktionäre – in der überwiegenden Mehrzahl Kommunisten – verhaftet und in Konzentrationslager verschleppt. Am Tage darauf erließ der Reichspräsident eine Verordnung „zum Schutz von Volk und Staat", die faktisch die Weimarer Verfassung außer Kraft setzte und eine Vorstufe des angestrebten Ermächtigungsgesetzes darstellte.[25]

Neben dem Terror entfalteten die Nazis und Deutschnationalen einen gewaltigen Propagandafeldzug gegen die Kommunisten, der mit stattlichen Subventionen der Schwerindustrie bestritten wurde. Große Monopole, an ihrer Spitze Krupp, die Vereinigten Stahlwerke, die IG Farbenindustrie u. a., stellten auf Vorschlag des Bankiers Schacht über drei Millionen Reichsmark für den Wahlkampf dieser Parteien zur Verfügung. Doch trotz Propaganda und Terror gelang es der NSDAP nicht, die absolute Mehrheit der Wählerstimmen, geschweige denn die zur Verfassungsänderung erforderliche Zweidrittelmehrheit zu erobern. Mit 17,3 Millionen Stimmen erhielt sie nur 45,5 Prozent und zusammen mit den verbündeten Deutschnationalen 52 Prozent.

Die katholischen Parteien – Zentrum und Bayerische Volkspartei – konnten ihren Stimmenanteil vom November 1932 mit 5,3 Millionen (14 Prozent) behaupten. Auch die SPD blieb mit 7,2 Millionen (18,3 Prozent) fast stabil. Die KPD, die sich de facto bereits in der Illegalität befand und deren Funktionäre zum großen Teil verhaftet worden waren, errang noch 4,8 Millionen Stimmen (12,3 Prozent). In Berlin erhielt sie fast ein Drittel aller Stimmen, nahezu soviel wie die NSDAP; im Ruhrgebiet, in Hamburg, Leipzig und zahlreichen anderen Städten gaben mehr Wähler ihre Stimme den beiden Arbeiterparteien als der NSDAP. Damit bewies die Arbeiterschaft ihre ungebrochene antifaschistische Gesinnung.

Unmittelbar nach der Wahl kapitulierten jedoch die katholischen Parteien vor den Faschisten. So erhielt das Ermächtigungsgesetz vom 23. März 1933 im Reichstag 441 Ja-Stimmen der NSDAP und der übrigen bürgerlichen Parteien einschließlich Zentrum und BVP. Dagegen stimmten die Abgeordneten der SPD (einige waren allerdings bereits verhaftet). Die 81 Mandate der KPD waren kassiert worden, ohne daß sich im Reichstag Widerspruch erhob. Somit hatte sich das Parlament selbst entmannt und den Faschisten den Zugang zur Diktatur geebnet.

Hand in Hand mit den Bestrebungen zur Ausschaltung aller antifaschistischen und nichtkonformistischen Kräfte im politisch-parlamentarischen Bereich ging der Aufbau eines staatlichen Terrorapparates, für den es in Deutschland kein historisches Vorbild gab. In den ersten Wochen nach dem Regierungsantritt Hitlers waren die Horden der SA und SS die Hauptträger der terroristischen Ausschreitungen gegen die klassenbewußten Teile der deutschen Arbeiterschaft und andere Gegner der NSDAP wie auch gegen die Juden. Sie errichteten eigene Haftanstalten, in denen sie ihre Opfer einsperrten und nach Belieben mißhandelten oder totschlugen. Um die wilden Ausschreitungen in kontrollierte Bahnen zu lenken, nahm die neue Regierung als eine der ersten und wichtigsten Aufgaben die Legalisierung des Terrors in Angriff.

Hierfür bot der vorhandene Polizeiapparat günstige Voraussetzungen. In der Weimarer Republik war im Rahmen der Polizei eine politische Abteilung unter der Bezeichnung I A geschaffen worden, deren wichtigstes Ressort das Referat zur Bekämpfung des Kommunismus war.[26] Obwohl die Polizei der Kompetenz der einzelnen Landesregierungen unterstand, gab es doch in allen deutschen Ländern eine nach einheitlichen Prinzipien arbeitende politische Polizei. Kurz vor dem Reichstagsbrand ernannte Reichsinnenminister Frick seinen Parteifreund Oberregierungsrat Diels zum Chef der politischen Polizei. Nun wurden die Schlägertrupps der SA den örtlichen I A-Stellen als „Hilfspolizei" beigeordnet. Zum Teil bestand nicht einmal die Notwendigkeit, die amtierenden Funktionäre der politischen Polizei durch Nazispezialisten zu ersetzen. Erfahren in der Verfolgung der KPD gingen viele mit fliegenden Fahnen zur Nazipartei über, so z. B. der Chef der I A in Düsseldorf, der ehemalige Sozialdemokrat Brosig, der in der Folge der berüchtigste Kommunistenschlächter im ganzen Ruhrgebiet wurde.

In Bayern ernannte der von Hitler eingesetzte Reichskommissar Ritter von Epp den Reichsführer der SS Heinrich Himmler zum Polizeipräsidenten von München. Mitte März avancierte dieser nach dem Rücktritt des katholischen Ministerpräsidenten Held zum Chef der politischen Polizei in ganz Bayern, sein Stellvertreter wurde der Chef des Sicherheitsdienstes der SS (SD) Reinhard Heydrich.

In den folgenden Monaten war der Aufbau des staatlichen Terrorapparates durch folgende Tendenzen gekennzeichnet: Einmal sollten die auf Länderebene ziemlich selbständigen Organe der politischen Polizei auf Reichsebene zusammengefaßt und zentralisiert werden. In der Praxis vollzog sich dieser Prozeß so, daß Himmler sukzessive die Leitung der politischen Polizei in allen Ländern außer Preußen bis zum Frühjahr 1934 in seiner Hand vereinigte. In Preußen wurde am 26. April 1933 das Geheime Staatspolizeiamt (Gestapa) in Berlin als Nachfolge-Institution des Landeskriminalpolizeiamtes geschaffen und am 30. November Göring in seiner Eigenschaft als Preußischer Ministerpräsident persönlich unterstellt. Im Frühjahr 1934 bestimmte Göring dann Himmler als seinen Stellvertreter zum Chef der Geheimen Staatspolizei (Gestapo), so daß dieser nun die gesamte politische Polizei in Deutschland kontrollierte. Mit dem Erlaß Hitlers vom 17. Juni 1936 erhielt Himmler schließlich die Amtsbezeichnung „Reichsführer SS und Chef der Deutschen Polizei (RFSSuCHdDtPol)".

Die Zentralisierung war die eine Seite der Polizeireform. Die ihr zugedachten und übertragenen Aufgaben konnte die Gestapo jedoch nur dann ausführen, wenn sie weitgehend aus dem übrigen Staatsapparat herausgelöst und dem Einwirken anderer bürokratischer Instanzen entzogen wurde. Durch die Personalunion von Gestapo und SS (Himmler) und SD (Heydrich) in den Spitzenfunktionen erfolgte diese Herauslösung schrittweise und geräuschlos, so daß im Jahre 1936 die Gestapo allgemein als „dritte Säule der SS" neben der Allgemeinen SS und der Waffen-SS angesehen wurde, während der SD an Bedeutung verlor.

4. Die ersten Verfolgungsmaßnahmen gegen die Juden

Unmittelbar nach dem Regierungsantritt Hitlers begannen die Faschisten mit der Realisierung der ersten Phase ihres antisemitischen Programms. Bis zur Reichstagsbrandprovokation kam es zunächst nur zu vereinzelten Ausschreitungen, da sie ihren Hauptstoß in dieser Zeit gegen die KPD richteten. Ein Chronist der Berliner Juden des Jahres 1933, Kurt Ball-Kaduri, berichtet, daß SA-Leute jüdische Bürger in ihre in der General-Pape-Straße gelegene Kaserne verschleppten und mißhandelten – vor allem sogenannte Ostjuden. Einige von ihnen wurden zu Tode gemartert, ihre Asche wurde den Angehörigen zugesandt.[27] Doch die große Masse der Juden blieb noch unbehelligt.

Am 1. März 1933 erfolgte eine Haussuchung in den Räumen des Centralvereins deutscher Staatsbürger jüdischen Glaubens in Berlin. Hierzu teilte die Nazipresse mit, daß man kommunistisches Propagandamaterial gefunden habe, was aber der CV-Vorstand am 2. März energisch dementierte.[28] Nach der Reichstagswahl setzten dann in zahlreichen Städten und Orten Deutschlands Pogrome gegen jüdische Bürger in größerem Umfang ein. Hierbei handelte es sich um Terroraktionen gegen willkürlich herausgegriffene Personen, gegen Synagogen und jüdische Geschäfte. Im folgenden eine kleine Auswahl der antisemitischen Ausschreitungen, die allein im März 1933 organisiert wurden:

In Chemnitz schleppten die Nazis einige jüdische Bürger in das Polizeigebäude, zwangen sie, sich gegenseitig zu verprügeln, und erschossen dann mehrere, unter ihnen einen angesehenen Rechtsanwalt.[29]

In Berlin fanden die ersten größeren Pogrome am 9. März 1933 statt. Hierüber berichtete der „Manchester Guardian" am 27. März 1933: „Die schlimmsten Ausschreitungen ereigneten sich hier in Berlin am 9. März. Die meisten der hiervon betroffenen Opfer sind Bewohner der Grenadierstraße. Viele Juden wurden von den Braunhemden geschlagen, bis ihnen das Blut über Kopf und Gesicht strömte, Rücken und Schultern zerschlagen waren. Viele brachen ohnmächtig zusammen und wurden in den Straßen liegen gelassen ... Hunderte von Juden sind geschlagen worden, aber kein einziger darf es wagen, öffentlich darüber zu sprechen oder sich zu beklagen, ohne Gefahr zu laufen, von neuem mißhandelt zu werden."

Bei diesen Exzessen wurde in einer Kaserne in Tempelhof auch der SPD-

Abgeordnete Joachim, der als Rechtsanwalt unter anderem die Rote Hilfe Deutschlands vertreten hatte, zu Tode geprügelt.[30]

Weitere Tätlichkeiten gegen Juden wurden aus Braunschweig, Magdeburg, Pirmasens, Gotha und anderen Orten gemeldet.

In diese Zeit fallen die ersten Synagogenschändungen seit der Errichtung der Naziherrschaft, so in Königsberg (Vossische Zeitung vom 8. März 1933), in Köln-Roonstraße (Israelitisches Familienblatt vom 16. März 1933) und in Göttingen (Jüdische Telegraphen-Agentur vom 5. April 1933).

In besonderem Maße reizten den faschistisch verhetzten Mob die Geschäfte jüdischer Bürger zu Ausschreitungen. Zwischen dem 6. und 27. März 1933 wurden Boykotte und Plünderungen jüdischer Geschäfte aus Lübeck, Wilhelmshaven, Essen, Worms, Pforzheim, Nürnberg, Aue, Zerbst und Zwickau gemeldet.

In Kassel besetzte SA am 10. März das Warenhaus Tietz und bedrohte und photographierte alle Kunden. Am 11. März geschah dies vor jüdischen Geschäften in Hamburg und Breslau, am 13. März in Frankfurt a. M. und Karlsruhe.

In Braunschweig demolierten eine Anzahl SS-Männer in Zivil am 11. März auf Anweisung des Braunschweigischen Staatsministers Friedrich Alpers zwei jüdische Kaufhäuser. Danach beschuldigte Alpers die Kommunisten der Täterschaft.

Eine weitere bevorzugte Zielscheibe für antisemitische Ausschreitungen waren jüdische Richter und Rechtsanwälte. So berichtete die „Frankfurter Zeitung" vom 10. März 1933 von einer Aktion aus Breslau, wie sie übrigens in vielen kleineren und größeren Städten der Provinz praktiziert wurde: Eine Horde SA-Leute besetzte die Gerichtsgebäude und jagte innerhalb weniger Minuten alle jüdischen Rechtsanwälte, Richter und Staatsanwälte mit Gewalt auf die Straße. Einmalig für damalige Verhältnisse war allerdings die Reaktion des Breslauer Richterkollegiums: Es beschloß als Antwort auf den Pogrom für alle Gerichte der Stadt ein Justitium (Stillstand der Rechtspflege). Es wurde bekanntgegeben, daß für eine gewisse Dauer kein Richter die Gerichte betreten werde. Da sich jedoch in Deutschland andere Richterkollegien dem Vorgehen der Breslauer Kollegen nicht anschlossen, brach der Widerstand der Breslauer Juristen bald zusammen.[31]

Der Erfolg der Aktion in Breslau veranlaßte den „Völkischen Beobachter" am 19. März 1933, zu gleichem Vorgehen in anderen Städten aufzurufen: „Während in Breslau immerhin ein ganz bescheidener Anfang einer Säuberungsaktion gemacht werden konnte, hat sich an den Berliner Gerichten noch nichts geändert. Wie lange noch soll Moabit unter der Leitung der Herren Tigges, Dransfeld, Lindhorst, Soelling-Seeligsohn, Becher, Bernau usw. als Neu-Jerusalem in der Justiz gelten? Man darf hoffen, daß auch hier der eiserne Besen nicht mehr lange auf sich warten läßt."

Am 31. März 1933 übergab der Preußische Justizminister der Presse eine

Mitteilung, in der es hieß: „In allen Fällen, in denen jüdische Richter sich weigern, ihr Urlaubsgesuch einzureichen, ersuche ich, diesen kraft Hausrechts das Betreten des Gerichtsgebäudes zu untersagen." [32] Das war das Signal: Wie in Breslau drang eine „große Menschenmenge" – so umschrieb das „Berliner 8-Uhr-Abendblatt" vom gleichen Tage die SA-Horden – in das Amtsgericht Mitte und das Landgericht I ein und verlangte die sofortige Absetzung der jüdischen Richter, die alsbald die Gerichtsgebäude verließen, unter ihnen der Präsident des Landgerichts I Soelling.

In Köln zerrten am 1. April 1933 SS-Trupps die jüdischen Richter und Rechtsanwälte aus dem Justizgebäude und mißhandelten sie. Anschließend warf man sie auf Fahrzeuge der städtischen Müllabfuhr und fuhr sie durch die Straßen der Stadt.[33]

Diese wenigen Beispiele zeigen, daß die antijüdischen Ausschreitungen im Februar und März 1933 einen anderen Charakter trugen als der Terrorfeldzug gegen die Kommunisten und übrigen Arbeiterorganisationen. Hier ging es den Faschisten um die systematische Zerschlagung des organisierten Widerstandes: Die Verhaftungen und Ermordungen von Arbeiterfunktionären erfolgten nach vorbereiteten Listen, die Opfer der Verfolgungen gingen in die Zehntausende. Die antijüdischen Pogrome verfolgten demgegenüber einen anderen Zweck: Sie sollten die Isolierung der jüdischen Bürger einleiten und die pseudorevolutionäre Aktivität der mobilisierten Nazianhänger vom Klassenkampf ab- und auf das jüdische „Antisymbol" hinlenken. Sie wandten sich gegen einzelne, willkürlich ausgewählte Opfer, die ihrerseits keinerlei Widerstand leisteten.

Ein weiteres Charakteristikum dieser ersten Phase der Judenverfolgung in Deutschland bis zum Erlaß des „Gesetzes zur Wiederherstellung des Berufsbeamtentums" mit dem „Arierparagraphen" am 7. April 1933 war das Fehlen einer „legalen" Grundlage für den Terror. Da es de jure keine Möglichkeit gab, gegen die Juden vorzugehen, bedienten sich die Naziführer ihrer Parteiarmeen SA und SS, die als uniformierte Formation oder in Gestalt von „erregten Menschenmengen" jegliche Gewalttaten verübten, die die Führung anordnete.

Bei dieser Form der Pogrome konnte es nicht ausbleiben, daß den Rollkommandos wiederholt unvorhergesehene Pannen unterliefen. So wurde aus Leipzig berichtet, daß der polnische Konsul fast täglich gegen Mißhandlungen polnischer Bürger jüdischer Herkunft einschreiten mußte. Bei den von der SA veranstalteten Hetzjagden auf Menschen jüdischer Abkunft wurden nicht nur zahlreiche ausländische Juden, sondern selbst nichtjüdische Ausländer südländischen Typs, die irrigerweise für Juden gehalten wurden, Opfer der Ausschreitungen.

Die faschistischen Greueltaten blieben der Weltöffentlichkeit nicht verborgen. In Deutschland tätige Auslandsjournalisten berichteten über die Exzesse, und es kam zu den ersten Reaktionen und Kundgebungen gegen das

Naziregime. In den USA, in England, Frankreich, Belgien, Holland, Polen und anderen Ländern wurden Boykottmaßnahmen gegen deutsche Waren eingeleitet. In London sah man Plakate an Geschäften, auf denen zu lesen war, daß keine deutschen Waren geführt und keine deutschen Vertreter empfangen werden. In England und den USA wurden sogar Aufträge für deutsche Firmen annulliert.

In dieser Situation befahl Göring die Leiter der großen jüdischen Organisationen zu sich, um sie zu veranlassen, gegen die ausländische jüdische „Greuelpropaganda" öffentlich aufzutreten. Im Ergebnis dieser Zusammenkunft entsandten der CV und die Zionistische Vereinigung für Deutschland noch am gleichen Tage je einen Vertreter nach London, um dort auf die antinazistischen Aktionen der jüdischen Organisationen mäßigend einzuwirken. Als allerdings anderntags die für den 1. April 1933 von den Nazis geplante große Boykottaktion gegen die deutschen Juden bekannt wurde, stellte der CV seine Mitwirkung ein.[34]

Am 29. März 1933 hatte der „Völkische Beobachter" der Öffentlichkeit mitgeteilt, daß die Reichsleitung der NSDAP ein „Zentralkomitee" ins Leben gerufen habe, um einen totalen antijüdischen Boykott zu organisieren, der schlagartig am 1. April 1933 um 10 Uhr im ganzen Lande einsetzen sollte. An die Spitze dieses „Zentralkomitees" wurde der Gauleiter von Franken, Julius Streicher, gestellt.[35]

Streicher war Volksschullehrer und trat bereits 1921 – sechsunddreißigjährig – der Hitlerpartei bei. Vom Jahre 1923 an gab er die antisemitische Wochenzeitung „Der Stürmer" heraus, die er bis zur Zerschlagung des Nazireiches leitete. In unbeschreiblicher Manier hetzte dieses Blatt jahrein jahraus zu Gewalttaten gegen die jüdischen Mitbürger auf, denen es jegliche nur erdenkliche Schandtat andichtete. Namentlich Streicher erfand abscheuliche sexuelle Ausschweifungen jüdischer Bürger, über die dann mit pornographischem Behagen in allen erfundenen Details berichtet wurde. Kaum eine Nummer erschien ohne direkte Aufreizung zu Gewalttaten und zum Mord an Juden. Wie die Mehrzahl der faschistischen Führer war Streicher selber übrigens ein Feigling. Als er in Nürnberg vor seinen Richtern stand, wollte er nichts von Gewalttaten gegen Juden, geschweige denn von ihrer Massentötung gewußt haben.

Dieser nazistische Scharlatan wurde nun zum Organisator des ersten zentralen antijüdischen Boykotts bestellt. Innerhalb weniger Stunden ließ er in allen Städten und Dörfern „Aktionskomitees" bilden, denen die Vorbereitung und Durchführung des Boykotts aufgetragen wurde. Ihnen standen SA und SS und alle übrigen Parteiformationen zur Verfügung. Hand in Hand mit den organisatorischen Vorbereitungen ging eine gezielte Propaganda über alle

Massenmedien. Begründet wurde die Boykottaktion mit der „jüdischen Greuelpropaganda" im Ausland, um sie als Abwehr einer „ausländischen wirtschaftlichen Aggression" ausgeben zu können.

„Die Schuldigen an diesem wahnwitzigen Verbrechen", hieß es in einem Aufruf, der bereits am gleichen 29. März 1933 an allen Litfaßsäulen plakatiert wurde, „an dieser niederträchtigen Greuel- und Boykotthetze sind die Juden in Deutschland. Sie haben ihre Rassengenossen im Ausland zum Kampf gegen das deutsche Volk aufgerufen. Sie haben die Lügen und Verleumdungen hinausgemeldet ... Zeigt den Juden, daß sie nicht ungestraft Deutschland in seiner Ehre herabwüdigen und beschmutzen können! Wer gegen diese Aufforderung handelt, beweist damit, daß er auf Seiten der Feinde Deutschlands steht." [36]

Unter dem Motto „Kein Deutscher kauft bei einem Juden!" ergoß sich eine Flut von Flugblättern und Plakaten über die Bevölkerung, rollte eine Lawine von Zehntausenden von Massenversammlungen durch das Land.

Die ganze Anlage der Aktion ließ die planende Hand des Propagandaministers Dr. Josef Goebbels im Hintergrund erkennen, jenes Klischee, das in der Folge alle lang geplanten nazistischen Aggressionsakte als spontane Reaktion und Verteidigung gegen angeblich erlittenes Unrecht motivieren sollte: die „Kristallnacht", der „polnische Handstreich gegen den Sender Gleiwitz" 1939, der fingierte Luftangriff auf Freiburg 1940 usw.; jenes Klischee, das Hitler in seiner bekannten Rede vor den Generalen am 22. August 1939 in die Worte kleidete: „Ich werde propagandistischen Anlaß zur Auslösung des Krieges geben."

Die „Aktionskomitees" erhielten befristete, aber weitreichende Vollmachten [37]:

Sie registrierten alle Geschäfte, deren Inhaber Juden oder Ehepartner von Juden waren, nach zentralen Richtlinien; Ausländer wurden vom Boykott ausgenommen;

sie kennzeichneten sie durch Plakate oder aufgepinselte gelbe Flecke;

sie sorgten dafür, daß diese Geschäfte am 1. April 1933 geöffnet und die Inhaber und jüdischen Angestellten vollzählig anwesend waren, während die nichtjüdischen Angestellten ihren Arbeitsplätzen fernzubleiben hatten;

sie verhinderten, daß vom Boykott betroffene Geschäftsleute nichtjüdische Angestellte entließen;

sie registrierten die jüdischen Ärzte, Rechtsanwälte, Professoren und Dozenten, Studenten und Oberschüler mit dem Ziel, die Zulassungen auf einen Prozentsatz zu reduzieren, der dem prozentualen Anteil der jüdischen Bürger an der Gesamtbevölkerung entsprach (etwa 0,7 Prozent).

Weiterhin wurden die örtlichen Komitees dafür verantwortlich gemacht, „daß sich dieser gesamte Kampf in vollster Ruhe und größter Disziplin vollzieht".

„Krümmt auch weiterhin keinem Juden auch nur ein Haar!", heißt es schließlich in dem Aufruf des „Abwehrkomitees" – jenen Hunderten und Aberhunderten unglücklicher jüdischer Bürger zum Hohn, die in den vergangenen Wochen tagtäglich von den faschistischen Schlägerkommandos auf offener Straße mißhandelt, in die Prügelkeller der SA verschleppt und dort übel zugerichtet oder gar erschlagen worden waren. Auch die scheinbar gemäßigten Formulierungen des Aufrufes konnten nicht darüber hinwegtäuschen, daß sich ein Pogrom großen Ausmaßes vorbereitete.

Welche Ziele verfolgten die Faschisten mit dieser Aktion zu diesem Zeitpunkt? Die Naziführer mußten sich im klaren sein, daß ein Massenpogrom gegen die deutschen jüdischen Bürger am allerwenigsten geeignet war, um den anwachsenden Protestaktionen gegen die nazistischen Greueltaten im Ausland ein Ende zu bereiten. Ganz im Gegenteil mußten sie damit rechnen, daß sich diese Gegenwehr vervielfachen, daß sich Deutschland in der gesamten zivilisierten Welt moralisch isolieren würde und daß wirtschaftliche Gegenmaßnahmen des Auslandes nicht ausbleiben würden.

Aber auch eine ernsthafte wirtschaftliche Schädigung der deutschen Juden konnte nur dann erreicht werden, wenn sich der Boykott über Wochen oder gar Monate erstrecken würde und wenn die Faschisten über die notwendigen staatlichen Machtmittel verfügen würden, um die hundertprozentige Befolgung der Boykottparolen zu erzwingen. Diese Machtmittel standen aber am 1. April 1933 – abgesehen vom Straßenterror – noch nicht zur Verfügung. Knapp vier Wochen zuvor hatte fast jeder zweite deutsche Bürger sein Votum gegen die faschistische Diktatur – trotz unerhörten Terrors – abgegeben. Und diese 16 Millionen Gegner konnten nicht gezwungen werden, beispielsweise bei den Nazikonkurrenten der boykottierten Juden zu kaufen. Und schließlich gab es noch immer ein Arbeitslosenheer von über 5 Millionen Menschen, die um den Preis ihrer physischen Existenz gezwungen waren, ihren notdürftigsten Lebensbedarf dort zu decken, wo er am billigsten war. Und in dieser Hinsicht waren sie auf viele jüdische Geschäfte, vor allem die wohlfeilen Kauf- und Warenhäuser, angewiesen.

Wirtschaftliche Erwägungen lagen also der Boykottaktion nicht zugrunde, sondern offenbar die Absicht, die brutale Macht zu demonstrieren, die Gegner durch den Straßenterror einzuschüchtern, die eigenen Anhänger zu mobilisieren und zu fanatisieren. Auf der einen Seite sollte der Boykott eine großangelegte Ablenkungsdemagogie sein, auf der anderen aber zugleich ein erster Testfall, wie weit die Voraussetzungen für weitere und schärfere Verfolgungsmaßnahmen gegen die Juden herangereift waren.

Über den Ablauf des Pogroms liegen zahlreiche Berichte jüdischer Augenzeugen und solcher Opfer vor, denen angeblich „kein Haar gekrümmt werden sollte":

„Am Morgen des 1. April 1933 zogen die SA-Leute durch die Strassen der deutschen Städte mit Plakaten, Farbtöpfen, Knüppeln, Revolvern. Um 10 Uhr waren die Schaufenster der jüdischen Geschäfte, die Schilder der jüdischen Aerzte und Anwälte verklebt und mit Riesenlettern verschmiert: ‚Juda verrecke!' ‚Kauft nicht bei Juden!' ‚Achtung, Lebensgefahr!' ‚Juda den Tod!' oder einfach und erschöpfend nur das Wort: ‚Jude!'

SA-Wachen postierten sich vor den Türen, viele jüdische Geschäfte öffneten nicht, die anderen schlossen schleunigst. Die Berliner Straßenbahnen fuhren mit Flaggen. Die neue nationalsozialistische Betriebsleitung hatte entdeckt, dass gerade Bismarcks Geburtstag war. Aber das Volksfest, zu dem man die Judenhetze machen wollte, gelang nicht. Schweigend, oft missbilligend sahen die Passanten das Schauspiel an."[38]

Aus Regensburg teilte die „Frankfurter Zeitung" am 2. April 1933 mit, daß 107 jüdische Geschäftsleute in Schutzhaft genommen worden seien und daß weitere „zu ihrer persönlichen Sicherheit um Inhaftierung ersucht" hätten.

Aus Annaberg in Sachsen meldete das Conti-Büro, daß die Rollkommandos der SA und SS jedem Käufer, der die jüdischen Läden verließ, einen Stempel mit der Inschrift „Wir Verräter kauften bei Juden" ins Gesicht drückten.

In Göttingen zertrümmerten die Faschisten die Scheiben der meisten jüdischen Geschäfte.

Aus Leipzig berichtete der USA-Konsul dem State Department folgende Details: In das Kaufhaus am Brühl seien SA-Kolonnen dreimal eingedrungen, hätten die anwesenden Käufer vertrieben und sogar einige Angestellte verhaftet; fünfzehn jüdische Bürger seien von der SA mit einem Transparent, das zum Boykott aufrief, durch die Straßen getrieben worden; unter den Drohungen der faschistischen Rollkommandos hätten viele jüdische, aber auch nichtjüdische Geschäftsleute ihre jüdischen Angestellten fristlos entlassen müssen; es seien zahlreiche Fälle körperlicher Mißhandlungen und Erpressungen vorgekommen, denen sogar Ausländer – z. B. Polen jüdischer Herkunft – zum Opfer fielen.[39]

In Berlin befahl die Gauleitung der Nationalsozialistischen Betriebszellenorganisationen (NSBO) ihren Obleuten am 31. März 1933, sich am 1. April 1933 punkt 10 Uhr mit den zuständigen jüdischen Geschäftsleitungen ins Benehmen zu setzen, um eine zweimonatige Vorauszahlung aller Löhne und Gehälter für nichtjüdische Angestellte und Arbeiter und die fristlose Entlassung aller „Angehörigen der jüdischen Rasse" – ohne Rücksicht auf ihre Konfessionszugehörigkeit – zu erzwingen. „Sollten sich wider Erwarten Geschäftsleitungen diesen Anforderungen nicht fügen, so ist es erforderlich, die Leitung der NSBO Gau Groß-Berlin in Kenntnis zu setzen, die dann die erforderlichen Maßnahmen treffen wird", wurde in drohendem Tone hinzugefügt.

In Nordhorn drohten die SA-Horden, die jüdischen Bürger im Fluß zu ertränken, die daraufhin begannen, über die nahegelegene Grenze nach Holland zu flüchten. Um den dort entstandenen Eindruck abzuschwächen, in Deutschland herrsche Rechtsunsicherheit, kam der Nazibürgermeister auf den kuriosen Einfall, die „jüdischen Einwohner unserer Stadt" in einer öffentlichen Bekanntmachung unter seinen „persönlichen Schutz" zu stellen.[40]

Einschneidender waren die Maßnahmen in den Kleinstädten des Rheinlandes, z. B. in Simmern. Dort bedrohten örtliche Erlasse ein jedes Gemeindemitglied, das einem jüdischen Mitbürger Brot, Gemüse oder andere Waren verkaufte, mit dem Ausschluß bei der Zuteilung von Land, Holz usw.

Übrigens war der Eifer der randaliersüchtigen SA-Banden so unbändig, daß sie an vielen Orten die Aktion schon vor dem festgesetzten Termin begannen. Es wurden Boykottausschreitungen bereits am 28. März 1933 und an den folgenden Tagen aus Frankfurt a. M., Hannover, Stuttgart, Nürnberg und anderen Städten gemeldet.

An den Universitäten übernahm der Nationalsozialistische Deutsche Studentenbund (NSDStB) im Einvernehmen mit den örtlichen Komitees die Durchführung der Aktion. Nach einer Anweisung des Bundesführers des NSDStB, Dr. Oskar Stabel, vom 29. März 1933 zogen am 1. April 1933 Rollkommandos von SA- und SS-Studenten vor den Hörsälen und Seminaren der jüdischen Professoren und Dozenten auf, um die Hörer „vor dem Besuch solcher Vorlesungen und Seminare zu warnen".[41] Auch hier kam es zu tätlichen Ausschreitungen.

Aus Spandau meldete die „Vossische Zeitung" am 30. März 1933: „Den jüdischen Ärzten des Städtischen Krankenhauses Spandau und der Wohlfahrtsfürsorge ist gekündigt worden. Professor Bernhard Zondek ist vom 1. April an beurlaubt."

Aus München berichtete die „Frankfurter Zeitung" am 4. April 1933: „Der kommissarische Erste Bürgermeister von München, Fichler, hat angeordnet, daß die jüdischen Ärzte an den Münchner Krankenhäusern nur jüdische Patienten behandeln dürfen; sie dürfen auch nur jüdische Leichen sezieren."

Bereits einige Tage vorher hatte der „Kommissar der ärztlichen Spitzenverbände", Dr. Wagner, an den Staatssekretär Dr. Krone im Reichsarbeitsministerium ein Telegramm gerichtet, in dem es hieß: „Erregung der gesamten deutschblütigen Bevölkerung erfordert sofortige Maßnahmen zur Verhinderung weiterer Zulassung jüdischer Ärzte zu Kankenkassen und zur Einführung des Numerus clausus."[42]

So tobte sich der hochgezüchtete antisemitische Fanatismus landauf landab aus. Ein Rechtsweg für die Diskriminierten und Mißhandelten war ausgeschlossen. Jede Beschwerde bedeutete für den Beschwerdeführer mit Sicherheit noch schlimmere Demütigungen. Und all das geschah mit Zustimmung oder unter Duldung jener Regierungsmitglieder, die nicht der NSDAP angehörten, in der

Regierung eine Mehrheit bildeten, aber natürlich nicht daran dachten, die Arbeiterklasse und die demokratischen Kräfte im Bürgertum aufzurufen, um dem braunen Spuk ein rasches Ende zu bereiten.

Der zügellose Terror des auf den Straßen randalierenden Nazimobs konnte die Organisatoren der Boykottaktion jedoch nicht über die Schwäche ihrer Position hinwegtäuschen. Wohlweislich hatten sie zwar den Zeitpunkt des Beginns, nicht aber das Ende des Boykotts fixiert. Offenkundig waren sie sich nicht sicher, wie die Bevölkerung, vor allem die Arbeiterschaft, reagieren würde. In der Tat waren viele Menschen trotz aller Einschüchterungsversuche nicht gewillt, sich widerstandslos dem faschistischen Terror zu beugen. In verschiedenen Orten kam es zu Massenansammlungen empörter Bürger vor den boykottierten Geschäften.

In einem Bericht aus Berlin heißt es: „Die Arbeiter hielten sich fern, halfen den kleinen Geschäftsleuten und deren Angehörigen. Zuweilen wurde der Versuch gemacht, demonstrativ jüdische Geschäfte zu betreten. In vielen Fällen wurde jüdischen Familien von den ‚arischen' Bekannten Hilfe gewährt."[43]

In Krefeld gingen beherzte Bürgerinnen zu einem antifaschistischen Gegenboykott über. Wütend erließ der örtliche SA-Führer im „Krefelder Generalanzeiger" vom 11. April 1933 folgenden warnenden Aufruf:

„An die gesinnungslosen Damen Krefelds!

Da uns nicht unbekannte Frauen und Mädchen Krefelds den SA-Boykott gegen die jüdische Greuel-Propaganda mit einem Boykott des christlichen gewerblichen Mittelstandes beantworten, warnen wir diese. Sie sollen sich schließlich nicht wundern, wenn die SA sie demnächst genau so behandelt, wie einst die ehrlosen Weiber behandelt wurden, die mit den belgischen Soldaten und belgischen Offizieren in der Besatzungszeit verkehrten. Wir haben die Augen offen.

Aigeltinger, Sturmbannführer I/40."

Auch in anderen Gegenden Deutschlands wurde der Gegenboykott mit Erfolg angewandt. So ist es zweifellos der unmißverständlichen Ablehnung des Boykotts durch breite Schichten der Bevölkerung zuzuschreiben, daß die „Aktionskomitees" und selbst Streicher es für ratsamer hielten, die Aktion bereits am Abend des 1. April 1933 abzubrechen, um sich nicht der öffentlichen Blamage einer nicht mehr zu bewältigenden Masseninsubordination auszusetzen.

Die große Masse der jüdischen Bürger stand den Verfolgungsmaßnahmen und Pogromen wehrlos und innerlich unvorbereitet gegenüber. Natürlich hatte man sich auch schon vor 1933 mit Problemen des Antisemitismus auseinandergesetzt, doch waren es bis dahin mehr oder weniger literarische Kontroversen gewesen. Jüdische Publizisten hatten ihre Hauptaufgabe darin gesehen, die antisemitischen Verleumdungen sachlich zu entkräften und zu widerlegen. Doch was nun über die Juden hereinbrach, rührte an die Existenz eines jeden jüdischen Bürgers. Aufgewachsen in bürgerlichen Rechtsvorstellungen, brach für viele Juden eine ganze Welt zusammen. Es fiel ihnen schwer, den Sinn der gegen sie ergriffenen Maßnahmen zu begreifen, waren sie doch durch vielfältige wirtschaftliche und gesellschaftliche Bande mit ihrer nichtjüdischen Umwelt verbunden. Die Kräfte, auf die die jüdischen Organisationen (CV, RjF usw.) ihre Hoffnungen gesetzt hatten – der Reichspräsident von Hindenburg, die konservativen Repräsentanten in der Regierung, die hohen Militärs, die Leitungsgremien der christlichen Kirchen –, sie alle ließen die deutschen Juden in dieser Stunde der Not im Stich. Entweder hüllten sie sich in Schweigen oder machten sich gar Streichers verlogene Argumentation von der „Abwehr der jüdischen Greuelhetze" selbst zu eigen.

Jetzt erwies sich, daß die deutschen Juden – politisch, sozial und religiös in verschiedene Richtungen und Gruppen gespalten – zu einer einheitlichen politischen Reaktion auf die Nazi-Herausforderung nicht fähig waren. Manche verfielen in Verzweiflung und Panik und drängten in überstürzter Flucht über die Grenzen; andere emigrierten, um vom Ausland her den organisierten Kampf gegen den Faschismus aufzunehmen. Die Zionisten appellierten an das jüdische Selbstbewußtsein – „Tragt ihn mit Stolz, den gelben Fleck!"[44] –, und es machte sich ein Zug zum engeren Zusammenrücken und zur gegenseitigen Hilfe bemerkbar.

Jedoch zeigten sich die meisten führenden Repräsentanten der deutschen jüdischen Minderheit den Anforderungen, die die schwierige politische Situation an sie stellte, nicht gewachsen. In den ersten Tagen nach dem Boykott gaben zahlreiche jüdische Organisationen und einzelne führende Persönlichkeiten aus der Wirtschaft, aus dem Kulturleben oder aus den Gemeinden öffentliche Erklärungen und Stellungnahmen ab, die zum Teil an ausländische Stellen gerichtet waren und auch in der ausländischen Presse abgedruckt wurden. Hier seien nur einige der wichtigsten Organisationen aufgeführt, die solche Verlautbarungen abgaben:
Centralverein deutscher Staatsbürger jüdischen Glaubens;
Zionistische Vereinigung für Deutschland;
Reichsbund jüdischer Frontsoldaten;
Verein zur Abwehr des Antisemitismus in Berlin;
Preußischer Landesverband Gesetzestreuer Synagogengemeinden in Halberstadt;
Verband nationaldeutscher Juden;
Jüdische Gemeinden in Berlin, Dresden, Königsberg u. a.

Persönliche Erklärungen gaben ab:
Dr. Leo Baeck, Vorsitzender des Rabbiner-Verbandes und nachmaliger Präsident der Reichsvertretung der deutschen Juden;
Oskar Wassermann und Wilhelm Kleemann, Vorstandsmitglieder der Deutschen Bank;
der Bankier Wallach in Berlin;
Dr. Alfred Tietz, Präsident der Leonhard Tietz AG;
Dr. Kurt Singer, Intendant der Städtischen Oper Berlin, und viele andere bekannte Vertreter des öffentlichen Lebens.[45]

Fast alle Stellungnahmen stimmten darin überein, daß sie sich zur unerschütterlichen Verbundenheit mit dem deutschen Volk und der deutschen Heimat (deshalb wurden sie von der Nazipresse totgeschwiegen!) bekannten und die Überzeugung ausdrückten, daß auf seiten der Regierung und der Leitung der NSDAP der Wille bestehe, Ruhe und Ordnung aufrecht zu erhalten. Die Ausschreitungen wurden bagatellisiert oder als unkontrollierte Übergriffe einzelner unverantwortlicher Elemente dargestellt. Einige dieser Verlautbarungen gingen allerdings einen erheblichen Schritt weiter: Sie distanzierten sich in aller Schärfe von den im Ausland eingeleiteten Solidaritätsaktionen (Reichsbund jüdischer Frontsoldaten: „Wir verbitten uns jede Einmischung") oder sprachen gar den aus Deutschland emigrierten Antifaschisten schlichtweg ihr Deutschtum ab (z. B. die nationalistische Jugendorganisation „Der Deutsche Vortrupp").

Ein erschütterndes Zeugnis für die von Antikommunismus und Klassensolidarität mit der imperialistischen deutschen Großbourgeoisie geprägte verblendete und selbstmörderische Grundeinstellung des jüdischen Bürgertums findet sich in der französischen Zeitung „Intransigeant". Es ist eine Erklärung des Rabbiners Dr. Leo Baeck. Sie lautete wörtlich:

„Die nationale deutsche Revolution, die wir durchleben, hat zwei ineinander gehende Richtungen: den Kampf zur Überwindung des Bolschewismus und die Erneuerung Deutschlands. Wie stellt sich das deutsche Judentum zu diesen beiden?

Der Bolschewismus ist, zumal in seiner Gottlosenbewegung, der heftigste und erbittertste Feind des Judentums. Die Ausrottung der jüdischen Religion ist in seinem Programm. Ein Jude, der zum Bolschewismus übertritt, ist ein Abtrünniger.

Die Erneuerung Deutschlands ist ein Ideal und eine Sehnsucht innerhalb der deutschen Juden. Mit keinem Lande Europas sind Juden in jahrhundertelanger Geschichte so tief und so lebendig verwachsen wie mit Deutschland. Keine Sprache Europas bedeutet für sie so viel wie die deutsche.

Es wäre richtig gewesen, einzelne Übergriffe festzustellen und an zuständiger Stelle zur Sprache zu bringen. Statt dessen haben sich aber falsche

Freunde zu schweren, bedauerlichen Fehlern hinreißen lassen. Um als politische Gegner den neuen deutschen Machthabern Schwierigkeiten zu bereiten, haben Linkskreise in der ganzen Welt die Judenschaft Deutschlands als Schild vor sich gehalten und den Versuch gemacht, durch unverantwortliche, unwahre Meldungen ihren politischen Gegnern, den regierenden Nationalsozialisten, zu schaden."[46]

Nach dem Kriege entbrannten heftige Auseinandersetzungen innerhalb der jüdischen Publizistik über das damalige Verhalten der jüdischen Funktionäre. Hannah Arendt[47] wirft vielen von ihnen mangelnde Prinzipienfestigkeit und bewußte oder unbewußte Kollaboration mit den Faschisten vor, die bis zur letzten Phase der „Endlösung" in den Ghettos und Vernichtungslagern angedauert habe. Max Gruenewald, führender Funktionär der späteren Reichsvertretung der deutschen Juden, spricht von einem „suggestiven Zwang" und von „widerspruchsvollen Erscheinungen des Daseins unter einer totalitären tyrannischen Regierung" und meint, die Äußerungen der Vertreter der deutschen Juden zum Aprilboykott seien von dem Wunsch eingegeben gewesen, die deutschen Juden vor Vergeltungsmaßnahmen zu schützen. Aber auch er kann nicht abstreiten, daß man diese Erklärungen „heute nur mit peinlichen Gefühlen lesen kann."[48]

Wie dem auch sei: Die damalige unwürdige Anbiederung der bürgerlichen jüdischen Organisationen und ihrer Führer an die faschistischen Machthaber erfolgte keineswegs unter den Bedingungen eines unausweichlichen Zwanges. Es gab vielfältige Möglichkeiten der Distanzierung, doch man bediente sich ihrer nicht. Und wenn die jüdischen Repräsentanten glaubten, durch eine betont gehässige Polemik gegen die Kommunisten, die als entschlossenste Antifaschisten um jene Zeit bereits zu Tausenden in Lagern und SA-Kellern schmachteten und nicht zuletzt auch gegen die Entrechtung der Juden kämpften, ihre eigene Lage zu verbessern, so war das eine Illusion. Es kann kein Zweifel bestehen, daß ihre nazifreundlichen Proklamationen die jüdischen Bürger in eine falsche Richtung orientierten und die rechtzeitige Formierung des politischen Widerstandes innerhalb der jüdischen Minderheit hemmten. Auch die Berufung auf zeitbedingte taktische Erwägungen vermag diese Schlußfolgerung nicht abzuschwächen. Hier offenbarte sich eine durch Klasseninteressen und Klassenbewußtsein bedingte falsche politische Orientierung, die die deutschen Juden in den folgenden Jahren mit bitteren Erfahrungen und schweren Opfern bezahlen mußten. Dabei sei nicht verschwiegen, daß die meisten führenden Funktionäre der jüdischen Organisationen selbst mutig und selbstlos auf ihren verlorenen Posten ausharrten, um ihren Mitbürgern zu helfen, bis auch sie der allgemeinen Vernichtungsorgie anheimfielen.

Die jüdischen Organisationen im Ausland ließen sich durch die Haltung der deutschen jüdischen Führer nicht beirren. Nach dem Aprilboykott erhielten die antinazistischen Protestaktionen einen gewaltigen Auftrieb. In diesem Sinne wirkte in England ein Jewish Representation Council for the Boycott of German Goods and Services, dem zahlreiche lokale Komitees angeschlossen waren; Massenversammlungen wurden in London von einem Antinationalsozialistischen Ausschuß abgehalten, ähnliche Kundgebungen sahen auch Paris und andere französische Großstädte. In Brüssel organisierte ein Aktionskomitee zur Verteidigung der Juden in Deutschland Protestkundgebungen. In der Folge dehnte sich die Boykottbewegung auch auf Gewerkschaften und andere demokratische Organisationen aus. Im September 1933 erließ der in Genf tagende zweite Jüdische Weltkongreß einen Boykottaufruf gegen deutsche Waren, ein weiterer folgte im November 1933 aus London. Ein amerikanisch-europäisches Boykottkomitee wurde ins Leben gerufen, das mit Aufrufen, Flugblättern und Boykottposten in vielen Ländern tätig war.

Die vielfältigen Bemühungen der jüdischen Organisationen, auch die Regierungen der USA und der westeuropäischen Länder zu diplomatischen Schritten bei der Naziregierung zu veranlassen, scheiterten allerdings vor allem an der zunehmend faschistenfreundlichen Haltung der britischen Regierung unter MacDonald.[49] Die Regierungen der Westmächte standen gerade um diese Zeit in schwierigen Verhandlungen mit der Hitlerregierung, um den Expansionsdrang des deutschen Imperialismus nach Osten, gegen die Sowjetunion, abzuleiten. Unter diesen Umständen glaubten sie, es sich nicht leisten zu können, eine moralische Verurteilung der faschistischen Barbarei öffentlich auszusprechen. Einige Wochen später, am 30. Mai 1933, raffte sich zwar der Völkerbund in einer öffentlichen Erklärung zu einer Verurteilung der nazistischen Judenverfolgung auf, jedoch blieb es bei diesen deklamatorischen Bekenntnissen, denen keine Sanktionen folgten.

Welche Haltung nahmen nun die Kommunisten zu den Judenverfolgungen ein? Es liegen uns zahlreiche zeitgenössische Dokumente vor, in denen die KPD die Pogrome verurteilte und, selbst den heftigsten Verfolgungen ausgesetzt, zur Solidarität mit den jüdischen Arbeitern und werktätigen Mittelständlern aufrief – ungeachtet der Verleumdungen eines Leo Baeck und anderer bürgerlich-liberaler, konservativer oder orthodoxer Repräsentanten der jüdischen Organisationen, von denen wir berichteten.

Die Kommunisten beschränkten sich nicht darauf, ihren moralischen Abscheu gegen die „hunnischen Methoden" der Nazipogrome zu bekunden, sondern bemühten sich, die klassenmäßigen Wurzeln der Judenverfolgungen aufzuzeigen, sie vor den verhetzten kleinbürgerlichen Anhängern der Nazipartei als verlogene Demagogie zu entlarven und zugleich bei den verfolgten Juden selbst Illusionen zu zerstreuen, in Deutschland würden die Ausschreitungen alsbald wieder abklingen und der alte bürgerliche Rechtszustand würde wiederhergestellt.

„Es ist nicht wahr", schrieb die „Rundschau", das in Basel erscheinende Organ der KPD, am 7. April 1933, „daß der Boykott jetzt eingestellt und die Verfolgung der Juden beendet sei. Wahr ist vielmehr, daß sich der Boykott gegen die kleinen jüdischen Geschäftsleute weiter auswirkt."

Und in der gleichen Nummer:

„Die Judenverfolgungen in Deutschland (mit ihrer antikapitalistischen Note des Kampfes gegen die Warenhäuser) dienen der faschistischen Führung als Ablenkungsmanöver, um die Tatsachen zu vertuschen, daß der Faschismus den Kapitalismus aufrechterhält und sichert."

Am 12. April 1933:

„Wir Kommunisten sagen den mittelständischen Hitler-Anhängern voraus, wie sie auch dabei betrogen werden: In wenigen Tagen, wenn der faschistische Judenboykott beendet sein wird, werdet ihr feststellen, daß alle Warenhäuser weiterbestehen, daß die jüdischen Bankkapitalisten und Börsenspekulanten weiter ihr Wesen treiben, daß keinem jüdischen Industriekapitalisten ein Haar gekrümmt ist – daß das einzige Resultat der Judenverfolgung darin besteht, daß einige Tausend jüdischer Angestellter, Ärzte, Rechtsanwälte und sonstiger Intellektueller und einige Tausend kleiner jüdischer Geschäftsinhaber verprügelt und vielleicht wirtschaftlich ruiniert sind."

Am 28. April 1933:

„Durch den Judenboykott wird weder das jüdische noch das christliche Finanzkapital getroffen. Die einzigen Opfer dieser Boykottbewegung sind die kleinen jüdischen Angestellten und Arbeiter, die zu Tausenden aufs Pflaster fliegen, und der kleine jüdische Mittelstand."

Bei dieser Einschätzung ließ sich die KPD von der Erkenntnis leiten, daß im damaligen Stadium die Hauptgefahr des Antisemitismus in seiner Verknüpfung mit pseudorevolutionären Phrasen („Brechung der Zinsknechtschaft", „Kampf gegen das ‚raffende' – jüdische –Kapital" usw.) bestand, und daß eben diese Verknüpfung ihm zur Massenbasis in breiten Schichten des deklassierten Kleinbürgertums verhalf. Da die Naziausschreitungen gegen die Juden äußerlich das gleiche Bild boten wie seinerzeit die Pogrome der zaristischen Schwarzhundert-Banden, lag es nahe, sie wie jene als konterrevolutionäre Ablenkungsmanöver zu klassifizieren. Daß sie in den Plänen der rassistischen Ultras gleichzeitig eine erste Etappe auf dem Weg zur physischen Ausrottung aller jüdischen Bürger bzw. der von ihnen willkürlich als „Juden" abgestempelten Menschen, zur „Endlösung", waren, sollten erst die Ereignisse der folgenden Jahre zeigen.

Die deutschen Kommunisten bekundeten ihre Solidarität mit den verfolgten Juden auf vielfältige Weise, z. B. durch demonstrative Durchbrechung des Boykotts (wo das möglich war) oder durch direkte Hilfsaktionen für die vom Boykott Betroffenen. Wenn diese Hilfe nur in begrenztem Ausmaß wirksam werden konnte, lag es daran, daß die Kommunisten damals bereits selbst den schärfsten Verfolgungen ausgesetzt und Tausende von ihnen – wie bereits berichtet – eingesperrt waren. An der grundsätzlichen Einstellung der deutschen Kommunisten zum Antisemitismus und zu den Judenverfolgungen hat sich bis zum heutigen Tage nichts geändert.

5. Die Beseitigung der letzten bürgerlich-demokratischen Rechte

Die Reaktion der Bevölkerung auf den Judenboykott am 1. April 1933 hatte offenbart, daß es noch starke Kräfte im deutschen Volk gab, die gewillt waren, gegen den Terror aktiven Widerstand zu leisten. In den folgenden Monaten gingen die Faschisten planmäßig daran, bei ständig steigenden Verfolgungsmaßnahmen gegen die KPD alle möglichen Widerstandszentren – vor allem die Gewerkschaften, sodann die Sozialdemokratische Partei und auch die nichtfaschistischen bürgerlichen Parteien und Organisationen – Schritt um Schritt zu zerschlagen. Dieses Unterfangen wurde durch die direkte Kollaboration einiger Führer dieser Organisationen erleichtert.

Theodor Leipart, Vorsitzender des Allgemeinen Deutschen Gewerkschaftsbundes (ADGB), hatte noch vor dem Erlaß des Ermächtigungsgesetzes in einem Schreiben am 21. März 1933 Hitler die Mitarbeit der Gewerkschaften angeboten, während die große Masse der Gewerkschaftsmitglieder täglich auf Kampflosungen von ihrer Führung wartete. Acht Tage später bot er Hitler in einem zweiten Schreiben sogar an, die Bindungen des ADGB zur SPD zu lösen, obwohl er selbst Sozialdemokrat und die SPD noch im Parlament vertreten war. Hitler antwortete auf seine Art: Die Naziregierung erklärte den 1. Mai, den Kampftag des internationalen Proletariats, zum faschistischen Nationalfeiertag – eine unerhörte Herausforderung an die Millionen geknebelter, entrechteter, mißhandelter oder eingesperrter deutscher Arbeiter. Daraufhin rief die ADGB-Führung am 19. April 1933 die im ADGB organisierten Gewerkschafter auf, sich vollzählig an den faschistischen Kundgebungen zu beteiligen.[50] Die Mehrheit der Arbeiter folgte allerdings allem Terror zum Trotz nicht diesem Aufruf, sondern hielt sich von den offiziellen Veranstaltungen fern. In einigen Städten kam es sogar auf kommunistische Initiative zu klassenkämpferischen Gegendemonstrationen.

Nun holte die Naziführung zum entscheidenden Schlag gegen die organisierte Arbeiterschaft aus. Bereits am 21. April 1933 hatte der Organisationsleiter der NSDAP und nachmalige Führer der faschistischen Deutschen Arbeitsfront (DAF), Robert Ley, schriftlich detaillierte Anweisungen über die Zerschlagung der Gewerkschaften am Tage nach der Maidemonstration ausgegeben. Und so geschah es: Am 2. Mai besetzten Rollkommandos der SA und SS sämtliche Gewerkschaftshäuser, verhafteten die Funktionäre, deren sie habhaft werden konnten, zu Zehntausenden und beschlagnahmten das Arbeitereigentum. Am 10. Mai 1933 wurde die DAF gegründet, in der von nun an Arbeiter und Unternehmer auf ständischer Basis zusammenarbeiten sollten.

Im parlamentarischen Raum richtete sich die nächste Aktion gegen die SPD, die sich durch betonte Distanzierung von den verbotenen und verfolgten Kommunisten ihre Legalität erkaufen wollte. Einer ihrer Führer, Paul Löbe (er wurde übrigens 1949 zum Alterspräsidenten des Bonner Bundestages gewählt), schreckte sogar nicht davor zurück, am 19. Juni 1933 einen Beschluß des Parteivorstandes – zahlreiche Mitglieder waren allerdings bereits emigriert – herbeizuführen, demzufolge alle „nichtarischen" Mitglieder aus dem Vorstand ausgeschlossen wurden. Doch auch dieser erbärmliche Kotau wurde von den Faschisten nicht honoriert. Am 22. Juni 1933 wurde die Partei verboten.

Die bürgerlichen Parteien lösten sich in den folgenden Wochen freiwillig auf, als letzte die katholische Zentrumspartei am 5. Juli 1933, zwei Wochen vor dem Abschluß des Reichskonkordats, über das noch zu sprechen sein wird. Am 14. Juli 1933 erfolgte ein Gesetz, das die Neubildung jeglicher politischer Parteien außer der NSDAP verbot, und am 1. Dezember 1933 schloß das „Gesetz zur Sicherung der Einheit von Partei und Staat" den Aufbau des faschistischen Einparteienstaates ab.

Natürlich genügten Terror und Machtkonzentration nicht, um auf die Dauer die Klassenherrschaft vor allen sozialen Erschütterungen zu bewahren. Vor allem war es erforderlich, die Geißel der Arbeitslosigkeit zu beseitigen. Geschickt nutzte die Nazipropaganda die Tatsache, daß die zyklische Krise ihren Tiefpunkt bereits Ende 1932 überwunden hatte, zu ihren Gunsten aus. Am 1. Juni 1933 veröffentlichte die Regierung ein Arbeitsbeschaffungsprogramm. Ausgerichtet war es auf eine verstärkte Aufrüstung, und unter diesem Blickwinkel beschleunigte sich die Eingliederung der Arbeitslosen in den Arbeitsprozeß. Die für die Aufrüstung benötigten riesigen Mittel besorgte der geschäftstüchtige Reichsbankpräsident Schacht im In- und Ausland.

Am 30. Mai 1933 rief Gustav Krupp, Präsident des Reichsverbandes der deutschen Industrie, zur sogenannten Adolf-Hitler-Spende auf. Danach sollten alle Unternehmen verpflichtet werden, jährlich fünf Promille der gezahlten Lohnsumme des Jahres 1932 an die NSDAP abzuführen. Im Laufe der Jahre erreichte diese Spende den Betrag von 700 Millionen Mark, die für Zwecke der

SS, des SD, der Auslandspropaganda usw. ausgegeben wurden.[51] Mit der Bildung des Generalrats der deutschen Wirtschaft am 15. Juli 1933 wurde die Verschmelzung von Monopolen und faschistischem Staat weiter vorangetrieben. Nachdem bereits am 4. April 1933 ein „Reichsverteidigungsrat" eingesetzt worden war, in dem ebenfalls Monopolvertreter eine maßgebliche Rolle spielten, waren einige wichtige Voraussetzungen geschaffen, um die Verwirklichung der imperialistischen außenpolitischen Ziele schrittweise in Angriff zu nehmen.

Am 1. September 1933 wurde die erste große „Arbeitsschlacht" verkündet: Es begann der Bau der strategischen Autobahnen, die Rüstungsproduktion stieg sprunghaft und die beginnende Konjunktur tat ein übriges, um breite Schichten der deutschen Bevölkerung zu neutralisieren und gegen das Terrorregime im Innern und gegen die drohende Kriegsgefahr abzustumpfen.

Schließlich darf nicht übersehen werden, daß auch die Haltung des imperialistischen Auslandes, vor allem Englands, der USA und Frankreichs, zur Konsolidierung des faschistischen Systems beitrug. In England war es in erster Linie Premierminister Macdonald, der als eingefleischter Gegner der Sowjetunion die internationale Aufwertung des Hitlerregimes betrieb. Im März 1933 stimmte er einer Erweiterung des Hunderttausend-Mann-Heeres der Reichswehr auf 200 000 Mann zu; im Oktober erreichte Hitler die britische Zustimmung zur Aufstellung eines Dreihunderttausend-Mann-Heeres. Begründet wurde diese Begünstigung des deutschen Militarismus mit einer angeblichen „Gefahr aus dem Osten", also seitens der Sowjetunion. Im Juli kam es wiederum auf britische Initiative zu Verhandlungen über den Abschluß eines Viermächtepaktes zwischen Deutschland, England, Frankreich und Italien mit eindeutig antisowjetischem Charakter. Er sollte den Modellfall für das fünf Jahre später erfolgte Münchner Abkommen bilden, durch das die Tschechoslowakei dem Expansionsdrang des deutschen Imperialismus preisgegeben wurde.

Die vielleicht nachhaltigste Wirkung auf die Haltung – vor allem des katholischen Teils – der deutschen Bevölkerung gegenüber dem Hitlerregime übte jedoch das Reichskonkordat vom 20. Juli 1933 aus. Hitler schätzte das Konkordat als einen großen Erfolg der Nazidiplomatie ein. Der Vatikan hatte der Auflösung der katholischen Parteien (Zentrum und Bayerische Volkspartei) zugestimmt und gab den Faschisten freie Hand zur Liquidierung der christlichen Gewerkschaften. Das Konkordat wertete das durch seine Verbrechen damals weitgehend diskreditierte Regime in der Welt moralisch auf und war – wie Hitler in einer Sitzung der Reichsregierung am 14. Juli 1933 ausführte – „bei dem vordringlichen Kampf gegen das internationale Judentum besonders bedeutungsvoll".[52]

Um freie Hand für die Aufrüstung zu erhalten, trat Deutschland am 19. Oktober 1933 aus dem Völkerbund aus. Obwohl Hugenberg bereits im Juni 1933 auf der Londoner Weltwirtschaftskonferenz mit der provokatorischen Forderung nach „Lebensraum in Osteuropa" und nach Rückgabe der ehemaligen deutschen Kolonien in Afrika vorzeitig die Karten der Nazipolitik aufgedeckt hatte – diese Unvorsichtigkeit gab den Nazis übrigens den Anlaß, ihn alsbald zum Rücktritt zu zwingen –, ging der polnische Diktator Piłsudski auf ein Angebot Hitlers ein und schloß am 26. Januar 1934 einen Nichtangriffspakt mit Deutschland ab, der nach den Plänen der Naziführung Polen die Rolle einer Speerspitze gegen die Sowjetunion zuwies.

Dadurch entstand der Eindruck, daß die Hitlerregierung in wenigen Monaten auf scheinbar wunderbare Weise erreichte, was der Weimarer Diplomatie jahrelang versagt geblieben war, und jene vorwiegend kleinbürgerlichen und bäuerlichen Schichten, die den Faschisten gegenüber bis dahin eine reservierte oder ablehnende Haltung gezeigt hatten, begannen ihre Vorbehalte abzubauen.

Man muß die hier skizzierten, durch die politische Situation bedingten Faktoren berücksichtigen, um das Auf und Ab, das Anschwellen und zeitweilige Abflauen der sich insgesamt kontinuierlich verschärfenden Judenverfolgungen der nächsten Jahre richtig einzuschätzen.

6. Beginn der planmäßigen Isolierung der Juden

Die Boykottaktion hatte gezeigt, daß in der gegebenen Situation der Straßenterror nicht ausreichte, um das antisemitische Programm zu verwirklichen. Die Isolierung, Einkreisung und systematische Entrechtung einer Bevölkerungsgruppe von immerhin einer halben Million Menschen, die durch vielfältige wirtschaftliche, kulturelle und verwandtschaftliche Bindungen mit der Gesellschaft verflochten war, bedurfte einer „legalen" Basis. Die nächste Etappe der Judenverfolgung ist daher gekennzeichnet durch eine sich steigernde Flut von Gesetzen und Verordnungen, ohne daß dabei auf das Mittel des individuellen Terrors verzichtet worden wäre. Der faschistische Angriff auf die jüdische Minderheit richtete sich zunächst nicht generell gegen die jüdische Gesamtheit, sondern gegen einige exponierte Berufsgruppen im Beamtenapparat sowie gegen die jüdische Intelligenzschicht. Auch hier wurde differenziert: Jüdische Frontsoldaten des ersten Weltkrieges blieben im allgemeinen von den Repressalien vorerst noch verschont. Weitaus schwieriger war die wirtschaftliche Verdrängung zu erreichen, zumal der Einfluß jüdischer Kapitalisten im Außenhandel und im Kreditwesen durch Verflechtung mit dem ausländischen Finanzkapital besonders stark war. So beschränkten sich im Jahre 1933 und auch noch in den folgenden Jahren die wirtschaftlichen Repressalien auf die Peripherie, auf Kleinhändler und Angestellte, und erfaßten nur in gezielten Einzelaktionen einige Großbetriebe.

Am 7. April 1933 erließ die Reichsregierung das „Gesetz zur Wiederherstellung des Berufsbeamtentums". Hinter diesem neutralen Titel verbargen sich zwei politische Absichten. Paragraph 2 beinhaltete, daß Beamte, die seit dem 9. November 1918 in das Beamtenverhältnis eingetreten seien, „ohne die für ihre Laufbahn vorgeschriebene oder übliche Vorbildung oder sonstige Eignung zu besitzen", zu entlassen sind. Der Stichtag des 9. November 1918 besagte, daß sich das Gesetz somit gegen alle demokratisch gesinnten Beamten, vor allem gegen Vertreter der Arbeiterparteien im Staatsapparat, richtete. Der nun einsetzenden Säuberungswelle fielen Tausende von Beamten, Angestellten und Arbeitern zum Opfer, denen das Prädikat der „Nichteignung" angehängt wurde. In ihre Positionen rückten „alte Kämpfer" der Nazipartei ein, die zwar im allgemeinen eine weitaus geringere fachliche Eignung als die entlassenen Vorgänger, dafür aber unbedingten Gehorsam und politische Skrupellosigkeit mitbrachten.

Paragraph 3 schrieb vor, daß Beamte, „die nicht arischer Abstammung sind", in den Ruhestand zu versetzen seien, ausgenommen Frontkämpfer oder deren unmittelbare Angehörige. Hier tauchte erstmalig in einem Gesetz der Begriff des „Ariers" auf, für den es bis dahin eine staatsrechtliche Definition nicht gab. Der „Arierparagraph" wurde in den folgenden Monaten in den verschiedensten Bereichen des gesellschaftlichen Lebens, von Kaninchenzüchtervereinen bis zu einigen evangelischen Kirchen, willkürlich und meist auf Initiative fanatisierter Parteigänger eingeführt. Der „Arierparagraph" des „Berufsbeamtengesetzes" bildete also die erste Vorstufe zu den späteren Nürnberger Gesetzen.

In der Zeit vom 7. April bis 31. Dezember 1933 erließ die Regierung 36 Gesetze und Verordnungen, die im Reichsgesetzblatt oder im Reichsanzeiger veröffentlicht wurden und mittelbar oder unmittelbar die staatsbürgerlichen Rechte jüdischer Bürger einschränkten.[53] Hinzu kamen noch Hunderte von Verfügungen und Runderlassen einzelner Ministerien und Behörden, die alle die Verdrängung der jüdischen Bürger aus diesem Bereich des öffentlichen Lebens bezweckten. Bei acht der zentralen Verfügungen handelte es sich um Durchführungsbestimmungen oder Ergänzungen zum Berufsbeamtengesetz, 8 bezogen sich auf die Tätigkeit von Rechtsanwälten, Notaren und Richtern, 4 auf das Gesundheitswesen, 2 auf das Hochschulwesen, je 2 auf Presse und Landwirtschaft, 1 auf den Kulturbereich und 5 betrafen die Ausbürgerung und die Vermögensbeschlagnahme von „Staatsfeinden", also vor allem emigrierten Personen.

Um einen ungefähren Eindruck von der Zielrichtung dieser „legalistischen"

Offensive gegen die jüdischen Bürger zu vermitteln, seien hier einige der wichtigsten Verfügungen angeführt:

7. April	Verbot der Neuzulassung von jüdischen Rechtsanwälten; eine bestehende Zulassung kann zurückgenommen werden.
11. April	Erste Durchführungsverordnung zum Berufsbeamtengesetz; bestimmt den Begriff des „Nichtariers"; danach werden auch „Mischlinge ersten und zweiten Grades" von dem Gesetz betroffen.
22. April	Verbot des rituellen Schächtens (das Schlachten nach jüdischen religionsgesetzlichen Bestimmungen).
22. April	Verbot der Neuzulassung von jüdischen Patentanwälten.
22. April	Ausschluß jüdischer Ärzte aus den Krankenkassen.
25. April	Erlaß eines Numerus clausus an Schulen und Hochschulen für jüdische Schüler und Studenten mit dem Ziel, nur so viele zuzulassen, wie dem durchschnittlichen jüdischen Bevölkerungsanteil entsprach.
6. Mai	Dritte Durchführungsverordnung zum Berufsbeamtengesetz; bezieht Honorarprofessoren, Privatdozenten und Notare in die Beamtenkategorie ein.
6. Mai	Verbot der Zulassung von jüdischen Steuerberatern.
2. Juni	Ausschluß jüdischer Zahnärzte und Zahntechniker aus den Krankenkassen.
5. Juli	Ehestandsdarlehen werden nicht gewährt, wenn einer der Ehegatten „nichtarisch" ist.
14. Juli	„Gesetz über den Widerruf von Einbürgerungen und die Aberkennung der deutschen Staatsangehörigkeit"; wendet sich vor allem gegen die Emigranten, unter denen sich zahlreiche jüdische Bürger befinden.
14. Juli	„Gesetz über die Einziehung volks- und staatsfeindlichen Vermögens"; richtet sich gegen „marxistische und andere staatsfeindliche Bestrebungen", wurde aber später zur Begründung der Vermögenseinziehung von Juden bei deren Deportation verwendet.
20. Juli	Die Zulassung zur Rechtsanwaltschaft kann versagt werden, wenn der Antragsteller auf Grund des „Arierparagraphen" aus seinem Amt entlassen worden ist.
22. September	„Gesetz über die Errichtung der Reichskulturkammer"; bildet die Grundlage für den Ausschluß der Juden aus dem kulturellen Bereich, da sie nicht Mitglieder der Fachkammern werden können, was aber die Voraussetzung für die Ausübung der Tätigkeit ist.

29. September	„Reichserbhofgesetz"; Bauer kann nur sein, wer unter seinen Vorfahren bis zum Jahre 1800 kein „jüdisches Blut" hatte.
4. Oktober	„Schriftleitergesetz"; schreibt vor, daß Redakteure „arischer Abstammung" sein müssen und – falls verheiratet – Ehefrauen „arischer Abstammung" haben müssen.

In ihrem dürren Amtsdeutsch vermitteln diese Gesetze und Verordnungen den Eindruck einer gewissen Rechtsordnung. Zwar gingen die faschistischen Behörden bei der Durchführung der antijüdischen Gesetze zunächst noch zögernd vor: So verblieben z. B. von 717 „nichtarischen" Richtern und Staatsanwälten 336 – das sind 47 Prozent – weiter im Dienst, und von 4 585 „nichtarischen" Rechtsanwälten behielten 3 167 – das sind annähernd 70 Prozent – ihre Zulassung.[54] Bei einigen Betroffenen mochte daher die Illusion aufkommen, man könne sich mit den Machthabern doch irgendwie arrangieren. Daß die zunächst etwas behutsame Art des Herangehens nur der wohlberechnete Anfang einer kontinuierlichen Eskalation von Verfolgungsmaßnahmen war, zeigte sich jedoch in den folgenden Jahren.

Auch in diesem ersten Stadium war hinter der scheinlegalen Fassade der Willkür Tür und Tor geöffnet, zumal es für die Betroffenen keine Einspruchsmöglichkeit gab. Der Federstrich eines subalternen Nazifanatikers konnte das Lebenswerk weltberühmter Wissenschaftler und Künstler beenden, und dem Konkurrenzneid aufstrebender Nazikarrieristen erlagen Hunderte von Staatsdienern der Weimarer Republik.

Nach einer Statistik des Academic Assistance Council in London waren bereits Mitte 1933 über 750 Wissenschaftler als „Nichtarier" oder als politische Gegner des Naziregimes entlassen worden, und zwar aus folgenden Bereichen[55]:

Medizin und Biologie	235
Volkswirtschaft und Staatsrecht	115
Physik und Mathematik	105
Chemie	85
Rechtswissenschaften	55
Philosophie und Theologie	48
Literatur und Philologie	47
Baukunst und Musik	45
Maschinenbau und Technologie	15

Die Maßregelungen erfolgten in einer Atmosphäre unbeschreiblichen antisemitischen Obskurantismus. Hierfür zwei beliebige Zeugnisse.

An der Berliner Universität wurden am 13. April 1933 „Thesen wider den undeutschen Geist" angeschlagen, die folgende Passagen enthielten:

„Unser gefährlicher Widersacher ist der Jude und der, der ihm hörig ist.

Der Jude kann nur jüdisch denken, schreibt er deutsch, dann lügt er. Der Deutsche, der deutsch schreibt, aber undeutsch denkt, ist ein Verräter! Der Student, der undeutsch schreibt und spricht, ist außerdem gedankenlos und wird seiner Aufgabe untreu.

Wir wollen die Juden als Fremdlinge achten, und wir wollen das Volkstum ernst nehmen. Wir fordern deshalb von der Zensur: ‚Jüdische Werke erscheinen in hebräischer Sprache. Erscheinen sie in deutsch, sind sie als Übersetzungen zu kennzeichnen. Schärfstes Einschreiten gegen den Mißbrauch der deutschen Schrift. Deutsche Schrift steht nur den Deutschen zur Verfügung. Der undeutsche Geist wird aus öffentlichen Büchereien ausgemerzt.' "[56]

Als der Rektor der Universität, der Staatsrechtler Professor Dr. Kohlrausch, die Entfernung des Anschlages veranlaßte, wurde er abgelöst.

Die in Königsberg erscheinende „Preußische Zeitung" begründete die Vertreibung jüdischer Gelehrter folgendermaßen: „Wissenschaft bedeutet für einen Juden nicht eine Aufgabe, nicht eine Verpflichtung, nicht einen Bereich für schöpferische Gestaltung. Wissenschaft bedeutet für einen Juden ein Geschäft. Wissenschaft wird aber weiter für den Juden ein Mittel zur Zerstörung der Kultur seiner Wirtsvölker ... Die Aufräumung dieses verjudeten Wissenschaftsbetriebes nimmt ihren Anfang. Sie wird fortgesetzt werden, bis die Wissenschaft wieder auf deutsche Art von deutschen Männern verwaltet wird. Wenn die Juden Wissenschaft treiben wollen, dann sollen sie jüdische Wissenschaft betreiben und können nach Jerusalem ziehen ... Aber sie sollen uns damit verschonen. Wenn sie jüdische Machwerke als wissenschaftliche Erzeugnisse veröffentlichen wollen, dann können sie es in jüdischer Schrift und Sprache tun. Aber sie sollen unsere Schrift und Sprache nicht dazu mißbrauchen."[57]

Zu den Autoren solcher „Machwerke" zählten die faschistischen Ignoranten u. a. folgende weltberühmte Nobelpreisträger: die Physiker Albert Einstein (emigrierte 1933 in die USA), James Franck (emigrierte 1935 in die USA) und Gustav Hertz (erhielt 1951 den Staatspreis der UdSSR sowie 1954 und 1955 den Nationalpreis der DDR), die Chemiker Fritz Haber (emigrierte 1933 in die Schweiz) und Richard Willstäter (emigrierte 1939 in die Schweiz), die Mediziner Otto Loewi und Otto Meyerhof (beide emigrierten in die USA) oder der Biologe Otto H. Warburg.[58]

Aus den damals fast täglich zu verzeichnenden Meldungen über die Vertreibung jüdischer Gelehrter seien noch zwei herausgegriffen, die der „Jüdischen Telegraphenagentur" vom 11. und 12. August 1933 entstammen: „Professor Arthur Kuttner und Professor Lydia Rabinowitsch sind von der Schriftleitung der Zeitung für Tuberkulose zurückgetreten. Lydia Rabinowitsch genießt auf dem Gebiet der experimentellen Tuberkuloseforschung Weltruf."

Und weiter: „Der bis vor kurzem an der Universität Hamburg tätig gewesene

Psychologe Professor William Stern und der Direktor des Berliner Instituts für angewandte Psychologie Dr. Otto Lippmann, der Gründer und bisherige Schriftleiter der Zeitschrift für angewandte Psychologie, haben mit dem jetzt erscheinenden Band ihre redaktionelle Tätigkeit eingestellt. Die beiden jüdischen Gelehrten gehören zu den hervorragendsten Autoritäten auf dem Gebiete der Jugendpsychologie und Berufseignungsforschung. William Sterns Buch ,Psychologie der frühen Kindheit' ist eines der meistgelesenen Bücher der psychologischen Literatur."

Die antisemitische Hysterie beschränkte sich nicht auf die Verfolgung jüdischer Gelehrter, sondern richtete sich auch gegen solche nichtjüdischen Wissenschaftler, die die Forschungsergebnisse jüdischer Gelehrter anerkannten und verteidigten. Das mußte der trotz seiner Jugend bereits weltbekannte und mit dem Nobelpreis geehrte Physiker Werner Heisenberg erfahren, der die Relativitätstheorie Einsteins „heute zu den absolut gesicherten Grundlagen der Physik" zählte, obwohl sie von den Nazis nicht nur aus rassistischen Motiven, sondern prinzipiell verworfen wurde, und sich u. a. auch auf die grundlegenden diesbezüglichen Versuche des amerikanischen Physikers Albert Michelson berief. Ein gewisser Oberstudienrat Dr. Rosskothen aus Berlin richtete am 10. November 1934 an den Reichsleiter Alfred Rosenberg in seiner Eigenschaft als „Beauftragter des Führers zur Überwachung der gesamten geistigen und weltanschaulichen Schulung und Erziehung der NSDAP" ein Denunziationsschreiben, in dem folgendes zu lesen war: „Wenn es schon ein Skandal ist, daß der amerikanische Jude Michelson und der niederträchtige Jude Einstein von den rasseverräterischen Schweden den Nobelpreis erhielten, den ihnen die jüdische Internationale zuschanzte, so ist es doch noch weniger zu verstehen, wenn ein deutscher Hochschulprofessor, der schon auf Grund seiner Lehrtätigkeit der nationalsozialistischen Bewegung anzugehören hat, für diesen Verbrecher eintritt ... Gehört ein solcher Mann auf den Lehrstuhl einer deutschen Hochschule? Nach meiner Ansicht sollte man ihm Gelegenheit geben, sich einmal gründlich mit den Lehren der Juden von der Sorte Einstein und Michelson zu befassen. Das Konzentrationslager ist zweifellos der geeignete Platz. Auch dürfte eine Anklage wegen Volks- und Rasseverrats fällig sein."

Heisenberg kam „mit Rücksicht auf das Ausland", wie Rosenbergs Stabsleiter dem Beschwerdeführer bedauernd mitteilte, mit einem Verweis davon.[59]

Mancher der Verfolgten zerbrach an seinem Schicksal. Einer der größten Stifter der im wesentlichen aus privaten Mitteln geschaffenen Frankfurter Universität war Moritz Oppenheim. Als im April 1933 seinen Enkelkindern das Studium an der Universität verboten wurde, nahmen der alte Mann und seine Frau sich das Leben.

Es gab allerdings auch Fälle, in denen jüdische Wissenschaftler, die auf Grund der Frontkämpfer-Bestimmung noch nicht von unmittelbaren Repressalien betroffen waren, sich mit den Verfolgten solidarisch erklärten und unter öffentlichem Protest zurücktraten. So erklärte der Göttinger Physiker und Nobelpreisträger James Franck: „Ich habe meine vorgesetzte Behörde gebeten, mich von meinem Amt zu entbinden. Wir Deutschen jüdischer Abstammung werden wie Fremde und Feinde des Vaterlandes behandelt. Man fordert, daß unsere Kinder in dem Bewußtsein aufwachsen, sich nie als Deutsche bewähren zu dürfen. Wer im Kriege war, soll die Erlaubnis erhalten, weiter dem Staate zu dienen. Ich lehne es ab, von dieser Vergünstigung Gebrauch zu machen, wenn ich auch Verständnis für den Standpunkt derer habe, die es heute für ihre Pflicht halten, auf ihren Posten auszuharren.“ [60]

Das mannhafte Auftreten Francks beantworteten 42 Göttinger Professoren und Dozenten mit einem Schreiben an die Ortsgruppenleitung der NSDAP. In diesem verurteilten sie Francks Schritt, da er der „Greuelpropaganda“ des Auslandes in die Hände spiele. Lediglich der Physiologe Krayer wagte es als einziger, gegen die Entlassung der jüdischen Wissenschaftler zu protestieren. Daraufhin wurde auch er aus dem Dienst entlassen.

Der Nobelpreisträger Fritz Haber, Leiter des Forschungsinstituts für physikalische Chemie in Berlin – er war zum Christentum übergetreten, galt aber als „Rassejude“ –, stellte seine Tätigkeit aus Protest ein, weil man seine jüdischen Mitarbeiter Freundlich und Polanyi entlassen hatte.

Verbargen sich die Verfolgungsmaßnahmen gegen die jüdischen Wissenschaftler noch hinter der scheinlegalen Fassade des „Berufsbeamtengesetzes“, so verzichteten die Faschisten im Bereich von Literatur und Kunst weitgehend auf eine Tarnung und setzten die Machtmittel von Partei und Staat skrupellos und ohne Rücksicht auf verfassungsrechtliche Erwägungen ein.

Nachdem bereits in den ersten Monaten des Jahres 1933 etwa 4000 Buchtitel fortschrittlicher Autoren ohne gesetzliche Grundlage verboten und aus dem öffentlichen Verkehr gezogen worden waren, veranstalteten die Faschisten am 10. Mai 1933 ein öffentliches Autodafé: In zahlreichen Universitätsstädten zogen Professoren und Studenten vor ihre Alma mater, um unter Absingen faschistischer Lieder Bücher fortschrittlicher Autoren – unter ihnen Marx, Engels, Heine, Thomas und Heinrich Mann, Feuchtwanger usw. – zu verbrennen. In Berlin hielt der Philosophieprofessor und Reichsamtsleiter der NSDAP Alfred Baeumler die Ansprache. In Frankfurt leitete Universitätsprofessor Fricke den schändlichen Akt auf dem historischen Römerberg ein, nachdem ein Wagen mit der Bücherfracht, die symbolisch verbrannt werden sollte, von zwei Ochsen auf den Verbrennungsplatz gezogen worden war. In Breslau fand die Kundgebung auf dem Schloßplatz statt. Nach der Rede des Universitätsprofessors Bornhausen wurden etwa 40 Zentner „Schmutz- und Schundliteratur“ verbrannt. In Dresden sprach der Nazidichter Will Vesper auf der Kundgebung der Studentenschaft, der ein Fackelzug zur Bismarcksäule folgte.

Fassungslos stand die zivilisierte Menschheit vor diesen Akten mittelalterlicher Barbarei. Dutzende von fortschrittlichen Schriftstellern jüdischer und nichtjüdischer Abkunft wandten Deutschland den Rücken, in dem der Geist des Humanismus in einer Schlammflut chauvinistischer und antisemitischer Hetze begraben worden war. Aus der Zahl namhafter jüdischer Schriftsteller, die 1933 Deutschland verließen, seien hier nur einige wenige genannt, deren Werke aus der deutschen Nationalliteratur und aus der Weltliteratur nicht wegzudenken sind: Alfred Döblin (emigrierte nach Frankreich), Lion Feuchtwanger (USA), Alfred Kerr (England), Egon Erwin Kisch (Frankreich), Berta Lask (Sowjetunion), Else Lasker-Schüler (Palästina), Carl Sternheim (Belgien), Ernst Toller (USA), Kurt Tucholsky (Schweden), Franz Carl Weiskopf (Tschechoslowakei), Friedrich Wolf (Sowjetunion) und Arnold Zweig (Palästina). Sie alle setzten vom Ausland her ihren Kampf gegen den Faschismus in Wort und Tat ungeachtet unterschiedlicher weltanschaulicher Positionen fort.

Einen katastrophalen Niedergang erlebten unter dem Wüten der Faschisten nicht nur die deutsche Nationalliteratur, sondern alle Bereiche des künstlerischen Schaffens. Deutschland, das im Theaterwesen, in der Musik und in der Malerei einen geachteten Platz in der Welt einnahm, vertrieb seine glänzendsten Repräsentanten, weil sie fortschrittliche Ideen vertraten oder ganz einfach, weil sie den rassistischen Wahnvorstellungen der Nazimachthaber nicht entsprachen. Es ist unmöglich, hier alle Künstler zu nennen, die allein im Jahre 1933 zur Auswanderung getrieben wurden oder freiwillig emigrierten, weil in der Atmosphäre von Fanatismus und Terror ein künstlerisches Schaffen unmöglich geworden war. Es seien wiederum nur einige wenige namhafte jüdische Künstler genannt, die ihre Heimat und die Stätten jahrzehntelangen Wirkens verließen.

Aus dem Bereich von Theater und Film:

Max Reinhardt, Intendant des Deutschen Theaters; hierüber berichtete die „Jüdische Rundschau" vom 7. April 1933: „Die Direktion Achaz-Neft des Deutschen Theaters hat nach einer Besprechung mit dem Kommissar zur besonderen Verwendung, Hinkel, vom preußischen Kulturministerium die Entscheidung getroffen, daß Max Reinhardt nichts mehr mit der künstlerischen Leitung des Deutschen Theaters zu tun hat und daß die Leitung des Deutschen Theaters künftig den Erfordernissen der deutschen Kultur Rechnung tragen wird."

Reinhardt ging nach Österreich.

Es emigrierten die Schauspieler Elisabeth Bergner und Fritz Kortner nach England, Alexander Moissi nach Italien, Max Pallenberg in die Tschechoslowakei, Helene Weigel nach Dänemark, und viele andere zerstreuten sich in alle Winde.

Einer der bedeutendsten deutschen Schauspieler, Albert Bassermann, Träger des Iffland-Ringes, der größten Ehrung deutscher Schauspielkunst, selber nichtjüdischer Herkunft, aber mit einer Jüdin verheiratet, lehnte es ab, sie zu verleugnen. Er legte die Ehrenmitgliedschaft der „Deutschen Bühnengesellschaft" nieder und ging 1936 in die Schweiz. Den Iffland-Ring aber streifte er dem toten „Nichtarier" Alexander Moissi über den Finger.

Aus dem Bereich der Musik:

Der Komponist Arnold Schönberg, führender Vertreter des musikalischen Expressionismus, Schöpfer zahlreicher Kammer- und Orchesterwerke in der von ihm begründeten Zwölftontechnik, wanderte in die USA aus.

Hanns Eisler und Kurt Weill, weltberühmt geworden als musikalische Interpreten von Brecht, emigrierten ebenfalls in die USA. Ebenso der Dirigent der Berliner Krolloper Otto Klemperer. Der Kapellmeister des Leipziger Gewandhauses Bruno Walter erhielt bereits im März 1933 Auftrittsverbot und nahm in Österreich Domizil.

Der Generalmusikdirektor der Staatsoper Leo Blech konnte sich unter Anfeindungen noch bis 1937 halten und emigrierte dann nach Lettland.

Aus dem Bereich von Malerei und Grafik:

Hier erregte die mannhafte Haltung des 86jährigen Ehrenpräsidenten der Preußischen Akademie der Künste, Professor Max Liebermann, weltweites Aufsehen und Bewunderung. Er schrieb am 9. Mai 1933 der Akademie folgenden Brief: „Ich habe während meines langen Lebens mit allen meinen Kräften der deutschen Kultur zu dienen gesucht. Nach meiner Überzeugung hat Kunst weder mit Politik noch mit Abstammung etwas zu tun. Ich kann daher der Preußischen Akademie der Künste, deren Ordentliches Mitglied ich seit mehr als dreißig Jahren und deren Präsident ich durch zwölf Jahre gewesen bin, nicht länger angehören, da dieser mein Standpunkt keine Geltung mehr hat. Zugleich habe ich das mir verliehene Ehrenpräsidium der Akademie niedergelegt."[61]

Die Künstlervereinigungen, die ihren Mitgliedern die Teilnahme an Ausstellungen ermöglichten, führten bereits Anfang 1933 den „Arierparagraphen" ein. Am 19. Mai 1933 berichtete die „Jüdische Rundschau": „In den diesjährigen Ausstellungen der ‚Akademie' wird kein jüdischer Maler, Bildhauer oder Graphiker mit seinen Werken vertreten sein. Die jüdischen Mitglieder der ‚Sezession' mußten den Verein verlassen. Obgleich sonst die Kriegsteilnehmer in den anderen Berufen zugelassen sind, hat man auch die jüdischen Künstler, die Frontkämpfer sind, von den Ausstellungen ausgeschlossen."

Ebenso wie die öffentlichen Bibliotheken wurden auch die staatlichen und städtischen Galerien nach jüdischen Werken durchgekämmt und diese entfernt. Einige wenige wurden in Naziausstellungen als Produkte „entarteter Kunst" oder als Zeugnisse des „Kulturbolschewismus" der Öffentlichkeit unter lauten Schmähungen vorgeführt.

Als am 22. September 1933 das „Gesetz über die Errichtung der Reichskulturkammer" die absolute Unterordnung des kulturellen Lebens unter die faschistische Diktatur gesetzlich verankerte, war die Vertreibung der jüdischen Kulturschaffenden im wesentlichen abgeschlossen. Man gestattete diesen, sich in jüdischen Kulturorganisationen zu vereinigen, jedoch sorgten einschränkende Bestimmungen über die künstlerische Betätigung für eine systematische Eliminierung der jüdischen Künstler aus der deutschen Nationalkultur.

Eine besonders tragische Situation ergab sich für die jüdische Jugend. Das „Gesetz gegen die Überfüllung von deutschen Schulen und Hochschulen" vom 25. April 1933 leitete eine Entwicklung ein, die von einschneidender Bedeutung für die Dissimilierung der jüdischen Minderheit werden sollte. Nach der von Goebbels zur Perfektion entwickelten Nazimanier verbarg die irreführende und nichtssagende Bezeichnung des Gesetzes den realen Inhalt: die Schaffung eines Numerus clausus für jüdische Schüler und Studenten als erste Etappe der Isolierung.

Die Schulsituation bot sich Anfang 1933 etwa folgendermaßen dar[62]: Nachdem noch im Jahre 1922 etwa 200 jüdisch-konfessionelle Schulen mit ungefähr 20 000 Schülern bestanden hatten, war in den folgenden zehn Jahren der Bestand der „Judenschulen" stark abgesunken. Die Schüler der noch bestehenden Schulen rekrutierten sich überwiegend aus dem Kreis der Orthodoxen und der „Ostjuden", die der Assimilierung aus verschiedenen Beweggründen ablehnend gegenüberstanden. Neben den jüdischen Volksschulen hatten sich auch noch einige jüdische höhere Schulen in Berlin, Hamburg, Breslau und anderen Großstädten erhalten. Die überwiegende Mehrheit der jüdischen Schüler besuchte jedoch die allgemeinen Volks- und höheren Schulen gemeinsam mit nichtjüdischen Schülern. Beim Universitätsstudium gab es überhaupt keine Trennung nach Konfessionen.

In den allgemeinen Volksschulen überstieg der Anteil der jüdischen Schüler naturgemäß nicht den jüdischen Bevölkerungsdurchschnitt, ebenso wie dort auch der Anteil jüdischer Lehrer sich in engen Grenzen bewegte. Dagegen stieg an den höheren Schulen und noch stärker an den Universitäten der Anteil jüdischer Lernender erheblich an; der Anteil jüdischer Lehrkräfte erreichte an den Universitäten 5 Prozent, in einigen Disziplinen sogar bis zu 40 Prozent und darüber.

Der Numerus clausus betraf also in erster Linie jüdische Studenten und höhere Schüler, für die es zunächst keine Ausweichmöglichkeit gab. Für Studenten bedeutete er den Abbruch des Studiums oder die Flucht ins Ausland, um dort das Studium fortzusetzen. Für höhere Schüler gab es – wie gesagt – einige jüdische Schulen als Auffangbecken, deren Kapazität jedoch sehr gering war. Im übrigen wehrten sich die meisten Eltern noch jahrelang, ihre Kinder aus den allgemeinen Schulen herauszunehmen, da sie die schulische Ghettoisierung als einen kulturellen Rückfall ins Mittelalter ablehnten.

Dabei hatten diejenigen Schüler und Studenten, die der Numerus clausus traf, wahrscheinlich das weniger schlimme Los getroffen, denn die in den allgemeinen Schulen verbliebenen Schüler sahen sich einer ständigen Demütigung und Diffamierung durch nazistische Lehrer und nazistisch verhetzte Mitschüler ausgesetzt. Es war ein tägliches Spießrutenlaufen – vergleichbar mit der Lage der Negerschüler in den Südstaaten der USA von heute. Manche Kinder von weniger robuster seelischer Konstitution gingen in den Tod, viele trugen psychische Schäden für ihr ganzes Leben davon. Die jüdischen Schulen aber entwickelten sich in kurzer Zeit zu Keimzellen eines neuen Selbstbehauptungswillens, der überwiegend natürlich in zionistischer Richtung tendierte.

Ein wesentliches Element, das den kometenhaften Aufstieg der NSDAP Anfang der dreißiger Jahre förderte, waren die Massenmedien. In ihrer großen Mehrheit hatten sie jene Atmosphäre des Antikommunismus geschaffen, die den Faschismus als Retter aus der Not oder doch als das kleinere Übel gegenüber der proletarischen Revolution erscheinen ließ. Dabei besaß die NSDAP selbst und ihr Parteiverlag Franz Eher Nachf. am 30. Januar 1933 nur 2,5 Prozent aller deutschen Zeitungen. Zehn Jahre später besaßen sie 92,5 Prozent.[63]

Drei große Pressekonzerne beherrschten damals die öffentliche Meinung in Deutschland: Mosse, Ullstein (beide in jüdischem Eigentum) und Scherl (im Besitz von Hitlers Koalitionspartner Alfred Hugenberg). Hugenberg zog sich im Laufe des Jahres 1933 freiwillig weitgehend aus dem Bereich von Film und Presse zurück. Er trat die UFA (Universum Film AG), die Ala-Anzeigengesellschaft, seine Beteiligungen an der Nachrichtenagentur TU (Telegrafen-Union), den Materndienst für die Provinzpresse Wipro, die „Zeitungsbank" und andere Tochtergesellschaften seines Trusts ab. Auf dem Umweg über einen getarnten Mittelsmann der NSDAP, Max Winkler, gingen die verschiedenen Unternehmen in Parteibesitz über.

Dagegen eröffneten die Faschisten gegen Mosse und Ullstein, die sich zunächst heftig zur Wehr setzten, einen Feldzug, in dem sie alle Kampfmittel von der Zensur über Zeitungsverbote bis zu Demonstrationen und Streiks der dort beschäftigten Nazianhänger einsetzten.

Mosse erlag zuerst. Nachdem bereits Anfang 1933 das „Berliner Tageblatt" durch Ausbootung seines liberalen jüdischen Chefredakteurs Theodor Wolff sowie die anderen Blätter des Verlages politisch „gleichgeschaltet" worden waren, wurde Mosse zum Konkurs getrieben. Eine eigens zu diesem Zweck von Winkler ins Leben gerufene Auffanggesellschaft, die Berliner Druck- und Zeitungsbetriebe AG, kaufte die große Verlagsdruckerei und alle Verlagsrechte zum

Preis von viereinhalb Millionen Reichsmark. Damit war Anfang 1934 der Name von Rudolf Mosse endgültig verschwunden.

Der Angriff auf Ullstein begann mit Zeitungsverboten, denen u. a. die Zeitung „Tempo“ bereits im Februar 1933 ausgesetzt war. Die „Vossische Zeitung“, die auf eine zweihundertdreißigjährige Tradition zurückblicken konnte – zu den berühmtesten Mitarbeitern in ihrer progressiven Frühperiode hatte z. B. auch G. E. Lessing gezählt –, stellte ihr Erscheinen am 31. März 1934 auf Grund eines von den Nazis organisierten Leserschwundes ein. Einige Wochen später wurde die „Grüne Post“, die Ehm Welk leitete, verboten. Doch ging es den Nazis nicht um die Liquidierung der Zeitungen und Zeitschriften, sondern um den Besitz des Unternehmens. Die Familie Ullstein versuchte, ihre Eigentumsrechte zu erhalten, indem sie größere Aktienpakete an „arische“ Personen abtrat, den Bankier Pferdmenges, den General Karl Haushofer, die Fürstin Schwarzburg und andere Magnatenfamilien, mit einer geheimen Rückkaufsklausel für spätere Zeiten.

Inzwischen hatten sich die Nazis mit dem „Schriftleitergesetz“ vom 4. Oktober 1933 ein zusätzliches Instrument geschaffen, um die jüdischen Besitzer faktisch zu entmachten, da nun der Chefredakteur nicht mehr dem Verleger, der ihn bezahlte, sondern der „Reichspressekammer“ rechenschaftspflichtig war. Am 7. Juni 1934 ging das Haus Ullstein in den Besitz der Cautio GmbH, einer weiteren Auffanggesellschaft Winklers, zum Preis von 6 Millionen Reichsmark bei einem tatsächlichen Wert von 60 Millionen Reichsmark über.

Wir haben die erzwungene „Arisierung“ der Pressekonzerne Mosse und Ullstein etwas ausführlicher dargestellt, weil sie Modellfälle für die nazistische Strategie einer Kombinaton von Terror, finanziellen Manipulationen und administrativen Druckmitteln wurden, mit der in den folgenden Jahren die Verdrängung der jüdischen Kapitalisten aus dem Wirtschaftsleben betrieben wurde. Zunächst blieben sie noch Einzelfälle, die durch die besondere öffentliche Funktion der Presse bedingt waren. Die eigentlichen Leidtragenden waren die kleinen jüdischen Angestellten: Bereits am 5. April 1933 konstatierte der „Völkische Beobachter“ mit Befriedigung, daß Mosse 118 jüdische Angestellte entlassen habe. Auch Großbanken und Warenhäuser entließen ihre jüdischen Angestellten. „Die Zugehörigkeit zur jüdischen Rasse“, behauptete das Organ von Goebbels, der „Angriff“, am 30. August 1933 wahrheitswidrig, „ist ein legaler Grund zur Entlassung“. Dagegen konnte Salman Schocken, Chef einer großen Warenhausgruppe, seine Eigentumsrechte nicht nur bis zum Jahre 1938 erhalten, sondern auch die Entlassung seiner jüdischen Angestellten noch längere Zeit erfolgreich verhindern, vor allem durch die Fusionierung mit englischen Kapitalgruppen.

Mit größter Rücksichtslosigkeit gingen die Faschisten gegen die jüdischen Kleinhändler und gegen den jüdischen ambulanten und Markthandel vor, und hier besonders in den Dörfern und Kleinstädten, wo der geringste Widerstand zu erwarten war. Am 8. Mai 1933 berichtete der „Völkische Beobachter" aus Zweibrücken: „Der nächste Jahrmarkt der Stadt Zweibrücken, am Dienstag, dem 9. Mai, wird judenrein sein. Das Bürgermeisteramt hat angeordnet, daß im Interesse der Aufrechterhaltung der öffentlichen Ruhe und Ordnung kein Platzmeister jüdischer Abstammung zugelassen werden darf; ebensowenig dürfen Personen jüdischer Abstammung als Stellvertreter usw. auftreten."

Auch jüdische Bürger, die leitende Posten in Organen der Wirtschaftsverwaltung bekleideten, gehörten zu den ersten Opfern der faschistischen Repressalien. So wurden schon am 3. April 1933 sämtliche jüdische Präsidialmitglieder und Syndici der Berliner Handelskammer zum Rücktritt gezwungen. Die Provinz folgte mit entsprechenden Maßnahmen.

Hervorstechendstes Merkmal dieser ersten Phase der Judenverfolgungen war jedoch nach wie vor der Terror des faschistischen Straßenmobs. Er wurde angeheizt durch die beispiellosen Hetztiraden des „Stürmers", die auch von der Tagespresse und vom Rundfunk übernommen wurden. Zur Kennzeichnung des Niveaus und der Hemmungslosigkeit dieser Hetze möge folgendes Beispiel dienen: Im Mai 1934 brachte er eine Sonderausgabe mit dem Titel „Ritualmord-Nummer" und der reißerischen Überschrift „Jüdischer Mordplan gegen die nichtjüdische Menschheit aufgedeckt!" heraus. Der „Ritualmord" war – wie wir sahen – jahrhundertelang eines der gängigsten Hetzargumente des christlichen Antisemitismus gewesen. Es blieb dem antisemitischen Pogromhetzer Streicher vorbehalten, dieses Zeugnis geistigen Schwachsinns aus der Mottenkiste mittelalterlichen Aberglaubens hervorgeholt und zu infamer Wirksamkeit gebracht zu haben.

Kann es da wundernehmen, wenn fanatische Nazianhänger immer wieder zu zügellosen Gewalttaten gegenüber den wehrlosen jüdischen Bürgern übergingen? SA-Horden führten unter Gejohle Juden, denen sie ein Schild „Ich habe ein deutsches Mädchen geschändet" umhängten, durch die Straßen der Städte und Dörfer.[64] Nichtjüdischen Mädchen erging es nicht besser: „Ich bin am Ort das größte Schwein und laß mich nur mit Juden ein", lautete die Losung, die man ihnen umhängte.[65] Jüdische Ärzte, die aus humanitärem Pflichtbewußtsein auf ihren Posten ausharrten, erhielten nachts anonyme Anrufe: „Bist du Saujude immer noch da? Mach, daß du fortkommst!" oder Drohbriefe ähnlichen Inhalts. Aus Bad Toelz wurden innerhalb weniger Stunden alle herzkranken jüdischen Patienten ausgewiesen. An den Schaufenstern vieler Restaurants war zu lesen: „Juden werden hier nicht bedient!" Im Juli 1933 schloß der Verein der blinden Akademiker Deutschlands seine jüdischen Mitglieder aus. Ihm folgte im August der Allgemeine Unterstützungsverein für die deutschen

Gehörlosen. Er raubte seinen jüdischen Mitgliedern die durch Beitragszahlung erworbenen Rechte auf laufende Monatsunterstützung ohne jegliche gesetzliche Basis.

Jedoch die Hölle auf Erden erlebten die unglücklichen Juden, die in den ersten Monaten in die damals entstehenden Konzentrationslager verschleppt worden waren. Unter der großen Masse der verhafteten Arbeiterfunktionäre bildeten sie zwar nur eine kleine Minderheit, aber die SA-Henker machten sie zur Zielscheibe sadistisch ausgeklügelter Demütigungen und Folterungen. Allein in Dachau wurden in dieser Zeit 60 Juden ermordet. Besonderes Augenmerk richteten die Faschisten auf jüdische Rechtsanwälte, die Arbeiterfunktionäre gegen die Weimarer Klassenjustiz vor Gericht verteidigt hatten. Unter den Todesopfern der ersten Monate waren zu beklagen: Joachim Günther, Berlin; Dr. Max Plaut, Kassel; Dr. Wilhelm Spiegel, Kiel; Dr. Alfred Strauß, München; der Führer der Sozialistischen Arbeiterpartei (SAP) in Breslau, Dr. Eckstein; der Führer des Reichsbanner Schwarz-Rot-Gold in Breslau, Alexander, und viele andere. Dr. Strauß wurde auf direktes Geheiß des damaligen bayerischen Justizministers und späteren Polenschlächters Hans Frank umgebracht.[66]

Der Mordterror machte nicht an den deutschen Grenzen halt. Auf den Kopf des in die Tschechoslowakei emigrierten jüdischen Geschichtsphilosophen Theodor Lessing, der in der Weimarer Republik offen gegen Reaktion, Faschismus und Krieg aufgetreten war, hatten die Naziführer eine Prämie von 40 000 Reichsmark ausgesetzt. Am 30. August fiel er einem Anschlag gedungener Fememörder, die über die Grenze geschleust worden waren, in Mariánské Lázně (Marienbad) zum Opfer.[67]

7. Die Haltung der Kirchen zu Rassismus und Antisemitismus

In ihrer Bedrängnis hielten die verfolgten Juden nach Kräften Ausschau, von denen sie Unterstützung und Hilfe gegen die nazistische Schlammflut von Haß und Verhetzung erwarten konnten. Und so setzten manche ihre Hoffnungen auf die christlichen Kirchen beider Konfessionen. Schließlich richteten sich die Verfolgungen nicht nur gegen die Glaubensjuden, sondern auch gegen Zehntausende von Christen jüdischer Abkunft, und schließlich – so meinten sie – ist doch das Bekenntnis zum Alten Testament einfach unvereinbar mit dem rassistischen Antisemitismus! Wie aber war die Lage der Kirchen?

Nach ihrem Machtantritt hatten die Faschisten die Arbeiterbewegung blutig unterdrückt, ihre Organisationen verboten oder „gleichgeschaltet“ und die bürgerlichen Parteien zur Selbstauflösung gezwungen. Ihr Totalitätsanspruch machte auch vor den Kirchen nicht halt. Die Nazimachthaber gedachten einige günstige Voraussetzungen auszunützen, waren doch beide christliche Kirchen in Deutschland seit Jahrhunderten die traditionellen Stützen der herrschenden Klassen gewesen. In zahlreichen Proklamationen hatten führende Repräsentanten beider Konfessionen allen revolutionären Bestrebungen, die die kapitalistische Klassenherrschaft erschüttern könnten, vor allem aber den Ideen des wissenschaftlichen Sozialismus einen unerbittlichen Kampf angesagt. Das hierarchische Prinzip – besonders stark ausgeprägt im Katholizismus, etwas gemildert durch die Synodalverfassung im Protestantismus – schuf weitere geistige Verwandtschaften zum nazistischen Führerprinzip.

Zwar war die aktive Massenbasis beider Konfessionen im Verlauf der heftigen Klassenschlachten während der Weltwirtschaftskrise geschwächt worden: Hunderttausende – vor allem Arbeiter – hatten den Bruch mit der Kirche vollzogen. Doch war die politisch-ideologische Autorität der Kirchenführer und der kirchlichen Institutionen in breiten Kreisen der Bevölkerung noch unerschüttert. Die Naziideologen um Alfred Rosenberg hatten mit ihren wiederholten Versuchen, eine antichristliche „völkische" Glaubensbewegung zu schaffen und zu institutionalisieren, eindeutig Schiffbruch erlitten. So kam es den Faschisten nicht darauf an, die Kirchen zu zerschlagen, sondern sie ihren politischen Zielen unterzuordnen. Hier aber stießen sie auf lebenswichtige Eigeninteressen der Kirchen.

Die Katholische Kirche in Deutschland erstreckte ihren Einfluß nur auf knapp ein Drittel der Bevölkerung – etwa 22 Millionen. Aber sie gebot über ein weites Netz festgefügter Organisationen – darunter allein 35 Orden in 7782 Niederlassungen mit 90 731 männlichen und weiblichen Religiosen (1932)[68] – und hatten mächtigen Rückhalt im Vatikan. Bereits im Februar 1933 kam es zu den ersten Vereinbarungen zwischen Hitler und dem Vatikan, in deren Ergebnis sich die katholischen Parteien und Gewerkschaften in Deutschland selbst auflösten. Kardinal Bertram verkündete am 29. März 1933 in feierlicher Form das Ende aller kirchlichen Aktionen, die vorher gegen die Faschisten unternommen worden waren. Am 30. Mai 1933 bekannte sich die Fuldaer Bischofskonferenz zur „Autorität des Führers". Überschwenglich pries der Freiburger Weihbischof Burger in seiner Weihnachtsansprache 1933 Hitler und dessen Mordregime: „Wir freuen uns, daß in den deutschen Landen der gottlose Bolschewismus niedergerungen ist ... Wir freuen uns, daß eine starke autoritäre Führung unserem Volke gegeben ist ..."[69] So erklang es in unzähligen Varianten von den Kanzeln der katholischen Kirchen.

Es unterliegt keinem Zweifel, daß der hohe katholische Klerus seine Haltung zum Naziregime von seiner antikommunistischen Grundposition aus bestimmen ließ. Er war bereit, dem „verständnisvollen Zusammenwirken von Staat und Kirche zur gemeinsamen Bekämpfung des gemeinsamen Feindes"[70] größere Konzessionen zu machen, soweit sie nicht unabdingbare Prinzipien des katholischen Glaubensbekenntnisses berührten. Das Gebot der christlichen Nächstenliebe gehörte offenbar nicht zu diesen Prinzipien, denn vom ersten bis zum letzten Tag der faschistischen Diktatur raffte sich weder die Katholische Kirche in Deutschland noch der Vatikan zu einer öffentlichen Verurteilung des Mordregimes auf.

Daher konnten auch die deutschen Juden von dieser Seite her keine entscheidende Hilfe erwarten. Der Klerus vermied im allgemeinen eine eindeutige Stellung zur Rassenfrage. Einerseits verurteilten katholische Würdenträger wie auch die päpstliche Enzyklika „Mit brennender Sorge" (Pius XI.) den Mythus von Rasse und Blut. Andererseits gab es aber auch keinen völligen Bruch mit dem Antisemitismus. So zog der Freiburger Erzbischof Konrad Gröber ohne Gewissenshemmungen noch 1935 gegen „den Juden Barth", einen der sechs Volksbeauftragten der ersten deutschen Regierung nach der Novemberrevolution von 1918 (er war in Wirklichkeit überhaupt kein Jude!), und „seine Untermenschen" zu Felde[71], und der Geistliche Wilhelm Senn pries im Mitteilungsblatt der Arbeitsgemeinschaft Katholischer Deutscher (AKD) vom 15. Mai 1934 Hitler als „Werkzeug Gottes, berufen, das Judentum niederzuringen".

Im allgemeinen war in der katholischen Kirche trotz nach außen bekundeter Toleranz ein „gemäßigter Antisemitismus" weit verbreitet, aber „eine Kirche, die einen gemäßigten Antisemitismus für gerechtfertigt hielt und nur an extremen und unmoralischen Handlungen (nicht einmal das tat sie! – d. Verf.) Anstoß nahm, war schlecht vorbereitet, um wirksam gegen das nationalsozialistische Evangelium des Hasses anzugehen", stellt völlig zutreffend der amerikanische Publizist Guenter Lewy fest und resümiert: „Hier liegen die Wurzeln dafür, daß es die Kirche versäumt hat, gegen die spätere Vernichtungspolitik der Nationalsozialisten zu protestieren".[72]

Diese prinzipienlose Haltung des Klerus trug bereits 1933 ihre Früchte. Als die Verdrängung der Juden aus den staatlichen Positionen mit Hilfe des „Ariernachweises", der aus den Kirchenbüchern erbracht werden mußte, in vollem Gange war, beeilte sich das „Klerusblatt" zu versichern, die Katholiken würden „auch bei diesem Dienst am Volk wie bisher nach Kräften mithelfen".[73]

Es soll aber nicht verschwiegen werden, daß bereits damals mutige Katholiken, ohne sich von der offiziellen Haltung ihrer Oberen beeinflussen zu lassen, den verfolgten Juden praktische Hilfe angedeihen ließen. Dies gilt namentlich für den 1933 ins Leben gerufenen St. Raphaels-Verein (Reichsverband christlich-deutscher Staatsbürger nicht-arischer oder nicht rein-arischer Abstammung) – allerdings mit der Einschränkung, daß sich seine Tätigkeit im wesentlichen auf den relativ kleinen Kreis katholischer Juden beschränkte.

Erheblich anders war die Lage in der evangelischen Kirche. Diese war in zahlreiche Landeskirchen zersplittert, und es fehlte ihr vor allem der Rückhalt einer festgefügten protestantischen Weltkirchenorganisation.

Die Faschisten verfolgten das Ziel, die Landeskirchen in einer Reichskirche unter nationalsozialistischer Führung zusammenzuschließen und sie somit zu einem unmittelbaren Instrument der Staatsführung zu machen. Sie erwarteten eine rasche Kapitulation der konservativen evangelischen Kirchenführer, wobei sie insbesondere auf die innere Aushöhlung der Kirche durch ihre Parteigänger innerhalb der protestantischen Geistlichkeit vertrauten.

Bereits im April 1932 hatte Pfarrer Hossenfelder, ein fanatischer Nazi, die „Glaubensbewegung Deutsche Christen" (DC) begründet, die die Funktion einer „fünften Kolonne" der Nazipartei innerhalb der evangelischen Kirche übernahm. In dem am 26. Mai 1932 veröffentlichten Programm der DC heißt es: „Wir sehen in Rasse, Volkstum und Nation uns von Gott geschenkte und anvertraute Lebensordnungen, für deren Erhaltung zu sorgen uns Gottes Gesetz ist. Daher ist der Rassenvermischung entgegenzutreten." [74]

Im Herbst 1932 zogen diese Vertreter des offenen Antisemitismus in die Kirchenparlamente ein. Obwohl sie dort zunächst noch eine Minderheit von 25 bis 30 Prozent repräsentierten, fanden sich mehrere Kirchenleitungen nach dem 30. Januar 1933 schnell bereit, die Errichtung der faschistischen Herrschaft ausdrücklich gutzuheißen. Hitlers erster Versuch, die evangelischen Kirchen gleichzuschalten, erfolgte am 25. April 1933 durch die Ernennung des Königsberger Wehrkreispfarrers Ludwig Müller zum Reichsbischof, eine bis dahin in der evangelischen Kirche unbekannte Funktion. Von nun an war es das erklärte Ziel der „Deutschen Christen", die Ämter der Landesbischöfe und die kirchlichen Verwaltungen in ihrer Gesamtheit zu erobern. Bis zum September 1933 gelang es ihnen, in acht Gliedkirchen die Einführung des „Arierparagraphen" zu erzwingen. Infolge des Widerstandes vieler Geistlicher blieb er allerdings in einigen Kirchen nur auf dem Papier. Übrigens gab es 1933 unter 18000 evangelischen Pfarrern nur 29 amtierende Pfarrer jüdischer Abkunft, so daß das Schlagwort von der „Entjudung" der Kirche nur als irreführende Demagogie bezeichnet werden kann. Auf jeden Fall legten die „Deutschen Christen" in der Judenverfolgung einen größeren Eifer an den Tag als selbst die faschistischen Behörden!

Unerwarteterweise stießen sie jedoch auf zunehmenden Widerstand deutschnationaler und progressiver Kirchenkreise, der sich gerade am „Arierparagraphen" entzündete. Bereits am 11. Mai 1933 trat eine meist aus jungen Theologen bestehende Jungreformatorische Bewegung an die Öffentlichkeit. Der siebente Programmpunkt dieser Bewegung lautete: „Wir bekennen uns zu dem Glauben an den Heiligen Geist und lehnen deshalb grundsätzlich die Ausschließung von Nichtariern aus der Kirche ab." [75]

Das klang fast wie eine politische Herausforderung an das Regime, war es aber nicht, denn die Bewegung löste sich nach wenigen Monaten freiwillig auf, um sich aus der „verfehlten Frontbildung" zurückzuziehen.

Damit war der Widerstand gegen die „Deutschen Christen" allerdings nicht gebrochen. Er trat vielmehr mit der Begründung des Pfarrernotbundes im September 1933, an dessen Spitze Martin Niemöller[76] trat, in ein neues Stadium. Der Notbund war ein Verteidigungsbündnis der von den Faschisten in ihrer ethischen Substanz bedrohten christlichen Menschen. Ende 1933 gehörten ihm bereits 6 000 Pfarrer – also ein Drittel – an.

Die erste „Bekenntnissynode" in Barmen vom 29. bis 31. Mai 1934 war ein entscheidender Schritt vorwärts vom Pfarrernotbund zur Bekennenden Kirche (BK). Hier formierte sich aber keineswegs eine einheitliche, in sich geschlossene Front von Verteidigern des Evangeliums gegen die „Deutschen Christen". Vielmehr vereinigten sich in ihr verschiedene Gruppen recht unterschiedlicher Zielsetzung. Ein Flügel mit ausgeprägt klerikal-faschistischen Zügen gruppierte sich um den Generalsuperintendenten der Kurmark Dibelius. Er bejahte im Prinzip das faschistische Herrschaftssystem, wünschte aber keine Einmischung des Staates in den innerkirchlichen Bereich. Eine andere Gruppe verkörperte die im Amt gebliebenen, im Gegensatz zu den „Deutschen Christen" stehenden Repräsentanten verschiedener Landeskirchen. Ihre profiliertesten Führer waren die Landesbischöfe Meiser (Bayern), Wurm (Württemberg) und Marahrens (Hannover). Sie versuchten, die Opposition gegen den Faschisierungsprozeß in der evangelischen Kirche von den legalen Positionen ihrer „intakten" Kirchenleitungen zu organisieren, tendierten daher zum Versöhnlertum und waren in ihrer Mehrheit antikommunistisch eingestellt. Ein humanistischer Flügel, der auch eine Zusammenarbeit mit Sozialisten und Kommunisten nicht ablehnte, hatte seine stärksten Positionen in jenen Landeskirchen, die die „Deutschen Christen" beherrschten und deren Leitungen von der Bekenntniskirche als „zerstörte Kirchenleitungen" angesehen wurden. Seine hervorragendsten Vertreter waren Karl Barth, Dietrich Bonhoeffer, Heinrich Grüber, Martin Niemöller, Paul Schneider, Heinrich Vogel u. a.

Es ist nicht unsere Aufgabe, die wechselvolle Geschichte des Widerstandes in der evangelischen Kirche nachzuzeichnen. Hier interessiert in erster Linie die Haltung der einzelnen Gruppierungen zu den Judenverfolgungen. Zweifellos spielte der „Arierparagraph" in den Auseinandersetzungen zwischen „Deutschen Christen" und Bekenntniskirche eine wichtige Rolle, wenngleich die Meinungsverschiedenheiten sich nicht darauf beschränkten. Der antifaschistische Flügel der Bekenntnisfront hatte richtig erfaßt, daß der Kampf gegen den Rassismus ein geeigneter Hebel sein konnte, um größere Massen der um die Reinheit des Bekenntnises besorgten Gläubigen zu mobilisieren. Es gelang seinen Vertretern, auf der zweiten Bekenntnissynode in Berlin-Dahlem am 19./20. Oktober 1934 einen Beschluß herbeizuführen, der allen Bekenntnispfarrern auferlegt, künftig keine Weisungen des faschistischen Reichsbischofs und der von den „Deutschen Christen" beherrschten Kirchenleitungen mehr zu befolgen. Doch zogen die Versöhnler schon wenige Tage später ihre Zustimmung zu diesem Beschluß wieder zurück. Bereits ein Jahr zuvor hatte sich Karl Barth in einem Schreiben an Dietrich Bonhoeffer vom 11. September 1933 „einfach entsetzt" gezeigt „über die Leisetreterei und Leimsiederei, die das Feld (in der Bekenntniskirche – d. Verf.) beherrscht". Offenbar hatten die Erfahrungen des einen Jahres die „Leisetreter" nicht zu einer konsequenteren Haltung zu veranlassen vermocht!

Trotzdem erzwangen die entschiedenen Führer der Bekenntnisfront auf der Bekenntnissynode der Altpreußischen Union in Berlin-Dahlem am 4./5. März 1935 die Annahme eines „Wortes an die Gemeinden", das von Heinrich Vogel verfaßt war und das den Mythus von Blut, Rasse und Volkstum als „Auflehnung gegen das Erste Gebot" bezeichnete und kompromißlos verwarf. Es wurde am 17. März 1935 als Kanzelabkündigung verlesen. Das Regime beantwortete diese Herausforderung mit der Verhaftung von über 700 Notbundpfarrern.

Wenngleich der innerkirchliche Widerstand durch seine kleinbürgerliche Ausgangsposition, durch mangelnde Geschlossenheit, durch die schwankende Haltung vieler Anhänger der Bekennenden Kirche sowie durch einen latenten, religiös verbrämten Antikommunismus einiger führender Vertreter gehemmt wurde, so war es doch in dieser ersten Phase bis zum Sommer 1935 gelungen, die Usurpierung der evangelischen Kirche durch das Naziregime abzuwehren und den Gegner zum wiederholten Rückzug zu zwingen. Sicherlich hat dieser erfolgreiche Kampf auch dazu beigetragen, das Tempo der Judenverfolgungen zeitweise zu verlangsamen.

Übrigens hat sich die Kommunistische Partei schon frühzeitig bemüht, den kirchlichen Widerstand gegen die Judenverfolgungen anzuspornen. Davon zeugt ein undatierter Aufruf aus jener Zeit „An die katholische Jugend und die Verbände der protestantischen Bekenntniskirche", in dem es heißt: „Erzwingt Toleranz für die Juden, die Menschenantlitz tragen wie wir alle." [77]

8. Die Reaktion der deutschen Juden auf die Verfolgungsmaßnahmen

Der Aprilboykott, die Pogrome und die anschwellende Flut staatlicher Repressalien trafen, wie wir eingangs erwähnten, die deutschen Juden zunächst unvorbereitet und lösten daher verschiedenartige Reaktionen aus. Da aber die ersten Verfolgungsmaßnahmen nicht die Masse der Juden in ihrer Gesamtheit, sondern nur bestimmte Gruppen und Einzelpersonen trafen, wählten auch nur unmittelbar Betroffene den individuellen Fluchtweg – im ersten Halbjahr 1933 etwa 25 000, das sind nicht einmal 5 Prozent der deutschen Juden. Die übrigen, unter ihnen vor allem die aus groß- und kleinbürgerlichen Schichten Stammenden, wehrten sich verzweifelt gegen die ihnen aufgezwungene Isolierung und Dissimilierung.

Viele verharrten „in blindem Glauben an ihre christlichen Mitbürger und die deutsche Kultur".[78] Der Gedanke an eine Auswanderung erschien ihnen völlig absurd. Einige klammerten sich an die Möglichkeit eines individuellen Ausweges. In Stuttgart unterstützten mehrere Familien ein Vorhaben, der Regierung „eine Erfindung zum Wohle des Reiches" anzubieten, um dadurch vielleicht in den Genuß eines persönlichen Schutzbriefes zu kommen.[79] Der Bund jüdischer Frontsoldaten pochte lauthals auf die nationalen Verdienste der jüdischen Frontkämpfer und suchte für seine Mitglieder Sonderrechte herauszuschlagen. Es gab – allerdings nur als Randerscheinung – sogar profaschistische Tendenzen, etwa in der „Erneuerungsbewegung der Jüdischen Deutschen", die ungeachtet des „Arierparagraphen" nach wie vor eine radikale Assimilation durch Anpassung an den Nazismus anstrebte.

Die Mehrheit des jüdischen Bürgertums verblieb indes unter der Parole „Abwarten" zunächst in einem zwischen Furcht und Hoffnung schwankenden Passivismus. „Es kam darauf an, nicht vor dem Bankrott des Hitlerregimes selbst bankrott zu gehen", so charakterisiert Peter de Mendelssohn die Stimmung im Hause Ullstein,[80] und diese Vorstellung, Hitler werde sich bald von selbst abwirtschaften, war nicht nur unter Juden, sondern auch unter vielen nichtjüdischen Hitlergegnern vorhanden.

Unter dem Eindruck der Aprilpogrome und unter dem zunehmenden Würgegriff der antijüdischen Gesetze begannen jedoch im Laufe des Jahres 1933 viele jüdische Verfolgte, die Lage realistischer einzuschätzen. Das hervorstechendste Ergebnis war ein allgemeines Zusammenrücken der verschiedenen politischen und weltanschaulichen Gruppen, eine starke Aktivierung der jüdischen Organisationen und ein Zug zur jüdischen Gemeinde, zur „Kehillah". Dieser Trend bedeutete nicht unbedingt eine Wiederbelebung religiöser Vorstellungen, sondern entsprang einem auch bei liberalen und freidenkerischen Juden vorhandenen unklaren Gefühl, in der Gemeinde geistigen Rückhalt zu finden.

Natürlich wollten die Nazimachthaber auf keinen Fall einen Konsolidierungsprozeß der jüdischen Gruppe erreichen, der die Gefahr eines künftigen einheitlich geleiteten Widerstandes in sich barg. Im Gegenteil versuchte die

Gestapo auf jede erdenkliche Weise, die einzelnen Gruppierungen und Richtungen innerhalb der deutschen Juden gegeneinander auszuspielen. Ihr besonderes Augenmerk richteten sie hierbei auf die zahlreichen Funktionäre jüdischer Abstammung, die bisher in den Arbeiterparteien und deren Organisationen mitgearbeitet hatten und nun – soweit sie nicht emigriert waren – in die jüdischen Vereine und Verbände eintraten, um dort den Widerstand zu organisieren. In einem geheimen Rundschreiben vom 11. Juli 1933 wies die Gestapozentrale in Berlin alle Staatspolizeistellen im Reich an, unter diesem Aspekt eine genaue Registrierung aller jüdischen politischen und unpolitischen Organisationen sowie aller in- und ausländischen Juden, „die bisher in irgendeiner Form in politischer Hinsicht in Erscheinung getreten sind", vorzunehmen.[81]

Obwohl der Einfluß von Kommunisten und Sozialdemokraten vor allem auf die jüdische Jugend seit 1933 relativ zunahm, ging die allgemeine politische Orientierung innerhalb der jüdischen Gruppe in eine andere Richtung: Der Zionismus nahm einen stürmischen Aufschwung. Da er die Dissimilierung bejahte und als Konsequenz die jüdische Auswanderung propagierte, erschien das zionistische Programm vielen Juden trotz innerer Vorbehalte als reale Perspektive zur Erhaltung der eigenen Existenz und der jüdischen Substanz.

Bereits 1930 hatten die Zionisten, eine kleine Minderheit innerhalb der jüdischen Bevölkerungsgruppe, die Forderung nach der „schleunigen Gründung des demokratischen Reichsverbandes der jüdischen Gemeinden Deutschlands" als Interessenvertretung der ganzen Gruppe erhoben.[82]

Doch scheiterten die Zusammenschlußbestrebungen damals an den objektiv vorhandenen Interessengegensätzen der einzelnen Gruppen, aber auch an dem mangelnden politischen Weitblick ihrer verantwortlichen Funktionäre. Unter dem Druck der einsetzenden Verfolgungen durch die Nazimachthaber schlossen sich die verschiedenen Gemeindeverbände – der Preußische Landesverband Jüdischer Gemeinden, der Verband Bayerischer Israelitischer Gemeinden, der Oberrat der Israeliten Badens, der Oberrat der Israelitischen Religionsgemeinschaft Württembergs und die kleineren Verbände in Hessen, Sachsen, Thüringen und anderen Landesteilen – im April 1933 zur Reichsvertretung der Jüdischen Landesverbände Deutschlands zusammen.[83]

Es zeigte sich jedoch bald, daß die unter schwacher Führung stehende Dachorganisation unfähig war, die notwendige politische Koordinierung der verschiedenen jüdischen Gruppen durchzuführen. Von den Führern der Jüdischen Gemeinde in Essen Dr. Georg Hirschland, Rabbiner Dr. Hugo Hahn und Ernst Herzfeld ging im Sommer 1933 die Initiative aus, die Reichsvertretung auf eine neue und breitere Basis zu stellen. Dieser Vorschlag fand die Unterstützung der leitenden Männer des Zentralausschusses für Hilfe und Aufbau Max Warburg, Carl Melchior, Ludwig Tietz u. a. Der Zentralausschuß war am 13. April 1933 als Dachorganisation für die gesamte jüdische Wirtschaftshilfe und die Organe der Wohlfahrt ins Leben gerufen worden und bedurfte dringend einer entsprechenden tatkräftigen politischen Repräsentation.

Nach längeren Vorberatungen, an denen die Zionisten erst in der letzten Phase aktiven Anteil nahmen, wurde am 17. September 1933 die Reichsvertretung der Deutschen Juden (ab 1936 Reichsvertretung der Juden in Deutschland) gegründet.

Zum Präsidenten der neuen Reichsvertretung wurde der Berliner Rabbiner Dr. Leo Baeck berufen. Durch seine religionsphilosophischen Arbeiten hatte er sich weit über die Grenzen Deutschlands hinaus Ansehen verschafft. Er war Vorsitzender des Rabbinerverbandes, Präsident der Loge B'nai B'rith sowie stellvertretender Vorsitzender des CV, stand aber gleichzeitig dem Palästinagedanken aufgeschlossen gegenüber. So wurde er von Zionisten, Liberalen und Orthodoxen gleichermaßen anerkannt. Zum Geschäftsführenden Vorsitzenden wurde Dr. Otto Hirsch aus Stuttgart gewählt. In der Weimarer Republik war er Ministerialrat im Württembergischen Innenministerium, anschließend Direktor und Aufsichtsrat staatlicher Industrieunternehmen. Seit 1930 war er Präsident des Oberrates der Israelitischen Religionsgemeinschaften Württembergs. Wie Baeck stand er im Lager des CV und unterstützte ebenfalls die Jewish Agency for Palestine. Er betätigte sich in den folgenden Jahren als tatkräftiger Organisator der Auswanderung, unterhielt auch Kontakte zu bürgerlichen Widerstandsgruppen des Goerdeler-Kreises in Stuttgart und harrte auf seinem Posten aus, bis er 1941 nach Mauthausen verschleppt und dort von den Faschisten ermordet wurde. Ein weiteres Präsidiumsmitglied war Dr. Siegfried Moses, ab 1933 Vorsitzender der Zionistischen Vereinigung für Deutschland.

Dem Präsidium zur Seite stand ein Präsidialausschuß, in den die großen Organisationen und Gemeindeverbände ihre Vertreter entsandten. Später wurde ein Beirat geschaffen, dem bekannte Persönlichkeiten unabhängig von ihrer Zugehörigkeit zu einer Partei oder Gruppe angehörten. Die Hauptlast der künftigen Arbeit ruhte jedoch auf den Schultern der hauptamtlichen Mitarbeiter der Reichsvertretung, die Übermenschliches leisteten und ihren rückhaltlosen Einsatz für die Verfolgten zum großen Teil mit dem Leben bezahlten, so Cora Berliner, Paul Epstein, Franz Eugen Fuchs, Hannah Karminski, Arthur Lilienthal und viele andere.

Nach außen war die Reichsvertretung die politische Repräsentantin der gesamten jüdischen Bevölkerungsgruppe. Jedoch lag die Führung eindeutig in den Händen von Vertretern der Großbourgeoisie, deren politischer Standort in der Weimarer Republik die diese Republik tragenden Parteien gewesen waren. Auch jetzt kämpften sie zäh um die Erhaltung der errungenen staatsbürgerlichen Gleichberechtigung, für die Wiederherstellung des Status quo, ohne den Klassencharakter der Weimarer Republik in Frage zu stellen. Einen maßgeblichen Einfluß auf die politischen Entschlüsse der Reichsvertretung übte ferner die orthodoxe Geistlichkeit aus, deren Grundhaltung streng konservativ und antirevolutionär war. Prinzipielle Meinungsverschiedenheiten gab es mit den Zionisten, deren Programm einer „nationalen Heimstatt" der jüdischen Diaspora, eben des Staates Israel, vielen jüdischen Bürgern mit der Zunahme der faschistischen Repressalien als einzig mögliche und realisierbare Alternative erschien, um zu überleben. Die Zionisten wurden in den folgenden Jahren zur einflußreichsten Gruppe in der Reichsvertretung.

Die inneren Meinungsverschiedenheiten zwischen den verschiedenen Gruppen mußten durch Kompromisse überwunden werden. Infolgedessen blieben die öffentlichen Proklamationen der Reichsvertretung meist farblos, bewegten sich in versöhnlerischen Formulierungen und ließen das Bestreben erkennen, zu einem erträglichen Arrangement mit der Naziregierung zu kommen.

So hieß es in einem in der CV-Zeitung am 8. Juni 1933 veröffentlichten Aufruf der alten Reichsvertretung, daß sich die deutschen Juden „jeder staatlichen Ordnung willig und freudig unterordnen, wenn sie ihnen Würde, Arbeit und Freiheit läßt". In ihrem ersten öffentlichen Aufruf appellierte die neue Reichsvertretung am 28. September 1933 an den „verständnisvollen Beistand der Behörden und die Achtung unserer nichtjüdischen Mitbürger, mit denen wir uns in der Liebe und Treue zu Deutschland begegnen". Und als Hitler vom deutschen Volk die Zustimmung zu seiner auswärtigen Politik verlangte, schloß sich die Reichsvertretung mit einem Ja an, „ ‚trotz allem, was wir erfahren haben'."[84]

Offenkundig ließen sich die jüdischen Repräsentanten von der Vorstellung leiten, es käme im gegenwärtigen Zeitpunkt darauf an, auszuharren, bis die Nazis „aus irgendwelchen Gründen ... einen gemäßigteren Kurs einschlagen würden und auf diese Art ‚ein Lebensraum' für die Juden übrigbleiben könnte."[85] Diese Politik hat sich in der Folge als völlig verfehlt erwiesen und manche jüdischen Bürger verleitet, im Lande zu bleiben anstatt rechtzeitig auszuwandern. Doch erscheint es nach unseren heutigen Erkenntnissen mehr als fraglich, ob eine andere Politik der Reichsvertretung das Schicksal der deutschen Juden in ihrer Gesamtheit hätte ändern können.

Neben der Repräsentation nach außen hatte die Reichsvertretung schwierige Probleme innerhalb der jüdischen Bevölkerungsgruppe zu lösen. Das waren im einzelnen[86]:

1. Wohlfahrt und Fürsorge. Die öffentliche Wohlfahrtspflege schloß bereits in den ersten Jahren des Naziregimes die Juden völlig von der Betreuung aus. Diese Aufgabe übernahm der Zentralausschuß für Hilfe und Aufbau, der sich vor allem der hilfsbedürftigen Alten annahm.

2. Kulturarbeit. In dem Maße, wie jüdische Bürger von öffentlichen Kulturveranstaltungen ausgeschlossen wurden und wie jüdische Künstler ihre Tätigkeit einstellen mußten, erhob sich die Forderung nach einem eigenen jüdischen Kulturleben. Überall entstanden jüdische Kulturbünde, die zu einem geistigen

Kraftquell für die Erniedrigten und Beleidigten wurden. So bot z. B. der jüdische Kulturbund in Berlin im Jahre 1933 Dramen von Lessing, Shakespeare, Molière und anderen Klassikern der Weltliteratur, Opern von Mozart, Beethoven, Verdi sowie symphonische Werke von Händel, Haydn, Schubert, Mahler, Mendelssohn und Brahms. Im April 1935 schlossen sich die örtlichen Kulturbünde zu einem Reichsverband zusammen.

3. Schulwesen. Es ist bereits auf die Not der jüdischen Jugend hingewiesen worden. Die Reichsvertretung errichtete neue Schulen für jüdische Kinder und vergrößerte die schon bestehenden. So stieg die Zahl der jüdischen Schulen von 135 mit 11 354 Schülern (18,3 Prozent aller schulpflichtigen jüdischen Kinder) im Jahre 1933 auf 160 Schulen mit 22 000 Schülern (52 Prozent) im Jahre 1936.[87] Es wurden neue Sportklubs gegründet und Spielplätze angelegt.

4. Auswanderung. Das Kernproblem, dem sich die Reichsvertretung konfrontiert sah, war die planmäßige Lenkung der Auswanderung. Die spontane und vielfach kopflose Massenflucht der ersten Monate des Jahres 1933 hatte teilweise niederschmetternde Erkenntnisse gezeitigt. Hatten sich viele Flüchtlinge in dem Glauben gewiegt, daß „Eisenbahnzüge an den Grenzen von Deutschland warten und Baracken errichtet sein würden, um die Tausende von Fliehenden aufzunehmen“[88], so sah die rauhe Wirklichkeit wesentlich anders aus. Die Aufnahmeländer verlangten entweder den Nachweis finanzieller Unabhängigkeit oder aber bestimmte Berufserfahrungen vor allem für den landwirtschaftlichen und technischen Bereich. Es kam also darauf an, die Bedürfnisse der Einwanderungsländer mit den Fähigkeiten der Auswanderer in Einklang zu bringen. Das war nur durch eine umfassende berufliche Umschulung und soziale Umschichtung der deutschen Juden zu erreichen. In der Folgezeit wurden Zehntausende von Jugendlichen und Erwachsenen in eigens hierfür errichteten Lehr- und Umschulungsstätten auf die künftige berufliche Laufbahn im Ausland als Land- oder Industriearbeiter und als Techniker vorbereitet.

Wenn es nicht gelang, rechtzeitig das faschistische Regime durch eine Volksrevolution unter der Führung der Arbeiterklasse zu beseitigen – und dafür minderten sich die Aussichten mehr und mehr –, bot die Auswanderung die einzige Chance des Überlebens. Doch das konnte 1933 noch niemand ahnen. Viele jüdische Bürger konnten sich von ihrem Besitz in Deutschland nicht trennen, andere hielten sich für eine Umpflanzung in ein fremdes Milieu für zu alt, und wieder andere flüchteten mit der Perspektive, in Kürze nach dem erwarteten Zusammenbruch des Nazireiches wieder in die Heimat zurückkehren zu können. Es bedurfte langer und bitterer Erfahrungen, bis die jüdischen Verfolgten begriffen, daß mit der Auswanderung ein Schlußstrich unter ihre bisherige Existenz gezogen wurde und daß ein völlig neuer Lebensabschnitt begann.

Über die jüdische Emigration in den ersten Jahren des Naziregimes liegen keine verbürgten Angaben vor, die vorgetragenen Schätzungen differieren zum Teil erheblich. Das erklärt sich daraus, daß nur etwa ein Drittel der Flüchtlinge über die zentralen Auswanderungsstellen ging, während der Rest den individuellen Fluchtweg wählte. Werner Rosenstock, der sich auf die Statistische Abteilung der Reichsvertretung stützt, gibt folgende Zahlen[89]:

1933	37 000	1936	25 000
1934	23 000	1937	23 000
1935	21 000	1938 (6 Monate)	14 000

Diese Zahlen liegen unter den Angaben des Protokolls der Wannsee-Konferenz vom 20. Januar 1942, auf der der Chef des Reichssicherheitshauptamtes Heydrich den Plan der Naziregierung zur Ausrottung von elf Millionen europäischen Juden bekanntgab, nähern sich jedoch den Schätzungen von Bruno Blau und Kurt R. Grossmann, die unabhängig davon vorgenommen wurden und sich auf beweiskräftige Indizien stützen können. Sie erscheinen daher einigermaßen zuverlässig.

Bei diesen Zahlen fällt die im Vergleich zu 1933 absinkende Tendenz bis zum Novemberpogrom 1938 auf, was in gewissem Sinne die weiterschwelenden Illusionen vieler deutscher Juden widerspiegelt.

Die Auswanderungsströme ergossen sich in vier Hauptrichtungen: Westeuropa, Übersee, Palästina und Osteuropa. Entsprechend den unterschiedlichen Bedingungen in den Aufnahmeländern waren verschiedene Trägerorganisationen geschaffen worden: Der Hilfsverein der Juden in Deutschland für die Auswanderung nach Westeuropa und Übersee, das Palästina-Amt der Zionisten für die Ansiedlung in Palästina und die Hauptstelle für jüdische Wanderfürsorge für die Rückwanderung der „Ostjuden" in Deutschland in ihre osteuropäischen Herkunftsländer.

Diese Auswandererstellen leisteten eine schier übermenschliche Arbeit. In den ersten Monaten kam es darauf an, besonders gefährdete Bürger kurzfristig über die Grenze zu schaffen. „Scharen terrorisierter Juden", berichtet Mark Wischnitzer über diese Phase der Massenflucht, „viele mit zerschlagenen und blutigen Gesichtern, belagerten die Räume des Hilfsvereins in Berlin, des Berliner Amtes der Jewish Agency for Palestine und deren Niederlassungen in anderen deutschen Städten. ‚Schickt uns weg! Schickt uns irgendwohin, in irgendein Land der Erde!' war der wieder und wieder gehörte Hilfeschrei dieser Unglücklichen. In sehr vielen Fällen war es notwendig, Personen binnen vierundzwanzig Stunden über die deutsche Grenze zu bringen."[90]

In der Folgezeit richteten sich die Bemühungen der Reichsvertretung vor allem darauf, Jugendliche aus der faschistischen Hölle herauszuschaffen. Nachdem im Jahre 1933 mit der „Jugend-Alijah" ein Instrument geschaffen worden war, das die Auswanderung nach Palästina Kindern über 14 Jahren ohne ihre Eltern möglich machte, gelang es dem Palästina-Amt, Hunderte von Kindern alsbald nach Palästina zu schicken. Die Trennung von den Eltern, die zurückbleiben mußten und einem ungewissen Los entgegensahen, schuf oft schwere seelische Konflikte.

Die Organisierung der Auswanderung wäre ohne die Hilfe ausländischer Organisationen nicht möglich gewesen.[91] Hier ist an erster Stelle die Internationale Jüdische Flüchtlingshilfe (HICEM) zu nennen, die in Paris ein Hauptamt unterhielt, wo alle deutschen jüdischen Flüchtlinge in einer Zentralkartei erfaßt wurden, um zu verhindern, daß sich mehrere Hilfsorganisationen mit einem Fall beschäftigen mußten, und um dafür zu sorgen, daß die ziellosen Wanderungen von Land zu Land in geordnete Bahnen gelenkt wurden. Träger der HICEM waren das American Joint Distribution Committee (AJDC), die Jewish Colonization Assoziation (ICA) und der Central British Funds, der 1936 in den British Council for German Jewry umgewandelt wurde. Diese Organisationen stellten namhafte Geldbeträge für die Auswanderung zur Verfügung, verhandelten mit den Regierungen der Einwanderungsländer und organisierten Hilfsaktionen. So wurde in New York die German Jewish Children's Aid, Inc. ins Leben gerufen mit dem Ziel, deutsche Kinder in amerikanischen Familien unterzubringen. Andere Organisationen wie die Organization for Rehabilitation through Training (ORT) beteiligten sich an der Errichtung von Umschulungslagern in verschiedenen europäischen Aufnahmeländern.

Im September 1933 kam das deutsche Flüchtlingsproblem vor den Völkerbund, der einen Hochkommissar ernannte. Doch blieben die diesbezüglichen Bemühungen infolge der abweisenden Haltung vieler Regierungen ohne Erfolg, so daß der Hochkommissar Dr. James G. McDonald (USA) Ende 1935 sein Amt unter Protest niederlegte.

9. Vorübergehende Atempause als Folge innerer und äußerer Schwierigkeiten des Naziregimes

Die Monopole drängten auf eine rasche Konsolidierung und Stabilisierung ihrer Machtpositionen. Der enorm einsetzende Prozeß der Kapitalkonzentration und der Verflechtung von Monopolen und Staatsapparat erforderte nicht nur die Niederhaltung und Entrechtung der Arbeiterklasse, sondern auch die Zurückdrängung der sozialdemagogischen Propaganda, die in den kleinbürgerlichen Schichten der Nazianhänger – besonders in den Reihen der SA – Illusionen über eine baldige Besserung ihrer sozialen Lage erzeugt hatte und sich in einem allmählich störend werdenden pseudorevolutionären Aktivismus niederschlug. Zwar hatte Gottfried Feder, der Verfasser des Programms der NSDAP, die Losung vom „raffenden" (jüdischen) und vom „schaffenden" (nichtjüdischen) Kapital geprägt und die Beseitigung des „raffenden" Kapitals gefordert. Doch nichts dergleichen geschah. Aktienpakete wechselten ihre Besitzer, aber für den Kleinbürger änderte sich seine konkrete soziale Lage nicht. Hatten die Kleinhändler die Zerschlagung der großen, zum Teil in jüdischem Besitz befindlichen Kauf- und Warenhäuser gefordert, so mußten sie nun erleben, daß diese Großkonkurrenten auch nach der „nationalen Revolution" weiterbestanden. So zeigten sich bereits in den ersten Monaten des Jahres 1933 Anzeichen von Unzufriedenheit der enttäuschten Nazianhänger, die die Einlösung der sozialen Versprechungen von „ihrer" Regierung forderten.

Etwa um die Mitte des Jahres 1933 entstand in der SA die Flüsterpropaganda von der „zweiten Revolution", die notwendig sei, um das soziale Programm der NSDAP zu verwirklichen.

Störend für die Stabilisierung der Monopolherrschaft wirkte sich auch die Boykottaktion des Auslandes gegen die Judenpogrome und die damit verbundene moralische Isolierung Deutschlands in der Welt aus.

Unter diesen Aspekten sah sich die Naziführung um die Mitte des Jahres 1933 veranlaßt, den Straßenterror gegen die Juden vorübergehend einzuschränken und die antisemitischen Verordnungen und Gesetze etwas laxer zu handhaben. Am 6. Juli 1933 gab Hitler eine Erklärung ab, die „nationale Revolution" sei nunmehr beendet. Er rief seine Anhänger zum unbedingten Gehorsam unter die Anordnungen der Regierung auf. Reichsarbeitsminister Seldte verbot, Eingriffe in die Wirtschaft und in die Staatsverwaltung vorzunehmen; dieses Verbot richtete sich gegen die NSBO und deren sozialdemagogische Manöver. Reichswirtschaftsminister Kurt Schmitt, der nach Hugenbergs Rücktritt im Juni 1933 dieses Amt übernommen hatte, verlautbarte, daß wieder „Ordnung und Rechtssicherheit" in die Wirtschaft einkehren müsse. Ein „Kampfbund für den gewerblichen Mittelstand", in dem sich Nazianhänger gesammelt hatten, die die antikapitalistische Demagogie der Parteiführung ernst nahmen, wurde im August 1933 aufgelöst. Innenminister Frick wies in einem Rundschreiben vom 14. Januar 1934 darauf hin, daß sich die Reichsregierung in der „Ariergesetzgebung" Grenzen gesetzt habe. Die Behörden hätten ausschließlich die von der Regierung erlassenen Gesetze anzuwenden, auch wenn diese den Ansichten einzelner nationalsozialistischer Parteigänger nicht voll entsprächen.

All diese Aufrufe, Erklärungen und Verfügungen sollten das erschütterte Vertrauen im Ausland wiederherstellen und gleichzeitig jede antikapitalistische

Agitation und Aktion radikalisierter Nazianhänger im Innern ersticken. Bei den verfolgten Juden erweckten sie alsbald die Illusion, die Zeit der schlimmsten Prüfungen sei vorüber. Einige setzten ihr Vertrauen auf den Reichspräsidenten von Hindenburg, andere hofften, daß ein wirtschaftlicher Fehlschlag die Faschisten in Kürze von der Macht verdrängen werde oder – falls sie sich halten sollten – daß sie sich die Hörner abstoßen würden. Viele sahen in den antisemitischen Verfolgungsmaßnahmen nur ein vorübergehendes Ablenkungsmanöver, das nach Erfüllung seines Zwecks wieder eingestellt würde. Sie rechneten damit, daß die Nazis – wenn auch unter bestimmten Einschränkungen – den jüdischen Bürgern einen gewissen Lebensraum ließen. Die jüdischen Organisationen bereiteten sich also auf Verhandlungen mit der Reichsregierung vor, um die Grenzen dieses Lebensraumes abzustecken und gesetzlich zu verankern.

Im Juni 1933 richtete die Zionistische Vereinigung für Deutschland eine Denkschrift „Zur Stellung der Juden im neuen deutschen Staat" an die Reichsregierung. Darin wies sie den Vorwurf der jüdischen Minderwertigkeit zurück und forderte die Unterlassung weiterer Diffamierungen. Quintessenz der Denkschrift war, einen Modus vivendi zu finden und eine Begrenzung der antijüdischen Verordnungswelle und eine Eindämmung der Gewaltakte zu erreichen. In gleicher Richtung argumentierte der bereits erwähnte Aufruf der Reichsvertretung der jüdischen Landesverbände Deutschlands vom 8. Juni 1933: „Wir dürfen erwarten", heißt es da, „daß auch die Auseinandersetzung mit uns auf dem Boden des Rechts und mit Waffen der Vornehmheit geführt werde, daß ehrliche Klarheit über unseren Platz und unseren Weg in den Raum des Lebens geschaffen werde. Eine offene Aussprache mit der Reichsvertretung der deutschen Juden ... vermag zum Ziel zu führen."

Der CV-Zeitung vom 23. November 1933 war eine Sonderbeilage beigefügt, die die wichtigsten, seit Hitlers Feststellung über die „Beendigung der nationalen Revolution" zur Beruhigung der deutschen Wirtschaft erlassenen Richtlinien enthielt.

Wie zählebig die Illusionen im Bewußtsein vieler Juden waren, zeigt ein Aufruf, den die „Jüdische Rundschau", das Organ der Zionisten, ein Jahr später, am 30. November 1934, veröffentlichte. Einerseits ermahnte er die Gedemütigten und Geschmähten, „den Namen Jude wieder mit Stolz (zu) tragen" und gab ihnen damit moralische Kraft und Halt. Andererseits empfahl er unter Berufung auf die Anordnung des Innen- und des Wirtschaftsministers, demzufolge der „Arierparagraph" im Bereich der freien Wirtschaft keine Geltung habe, auszuharren und weiterzuarbeiten.

So konnte sich unter den jüdischen Bürgern die Illusion verbreiten, man könne, wenn man sich nur loyal verhalte und sich den einschränkenden Gesetzen willig unterwerfe, auch mit den Faschisten leben. Diese verderbliche

Fehleinschätzung führte unmittelbar zu einem starken Absinken der Auswanderung. Betrug die Zahl der beim Zentralbüro des Hilfsvereins in Berlin Vorsprechenden in der Zeit von April bis Juli 1933 täglich durchschnittlich 400 bis 500 Personen, so sank sie 1934 zeitweise bis unter 20 Personen täglich![92]

Die erschütterndste Folge der von den jüdischen Organisationen genährten Illusionen war die im Herbst 1933 einsetzende Rückwanderung von Emigranten nach Deutschland. Es liegen uns keine verbürgten Angaben über den Umfang der Rückwanderung vor, wahrscheinlich dürfte er einige Tausend kaum überstiegen haben. Auch die Motive mögen vielfältiger Natur gewesen sein: So hatten viele Juden, die im April spontan und kopflos aus Deutschland flohen, keinerlei Vorstellungen über die Schwierigkeiten des Aufbaues einer neuen Existenz im Ausland gehabt, irrten von einem Land zum andern, ohne Fuß fassen zu können und kehrten schließlich resigniert in die verlassene Heimat zurück. Bei anderen mag einfach die Hoffnung, den im Stich gelassenen Besitz sich erhalten zu können, bestimmend gewesen sein. Hätten sie aber geahnt, welche Prüfungen ihnen die Faschisten in den kommenden Jahren vorbehalten hatten, ja, hätten viele nur ein ungeschminktes Bild der Gegenwart erhalten, sie hätten jede Unbill und selbst Hunger und Not im Ausland eher ertragen als sich selbst ihren Henkern auszuliefern.

Doch zunächst drängten Probleme anderer Art, die die „Judenfrage" vorübergehend in den Hintergrund treten ließen, zu einer Lösung. Der 87jährige Reichspräsident von Hindenburg siechte seinem Ende entgegen. Für Hitler war damit der Zeitpunkt gekommen, den Griff nach dem höchsten Staatsamt und damit nach dem weiteren Ausbau der Diktatur zu wagen. Ohne die aktive Unterstützung der mächtigsten Gruppen der Monopolbourgeoisie war dieses Ziel nicht erreichbar.[93]

In der damaligen zugespitzten Situation hatten sich drei Gruppierungen herausgebildet, die unterschiedliche Konzeptionen über den einzuschlagenden innen- und außenpolitischen Weg vertraten:

Eine monarchistische Gruppe, deren Ziele in der Regierung der Vizekanzler von Papen vertrat, wollte den Tod Hindenburgs zur Wiederherstellung der Monarchie und damit zur Beschneidung der Macht der Nazipartei ausnutzen.

Eine zweite Gruppe, deren stärkste Repräsentanten innerhalb der NSDAP der ehemalige Reichsorganisationsleiter Gregor Strasser und der Stabschef der SA Ernst Röhm waren, wollte die radikalen Strömungen innerhalb der SA durch soziale Konzessionen auf Kosten einer Verlangsamung der Aufrüstung abfangen. Sie strebte die Umwandlung der SA in ein Milizheer als Waffenträger des Reiches an Stelle der Reichswehr an. Dieser Gruppe stand auch der ehemalige Reichskanzler General von Schleicher nahe.

Eine dritte Gruppe wurde von Schacht und Thyssen geführt, deren Vertrauensleute in der NSDAP vor allem Göring und Himmler waren. Sie lehnte jegliche Konzessionen an die Forderungen der Massen ab, forderte eine forcierte Aufrüstung und den Aufbau der Reichswehr zu einer schlagkräftigen Aggressionsarmee. Diese Gruppe vertrat also die aggressivste Konzeption. Mit ihr verband sich Hitler.

Am 11. April 1934 kam es zu einem Treffen Hitlers mit der Generalität auf dem Panzerkreuzer „Deutschland" und zu dem verhängnisvollen Komplott: Die Generäle versprachen, sich bei Hindenburg für die Ernennung Hitlers zum Nachfolger einzusetzen – Hitler versprach, den Ansprüchen seiner SA-Führer gegenüber der Reichswehr ein radikales Ende zu bereiten. Hitler bereitete einen großen Schlag vor. Durch ihn wollte er den Ruf nach der „zweiten Revolution" ein für alle Mal ersticken, sich aller möglichen Rivalen und persönlichen Widersacher entledigen und zugleich der aggressivsten Konzeption zum Durchbruch verhelfen. Eine letzte Konsultation fand am 28. Juni 1934 mit Krupp statt.

Am 30. Juni 1934 mobilisierte Hitler und seine Clique die zuverlässigsten Einheiten der SS und richtete unter den ahnungslosen SA-Führern ein fürchterliches Blutbad an, dem der Stabschef Röhm und viele seiner Unterführer zum Opfer fielen. Unter den rund tausend Todesopfern des irreführend als „Röhmrevolte" bezeichneten Massakers befanden sich auch der Rivale Görings, Gregor Strasser, der vormalige Reichskanzler General von Schleicher sowie einige Vertrauensleute des Vizekanzlers von Papen.

Damit war die SA als politischer Faktor ausgeschaltet, und eine Figur schob sich an die Schalthebel der Macht, die bis dahin im Schatten des mächtigen Stabschefs der SA Röhm gestanden hatte: der Reichsführer der SS Heinrich Himmler. Die im Jahre 1927 als Prätorianergarde für die Naziführer ins Leben gerufene „Schutzstaffel" war bis dahin ein organisatorischer Bestandteil der SA gewesen. Himmler, der 1929 zum Reichsführer der SS ernannt wurde, baute seine Machtposition zäh und beharrlich aus. Im April 1934 hatte er das Kommando über die Geheime Staatspolizei, das wichtigste Terrorinstrument des faschistischen Staatsapparates, übernommen. Nach dem Massaker des 30. Juni hob Hitler am 20. Juli 1934 die Unterstellung der SS unter die SA auf und machte sie zu einer selbständigen Organisation im Rahmen der Nazipartei.

Der 30. Juni 1934 bedeutete nicht nur die Liquidierung der kleinbürgerlich-radikalen Opposition innerhalb der NSDAP, er besiegelte auch die endgültige Vorherrschaft des aggressivsten Flügels der Großbourgeoisie und der Reichswehrgeneralität, die nunmehr Hitler vorbehaltlos unterstützten. Sichtbarer Ausdruck dieser Umgruppierung war die Berufung Schachts zum Wirtschaftsminister. Papen dagegen, der dem Massaker entgangen war, mußte als Vizekanzler demissionieren, fand aber alsbald Gelegenheit, seine Unentbehrlichkeit für das Regime andernorts unter Beweis zu stellen: Er wurde am 26. Juli 1934 als

Botschafter nach Wien entsandt, nachdem am Vortage ein Putschversuch der Nazis in Österreich, bei dem sie den Bundeskanzler Dollfuß ermordet hatten, von den klerikal-faschistischen Heimwehren blutig unterdrückt worden war. Das war ein ernster Rückschlag für das Prestige des Naziregimes, und es kam zu ernsten Spannungen mit Italien und den Westmächten. Es ist nicht zuletzt dem diplomatischen Geschick des intrigenreichen Botschafters zuzuschreiben, daß diese Spannungen alsbald überwunden werden konnten.

Der 30. Juni zeigte der KPD, daß die bisherige Arbeit unter den Massen nicht ausreichte, um in solch günstiger Situation breite Massenaktionen zum Sturz der Hitlerdiktatur auszulösen. Das Zentralkomitee der KPD beschloß daher eine Reihe von Maßnahmen, die auf aktivere Bemühungen um das Zustandekommen der Einheitsfront mit sozialdemokratischen Gruppen und um die Einbeziehung der enttäuschten Nazianhänger in den antifaschistischen Massenkampf orientierten. Sie sind in der Resolution vom 1. August 1934 enthalten.[94]

Am 2. August 1934 starb Hindenburg, und Hitler erntete den Lohn für seinen Verrat an den eigenen Anhängern: Er wurde Reichspräsident und trug nun die Amtsbezeichnung „Führer und Reichskanzler". Damit fand der Prozeß der Institutionalisierung der faschistischen Diktatur, der am 30. Januar 1933 begonnen hatte, seinen Abschluß.

Hitler hatte sich das Vertrauen seiner schwerindustriellen Geldgeber durch einige einschneidende Maßnahmen Anfang des Jahres 1934 gesichert. Am 20. Januar 1934 erließ er das „Gesetz zur Ordnung der nationalen Arbeit", mit dem die Rechte der Betriebsräte beseitigt und der Unternehmer zum unumschränkten „Führer" seines Betriebes erklärt wurde. Paragraph 9 des Gesetzes bestimmte, daß der Betriebsführer jährlich im März „eine Liste der Vertrauensmänner" aufzustellen habe, die von der Belegschaft („Gefolgschaft") in geheimer Abstimmung zu bestätigen sei. Die im März durchgeführten Abstimmungen zeigten jedoch, wie schwach noch die faschistischen Positionen in den Betrieben waren. Nur 40 Prozent konnten zu der Teilnahme an der Abstimmungskomödie gezwungen werden, und von denen stimmten nur etwa 25 Prozent für die ihnen aufgezwungenen Kandidaten.[95]

Von großer Bedeutung für die sich anbahnende Verschmelzung der Monopolbourgeoisie und der faschistischen Staatsmacht war das „Gesetz zur Vorbereitung des organischen Neuaufbaus der deutschen Wirtschaft" vom 27. Februar 1934. Es sah die Errichtung von sechs Reichsgruppen der gewerblichen Wirtschaft vor, die mit großen Vollmachten ausgestattet waren und an deren Spitze die Vertreter der mächtigsten Konzerne standen.

Mit der Stabilisierung der Machtverhältnisse im August 1934 fand auch die kurze Periode einer relativen Einschränkung der Judenverfolgungen ihr Ende.

10. Nach der Atempause: Verschärfter Kurs

Die dreizehn Monate nach Hindenburgs Tod bis zum Erlaß der Nürnberger Gesetze sind angefüllt mit einer steigenden Flut von Verfolgungsmaßnahmen gegen die deutschen Juden, die sichtbar das einzige Ziel im Auge hatten, sie gesellschaftlich und moralisch weiter zu isolieren.

Im ersten Halbjahr 1934 war die antijüdische Gesetzesmaschinerie fast vollständig zum Stillstand gekommen: Nur 6 zentrale Verordnungen minderer Bedeutung wurden erlassen. Das änderte sich nach dem 30. Juni 1934. Bis zum Herbst 1935 ergingen über 25 Gesetze und zentrale Verordnungen[96], nicht gerechnet die zahllosen Verfügungen und Anordnungen einzelner Ministerien oder gesellschaftlicher Organisationen, z. B. auch der Kirchen. Trotzdem ist ein qualitativer Unterschied gegenüber der ersten Verfolgungsperiode des Jahres 1933 feststellbar. Grundlegende Gesetze einschneidender Bedeutung, wie das „Berufsbeamtengesetz" mit dem „Arierparagraphen", das „Kultur"-, das „Pressegesetz" oder das „Erbhofgesetz" bildete nun nicht mehr den Hauptinhalt der antijüdischen Gesetzgebung, sondern in der überwiegenden Mehrzahl der Fälle Durchführungsverordnungen und Anordnungen, die die bereits 1933 erlassenen Gesetze konkretisierten und zum Teil verschärften. Nach wie vor waren die hauptsächlichen Opfer dieser neu anlaufenden „legalen" Offensive die jüdischen Ärzte, Juristen, die Presse. Einige Verfügungen befaßten sich mit der Namensgebung, ein Problem, das – wie wir in der Folge noch sehen werden – eine verhängnisvolle Bedeutung beim Übergang zur nächsten Phase, der Deportation und der Ghettoisierung gewinnen sollte.

Hervorzuheben sind in diesem Zeitabschnitt nur zwei Verfügungen allgemeiner und grundsätzlicher Art: das „Wehrgesetz" vom 21. Mai 1935, ergänzt durch die Verordnung vom 25. Juli 1935, das Juden vom aktiven Wehrdienst generell ausschloß, also die Übernahme des „Arierparagraphen" durch die Wehrmacht, sowie eine Anweisung des Innenministers an die Standesämter vom 26. Juli 1935, keine Trauungen mehr zwischen „Ariern" und „Nichtariern" zu vollziehen. Diese Anweisung, die ohne gesetzliche Grundlage erfolgte, sanktionierte eine bereits geübte Praxis und war de facto eine Vorwegnahme der zwei Monate später in Kraft gesetzten Nürnberger Gesetze.

Gesetze und Verordnungen waren nur eine der vielfältigen Formen des systematischen und umfassenden antijüdischen Unterdrückungsfeldzuges in diesem Zeitabschnitt, und zwar nicht die schlimmste, da sie immerhin nur bestimmte juristisch faßbare Grenzen des Lebensraumes der jüdischen Minderheit absteckten. Die wirtschaftliche Betätigung war hiervon noch nicht betroffen. Das war jedoch kein Hindernis für die Faschisten, wenn sie sich in den Besitz der bedeutenden Wirtschaftswerte setzen wollten, die noch in Händen jüdischer Bürger waren.

Hjalmar Schacht, der neue Wirtschaftsminister, wurde im Mai 1935 zusätzlich zum Generalbevollmächtigten für die Kriegswirtschaft ernannt. Von ihm war bekannt, daß er kein prononcierter Antisemit war, und da die „Stillhalteverfügungen" der Reichsregierung vom Sommer und Herbst 1933 noch in Kraft waren, schien sich wenigstens auf wirtschaftlichem Gebiet eine gewisse Beruhigung abzuzeichnen. Doch die Wirklichkeit sah anders aus.

Entgegen den beschwichtigenden Proklamationen der Regierung, die die internationale öffentliche Meinung im Hinblick auf die Rechtssicherheit und Wirtschaftsstabilität in Deutschland täuschen sollten, setzten bereits im Spätsommer 1934 erneut lokale Boykottaktionen gegen jüdische Geschäftsleute ein. Sie griffen rasch auf andere Orte und Gegenden über, und zu Weihnachten 1934 standen die jüdischen Geschäfte in 120 Orten bereits wieder unter einem ausgedehnten organisierten Wirtschaftsboykott. Doch ging es diesmal den Boykotthetzern nicht mehr nur um die politische und moralische Einschüchterung der jüdischen Geschäftsleute, sondern um ihre definitive wirtschaftliche Verdrängung.

Wie spielten sich solche „Arisierungen" damals konkret ab? Helmut Genschel berichtet den Fall einer jüdischen Zigarrenhandlung in Hannover, der für die terroristischen Methoden der Faschisten typisch war.[97] Diese Firma besaß eine Großhandelsabteilung und 23 Einzelhandels-Filialen. Außer den Inhabern gab es unter den 90 Angestellten nur 3 Juden. Zunächst wurden die Scheiben der einzelnen Läden mehrfach zertrümmert. Dann erfolgten nächtliche Telefonanrufe bei den Inhabern mit Morddrohungen. Es kam zu Krawallen von SA-Horden vor dem Haus und zu Mißhandlungen der Inhaber, an denen sich die „arischen" Geschäftskonkurrenten selber beteiligten. Die Gestapo erschien wiederholt, und schließlich erlagen die Inhaber dem allseitigen Druck Ende 1934: Sie traten in Verhandlungen über den Verkauf des Geschäftes ein. In diese Verhandlungen schaltete sich die NSDAP ein. Ein von ihr protegierter Käufer erhielt das Großhandelsgeschäft mit all seinen Filialen für 100 000 Reichsmark, von denen nur 60 000 Reichsmark an die Inhaber ausgezahlt wurden. Jedoch untersagte die Gestapo ausdrücklich die freie Verfügung über die Kaufsumme. Einige Tage später stellten sich nacheinander verschiedene Angehörige der SA und der SS ein, die unter Vorzeigung einer angeblichen Einweisungsverfügung in ein KZ von den geängstigten Inhabern höhere Beträge bis zu 15 000 Reichsmark erpreßten. Ausgeplündert bis aufs Hemd, gelang es den Verfolgten, Deutschland alsbald zu verlassen.

So oder ähnlich erfolgten also die „Arisierungen", der Raub jüdischen Eigentums durch die faschistischen Konkurrenten. Lediglich die Erpressermethoden variierten von Fall zu Fall, in Form etwa von Inseratensperren für jüdische Unternehmungen, von vertragswidriger Annullierung erteilter Aufträge, vom Verbot jeglicher Geschäftsreklame. In Koblenz wurden jüdische Geschäfte unter dem Vorwand geschlossen, daß in ihnen „unhygienische Verhältnisse" herrschten. Im Kreis Koburg wurden Bauern verhaftet, weil sie mit jüdischen Viehhändlern in Verbindungen gestanden hatten.

Angeleitet vom „Völkischen Beobachter" breiteten sich die Boykottaktionen im Sommer 1935 auf fast ganz Deutschland aus und erreichten im August ihren Höhepunkt. Lediglich die Hauptstadt Berlin war noch ausgenommen.

Um die gleiche Zeit fiel der erste, in jüdischem Eigentum befindliche Industriekonzern – über die „Arisierung" der jüdischen Pressekonzerne und einiger Warenhäuser wurde bereits berichtet – dem organisierten Kesseltreiben der „Arisierer" zum Opfer: die Berlin-Suhler-Waffen- und Fahrzeugwerke Simson & Co. (Simson/Suhl) in Suhl.[98] Als erster Interessent für diesen Großbetrieb trat Friedrich Flick auf. Kurze Zeit später wurde der Inhaber des Betriebes, Arthur Simson, ins Gefängnis geworfen, um ihn zur Aufgabe seines Eigentums zu zwingen. Nach langem Hin und Her wurde schließlich die Leitung des Suhler Werkes einem Konsortium übertragen, das aus je einem Vertreter der Deutschen Bank, der Vereinigten Stahlwerke und dem Nazi-Gauleiter von Thüringen, Sauckel, bestand. Simson/Suhl war das erste Experimentierfeld für die künftigen Raubzüge der großen Konzerne gegen das jüdische Finanzkapital.

Begleitet wurden die administrativen und ökonomischen Verdrängungsmaßnahmen von einer sich von Monat zu Monat steigernden unflätigen Propagandahetze gegen die jüdischen Bürger, die sich vor allem deren gesellschaftlich-moralische Isolierung zum Ziel setzte.

Diesen mißtönenden Chor dirigierte das bereits skizzierte antisemitische Schmutzblatt „Stürmer", das damals mit einer Auflage von 480 000 Exemplaren eines der meistverbreiteten faschistischen Massenmedien war. Seine Breitenwirksamkeit erfuhr noch eine Steigerung durch Tausende von „Stürmer-Kästen", in denen die Zeitung, Flugblätter, Hetzplakate und Losungen ausgehängt wurden, um das antisemitische Gift möglichst einprägsam in die Bevölkerung zu tragen. In unermüdlich wiederholten Varianten wurde der Bevölkerung die angebliche Verworfenheit der jüdischen Mitbürger vor Augen geführt, die sich vor allem in der „Rassenschande", dem sexuellen Verkehr zwischen Juden und Nichtjuden, manifestiere und die daher eine restlose Scheidung zwischen „Ariern" und „Nichtariern" zwingend gebiete.

„Solange noch Juden in deutschen Landen Gastrecht genießen, wird es immer wieder Fälle der Rassenschande geben. Der ‚Stürmer' hat sich zur Aufgabe gemacht, alle rasseschänderischen Vorkommnisse einer großen Öffentlichkeit bekannt zu machen. Wir bitten unsere Leser, alle ihnen bekannt werdenden Fälle dem ‚Stürmer' mitzuteilen."[99] So kündete Streicher Anfang Oktober 1934 an, und so wurde ein publizistischer Pranger geschaffen, an den in den folgenden Monaten und Jahren Hunderte und Aberhunderte von Menschen geschmiedet wurden, die der Denunziationswut mißgünstiger Nachbarn zum Opfer gefallen waren.

Einige Wochen später: „Wer an einen in Begleitung eines deutschen Mädels befindlichen Juden ein Zimmer vermietet, leistet einem Verbrechen Vorschub. Gasthäuser, Hotels und Pensionen, die Juden beim Verbrechen der Rassenschande behilflich sind, werden mit Zuchthaus bestraft. Ihre Häuser gehören geschlossen."[100]

Anfang 1935: „Die Rassenschande in Deutschland kann nicht ausgelöscht werden durch das geltende Strafgesetzbuch. Ihr wird erst dann ein Ende gemacht, wenn Maßnahmen so drakonischer Art ergriffen werden, daß jeder Jude vom panischen Schrecken gepackt wird. Eine solche Wirkung löst allein die Todesstrafe aus. Sie ist zu verhängen, auch für den leisesten Versuch der Rassenschändung."[101]

Man fühlt sich in die Zeiten des finstersten mittelalterlichen Hexenwahns zurückversetzt, wenn man die „theoretischen" Begründungen für den Rassismus Streicherscher Prägung liest, die von willfährigen Pseudowissenschaftlern aller Fachdisziplinen angeboten wurden.

„‚Artfremdes Eiweiß' ist der Same eines Mannes von anderer Rasse", lesen wir in der Zeitschrift „Deutsche Volksgesundheit aus Blut und Boden" vom 1. Januar 1935. „Ein einziger Beischlaf eines Juden bei einer arischen Frau genügt, um deren Blut für immer zu vergiften . . . Wir wissen nun, warum der Jude mit allen Mitteln der Verführungskunst darauf ausgeht, deutsche Mädchen möglichst frühzeitig zu schänden . . . die deutsche Frau soll den artfremden Samen eines Juden in sich aufnehmen, sie soll niemals mehr deutsche Kinder gebären!"[102]

Wenn der „Stürmer" die Todesstrafe oder andere gesetzliche Maßnahmen gegen die „Rassenschande" forderte, wie z. B. die Entmannung oder die lebenslängliche Sicherungsverwahrung, so stand dem die bis dahin in Kraft befindliche Gesetzgebung im Wege: Das Strafgesetzbuch kannte den inkriminierten Begriff „Rassenschande" als strafbares Delikt nicht. Das bereitete den Faschisten indessen keine unüberwindliche Schwierigkeiten; es setzte eine Verhaftungswelle ein, die nach den Meldungen der Berliner und Frankfurter Presse allein in der Zeit von Mitte Juli bis Mitte September 1935 293 „Rasseschänder" erfaßte. In Wirklichkeit betrug die Zahl der Verhafteten ein Vielfaches, da der größte Terror in der Provinz und auf dem flachen Land herrschte. Die Mehrzahl der Verhafteten wurden in Konzentrationslager verschleppt und dort auf viehische Weise erschlagen. Einige wurden für große Schauprozesse vorgesehen.

Ein solcher Prozeß begann am 18. Juli 1935 in Magdeburg gegen den jüdischen Handelsschulleiter Albert Hirschland. Die Anklage warf Hirschland und einem Mitangeklagten namens Fritz Voß vor, sie hätten mit „deutschen Mädchen" Orgien gefeiert. „Um die Sinne seines Opfers aufzupeitschen, ließ er Kuchen auftragen und starken Kaffee brauen", berichtete der „Stürmer" in einer Sondernummer, die er dem Prozeß widmete. „So reizte der Jude die Nichtjüdinnen bis zur Sinnlosigkeit."[103] Von den angeblch 200 vergewaltigten Mädchen standen jedoch nur 5 als Zeuginnen vor Gericht, und diese entlasteten den Angeklagten, konnten sich meist an die geschilderten Vorfälle überhaupt nicht erinnern oder belasteten sich sogar selbst. „Wer die Rassenfrage kennt", geiferte der enttäuschte „Stürmer", „wundert sich nicht. Diese Nichtjüdinnen waren von dem Juden entrasst. Sie gehörten rassisch und seelisch nicht mehr dem deutschen Volke an. Sie sind dem Juden verfallen."

Ungeachtet des eindeutigen Tatbestandes, der zugunsten von Hirschland sprach, verurteilte ihn das Gericht zu zehn Jahren Zuchthaus und Sicherungsverwahrung auf Lebenszeit. Das Reichsgericht verwarf die Revision des Angeklagten. Dieser Prozeß war das Signal für eine Reihe weiterer derartiger gerichtlicher Verurteilungen in verschiedenen deutschen Städten.

Eines der erschütterndsten Dokumente der faschistischen Justizbarbarei aus dieser Zeit war das Urteil des Jugendgerichts in Darmstadt vom 8. Juli 1935 gegen einen jüdischen Knaben von 15½ Jahren wegen angeblichen Notzuchtverbrechens gegen ein 9jähriges „arisches" Mädchen. In der Urteilsbegründung hieß es, „daß der Angeklagte als Angehöriger der jüdischen Rasse ein deutsches Mädchen zu vergewaltigen versucht hat, obwohl ihm der heute vom deutschen Volk eingenommene Standpunkt bekannt war, und zum anderen, daß er seine nur teilweise ausgesprochene Einstellung, er dürfe sich zwar nicht an jüdischen, wohl aber an deutschen Kindern vergehen, durch die Tat klar bewiesen hat." Der Junge erhielt drei Jahre Gefängnis.[104]

Über Motive der „Rassenschänderprozesse" gibt eine uns erhalten gebliebene Akte aus Riesa Aufschluß: Am 14. Mai 1935 beschwerte sich der Oberbürgermeister der Stadt beim Standortältesten der Reichswehr, daß Reichswehrangehörige und deren Frauen im Geschäft der jüdischen Firma Troplowitz, Inhaber Max Lenczynski, einzukaufen pflegten und daß die Umsätze dieser Firma in letzter Zeit sogar gestiegen seien. Am 6. August 1935 meldete der Polizei-Hauptwachtmeister Georgi seinem Vorgesetzten, daß auf das Schaufenster des Geschäftes von Lenczynski Losungen geschmiert worden waren wie „Jude raus!", „Rasseschänder!", „Hund stirb" u. a.[105] Das Geschäft wurde in der Folge „arisiert", die Spuren des Geschäftsinhabers verloren sich alsbald in einem Nazi-Konzentrationslager, von wo er nicht mehr zurückkehrte.

Die unmittelbare Folge dieser Hetzkampagne war das erneute Aufflammen antijüdischer Pogrome in ganz Deutschland. In Berlin begannen die ersten blutigen Aktionen im Juni 1935 in Neukölln und im Süden der Stadt. Sie steigerten sich bis zu den großen Prügelrazzien auf dem Kurfürstendamm am 15. und 16. Juli 1935, wo der faschistische Mob Hetzjagden auf Männer, Frauen und Kinder veranstaltete, die er für Juden hielt. Sie wurden verprügelt und verschleppt, einige starben an den Folgen.

All diese Aktionen waren bis in die kleinsten Details planmäßig organisiert, wie ein erhalten gebliebenes Rundschreiben der NSDAP Bezirk Südhannover-Braunschweig vom 28. Juli 1935 beweist. Darin hieß es: „Am 10. August sind in allen Ortschaften dieses Bezirks Schilder zu errichten mit folgenden Aufschriften (siehe Anlage) . . . Das Schild ist auf zwei Pfosten von zwei Meter Höhe zu befestigen. Als Farben haben wir schwarze Blockschrift (grosse und kleine Buchstaben) auf weissem Hintergrunde gewählt. Das Wort ‚Jude' soll rot unterstrichen werden und muss gut auffallen . . . Die Schilder sind an allen Zuführungs- und Abgangsstrassen des Ortes aufzustellen . . . Die Aufstellung soll am 10. August mit einer Feier erfolgen, unter Beteiligung der ganzen Bevölkerung des Ortes. Eine kurze eindrucksvolle Ansprache durch einen Rassekameraden (!) sollte die Handlung umrahmen, und zum Schluss sind Lieder wie ‚Wir Sturmsoldaten jung und alt!' oder ähnliche in der Menge (!) anzustimmen. Die Presse darf vorher keine Berichte bringen, doch ist nachher die Handlung um so mehr aufzumachen. Zum Schluss senden wir Ihnen ein Zirkular, das im Bezirk Göttingen nachts an die Fenster und Türen aller Personen geklebt wurde, die in jüdischen Geschäften kaufen." [106]

Zur leichteren Durchführung der Pogrome begann die Gestapo im August 1935 mit der karteimäßigen Erfassung aller Juden durch ihre Dienststellen in den einzelnen Regierungsbezirken. Die Angaben hatten die jüdischen Organisationen im Bezirk zu liefern. Am 10. August wurden in Parchim (Mecklenburg) alle jüdischen Bürger – 35 Menschen – ins Stadtgefängnis eingeliefert. Einige, die nach dem benachbarten Hagenow flüchteten, sperrte man dann zusammen mit den Hagenower Juden ein. Am 2. September wurden Massenverhaftungen aus 12 badischen Städten gemeldet. So rollte Anfang September eine Pogromwelle über das ganze Land und über die gequälten jüdischen Menschen.

Die bedauernswertesten Opfer der antisemitischen Pogromhetze waren die jüdischen Kinder, denn sie standen ihren faschistischen Erziehern in den Schulen völlig wehrlos gegenüber. Erziehungsminister Rust legte die rassenpolitischen Erziehungsmethoden folgendermaßen fest: „Der Rassenunterschied soll bei den Kleinsten, den sechsjährigen des ersten Schuljahres beginnen in Übereinstimmung mit der Erklärung Hitlers, daß kein Junge und kein Mädchen die Schule ohne Kenntnis der Notwendigkeit der Rassenreinheit verlassen darf." [107]

Sadistische Lehrer setzten diese Richtlinien in vielfältige Quälereien und Demütigungen der hilflosen jüdischen Kinder um. Graf Carlo Sforza beschrieb im „Journal des Nations" die Erziehungsmethoden eines faschistischen Lehrers folgendermaßen: „In der Vormittagspause zogen die Kinder an der Tür der Schulkantine vorbei, wo man ihnen eine Tasse Milch und ein Stück Brot verabreichte. Die kleinen Mädchen warteten, bis sie an die Reihe kamen. Aber immer, wenn ein jüdisches Mädchen an die Reihe kam, schrie es die Direktorin, welche in der Hand die Tasse mit Milch hielt, an: ‚Marsch weg, Jüdin! Die Nächste, bitte ...' Diese Szene wiederholte sich täglich. Man ersparte es den kleinen jüdischen Kindern nicht, in der Reihe zu stehen. Man ersparte es ihnen nicht, die Hand nach der Tasse auszustrecken ... Die christlichen Kinder mußten täglich Zeugen dieser Szene sein, damit sie lernen, wie man ein jüdisches Kind behandelt." [108]

HJ-Führer mußten auf einem Lehrgang folgendes Gelöbnis ablegen: „Ich werde keine Freundschaft mehr mit einem Juden haben und mit keinem Juden mehr ein Wort sprechen. Ich werde alle vergessen und verachten. Ich werde in keinem Juden mehr einen Mitmenschen sehen. Ich weiß, daß der Führer das verlangt, und ich gelobe Gehorsam." [109]

So wurde der Grundstein für ein Erziehungsprinzip gelegt, in dem Brutalität und Menschenverachtung als höchste Werte des Menschseins galten.

In dieser Hölle von aufgepeitschtem Haß suchte nun die Reichsvertretung der deutschen Juden die Verfolgten zusammenzuführen und ihnen geistigen Rückhalt zu geben. Wichtiges Instrument hierfür war die jüdische Presse. So paradox es klingen mag: diese erlebte gerade in der Zeit der Drangsal einen stürmischen Aufschwung, ihre Auflagenhöhe stieg rapide an, durch vermehrte Anzeigen wurde sie finanziell unabhängig und gab manchen aus dem öffentlichen Leben verdrängten Juden Arbeit und Lebensinhalt. Daß die faschistischen Behörden diese von ihnen keineswegs beabsichtigte positive Funktion der jüdischen Presse fürchteten, geht aus der Tatsache hervor, daß alle führenden jüdischen Zeitungen im Herbst 1935 für längere Zeit (bis zu drei Monaten) verboten wurden, um den durch die Nürnberger Gesetze bedrohten jüdischen Bürgern eine politische Orientierung und eine gemeinschaftliche Reaktion zu erschweren.

Unter den herrschenden terroristischen Verhältnissen begann sich bei den führenden Persönlichkeiten der Reichsvertretung die Überzeugung durchzusetzen, daß auf die Dauer ein Lebensraum für die jüdischen Bürger im Nazistaat nicht erhalten werden könne. Ein Alarmzeichen für die Entschlossenheit der faschistischen Führer, die Verdrängung der Juden konsequent bis zum letzten zu treiben, war die Mitteilung des „Völkischen Beobachters" vom 9. Mai 1935, daß alle rückwandernden Juden, die seit dem 28. Januar 1935 wiederum in Deutschland eingetroffen waren, mit ihrer sofortigen Internierung und Überführung in ein Konzentrationslager zu rechnen hätten. Es kam also jetzt vor allem darauf an, die Auswanderung langfristig zu planen und zu organisieren und für die Auswandernden in den Zielländern dauerhafte Existenzgrundlagen zu schaffen.

Die größte Schwierigkeit der Auswanderung bestand darin, daß sie Geld und nochmals Geld, vor allem aber Devisen erforderte.

Um den chronischen Kapitalabfluß aus dem krisengeschüttelten Deutschland aufzufangen, hatte bereits im Jahre 1931 die Regierung Brüning eine „Reichsfluchtsteuer" in Höhe von 25 Prozent für ausgeführte Kapitalien über 200 000 Reichsmark eingeführt. Die Naziregierung verschärfte diese Bestimmung durch die Herabsetzung des Freibetrages auf 50 000 Reichsmark. Aus dieser Steuer, die fast ausschließlich die auswandernden vermögenden Juden betraf, nahm das Reich in den Jahren 1933 bis 1940 etwa 800 bis 900 Millionen Reichsmark ein, was einem Kapitalabfluß von 3,5 Milliarden Reichsmark entsprach. Jedoch auch die verbleibenden 75 Prozent des Vermögens konnten nicht in bar ausgeführt werden, da dies den Zusammenbruch der devisenschwachen deutschen Währung bedeutet hätte. So wurden die Vermögenswerte von jüdischen Auswanderern devisenrechtlich gesperrt und auf „Sperrmark-Konten" deponiert. Zwar konnten „Devisen-Ausländer" – also die ausgewanderten deutschen Juden – diese Konten gegen Devisen einlösen, jedoch zu einem Kurswert von 50 Prozent, der bis 1938 bis auf 10 Prozent herabgesetzt wurde. So flossen der Naziregierung aus diesem glatten Raub abermals Hunderte von Millionen Reichsmark zu. Schließlich setzte sie den Barbetrag, den ein Auswanderer mitnehmen durfte, im Juni 1934 von 10 000 auf 2 000 Reichsmark und im Herbst 1935 auf 10 Reichsmark herab.[110]

Praktisch blieb die Auswanderung reichen Juden vorbehalten, die dabei einen großen Teil ihres Vermögens einbüßten, während vermögenslose Juden ohne fremde Hilfe dazu verurteilt waren, im Lande zu verbleiben.

In dieser Situation kam es zu einem befremdlichen Abkommen zwischen den Nazibehörden und der Jewish Agency for Palestine: Es wurde unter der Bezeichnung „Ha-avarah" (in deutscher Umschreibung „Haavara") bekannt.[111] Dieses Abkommen diente der Auswanderung deutscher Juden nach dem britischen Mandatsgebet Palästina. Es sah vor, daß die Ha-avarah-Gruppe in Palästina Exportaufträge an die deutsche Industrie vergab, die nur zu 50 Prozent in Devisen zu begleichen, während 50 Prozent aus den Sperrmarkguthaben zu bezahlen waren, die dann den Auswanderern in Palästina in Landeswährung zur Verfügung gestellt wurden. Zur Durchführung dieses Transfers wurde die Paltreu (Palästina-Treuhand-Gesellschaft) gegründet.[112]

Nach Schätzung des Reichsinnenministeriums, das federführend bei der Auswanderung jüdischer Bürger war, sind bis 1935 nahezu 30 000 Juden im Rahmen des Ha-avarah-Verfahrens nach Palästina ausgewandert. Es unterliegt indes keinem Zweifel, daß sich die Zionisten mit diesem Abkommen nicht nur von humanitären Erwägungen leiten ließen. Durch die Monopolisierung des

Handels mit Deutschland stärkten sie ihre ökonomischen Machtpositionen in Palästina gegenüber den Arabern, die sich gegen die Verdrängung durch die Einwanderer und gegen die wirtschaftliche Versklavung durch das jüdische Finanzkapital heftig zur Wehr setzten.

Die zionistische Politik stieß aber auch auf Kritik und Ablehnung breiter jüdischer Kreise in aller Welt. Während in allen Ländern große Boykottaktionen gegen Waren aus Nazideutschland liefen, war Palästina das einzige Land, das den Boykott durchbrach und damit die internationale Abwehrfront schwächte!

Andererseits meldete sich auch Kritik im Nazilager. Der Staatssekretär Stukkart wies einige Jahre später in einem vertraulichen Memorandum vom 17. Dezember 1937 nach, daß die deutschen Exporte nach Palästina wesentlich dazu beigetragen hätten, die ökonomischen Fundamente für den künftigen israelischen Staat zu schaffen, an dessen Entstehung der deutsche Imperialismus damals absolut kein Interesse haben konnte. Stand doch zu befürchten, daß dieser Staat alsbald Mitglied des Völkerbundes werden und dort öffentlich gegen die Judenverfolgungen in Deutschland auftreten würde.

Als in den folgenden Jahren die legale Einwanderung nach Palästina aus politischen Gründen von den Engländern erschwert wurde und daher stark zurückging, verlor das Ha-avarah-Verfahren an Bedeutung und wurde 1938 liquidiert.

11. Zwischenbilanz Herbst 1935

Für die Einschätzung der Judenverfolgungen in den folgenden Jahren ist die erste Phase – vom Machtantritt Hitlers bis zum Erlaß der Nürnberger Gesetze – von grundlegender Bedeutung, weil sich in dieser Zeit der Klassencharakter des Faschismus besonders deutlich offenbarte. Den die Diktatur stützenden Gruppen der Großbourgeoisie ging es in erster Linie um die Zerschlagung der Klassenorganisationen der Arbeiterklasse, um den Abbau der bürgerlichen Demokratie auf allen Ebenen des gesellschaftlichen Lebens, verbunden mit einer allgemeinen Brutalisierung der Herrschaftsmethoden, und schließlich um die Schaffung günstiger Ausgangspositionen für das zukünftige außenpolitische Eroberungsprogramm. Diese ihnen gestellten Aufgaben haben die Faschisten im wesentlichen gelöst.

Die modernen Verfechter der antikommunistischen Totalitarismus-Doktrin leugnen den Klassencharakter des faschistischen Staates. Hannah Arendt spricht vom „Zerfall der Klassengesellschaft", der der Errichtung „totalitärer" Diktaturen voranzugehen pflege. „Totalitär" bezeichnet sie sowohl die Diktatur des Proletariats als auch die faschistische Diktatur. Die Identifizierung des Faschismus mit dem Kommunismus erfolgt willkürlich durch die Behauptung, in allen „totalitären" Diktaturen gebe es keine Klassenstruktur der Gesellschaft mehr, sondern die quasi klassenlose Gesellschaft gliedere sich in nicht näher definierbare Gruppen der „Elite", des „Mob" sowie der „Massen". Unter diesem irrationalen Gesichtswinkel würde die Machtausübung des „Mob" zu einem „phantastischen Tollhausstück . . ., in dem alle Regeln der Logik und Prinzipien der Wirtschaft auf den Kopf gestellt sind."[113]

Es hieße den Rahmen dieser Darstellung sprengen, wollten wir eine eingehende Untersuchung über die falschen theoretischen Ausgangsstellungen der Totalitarismus-Doktrin anstellen. Festgehalten sei lediglich, daß sie heute eines der bevorzugtesten Instrumente antikommunistischer Ideologen ist, um die sozialistische Gesellschaftsordnung als mit dem Faschismus wesensgleich zu diffamieren. Übrigens tauchte der Begriff des „Rechtsbolschewismus" bereits in der Argumentation des CV im Jahre 1930 auf, als es darum ging, die kapitalistische Gesellschaftsordnung gegen die soziale Demagogie der Nazis zu verteidigen.[114]

In den ersten drei Jahren der faschistischen Diktatur in Deutschland wurde sichtbar – so haben wir gezeigt –, daß keineswegs die irrationalen Ziele eines machtausübenden „Mob", sondern die rationalen Ziele der herrschenden Klasse realisiert wurden. Es gibt keinen besseren Nachweis für den Klassencharakter des Faschismus als die Kontinuität, mit der seine Wesenselemente in die kapitalistische Nachfolgegesellschaft des Hitlerreiches, die BRD, eingegangen sind. Dieselben Kriegsverbrecherkonzerne, dieselben Blutrichter, dieselben Militärs und Diplomaten – notdürftig von einer demokratischen Fassade verdeckt – und der gleiche Antikommunismus zeugen für diese Kontinuität. Die Macht der Monopole, in deren Interesse der Krieg vorbereitet und geführt wurde, ist niemals von den Faschisten in Frage gestellt worden.

Die Verfolgung der Juden ordnete sich den außen- und innenpolitischen Zielen der Monopolbourgeoisie als Ablenkungsdemagogie und Brutalisierungsideologie unter. Scheinbar wurden dabei – allerdings erst in den folgenden Jahren, über die in den nächsten Kapiteln berichtet wird – einige geheiligte Grundrechte der kapitalistischen Gesellschaftsordnung, nämlich der Privatbesitz an Produktionsmitteln (soweit er jüdisches Eigentum war), angetastet. Tatsächlich stellte die „Arisierung" jüdischen Vermögens aber nicht den Privatbesitz an Produktionsmitteln überhaupt in Frage, sondern das Kapital wechselte lediglich seine Besitzer, wenn auch teilweise unter den Bedingungen einer räuberischen Erpressung. Jedoch verdient festgehalten zu werden, daß in den ersten Jahren bis auf einige staatspolitisch begründete Ausnahmen (z. B. im Pressewesen) die jüdische Großbourgeoisie von den faschistischen Verfolgungen kaum betroffen wurde. Die schwersten Opfer brachten die jüdische Intelligenz, das jüdische Kleinbürgertum und das zahlenmäßig schwache jüdische Proletariat (Arbeiter und Angestellte).

Die Klassendifferenzierung innerhalb der jüdischen Gruppe ist der Hauptgrund dafür, daß es zu einem organisierten Widerstand der Gruppe in ihrer Gesamtheit nicht gekommen ist. Das ist einmal darauf zurückzuführen, daß die Führung der jüdischen Organisationen (Reichsvertretung) in großbürgerlichen Händen lag, die kraft Tradition und Religion jede klassenkämpferische revolutionäre Bewegung ablehnte. Andererseits kann nicht übersehen werden, daß die jüdische Minderheit angesichts des um sich greifenden aktiven und passiven Antisemitismus in der deutschen Bevölkerung in einer außerordentlich schwierigen Situation war, zumal sie nicht als nationale Minderheit galt (und abgesehen von den Zionisten auch nicht gelten wollte!) und daher keine internationale Schutzgarantie in Anspruch nehmen konnte. Ein jüdischer Widerstand hätte nur in Verbindung mit einer breiten antifaschistischen Volksbewegung effektiv werden können, die über ein revolutionäres Alternativprogramm verfügte, wie es die KPD proklamierte. Zu einer solchen Volksbewegung ist es aus verschiedenen Gründen, die im folgenden untersucht werden sollen, nicht gekommen. So verblieb der Masse der deutschen Juden unter den gegebenen Umständen als einzig reale Lösung nur die Auswanderung, zu der sich aber viele erst unter dem Druck unerträglicher Verfolgungen entschließen konnten, da sie sich als Glieder des deutschen Volkes betrachteten und sich gegen die ihnen aufgezwungene nationale Entwurzelung beharrlich zur Wehr setzten.

Wenngleich die Faschisten in der ersten Phase der faschistischen Diktatur ihr Endziel, die physische Ausrottung der Juden, den „Volkstod", noch nicht offen propagierten, sind die einsetzenden und sich systematisch steigernden Verfolgungsmaßnahmen nur im Hinblick auf dieses Endziel verständlich. Es kann keine Rede davon sein, daß auch nur zeitweise die ehrliche Absicht einer „völkischen" Dissimilierung als letzte Konsequenz der antijüdischen Politik der faschistischen Diktatur bestand. Die Dissimilierung war der Vorwand, um die jüdische Minderheit zu isolieren und wehrlos zu machen. Darauf deuten vor allem die wilden Pogrome und die infamen Diskriminierungskampagnen der Faschisten hin.

Die Festigung der faschistischen Diktatur in Deutschland wurde durch verschiedene Faktoren begünstigt. So erfreuten sich die Nazimachthaber aktiver oder passiver Unterstützung maßgebender Kräfte im In- und Ausland.

Betrachten wir zunächst die Reaktion des Auslandes. Natürlich verfolgten die Nazimachthaber vom ersten Tage der Errichtung der faschistischen Diktatur an die Taktik, ihre Verbrechen in Abrede zu stellen, sie als Erfindungen ihrer politischen Gegner, als „Greuelhetze" darzustellen. Trotzdem kann kein Zweifel bestehen, so resümierte der damals in England lebende jüdische Publizist Andrew Sharf, „daß in jedem Stadium des Unheils eine umfassende Information zu erhalten war und auch von der britischen Presse genutzt wurde."[115] In anderen Ländern war es nicht anders. Monat für Monat berichteten die aus Deutschland emigrierten Nazigegner und Naziopfer – zum Teil aus eigenem Erleben – von den Greueltaten in den deutschen Konzentrationslagern und Folterkellern der SA und der Gestapo.

Bereits im August 1933 wurde das „Braunbuch" über die Hintergründe des Reichstagsbrandes in Hunderttausenden von Exemplaren vertrieben. Das mutige Auftreten des bulgarischen Revolutionärs und Funktionärs der Kommunistischen Internationale Georgi Dimitroff vor dem Reichsgericht in Leipzig (21. September bis 23. Dezember 1933), seine schonungslose Abrechnung mit dem Terrorregime der Nazis, erregte ungeheures Aufsehen in der ganzen Welt, noch mehr aber sein von der öffentlichen Meinung erzwungener Freispruch, zu dem nicht zuletzt auch der Londoner Gegenprozeß des Russell-Tribunals vom 14. bis 18. September 1933 gegen die wahren Brandstifter – Hitler, Göring, Goebbels und Konsorten – beitrug. 1933 erschien in Moskau der aufrüttelnde Bericht des aus dem KZ Dachau geflüchteten Kommunisten Hans Beimler „Im Mörderlager Dachau", 1934 in der Tschechoslowakei ein Bericht von Gerhart Seeger über das KZ Oranienburg, um die gleiche Zeit in der Schweiz Wolfgang Langhoffs Buch „Die Moorsoldaten".

Eine bedeutende Aufklärungsarbeit leistete das im August 1933 in Paris gebildete Weltkomitee gegen Krieg und Faschismus, das unter Leitung des französischen Schriftstellers Henri Barbusse stand. Weltweit waren die durch das Komitee organisierten Proteste gegen die Ermordung John Schehrs, des Kampfgefährten Ernst Thälmanns, und seiner Genossen durch die Gestapo am 2. Februar 1934, gegen die Ermordung des antifaschistischen Schriftstellers Erich Mühsam im KZ Oranienburg am 9. Juli 1934 und anderer bekannter Nazigegner. Weltweit war die Kampagne zur Freilassung von Ernst Thälmann, dem Führer der KPD, von Carl von Ossietzky, dem langjährigen Herausgeber der „Weltbühne" und Vorkämpfer gegen den deutschen Militarismus, dem – während er Häftling im Konzentrationslager Esterwegen war – im November 1936 der Friedensnobelpeis verliehen wurde.

Doch in offenkundigem Gegensatz zu der moralischen Empörung eines großen Teils der Weltöffentlichkeit stand die Politik der entscheidenden imperialistischen Hauptmächte in Europa. Vor allem Großbritannien unter den Regierungen von Macdonald, Baldwin und Chamberlain, wobei letzterer zur Symbolfigur für die Appeasementpolitik wurde, die die Aggression des deutschen Imperialismus gegen die Sowjetunion lenken sollte, verhalf Hitler zu einigen wichtigen außenpolitischen Erfolgen. Auch die moralische Aufwertung des Regimes durch den Vatikan stärkte das internationale Prestige der Naziregierung.

Unter diesen profaschistischen und antikommunistischen Aspekten legte das konservative Großbritannien eine betont reservierte Haltung gegenüber den Judenverfolgungen in Deutschland an den Tag. Das prägte sich in der Berichterstattung der britischen Massenpresse besonders deutlich aus.

So lautete der Kommentar der konservativen „Daily Mail" am 3. April 1933 zu den Ausschreitungen des Aprilboykotts: „Orderly but stern" – diszipliniert, aber hart! „News Chronicle" brachte zwar Bilder von Juden, die geprügelt und durch die Straßen geschleift wurden, lobte aber gleichzeitig „die Disziplin der Braunen Armee" (am 3. und 5. April 1933). Der großbürgerliche „Daily Telegraph" war der Meinung, daß die Berichte über die Naziausschreitungen in der britischen Presse zu breit ausgewalzt würden und dadurch nicht Entrüstung hervorriefen, sondern die Leser abstumpften (am 25. August 1933). Und nur der liberale „Manchester Guardian" erklärte bereits am 27. März 1933 ungeschminkt, daß „die antisemitischen Ausschreitungen der letzten Wochen viel schrecklicher sind, als man zunächst annehmen konnte", und seit Generationen habe man in Deutschland etwas ähnliches nicht mehr erlebt. Andrew Sharf berichtet sogar, daß damals in England ein später noch oft kolportiertes Argument auftauchte, die Greuelberichte aus Deutschland seien Produkte sowjetischer Propaganda.[116]

Über die Entwicklung der Lage im Inland haben wir eingehend berichtet. Alle Augenzeugen, die die damalige Zeit bewußt miterlebt haben, stimmen darin überein, daß die Durchsetzung der faschistischen Ideologie auf große Widerstände stieß, aber nichtsdestoweniger Schritt um Schritt erfolgte. Zweifellos wurde der aktive Antisemitismus der Faschisten nur von einer verschwindenden Minderheit vorbehaltlos bejaht und von der Mehrheit der Bevölkerung, insbesondere der Arbeiterklasse, abgelehnt. Aber eine wesentliche Voraussetzung für die Durchführung der antisemitischen Ausschreitungen, Pogrome und der ganzen Isolierungspolitik war das Vorhandensein eines latenten „passiven" Antisemitismus, der Einschränkungen bei der Gleichberechtigung der Juden bis zu gewissen Grenzen bejahte, in breiten Schichten der Bevölkerung, vor allem des Kleinbürgertums und der Intelligenz.

Daß die Faschisten das außen- und innenpolitische Programm des deutschen Imperialismus – einschließlich der Judenverfolgungen! – zielstrebig Schritt um Schritt verwirklichen konnten, ist einmal auf die rücksichtslose Anwendung von Terror sowie von sozialer und nationaler Demagogie zurückzuführen. Zum anderen aber auch darauf, daß die Gegner der Faschisten zersplittert waren und nicht den Weg zu einer gemeinsamen antifaschistischen und antiimperialistischen Konzeption fanden. Wie wir sahen, lehnten viele bürgerliche Gegner des Faschismus einschließlich großer Teile der kirchlichen Opposition ein

Bündnis mit der organisierten revolutionären Arbeiterbewegung ab. Die gleiche Haltung nahmen die Führer der jüdischen Reichsvertretung ein.

Die Niederlage der deutschen Arbeiterklasse und der Sieg des Faschismus führten in der deutschen Sozialdemokratie zu heftigen Diskussionen über die Ursachen dieser Entwicklung. Die Partei zerfiel als einheitliche Organisation; eine Zeitlang bestanden noch zahlreiche Gruppen, deren Arbeit jedoch großenteils bald zum Erliegen kam. In einigen Gruppen setzte sich die Erkenntnis durch, daß die Spaltung der Arbeiterklasse, die von der SPD-Führung seit 1914 konsequent betrieben worden war, nur dem Gegner genutzt hatte. Sie rückten von den legalistischen und versöhnlerischen Positionen des Parteivorstandes in Prag ab und schlossen sich mit kommunistischen Gruppen zu gemeinsamen Kampfaktionen zusammen. Auch in der Emigration und selbst im Prager Parteivorstand sahen sich die Vertreter des rechten Flügels in die Defensive gedrängt. So trug der Parteivorstand der wachsenden Kritik und dem Druck der proletarischen Kräfte in der SPD in seinem Manifest „Kampf und Ziel des revolutionären Sozialismus" vom 28. Januar 1934 Rechnung.[117] Er rückte von der früheren Koalitions- und Spalterpolitik ab, erklärte sie für verfehlt und bekannte sich zur antifaschistischen Einheitsfront sowie zum revolutionären Sturz des Hitlerregimes. Allerdings bildete dieses „Prager Manifest" in den folgenden Jahren keineswegs die Grundlage für die Politik des SPD-Vorstandes, der die antikommunistische Spaltungspolitik unentwegt fortsetzte, wie in den folgenden Kapiteln berichtet werden wird.

Hauptträger des antifaschistischen Widerstandes in Deutschland waren die Kommunisten. Die ihnen aufgezwungenen Bedingungen der Illegalität erforderten von jedem Kommunisten Mut, Umsicht, eiserne Disziplin, Wachsamkeit und die Bereitschaft, jederzeit sein Leben für die Sache einzusetzen. Die Dokumente aus jener Zeit weisen nach, daß die KPD den Klassencharakter des Faschismus und seiner Erscheinungsformen – darunter auch des Antisemitismus – völlig richtig einschätzte. Bestimmte Vorstellungen und Ansichten, die der gegenwärtigen Lage und den Erfordernissen des antifaschistischen Kampfes nicht genügend Rechnung trugen, wurden in der Folge korrigiert.

Der standhafte und unermüdliche Kampf gegen den Faschismus forderte der Partei ungeheure Opfer ab. Nach den Feststellungen der Roten Hilfe Deutschlands wurden in der Zeit bis zum 1. März 1935 insgesamt 295 357 Hitlergegner verhaftet, viele in Konzentrationslager verschleppt, 3 942 wurden ermordet – die übergroße Mehrzahl von ihnen waren Kommunisten. Tausende wurden in Massenprozessen zu langjährigen Freiheitsstrafen verurteilt, 93 hingerichtet.[118] Das war der Blutzoll, den die deutschen Kommunisten für den Sturz der faschistischen Diktatur und damit auch für die Rettung der deutschen Juden brachten. Ihr Opfer wurde von der zeitgenössischen bürgerlichen Auslandspresse kaum zur Kenntnis genommen und wird bis auf den heutigen Tag von den dominierenden Richtungen der bürgerlichen Historiographie einschließlich der meisten jüdischen Publizisten bagatellisiert oder auch gänzlich ignoriert.

Von entscheidender Bedeutung für die spätere Formierung des antifaschistischen Widerstandes war, daß die Kommunistische Partei bereits damals die theoretischen Grundlagen für den Sturz der Hitlerdiktatur legte.

Kapitel 2

Die politische und juristische Vorbereitung auf die „Endlösung" (1935–1938)

1. Deutschland und die Welt im Herbst 1935

Am 25. Juli 1935 trat in Moskau der VII. Weltkongreß der Kommunistischen Internationale zusammen, um eine marxistische Einschätzung der Lage in der Welt vorzunehmen und daraus die erforderlichen Schlußfolgerungen für die Strategie und Taktik der kommunistischen Parteien zu ziehen. Die kritische Zuspitzung der Lage erhellt schon daraus, daß von 76 der Komintern angeschlossenen Parteien zu diesem Zeitpunkt 50 Parteien gezwungen waren, in der Illegalität zu kämpfen. Auf dem Kongreß waren 65 Parteien mit rund vier Millionen Mitgliedern durch 371 Delegierte mit beschließender und 139 Delegierte mit beratender Stimme vertreten.

Als wichtigstes Kriterium der Entwicklung bezeichnete der Kongreß die Tatsache, daß in der Sowjetunion die sozialistischen Produktionsverhältnisse endgültig und unwiderruflich gesiegt haben und daß damit international entscheidende Auswirkungen zugunsten des Wachstums der Kräfte des Friedens, der Demokratie und des Sozialismus verbunden sind, die den Hauptinhalt der neuen Epoche der Weltgeschichte, den Übergang vom Kapitalismus zum Sozialismus, charakterisieren.

Zugleich aber signalisiere die Errichtung der Hitlerdiktatur in Deutschland und die damit verbundene allseitige Belebung der faschistischen Kräfte in anderen Ländern, daß der Faschismus zu einer Weltgefahr geworden ist. Die Faschisierungs- und Kriegspolitik der reaktionärsten Kreise des internationalen Finanzkapitals richte sich in erster Linie gegen die Sowjetunion sowie gegen die Arbeiterklasse und alle demokratischen Bewegungen in den kapitalistischen Ländern und darüber hinaus auch gegen den antiimperialistischen Befreiungskampf der versklavten und abhängigen Völker. Ein weiteres Charakteristikum der Entwicklung sei die Zuspitzung der Gegensätze zwischen den imperialistischen Hauptländern.

„Der VII. Kongreß der Kommunistischen Internationale", heißt es im Punkt 3 der Resolution, die der Kongreß zum Bericht von Georgi Dimitroff am 20. August

1935 annahm, „unterstreicht die wachsende Gefahr des Faschismus in allen kapitalistischen Ländern und warnt vor jeder Unterschätzung der faschistischen Gefahr. Der Kongreß verwirft auch die fatalistischen Anschauungen von der Unvermeidlichkeit des Sieges des Faschismus; diese Anschauungen sind grundfalsch, sie können nur Passivität erzeugen und den Massenkampf gegen den Faschismus schwächen." [1]

Dimitroff verwies in seinem Referat auf das Beispiel Frankreichs: Dort hatte sich im Ergebnis der Niederschlagung eines faschistischen Putschversuchs im Februar 1934 durch die einheitlich handelnde Arbeiterklasse eine breite Einheits- und Volksfrontbewegung entwickelt. Auch in Ländern wie Spanien, Österreich u. a. formierten sich antifaschistische Kräfte. Entscheidend für den Sturz bzw. die Verhinderung des Faschismus war das Zustandekommen einer breiten demokratischen Volksfront unter Führung der geeinten Arbeiterklasse und die Verteidigung aller demokratischen Errungenschaften gegen die Angriffe der Faschisten und Reaktionäre.

Aus dieser Erkenntnis zog der Kongreß die Schlußfolgerung, daß im gegenwärtigen Entwicklungsstadium des Kampfes gegen den Faschismus bzw. bei dessen Sturz „ein Kräfteverhältnis der Klassen entstehen konnte, das die Vernichtung des Faschismus ermöglichte, ohne unmittelbar zur sozialistischen Revolution übergehen zu können." [2]

Mit dieser klaren politischen Einschätzung gab der VII. Kongreß der Komintern allen antifaschistischen Kräften eine Orientierung, die in den kommenden Jahren die Grundlagen für die Niederlage des Faschismus legen sollte. Sichtbarer Ausdruck hierfür war der Sieg der Volksfront in Spanien im Sommer 1936, die Entfaltung des Volkskrieges in China gegen die japanischen Aggressoren 1937 und schließlich das Zustandekommen der Antihitlerkoalition im Jahre 1941.

Für die Beurteilung der Lage in Deutschland waren die Ergebnisse des VII. Weltkongresses von größter Bedeutung. Wenige Monate später trat die IV. Reichskonferenz der KPD vom 3. bis 15. Oktober 1935 in der Nähe von Moskau zusammen. Sie fand unter den Bedingungen strengster Illegalität statt. Um die aus Deutschland anreisenden Delegierten nicht zu gefährden, verbreitete die Parteiführung die Meldung, die Konferenz habe in Brüssel getagt. Sie ist daher als Brüsseler Konferenz in die Geschichte der deutschen Arbeiterbewegung eingegangen und wird als 13. Parteitag der KPD gezählt.

Der Bericht des Politbüros für den Zeitabschnitt seit der Errichtung der Nazidiktatur in Deutschland – vorgetragen von Wilhelm Pieck – stellte klar und eindeutig fest, daß „nicht die KPD, nicht der Kommunismus, nicht der Weg der proletarischen Revolution versagt hat, sondern der Weg der SPD, der Weg ihrer Klassenzusammenarbeit mit der Bourgeoisie, der Weg ihrer Koalitionspolitik". [3]

Das Monopolkapital konnte durch die Errichtung der faschistischen Diktatur seine Macht konsolidieren, während die Arbeiterklasse weiterhin gespalten blieb. Es war den Faschisten zwar nicht gelungen, die Hauptmasse der Arbeiterschaft politisch für sich zu gewinnen, „aber die überwiegende Mehrheit der Arbeiterklasse verhielt sich passiv und war schon gar nicht bereit, für den Sozialismus zu kämpfen."[4]

Unter Berücksichtigung des Kräfteverhältnisses der Klassen gelangte die Konferenz zu der Erkenntnis, daß in Deutschland – obwohl die sozialökonomischen Voraussetzungen für den Sozialismus herangereift waren – zunächst eine demokratische Umwälzung von antiimperialistischem Charakter erforderlich war.

„Wir stellen an die Spitze des Programms", heißt es in dem von der Konferenz verabschiedeten „Manifest an das werktätige deutsche Volk", „den Kampf für die Freiheit des werktätigen Volkes, für die Wiederherstellung demokratischer Freiheiten und Rechte – für volle Organisations-, Versammlungs- und Pressefreiheit, – für Glaubens- und Gewissensfreiheit, – für Gleichheit aller Staatsangehörigen, ohne Unterschied ihrer Religion und Rasse".[5]

Der Aufruf orientierte auf verschiedene mögliche Formen einer Regierung nach dem Sturz Hitlers: eine Regierung der proletarischen Einheitsfront, der antifaschistischen Volksfront oder auch andere Formen einer demokratischen Volksmacht. In jedem Falle werde die Kommunistische Partei für die Interessen der werktätigen Massen kämpfen. Der Aufruf schloß mit einem Appell zum Kampf gegen die Kriegspolitik Hitlers, „die das ganze Land in die Katastrophe führt", und für die Erhaltung des Friedens.

Die Kommunisten gaben sich keinen Illusionen hin und wußten, daß die Verwirklichung dieser Forderungen nur in einem harten und langwierigen Kampf gegen zahlreiche Widerstände zu erreichen war.

Dabei mußte der Mythus von der Unüberwindlichkeit des faschistischen Deutschlands, den die Nazis der Bevölkerung systematisch einimpften, als Schwindel entlarvt werden. In Wirklichkeit war in jenem Stadium der Kriegsvorbereitung das ökonomische und militärische Potential des faschistischen Deutschlands dem seiner späteren Kriegsgegner weit unterlegen. In solch wichtigen Kennziffern wie Steinkohle, Rohstahl, Elektroenergie, Kautschuk, Erdöl blieb Deutschland trotz teilweise erheblicher Produktionssteigerungen der letzten Jahre allein dem vereinigten englischen und französischen Potential unterlegen, nicht gerechnet die Kapazitäten Belgiens, Hollands, der Tschechoslowakei, Polens und der südosteuropäischen Länder, und vor allem nicht gerechnet die gewaltige ökonomische Basis der Sowjetunion. Nazideutschland war also im Konzert der Großmächte noch kein furchteinflößender Faktor, vorausgesetzt, daß sich die übrigen, von Hitler bedrohten Staaten rechtzeitig zu gemeinsamer Verteidigung zusammenschlossen.

Über die Schwierigkeiten, die aus der Diskrepanz zwischen den weitgesteckten Eroberungszielen und den begrenzten ökonomischen Mitteln resultierten, bestand bei den herrschenden Gruppen des Monopolkapitals und in der Naziführung durchaus Klarheit.[6] Die forcierte Aufrüstung hatte neben anderen Disproportionen der Volkswirtschaft eine Schrumpfung des deutschen Außenhandels und ein bedenkliches Absinken der Devisenreserven zur Folge. Auch die strategischen Rohstoffvorräte verringerten sich Anfang 1936 auf einen Stand, der nur noch den Bedarf von ein bis zwei Monaten deckte.

Zur Überwindung der Schwierigkeiten boten sich zwei verschiedene Konzeptionen an: Entweder eine Verstärkung des Außenhandels, die notwendigerweise ein zeitweiliges stärkeres Zusammengehen mit den imperialistischen Westmächten (und damit auch eine größere politische Abhängigkeit von ihnen) nach sich zöge; diese Konzeption wurde von Schacht und den hinter ihm stehenden Gruppen, z. B. den Vereinigten Stahlwerken, Außenhandels- und Reedereikonzernen und bestimmten Gruppen der Fertigwarenindustrie vertreten. Oder aber Kurs auf eine stärkere Autarkie, den Aufbau strategischer Industrien im Inland ohne Rücksicht auf die dabei entstehenden Kosten und natürlich Abwälzung der Lasten auf die Schultern der werktätigen Bevölkerung. Für diese Konzeption, die dem deutschen Imperialismus außenpolitisch größere Handlungsfreiheit nach allen Seiten garantieren sollte, traten vor allem der IG-Farben-Konzern, die Elektrokonzerne und die Flugzeugindustrie – kurz alle, die am inneren Rüstungsgeschäft besonders interessiert waren – und entscheidende Gruppen des Bankkapitals ein. Ihr Repräsentant in der Naziführung war Hermann Göring.

So spitzten sich die Auseinandersetzungen über den einzuschlagenden Weg immer mehr zu einer Auseinandersetzung zwischen Schacht und Göring zu, die dann im Januar 1936 – wie wir noch sehen werden – zu einer größeren Umgruppierung in der Führungsspitze führen sollte.

Vor diesem politischen Hintergrund nun trat die Verfolgung der Juden in ein neues Stadium.

2. Die Nürnberger Gesetze

Vom 10. bis 16. September 1935 hielt die NSDAP wie jedes Jahr ihren Parteitag in Nürnberg ab. Entsprechend dem eingebürgerten Naziritus stand der Parteitag unter einem politischen Motto. Im Vorjahr hatte der Parteitag „Triumph des

Willens" die Niederschlagung der oppositionellen Kräfte in der SA und das Massaker vom 30. Juni 1934 sanktioniert. In diesem Jahr lautete das Motto „Parteitag der Freiheit". Er sollte in die Geschichte eingehen als ein Markstein der Entrechtung und Unterdrückung von unabsehbaren Konsequenzen.

Mit dem üblichen Aufwand von Massenaufmärschen sowie Reden von Hitler und anderen Naziführern nahm der Parteitag zunächst einen konventionellen Verlauf, der nichts Außergewöhnliches versprach. Am 15. September wurde der Reichstag nach Nürnberg einberufen. Der Reichstag, einst im Rahmen des bürgerlichen Parlamentarismus oberste gesetzgebende Körperschaft, war von den Nazis zu einem Forum degradiert worden, das lediglich noch Erklärungen Hitlers entgegenzunehmen und von der Naziführung beschlossene Gesetze per Akklamation gutzuheißen hatte. Auf dieser Reichstagssitzung nun verkündete Hitler zwei neue Gesetze, die einen völligen Bruch mit den Prinzipien des bürgerlich-liberalen Verfassungsrechtes bedeuteten: das „Reichsbürgergesetz" und das „Gesetz zum Schutze des deutschen Blutes und der deutschen Ehre".

Das „Reichsbürgergesetz" [7] schied die deutsche Bevölkerung in zwei Gruppen, die „Reichsbürger deutschen oder artverwandten Blutes", die „alleinige Träger der vollen politischen Rechte" sein sollten (Artikel 2), und die übrigen „Staatsangehörigen", die zur politischen Rechtlosigkeit verurteilt wurden. Die von der „Reichsbürgerschaft" ausgeschlossenen Bürger waren die deutschen Juden. Das zweite Gesetz verbot Eheschließungen zwischen jüdischen und nichtjüdischen Bürgern und stellte auch jeglichen außerehelichen Verkehr zwischen ihnen unter schwere Strafen (Artikel 1 und 2).

Wofür Generationen der hervorragendsten Geister gekämpft hatten, für die Gleichheit aller, die ein Menschenantlitz tragen, vor dem Gesetz, für die Befreiung aller Unterdrückten von Diffamierung und politischer Entrechtung – all das wurde im nazistischen Deutschland mit einigen Federstrichen ausgelöscht. Gewiß hatten auch das Kaiserreich und die Weimarer Republik den jüdischen Bürgern noch keine völlige, reale Gleichberechtigung gebracht. Ein offener oder versteckter gesellschaftlicher Boykott und ein geheimer Numerus clausus – so hatten wir im einleitenden Kapitel festgestellt – verschloß ihnen den Zugang zu zahlreichen Berufen, z. B. im Offizierskorps, in der höheren Verwaltungslaufbahn, in akademischen Kreisen. Aber immerhin hatte die Weimarer Verfassung, die im Prozeß der jüdischen Emanzipation ein Fortschritt war, eine formale Rechtsgleichheit zwischen jüdischen und nichtjüdischen Bürgern hergestellt und jenen dadurch eine materielle Existenzgrundlage ermöglicht.

Die Nürnberger Gesetze bedeuteten jedoch mehr als nur einen Rückfall in mittelalterliche Barbarei. Sie stellten eine neue Entwicklungsphase in der allgemeinen politischen Entrechtung des deutschen Volkes dar. Sie sollten das staatsrechtliche Modell entwickeln, nach dem künftighin alle vom deutschen Imperialismus überfallenen und beherrschten Völker, die „Fremdvölkischen", in

Botmäßigkeit zu halten waren. Die Nürnberger Gesetze versahen die nazistische These vom „arischen Herrenmenschen" und vom „jüdischen Untermenschen" mit einer legalen Fassade.

„Den Lehren von der Gleichheit aller Menschen und von der grundsätzlich unbeschränkten Freiheit des einzelnen gegenüber dem Staate", erläuterten Wilhelm Stuckart und Hans Globke in ihrem berüchtigten Kommentar den Sinn der Nürnberger Gesetze, „setzt der Nationalsozialismus hier die harten, aber notwendigen Erkenntnisse von der naturgesetzlichen Ungleichheit und Verschiedenartigkeit der Menschen entgegen. Aus der Verschiedenartigkeit der Rassen, Völker und Menschen folgen zwangsläufig Unterscheidungen in den Rechten und Pflichten der einzelnen." [8]

Die Entstehungsgeschichte der Nürnberger Gesetze ist bis heute nicht restlos geklärt. Die Behauptung von Bruno Blau, ein gewisser Dr. Falk Ruttke sei der alleinige Verfasser, wird durch die vorhandenen Akten nicht gestützt.[9] Fest steht und wurde im Prozeß gegen Dr. Hans Globke, seinerzeit Staatssekretär im Bundeskanzleramt der Regierung der BRD, vor dem Obersten Gericht der DDR vom 8. bis 23. Juli 1963 nachgewiesen, daß die entscheidenden Entwürfe zu den Gesetzen in der Abteilung I des Reichsinnenminsteriums ausgearbeitet worden waren. Federführend waren der Abteilungsleiter Staatssekretär Dr. Wilhelm Stuckart, der im Nürnberger Wilhelmstraßenprozeß (Fall 11) verurteilt wurde, sowie die Rassenreferenten Ministerialrat Dr. Bernhard Lösener und Oberregierungsrat Dr. Hans Globke. Lösener wurde wegen seines mangelnden Konformismus Ende 1944 verhaftet und in ein KZ eingeliefert, überlebte jedoch und fertigte am 26. Juni 1950 einen Bericht über die Entstehungsgeschichte der Nürnberger Gesetze aus seiner Sicht an.[10] Danach habe Hitler den Befehl für den Entwurf der Gesetze erst am 13. September 1935, also zwei Tage vor der Inkraftsetzung, erteilt. Diese Angabe ist aber unglaubwürdig und entsprang offenbar dem Wunsch, die Verantwortlichkeit des Ministeriums zu bagatellisieren. Tatsächlich hat Globke bereits in dem erwähnten Runderlaß am 26. Juli 1935 die Standesbeamten angewiesen, im Hinblick auf die bevorstehende gesetzliche Regelung keine Trauungen mehr zwischen „Ariern" und „Nichtariern" vorzunehmen.

In Wirklichkeit waren die Nürnberger Gesetze die pseudorechtliche Institutionalisierung des Parteiprogramms der NSDAP, das bekanntlich bereits am 24. Februar 1920 verkündet worden war und die Dissimilierung der Juden gefordert hatte. Es widerspricht jeglicher historischen Logik, daß die Naziführer, die seit 1933 die Umsetzung ihres Parteiprogramms in die staatliche Realität Schritt um Schritt mit rücksichtsloser Zielstrebigkeit betrieben, ausgerechnet die Legalisierung des rassistischen Kernstücks dieses Programms vergessen haben sollten. Alles deutet daraufhin, daß der Termin der Verkündung der Nürnberger Gesetze mit Bedacht gewählt und sorgfältig vorbereitet worden war.

Die Nürnberger Gesetze traten am 15. September 1935 in Kraft. Sie wurden durch ein drittes Gesetz, das „Gesetz zum Schutz der Erbgesundheit des deutschen Volkes (Ehegesundheitsgesetz)" vom 18. Oktober 1935 ergänzt, das sich nicht ausschließlich gegen die Juden richtete – es leitete z. B. die spätere Euthanasie-Aktion gegen sogenannte Erbkranke ein –, aber ebenfalls der Rassendiskriminierung diente.

Die Handhabung des „Reichsbürgergesetzes" wurde durch 13 Durchführungsverordnungen geregelt. Die 1. Verordnung vom 14. November 1935 ist zweifellos die wichtigste.[11] Sie definierte in Artikel 5 den Begriff „Jude" im Sinne der Nazis. Danach fiel unter diesen Begriff jeder Bürger, der „von mindestens drei der Rasse nach volljüdischen Großeltern abstammt". Großeltern galten als „volljüdisch", wenn sie der jüdischen Religionsgemeinschaft angehörten. Als Jude im Sinne des Gesetzes galt ferner derjenige Bürger, der nur von zwei „volljüdischen" Großeltern abstammte, aber mit einem Juden verheiratet war oder der jüdischen Religionsgemeinschaft angehörte. Im übrigen bestimmte Artikel 2, daß „jüdische Mischlinge" zunächst den Bürgern „deutschen oder artverwandten Blutes gleichgestellt würden, vorausgesetzt, daß sie nicht der jüdischen Religionsgemeinschaft angehörten (Artikel 5). Auf eine Definition des „deutschen und artverwandten Blutes" verzichtete die Verordnung. Mit gutem Grund: Nach Abschluß des „Antikominternpaktes" mit Japan sah sich die Naziregierung auf Vorhaltung der japanischen Regierung genötigt, auch Japaner als Angehörige „artverwandten" Blutes anzuerkennen, damit Verbindungen zwischen Angehörigen der befreundeten Nationen nicht unter die diskriminierenden Bestimmungen des „Arierparagraphen" fielen. In Artikel 4 der 1. Verordnung wurde ferner bestimmt, daß jüdische Beamte generell am 31. Dezember 1935 in den Ruhestand zu versetzen sind.

Die 2. Verordnung vom 21. Dezember 1935 enthielt nähere Bestimmungen, wer als jüdischer Beamter zu gelten habe, und dehnte den Kreis der Betroffenen auf jüdische Ärzte an öffentlichen Krankenanstalten sowie Vertrauensärzte aus.

Erst zweieinhalb Jahre später erging die 3. Verordnung, am 14. Juni 1938. Sie schuf den Begriff des „jüdischen Gewerbebetriebes", der sich nach der Person und der Beteiligung des oder der Inhaber bestimmte. Gleichzeitig wurde die Registrierung dieser Betriebe angeordnet und der Reichswirtschaftsminister ermächtigt, eine besondere Kennzeichnung für sie einzuführen. Damit wurden erste organisatorische Voraussetzungen zur Liquidierung bzw. zur „Arisierung" der noch bestehenden jüdischen Betriebe geschaffen.

In kurzen Abständen folgten drei weitere Verordnungen: Die 4. Verordnung vom 25. Juli 1938 entzog allen jüdischen Ärzten die allgemeine Approbation zum 30. September 1938. Die 5. Verordnung vom 27. September 1938 entzog allen bei deutschen Gerichten zugelassenen jüdischen Rechtsanwälten das Vertretungsrecht zum 30. November 1938. Die 6. Verordnung vom 31.Oktober 1938 bezog die jüdischen Patentanwälte in das Tätigkeitsverbot zum gleichen Termin ein.

Die 7. Verordnung, die nach der „Kristallnacht", am 5. Dezember 1938, erlassen wurde [12], verfügte eine Kürzung der an ehemalige jüdische Beamten gezahlten Pensionen per 1. Januar 1939.

In Ergänzung der 4. Verordnung entzog die 8. Verordnung vom 17. Januar 1939 auch den jüdischen Zahnärzten, Tierärzten und Apothekern die Zulassung.

Nach dem Einmarsch in Österreich regelte die 9. Verordnung vom 5. Mai 1939 Besonderheiten der ersten Verordnung auf dem Territorium des okkupierten Österreichs.

Von einschneidender Bedeutung für die „Endlösung" wurde die 10. Verordnung vom 4. Juli 1939, die alle jüdischen Bürger in der vom Reichssicherheitshauptamt kontrollierten Reichsvereinigung der Juden in Deutschland zwangsweise zusammenfaßte und damit der Tätigkeit der bisherigen, auf freiwilligem Zusammenschluß beruhenden Reichsvertretung der deutschen Juden den Boden entzog. Über sie wird im folgenden Kapitel noch ausführlicher zu berichten sein.

Die letzten drei Verordnungen trugen den Stempel der „Endlösung". Die 11. Verordnung vom 25. November 1941 [13] sprach allen nicht in Deutschland lebenden deutschen Juden die deutsche Staatsbürgerschaft ab und verfügte die Einziehung ihres Vermögens. Die 12. Verordnung vom 25. April 1943 [14] besagte in ihrem Artikel 4, daß Juden und Zigeuner nicht mehr deutsche Staatsangehörige sein können. Die 13. und letzte Verordnung vom 1. Juli 1943 schließlich stellte die noch überlebenden deutschen Juden außerhalb des Rechts. „Strafbare Handlungen" sollten von nun an durch die Polizei geahndet, das Vermögen der ermordeten Juden generell beschlagnahmt werden.

Im Gegensatz zu den dreizehn Verordnungen zum „Reichsbürgergesetz" erlebte das „Blutschutzgesetz" nur eine einzige Verordnung vom 14. November 1935 [15], die die Eheschließung zwischen Juden und „Mischlingen zweiten Grades" verbot und den Bereich des verbotenen außerehelichen Verkehrs auf den unmittelbaren Geschlechtsverkehr begrenzte.

Diese insgesamt vierzehn Verordnungen zeichnen jedoch nur ein unvollkommenes Bild der realen Lage. Erstens bauten auf diesen Gesetzen und Verordnungen zahlreiche andere Gesetze und Verordnungen auf, ohne daß sie ausdrücklich auf die Nürnberger Gesetze Bezug nahmen. Ergänzt wurden sie ferner durch eine Fülle diskriminierender Bestimmungen aller Art, die von subalternen Stellen erlassen wurden. Diese ganze Gesetzesmaschinerie lastete immer unerträglicher auf den wehrlosen Juden, zog den Ring der Isolierung immer enger, aus dem es dann kein Entrinnen mehr geben sollte.

Zweitens aber hing die Wirksamkeit eines Gesetzes jeweils von der Handhabung des Richters ab. Bekanntlich bieten Gesetze demjenigen Richter, der sie zu handhaben versteht, genügenden Spielraum nach oben oder nach unten, zur Verschärfung oder zur Milderung. Die Praxis der Gerichte in den folgenden Jahren zeigte eine deutliche Tendenz zur Verschärfung. Das kam nicht von ungefähr, sondern ist auf die Existenz offiziöser Kommentare zurückzuführen, die diese Praxis weitgehend beeinflußten.

Eine traurige Berühmtheit erlangte der bereits eingangs zitierte Kommentar von Stuckart und Globke, der – weil er von den Mitverfassern der Gesetze stammte – für die Richter besonderes Gewicht besaß. Hier einige bezeichnende Sätze aus dem Kommentar, die über die eigentlichen Bestimmungen der beiden Gesetze erheblich hinausgehen und eine verschärfte Auslegung durch den Richter rechtfertigten: „Ein voll deutschblütiger Großelternteil, der etwa aus Anlaß seiner Verheiratung mit einem Juden zur jüdischen Religionsgemeinschaft übergetreten ist, gilt ... für die rassische Einordnung seiner Enkel als volljüdisch ... Wie lange der Großelternteil der jüdischen Religionsgemeinschaft angehört hat, ist gleichgültig. Aber auch die ... Führung in den Listen einer Synagogengemeinde oder die widerspruchslose Zahlung jüdischer Kultussteuern müssen schon allein als ausreichende Merkmale angesehen werden." (Seite 64.)

Während Artikel 1 des „Blutschutzgesetzes" im Ausland geschlossene Mischehen lediglich für nichtig erklärte, dehnte der Kommentar auch die Strafbestimmungen des Gesetzes auf diese Fälle aus, obwohl nach dem seinerzeit geltenden Strafgesetzbuch im Ausland begangene „Delikte" – Eheschließungen! – nicht verfolgt werden durften.

In welche moralische Niederungen der Eifer der Nazikommentatoren der Nürnberger Gesetze führte, erhellt aus einem Beschluß des Großen Strafsenats des Reichsgerichts „zum Verbrechen der Rassenschande" vom 9. Dezember 1936. Hier wurde die Frage beantwortet, wie weit der im „Blutschutzgesetz" verwandte Begriff des außerehelichen Verkehrs in der Praxis zu ziehen sei: „Einer solchen Begrenzung, die ‚Geschlechtsverkehr' als gleichbedeutend mit ‚Beischlaf' ansehen würde, steht ferner entgegen, daß sie die Gerichte vor mitunter kaum überwindliche Beweisschwierigkeiten stellen und zu Erörterungen über die heikelsten Fragen zwingen würde. Eine weitere Auslegung ist aber auch deshalb geboten, weil die Vorschriften des Gesetzes nicht nur dem Schutz des deutschen Blutes, sondern auch dem Schutz der deutschen Ehre dienen. Diese erfordert, daß ebenso wie der Beischlaf auch solche geschlechtliche Betätigungen – Handlungen und Duldungen – zwischen Juden und Staatsangehörigen deutschen und artverwandten Blutes unterbleiben, durch die eine Befriedigung des Geschlechtstriebes des einen Teiles auf einem anderen Wege als durch Vollziehung des Beischlafs bewirkt wird." [16]

Aber nicht nur einzelne Hinweise auf Möglichkeiten der Strafverschärfung in bestimmten Fällen charakterisieren den Kommentar von Stuckart/Globke, sondern vor allem sein gehässiger judenfeindlicher Grundtenor. „Das Judenproblem ist also nicht nur ein rassebiologisches", heißt es da. „Es bedurfte auch in politischer, wirtschaftlicher und soziologischer Hinsicht einer Lösung für Jahrhunderte ... Der Jude ist uns völlig fremd nach Blut und Wesen. Deshalb ist die Dissimilation die einzig mögliche Lösung." (Seite 16/17.)

Damit war jeder möglichen Entscheidung in dubio pro reo von vornherein der Boden entzogen, denn der Richter hatte der Staatsräson der Dissimilierung, also der Entrechtung und Diskriminierung der Betroffenen, auch in Zweifelsfällen zu folgen.

Als die öffentlichen Angriffe gegen den Mitverfasser der Nürnberger Gesetze, den damaligen Staatssekretär in Adenauers Bundeskanzleramt Hans Globke, Anfang der sechziger Jahre in der BRD, vor allem durch die Enthüllungen der Justizorgane der DDR, immer bedrängender wurden, versuchten Globke und seine zahlreichen Komplicen, die im westdeutschen Staatsapparat und in der Justiz Unterschlupf gefunden hatten, den verbrecherischen Charakter dieser Gesetze zu bagatellisieren. In einem Interview mit der Hamburger Wochenzeitung „Die Zeit" erklärte Globke am 17. Februar 1962: „Unter den damaligen Umständen war der Kommentar für viele rassisch diskriminierte Personen ein Schutz." Demgegenüber hatte der Zentralrat der Juden in Deutschland bereits zehn Jahre zuvor eindeutig festgestellt: „Es war, ist und bleibt die Auffassung der jüdischen Gemeinschaft, daß jeder Funktionär des Hitler-Reiches, der, gleich welchen Ranges, an der Schaffung, Auslegung und Durchführung der nationalsozialistischen Rassegesetze und den sich aus diesen ergebenden Verfolgungsmaßnahmen aktiv mitwirkte, das Sittengesetz verletzt und die moralischen Grundlagen des menschlichen Zusammenlebens geschändet hat." Es sei kein Fall bekannt geworden, daß durch irgendwelche Kommentare zu den Nürnberger Gesetzen jüdische Menschenleben gerettet worden sind.[17]

Ein besonders demoralisierender Effekt der Nürnberger Gesetze ergab sich aus der Tatsache, daß sie nicht objektiv faßbare definierbare Tatbestände schufen, sondern von irrationalen, manipulierbaren Begriffen ausgingen. Was war „deutsches" Blut? Was war „artverwandtes" Blut? Jeder Arzt und jeder Richter wußte, daß es biologisch keine feststellbaren Unterschiede zwischen „deutschem" und „jüdischem" Blut gibt. Ein gefälschter Ahnenpaß genügte, um die ganze mystische Begriffskonstruktion ad absurdum zu führen. Der Generalfeldmarschall Milch, Sohn eines Juden, erklärte einfach, er sei der uneheliche Sohn eines „arischen" Vaters, der seiner ebenfalls „arischen" Mutter beigeschlafen habe, und die Mutter bezeugte es, so daß der Karriere des nunmehr „arisch" gewordenen Offiziers nichts mehr im Wege stand.

Ein „Mischling ersten Grades" wurde jeweils nach seinem Glaubensbekenntnis zum Juden oder Nichtjuden gestempelt, obwohl das Glaubensbekenntnis keinen Einfluß auf die Zusammensetzung des Blutes hat. Es kam also den Schöpfern der Nürnberger Gesetze nicht auf die Abwendung einer angeblich der „rassischen Substanz" seitens einer fremdrassigen Minderheit drohenden Gefahr an, sondern um die Züchtung eines Mythus, eines „Antisymbols", gegen das jederzeit nationalistische Instinkte mobilisiert werden konnten.

Die Isolierung der als „Juden" klassifizierten Bürger erfolgte nach zwei Richtungen hin: Das „Reichsbürgergesetz" bezweckte die staatsrechtliche Absonderung zur politischen Entrechtung, das „Blutschutzgesetz" bezweckte die biologische Absonderung zur gesellschaftlichen Diskriminierung. Die wirtschaftliche Verdrängung ging damit Hand in Hand, wurde allerdings aus Nützlichkeitserwägungen zunächst noch nicht so rigoros betrieben.

Aber das „Reichsbürgergesetz" wandte sich keineswegs nur gegen die jüdischen Bürger. Der Absatz 2 des Artikels 2 besagte nämlich, daß nicht jeder „arische" Staatsbürger automatisch „Reichsbürger" und damit Mitglied einer bevorrechteten Kaste sein sollte, sondern es sollten – wie Stuckart/Globke in ihrem Kommentar (Seite 28) erläuterten – alle „für die Fortentwicklung des deutschen Volkes und Reiches ungeeigneten Elemente" aus dem politischen Leben ausgeschieden werden. Dazu kam es zunächst zwar noch nicht, aber potentiell wurde dieses Gesetz zu einem Instrument der Naziführung, um zu gegebener Zeit nicht nur „rassisch Unerwünschte", sondern darüber hinaus jeden politischen Gegner oder auch nur Nonkonformisten zu entrechten und in den Status eines Paria zu versetzen.

Daß die Nürnberger Gesetze im langfristigen Programm der „Endlösung" nur eine bestimmte Entwicklungsstufe darstellten, hat die zeitgenössische Nazipresse bereits damals angekündigt. So schrieb z. B. der „Stürmer" (Nr. 43/1935): „Wer eine Armee zum letzten Siege führen will, darf nicht in den ersten, dem Feind abgenommenen Stellungen liegen bleiben. Er muß seine Kampftruppen wieder in Ordnung bringen und zu weiterem Ansturm sich vorbereiten. Der Nationalsozialismus hat schon manchen Sieg erfochten. Einer seiner größten und in die Zukunft reichenden Siege war die Schaffung des Nürnberger Gesetzes."

Die Reichsvertretung der deutschen Juden wurde zwar durch die Verkündung der Nürnberger Gesetze nicht unmittelbar überrascht – Gerüchte über die zu erwartenden Gesetze waren bereits seit Anfang 1935 (entgegen der Version von Lösener!) im Umlauf –, aber sie war in ihrer Reaktionsfähigkeit stark behindert: Im Sommer waren drei der führenden jüdischen Zeitungen langfristig verboten worden: die „CV-Zeitung" und das „Israelitische Familienblatt" auf drei Monate, die „Jüdische Rundschau" auf einen Monat. Dadurch versiegte für viele Verfolgte der gerade jetzt so notwendige Informationsfluß.

Am 24. September 1935 gab die Reichsvertretung eine öffentliche Erklärung zu den Nürnberger Gesetzen ab, in der es hieß: „Die vom Reichstag in Nürnberg beschlossenen Gesetze haben die Juden in Deutschland aufs schwerste betroffen. Sie sollen aber eine Ebene schaffen, auf der ein erträgliches Verhältnis zwischen dem deutschen und dem jüdischen Volke möglich ist. Die Reichsvertretung der Juden in Deutschland ist Willens, hierzu mit ihrer ganzen Kraft beizutragen. Voraussetzung für ein erträgliches Verhältnis ist die Hoffnung, daß den Juden und jüdischen Gemeinden in Deutschland durch Beendigung der Diffamierung und Boykottierung die moralische und wirtschaftliche Existenzmöglichkeit belassen wird.[18]

Im folgenden entwickelte die Reichsvertretung ein Fünfpunkteprogramm für die nächsten dringenden Aufgaben. Darin wurden der Ausbau eines jüdischen Schulwerkes, ein eigenständiger jüdischer Kulturaufbau, die Umschulung für die Auswanderung, ein umfassendes Programm für die Wohlfahrtspflege und wirtschaftliche Hilfsmaßnahmen gefordert. Der fünfte Punkt, der offensichtlich auf zionistische Initiative aufgenommen wurde, enthielt ein Bekenntnis zu dem zu gründenden Staat Israel. „Im vollen Bewußtsein der Größe der Verantwortung und der Schwere der Aufgabe", hieß es weiter in der Erklärung, „ruft die Reichsvertretung alle jüdischen Männer und Frauen, die gesamte jüdische Jugend zur Einigkeit, zu jüdischer Haltung, strengster Selbstzucht und größter Opferbereitschaft auf."

Die Erklärung ließ erkennen, daß zwar die Illusionen über ein mögliches Zusammenleben der deutschen Juden mit den faschistischen Machthabern noch nicht restlos geschwunden waren, doch traten jene Tendenzen eines würdelosen Anbiederns, wie sie noch die Stellungnahmen zum Aprilboykott 1933 geprägt hatten, nicht mehr in Erscheinung. Lediglich der „Israelit", das Organ der extrem-orthodoxen Juden in Deutschland, fühlte sich angespornt, das Verbot der „Mischehe" in einem Kommentar am 19. September 1935 ausdrücklich zu begrüßen.

Wie bei früheren Anlässen griff die Nazipropaganda auch jetzt wieder in demagogischer Weise zionistische Argumente auf, um die faschistische „Judenpolitik" und die neueste „Judengesetzgebung" zu rechtfertigen. „Deutschland ... kommt den Forderungen des (damals gerade tagenden – d. Verf.) Internationalen Zionistenkongresses entgegen", hieß es in einer Erklärung des Chefredakteurs des offiziellen Deutschen Nachrichtenbüros A. Berndt, die in der „Jüdischen Rundschau" vom 17. September 1935 abgedruckt war, „wenn es heute die in Deutschland lebenden Juden zur nationalen Minderheit macht. Dadurch, daß das Judentum zu einer nationalen Minderheit gestempelt wird, ist es überhaupt wieder möglich, normale Beziehungen zwischen Deutschtum und Judentum herzustellen."

Offensichtlich erweckten diese ermunternden Sirenenklänge der Nazipropaganda und die Tatsache, daß der „Arierparagraph" nach wie vor für den Bereich der freien Wirtschaft nicht gelten sollte, in bestimmten jüdischen Kreisen erneute Illusionen. So beklagte sich die „Jüdische Rundschau" zwei Monate später in einem Artikel am 26. November 1935, daß viele Juden nicht auswandern wollten, „sogar wenn es ihnen in Deutschland erheblich schlechter ginge als früher". In der Tat hatten die Nürnberger Gesetze keinen sichtbaren Einfluß auf die Auswanderung, die – wie bereits im ersten Kapitel berichtet wurde – bis zur „Kristallnacht" verhältnismäßig stabil blieb.

Die KPD nahm die Verkündung der Nürnberger Gesetze wie seinerzeit den Aprilboykott 1933 zum Anlaß, die Funktion des Antisemitismus im politischen Programm des deutschen Faschismus einer prinzipiellen Analyse zu unterziehen. Hierbei ging es den Kommunisten, wie die Basler „Rundschau" in einem Artikel am 31. Oktober 1935 feststellte, „nicht nur um eine Sache der Humanität, um die Bekundung des gerechten Abscheus gegen die moralische Verfemung, die wirtschaftliche Aushungerung, die physische Vernichtung einer anderen Rasse." Vielmehr kam es darauf an, den engen Zusammenhang zwischen Judenverfolgung und Kriegsvorbereitung aufzudecken und solche Meinungen zu zerschlagen, daß es sich hier lediglich um eine innere Auseinandersetzung zwischen dem faschistischen Regime und einer kleinen jüdischen Minderheit handele.

Für die Judenverfolgungen, die durch die Nürnberger Gesetze eine pseudorechtliche Grundlage erhielten, nannte die „Rundschau" in einem zweiten Artikel am 23. Dezember 1935 zwei wichtige Motive: „Das erste und wichtigste ist die Absicht, durch die gewaltsame Vernichtung jüdischer Existenzen ebensoviele Stellen für die ewig hungrige Schar jener Nazi-Anhänger und ‚alten Kämpfer' frei zu machen, die immer energischer wenigstens für sich selbst die Erfüllung der von den Führern gemachten Versprechungen fordern...

Das zweite nicht minder wichtige Motiv liegt auf dem Gebiet, das mehr und mehr das gesamte politische und gesellschaftliche Leben in Deutschland beherrscht: auf dem Gebiet der Kriegsvorbereitung. Die ganze Rosenbergsche Mystik von Blut und Boden, vom Erobererrecht der nordischen Rasse kann nur dann zu jener letzten Aufpeitschung der nationalistischen Instinkte des Volkes führen, wenn durch eine ununterbrochene Propaganda und Erziehung der Jugend wie der Erwachsenen im Sinne dieses Rassenwahnsinns, wenn durch die ständige Demonstration der Tatsache, daß das nationalsozialistische Deutschland im eigenen Hause mit der Vernichtung der ‚minderwertigen jüdischen Rasse' ernst macht, das Gefühl für die Rechtmäßigkeit der militärischen Eroberungspläne Deutschlands jenseits der Grenzen in diesen Massen immer (stärker) befestigt wird."

So wurde nach Auffassung der KPD der Kampf gegen die Judenverfolgungen in Deutschland ein wesentlicher Bestandteil des Kampfes gegen die drohende Kriegsgefahr und gegen die damit einhergehende allgemeine Volksentrechtung.

3. Die Nürnberger Gesetze als Instrument der völligen gesellschaftlichen Isolierung der deutschen Juden

Das erste in die Augen springende Ergebnis der Nürnberger Gesetze war die nun einsetzende Springflut von Prozessen wegen „Rassenschande". Den Richtern, die bisher derartige Prozesse nur mit Hilfe von gewagten und manipulierten Rechtskonstruktionen durchführen konnten, waren die Tore weit geöffnet, um in die Intimsphäre der Bürger gewaltsam einzubrechen. Der „Stürmer", von dem Ernst Niekisch sagte, er sei „von Schweinen geschrieben und, man wurde, falls man es nicht schon vorher war, zum Schwein, indem man ihn las"[19] – dieses pornographische Hetzblatt ging dazu über, laufend Namenslisten von solchen Menschen zu veröffentlichen, die Opfer der Rassenjustiz geworden waren. 358 Urteile registrierte er allein für das Jahr 1936.[20]

Jedes einzelne Urteil war die Quelle tragischer persönlicher Konflikte, von denen die Richter als Vollstrecker einer barbarischen Staatsraison innerlich völlig unberührt blieben. „Der Angeklagte, der deutschblütig ist und die deutsche Staatsangehörigkeit besitzt", heißt es in einem Urteil des II. Strafsenats des Reichsgerichts vom 7. Januar 1937, „hat in der Zeit vom 17. September 1935 bis zum 5. Februar 1936 mit der – gleichfalls staatsangehörigen – Elly G. geschlechtlich verkehrt. Diese ist Mischling ersten Grades, nämlich außereheliches Kind eines Deutschblütigen, während ihre Mutter Volljüdin ist. Die G. hat stets mehr dem Christentum zugeneigt, auch in der Schule christlichen Religionsunterricht empfangen; sie hat späterhin nach Erreichen der Volljährigkeit zum Christentum übertreten und den Angeklagten heiraten wollen."[21]

Da bis zum 14. November 1935, dem Tag der Verkündung der ersten Verordnung zum „Reichsbürgergesetz", der Geschlechtsverkehr zwischen „Deutschblütigen" und „Mischlingen ersten Grades" nicht strafbar war, konnte der junge Mann – verständlicherweise – nicht begreifen, daß von diesem Tage an sein Liebesverhältnis nur deswegen ein verbrecherisches geworden war, weil seine Braut verabsäumt hatte, aus der jüdischen Gemeinde auszutreten. Sein Irrtum schützte ihn nicht vor der Strafe, seine Berufung gegen das Urteil erster Instanz des Landgerichts Berlin wurde vom Reichsgericht verworfen.

Wenn aber das Landgericht einmal mildernde Umstände für einen Angeklagten gelten lassen wollte, so erzwang ein eifriger Staatsanwalt alsbald eine Verschärfung durch das Reichsgericht. Friedrich Karl Kaul berichtet über einen derartigen Fall:

„Ein ‚deutschblütiger' Mann hatte seit 1926 intime Beziehungen zu einer ‚Volljüdin' unterhalten, die sich um den älteren Junggesellen kümmerte und seinen Haushalt in Ordnung hielt. Im Juni 1937 kam es zwischen beiden letztmalig zum Geschlechtsverkehr. Die II. Große Strafkammer des Landgerichts Berlin verurteilte daraufhin den ‚deutschblütigen' Angeklagten zu drei Monaten Gefängnis. Strafmildernd, so sagte das Landgerichtsurteil, war zu berücksichtigen, daß der ‚alleinstehende alte und kranke Angeklagte auf die Fürsorge anderer angewiesen sei und es verständlich erscheint, daß er sich nur schwer an eine andere Hilfskraft gewöhnen könne; es sei dem Angeklagten bei der langen Dauer seiner Beziehungen zu der L. offenbar nicht gelungen, diese auf das erlaubte Maß zurückzuführen'.

Diese einsichtsvollen Überlegungen riefen den energischen Protest des Reichsgerichts (Zweiter Strafsenat) hervor: ‚Diese Begründung ist rechtlich verfehlt. Die Strafkammer berücksichtigt bei ihrer Betrachtungsweise vorwiegend die äußeren und inneren Unzulänglichkeiten des Angeklagten und den Einfluß seiner Umwelt. Sie würdigt den Täter lediglich als Einzelwesen. Das Gesetz bezweckt, die Blutsgemeinschaft des deutschen Volkes in ihrem Bestande zu sichern und rein zu erhalten. Bei der Strafzumessung muß demnach ausschlaggebend das Maß der Verantwortungslosigkeit gewertet werden, das der Täter gegenüber der Volksgemeinschaft durch Gefährdung des deutschen Blutes und der deutschen Ehre gezeigt hat. Über der Person steht das Volk. Diese für die Rechtsprechung maßgebenden Gesichtspunkte läßt das Urteil außer acht. Es ist nicht angängig, als Strafmilderungsgrund anzuführen, zwischen dem Täter und dem anderen Teile hätten schon seit längerer Zeit vor dem Inkrafttreten des Blut-SchG. geschlechtliche Beziehungen bestanden. Das Gesetz verbietet die Fortsetzung solcher Beziehungen unbedingt. Verstöße gegen das Verbot können daher keinesfalls mit dieser Begründung milder beurteilt werden. Die Aufrechterhaltung eines solchen Dauerverhältnisses auch noch über den Zeitpunkt hinaus, zu dem das Gesetz in Kraft getreten ist, wird vielmehr vielfach auf eine besonders hartnäckige Auflehnung gegen die nationalsozialistische Gesetzgebung schließen lassen und, wenn das der Fall ist, als Strafverschärfungsgrund herangezogen werden können!'"[22]

Ein dritter Fall: Der „deutschblütige" Angestellte Wilhelm Schmidt verlobte sich 1935 mit der „nichtarischen" Sowjetbürgerin Rebekka Schönhaus in Berlin.

Als die Braut im August 1935 in die Sowjetunion zurückkehrte, reiste Schmidt ihr nach und heiratete sie im Februar 1936 in Leningrad. Im Februar 1938 kehrte er nach Deutschland zurück, wo er alsbald verhaftet und am 2. August 1938 vom Landgericht Berlin zu zwei Jahren Zuchthaus wegen „Rassenschande" verurteilt wurde.

In diesem Fall gab es einige Komplikationen: Die „Straftat" war im Ausland begangen worden. „§ 4 StGB schließt die Verfolgung von im Ausland begangenen Verbrechen grundsätzlich aus, und eine Ausnahme zugunsten des Blutschutzgesetzes ist nicht vorgesehen", mußte das Gericht in seiner Urteilsbegründung einräumen, um dann aber doch mit nazistischer Rabulistik zu entgegengesetzten Schlußfolgerungen zu gelangen: „Die Strafkammer ist jedoch mit dem Reichsgericht der Ansicht, daß hier eine Lösung gefunden werden muß, die der Tatsache gerecht wird, daß das Blutschutzgesetz eines jener Gesetze des nationalsozialistischen Staates ist, welches die Reinheit des deutschen Blutes als Voraussetzung für den Fortbestand des deutschen Volkes für alle Zukunft sichern soll. Die Erreichung dieses Zieles würde aufs äußerste gefährdet sein, wenn nicht die Möglichkeit bestände, unter bestimmten Voraussetzungen auch solche Verbrechen gegen das Gesetz zur Verantwortung zu ziehen, die außerhalb des Reiches begangen worden sind. Tatsächlich läßt sich eine befriedigende Lösung aus dem Blutschutzgesetz selbst finden. § 5 daselbst verweist ohne Einschränkung auf § 1. Nach § 1 Satz 2 ist aber auch eine im Ausland geschlossene Ehe nichtig, wenn die Eheschließung zum Zweck der Umgehung des deutschen Gesetzes erfolgte. Es muß daher die Schlußfolgerung erlaubt sein, daß gemäß § 5 in Verbindung mit § 1 Blutschutzgesetz auch eine Bestrafung erfolgen kann, wenn die Eheschließung ... der Gesetzumgehung diente."[23]

Als Beweis dafür, wieweit unter dem Einfluß der Nürnberger Gesetze der Prozeß der moralischen Enthemmung, der sich in allen Bereichen des öffentlichen Lebens vollzog, bereits nach wenigen Jahren fortgeschritten war, sei hier noch der Justizmord an dem Vorstand der israelitischen Kultusgemeinde Nürnberg Leo Katzenberger berichtet.

Dem greisen und streng religiösen Katzenberger wurde vorgeworfen, er habe mit einer jungen Fotografin, mit deren Familie er seit langer Zeit befreundet war, die er geschäftlich beriet und die nach ihren eigenen Angaben in ihm einen väterlichen Freund sah, unerlaubten Geschlechtsverkehr ausgeübt. Katzenberger bestritt ebenso wie die der NSDAP angehörende mitangeklagte Fotografin diese Beschuldigung, Tatzeugen standen dem Gericht nicht zur Verfügung. Trotzdem war das Gericht „überzeugt, daß Katzenberger, der zugegebenermaßen noch heute in der Lage ist, den normalen Beischlaf auszuüben, während der gesamten Dauer des Verhältnisses regelmäßig mit der S. den Beischlaf ausgeführt hat ..." Das Sondergericht in Nürnberg verurteilte

Katzenberger am 13. März 1942 wegen erwiesener „Rassenschande" zum Tode, die junge Irene S. wegen Meineides zu zwei Jahren Zuchthaus.[24]

Der Berichterstatter dieses Prozesses vermerkte 1961 resigniert, daß der Vorsitzende des Blutgerichts, Dr. Rothaug, in der BRD „in Frieden von seiner wohlverdienten Pension" lebt. „Der Staatsanwalt Markl, der keine Bedenken hatte, die Todesstrafe zu beantragen, amtiert dagegen noch immer. Nunmehr als Oberlandesgerichtsrat in München."[25]

Die „Rassenschänderprozesse", wichtige Instrumente zur Diffamierung der jüdischen Bürger, genügten den Nazis noch nicht, die geplante gesellschaftliche Isolierung der gesamten jüdischen Bevölkerungsgruppe zu erreichen. Der Justizterror erfaßte wohl einzelne beklagenswerte Opfer, und die faschistische Propaganda bemühte sich, diese Fälle hochzuspielen und zur Verbreitung des Antisemitismus weidlich auszunutzen, aber die große Masse der jüdischen Bürger wurde – abgesehen von dem ständigen psychologischen Druck – unmittelbar nicht davon betroffen.

Zwar hatten die Nürnberger Gesetze die juristischen Grundlagen für die Dissimilierung der Juden als Vorstufe ihrer Ausrottung geschaffen. Wie aber sollte die Isolierung praktiziert werden, wenn das Opfer äußerlich nicht erkennbar war? In der Tat unterschieden sich Zehntausende jüdische Bürger weder durch körperliche Merkmale noch durch ihr religiöses Bekenntnis, durch ihren Namen oder durch ihren Habitus von ihren nichtjüdischen Mitbürgern. In den letzten Jahren der Weimarer Republik hatten unter dem Druck des anschwellenden Antisemitismus jüdische Bürger mit besonders ungewöhnlichen oder als typisch jüdisch geltenden Namen (Levy, Moses, Israel usw.) eine Namensänderung beantragt, um der drohenden gesellschaftlichen Isolierung zu entgehen. Überwiegend waren es Angehörige der wohlhabenden Klassen gewesen, die sich zu diesem Schritt entschlossen, und in der Regel war derartigen Anträgen stattgegeben worden.

Hier nun setzten die Faschisten den Hebel an. Nach langen und sorgfältigen, bereits im Sommer aufgenommenen Vorbereitungsarbeiten im Reichsinnenministerium, für die der mehrfach erwähnte Oberregierungsrat Dr. Globke federführend war, wurde am 5. Januar 1938 das „Gesetz über die Änderung von Familien- und Vornamen" verkündet. Es besagte, daß Namensänderungen, die vor dem 30. Januar 1933 erfolgt sind, widerrufen werden können, wenn sie „nicht erwünscht" seien. Hierzu ergingen zwei Erlasse seitens des Innenministers am 8. Januar und am 23. März 1938 und ein Erlaß des Justizministers am 21. April 1938. Nach dieser vorbereitenden Operation erfolgte dann am 17. August 1938 eine zweite Verordnung zum „Namensänderungsgesetz", die in der ganzen Welt ungeheures Aufsehen erregte.[26] Sie zwang alle jüdischen

Bürger, entweder einen alttestamentarischen Vornamen aus einer vom Innenminister vorgeschriebenen Namensliste[27] oder aber als zweiten Vornamen zu dem eigenen, nicht als typisch jüdisch erkennbaren Vornamen „Israel" (für Männer) und „Sara" (für Frauen) anzunehmen.

Um diese Verordnung wirksam zu machen, war einen Monat vorher eine amtliche Bekanntmachung über den Kennkartenzwang von Juden am 23. Juli 1938 veröffentlicht worden.[28] Danach hatten alle jüdischen Bürger beim Verkehr mit irgendwelchen Behörden „unaufgefordert ihre Kennkarte vorzulegen" (Artikel 3), die den deutlich sichtbaren Aufdruck „J" trug. Damit war der Isolierungsring um die jüdischen Bürger im Inland geschlossen, und von da bis zur Einführung des gelben Judensterns – am 23. November 1939 im besetzten Polen und am 19. September 1941 im Reich – war es nur noch ein kleiner Schritt. Hier verdient Erwähnung, daß umgekehrt Nazifunktionäre sich anstandslos etwa jüdisch klingender Vor- und Zunamen entledigen konnten.

Wenn man der zeitgenössischen faschistischen Publizistik folgt, bezweckte angeblich die Summe aller „dissimilierenden" – tatsächlich diskriminierenden – Verfügungen nur das eine, die Auswanderung der Bürger „nicht deutschen oder artverwandten Blutes" zu fördern. So proklamierte Alfred Rosenberg 1937 ein Achtpunkteprogramm über das Verhältnis von Juden und Nichtjuden in Deutschland, dessen achter Punkt wörtlich lautete: „Der Zionismus muß tatkräftig unterstützt werden, um jährlich eine zu bestimmende Zahl deutscher Juden nach Palästina oder überhaupt über die Grenze zu befördern."[29]

Die Wirklichkeit sah jedoch anders aus. Das Anschwellen des Antisemitismus in Deutschland rief in zunehmendem Maße ideologische Komplicen der deutschen Faschisten in anderen Ländern auf den Plan, die die geheimen Anregungen der Nazimachthaber bereitwillig aufgriffen, die jüdische Auswanderung aus Deutschland zu erschweren und gleichzeitig die Juden in den eigenen Ländern ebenso moralisch zu isolieren, wie das in Deutschland geschah. Eine solche erbärmliche Rolle spielte z. B. die faschistische Schweizer „Frontenbewegung", die im Chef der Fremdenpolizei Dr. Heinrich Rothmund einen willfährigen Erfüllungsgehilfen fand. Im Gegensatz zu den liberalen und humanitären Traditionen seines Landes gingen dessen Bestrebungen dahin, eine angeblich durch jüdische Emigranten drohende „Verjudung" der Schweiz zu verhindern. In Übereinstimmung mit gleichgestimmten Schweizer Antisemiten – wie Bundesrat Dr. Eduard von Steiger und Nationalrat Dr. Walther – suchte er nach Wegen, die jüdische Einwanderung aus Deutschland völlig unmöglich zu machen. In dieser Angelegenheit verhandelten die Schweizer Behörden mit Vertretern des deutschen Außen-, später auch des Innenministeriums von April bis September 1938. Nach langem Hin und Her endeten die Verhandlungen am 29. September 1938 mit einem Protokoll, in dem es u. a. heißt: „1. Die Deutsche Regierung wird dafür Sorge tragen, daß alle diejenigen Pässe von reichsangehörigen Juden . . ., die zur Ausreise in das Ausland oder für den Aufenthalt im Ausland bestimmt sind, möglichst beschleunigt mit einem Merkmal versehen werden, das den Inhaber als Juden kennzeichnet." [30]

So kam es zu der berüchtigten Verordnung vom 5. Oktober 1938 [31], die die Kennzeichnung der Reisepässe jüdischer deutscher Bürger mit einem „J" anordnete. Alle Reisepässe von deutschen Juden wurden eingezogen. Eine Neuausstellung erfolgte nur noch in beschränktem Umfang und dann nur mit dem diskriminierenden Aufdruck. Dadurch wurde antisemitischen Elementen in den Einwanderungsbehörden zahlreicher Länder eine mühelose Handhabe geboten, die Einwanderung jüdischer Emigranten aus Deutschland zu erschweren oder gänzlich unmöglich zu machen.

In seinem kritischen Bericht „Die Flüchtlingspolitik der Schweiz in den Jahren 1933 bis 1945" schrieb der Basler Professor Carl Ludwig: „Wieviel Flüchtlinge, die während des Krieges versucht haben, in unserm Lande Aufnahme zu finden, an der Grenze zurückgewiesen worden sind, läßt sich nicht genau feststellen, da eine vollständige Erfassung des Zustroms in gewissen Zeiten unmöglich war. Sehr viel größer als die Zahl der Zurückgewiesenen selbst war jedenfalls die Zahl derer, die zufolge der von der Schweiz ergriffenen Maßnahmen bereits vom Versuch abstanden, in unser Land zu gelangen. Wenn in dieser Hinsicht von vielen Tausenden gesprochen wird, so liegt darin sicherlich keine Übertreibung." [32]

Es mag hierbei die Frage offen gelassen werden, inwieweit den Schweizer Einwanderungsbehörden, die von engstirnig-bürokratischem, nur auf die Eidgenossenschaft gerichtetem Denken befangen waren, die Tragweite ihrer Handlungsweise bewußt geworden ist. Objektiver Tatbestand bleibt jedenfalls, daß die Schützenhilfe aus der Schweiz für die Organisatoren der „Endlösung" wesentlich dazu beigetragen hat, die Rettungsmöglichkeiten für die deutschen Juden einzuschränken und ihre internationale Isolierung zu vervollständigen.

Übrigens sah sich im weiteren Verlauf des Krieges die Schweizer Fremdenpolizei auf Grund der anschwellenden Proteste im Lande gezwungen, die Einwanderungsbeschränkungen erheblich zu lockern. Ganz abgesehen davon, fanden Zehntausende jüdische Flüchtlinge mit Hilfe humanistisch denkender Schweizer Bürger auch nach dem diskriminierenden Abkommen in der Schweiz Asyl, ohne daß dies die Polizeiorgane verhindern konnten.

Die Kampagne zur gesellschaftlichen Isolierung der jüdischen Bürger in dem Zeitabschnitt zwischen dem Erlaß der Nürnberger Gesetze und der „Kristallnacht" 1938 beschränkte sich natürlich nicht auf Gesetze, Verordnungen und Gerichtsverfahren. Nach wie vor regierte der Terror der Gestapo und verübten die SA- und SS-Banden ihre antisemitischen Pogrome: So ging am 9. Juni 1938 die Synagoge in München in Flammen auf, am 10. August die in Nürnberg, Schändungen jüdischer Friedhöfe waren an der Tagesordnung, das Netz der Konzentrationslager wurde engmaschiger. Wenn auch diese Lager in erster Linie der Brechung des antifaschistischen Widerstandes dienten, so füllten sie sich im Laufe der Jahre doch mit Angehörigen aller möglichen Bevölkerungsgruppen.

Auf Grund eines Geheimerlasses des Chefs der Sicherheitspolizei Reinhard Heydrich vom 12. Juni 1937 wurden auch angebliche „Rassenschänder" nach Verbüßung ihrer Strafhaft in die Lager eingewiesen, die für die meisten die letzte Lebensetappe wurden.

Es wäre jedoch abwegig, die Festigung der faschistischen Diktatur in dieser Periode sowie die zunehmende Isolierung der jüdischen Bürger ausschließlich auf den Polizei- und Justizterror zurückzuführen. Vielmehr vollzog sich ein allmählicher ideologischer Deformierungsprozeß in breiten Schichten der Bevölkerung im Hinblick auf die Rassenfrage. Dieser Prozeß ist auf zwei wesentliche Ursachen zurückzuführen.

Indem die Nürnberger Gesetze den Antisemitismus zu einem wichtigen Element der faschistischen Staatsdoktrin erhoben, stempelten sie jede Sympathiebekundung für die jüdischen Verfolgten zu staatsfeindlichen Widerstandshandlungen. Außerdem wurde durch die pseudorechtliche Institutionalisierung des Antisemitismus der einzelne Staatsbürger der individuellen Verantwortung für das, was von nun an mit den Juden geschah, weitgehend enthoben. Unter diesen Aspekten konnten viele Bürger, die im Gehorsam gegenüber dem Gesetz und der Obrigkeit erzogen waren, ihr Gewissen beruhigen: Sie brauchten nicht zu wissen, und sie wollten auch gar nicht wissen, wohin die Juden in den folgenden Jahren verschwanden, wo sie verblieben, ob sie lebten, vegetierten oder starben.

Dies ist vielleicht der verheerendste Einfluß, den die Nürnberger Gesetze ausübten: Sie deformierten systematisch die geringen Ansätze eines bürgerlich-demokratischen Common sense, die sich unter dem Eindruck der Novemberrevolution in der Weimarer Republik bei breiten Teilen der Mittelschichten auszubilden begonnen hatten. Sie schufen nicht nur neues „Recht", sondern auch ein neues „Rechtsbewußtsein", das die jüdischen Mitbürger offiziell zu einer Gattung minderen Wertes stempelte und jede Gewalttat ihnen gegenüber als patriotische Tat sanktionierte. Sie wollten die Menschen – und vor allem die jüngere Generation – zu obrigkeitshörigen Untertanen erziehen, die bedenkenlos jeden Befehl „von oben" ausführten, zu jenen Typen, die dann im Kriege als Schlächter von Oradour und Lidice, als KZ-Wächter und Henker der „Einsatzkommandos" das Grauen der Weltöffentlichkeit erregten.

Aber es wirkten noch Einflüsse aus einer zweiten Richtung auf diesen ideologischen Deformierungsprozeß. In steigendem Maße traten Wissenschaftler mit Ruf und Namen – Theologen, Philosophen, Historiker, Naturwissenschaftler, Staatsrechtler – auf den Plan, um den jeder wissenschaftlichen Erkenntnis Hohn sprechenden Antisemitismus aus dem Sumpf der Pornographie eines Streicher in den Rang einer ernst zu nehmenden Weltanschauung zu erheben.

In diesem Sinne operierte die 1924 von Alfred Rosenberg begründete Monatsschrift „Weltkampf", die sich zunächst der „weltanschaulichen Erziehung" der eigenen Parteikader im Sinne des Antisemitismus widmete, dann aber zunehmend die antisemitische Propaganda in den Intelligenzschichten übernahm.[33] Eine besondere Rührigkeit bei der Anwerbung von Wissenschaftlern für die antisemitische Propaganda entwickelte das 1935 begründete „Reichsinstitut für Geschichte des neuen Deutschland", das der Leitung des bereits erwähnten fanatischen Antisemiten Walter Frank anvertraut wurde. Es eröffnete eine Publikationsreihe „Schriften des Reichsinstituts für Geschichte des neuen Deutschland",[34] in der u. a. folgende Themen abgehandelt wurden: Die Juden und die Justiz (Sievert Lorenzen), das Judentum als Zersetzungselement (Richard Fester), Goethe und die Juden (Franz Koch), Richard Wagner und das Judentum (Karl R. Ganzer), die literarische Vorherrschaft der Juden (Wilhelm Stapel), historische Voraussetzungen der jüdischen Rassenmischung (Gerhard Kittel). Eine zweite Schriftenreihe „Forschungen zur Judenfrage" begann 1937. Unter den Autoren fungierten z. B. der Theologe und Kirchenrechtler Prof. Johannes Heckel, der Präsident der Münchner Akademie der Wissenschaften und Historiker Prof. Karl Alexander von Müller (Bd. 1); der Präsident des Bayerischen Statistischen Landesamtes Prof. Friedrich Burgdörfer, der Orientalist Prof. Karl Georg Kuhn, der Mediziner und Erbbiologe Prof. Otmar Freiherr von Verschuer (Bd. 3); der Anthropologe Prof. Egon Freiherr von Eickstedt (Bd. 6); der Prähistoriker Prof. Bolko Freiherr von Richthofen (Bd. 8).[35]

Mit antisemitischen Schriften oder Äußerungen traten ferner unter vielen anderen an die Öffentlichkeit: der Tübinger Theologieprofessor Gerhard Kittel über die Gefahr der „jüdischen Zersetzung", der damalige Generalsuperintendent der Kurmark Otto Dibelius, der bereits 1933 geschrieben hatte, niemand möge bezweifeln, daß er schon immer Antisemit gewesen sei[36]; der Philosoph Prof. Ludwig Ferdinand Clauss mit dickleibigen Abhandlungen über die „nordische Seele" und den Einfluß der Rasse auf den Charakter; der Staatsrechtler und Breslauer Richter Dr. Reinhart Maurach über die zaristische Judengesetzgebung, die er in vieler Hinsicht als wegweisend bezeichnete[37]; der Volkswirt und spätere Chefredakteur des „Weltkampf" Prof. Peter-Heinz Seraphim mit einer ganzen Flut von Publikationen über das Judentum in Ost- und Südosteuropa und über eine „europäische Gesamtlösung der Judenfrage".[38]

Renommierte Physiker wie der über 70jährige Professor Philpp Lenard und der ebenfalls betagte Präsident der Physikalisch-Technischen Reichsanstalt Professor Johannes Stark – beides Nobelpreisträger – fanden Gelegenheit, ihre bereits vor 1933 vorgetragene Theorie von einer jüdischen und einer deutschen Physik,[39] mit der sie praktisch das Wirken objektiver, wissenschaftlich erkennbarer Gesetzmäßigkeiten im Bereich der Materie leugneten, in die antisemitische Propaganda einzubringen.

Der Kunsthistoriker Wilhelm Pinder, der durch seine Arbeiten über die deutsche Kunst des Mittelalters und des Barock über die Grenzen Deutschlands hinaus in der wissenschaftlichen Welt Ansehen genoß, allerdings schon früher Nationalist gewesen war, bekannte sich offen zu Hitler.

Der Philosoph Martin Heidegger, der als Prototyp für die Ausweglosigkeit und Menschenfeindlichkeit der bürgerlichen Philosophie des Imperialismus angesehen werden kann, wurde ein führender Vertreter der faschistischen Ideologie, der er in seiner Rektoratsrede an der Universität Freiburg i. Br. im Mai 1933 folgendermaßen Ausdruck verlieh: „Daß Wissenschaft überhaupt sein soll, ist niemals unbedingt notwendig."[40]

Aber selbst eine so integre Persönlichkeit wie der berühmte Chirurg Ferdinand Sauerbruch erlag – wenigstens zeitweise – der Massenpsychose und sandte Hitler 1933 eine Ergebenheitsadresse.

Darf man sich da wundern, daß bei einer derart massiven Schützenhilfe aus den Reihen der Intelligenz die faschistische Ideologie und besonders ihre rassistische Komponente in breiten Schichten des politisch von jeher labilen Mittel- und Kleinbürgertums wie auch in Teilen der Arbeiterklasse, bei denen das Klassenbewußtsein nicht genügend entwickelt und fundiert war, rasch Wurzeln schlagen konnte?

Neben der politisch-ideologischen Beeinflussung kam es der Naziführung auf die Mitarbeit von Wissenschaftlern bei der praktischen Vorbereitung der „Endlösung der Judenfrage" an. Zu diesem Zweck entstanden in den Jahren 1935 bis 1937 zahlreiche Spezialinstitute, die nach Richtlinien des Reichsministeriums für Wissenschaft, Erziehung und Volksbildung Maßnahmen für die zu betreibende „Rassenhygiene" im Sinne der Nürnberger Gesetze erarbeiten sollten. In diesen „Forschungsplan" wurden auch seit langem bestehende angesehene wissenschaftliche Institute einbezogen. Das Wissenschaftsministerium registrierte im Dezember 1937 als wichtigste „Rassen-Intitute" die folgenden[41]:

1. Das Kaiser-Wilhelm-Institut für Anthropologie in Berlin (Prof. Eugen Fischer);

2. das Anthropologische und Ethnographische Institut an der Universität Breslau (Prof. Egon Freiher von Eickstedt);

3. das Institut für Erbbiologie und Rassenhygiene an der Universität Frankfurt a. M. (Prof. Otmar Freiherr von Verschuer);

4. das Rassenbiologische Institut an der Universität Königsberg (Prof. Lothar Loeffler);

5. das Anthropologische Institut der Universität München (Prof. Th. Mollison);

6. das Institut für Rassen- und Völkerkunde an der Universität Leipzig (Prof. Otto Reche);

7. das Rassenbiologische Institut an der Universität Hamburg (Prof. Walter Scheidt);

8. das Thüringische Landesamt für Rassenwesen, dessen Präsident Prof. Astel einen Lehrstuhl an der Universität Jena innehatte;

9. das Erbbiologische Forschungsinstitut Alt-Rehse in Mecklenburg, eine Institution außerhalb des Hochschulbereiches, das von einem Beauftragten des „Reichsärzteführers", H. Boehm, geleitet wurde.

Späterhin kamen noch zahlreiche weitere Einrichtungen auf diesem Gebiet hinzu, unter denen die „Rasseämter" in verschiedenen Großstädten von besonderer Bedeutung waren.

Über die Funktion und Tätigkeit dieser „Rasse-Institutionen" liegen uns Dokumente aus Leipzig vor, die verallgemeinert werden können. Danach besorgte das dortige Universitäts-Institut – übrigens mit 16 Mitarbeitern das größte Institut der Philosophischen Fakultät – neben rassistischen Vorlesungen Gutachten „für die rassenpolitische und richterliche Praxis". Dem Leipziger „Rasseamt" war die Aufgabe gestellt, „ ‚ein Zuchtideal in die Bevölkerung zu tragen' " und „ ‚allmählich Ausleseschranken zu errichten'." In späteren Jahren wurde man deutlicher: da hieß es bereits, das „Rasseamt" habe „ ‚das Fremdrassige zu erfassen und nach Möglichkeit auszurotten'."[42]

Zur Abrundung des makabren Bildes, das die führenden geistigen Schichten Deutschlands in der damaligen Periode boten, sei noch vermerkt, daß nicht nur Wissenschaftler, sondern auch Künstler und Literaten nach besten Kräften dazu beitrugen, das verbrecherische Regime nach außen zu vergolden: Frau Winifred Wagner, eine fanatisierte Anhängerin Hitlers, verwandelte die Wagner-Stätte Bayreuth in einen Schauplatz widerwärtiger Entwürdigungsszenen der „geistigen Elite" vor ihrem „Führer" als dem „Förderer der wahren Kunst". Die bekannte Filmschauspielerin Leni Riefenstahl drehte Filme über die nazistischen Parteitage zur Lobpreisung Hitlers.

Der Schriftsteller Rudolf G. Binding, der nicht der NSDAP angehörte, verteidigte lauthals die Naziausschreitungen als belanglose „Randerscheinungen" und forderte das Ausland auf, diese „Revolution in ihren Tiefen . . . religiös aufzufassen".[43]

Max Halbe, Walter von Molo, Josef Ponten, Wilhelm von Scholz und Eduard Stucken legten ein „Treuegelöbnis der deutschen Dichter für den Volkskanzler Hitler" ab.

Heinrich George stellte seine Kunst dem Regime zur Verfügung und ließ sich zum „Staatsschauspieler" und Intendanten des Berliner Schiller-Theaters küren.

Auch Gustaf Gründgens blieb im Lande und schwieg zu den Naziverbrechen. Göring zeigte sich erkenntlich und ernannte ihn 1935 zum Preußischen Staatsrat und zum Generalintendanten der preußischen Staatsschauspielhäuser.

Wilhelm Furtwängler und Richard Strauß ließen es zu, daß ihre Namen als Aushängeschilder für den Nazistaat mißbraucht wurden.

Legion ist die Zahl der ideologischen Kapitulanten und Wegbereiter, die durch ihr Auftreten – direkt oder indirekt – zur moralischen Aufwertung des Regimes beitrugen.

„Die geistige Vorbereitung der deutschen Revolution", stellte der Nazipublizist E. J. Jung fest, „geschah in zahlreichen wissenschaftlichen Werken." Das deutsche Volk verdanke ihnen „die Unterhöhlung der Menschenrechtsideologie, die das Weimarer Gebäude trug, ferner die Zerstörung des Glaubens an das formale Recht, an die Dialektik und den Intellekt schlechthin."[44]

4. Die Nürnberger Gesetze und die wirtschaftliche Ausplünderung der deutschen Juden

Die Nürnberger Gesetze wie auch die wichtige erste Durchführungsverordnung entzogen zwar den jüdischen Bürgern die politischen Rechte und boten Handhaben, sie aus den kulturellen Lebensbereichen auszuschließen. Aber sie ließen zunächst die Frage ihrer wirtschaftlichen Betätigung unerörtert: Der „Arierparagraph" fand im Wirtschaftsleben keinen Niederschlag. De jure konnten also jüdische Gewerbetreibende weiterarbeiten und sogar an der einsetzenden Rüstungskonjunktur profitieren. Auch jüdische Beteiligungen an Banken und Großbetrieben wurden durch gesetzliche Maßnahmen nicht beeinträchtigt.

Das besagt natürlich nicht, daß die Faschisten die wirtschaftliche Verdrängung der jüdischen Bourgeoisie von der Tagesordnung abgesetzt hätten. Aber sie rechneten offenbar damit, ihr Ziel mit den bisher angewandten kombinierten Mitteln des Druckes und des Terrors auch ohne ausdrückliche „Judengesetze" erreichen zu können. So nutzten sie den natürlichen Schock, den die Verkündung der Nürnberger Gesetze den jüdischen Bürgern versetzt hatte, im September und Oktober 1935 dazu aus, zahlreichen jüdischen Unternehmern den Verkauf ihrer Firmen an „arische" Interessenten – natürlich zum Bruchteil des realen Wertes! – nahezulegen. In Berlin fanden derartige erpresserische

„Verhandlungen" mit den jüdischen Warenhäusern Israel, Grünfeld und Rosenhayn sowie mit anderen größeren Firmen der Konfektions- und Möbelbranche statt, die mit der Kapitulation der Opfer endeten.[45]

Doch auch die großen Konzerne und Banken meldeten ihre Ansprüche an. Von der Kampagne des Konzernherrn Friedrich Flick gegen die Firma Simson/Suhl war bereits berichtet worden, aber auch von den Schwierigkeiten und Widerständen, die zu überwinden waren. Eine ähnliche Transaktion leitete im September 1935 der Siemenskonzern mit Unterstützung der DD-Bank (Deutsche Bank und Discontogesellschaft) ein, in deren Ergebnis er die Aktienmehrheit der Heliowatt-Werke Elektrizitäts AG Berlin sowie das gesamte Aktienkapital der Dr. Cassirer & Co. AG aus jüdischen Händen erwarb und sich einverleibte. Auch die Familie Orenstein stieß ihren Anteil an der weltbekannten Maschinenfabrik Orenstein & Koppel AG ab und zog sich aus dem Geschäftsleben zurück.[46] Einer der größten Warenhauskonzerne, Wertheim, konnte sich noch bis zum Sommer 1937 halten. Am 4. Juli 1937 war Notizen der Tagespresse zu entnehmen, daß der Betrieb inzwischen „arisch" geworden sei. Die „Arisierung" wirkte sich vor allem auf die jüdischen Angestellten der betroffenen Betriebe aus, die in der Regel sofort entlassen wurden.

Doch blieben derartige Transaktionen bis Ende 1937 noch Einzelfälle. Die jüdischen Firmeninhaber oder -teilhaber suchten nach Mitteln und Wegen, um der kalten Enteignung zu entgehen. Sie fanden „arische" Strohmänner, die ihre Interessen wahrnahmen, sie engagierten ausländisches Kapital für ihre Betriebe und nutzten ihre ausländischen Verbindungen aus, um dem räuberischen Druck der faschistischen Nutznießer auszuweichen. Daneben gab es noch eigentümliche Formen der Kooperation zwischen jüdischen Betrieben und den faschistischen Machthabern. Das jüdische Bankhaus Mendelssohn & Co. entsandte seinen Partner Loeb in den Bankausschuß des Reichsministeriums der Finanzen, wo er noch bis 1938 an der Finanzplanung für die deutsche Aufrüstung mitwirkte. Loeb war – wie K. Ball-Kaduri in einem in Jerusalem erschienenen Artikel 1958 berichtete[47] – Verbindungsmann zwischen der Reichsvertretung über deren Vorstandsmitglied Cora Berliner und dem Finanzminister Graf Schwerin von Krosigk.

Das Tempo der lautlosen „Arisierungen" entsprach offenbar nicht den Erwartungen der Naziführer. So trat Streicher wieder einmal in Aktion: Im Dezember 1937 blies er zum erneuten Angriff auf die jüdischen Geschäfte, ungeachtet der bösen Erfahrungen, die er 1933 mit seinem Aprilboykott hatte machen müssen. Durch die Proklamierung des Boykotts zur Weihnachtszeit hofften die Nazis, die jüdischen Geschäfte besonders empfindlich zu treffen, aber auch jetzt fanden sie nach wie vor wenig Resonanz bei der Bevölkerung. Mit dem Weihnachtsboykott endete die verhältnismäßig ruhige Periode für die jüdischen Unternehmer in Deutschland.

Man kann die nun mit Macht heranrollende „Arisierungswelle“ nicht losgelöst von den allgemeinen staatsmonopolistischen Entwicklungstendenzen in der Vorbereitungsphase des zweiten Weltkrieges sehen. Ein wichtiger Faktor, der die Überwindung der tiefen Wirtschaftskrise in Deutschland seit 1933 beschleunigte, war die Aufrüstung. Diese erforderte in steigendem Maße eine staatsmonopolistische Regulierung des Reproduktionsprozesses, große Investitionsvorhaben, um Deutschland im Kriege von ausländischen Rohstoffquellen weitgehend unabhängig zu machen, großzügigen Ausbau der Infrastruktur (z. B. Reichsautobahnen) sowie eine straffe staatliche Regulierung der Außenwirtschaftsbeziehungen im Sinne der erstrebten größtmöglichen Autarkie.

Diese Tendenzen förderten den Konzentrationsprozeß des Kapitals, die Verschmelzung von Monopolen und Staatsmacht und die Entstehung neuer staatlicher Monopolbetriebe wie z. B. die „Hermann-Göring-Werke“, die sich bis Kriegsende 177 Industriebetriebe, 69 Bergwerke und Hütten, 156 Handelsgesellschaften, 46 Verkehrsbetriebe und 15 Bau- und sonstige Firmen einverleibten. Diesem Konzentrationsprozeß fielen nun die jüdischen Banken, Industrie- und Handelsunternehmen als die schwächsten Glieder der deutschen kapitalistischen Wirtschaft zum Opfer. Dabei lag es im Interesse sowohl der Monopole als auch des Staates, daß die „Arisierungen“ nicht planlos erfolgten, sondern nach einer gesamtwirtschaftlichen Konzeption vollzogen wurden. Es war durchaus typisch für die Übereinstimmung von Monopolen und Staat, daß z. B. der Flick-Konzern einen Entwurf für das „Arisierungsgesetz“ ausarbeitete und sich dann von Göring in seiner Eigenschaft als „Beauftragter für die Durchführung des Vierjahresplanes“ ausdrücklich bevollmächtigen ließ, die Übernahme der vorwiegend auf dem Gebiet der Braunkohle liegenden Montaninteressen der beiden tschechisch-jüdischen Gruppen Julius und Ignaz Petschek einzuleiten.[48] Die „Arisierung“ der beiden Gruppen, die in Deutschland neun Produktionsbetriebe und rund ein Drittel der gesamten deutschen Braunkohlenvorräte kontrollierten, erfolgte zwischen Mai 1938 und dem Frühjahr 1939 unter Einschaltung anderer Monopolgruppen, z. B. Salzdetfurth (Otto Wolff), Wintershall (Rosterg) und Hermann-Göring-Konzern. Der „Arisierungsgewinn“, den Flick allein bei der Transaktion der kleineren Julius-Petschek-Gruppe kassierte, betrug rund 9 Millionen Dollar bei einem geschätzten Gesamtwerk von 16 Millionen Dollar.

In den ersten Monaten des Jahres 1938[49] übernahm der Mannesmannkonzern (Wilhelm Zangen) gemeinsam mit Flick und anderen die Hahnschen Röhrenwerke, den Schrotthandelsbetrieb M. Stern AG, die Maschinenfabrik Wolff, Netter & Jacoby sowie acht weiterverarbeitende Betriebe aus jüdischem Besitz.

Die Berliner Handelsgesellschaft (Geschäftsinhaber Otto Jeidels, Beteiligungen von Warburg und Fürstenberg) gingen an ein Konsortium über, an dem die AEG (Hermann Bücher), Krupp (Klotzbach), die AG Reichswerke „Hermann

Göring" (Herbert Göring, Bruder von Hermann Göring) sowie die IG Farbenindustrie AG beteiligt waren.

Die Dresdner Bank, nach der Deutschen Bank das größte Kreditinstitut Deutschlands (Hauptaktionär Wera Gutmann), gelangte unter die Kontrolle einer Gruppe, in der unter anderen Krupp, Flick, W. Kisskalt (Versicherungen) und Fürst Henckel von Donnersmarck vertreten waren.

Die Warenhausgruppe Tietz in Köln wurde von einem Konsortium „arisiert", an dessen Spitze Abraham Frowein, Repräsentant der Kunstseidenkonzerne Bemberg und Vereinigte Glanzstoff, unter Beteiligung mehrerer Bankiers stand.

Der Kaufhauskonzern Rudolf Karstadt und die ihm angeschlossenen Epa-Betriebe (Einheitspreisläden) wurden von den Didierwerken in Wiesbaden (Fellinger), der Versicherungsgruppe Münchmeyer, vier Banken und einigen kleineren Interessenten übernommen. Karstadt wurde noch einige Zeit im Aufsichtsrat belassen.

Ein besonderer Fall war das Berliner Bankhaus J. Dreyfus & Co.: Es wurde in eine Filiale des Münchner Bankhauses Merck, Finck & Co. umgewandelt, das das Privatvermögen Hitlers verwaltete. Das Münchner Bankhaus war übrigens eng mit Flick liiert.

Am 10. Februar 1938 konnte der „Westdeutsche Beobachter", das Organ der NSDAP im Ruhrgebiet, melden, daß von den 828 Kreditinstituten, die angeblich am 30. Januar 1933 in jüdischem Besitz oder an denen Juden beteiligt gewesen sein sollen, Ende Dezember 1937 nur noch 275 übrig geblieben seien. Jedoch bildeten die jüdischen Finanz- und industriellen Großbetriebe nur einen Bruchteil in der Gesamtzahl der „Arisierungen", denen überwiegend kleine und mittlere Geschäftsleute zum Opfer fielen. Auch unterschieden sich die Methoden wesentlich: In den höheren Regionen fanden Transaktionen statt, in denen die jüdischen Besitzer zwar Verluste in Kauf nehmen mußten, aber der brutale Straßenterror machte im allgemeinen vor den Direktionszimmern der jüdischen Bank- und Konzernherren halt.

Wenn auch die erzwungenen Verkäufe des jüdischen Kapitals unter erpresserischem Preisdruck erfolgten, sammelten sich doch in den Händen der verdrängten jüdischen Kapitalisten bedeutende flüssige Mittel an, auf die die „arischen" Nutznießer wie auch die faschistischen Staatsfunktionäre gleichermaßen ihre begehrlichen Blicke lenkten. So rückte der Zeitpunkt für eine umfassende Regelung des jüdischen Besitzes in greifbare Nähe.

Am 26. März 1938 erklärte Hermann Göring in Wien, die „Arisierung" dürfe nicht durch falsche oder dumme Maßnahmen beeintächtigt, sondern müsse „ganz systematisch mit aller Überlegung" durchgeführt werden. Zur gleichen Zeit äußerte sich Reichswirtschaftsminister Funk in ähnlichem Sinne. Seinen

Ausführungen war zu entnehmen, daß die Regierung die „Arisierungen" nicht mehr der selbständigen Initiative der kleineren und größeren Räuber zu überlassen gedenke, die sich bei ihren Aktionen in ungerechtfertigtem Maße und unkontrollierbar bereichert hätten. Funk forderte die Schaffung eines „Judenreferates" zur Koordinierung und Lenkung der gesamten Transaktionen.[50] Er griff damit Anregungen aus Kreisen der Industrie auf, die schon im Jahre 1935 die Gründung einer Auffanggesellschaft für jüdische Gewerbebetriebe angeregt hatten.

Genau einen Monat nach Görings Ankündigung in Wien, am 26. April 1938, wurde die „Verordnung über die Anmeldung des Vermögens von Juden"[51] veröffentlicht. Anmeldepflichtig war das gesamte in- und ausländische Vermögen der jüdischen Bürger und deren nichtjüdischer Ehepartner. Auch ausländische Juden mußten ihren inländischen Besitz anmelden und bewerten. Um den jüdischen Bürgern von vornherein jegliche Ausweichmöglichkeiten zu nehmen, hatte Göring vier Tage zuvor, am 22. April 1938, eine „Verordnung gegen die Unterstützung der Tarnung jüdischer Gewerbebetriebe" erlassen. Sie sollte verhindern, daß sich jüdische Firmen den kommenden Maßnahmen etwa durch vorzeitigen Verkauf bei Verschweigen ihrer jüdischen Herkunft entzogen. Am 2. Mai 1938 erfolgte ein weiterer Erlaß Görings, der den Aufkäufern jüdischer Firmen generell untersagte, den Kaufpreis den jüdischen Verkäufern in bar auszuzahlen. Vielmehr mußte der Betrag auf ein Sperrkonto der Reichsbank eingezahlt werden, die dann ihrerseits den Juden dafür Schatzanweisungen aushändigte. Den vorläufigen Abschluß dieser Verordnungswelle bildete dann die 3. Verordnung zum „Reichsbürgergesetz" vom 14. Juni 1938, die den Kennzeichnungszwang für jüdische Gewerbebetriebe einführte. Damit waren alle Voraussetzungen geschaffen, um den Raubzug auf das jüdische Vermögen in Deutschland, das immer noch Milliardenwerte repräsentierte, „ganz systematisch" und „mit Überlegung" auf breitester Basis zu Ende zu führen.

Die unmittelbare Auswirkung dieser Verordnungen, die durch eine Reihe spezieller Zusatzverordnungen ergänzt wurden, war ein lawinenartiges Anschwellen der „Arisierungen". Nach den Berichten der „Jüdischen Rundschau", die laufend über die wichtigsten Transaktionen informierte, verlief die Kurve im Jahre 1938 folgendermaßen: Januar und Februar je 2, März 25, April 50, Mai 40, Juni 30, Juli 60, August 75, September 235, Oktober bis 9. November 230. Einschließlich der Besitzwechsel jüdischer Kleinbetriebe, die in der „Jüdischen Rundschau" nicht erfaßt wurden, veranschlagt Helmut Genschel die Gesamtzahl der „arisierten" Betriebe vom Zeitpunkt der Vermögensanmeldung im April bis zur „Kristallnacht" auf etwa 2 000.[52]

Die KPD schätzte im Sommer 1938 die Ziele der „Arisierungs"-Kampagne der Faschisten folgendermaßen ein: „Die Göring-Verordnung über die Anmeldung jüdischen Vermögens, insbesondere der Paragraph 7, zeigt an, daß den Juden in Deutschland der völlige wirtschaftliche Tod zugedacht ist. Wirtschaftlicher Tod heißt aber letzten Endes physischer Tod. So ist die Ausraubung der Juden ein Schritt auf dem Wege zu ihrer Ausrottung, ist die „Arisierung" der deutschen Wirtschaft, soweit Juden in ihr noch eine Rolle spielen, die besondere Form eines Judenpogroms von einem Umfang, wie er selten ist in der Geschichte. Und dieser Judenpogrom ist doch nur ein Stück der Vorbereitung zu einem viel größeren Pogrom, zu dem Massenschlachten werktätiger Menschen gleich welcher ‚Rasse' im großen Krieg, den Hitler will."[53]

5. Kurs auf den Krieg

Die Bemühungen der Sowjetunion, durch ihren 1934 erfolgten Eintritt in den Völkerbund diesen zu einem wirksamen Instrument der kollektiven Sicherheit in Europa zu machen, waren an der antisowjetischen Appeasement-Politik der faschistenfreundlichen Elemente in der britischen und der französischen Regierung gescheitert. Diese nahmen selbst den Zerfall ihres eigenen Bündnissystems in Europa – vor allem der sogenannten Kleinen Entente – in Kauf, um den Expansionsdrang der deutschen Faschisten gegen die Sowjetunion abzuleiten. So konnte Hitler einen außenpolitischen Erfolg nach dem anderen erringen.

Am 7. März 1936 rückten deutsche Truppen in die entmilitarisierte Zone am Rhein ein, ohne daß Frankreich und England eingriffen. Am 11. Juli 1936 schloß die Naziregierung mit Österreich ein Abkommen, das den dortigen Nazis größeren politischen Spielraum verschaffte. Italien, das bisher das klerikal-faschistische Regime in Wien protegiert hatte, konnte – durch seinen Überfall auf Abessinien stark engagiert – diese Entwicklung nicht verhindern. Am 18. Juli 1936 brach mit aktiver Unterstützung der deutschen und der italienischen Regierung der Francoputsch in Spanien aus. Zum ersten Mal seit dem ersten Weltkrieg traten deutsche Truppen, die berüchtigte Legion Condor, auf einem europäischen Kriegsschauplatz auf. Am 25. Oktober 1936 wurde die Achse Berlin-Rom aus der Taufe gehoben. Einen Monat später, am 25. November 1936, schlossen Deutschland und Japan den Antikominternpakt ab, der provokativ gegen die Sowjetunion gerichtet war, aber in Wirklichkeit auch die Westmächte bedrohte. Durch den Beitritt Italiens zu diesem Pakt am 6. November 1937 entwickelte sich eine aggressive Mächtekonstellation von bedrohlichem Ausmaß. In diese Zeit drohenden Kriegsgeschreis fiel ein Ereignis, das die Naziführer geschickt zur Tarnung ihrer Kriegsvorbereitungen und zur Hebung ihres stark angeschlagenen außenpolitischen Prestiges auszunutzen verstanden: die XI. Olympischen Spiele, die vom 1. bis 16. August 1936 in Berlin und Kiel stattfanden. Diesem Ziel ordneten sie vorübergehend sogar ihre rassistischen Prinzipien unter. Viele Länder hatten Garantien verlangt, daß ihre Sportler, unter denen sich oft Neger, Juden oder andere von den Nazis als „rassisch minderwertig" Deklarierte befanden, sich ohne Belästigungen in Deutschland bewegen konnten. Im Handumdrehen verschwanden antijüdische Hetzplakate, „Stürmer"-Kästen und andere diskriminierende Aufschriften aus dem Straßenbild, und den jüdischen Sportverbänden wurde sogar eine ungestörte sportliche Betätigung zugesagt. Diese Lockerung des diskriminierenden Würgegriffs um die deutschen Juden setzte bereits Ende 1935 ein, als die Olympia-Kommissionen das Land bereisten, um die örtlichen Bedingungen für die Abhaltung der Spiele zu studieren. Ein Rundschreiben der Bayerischen Politischen Polizei vom 19. Oktober 1935 wirft ein bezeichnendes Licht auf die Demagogie der Nazimachthaber. Es sei hier im Wortlaut wiedergegeben:

„Betreff: Judengegnerische Tafeln und Aufschriften.

Es ist unverzüglich dafür zu sorgen, daß judengegnerische Tafeln und Aufschriften, die einen strafrechtlichen Tatbestand erfüllen oder streifen, unter allen Umständen entfernt werden. Hierunter fallen vor allem Aufschriften wie ‚Juden betreten den Ort auf eigene Lebensgefahr', ‚Juden hinaus sonst ...' und ähnliche mit einer Drohung verbundene Aufforderungen. Außerdem sind auch geschmacklose Darstellungen, z. B. Galgen, an denen ein Jude hängt, Karikaturen, auf denen ein Jude mit Gewalt hinausbefördert wird, und dergleichen zu beseitigen." [54]

Nach der Olympiade, als der politische Zweck dieser faschistischen Appeasement-Komödie erreicht war, endete die kurze Atempause für die deutschen Juden ebenso abrupt, wie sie angeordnet worden war, und die Verfolgungen nahmen ihren Fortgang wie vordem.

Inzwischen drängten die wirtschaftlichen Probleme zu einer Lösung. Hitler, der bei den eingangs erwähnten Auseinandersetzungen zwischen Schacht und Göring kaum persönlich in Erscheinung getreten war, griff nun überraschend ein: Auf der Grundlage von Plänen, die ein Expertenstab unter Leitung des IG-Farben-Vorstandsmitgliedes Krauch ausgearbeitet hatte, ließ er eine Denkschrift „Über die Aufgaben eines Vierjahresplanes" anfertigen. Darin wird erklärt, daß der deutsche Imperialismus dazu berufen sei, einen „Kreuzzug gegen den Bolschewismus" (also gegen die Sowjetunion) zu führen und daß ein europäischer Krieg unvermeidlich wäre. Daher sei die Ausarbeitung eines wirtschaftlichen Autarkieprogramms, das Deutschland vom Ausland weitgehend unabhängig machen solle, als Sofortmaßnahme notwendig. Die Denkschrift gipfelte in zwei Schlußfolgerungen: Die deutsche Armee muß in vier Jahren einsatzfähig sein; die deutsche Wirtschaft muß in vier Jahren kriegsfähig sein.[55]

Damit verfiel die Konzeption Schachts der Ablehnung ebenso wie auch andere Sanierungsprogramme. So hatte z. B. der ehemalige Preiskommissar und nachmalige Organisator einer konservativen Verschwörergruppe (20. Juli 1944), Carl Goerdeler, stärkere Rüstungseinschränkungen empfohlen und sich gegen alle Autarkiepläne gewandt.

Hitlers Denkschrift wurde in der Kabinettssitzung vom 4. September 1936 von Göring verlesen und als „Generalanweisung für die Durchführung und Sicherstellung der Rüstung" bezeichnet. Göring schloß mit dem Hinweis, daß alle Maßnahmen so zu erfolgen hätten, als ob sich Deutschland im Stadium der drohenden Kriegsgefahr befände. Das deutsche Volk wurde kurz darauf auf dem Nürnberger Parteitag der NSDAP von dem „Vierjahresplan" in Kenntnis gesetzt. In einer breiten Agitationskampagne wurde sein Hauptinhalt – unmittelbare Vorbereitung des Überfalls auf andere Staaten und Völker, weitere Senkung des Lebensstandards der Massen bei gleichzeitiger Steigerung der Profite der großen Monopole – natürlich verschleiert und der Plan als der beste Weg zur nationalen Größe Deutschlands angepriesen.

Die Verkündung des „Vierjahresplanes" zog auch Veränderungen in der Führungsspitze nach sich. Am 18. Oktober 1936 ernannte Hitler Hermann Göring zum „Beauftragten für den Vierjahresplan" und erteilte ihm in dieser Eigenschaft Weisungsbefugnis an alle staatlichen und Parteidienststellen. Daraufhin wurde die Position Schachts als Wirtschaftsminister auf die Dauer unhaltbar. Er gab sein Portefeuille im November 1937 an Görings Gefolgsmann Walter Funk ab. Im Februar 1938 mußte Außenminister von Neurath auf sein Amt zugunsten von Hitlers außenpolitischem Berater von Ribbentrop verzichten, und in der Wehrmachtführung erhielten der Kriegsminister Generalfeldmarschall von Blomberg und der Oberbefehlshaber Generaloberst von Fritsch um die gleiche Zeit ihren Abschied. Sie wurden durch den Generalfeldmarschall Keitel, der auf Grund seiner sklavischen Unterwürfigkeit und Brutalität Hitlers Vertrauen gewonnen hatte, und durch den Generalobersten von Brauchitsch ersetzt. Damit waren die personellen Voraussetzungen für die Verwirklichung des aggressiven Kurses gegeben.

Das erste Opfer, das den deutschen Faschisten als reife Frucht in den Schoß fiel, war Österreich. Durch erpresserische Manöver hatten sie die Übergabe der österreichischen Regierung an die dortige Nazipartei erzwungen. Als erste Amtshandlung ersuchte diese Regierung am 12. März 1938 das Reich um den Einmarsch deutscher Truppen. Österreich wurde völkerrechtswidrig dem Deutschen Reich als „Ostmark" eingegliedert. Drei Monate später wurde das erste Konzentrationslager auf österreichischem Territorium, Mauthausen, errichtet. Eine Leidenszeit brach über die österreichischen Antifaschisten und alle Bürger Österreichs, die nicht mit den Nazis kollaborierten, herein, und natürlich auch über die österreichischen Juden.

Am 29. September 1938 schlossen England, Frankreich, Italien und Nazideutschland in München jenes berüchtigte Abkommen, das die Abtretung eines Teils der Tschechoslowakei, der Sudetengebiete, an Deutschland dekretierte.

Obwohl die Masse der tschechoslowakischen Bevölkerung zur Verteidigung der nationalen Existenz ihres Staates bereit war und obwohl die Sowjetunion der Prager Regierung ihre volle Unterstützung zusagte, kapitulierte diese, von den Westmächten im Stich gelassen, vor dem Aggressor, der ein halbes Jahr später dann den Rest des Stammlandes in Besitz nahm, während die Slowakei unter klerikal-faschistischer Herrschaft ein „selbständiger" Marionettenstaat von Hitlers Gnaden wurde.

Die gewaltige Aufrüstung, die Hitler in aller Öffentlichkeit betrieb, brachte zwar eine beachtliche Steigerung der deutschen Industrieproduktion und die Überwindung der Arbeitslosigkeit mit sich, verschlang aber einen immer größeren Anteil des Nationaleinkommens. Der Druck auf die Lebenshaltung der werktätigen Bevölkerung wurde immer unerträglicher. „Kanonen statt Butter" lautete die Devise, aber damit konnten die sozialen Spannungen nicht aus der Welt geschafft werden. Im Gegenteil: Sie wurden immer drängender.

Die Bevölkerung reagierte auf diese Entwicklung, die ihr immer neue Opfer auferlegte, mit zunehmender Verdrossenheit. In einer bemerkenswert nüchternen und realistischen Einschätzung der politischen Lage hatte die Berliner Gestapo in ihrem monatlichen Routinebericht bereits im Januar 1936 festgestellt: „Viele Volksgenossen, die, ohne sich zum Nationalsozialismus zu bekennen, nach der Machtübernahme eine loyal abwartende Haltung gegenüber dem Dritten Reich einnahmen, haben inzwischen den Glauben an die Verwirklichung gerade der sozialistischen Punkte des Parteiprogramms verloren." [56]

Und an anderer Stelle: „Ein wachsender Pessimismus und Mißmut, der auf die verschiedensten Gründe zurückzuführen ist, macht sich von Woche zu Woche stärker bemerkbar. Soweit nicht, was für einen erschreckend hohen Prozentsatz der Bevölkerung gilt, eine direkt negative Einstellung zu Staat und Bewegung im Laufe der letzten Monate Platz gegriffen hat, herrscht eine große Gleichgültigkeit und Müdigkeit dem politischen Geschehen gegenüber".

Daß es sich hier nicht um eine rein spontane Reaktion der Bevölkerung handelte, sondern auch um das Ergebnis des Kampfes von Kommunisten und Antifaschisten, erkannte auch die Berliner Gestapo. „Es muß aber ernsthaft darauf hingewiesen werden, daß trotz aller Erfolge gegen den organisierten Kommunismus das Heer der durch kommunistische Ideen wieder oder neu Verseuchten im stetigen Wachsen begriffen ist."

Die Faschisten versuchten, dieser für sie gefährlich werdenden Entwicklung durch verstärkten Terror entgegenzuwirken. Im Jahre 1936 verhafteten sie 11 687

Kommunisten und 1 374 Sozialdemokraten, im Jahre 1937 8 068 Kommunisten und 733 Sozialdemokraten.[57] Es fanden Massenprozesse statt, die mit hohen Zuchthausstrafen endeten; zahlreiche führende Funktionäre wurden zum Tode verurteilt und hingerichtet. Damit waren allerdings nicht die objektiven Ursachen für die um sich greifende Staatsverdrossenheit beseitigt: die wachsende Ausbeutung der Arbeiterklasse, die Vernichtung von über 200 000 kleinbäuerlichen und kleinbürgerlichen Existenzen in Handwerk und Handel zugunsten des Großgrundbesitzes und der kapitalkräftigen Großbetriebe, kurzum der Prozeß der Polarisierung der Klassenkräfte in Deutschland, vor allem aber die immer fühlbarer werdende Kriegsvorbereitung.

So einleuchtend die Forderungen der KPD nach schnellstem Zusammenschluß aller Hitlergegner zur Organisierung gemeinsamer Aktionen waren, so schwer war die Verwirklichung dieses Programms. Noch vor der Brüsseler Konferenz hatte die Partei begonnen, Kontakte mit führenden Sozialdemokraten in der Emigration aufzunehmen, ebenso mit bürgerlichen Politikern, Journalisten und Schriftstellern. Im August 1935 kam es zu einer Einigung aller Beteiligten, in Paris einen vorbereitenden Ausschuß für die Schaffung der deutschen Volksfront zu bilden.[58] Am 2. Februar 1936 wandten sich über hundert Vertreter der Arbeiterparteien, bürgerlicher Parteien und der Intelligenz, die in Paris zu einer Konferenz zusammengetreten waren, mit einem Aufruf an die Öffentlichkeit, alle Kräfte für die Wiederherstellung der elementarsten Menschenrechte, gegen die Politik der Willkür, der Gewalt und des Gewissenszwanges in Deutschland zu vereinen. Am 9. Juni 1936 konstituierte sich der Ausschuß zur Vorbereitung einer deutschen Volksfront unter dem Vorsitz von Heinrich Mann in Paris. Jetzt kam es darauf an, eine politische Plattform auszuarbeiten, die von allen in der Volksfront zu vereinigenden Gruppen angenommen werden konnte und die die Richtschnur für die gemeinsamen politischen Aktionen werden sollte.

Von solchem programmatischen Charakter war der Aufruf des Ausschusses vom 21. Dezember 1936, der einige Grundzüge des neuen antifaschistisch-demokratischen Deutschlands darlegte: Verstaatlichung der Rüstungskonzerne und Großbanken, Enteignung der Großgrundbesitzer und echte Demokratisierung des Staatsapparates. Dieser Aufruf trug die Unterschriften von führenden Kommunisten (Dahlem, Florin, Koenen, Pieck, Ulbricht), führenden Sozialdemokraten (Aufhäuser, Böchel, Breitscheid, Sender), bekannten Schriftstellern (Becher, Feuchtwanger, Kisch, H. Mann, Toller u. a.) sowie von anderen politischen Persönlichkeiten, Wissenschaftlern und Künstlern.

Die ersten Erfolge der Volksfrontpolitik der KPD in der Emigration wirkten sich auf die Antifaschisten, die in Deutschland in tiefster Illegalität arbeiteten, positiv aus. In Berlin, im Saargebiet und in anderen Teilen Deutschlands bildeten sich Volksfrontgruppen, deren aktiver Kern jeweils Kommunisten und

Sozialdemokraten waren. Aber es gelang dem Ausschuß nicht, diese Ansätze systematisch weiterzuentwickeln. Es traten in zunehmendem Maße Kräfte der deutschen Emigration auf den Plan, deren Ziel die Verhinderung jeglichen Zusammenschlusses war.

Eine verhängnisvolle Rolle spielte hierbei eine antikommunistisch orientierte einflußreiche Gruppe im Parteivorstand der SPD, der in Prag residierte, um Rudolf Hilferding, Karl Kautsky, Friedrich Stampfer, Hans Vogel und Otto Wels.[59]. Mehrere Vorschläge, die das Zentralkomitee der KPD im Jahre 1935 an den Parteivorstand der SPD richtete, wurden von diesem nicht beachtet oder abgelehnt. Im Dezember 1935 verbot er seinen Grenzsekretären jegliche Zusammenarbeit mit den Kommunisten. Unter fadenscheinigen Gründen lehnte er im Dezember 1936 einen erneuten Vorschlag der KPD ab, einheitliche Aktionen beider Parteien für das republikanische Spanien und gegen die Intervention Hitlerdeutschlands einzuleiten. Selbst nach der Annexion Österreichs fand sich der Parteivorstand der SPD nicht zu gemeinsamem Auftreten mit den Kommunisten bereit, obwohl in Deutschland selbst unter den Bedingungen des illegalen Kampfes vielfach eine solche Zusammenarbeit bereits bestand. Einige führende Funktionäre des Parteivorstandes forderten sogar im Mai 1938, daß sozialdemokratische Repräsentanten, die im Volksfrontausschuß in Paris mitarbeiteten, ihre Mitarbeit einstellen sollten. Dagegen betrieben sie die Zusammenarbeit mit einigen bürgerlichen Emigrantengruppen, die sich um eine „Volksfront ohne Kommunisten" bemühten.

Die KPD hatte sich in Verwirklichung der Beschlüsse der Brüsseler Konferenz auch an christliche Kreise beider Konfessionen gewandt, um sie in die antifaschistische Widerstandsfront einzubeziehen. Hier war die Lage jedoch weit komplizierter. Der hohe katholische Klerus unterstützte offen die Naziregierung bei ihrer auf einen Krieg gegen die Sowjetunion abzielenden aggressiven Politik. So war der gemeinsame Hirtenbrief des deutschen Episkopats vom 19. August 1936 ein einziges Loblied auf Hitlers Intervention in Spanien gegen die dortige rechtmäßige demokratische Regierung. Ein Beschluß der Konferenz der bayrischen Bischöfe in Regensburg vom 25. November 1936, der als Hirtenwort von den Kanzeln verlesen wurde, bezeichnete den Bolschewismus als „größte Gefahr für den europäischen Frieden und die christliche Kultur auch in unserem Lande". In einem weiteren Hirtenbrief aller deutschen Bischöfe vom 24. Dezember 1936 heißt es wörtlich: „,Der Führer und Reichskanzler Adolf Hitler hat den Anmarsch des Bolschewismus von weitem gesichtet und sein Sinnen und Sorgen darauf gerichtet, diese ungeheure Gefahr von unserem deutschen Volk und dem gesamten Abendland abzuwehren. Die deutschen Bischöfe halten es für ihre Pflicht, das Oberhaupt des Deutschen Reiches in diesem Abwehrkampf mit allen Mitteln zu unterstützen, die ihnen aus dem Heiligtum zur Verfügung stehen.' "[60]

Die Naziregierung nahm zwar das politische Hilfsangebot des katholischen Klerus dankbar entgegen, ließ aber nicht an ihrem ideologischen Totalitätsanspruch rütteln. Sie engte also die gesellschaftliche Tätigkeit katholischer Organisationen systematisch ein, vor allem im Bereich der Jugend und der Arbeitervereine, die im Laufe des Jahres 1936 dann definitiv aufgelöst wurden. Durch marktschreierisch aufgemachte Schauprozesse gegen katholische Ordensangehörige wegen angeblicher sittlicher Verfehlungen suchten die Nazis die moralische Autorität der Kirche zu erschüttern.

Hin und her gerissen zwischen dem Stillhaltepostulat der kirchlichen Obrigkeit und dem Zwang, die Substanz des eigenen Glaubensbekenntnisses gegen die Faschisten zu verteidigen, beschritten trotzdem mutige Katholiken den Weg der Zusammenarbeit mit den Kommunisten. Im April 1937 standen über 70 katholische Geistliche und Jugendführer, an ihrer Spitze Kaplan Joseph Rossaint, in Berlin und Köln vor Gericht wegen Zusammenarbeit mit kommunistischen Funktionären auf der Grundlage der deutschen Volksfront. Die Fronleichnams-Prozessionen im Rheinland im Sommer 1937, die unter Beteiligung von Sozialdemokraten und Kommunisten stattfanden, nahmen den Charakter einer „schweigenden Demonstration gegen die Terrormaßnahmen und gegen die Katholikenverfolgungen" an. Kanzelabkündigungen gegen das nazistische „Neuheidentum" und gegen die Sterilisations-Gesetzgebung waren ebenfalls Zeichen eines allerdings mehr verbalen Protestes aus ehrlicher christlicher Überzeugung.

Auch in der evangelischen Kirche war die Opposition nicht zum Schweigen gebracht worden. Aufsehen erregte eine Denkschrift, die die Vorläufige Kirchenleitung der Bekennenden Kirche am 4. Juni 1936 in der Reichskanzlei überreichen ließ. Darin hieß es unter anderem: „Wenn hier Blut, Rasse, Volkstum und Ehre den Rang von Ewigkeitswerten erhalten, wird der evangelische Christ durch das erste Gebot gezwungen, diese Bewertung abzulehnen ... Wenn dem Christen im Rahmen der nationalsozialistischen Weltanschauung ein Antisemitismus aufgedrängt wird, der zum Judenhaß verpflichtet, so steht für ihn dagegen das christliche Gebot der Nächstenliebe."[61]

Das waren mutige Worte, allerdings an die falsche Adresse gerichtet, denn Hitler war kaum durch christliche Beschwörungen von seinen politischen Zielen und Grundsätzen abzubringen. Diese ursprünglich als vertrauliches Dokument gedachte Erklärung erschien nun überraschend in der ausländischen Presse. Das war für die Naziführer ein willkommener Anlaß zu umfassenden Repressalien gegen die Bekennende Kirche und den Pfarrernotbund. Der Bürochef der Vorläufigen Kirchenleitung, der „nichtarische" Christ Dr. Weißler, wurde mit der Begründung verhaftet, er habe die Denkschrift ins Ausland befördert. Er starb am 19. Februar 1937 im Konzentrationslager.[62] Im Juni 1937 wurden die Räume der Vorläufigen Kirchenleitung beschlagnahmt und mehrere führende Mitglieder des Bruderrates der Altpreußischen Union, unter ihnen Martin Niemöller, verhaftet. Insgesamt fielen im Jahre 1937 804 Mitglieder der Bekennenden Kirche den Verhaftungen zum Opfer.[63] Einer der mutigen Blutzeugen gegen die faschistische Barbarei war der Pfarrer Paul Schneider, der im Oktober 1937 in das KZ Buchenwald verschleppt wurde und dort am 18. Juli 1939 nach wochenlangen viehischen Mißhandlungen durch die SS-Henker umkam.

Die zweite Phase der Auseinandersetzung zwischen der evangelischen Bekenntnisfront und dem faschistischen Staat, in der die Einstellung zu Rassismus und Antisemitismus eine bedeutende Rolle spielte, ist durch verschiedene Faktoren gekennzeichnet:

1. Die Versuche der Naziführer, mit Hilfe der „Deutschen Christen" und des von ihnen eingesetzten nazistischen Reichsbischofs die evangelische Kirche unter ihre administrative Kontrolle zu bekommen, waren am Widerstand der Bekennenden Kirche gescheitert. Damit verloren die „Deutschen Christen" für die Machthaber an Bedeutung. Etwa ab Sommer 1937 begannen diese, Massenaustritte aus der evangelischen Kirche zu organisieren.

2. Innerhalb der Bekennenden Kirche verstärkte sich der Differenzierungsprozeß, wobei der auf „legalen" Positionen verharrende Flügel sich immer deutlicher als hemmender Faktor der kirchlichen Opposition bemerkbar machte. Während die Führer dieses Flügels, die Bischöfe Wurm, Meiser und Marahrens, noch am 20. November 1936 mit antikommunistischen Proklamationen an die Öffentlichkeit traten, kam es zur Massensubordination von Notbundpfarrern, die Kompromisse mit den Nazis in der Frage des christlichen Bekenntnisses ablehnten.

3. Ein organisiertes Zusammengehen der Bekennenden Kirche mit der sich bildenden Volksfront war daher auch jetzt nicht zu erreichen.

Alle diese äußeren und inneren Faktoren – die Schützenhilfe der englischen und der französischen Bourgeoisie, der Widerstand der rechten sozialdemokratischen Parteiführer gegen das Zustandekommen der Aktionseinheit, die antikommunistische Grundhaltung des Vatikans und des hohen katholischen Klerus wie auch zahlreicher evangelischer Kirchenführer und schließlich der schrankenlose Terror gegen die deutschen Antifaschisten – hinderten die breite Entfaltung der antifaschistischen Opposition in Deutschland und trugen damit objektiv zur weiteren Stärkung des Faschismus bei.

6. Die Tätigkeit der jüdischen Organisationen

Die Entwicklung nach der Verkündung der Nürnberger Gesetze, vor allem die rigorose Handhabung dieser Gesetze und die nicht abreißenden Pogrome verfehlten ihre Wirkung nicht auf die führenden Persönlichkeiten der jüdischen Organisationen, insbesondere der Reichsvertretung. Hatten bis dahin bei einzelnen jüdischen Gruppen noch Illusionen bestanden, man könne mit den Naziführern zu einem Gentleman Agreement über die Lebensmöglichkeiten der jüdischen Minderheit im Rahmen der staatlichen Gegebenheiten des Nazireiches kommen, so sanken derartige Hoffnungen nunmehr auf den Nullpunkt. Im Jahre 1935 waren der Präsident der Reichsvertretung Leo Baeck und ihr Geschäftsführer Otto Hirsch unter fadenscheinigen Gründen kurzfristig verhaftet worden.[64] Am 17. April 1937 wurden die Geschäftsräume des jüdischen Ordens B'nai B'rith, dessen Präsident ebenfalls Baeck war, von der Gestapo geschlossen und die Organisation verboten. Im Juni 1938 fand eine Verhaftungsaktion gegen angeblich „asoziale Elemente" statt, die in Konzentrationslager überführt wurden. Bei den jüdischen Bürgern wurde die Aktion auf alle Personen ausgedehnt, die in der Vergangenheit wegen Bagatelldelikten (Verkehrsdelikte, Geldbußen usw.) „vorbestraft" waren. Eine Resolution der Reichsvertretung hiergegen hatte keinen Einfluß auf die Maßnahmen der Gestapo.

Die natürliche Folge des Druckes von außen war ein weiteres Zusammenrücken der verschiedenen jüdischen Gruppen. Trotzdem gab es auch jetzt noch ernste Meinungsverschiedenheiten zu überwinden. So brach 1937 ein Konflikt zwischen der Reichsvertretung und den jüdischen Gemeinden aus. Georg Lubinsky (Lothan) berichtet über solche Auseinandersetzungen, die sich an der Tatsache entzündeten, daß manche Gemeinden Geldeingänge aus dem Ausland verheimlichten, anstatt sie an den Zentralausschuß für Hilfe und Aufbau zur gelenkten Finanzierung der vielfältigen notwendigen Vorhaben abzuführen.[65] Es gab auch vereinzelt Fälle von bewußter Sabotagearbeit innerhalb der Reichsvertretung. In dieser Richtung betätigte sich eine zionistische Splittergruppe, die sich „Staatszionisten" nannte und von dem ehrgeizigen und korrupten zeitweiligen Präsidenten der jüdischen Kulturbünde, Dr. Kareski, angeführt wurde. Dieser von persönlichem Geltungsbedürfnis getriebene Mann scheute sich nicht, um sein Ziel – „Führer der deutschen Judenheit" zu werden – zu erreichen, mit der Gestapo zusammenzuarbeiten. Höhepunkt dieser Zusammenarbeit war wohl die Vorladung von 60 bis 70 Funktionären jüdischer Organisationen Anfang des Jahres 1937 in das Hauptquartier der Berliner Gestapo, die ihnen nahelegte, die Staatszionistische Organisation zu unterstützen. Kareski erreichte jedoch nicht das erstrebte Ziel. Er verlor den letzten Einfluß unter den deutschen Juden. Die Zionistische Vereinigung für Deutschland distanzierte sich von ihm, und er verließ noch im gleichen Jahr Deutschland.[66] Nach dem Kriege fand in Israel ein Prozeß gegen ihn wegen aktiver Kollaboration mit dem Naziregime statt.

Die Finanzierung der umfangreichen Arbeiten der Reichsvertretung erfolgte auf verschiedene Weise. Namhafte Beträge erhielt sie jährlich aus dem Ausland über das American Joint Distribution Committee und den Central British Fund, von denen jedoch aus naheliegenden Gründen nur ein geringer Teil nach Deutschland floß. Trotzdem betrug der ausländische Zufluß z. B. im Jahre 1936 im offiziellen Etat der Reichsvertretung rund zweieinhalb Millionen Reichsmark. Eine weitere Einnahmequelle waren die freiwilligen Spenden der deutschen Juden. Sie wurden mit Hilfe der Einrichtung der „Blauen Beitragskarte" aufgebracht.

„Es war oft rührend", berichtet Kurt Alexander aus jener Zeit, „wie manche, denen schon fast alles genommen war, es sich nicht nehmen ließen, ihr Scherflein für diese Hilfsaktion beizusteuern."[67] Durch Spenden und Sammlungen kamen jährlich rund einundeinehalbe Million Reichsmark zusammen.

Welcher Art waren nun die Aufgaben, denen sich die Reichsvertretung in dieser Entwicklungsphase konfrontiert sah. In einem Aufruf vom November 1936 an die deutschen Juden werden noch einmal die Schwerpunkte des Aufrufes vom 24. September 1935 genannt: Wohlfahrtspflege, Wirtschaftshilfe, Schul- und Bildungswesen, Berufsumschichtung, Vorbereitung zur Auswanderung in alle Länder. Dabei war klar, daß jetzt die letzte Aufgabe die entscheidende war, der sich alle übrigen Aufgaben organisch unterzuordnen hatten. Bis zu diesem Zeitpunkt waren erst rund 100 000 deutsche Juden ausgewandert, das waren knapp 20 Prozent der jüdischen Gruppe nach dem Stand vom 16. Juni 1933 – nicht gerechnet die „Judenchristen" und die „Mischlinge". Es stand also die fast übermenschliche Aufgabe vor der Reichsvertretung, die Hunderttausende noch in Deutschland lebenden Juden (bald sollten noch weitere Hunderttausende jüdische Bürger aus Österreich und dem Sudetenland hinzukommen!) auf geordnetem Wege über die Grenzen zu schaffen.

Die Organisierung der Auswanderung war ein langwieriger Prozeß, der im wesentlichen von der Bereitschaft des Auslandes abhing, die deutschen Juden aufzunehmen. Hierfür waren schwierige und zähe Verhandlungen nötig. Aber die Verdrängung der deutschen Juden, die Einengung ihrer Existenzgrundlagen ging weitaus rascher vor sich als es ihnen gelang, Deutschland zu verlassen. Von der öffentlichen Wohlfahrt waren sie ausgeschlossen, so mußten unmittelbare Maßnahmen zur ersten Hilfe ergriffen werden. Allein im Jahre 1936 wurden in jüdischen Speiseeinrichtungen 2 357 000 Portionen an bedürftige jüdische Bürger ausgegeben. Da in erster Linie arbeitsfähige Männer, Frauen und Jugendliche zur Auswanderung gelangten, verschlechterte sich die jüdische Alterspyramide zusehends. Es mußten neue Alters- und Siechenheime eingerichtet, die Bettenzahl in jüdischen Krankenhäusern mußte vergrößert werden, da der Aufenthalt in allgemeinen Krankenanstalten für jüdische Patienten immer mehr erschwert und unerträglich gemacht wurde.

Ein weiteres ernstes Problem war die Schulfrage.[68] Im Jahre 1936 besuchten von 42 000 noch in Deutschland verbliebenen schulpflichtigen Kindern nur 22 000 Kinder jüdische Schulen. Es war nur eine Frage der Zeit, daß die übrigen 20 000 Kinder aus den allgemeinen Schulen verdrängt wurden. Für sie mußten Ausbildungsplätze geschaffen werden. Da die aus dem allgemeinen Schuldienst entlassenen jüdischen Lehrer für diese Aufgabe nicht ausreichten, sollten kurzfristig neue jüdische Lehrer ausgebildet werden. Die Erziehung in den jüdischen Schulen orientierte die Kinder von früh an auf die Erlernung praktischer Berufe, die die Voraussetzung für die spätere Auswanderung waren. So wurde die „Tagesschule für Berufsvorlehre" geschaffen, die die Schüler ganztägig erfaßte.

Für die jüdischen Kinder wurden die jüdischen Schulen zu Oasen der Selbstbehauptung nach den ständigen Demütigungen, denen sie in den allgemeinen Schulen durch verhetzte Nazilehrer und Mitschüler ausgesetzt waren. Im Gegensatz zu den pädagogischen Praktiken der Faschisten war die Prügelstrafe in den jüdischen Schulen entsprechend den religiösen Vorstellungen und Geboten generell verpönt. Viele jüdische Erzieher kamen aus der Schulreformbewegung der Weimarer Zeit, die von bürgerlich-humanistischen Ideen beeinflußt war, sich aber nicht gegen den vorherrschenden konservativ-militaristischen Schulbetrieb durchsetzen konnte. Andererseits brachte es die völlige Isolierung von der nichtjüdischen Umwelt und die Orientierung auf die Auswanderung mit sich, daß das jüdische Schulwesen immer stärker auf zionistische Bahnen geriet.

Neben die Wohlfahrtspflege für die Alten und Kranken und die Erziehung der Jugend trat eine auf befristete Ziele gerichtete Wirtschaftshilfe, die von der neu geschaffenen Zentralstelle für jüdische Wirtschaftshilfe getragen wurde. Hier handelte es sich um Sofortmaßnahmen für besonders betroffene Berufsgruppen in Verbindung mit der Lenkung einer Binnenwanderung, die sich aus dem allgemeinen Trend vom Land in die Stadt ergab. Die Zentralstelle rief ein System jüdischer Darlehnskassen ins Leben mit dem Ziel, Juden für die Aufrichtung einer neuen Existenz das Anfangskapital zur Verfügung zu stellen. Daß es sich hier nur um Übergangslösungen handeln konnte, war wohl allen Beteiligten klar, denn an den Aufbau einer wirtschaftlichen Existenz in Deutschland auf lange Sicht dachte wohl kein nüchtern kalkulierender Jude mehr. Auch die beschränkten Mittel der Darlehnskassen – sie arbeiteten Ende 1936 mit einem Kapital von 1 250 000 Reichsmark – deuten auf die begrenzte Zielstellung dieser Hilfsaktion hin. Immerhin konnte zahlreichen jüdischen Bürgern erste Hilfe geleistet werden. In diesem Zusammenhang verdienen noch die jüdischen Arbeitsnachweise Erwähnung, die sich bemühten, die aus „arischen" oder „arisierten" Betrieben entlassenen jüdischen Arbeiter und Angestellten in jüdischen Betrieben, die der „Arisierungs"-Flut noch nicht zum Opfer gefallen waren, unterzubringen. Im übrigen stärkte bereits das Bewußtsein, daß man sich im Notfall auf die Solidarität der Organisation verlassen konnte, die Moral der Verfolgten, die wohl oft genug der Verzweiflung nahe waren.

Ein Aktivposten für die Stärkung der moralischen Widerstandskraft von gar nicht hoch genug einzuschätzender Bedeutung war die Tätigkeit der jüdischen Kulturbünde.[69] In zunehmendem Maße war Juden die Teilnahme an öffentlichen Kulturveranstaltungen erschwert oder direkt polizeilich untersagt worden. Sie wurden vom Theater- oder Konzertbesuch ausgeschlossen, was allerdings nur bedingt ein Schaden war, da das humanistische deutsche Kulturgut weitgehend aus den deutschen Kulturstätten verbannt worden war. Es fehlte nicht an bedeutenden jüdischen Künstlerpersönlichkeiten, die aus den deutschen Konzertsälen und Theatern vertrieben und nun stellungslos waren. Die jüdischen Kulturbünde, die 1936 etwa 160 000 Mitglieder in 168 Ortsgruppen zählten, entfalteten eine bewunderungswürdige Aktivität: Der Spielplan des Berliner Kulturbundes für 1937/38 sah Schauspiele von Hebbel, Shaw, Schnitzler, Scholem Alejchem, Opern von Verdi, Puccini, Offenbach u. a., ferner musikalische Darbietungen aus Werken von Tschaikowsky, Mendelssohn, Dvořák, Smetana und vielen anderen Großen der klassischen und zeitgenössischen Musik vor. Ergänzt wurde das Programm durch wissenschaftliche Vorträge hervorragender jüdischer Gelehrter, wie etwa Bamberger, Baeck, Elbogen, Landsberger, Oppenheimer und Wiener[70], die überwiegend die Belebung religiöser Traditionen und die Verbreitung der Werke und Lehren bedeutender jüdischer Vertreter der menschlichen Kultur zum Gegenstand hatten. Der durchaus konträre Charakter dieser internen jüdischen Veranstaltungen gegenüber dem nazistischen offiziellen Kulturbetrieb lockte natürlich auch manche humanistisch gesonnene nichtjüdische Bürger an. Dies muß größeren Umfang angenommen haben, denn die faschistischen Behörden sahen sich alsbald veranlaßt, ein Verbot der Teilnahme von Nichtjuden an den Veranstaltungen der jüdischen Kulturbünde auszusprechen.

Die Kulturarbeit stand ebenso wie alle übrigen Bereiche des gesellschaftlichen Lebens der deutschen Juden unter ständigem Druck von außen, unter Repressalien und Schikanen aller Art. Häufig erfolgten kurzfristig Redeverbote für jüdische Referenten, und im Februar 1936 wurde die Kulturbundarbeit zeitweilig gänzlich verboten. Anlaß hierfür war die am 4. Februar 1936 erfolgte Erschießung des Gauleiters der NSDAP in der Schweiz, Wilhelm Gustloff, durch den jüdischen Emigranten David Frankfurter.

Man hätte annehmen sollen, daß es wenigstens in einem Punkt zwischen der Naziregierung und den jüdischen Organisationen zu einer echten Zusammenarbeit kam: in der Frage der Auswanderung. In der Tat wurde die faschistische Presse nicht müde, immer wieder als Endziel der nazistischen Judenverfolgung die restlose Dissimilierung durch Auswanderung herzustellen. Angeblich sollten auch die Nürnberger Gesetze nur den deutschen Juden zu der Erkenntnis verhelfen, daß sie alle Assimilierungsbestrebungen der Vergangenheit zu Grabe tragen müßten und daß die Auswanderung die einzige tragbare Lösung für die Selbstbehauptung der Juden als „nationale" oder „rassische" Gruppe sei. Doch dieser offiziellen Propaganda standen – wie bereits erwähnt – die realen Maßnahmen der faschistischen Behörden diametral gegenüber.

Zentrales Kontrollorgan für Fragen der Auswanderung war der Sicherheitsdienst der SS, der am 27. September 1939 dann mit der Geheimen Staatspolizei zum Reichssicherheitshauptamt (RSHA) vereinigt wurde. In der Zentralabteilung II des Hauptamtes des SD gab es das Referat 11 für Fragen der Bekennenden Kirche, der Freimaurer und der Juden. Der zuständige Dezernent für Fragen des Zionismus war Adolf Eichmann, der am 20. August 1938 zum Leiter der neugegründeten „Zentralstelle für jüdische Auswanderung" in Wien ernannt wurde. Wenngleich Eichmann vor seinen Richtern in Jerusalem versicherte, sein Amt habe ehrlichen Herzens die Auswanderung der deutschen, österreichischen und tschechischen Juden betrieben, so konnte er unter der erdrückenden Last des Beweismaterials nicht abstreiten, daß seine Dienststelle eine Ausplünderungszentrale allergrößten Maßstabes für die auswanderungswilligen Juden war und deren Auswanderung nicht förderte, sondern nach Kräften erschwerte.

Bereits 1937 hatte sich folgende behördliche Praxis herausgebildet: Das Vermögen auswandernder Juden wurde beschlagnahmt, und ihnen wurde nur gestattet, einen Betrag von 10 Reichsmark pro Kopf auszuführen. Da viele Auswanderungsländer jedoch die Ausstellung eines Visums vom Nachweis eines bestimmten Barvermögens abhängig machten, wurde den betreffenden Juden ein entsprechendes Vorzeigegeld zur Erlangung des Visums leihweise ausgehändigt, das sie jedoch vor der Abreise wieder abzuliefern hatten. Natürlich kam dieser amtliche Betrug sehr schnell ans Tageslicht, weil die Auswanderer ja völlig mittellos das Einwanderungsland betraten. Die meisten Länder verschärften die Einwanderungsbestimmungen erheblich und reagierten oft ohne menschliche Regungen. Ab Mai 1938 gaben die deutschen Auswanderungsbehörden überhaupt kein „Vorzeigegeld" mehr aus, so daß zwangsläufig die legale Auswanderung rapide zurückgehen mußte. Lediglich mit den britischen Mandatsbehörden in Palästina bestanden noch die erleichternden Vereinbarungen aus dem Ha'avarah-Verfahren, das aber ebenfalls 1938 auslief.[71]

Die Reichsvertretung hatte auch unerwartete Widerstände in den eigenen

Reihen zu überwinden. Zur Erleichterung der Auswanderung nach Palästina hatte Georg Lubinsky angeregt, einen Teil des Fonds für die jüdischen Waisenhäuser in Deutschland nach Palästina zu transferieren. Dabei sollten 10 Prozent der Summe an die Behörden in Palästina zur Finanzierung einer jüdischen landwirtschaftlichen Institution abgeführt werden. „Der Plan scheiterte ..., weil viele Leute zu jener Zeit (im Jahre 1938!) sich nicht mit dem Gedanken vertraut machen konnten, zehn Prozent ihres Geldes, das in deutschen Banken deponiert war, für die Einrichtung eines Institutes in Palästina zu spenden." [72]

Um den Strom ausgeplünderter jüdischer Flüchtlinge aus Deutschland in geordnete Bahnen zu lenken und um das Schicksal der Flüchtlinge zu erleichtern, lud der Präsident der USA, Roosevelt, zu einer internationalen Flüchtlingskonferenz in den französischen Kurort Evian in der Nähe der Schweizer Grenze ein. Der Einladung folgten 32 europäische und überseeische Staaten (die Sowjetunion nahm an der Konferenz nicht teil), ferner entsandten 39 meist jüdische Organisationen Beobachter zu der Konferenz, die – obwohl sie sich ausschließlich mit der Lage der deutschen Juden beschäftigte – unter der neutralen Bezeichnung „Intergovernmental Committee for Refugee" (IGCR) am 6. Juli 1938 zusammentrat und bis zum 15. Juli tagte.

Offiziell war Deutschland nicht vertreten, jedoch hatten die Nazibehörden den Geschäftsführer Dr. Otto Hirsch, ferner je einen Vertreter des Hilfsvereins und der Jüdischen Gemeinde in Wien nach Evian entsandt. Nach einem durch Dokumente belegten Bericht von Hans Habe ließen die Nazibehörden durch den Mund eines dieser jüdischen Delegierten die Konferenzteilnehmer wissen, daß sie sich nicht nur weigerten, den deutschen Juden einen Teil ihres beschlagnahmten Vermögens auszuhändigen, sondern daß sie von den Einwanderungsländern sogar noch einen „Ausfuhrzoll" in Höhe von 250 Dollar pro Kopf verlangten.[73] Wie nicht anders zu erwarten war, wiesen sämtliche Länder diesen verschleierten Sklavenhandel mit Entrüstung zurück, und auch die jüdischen Hilfsorganisationen weigerten sich, auf diese Weise die deutsche Aufrüstung finanzieren zu helfen.

Eine Reihe von südamerikanischen Staaten war von der Naziregierung unter massiven Druck gesetzt worden, Verpflichtungen einzugehen, nur „arische" Auswanderer aus dem Reich zuzulassen. Viele verlangten den Nachweis, daß der Einwanderer der katholischen Kirche angehörte. Unter diesen Umständen mußte die Konferenz zu einem Fehlschlag werden. Die meisten Regierungen sahen nicht die Notwendigkeit ein, eine internationale Hilfsaktion für die verfolgten deutschen Juden einzuleiten, sondern waren höchstens an billigen Arbeitskräften interessiert. Alte, Arbeitsunfähige oder Kinder, die der öffentlichen Wohlfahrt zur Last fallen könnten, schieden von vornherein aus ihren Erwägungen aus. So konnte der „Völkische Beobachter" in seinem Bericht über die Konferenz höhnisch feststellen: Statt die Juden aufzunehmen, treffe man also Vorsorge, sich vor einem Zustrom jüdischer Einwohner zu schützen, weil man die Nachteile einer Verjudung klar erkannt habe.[74]

Das Ergebnis der Konferenz war die Errichtung eines ständigen Büros der IGCR in London, dessen Vorsitz auf britisches Drängen der wegen seiner Judenfeinlichkeit bekannte Earl Winterton übernahm. Der Direktor des Büros, der Amerikaner Rublee, wurde beauftragt, mit der Naziregierung in Unterhandlungen über eine geordnete Auswanderung der deutschen Juden einzutreten. Diese Verhandlungen fanden dann im Dezember 1938 statt.

Die Naziunterhändler zeigten sich jetzt etwas entgegenkommender, wollten sogar 25 Prozent des „Kollektivvermögens der deutschen Juden" für die Finanzierung der Auswanderung zur Verfügung stellen und stimmten der Aufstellung eines langfristigen Auswanderungsplanes zu. Doch sie dachten natürlich nicht daran, derartige weitgehende Verpflichtungen zu erfüllen, und unter den sich überstürzenden, auf den Krieg zusteuernden Ereignissen geriet das Projekt alsbald in Vergessenheit. Inzwischen war Mr. Rublee, von der Unehrlichkeit seiner Verhandlungspartner überzeugt, von seinem Posten zurückgetreten.

Im Ergebnis der Konferenz von Evian verstärkte eine Reihe von Ländern die Einwanderungsbarrieren. Lediglich einige wenige Länder – so Kolumbien, Chile und Australien – erhöhten ihre an und für sich kaum ins Gewicht fallenden Kontingente. Auch stieg die Einwanderung in die USA und nach Großbritannien zwischen Evian und dem Kriegsausbruch erheblich an. Die Hilfsaktionen des Auslandes genügten jedoch nicht, um die Lage der großen Masse der von den Nürnberger Gesetzen Betroffenen im deutschen Herrschaftsbereich, deren Zahl nach der Annexion Österreichs auf über 500 000 angestiegen war, wesentlich zu bessern.

Die politische Bedeutung der Konferenz von Evian ist darin zu sehen, daß sie die wahren Ziele der Naziregierung gegenüber den Juden offenbarte: An einer Auswanderung der deutschen Juden war sie nur insoweit interessiert, als dadurch der Export des Antisemitismus gefördert wurde. Alle öffentlich propagierten Auswanderungsprojekte hinderten sie nicht, zielbewußt auf die „Endlösung", die physische Vernichtung der Juden, hinzuarbeiten.

7. Vorbereitung auf den großen Pogrom

Im Herbst des Jahres 1938 bot sich die Situation in Deutschland folgendermaßen dar: Außenpolitisch hatte die Naziregierung nach der Einverleibung Österreichs und der Sudetengebiete einen Machtgewinn zu verzeichnen. Jedoch war deutlich erkennbar, daß sich die Periode der Eroberungen ohne militärischen Einsatz ihrem Ende näherte und daß der Ausbruch eines kriegerischen Konflikts angesichts der immer maßloseren Forderungen der Naziführung in gefahrdrohende Nähe rückte. Zeitgenössische Beobachter, z. B. ausländische Pressevertreter, berichteten von einer weitverbreiteten Kriegsfurcht in der deutschen Bevölkerung, die in einem auffallenden Gegensatz etwa zu der Begeisterungswoge stand, die zu Beginn des ersten Weltkriegs große Teile des deutschen Volkes ergriffen hatte.

Die außenpolitischen Erfolge waren mit schweren wirtschaftlichen Opfern der arbeitenden deutschen Bevölkerung erkauft worden, dabei sollten die Rüstungsanstrengungen, die bereits viele Milliarden verschlungen hatten, verdoppelt und verdreifacht werden. Am 14. Oktober 1938 lud Göring eine Reihe höherer Partei- und Wirtschaftsfunktionäre sowie Militärs zu einer Geheimbesprechung in sein Luftfahrtministerium ein, um radikale Sofortmaßnahmen für die Erfüllung des Rüstungsprogramms festzulegen. Mit schonungsloser Offenheit legte er die aktuellen Schwierigkeiten dar: Die Kassen seien leer, die Kapazitäten der Industrie für Jahre hinaus ausgeschöpft, der Devisenbestand sei durch die Vorbereitung für das tschechische Unternehmen völlig abgesunken, es seien sogar bereits die Auslandskonten stark überzogen worden. Seine Forderungen lauteten: Sofortige Erhöhung des Exports, weitere Verstärkung der Autarkie, neue Investitionen für die Rüstung, Erhöhung der Arbeitszeit, drastischer Abbau der Löhne, verstärkte staatsmonopolistische Regulierung.

Im zweiten Teil seiner Ausführungen, über die uns ein Gedächtnis-Protokoll des anwesenden Chefs des Wehrwirtschaftsstabes General Thomas erhalten geblieben ist[75], ging Göring auf die „Judenfrage“ ein. Der bisherige Verlauf der „Arisierungen“ hatte radikale Kritiker auf den Plan gerufen, an ihrer Spitze Goebbels und Ley. Ihnen ging der Prozeß zu schleppend voran, und sie forderten seit Monaten ein brutaleres Vorgehen gegen die Juden ohne Rücksicht auf zeitweilige wirtschaftliche Rückschläge. Göring und sein Wirtschaftsminister Funk schlossen sich nun den Goebbelsschen Argumenten an, zumal sie von einer beschleunigten „Arisierungs“-Kampagne eine Auffüllung der leeren Staatskassen erwarteten.

Der Tenor der Ausführungen Görings lautete: Die Juden müßten jetzt so schnell wie möglich aus der Wirtschaft heraus. Allein in Österreich gäbe es noch etwa zwei Milliarden Gesamtwerte jüdischen Vermögens. Aber die „Arisierung“ könne nicht Sache der NSDAP sein. In Österreich habe die Partei – wie Ministerialrat Fischböck den Konferenzteilnehmern mitteilte – 25 000 „Kommissare“ zur „Arisierung“ eingesetzt, die diese Aktion unter dem Gesichtspunkt der „Wiedergutmachung an alten Parteigenossen“ betrieben hätten. Göring erklärte, die bei den „Arisierungen“ herausspringenden Gewinne benötige der Staat, sie könnten nicht in die Taschen der individuellen „Arisierer“ fließen, aber auch zum Ankauf von Devisen für die Auswanderung der Juden dürften sie nicht verwendet werden. Wenn die ausgeraubten Juden nicht mittellos auswandern könnten oder wollten, müßten sie in Ghettos in einzelnen deutschen Großstädten zusammengefaßt werden. Als weitere notwendige Konsequenz wurde in dieser Konferenz dann die Aufstellung jüdischer Zwangsarbeiterkolonnen in Erwägung gezogen.

Während im Luftfahrtministerium hinter verschlossenen Türen die nächsten Maßnahmen zur Ausplünderung der Juden festgelegt wurden, ergoß sich draußen eine von Tag zu Tag anschwellende antisemitische Pressehetze über die Bevölkerung. Es war nicht nur der „Stürmer", jetzt traten andere Organe von größerem politischem Gewicht in den Vordergrund: Das „Schwarze Korps", das 1934 gegründete Organ des Reichsführers der SS, Heinrich Himmler, das von Gunter D'Alquen geleitet wurde und in keiner Nummer versäumte, Morddrohungen gegen die Juden im allgemeinen sowie gegen einzelne jüdische Bürger (z. B. Arnold Zweig)[76] auszustoßen. Diese Wochenzeitung diente der „weltanschaulichen" Erziehung der SS-Folterknechte in den Konzentrationslagern und der durch ihre Bestialität im Krieg berüchtigt gewordenen „Totenkopfverbände". Dann gab es den „Angriff", eine Berliner Tageszeitung, das Leiborgan von Josef Goebbels, das diesem übelsten Demagogen des Nazireiches als Plattform für seine haßerfüllten Hetztiraden diente, und natürlich den „Völkischen Beobachter", das von Alfred Rosenberg geleitete Zentralorgan der NSDAP, das Sprachrohr der Naziführung.

Das Ziel dieser Propagandakampagne charakterisierte Hitler vor Vertretern der Nazipresse am 10. November 1938 folgendermaßen: „Dazu war es aber notwendig, nicht etwa nun die Gewalt als solche zu propagieren, sondern es war notwendig, dem deutschen Volk bestimmte außenpolitische (und auch innenpolitische! –d. Verf.) Vorgänge so zu beleuchten, daß die innere Stimme des Volkes selbst langsam nach der Gewalt zu schreien begann."[77]

So wurde die Pogromstimmung systematisch angeheizt, und es bedurfte nur eines Anstoßes von außen, um eine Raub- und Mordaktion größten Ausmaßes abrollen zu lassen. Wie schon früher in der Auswanderungsfrage fanden sich auch jetzt wieder ausländische Gesinnungsgenossen, die den Nazis die erforderliche Schützenhilfe leisteten.

Das Vorbild der faschistischen Judenverfolgungen in Deutschland hatte in einigen seit Jahrhunderten vom Antisemitismus verseuchten Ländern Osteuropas, z. B. in Lettland, Litauen, Polen und Rumänien, gelehrige Nachahmer gefunden. Einen besonderen Eifer legte in dieser Hinsicht die polnische halbfaschistische „Regierung der Obersten" an den Tag. Bereits 1937 hatte sie allen Ernstes einen Plan zur Auswanderung der über drei Millionen polnischen Juden nach der französischen Insel Madagaskar ausgearbeitet – ein Plan, der drei

Jahre später von den Nazis unter anderer politischer Konstellation wieder aufgegriffen wurde. Da dieses phantastische Projekt nicht realisierbar war, suchte die polnische Regierung, sich mit allen möglichen Mitteln ihrer jüdischen Bürger auf andere Weise zu entledigen.

Nun lebten zu diesem Zeitpunkt etwa 60 000 Juden polnischer Staatsangehörigkeit in Deutschland, und es war in Kürze damit zu rechnen, daß die Nazibehörden diese Ausländer nach Polen abschieben würden. Um dies zu verhindern, erließ der polnische Innenminster am 6. Oktober 1938 eine Verordnung, derzufolge alle im Ausland lebenden polnischen Staatsangehörigen ihre Pässe bis zum 29. Oktober 1938 zur Eintragung eines Sichtvermerkes einzureichen hätten. Er konnte jedoch verweigert werden, „wenn Umstände vorliegen, die die Aberkennung der Staatsangehörigkeit . . . rechtfertigen." Diese „Umstände" lagen bei den jüdischen Bürgern vor. Jeder polnische Jude in Deutschland mußte also mit der Möglichkeit rechnen, bis zum 29. Oktober die polnische Staatsangehörigkeit zu verlieren und staatenlos zu werden. Danach war eine Abschiebung aus Deutschland nach Polen nicht mehr möglich.

Viele dieser polnischen Juden waren seit Generationen in Deutschland ansässig, verstanden nicht einmal die polnische Sprache und hatten es lediglich „mit der den Ostjuden innewohnenden Gleichgültigkeit gegen Papiere und Scheine"[78] unterlassen, einen deutschen Paß zu erwerben. Nun war es zu spät. In einem Schnellbrief ordnete Himmler am 27. Oktober die unverzügliche Inhaftierung aller erreichbaren Juden mit gültigen polnischen Pässen und deren Abschiebung über die polnische Grenze innerhalb von 24 Stunden an.[79] Dieser ersten planmäßigen Großrazzia fielen etwa 17 000 polnische Juden zum Opfer. Da die polnischen Behörden sich weigerten, die Juden aufzunehmen, wurden sie kurzerhand von den SS-Begleitmannschaften ins Niemands-Grenzland bei der Grenzstation Neu-Bentschen/Zbąszyń getrieben und ihrem Schicksal überlassen. Tagelang irrten die Unglücklichen ohne Verpflegung und Unterkunft zwischen den hermetisch geschlossenen Grenzen Deutschlands und Polens hin und her, bis es schließlich dem Eingreifen jüdischer internationaler Hilfsorganisationen gelang, eine provisorische Notaufnahme auf polnischem Gebiet durchzusetzen.

Die polnische faschistische Regierung revanchierte sich auf ihre Art. Sie verhaftete am 29. Oktober in Łódź eine Anzahl Juden deutscher Staatsangehörigkeit, transportierte sie ebenfalls an die Grenze nach Zbąszyń und sperrte sie dort neun Tage in einen Bahnschuppen ein. Natürlich blieb diese sinnlose Aktion ohne jeden Eindruck auf die Nazibehörden.[80]

Der ganze Vorfall nun sollte mittelbar zur Auslösung des großen Pogroms führen.

Die Atmosphäre war zum Zerreißen gespannt. Die Erbitterung unter den Juden, vor allem der jüdischen Jugend, stieg bis zur Siedehitze, und es konnte jeden Tag zu unbedachten Handlungen kommen. Das aber lag in der Absicht der Naziregierung.

Am 24. Oktober 1938 kam es zu einem schweren Zusammenstoß zwischen belgischen Juden und einer deutschen Reisegesellschaft in Antwerpen. Der „Völkische Beobachter" reagierte prompt am 26. Oktober 1938 mit einer unverhüllten Drohung: „Wir warnen das Judentum mit allem Nachdruck vor der Wiederholung solcher Banditenstreiche, wie es sie in Antwerpen ausgeführt hat, da sie leicht Folgen außerhalb seines Machtbereiches zeitigen könnten, die ihm und seinen Einzelgliedern höchst unerwünscht und unangenehm sein dürften."

Deutlicher wurde einige Tage später das „Schwarze Korps": „Sie irren sich. Wenn sie den Krieg wollen, können sie jeden wie immer gearteten Krieg von uns haben. Das fehlte noch, daß wir auf eine Provokation nicht in der einzig richtigen Weise zu antworten verstehen ... Die in Deutschland befindlichen Juden sind ein Teil des Weltjudentums, sie sind mitverantwortlich für das, was das Weltjudentum gegen Deutschland unternimmt, und sie haften für die Schäden, die das Weltjudentum uns zufügt und zufügen will ...

Wir haben dafür zu sorgen, daß auch alle anderen Juden als Angehörige einer feindlichen Macht und als deren stets wirksame Agenten nicht länger Wohngemeinschaft mit Deutschen teilen, mit Deutschen unter einem Dach, in der gleichen Straße, im gleichen Stadtviertel wohnen. Man möge sie in eigenen Wohnbezirken versammeln, wo ihre Tätigkeit kontrolliert werden könnte." [81]

Hier haben wir das Programm, das von Göring am 14. Oktober entwickelt wurde, ins Populäre übersetzt. Es kündigte eine neue Phase der Judenverfolgung, die Ghettoisierung und die Deportation als letzte Vorstufe zu ihrer physischen Ausrottung, an. Um schon jetzt vorsorglich die kommenden geplanten Gewaltmaßnahmen gegen die deutschen Juden zu motivieren, proklamierten die Naziführer den Krieg gegen das „Weltjudentum" und erklärten die deutschen Juden zu Angehörigen einer „kriegführenden Macht".

Natürlich war diese völkerrechtliche Konstruktion vollendeter Unsinn. Auch den Nazis war bekannt, daß in allen Ländern die jüdischen Bürger den Landesgesetzen unterstanden, daß die von ihnen erfundene „kriegführende Macht" weder eine Regierung noch eine Armee noch Exekutivgewalt über ihre angeblichen Untertanen in der ganzen Welt besaß.

Das auslösende Moment für den Pogrom kam schneller als erwartet. Am 7. November 1938 erschien der siebzehnjährige, in Deutschland geborene polnische Jude Herschel Grynszpan in der deutschen Botschaft in Paris und schoß den Gesandtschaftsrat Ernst vom Rath ohne ein Wort zu verlieren nieder. Rath verstarb bald danach im Krankenhaus an den erlittenen Verletzungen. Der junge Grynszpan gab nach seiner Verhaftung durch die französische Polizei an, er habe die Juden in Deutschland im allgemeinen und das Schicksal seiner Eltern im besonderen rächen wollen. Seine in Hannover ansässige Familie – die Eltern und zwei Geschwister – waren am 26. Oktober 1938 ebenfalls deportiert worden.[82]

Es hat um dieses Attentat wie seinerzeit um die Rolle van der Lubbes beim Reichstagsbrand viele Theorien und Erklärungsversuche gegeben: War Grynszpan ein Naziprovokateur? Gab es bei der Tat persönliche Motive, etwa homosexuelle Beziehungen zwischen dem Attentäter und seinem Opfer? War Grynszpan Mitglied einer militanten jüdischen Geheimorganisation? Für alle diese Spekulationen gibt es keine Anhaltspunkte und keine Beweise. Erwiesen ist lediglich, daß er nach der Besetzung Frankreichs von den Nazis nicht vor Gericht gestellt, sondern durch verschiedene Haftanstalten geschleust wurde, wo sich seine Spuren im Dunkel verlieren. Von Amts wegen wurde er im Juni 1960 für tot erklärt, aber gewisse Indizien deuten auf die Möglichkeit hin, daß er unter falschem Namen in Frankreich lebt.[83]

Wenn wir nach Motiven für die Tat suchen wollen, so ist doch wohl das Nächstliegende, daß der impulsive junge Mann auf spontane Weise die Unsumme der niederträchtigen Demütigungen und Mißhandlungen an seinen Leidensgenossen abreagierte. Daß er damit objektiv die „Kristallnacht" auslöste, konnte er sicherlich nicht ahnen. Hätte er aber nicht zur Waffe gegriffen, so hätten die Nazis nach bewährter Methode genügend andere Anlässe gefunden oder selbst geschaffen, um den geplanten Pogrom gegen die deutschen Juden zu motivieren.

Kapitel 3

Vom großen Pogrom bis zur Entfesselung des Krieges (1938/39)

1. Der große Pogrom – Organisation und Verlauf

Das Attentat des Herschel Grynszpan war nicht die erste Verzweiflungstat eines Juden gegen einen Repräsentanten des verhaßten Nazistaates im Ausland. Am 4. Februar 1936 hatte – wie bereits erwähnt – David Frankfurter den Gauleiter der NSDAP in der Schweiz, Wilhelm Gustloff, getötet, um die Weltöffentlichkeit zum Protest gegen die barbarischen Judenverfolgungen in Deutschland zu mobilisieren. Sofort nach dem Pariser Attentat griff die Nazipropaganda die Duplizität der beiden Fälle auf, um sie als Aktionen einer jüdischen Weltverschwörung darzustellen, gegen die sich das deutsche Volk zur Wehr setzen müsse. „. . . die Parallele zum Fall Gustloff liegt auf der Hand", erklärte Goebbels im „Völkischen Beobachter" am 12. November 1938. „Wie damals wurde von den jüdischen Hintermännern ein Jugendlicher als Attentäter ausgesucht, um die Verantwortlichkeit zu verschleiern."

Demgegenüber muß festgestellt werden, daß die deutschen Juden angesichts der staatlich organisierten ständigen Demütigungen und Mißhandlungen von Zehntausenden der Ihrigen, angesichts der „Stürmer"-Hetze, der „Rasseschänder"-Prozesse, der viehischen Ermordung Hunderter Wehrloser in den SA-Folterkellern und Konzentrationslagern bis dahin große Selbstdisziplin an den Tag gelegt hatten. Insofern ist es eher erstaunlich, daß es seit 1933 nicht mehr derartiger Protestaktionen Einzelner gab, deren Motive immerhin auf menschliches Verständnis rechnen konnten, wenn sie auch unter den gegebenen Bedingungen nicht den beabsichtigten Mobilisierungszweck erreichten, sondern sich im Gegenteil objektiv nur gegen die Interessen der verfolgten jüdischen Minderheit in Deutschland auswirkten.

Obwohl die Naziführer der Welt bei den verschiedensten Anlässen – wie etwa beim Reichstagsbrand, beim Aprilboykott 1933 und bei anderen Anlässen – vorexerziert hatten, daß die Organisierung von Pogromen und Massenexzessen zum Instrumentarium ihrer terroristischen Politik gehörte, war auf die Ermordung Gustloffs, der als Gauleiter einer wichtigen Auslandsorganisation einen ziemlich hohen Rang in der Nazihierarchie bekleidete, nichts dergleichen erfolgt. Damals – 1936 – befand sich Deutschland jedoch noch in starker Abhängigkeit vom kapitalistischen Ausland, die Aufrüstung und das Autarkieprogramm waren erst angelaufen, und die deutschen Monopole kämpften gegen die Auswirkungen des Antinaziboykotts und gegen die moralische Isolierung in der Welt. Diesem Ziel mußte die Naziführung auch ihre antijüdischen Verfolgungsmaßnahmen unterordnen. Die Olympischen Spiele standen vor der Tür, und massive Vergeltungsmaßnahmen gegen die Juden hätten die außenpolitischen Positionen Hitlerdeutschlands damals empfindlich geschwächt.

Wesentlich anders war die Lage jetzt im November 1938. Der soeben erfolgte Abschluß des Münchener Abkommens bestärkte die Nazimachthaber in ihrer Überzeugung, daß von den Regierungen der Westmächte keine Reaktionen zu befürchten waren. So nutzten sie die gewonnene Position der Stärke rücksichtslos aus. Insofern ist der große Pogrom, die „Reichskristallnacht", als folgerichtiger Auftakt einer neuen, von langer Hand vorbereiteten Etappe der Judenverfolgung einzuschätzen, dessen fürchterliches Ausmaß erst durch die Schützenhilfe der „Münchener Verbündeten" ermöglicht wurde und für den das Pariser Attentat lediglich den erwünschten Vorwand lieferte.

Der Ablauf des Pogroms läßt sich an Hand der in reichlicher Zahl aufgefundenen Dokumente heute ziemlich genau rekonstruieren. Danach begannen die ersten Gewalttaten in einigen Orten bereits in den Abendstunden des 8. November, ohne daß eine direkte zentrale Anweisung vorlag. Trotzdem kann auch in diesem ersten Stadium des Pogroms nicht von „spontanen" Aktionen gesprochen werden. Hermann Graml, dessen Darstellung wir hier im Hinblick auf die dargebotenen Fakten im wesentlichen folgen [1], weist mit Recht darauf hin, daß durch eine zielgerichtete Hetzpropaganda der Nazipresse (über die wir im vorigen Kapitel berichteten) seit Wochen bei den militanten Nazianhängern eine latente Pogrombereitschaft erzeugt worden war. Als daher der „Völkische Beobachter" am 8. November in einem offenkundig von Goebbels inspirierten Leitartikel in drohendem Tone ankündigte, daß „das deutsche Volk aus dieser neuen Tat seine Folgerungen ziehen" werde, mußte bei den „niederen Stufen der Parteihierarchie" die Überzeugung geweckt werden, daß sie bei selbständigen Aktionen im Sinne der Partei handelten und auch von ihr gedeckt würden.

In zahlreichen kleineren Orten Hessens und Magdeburg-Anhalts beriefen die Ortsgruppenleiter oder Nazibürgermeister Versammlungen ein, in denen sie zu Gewalttaten gegen die ortsansässigen Juden aufriefen; anschließend wurden Synagogen angezündet oder zerstört, jüdische Geschäfte und Wohnungen demoliert und jüdische Bürger mißhandelt. Die Ausschreitungen setzten sich in den Morgenstunden des 9. November fort und dehnten sich auf weitere Ortschaften und Kleinstädte aus. Jedoch traten jetzt immer häufiger als

Initiatoren ortsfremde Personen auf, die die Ortsgruppenleiter oder Bürgermeister direkt aufforderten, einen Pogrom zu inszenieren, oder aber selbst Ausschreitungen anzettelten. Auch das äußere Bild der Pogrome änderte sich: Waren am Vorabend die Pogromhelden teils in Zivil, teils in Naziuniform zur Tat geschritten, so wie sie gerade von der Hetzversammlung kamen, so wurden jetzt Uniformträger in der Regel nach Hause geschickt, um Zivilkleidung anzulegen. Auf diese Weise sollte die Fiktion von „spontanen Aktionen erregter Bürger" erhärtet werden.

Doch dies war erst das Vorspiel. Am Abend des 9. November versammelte sich die „Alte Garde" und die gesamte Naziprominenz wie alljährlich in München, um des im Jahre 1923 gescheiterten Hitlerputsches zu gedenken. Goebbels hielt auf dem Kameradschaftsabend im Rathaussaal um 22 Uhr, nachdem Hitler den Saal verlassen hatte, eine wüste Brandrede gegen die Juden, wobei er mit Genugtuung auf die bereits erfolgten vereinzelten Zerstörungen von jüdischen Geschäften hinwies. In einem später abgefaßten Bericht des „Obersten Parteigerichts" an Göring über den Pogrom [2] wurde die Goebbelsrede, ein typisches Zeugnis nazistischer demagogischer Rabulistik, folgendermaßen charakterisiert: „Die mündlich gegebenen Weisungen des Reichspropagandaleiters sind wohl von sämtlichen anwesenden Parteiführern so verstanden worden, daß die Partei nach außen nicht als Urheber der Demonstrationen in Erscheinung treten, sie in Wirklichkeit aber organisieren und durchführen sollte. Sie wurden in diesem Sinne sofort . . . von einem großen Teil der anwesenden Parteigenossen fernmündlich an die Dienststellen ihrer Gaue weitergegeben."

Unmittelbar im Anschluß an Goebbels' Ansprache versammelte der Stabschef der SA, Viktor Lutze, seine SA-Führer, um ihnen Instruktionen für das Anlaufen der Aktionen zu geben. Doch auch er wählte keine klaren Formulierungen eines direkten Befehls, so daß der individuellen Initiative der ausführenden Organe keine Schranken gesetzt waren. Einige besonders rabiate SA-Rabauken faßten die unklaren Weisungen ihres Chefs in ihrem beschränkten Denkvermögen zu einer schrankenlosen „Nacht der langen Messer" auf und erteilten fernmündlich entsprechende Befehle: „Nicht der Jude Grünspan, das ganze Judentum trage die Schuld an dem Tod des Pg. vom Rath, das Deutsche Volk nehme infolgedessen Rache am gesamten Judentum . . . die Aktion werde auf Befehl des Führers durchgeführt, die Polizei sei zurückgezogen, Pistole sei mitzubringen, bei geringstem Widerstand sei rücksichtslos von der Waffe Gebrauch zu machen, als SA-Mann müsse nun jeder wissen, was er zu tun habe usw." [3]

Kurz nach Mitternacht gelangten die Befehle in die unteren Einheiten der SA, und noch vor Tagesanbruch zogen die eilends alarmierten Nazihorden sengend und mordend durch die Straßen der Städte Deutschlands. Vor diesem düsteren Hintergrund brennender Synagogen und demolierter Häuser, flüchtender, gehetzter und mißhandelter jüdischer Männer, Frauen und Kinder übernahm nun die Geheime Staatspolizei Himmlers den wichtigeren Part des Pogroms. Sie war darauf vorbereitet. Ohne eine Weisung des Reichsführers SS aus München abzuwarten, richtete der Gestapochef Müller kurz vor Mitternacht aus Berlin ein Fernschreiben an alle Stapoleit- und Stapostellen, demzufolge die zu erwartenden Ausschreitungen „nicht zu stören" seien. Ferner sei die Festnahme von etwa 20 000 bis 30 000 vorwiegend vermögenden Juden vorzubereiten.[4] Da das Personal der Gestapo für diese Massenaktion nicht ausreichte, wurden ihr Verfügungstruppen der SS sowie Verbände der Allgemeinen SS zugeordnet. Die Tatsache, daß Müller aus eigener Initiative die Gestapo mobilisierte – eine entsprechende Weisung seines Chefs Heydrich traf erst anderthalb Stunden später aus München ein![5] –, ist ein weiterer Beweis für die organisierte Vorbereitung des Pogroms.

Bot sich die „Kristallnacht"[6] aus der Sicht der Organisatoren als eine wohldurchdachte und planmäßige Operation, so brachen die Pogrome über die verstörten und wehrlosen jüdischen Bürger, die trotz drohender Anzeichen seit dem Aprilgesetz nicht die wahren Absichten der Nazimachthaber erkannten, wie das Inferno des Jüngsten Gerichts herein. In allen Orten spielte sich ähnliches ab, variiert nur in den Methoden des Schreckens. Aus dem bayrischen Landstädtchen Krumbach bei Augsburg berichtete Dr. Julius Spanier Einzelheiten über die Zerstörung der dortigen Synagoge: „In der Kristallnacht wurden die jüdischen Frauen in die Synagoge beordert. Dort mußten sie die Thorarollen aus dem heiligen Schrank holen, auf den Boden werfen und zertreten. Sie mußten dabei Lieder anstimmen, und eine Frau mußte sich in den entleerten Schrank stellen und die Zunge herausstrecken. Die übrigen mußten dann noch alle in der Synagoge befindlichen Gegenstände wie Leuchter, Bänke usw. zerschlagen und dabei singen."[7]

Aus Saarbrücken liegt folgender Bericht vor: „Mitten in der Nacht wurden die Juden mit ihren Familien aus den Betten geholt. Die männlichen Juden schleppte man nach der Synagoge. Vor der Synagoge lag schon Stroh, das die Juden in die Synagoge tragen und dort auszubreiten hatten. Benzinkannen standen bereit, die von den Juden über das Stroh ausgegossen werden mußten. Den Brand mußte der Rabbiner mit einer Fackel legen. Einige besonders verkommene Subjekte wollten den Rabbiner in dem schon brennenden Tempel einsperren, damit er bei lebendigem Leibe verbrenne. Dem widersetzte sich jedoch die Polizei. Die Synagoge wurde bis auf die Mauern niedergebrannt. Nach dieser Tat wurden die Juden, an der Spitze wiederum der Rabbiner, durch die Stadt geführt."[8]

So geschah es landauf, landab, von der Nordsee bis Wien, von Ostpreußen bis zum Bodensee. Unersetzliche Kunstwerte wurden ein Raub der Flammen oder fielen der Zerstörungswut des Mobs zum Opfer.

Der Terror der faschistischen Banden gegen die Privatwohnungen und Geschäftshäuser der jüdischen Bürger erfolgte in allen Städten nach vorbereiteten Listen. In den zentralen Anweisungen war ausdrücklich darauf hingewiesen worden, daß „ausländische Juden nicht belästigt werden dürften", um unerwünschte Komplikationen zu verhindern. Die „Deutschland-Information" der KPD schilderte den Ablauf des Pogroms in Aachen, der als Modellfall für die Ausschreitungen an anderen Orten angesehen werden kann: „Um 2 Uhr nachts auf den 10. November wurden alle politischen Leiter der NSDAP und der HJ durch Kuriere des NSKK aus den Betten geholt und beauftragt, sich an bestimmten Stellen der Stadt einzufinden. Kurz danach waren die sonst so stillen Straßen Aachens mit den Schreien verfolgter Menschen und dem Klirren zerschlagener Schaufenster erfüllt. In Trupps von einigen Dutzend durchzogen die Nazihorden die Straßen. Jeder Anführer einer Gruppe war im Besitz eines Namensverzeichnisses der Geschäfte und Wohnungen von Juden. Lastwagen, hochbeladen mit Steinen, fuhren von einem Trupp zum anderen und versorgten sie mit dem notwendigen Wurfmaterial ... Alle jüdischen Geschäfte wurden zertrümmert, alle beweglichen Gegenstände auf die Straße geworfen ... Mit unmenschlicher Grausamkeit gingen diese Banditen dann gegen die Juden in ihren Privatwohnungen vor. Weder Alter noch Geschlecht wurde geschont. Nur notdürftig bekleidet zerrte man die Menschen auf die Straße. Mit Stangen und Knüppeln schlug man auf die Unglücklichen ein und trieb sie wie Tiere durch die Straßen der Stadt." [9]

In Sontheim bei Heilbronn machten die Nazibarbaren nicht einmal vor dem Landes-Altersheim der Jüdischen Gemeinden halt, das sie zweimal heimsuchten und dessen gesamtes Inventar sie systematisch kurz und klein schlugen. Dort, wo die Gestapo bereits vor den Ausschreitungen Juden verhaftet hatte, „konnte es geschehen, daß die SA auch in das Gefängnis einbrach, sich gewaltsam Eingang in die Zellen verschaffte und auch dort eine wüste Prügelorgie feierte." [10]

Menschenleben galten in jener Nacht nichts. Der bereits erwähnte Bericht des Naziparteigerichts an Göring schilderte die Vorgänge in Lesum bei Wesermünde. Der Führer des dortigen SA-Sturmes erhielt von der Standarte 411 in Wesermünde die telefonische Weisung: „Wenn der Abend kommt, darf es keine Juden mehr in Deutschland geben." In Lesum wurden 3 jüdische Bürger, das Ehepaar Dr. Goldberg und der Bürger Sinasohn, von dem SA-Scharführer Frühling erschossen. Der SA-Sturmbannführer Rudnick ermordete in Dessau den 16jährigen Herbert Stein „nach beendeter Aktion, entgegen gegebenem Befehl". In Neidenburg (Ostpreußen) wurden 6 Pogromhelden, die „wegen Tötung der Jüdin Zack, Verletzung der Juden Aron, Kurt und Helmuth Zack, wegen Tötung des Juden Naftali und Verletzung des Ariers Duscha" vor das Naziparteigericht kamen, mit geringfügigen Strafen belegt, und das Verfahren wurde eingestellt.[11]

Unter den entsetzlichen Eindrücken der Pogrome und im Gefühl der Ausweglosigkeit nahmen sich vielerorts jüdische Opfer selbst das Leben. So wurden allein in Nürnberg 30 Juden gezählt, die nach der „Kristallnacht" Selbstmord begingen.

Nur in ganz seltenen Fällen leisteten die Angegriffenen Widerstand. So gab es einen Fall in Heilbronn, wo eine beherzte jüdische Familie einen eingedrungenen SA-Mann durchs Fenster auf die Straße warf.

Schlagartig, wie der Pogrom begonnen hatte, sollte er enden. „Es ergeht nunmehr an die gesamte Bevölkerung die strenge Aufforderung", proklamierte Goebbels im „Völkischen Beobachter" am 10. November, „von allen weiteren Demonstrationen und Aktionen gegen das Judentum, gleichgültig welcher Art, sofort abzusehen. Die endgültige Antwort auf das jüdische Attentat in Paris wird auf dem Wege der Gesetzgebung beziehungsweise der Verordnung dem Judentum erteilt werden." Mit anderen Worten: Die Fiktion der spontanen Volkserhebung gegen die deutschen Juden sollte der Regierung als Alibi für die künftigen Verfolgungsmaßnahmen dienen, die nun als „Vollstreckung des deutschen Volkswillens" deklariert wurden. Übrigens zeigten die SA-Schlägerhorden bei der Beendigung des Pogroms noch weniger „Disziplin" als beim Beginn: In einzelnen Orten zogen sich die Ausschreitungen noch bis zum 13. November hin!

Einige Tage nach dem Pogrom lagen die Vollzugsmeldungen aus den Gauen im Hauptquartier der Gestapo vor: Göring, Himmler und Heydrich konnten Bilanz ziehen:

Verhaftungen: Annähernd 30 000 jüdische Bürger waren verhaftet worden.[12] Die Mehrzahl von ihnen wurde in Konzentrationslager überführt. Über das Schicksal dieser Unglücklichen liegen uns Berichte aus dem KZ Buchenwald vor. Danach wurden dort im Ergebnis der „Kristallnacht" etwa 12 000 Juden eingeliefert. Ein Herkunftsnachweis über 10 500 Häftlinge gibt Aufschluß über den Umfang der Razzien in einzelnen Städten:

Frankfurt a. M.	2 621	Chemnitz	171
Breslau	2 471	Darmstadt	169
Oppeln	703	Dresden	151
Kassel	693	Gießen	138
Bielefeld	406	Aachen	135
Magdeburg	375	Halle a. d. Saale	124
Hannover	316	Würzburg	103
Leipzig	270	Verschiedene	1 431
Erfurt	197	Gesamt	10 474

Selbst wenn man berücksichtigt, daß nicht alle Opfer der Razzien nach Buchenwald kamen, sondern eine Anzahl von ihnen in örtlichem Polizeigewahrsam blieben, zeigt die Aufstellung doch auffallend unterschiedliche Ergebnisse in den einzelnen Orten. In Hessen, das seit jeher eine faschistische Hochburg war, ging man offenkundig besonders rücksichtslos vor. So lieferte ein kleines, damals etwa 10 000 Einwohner zählendes Landstädtchen, Friedberg, 99 Opfer nach Buchenwald, fast so viel wie das 50mal größere Dresden mit 151 Verhafteten!

Obwohl in der Bevölkerung durch Flüsterpropaganda und durch Auslandsinformation einiges über die Lage in den deutschen Konzentrationslagern bekannt war, stellte das, was die gefangenen Juden in Buchenwald erwartete, die schrecklichsten Befürchtungen in den Schatten. „Bei ihrem Einmarsch", berichtete Emil Carlebach, nach seiner Befreiung langjähriger Redakteur der „Frankfurter Rundschau", „stand die SS, mit Knüppeln und Peitschen bewaffnet, an der Straße von Weimar Spalier, so daß nur ganz wenige unverletzt das Lager erreichten. Die von blutigen Gepäck- und Kleidungsstücken bedeckte Straße, auf der zahlreiche Verwundete lagen, glich einem Schlachtfeld . . . Siebzig jüdische Häftlinge wurden infolge der furchtbaren Quälereien wahnsinnig. Man warf sie vorläufig in einen Holzverschlag. Von dort wurden sie nach einiger Zeit gruppenweise in den Bunker übergeführt und von SS-Hauptscharführer Sommer erschlagen." [13]

In den folgenden Wochen kamen Hunderte von ihnen ums Leben – „auf der Flucht erschossen", zu Tode geprügelt, entkräftet oder zum Selbstmord getrieben. Dann wurden die meisten entlassen, nicht ohne daß sie vorher von den Wachmannschaften auf das schamloseste ausgeplündert und erpreßt worden waren.

Todesopfer: Der wiederholt zitierte Bericht des „Obersten Parteigerichts" erwähnt insgesamt 91 „Tötungen" im Verlauf des Pogroms. Offenkundig handelt es sich bei dieser Zahl aber nur um die in den Vollzugsmeldungen der SA eingestandenen Morde. Wieviele jüdische Bürger darüber hinaus umgebracht wurden, bei denen man dann „Selbstmord" als Todesursache angab, und wieviele aus Verzweiflung ihrem Leben ein Ende setzten, läßt sich nur schätzen: sie dürften ein vielfaches der offiziell zugegebenen Todesfälle betragen, ganz zu schweigen von den Tausenden mehr oder weniger schwer Verletzter.

Gegen keinen der Mörder wurde ein ordentliches Gerichtsverfahren durchgeführt, vielmehr wurden alle Fälle dem Naziparteigericht überwiesen. Dieses bestätigte ihnen denn auch, daß sie „aus anständiger nationalsozialistischer Gesinnung" lediglich „über das Ziel hinausgeschossen" seien. Einge wenige erhielten eine Verwarnung oder ihnen wurde die Ämterfähigkeit auf drei Jahre aberkannt, allerdings nicht wegen der Morde, sondern wegen Disziplinlosigkeit, wenn die Morde außerplanmäßig erfolgten.

Sachschäden: Heydrich gab in seinem Bericht an Göring am 11. November 267 zerstörte oder demolierte Synagogen im ganzen Reich an. Doch scheint auch diese Zahl viel zu niedrig gegriffen. Uns liegt ein Bericht der SA-Brigade 50 vor. Danach wurden in dem verhältnismäßig kleinen Gebiet Hessen-Starkenburg in 34 Städten und Dörfern 21 Synagogen niedergebrannt oder gesprengt, in weiteren 15 Synagogen wurde die Inneneinrichtung völlig zerstört.[14]

Insgesamt sollen – nach Heydrich – rund 7 500 jüdische Geschäfte zerstört worden sein. Dabei wurden Sachwerte in Höhe von mindestens 225 Millionen Reichsmark vernichtet, die durch Versicherung gedeckt waren. Allein die zertrümmerten Schaufenster kosteten rund 10 Millionen Reichsmark. Für 3 Millionen Reichsmark mußte belgisches Schaufensterglas eingeführt werden, das entsprach der halben belgischen Jahresproduktion.[15] Entgegen den strikten Anweisungen kam es allerorts zu Plünderungen. Der „Reichskommissar für die Wiedervereinigung Österreichs mit dem Deutschen Reich", Gauleiter Bürckel, beschwerte sich in seinem Bericht an Göring vom 18. November über die Polizei, die in Wien den Befehl ausgegeben habe, „das ganze jüdische Eigentum dem Erdboden gleichzumachen". Dabei seien riesige Mengen von Waren, Schmuck und Wertgegenständen gestohlen worden.

Die Versicherungsgesellschaften, die nur zum geringen Teil im Ausland rückversichert waren, mußten aus Gründen des internationalen Geschäftsprestiges die Schäden ersetzen, jedoch ordnete die Regierung an, daß die an die geschädigten jüdischen Kaufleute gezahlten Beträge vom Reich beschlagnahmt wurden.

Die volkswirtschaftliche Bilanz des Pogroms zeigt einen scheinbaren Widerspruch zwischen den wirtschaftlichen Erfordernissen des deutschen Imperialismus bei der Vorbereitung des Krieges einerseits und der propagandistischen, massenmobilisierenden und -korrumpierenden Funktion der antisemitischen Hetze andererseits. So konnte Goebbels, der ideologische Haupteinpeitscher der „Kristallnacht", die stattgefundenen Plünderungen begrüßen – „Da haben sich die kleinen Leute von Berlin endlich mal wieder ordentlich ausstatten können ... Die Menschen waren begeistert! Ein großer Erfolg für die Partei!"[16] –, während gleichzeitig Göring die Vernichtung so vieler wirtschaftlicher Werte verurteilte und es lieber gesehen hätte, wenn statt dessen 200 Juden umgebracht worden wären.[17]

Es wäre jedoch abwegig, diese Meinungsverschiedenheiten zwischen Göring und Goebbels als zwei unterschiedliche Konzeptionen im Hinblick auf die künftigen Verfolgungsmaßnahmen gegen die Juden anzusehen. Vielmehr handelte es sich nur um zwei Seiten ein und derselben Sache. Jedenfalls hat sich die Konzeption, die die Funktion der Judenverfolgungen im System der imperialistischen Aggressionspolitik nicht durch die Berücksichtigung von Sonderinteressen einzelner Monopolgruppen eingeschränkt sehen wollte, bis in die Endphase des Krieges – wie in den folgenden Kapiteln gezeigt werden wird – durchgesetzt.

Welche Haltung nahm nun die deutsche Bevölkerung zu dem Pogrom ein? Die Ausschreitungen gegen die Juden spielten sich vor aller Augen ab, Millionen Deutsche wurden Augenzeugen der brennenden Synagogen, der zertrümmerten jüdischen Wohnungen und Geschäfte, der geprügelten und durch die Straßen getriebenen jüdischen Männer, Frauen und Kinder. Es liegen unzählige zeitgenössische Augenzeugen- und Erlebnisberichte von den Ereignissen des 9. und 10. November 1938 vor, aber je nach dem Standort des Beschauers differieren sie erheblich, so daß sich ein uneinheitliches Bild ergibt. Nicht bestritten werden kann die Tatsache, daß sich in zahlreichen Orten einzelne aufgehetzte Gruppen der Zivilbevölkerung den SA-Banden anschlossen und sich vor allem an den Plünderungen beteiligten. Jedoch dürfte es sich hier um kleine Gruppen lumpenproletarischer und asozialer Elemente gehandelt haben, ferner um Jugendliche, die der antisemitischen Erziehung in der Hitlerjugend und der ständigen „Stürmer"-Propaganda erlegen waren. Allerdings wird auch berichtet, daß sich in Einzelfällen SA-Einheiten nur widerwillig an den befohlenen Ausschreitungen beteiligten und durch auswärtige zuverlässigere Formationen verstärkt oder ersetzt werden mußten, wie z. B. in Hamburg.

Demgegenüber lesen wir in einer zeitgenössischen illegalen Broschüre der KPD folgenden Bericht: „Die Sympathiekundgebungen der Nichtjuden gingen weit über das bloße Mitleid hinaus. Dieser Nacht der Leiden folgten Tage der Solidarität. Die Grenze der Hetzpropaganda wurde offenbar. Viele anständige ehrliebende Deutsche handelten nach ihrem Gewissen, als sie ihre Nachbarn unverschuldet in der schlimmsten Not sahen. Der Gefahr bewußt, die sie eingingen, entschlossen sie sich zur Hilfe für ihre unglücklichen jüdischen Mitbürger. Am stärksten war die Solidarität der Arbeiter, aber auch viele bürgerliche Familien haben obdachlose jüdische Familien tagelang aufgenommen und sie mit dem notwendigsten versorgt."[18]

Diese Darstellung wird durch Else Behrend-Rosenfeld bestätigt, die in ihrem aufwühlenden Bericht „Ich stand nicht allein" Zeugnis von der menschlichen Haltung zahlreicher nichtjüdischer deutscher Mitbürger ablegte:

„Jeder Ausgang in diesen ersten Tagen nach dem 10. November kostete Überwindung. Wenn die Wohnungstür hinter mir zufiel, hatte ich das Gefühl, mich erst straffen und wappnen zu müssen einer grausamen Außenwelt gegenüber. An jedem Geschäft der Stadt (mit ganz geringen Ausnahmen) prangten große Schilder ‚Juden ist der Zutritt verboten!' Von sämtlichen Gebäuden, Cafés und Lokalen gar nicht zu reden. Ohne weiteres konnte ich jede jüdische

Frau, jedes jüdische Mädchen erkennen ... an dem geradezu steinernen Gesichtsausdruck, den jede wie eine Maske trug, an den starr blickenden Augen, die keinen Menschen ansahen, sondern durch alle hindurchzusehen schienen.

Wenn übrigens durch die Inschriften von der Partei bezweckt worden war, den Juden jeden Einkauf unmöglich zu machen, sie an den dringendsten Bedürfnissen des täglichen Lebens Not leiden zu lassen, so ist dieser Zweck nicht nur nicht erreicht, sondern beinahe in sein Gegenteil verkehrt worden. Die Nachbarn und Bekannten, ja in vielen Fällen die Inhaber der Geschäfte, die jüdische Familien zu Kunden hatten, beeilten sich, ihnen alles, was sie brauchten, oft in Fülle und Überfülle, in die Wohnungen zu bringen." [19]

Diese Darstellung darf allerdings nicht für alle verfolgten Juden verallgemeinert werden, insbesondere nicht für die „Ostjuden", die in stärkerer Isolierung innerhalb ihrer nichtjüdischen Umwelt lebten, ferner nicht für die auf dem flachen Land lebenden Juden, die von Nazifunktionären leichter zu überwachen waren.

Vielfach fanden jüdische Bürger, die obdachlos geworden waren, Zuflucht in Klöstern, die bei Tag und Nacht offen standen, oder auch in einzelnen Fällen bei Geistlichen beider Konfessionen. Wegen ihres besonderen Ausnahmecharakters ist die Durchführung der Polizeirazzia in Köln hervorzuheben: Hier beteiligten sich an den Solidaritätsaktionen für die Juden sogar einige Polizeibeamte. Diesen gelang es, einen Teil der bedrohten Juden rechtzeitig von der ihnen bevorstehenden Verhaftung zu verständigen, so daß sie sich in Sicherheit bringen konnten.[20] Von einer Hilfsaktion, die außergewöhnlichen Mut erforderte, weiß der Heilbronner Stadtarchivar Hans Franke zu berichten. Im nahegelegenen Sontheim (wo – wie berichtet – das jüdische Altersheim demoliert worden war) zwang der Sohn eines nichtjüdischen Kohlenhändlers die Synagogenbrandstifter mit seiner Pistole zur Flucht und brachte anschließend einige ortsansässige Juden mit seinem Kraftwagen in anderen Orten der Umgebung in Sicherheit.[21]

Aber alle Hilfsaktionen – mögen sie den edelsten Motiven entsprungen sein – konnten doch nur individuelle Not in Einzelfällen lindern. Sie vermochten jedoch nicht die Nazimachthaber zu veranlassen, von den Judenverfolgungen Abstand zu nehmen. Zwischen den allzuwenigen aktiven Helfern und den Pogrombanden stand eine große Masse Gleichgültiger und Passiver, die sich von ihrem Gewissen nicht getrieben fühlten, den Judenmördern in den Arm zu fallen. Zwar notierte der britische Geschäftsträger in Berlin am 16. November 1938 seine Beobachtungen so: „Ich habe nicht einen einzigen Deutschen, gleich welcher Bevölkerungsschicht, angetroffen, der nicht in unterschiedlichem Maße zum mindesten mißbilligt, was geschehen ist." [22]

Aber dieses summarische positive Urteil trifft keinesfalls zu. Es mag sein, daß die Freunde des Geschäftsträgers ihm unter vier Augen ihre Empörung ausdrückten und im übrigen die Faust in der Tasche ballten. Aber das war dann auch alles!

Wir wissen, daß die jüdischen Bürger in anderen europäischen Ländern, in denen nach der Okkupierung die faschistischen Eroberer Massendeportationen einleiteten, auf die breite Solidarität der nichtjüdischen Bevölkerung rechnen konnten, so in Frankreich, Belgien, Holland, Bulgarien usw. und – als leuchtendes Beispiel! – in Dänemark, wo es durch die Mithilfe fast der gesamten Bevölkerung gelang, über 90 Prozent der gefährdeten Juden über die Ostsee nach Schweden zu retten.

Hier muß man natürlich berücksichtigen, daß in den okkupierten Ländern der Kampf gegen die Judenverfolgungen einmündete in den nationalen Befreiungskampf gegen die Okkupanten, denen es nicht gelungen war, die Juden gegenüber der nichtjüdischen Bevölkerung zu isolieren. Demgegenüber hatten in Deutschland auf Grund der wirtschaftlichen und außenpolitischen Erfolge der Nazis viele Menschen ihren Frieden mit dem Regime geschlossen und waren überdies infolge von Terror, Hetze und abgefeimter Demagogie gegen möglicherweise auftauchende Gewissensregungen weitgehend abgestumpft.

Man wird in der Beurteilung der allgemeinen politischen Stimmung in Deutschland Hans Seigewassers zweifellos sehr hartem Urteil zustimmen müssen, der 1948 schrieb: „Am Schandpfahl der Geschichte standen in jener Nacht noch mehr die vielen Millionen aus den Reihen des deutschen Volkes, die das Inferno erlebten und trotzdem keinen Widerstand gegen den Irrsinn leisteten. Hier wurde Schweigen zur unverzeihlichen Schuld.“ [23]

Die in tiefster Illegalität kämpfende Kommunistische Partei Deutschlands widmete dem Pogrom eine Sonderausgabe ihres Zentralorgans „Rote Fahne“, in der führende Funktionäre der Partei – Wilhelm Pieck, Walter Ulbricht, Franz Dahlem u. a. – den Standpunkt der Kommunisten zu Rassismus und Antisemitismus darlegten. In einem historischen Rückblick wird an die kompromißlose Haltung der Bolschewiki gegenüber allen antisemitischen Pogromisten und Pogromagitatoren erinnert, die durch ein Dekret des Rates der Volkskommissare vom Juli 1918 „außerhalb des Gesetzes“ gestellt worden waren [24]. Mit einer Erklärung „Gegen die Schmach der Judenpogrome“ wandte sich das Zentralkomitee „an alle Kommunisten, Sozialisten, Demokraten, Katholiken und Protestanten, an alle anständigen und ehrbewußten Deutschen“ mit dem Appell: „Helft unseren gequälten jüdischen Mitbürgern mit allen Mitteln! Isoliert mit einem Wall der eisigen Verachtung das Pogromistengesindel von unserem Volke! Klärt die Rückständigen und Irregeführten, besonders die mißbrauchten Jugendlichen, die durch die nationalsozialistischen Methoden zur Bestialität erzogen werden sollen, über den wahren Sinn der Judenhetze auf!“ [25] Der Aufruf schloß mit der Forderung, baldigst die breiteste deutsche Volksfrontbewegung zum Sturz der Hitlerdiktatur zu schaffen.

In einem anderen Aufruf an die Bevölkerung von Rheinland-Westfalen legte die Abschnittsleitung Rhein-Ruhr der KPD die Hintergründe und den Klassencharakter der Pogrome als *„demagogisches Mittel, von den Folgen und Wirkungen ihrer verbrecherischen, zum Kriege treibenden . . . Politik abzulenken"*, bloß.[26]

Als die ersten Einzelheiten des Pogroms im Ausland bekannt wurden, erhob sich ein Sturm der Entrüstung und des Abscheus in der ganzen Welt – in Moskau wie in New York, in London, Paris und selbst in dem von der faschistischen Intervention heimgesuchten Spanien. Alle großen Zeitungen der Welt verurteilten die Nazigreueltaten.[27] „Kein Feind Deutschlands könnte schlimmere Greuel erfinden, als sie in diesen Tagen von den Nationalsozialisten begangen wurden", schrieb die Londoner „Times".

Der der Labour-Party nahestehende „Daily Herald" sprach von einer „wüsten Orgie" in Deutschland, die Pariser kommunistische „Humanité" bezeichnete die Pogrome als „ein Schauspiel der Entehrung, wie es in der Geschichte kaum je da war". Die Moskauer „Prawda" charakterisierte die antisemitischen Ausschreitungen als einen großangelegten Versuch, die wachsende Unzufriedenheit der deutschen Bevölkerung über die wirtschaftliche und soziale Verschlechterung von den eigentlichen Verantwortlichen abzulenken.

Führende Repräsentanten des politischen und geistigen Lebens in allen Ländern gaben öffentliche Erklärungen ab, in denen der nazistische Antisemitismus verurteilt und gebrandmarkt wurde, z. B.:

in England der nachmalige Premierminister Churchill und sein Außenminister Eden, der langjährige konservative Innen- und Außenminister John Simon, der Kronanwalt Pritt, der Erzbischof von Canterbury, der katholische Bischof von Liverpool und viele andere;

in den USA Präsident Roosevelt, Außenminister Hull und Innenminister Ickes, der ehemalige Präsident Hoover, Sinclair Lewis und andere Schriftsteller, die Präsidenten der beiden großen Gewerkschaftsverbände AFL und CIO, Green und Lewis, viele Bischöfe und kirchliche Würdenträger;

in Frankreich der ehemalige sozialistische Ministerpräsident Léon Blum, der Präsident des internationalen Pen-Clubs Jules Romain, der weltbekannte Anwalt und Verteidiger Herschel Grynszpans, Moro-Giafferi, und viele Wissenschaftler, Kleriker, Politiker und Künstler;

in der Sowjetunion Alexej Tolstoi im Namen der sowjetischen Schriftsteller, Professor Wesnin im Namen der Architektur-Akademie und unzählige andere;

im Namen des anderen Deutschlands die emigrierten Repräsentanten der deutschen Kultur Willi Bredel, Rudolf Leonhard, Hermann Budzislawski, Hans Marchwitza, Heinrich und Thomas Mann, Lion Feuchtwanger u. a.

Überall kam es zu großen Protestkundgebungen und Demonstrationen, so in London vor der deutschen Botschaft am 13. November, in New York am 20. November, in Melbourne am 21. und in Paris am 22. November. In Brasilien protestierten 60 000 Schüler und Studenten, in den USA rief die AFL zu erneutem Boykott auf.

Ein ergreifendes Dokument aufrichtiger Solidarität mit den verfolgten deutschen Juden ist die Erklärung der Regierung des republikanischen Spaniens, das damals im verzweifelten Todeskampf gegen die vom Ausland unterstützten faschistischen Kräfte stand. Darin hieß es: „Spanien ist empört über diesen Anschlag auf die menschliche Würde, wie ihn die Pogrome in Nazi-Deutschland darstellen. Spanien macht durch seine Regierung das Angebot, nach Abschluß des Krieges im Rahmen seiner Mittel allen denen Asyl zu gewähren, die wegen ihrer Abstammung, ihrer politischen Einstellung oder ihrer Religion verfolgt werden, ob sie nun Katholiken, Protestanten oder Juden seien ..."

Die Haltung der Regierungen war unterschiedlich: Einige legten zum Schutz ihrer jüdischen Bürger in Deutschland offiziellen Protest ein, so die Sowjetunion, die USA, welch letztere demonstrativ ihren Botschafter abberiefen, selbst der italienische Bundesgenosse sowie das von antisemitischen Militärs regierte Polen. Andere legten sich größere Zurückhaltung auf, vor allem England und Frankreich, Hitlers „Münchner Verbündete". Als die Internationale Liga gegen Rassismus und Antisemitismus etwa einen Monat nach dem Pogrom eine Protestbewegung gegen den Besuch Ribbentrops, der zur Unterzeichnung eines deutsch-französischen Freundschaftsvertrages nach Paris kam, organisieren wollte, wurden ihre Flugblätter von der Polizei beschlagnahmt und ihre Kurier-Telegramme in die Provinz von der Post nicht befördert.[28]

Man ist geneigt zu fragen, ob die Nazimachthaber aus politischer Kurzsichtigkeit die weltweite moralische Isolierung bedenkenlos heraufbeschworen, nur um ihrem antisemitischen Fanatismus hemmungslos frönen zu können. Doch eine solche Fragestellung träfe nicht den Kern der Dinge. Hitler und seine Komplicen wußten sehr genau, daß die praktische Außenpolitik nicht von öffentlichen Deklarationen und verbalen Protesten, sondern von realen Interessen bestimmt wird. Das hatte nicht nur das Abkommen von München erwiesen, sondern in noch viel stärkerem Maße die Konferenz von Evian. Und so kamen die Experten des Auswärtigen Amtes einige Monate später zu der nüchternen Einschätzung, daß der Pogrom auf längere Sicht überwiegend positive Aspekte im Sinne der faschistischen Aggressionspolitik zeitigen werde.

Am 25. Januar 1939 verfaßte der Leiter des neu geschaffenen Sonderreferats Deutschland im Auswärtigen Amt, Schumburg, ein Rundschreiben an alle deutschen Missionen und Konsulate im Ausland. Darin wird die Funktion des Pogroms in der außenpolitischen Strategie Hitlerdeutschlands mit zynischer Offenheit dargelegt: Durch die möglichst massenweise Austreibung deutscher

Juden solle antisemitischen Tendenzen in allen Aufnahmeländern Auftrieb gegeben werden. Um dieses Ziel zu erreichen, läge es im deutschen Interesse, den Transfer jüdischen Vermögens zu verhindern. „Je ärmer und damit belastender für das Einwanderungsland der einwandernde Jude ist, desto stärker wird das Gastland reagieren und desto erwünschter ist die Wirkung im deutschen propagandistischen Interesse."[29] Auf keinen Fall wolle die deutsche Regierung allerdings die Bildung eines jüdischen Nationalstaates fördern, sondern ihr Ziel sei die Errichtung eines jüdischen „Reservates".

Hier wird also die auf der Konferenz von Evian bereits erkennbare Linie der antijüdischen Politik der Nazimachthaber konsequent weiterentwickelt: Die Austreibung der ihres Vermögens beraubten, völlig verarmten deutschen Juden erfolgte unter dem Gesichtspunkt des Exports des Antisemitismus, und die Pogrome sollten durch Erzeugung von Panik unter den Juden die hierfür erforderlichen psychologischen Voraussetzungen schaffen. Im Jerusalemer Eichmann-Prozeß berichtete ein ehemaliger jüdischer Angestellter der Wiener „Auswanderungszentrale", Fleischmann, daß am Tage nach dem Pogrom Eichmann selbst den Mitarbeitern der Zentrale mit diesen Argumenten die nazistische Auswanderungspolitik erläutert habe! Damit war klargestellt, daß die Juden im deutschen Herrschaftsbereich nur noch zwischen zwei Perspektiven zu wählen hatten: Im Lande bleiben als völlig entrechtete Parias, die physische Vernichtung vor Augen, oder als mittellose Flüchtlinge in fremden Ländern, ohne Existenz und von ständiger Ausweisung bedroht, dahinvegetieren – ein drittes gab es nicht mehr, denn der große Raubzug auf das jüdische Vermögen setzte nun mit aller Brutalität ein.

2. Der Pogrom als Auftakt der „wirtschaftlichen Endlösung"

Bis zur „Kristallnacht" hatten die faschistischen Verfolgungsmaßnahmen gegen die deutschen Juden in erster Linie deren politische Entrechtung und gesellschaftliche Isolierung bezweckt. Demgegenüber waren die wirtschaftlichen Positionen des jüdischen Groß- und Mittelbürgertums bis zum April 1938 – von der Verdrängung Intellektueller und illegalen terroristischen Aktionen, über die wir berichteten und die sich überwiegend auf dem flachen Land und in den Kleinstädten abspielten, abgesehen – noch relativ wenig erschüttert. Auch die nach der Aprilverordnung einsetzenden „Arisierungen" erfolgten bis zum November noch ohne gesetzliche Handhabe und erfaßten überwiegend kleinere und mittlere Betriebe, die dem starken politischen und psychologischen Druck den geringsten Widerstand entgegensetzen konnten.

Anfang November 1938 bot die jüdische Minderheit im „Altreich" und in Österreich in nüchternen Zahlen folgendes Bild:

Von den am 16. Juni 1933 im Reich erfaßten 503 000 jüdischen Bürgern waren etwa 159 000 ausgewandert, der Sterbe-Überschuß betrug in dieser Zeit ungefähr 34 000, so daß noch etwa 310 000 Juden in Deutschland verblieben waren. Zu diesen sind noch weitere 20 000 Nichtjuden zu zählen, die durch die Nürnberger Gesetze betroffen waren („Judenchristen").

Am 27. April 1938, dem Stichtag der Vermögensanmeldung, wurden in Deutschland rund 320 000, in Österreich rund 200 000 „Rassejuden" erfaßt. Von diesen insgesamt etwa 520 000 durch die Nürnberger Gesetze Betroffenen waren 147 586 als „Selbständige" anmeldungspflichtig. Sie meldeten ein Vermögen von insgesamt 7,538 Milliarden Reichsmark an, davon entfielen auf Deutschland 5,243 und auf Österreich 2,295 Milliarden Reichsmark. Das bedeutete ein Vermögen von 51 100 Reichsmark pro jüdische Erwerbsperson oder von 14 496 Reichsmark pro Kopf der von den Rassegesetzen Betroffenen (also einschließlich der Familienangehörigen).[30]

Wie gesagt, handelte es sich hier um das angemeldete Vermögen. Es ist mit Sicherheit anzunehmen, daß das tatsächliche Vermögen erheblich höher war, denn so engmaschig auch das Netz der Nazigesetze und Verordnungen war, die schwer durchschaubare Verflechtung des modernen kapitalistischen Systems bot immer noch Möglichkeiten, mit Hilfe von Strohmännern und anderen Manipulationen Vermögensteile dem staatlichen Zugriff zu entziehen. Da ferner der größte Teil des angemeldeten Vermögens in Grundstücken, Betriebskapital und Effekten angelegt war, also einen Verkehrswert besaß, der über der amtlich vorgeschriebenen Grundlage des „gemeinen Wertes" lag, muß der aktuelle Wert des jüdischen Vermögens schon aus diesem Grunde höher eingeschätzt werden. Hierbei muß allerdings vermerkt werden, daß die Verfügung über die Vermögenswerte seitens der jüdischen Besitzer durch die Regierung bereits weitgehend eingeschränkt war.

Diese auf den ersten Blick hin erstaunlich positive Bilanz des jüdischen Vermögens macht es auch verständlich, daß bis dahin, ungeachtet aller diskriminierenden Maßnahmen, bei vielen jüdischen Bürgern der Hang, den Besitz in der Heimat um jeden Preis zu erhalten, immer noch größer war als der Drang, auszuwandern und unter unsicheren Bedingungen eine neue Existenz aufzubauen.

Zwischen April und November 1938 sind in Deutschland und Österreich nach den Angaben des Reichswirtschaftsministers Funk Werte in Höhe von etwa 2 Milliarden Reichsmark in „arischen" Besitz überführt worden, so daß sich zur Zeit des Pogroms immer noch 5,5 Milliarden angemeldetes Vermögen in Händen von jüdischen Bürgern befand.

Die Goebbels-Propaganda versuchte, den nun mit Macht einsetzenden

Raubzug auf das jüdische Vermögen als „Vergeltungsmaßnahmen" gegen eine weltweite jüdische „antideutsche" Verschwörung darzustellen, deren sichtbarer Ausdruck das Attentat von Paris gewesen sei. Aber die Berliner „Börsen-Zeitung", das Organ der deutschen Finanzoligarchie, das übrigens auch der Reichswehr nahestand, deckte mit bemerkenswertem Freimut die eigentlichen Motive dieser Maßnahmen in einem Artikel am 19. November 1938 auf, in dem stand: „Die Schnelligkeit, mit der Deutschland seine Rechnung aufgestellt und vorgelegt hat, mag ein Hinweis darauf sein, daß der Nationalsozialismus schon seit geraumer Zeit in Ruhe Vorbereitungen getroffen hat, der politischen Konsequenz in seinem Verhalten zum Judentum nunmehr auch die wirtschaftliche folgen zu lassen. Schon lange vor den jetzt eingeleiteten Maßnahmen deutete dem aufmerksamen Leser die in diesem Jahre ergangene Inventarisierungsverordnung der Regierung, wonach das gesamte bewegliche und unbewegliche Vermögen deutscher Juden anzugeben war, die kommende Heranziehung des jüdischen Besitzes zur Wirtschaftsleistung und der erforderlichen Ausschaltung des jüdischen Einflusses auf die Wirtschaft an. In der einen oder anderen Form wäre also über kurz oder lang sowieso der besondere Einsatz des jüdischen Kapitals erfolgt. Die Schüsse in Paris auf einen Mitarbeiter des deutschen Botschafters haben nun allerdings den vorzeitigen Start ausgelöst."

Am 12. November 1938 lud Göring im Auftrag Hitlers alle mit der „Judenfrage" befaßten Ressorts der Reichsregierung und der Nazipartei zu einer Sitzung im Luftfahrtministerium ein.[31] Vertreten waren das Wirtschafts-, Finanz-, Innen-, Justiz- und Propagandaministerium sowie das Auswärtige Amt, die Chefs der Sicherheits- und der Ordnungspolizei, die Reichsbank sowie einige österreichische Behördenvertreter, insgesamt etwa 100 Personen. Es war eine seltsame gemischte Gesellschaft, die sich da zu gemeinsamen Aktionen zusammengefunden hatte: Neben dem aristokratischen Grafen Schwerin von Krosigk, dem Diplomaten Woermann, dem konservativen Bürokraten Gürtner und dem Reichsbankvertreter Blessing saßen die Altnazis Goebbels, Frick, Heydrich und der rabiate Österreicher Fischböck und erörterten einen umfassenden Maßnahmeplan, der in den kommenden Monaten nicht nur die wirtschaftliche, sondern auch die physische „Endlösung der Judenfrage" einleiten sollte. Dieser Plan sah im einzelnen folgende aufeinander abgestimmte Aktionen vor:

1. gesetzliche Maßnahmen, die die im Verlauf des Pogroms entstandenen wirtschaftlichen Verluste ausschließlich den Juden aufbürdeten, sei es durch direkte Instandsetzung der demolierten Ladengeschäfte („Wiederherstellung des Straßenbildes"), sei es durch die Beschlagnahme der an geschädigte Juden zu zahlenden Versicherungssummen durch das Reich;

2. Auferlegung einer Kontribution in Höhe von 1 Milliarde Reichsmark, die

von der Gesamtheit der deutschen Juden in einem bestimmten Zeitraum aufzubringen war;

3. gesetzliche Maßnahmen, die die völlige wirtschaftliche Verdrängung der Juden aus der deutschen und der österreichischen Wirtschaft bezweckten, sei es durch Liquidierung und Stillegung jüdischer Betriebe, sei es durch deren „Arisierung" vermittels staatlicher Treuhänder;

4. rigorose gesetzliche Maßnahmen zur weiteren gesellschaftlichen Isolierung der jüdischen Bürger, die praktisch zur Ghettoisierung führten (Initiatoren dieses Teils des Maßnahmeplanes waren vor allem Goebbels und Heydrich);

5. gesetzliche Maßnahmen, die die jüdische Auswanderung – bisher ein Hauptttätigkeitsfeld der Reichsvertretung der Juden – in die unmittelbare Verantwortlichkeit staatlicher Stellen gaben, um sie im Sinne des Exports des Antisemitismus zu steuern.

Die auf der Konferenz festgelegten Direktiven fanden ihren Niederschlag in einer Reihe von Gesetzen und Verordnungen, die zum Teil noch am gleichen Tag von den zuständigen Ressorts ausgearbeitet und verkündet wurden.

Am 12. November 1938 erging die „Verordnung über eine Sühneleistung der Juden deutscher Staatsangehörigkeit" des Beauftragten für den Vierjahresplan, Göring.[32] In zwei lakonischen Sätzen wird „den Juden deutscher Staatsangehörigkeit in ihrer Gesamtheit" die Zahlung einer Kontribution von 1 Milliarde Reichsmark auferlegt und der Erlaß von Durchführungsbestimmungen durch den Finanzminister angekündigt. Die bereits am 21. November 1938 erlassene Durchführungsverordnung legte fest, daß jeder vermögensmeldepflichtige Jude 20 Prozent seines Vermögens in vier vierteljährlich fälligen Raten, beginnend mit dem 15. Dezember 1938, abzuliefern hatte. Dieser Satz errechnete sich aus dem geschätzten, noch in jüdischem Besitz befindlichen Gesamtvermögen von rund 5,5 Milliarden Reichsmark, von dem die „Kontribution" ein Fünftel betrug. Die Zahlungen waren in bar zu leisten. Bei Illiquidität des Zahlungspflichtigen hatte er persönlichen Schmuck und Kunstgegenstände, erforderlichenfalls dann auch Wertpapiere und als letztes Grundstücke zu veräußern. Am 19. Oktober 1939 erklärte das Finanzministerium, der Betrag von 1 Milliarde Reichsmark sei durch die eingegangenen Zahlungen nicht erreicht worden, und erhöhte nachträglich den Abgabesatz von 20 auf 25 Prozent.[33]

Gleichfalls am 12. November 1938 wurde die „Verordnung zur Wiederherstellung des Straßenbildes bei jüdischen Gewerbebetrieben" erlassen. Danach hatten die Inhaber der demolierten Geschäfte und Wohnungen die Kosten der Wiederherstellung selbst zu tragen; Versicherungsansprüche verfielen dem Reich. In der Praxis zeigte sich jedoch, daß viele kleine Geschäftsleute gar nicht in der Lage waren, die Kosten aufzubringen. Der findige Gaupropagandaleiter von Berlin, Wächtler, der für die Durchführung der Verordnung in Berlin zuständig war, fand nicht nur einen Ausweg, daß die erforderlichen Summen aufgebracht wurden, sondern erreichte, daß noch erheblich mehr als erforderlich bezahlt wurde. Er verpflichtete die Vertreter der Reichsvertretung Baeck, Stahl und Kozower, den Betrag von 5 Millionen Reichsmark bei vermögenden Berliner Juden zu erheben und auf ein besonderes Konto einzuzahlen.[34] Über die Verwendung dieses „Berliner Scherbenfonds" ist uns die Abrechnung Wächtlers an den Propagandaminister Goebbels vom 24. November 1938 erhalten geblieben. Nur 1 Million Reichsmark waren zur Bezahlung der bei mittellosen Juden entstandenen Schäden verwandt worden. 3 Millionen wurden an die Reichshauptkasse zur Verfügung Görings überwiesen. Die restliche 1 Million wurde folgendermaßen verteilt:

Stadt Berlin für Feuerwehr, Straßenreinigung usw.	175 000 Reichsmark
Staatsbegräbnis des Parteigenossen von Rath	300 000 Reichsmark
Schäden, die „Arier" beim Einsatz erlitten haben	10 000 Reichsmark
Einsatz der SA-Gruppe Berlin-Brandenburg	50 000 Reichsmark
Einsatz der SA-Standarte Feldherrnhalle	20 000 Reichsmark
Einsatz der SS-Standarte, SS-Abschnitt III, Berlin	15 000 Reichsmark
Einsatz des Parteiapparates der NSDAP Gau Berlin	115 000 Reichsmark
Zusätzliche Unkosten für SA- und SS-Einsätze	70 000 Reichsmark
Reservefonds zur Verfügung der Partei	245 000 Reichsmark

Auf diese Weise sicherten sich die Organisatoren des Pogroms zusätzliche Einkünfte, die die Pogromopfer aufbringen mußten. Die Einnahmen, die der Staat aus der Beschlagnahme der Versicherungssummen zog, können mit weit über 200 Millionen Reichsmark in Ansatz gebracht werden. Durch „Sühneleistung" und „Wiederherstellung des Straßenbildes" büßten die deutschen und österreichischen Juden insgesamt ein Viertel ihrer Vermögenssubstanz ein.

Von weitaus einschneidenderer Bedeutung waren jedoch jene Maßnahmen, die die völlige Ausschaltung der Juden aus dem Wirtschaftsleben bezweckten. Zwei Verordnungen bildeten die gesetzliche Grundlage dieses gigantischen Ausplünderungsfeldzuges. Die von Göring am 12. November 1938 erlassene „Verordnung zur Ausschaltung der Juden aus dem deutschen Wirtschaftsleben"[35] untersagte Juden mit Wirkung ab 1. Januar 1939 den Betrieb von Einzelhandelsverkaufsstellen, Versandgeschäften sowie eines selbständigen Handwerks, ferner Werbe- und Vertretertätigkeit. Juden hatten als Betriebsführer und als leitende Angestellte auszuscheiden, sie durften keiner Genossenschaft mehr angehören. Katastrophal wirkte sich dieser letzte Passus für Mitglieder von Wohnungsbaugenossenschaften aus, denn sie verloren über Nacht ihr Wohnrecht.

Eine Durchführungsverordnung vom 23. November 1938 bestimmte, daß jüdische Einzelhandelsgeschäfte in der Regel aufgelöst und nur bei besonderem Bedarf „arisiert" werden sollten.

Es dauerte keinen Monat, bis die Nazimachthaber dann zu einem weiteren entscheidenden Schlag gegen die Juden ausholten: Am 3. Dezember 1938 verkündeten Reichswirtschaftsminister Funk und Reichsinnenminister Frick die „Verordnung über den Einsatz des jüdischen Vermögens". Sie enthielt 5 Artikel in 24 Paragraphen. Artikel I bestimmte, daß Inhabern jüdischer Gewerbebetriebe aufgegeben werden kann, den Betrieb binnen einer bestimmten Frist zu veräußern oder abzuwickeln. Mit der Abwicklung oder Veräußerung kann ein Treuhänder beauftragt werden. Artikel II sah entsprechende Anweisungen für land- und forstwirtschaftliche Betriebe, für Grundeigentum und „sonstiges Vermögen" vor. Artikel III ordnete an, daß Juden binnen einer Woche ihre sämtlichen Wertpapiere in das Depot einer Devisenbank einlegen mußten. Sie durften nur noch mit Genehmigung des Wirtschaftsministers über sie verfügen. Artikel IV verbot Juden den Erwerb von Edelmetallen und Schmuck im Wert von über 1000 Reichsmark. Sie durften sie nur an die vom Reich eingerichteten öffentlichen Ankaufstellen verkaufen. Artikel V schließlich enthielt allgemeine Vorschriften über Zuständigkeiten und Verfahrensfragen.

Tausende Juden befanden sich bei Erlaß dieser Verordnung in Konzentrationslagern. Ihre Haftentlassung wurde in der Regel von ihrer Unterschrift unter die ihnen vorgelegten „Arisierungs"-Verträge oder unter die Abwicklungsdekrete abhängig gemacht. Bei dieser Gelegenheit wollten auch die kleinen Räuber, vom Lagerkommandanten bis zu den unteren Chargen, nicht leer ausgehen. Kogon berichtet aus Buchenwald, daß dort vermögende Juden gezwungen wurden, größere Bargeldbeträge – in Einzelfällen bis zu mehreren hunderttausend Reichsmark – für alle möglichen „Spenden" abzuliefern. Auch die Besitzer von Autos und Motorrädern mußten ihre Fahrzeuge auf SS-Führer umschreiben lassen. Die letzten jüdischen Häftlinge aus der „Rath-Aktion" wurden im Februar 1939 aus Buchenwald entlassen. 600 waren im Lager umgekommen.[36]

In der Praxis entwickelte sich allgemein ein bestimmtes „Arisierungsmodell", das etwa folgendermaßen aussah[37]: Zwischen dem jüdischen Besitzer bzw. dem Treuhänder des Betriebes und dem „arischen" Käufer wurde ein Kaufpreis vereinbart, der erheblich unter dem Verkehrswert lag. Auf diesen Preis wurde eine sogenannte Ausgleichsabgabe erhoben, die in der Regel die Hälfte des Kaufpreises ausmachte und vom Käufer an den Staat abgeführt wurde. Sie war der „Arisierungsgewinn" des Staates. Der „Arisierungsgewinn" des Käufers bestand in der meist erheblichen Differenz zwischen dem Kaufpreis und dem Verkehrswert.

Dieses Modell galt für den „Normalfall" einer „Arisierung". Wie wir gesehen haben, war aber der Willkür Tür und Tor geöffnet, so daß die Fälle einer auch nur den gesetzlichen Bestimmungen Rechnung tragenden „Arisierung" – nur in Einzelfällen kam es sogar zu freundschaftlichen Absprachen zwischen Käufer und Verkäufer über eine geschäftlich korrekte Abwicklung! – durchaus nicht die Regel darstellten. Zu einem regelrechten kriminellen Bandenunwesen artete – wie im vorigen Kapitel berichtet – die „Arisierung" in Österreich aus, bis dann Ende des Jahres 1938 Göring persönlich eingriff und die Aktion aus der Zuständigkeit der Parteiorgane in die staatliche, von Berlin aus kontrollierte Regie überleitete.

Fast noch schlimmer sah es im Gau Franken, dem Reich des „Stürmer"-Herausgebers Julius Streicher, aus. Hier sah sich Göring gezwungen, am 9. Februar 1939 eine Untersuchungskommission einzusetzen, um die begangenen Unregelmäßigkeiten aufzudecken. Da wurden die besten Betriebe – bereits vor der „Kristallnacht" – an „bewährte Parteigenossen" für ein Spottgeld verschleudert; dafür zahlten diese an die Mitarbeiter der Gauleitung der NSDAP hohe Bestechungsgelder. Die „Arisierungsgewinne" betrugen für die Käufer allein in 33 nachgeprüften Fällen 14,4 Millionen Reichsmark. Grundstücke wurden prinzipiell nur für 10 Prozent des Einheitswertes geschätzt und verkauft (Begründung: die Juden haben ihre Grundstücke in der Inflation für den zehnten Teil des Wertes erworben), für bereits getätigte Verkäufe, die unter normalen Bedingungen stattgefunden hatten, mußten die jüdischen Verkäufer nachträglich 90 Prozent des Verkaufspreises an die Partei abführen. Auf Grund des Berichtes der Untersuchungskommission wurden einige der am meisten kompromittierten Nazierpresser aus der Umgebung Streichers verhaftet, aber eine Wiedergutmachung an die ausgeplünderten Juden erfolgte nicht.

Helmut Genschel, dessen instruktiver und materialreicher Studie diese Beispiele entnommen sind, meint zwar, sie seien nicht typisch für das ganze Reich. Nun sind nicht in alle Bezirke Untersuchungskommissionen von Göring entsandt worden, um die „Arisierungs"-Praxis zu überprüfen, so daß der Nachweis sich eben nur für den Gau Franken dokumentarisch führen läßt. Aber aus allen Gegenden Deutschlands werden ähnliche Fälle berichtet, die 30 000 Verhafteten der „Rath-Aktion" kamen ebenfalls aus ganz Deutschland und Österreich, und die Pogrome waren in Hessen oder Ostpreußen nicht weniger heftig gewesen als in Nürnberg. Das berechtigt uns zu der Schlußfolgerung, daß die „Arisierung" trotz der „gesetzlichen" Fassade weitgehend zur illegalen persönlichen Bereicherung Zehntausender geschäftstüchtiger und skrupelloser Nazis ausgenützt wurde.

Insgesamt gesehen setzten sich jedoch die staatsmonopolistischen Interessen gegenüber den primitiven Raubinstinkten der kleinbürgerlichen Nazianhänger durch. In einem Kommentar zu den Aprilverordnungen, der Ende 1938 unter dem Titel „Die Entjudung der deutschen Wirtschaft" in Buchform erschien, erklärten die Autoren offenbar in höherem Auftrag: „Es soll nicht jedem möglich sein, statt der Juden dort einzudringen oder dort seinen Einfluß zu vergrößern. Bevor die Bewegung des jüdischen Kapitals in geordnete Bahnen gelenkt wurde, konnte man beobachten, wieviel ‚weiße Juden' (gemeint sind hier die nazistischen ‚Arisierer' – d. Verf.) glaubten, nun sei eine gute Konjunktur für ihre mehr oder weniger sauberen Spekulationen gekommen. Die Erwerber werden daher in Zukunft daraufhin genau angesehen werden, ob sie den Anforderungen, die die nationalsozialistische Staatsführung an den deutschen Kaufmann stellt, Genüge leisten."[38]

Diese Warnung galt – wie gesagt – für die kleinen Räuber. Andere Gesetze galten für die Banken mit ihren weltweiten Verflechtungen und Interessen. Hier fanden in der Regel kulante Formen der Transaktionen statt.

So gelang es dem Hamburger Großbankier Max Warburg, als seinen „arischen" Nachfolger Hermann Wirtz vorzuschlagen, der in der Folge auch weiterhin seine Interessen vertrat. An dem Nachfolge-Institut Bankhaus Brinkmann, Wirtz & Co. waren unter anderen die Gutehoffnungshütte (Haniel) und das Haus Siemens beteiligt.

Das weltbekannte Bankhaus Sal. Oppenheim jr. & Co. in Köln fand einen Vertrauensmann in Robert Pferdmenges, der die „arisierte" Bank unter der Firma Pferdmenges & Co. weiterführte und den alten Inhaber Waldemar von Oppenheim abschirmte.

Die jüdische Hirschlandbank in Essen verwandelte sich in die „arische" Burkhardbank. Sie beteiligte sich nach der Transaktion wie zuvor an den Finanzmanipulationen von Flick, Thyssen und anderen Monopolen. Der neue Leiter, Gotthard Freiherr von Falkenhausen, kam aus der Deutschen Bank.

Richard Merton, der Chef der Frankfurter Metallgesellschaft, verblieb bis 1939 auf seinem Posten und konnte sich mit seiner Familie nach England absetzen. Infolge der starken Verflechtung dieses Konzerns mit britischen und amerikanischen Interessen änderten sich nicht einmal die Besitzverhältnisse.

Vier Monate nach der Dezemberverordnung lag folgende Zwischenbilanz der „Arisierungs"-Kampagne vor:

Im „Altreich" waren von 39 532 jüdischen Betrieben, die am 1. April 1938 bestanden, am 1. April 1939 14 803 liquidiert, 5976 „arisiert" und der Rest in Bearbeitung. In Österreich waren von 25 519 Betrieben 17 877 liquidiert, 4172 „arisiert" und der Rest in Bearbeitung. Die Verkaufserlöse, die wie gesagt nur einen Bruchteil der realen Vermögenswerte ausmachten, sammelten sich auf Sperrkonten an, von wo sie auf den verschiedensten Wegen als „Kontribution", Sondersteuer oder ganz einfach durch Beschlagnahmungen in die Kassen des Staates flossen.

Vollendet wurde das Werk der wirtschaftlichen Entrechtung und gesellschaftlichen Isolierung durch eine Fülle weiterer schikanöser und diffamierender Polizeiverfügungen und Regierungsanordnungen, von denen hier nur die wichtigsten aufgezählt seien:

Am 12. November 1938 verbot Goebbels in seiner Eigenschaft als Präsident der „Reichskulturkammer" allen Juden die Teilnahme an kulturellen Veranstaltungen aller Art;

am 14. November 1938 ordnete Erziehungsminister Rust die sofortige Entlassung aller noch an deutschen Schulen zugelassenen jüdischen Schüler an; jüdischen Studenten wurde das Betreten der Hochschulen verboten;

am 28. November 1938 schränkte die „Polizeiverordnung über das Auftreten der Juden in der Öffentlichkeit" die Bewegungsfreiheit der jüdischen Bürger empfindlich ein. Auf Grund dieser Verordnung erließ der Berliner Polizeipräsident am 6. Dezember eine Durchführungsverordnung unter der Bezeichnung „Der Judenbann". Danach durften Juden bestimmte Stadtbezirke nicht mehr betreten. Für dienstliche Obliegenheiten wurden Erlaubnisscheine ausgestellt. In der Folge wurde der „Judenbann" in allen Städten Deutschlands und Österreichs verhängt.[39]

Am 28. Dezember 1938 kündigte Göring in einem Schnellbrief weitere einschneidende Maßnahmen an: Aufhebung des Mieterschutzes für Juden, „Arisierung" des jüdischen Hausbesitzes, Schaffung von „Judenhäusern" und „Judenvierteln"; dabei sollten die diskriminierenden Maßnahmen jetzt auch auf die nichtjüdischen weiblichen Ehepartner in sogenannten Mischehen ausgedehnt werden. Ihren Niederschlag fand diese Anweisung in dem „Gesetz über die Mietverhältnisse mit Juden" vom 30. April 1939. Schon vor diesem Termin waren Tausende Juden aus ihren Wohnungen geworfen worden.

Und so ging es weiter und weiter: Entzug der Führerscheine für jüdische Kraftfahrzeugbesitzer; Kürzung der Pensionen ausgeschiedener jüdischer Beamter; „Arisierung" von Patenten jüdischer Erfinder; endgültiges Zulassungsverbot für jüdische Zahnärzte, Tierärzte und Apotheker; Ausdehnung des „Judenbanns" auf Hotels, Schlafwagen, Ruhebänke in Anlagen usw.; Zwangsablieferung aller Gegenstände aus Edelmetall sowie von Schmuck an staatliche Erfassungsstellen.

Je detaillierter und differenzierter diese Verordnungslawine wurde, um so schwieriger wurde natürlich auch die Kontrolle ihrer Durchführung. Aber nicht darauf kam es den Gesetzgebern an, sondern auf die psychologische Wirkung, das jüdische „Antisymbol" noch stärker von der übrigen Bevölkerung zu isolieren und gleichzeitig die unteren Exekutivorgane zu ermuntern, selbständig neue Schikanen zu ersinnen. Und es fehlte wahrlich nicht an willfährigen Kreaturen, die diese Erwartungen in vollem Umfang erfüllten.

3. Die Lage der Juden wird hoffnungslos

Wenn die Nazimachthaber mit dem Pogrom das Ziel verfolgten, die noch in Deutschland verbliebenen Juden in Panik zu versetzen, um sie desto leichter ausplündern zu können, so erreichten sie ihre Absicht in vollem Umfang. Viele, die trotz der im Sommer 1938 sich steigernden illegalen „Arisierungs"-Welle immer noch auf einen erträglichen Modus vivendi gehofft hatten, wurden sich nun mit einem Schlag der Ausweglosigkeit ihrer Lage bewußt. Überall belagerten verstörte Pogromopfer die jüdischen Auswanderer-Beratungsstellen und drängten um jeden Preis nur hinaus aus diesem Land, das den Marsch ins finsterste Mittelalter angetreten hatte.

Die Reichsvertretung war diesem Ansturm nicht gewachsen. Hier versagten alle langfristigen und komplizierten Planungen. Tausende flohen unter Zurücklassung ihrer gesamten Habe nach Holland, Belgien, Frankreich, der Schweiz und England, wo sie zunächst in Flüchtlingslagern aufgefangen wurden. Es mag sein, daß die schrecklichen Ereignisse der „Kristallnacht" auch bei manchen ausländischen Regierungen, die sich noch vor einigen Monaten in Evian jeder jüdischen Einwanderung aus Deutschland gegenüber reserviert oder gar ablehnend verhalten hatten, nun etwas größere Hilfsbereitschaft erzeugten. Besondere Fürsorge erfuhren die Kinder: Bis zum 30. August 1939 fanden rund 7500 jüdische Kinder in England, 1500 in Holland, 1000 in Belgien, 600 in Frankreich, 300 in der Schweiz und je 250 in Schweden und in den USA Aufnahme und Betreuung. Viele von ihnen wurden von dort aus mit Unterstützung der großen jüdischen Hilfsorganisationen nach Übersee oder nach Palästina weitergeleitet.[40]

Durch die Massenflucht, durch die im Zusammenhang mit den „Arisierungen" sich verstärkende legale Auswanderung, aber auch durch den ansteigenden Sterbeüberschuß (darunter viele Selbstmorde!) ging die Zahl der als Juden im Sinne der Nürnberger Gesetze Geltenden in Deutschland bis zum Ausbruch des Krieges rapide zurück. Wurden am 27. April 1938 noch 520000 Juden im „Großdeutschen Reich" gezählt, so waren es bei der Volkszählung am 17. Mai 1939 330539 (233646 in Deutschland, 94530 in Österreich und 2363 im Sudetengebiet, darunter rund 298000 „Glaubensjuden") und bei Kriegsausbruch etwa 270000 (185000 in Deutschland, 83000 in Österreich und 2000 im Sudetengebiet). Ferner gab es am Tage der Volkszählung 71126 „Mischlinge" ersten und 41456 „Mischlinge" zweiten Grades, von denen 7150 (6660 und 490) als „Glaubensjuden" galten.[41] Zählt man zu diesem Substanzverlust von 250000 Menschen noch die 25000 Juden, die aus den Sudetengebieten vertrieben wurden oder flohen, sowie jene, die nach dem März 1939 das „Protektorat Böhmen und Mähren" verließen, so bedeutet dies, daß in diesen anderthalb Jahren doppelt so viele Juden aus dem deutschen Herrschaftsbereich ins Ausland strömten wie in den vergangenen fünf Jahren.

Die Reichsvertretung hatte – wie wir sahen – vielerlei Aufgaben zu bewältigen: Fürsorge, Schulwesen, Berufsausbildung, Wirtschaftshilfe und Auswanderung. Sie betrieb Krankenhäuser, Alters- und Kinderheime, Schulen, Suppenküchen und Auswanderungsbüros. Hierfür mußten jährlich hohe Millionenbeträge aufgebracht werden. Allein das jüdische Gemeindevermögen wurde Anfang November 1938 noch auf 250 Millionen Reichsmark geschätzt. Es ist verständlich, daß unter dem Eindruck der Fluchtpanik alle anderen Aufgaben hinter der Auswanderungshilfe zurücktraten. Es kam nun darauf an, so viele Juden als nur möglich kurzfristig aus dem deutschen Herrschaftsbereich herauszubringen, und zwar unter Linderung der schlimmsten Härten für die Betroffenen, d. h. ausgestattet mit einem Minimum an Mitteln zum Aufbau einer Existenz im Ausland. Diese Aufgabe war nur zu lösen durch die Hilfe der großen internationalen jüdischen Organisationen. Ein befriedigendes Ergebnis setzte ferner die Bereitschaft der Nazibehörden voraus, den auswandernden Juden wenigstens einen Teil ihres Vermögens zur Mitnahme ins Ausland zu belassen. Nach den Erfahrungen von Evian war mit einem derartigen Einverständnis nicht zu rechnen. Das war auch der Hauptgrund, daß die Mission des Leiters des Ständigen Büros der Konferenz von Evian in London, Rublee, scheiterte, über die wir im vorigen Kapitel berichteten.

Es kam ferner darauf an, die Panikstimmung unter den deutschen Juden, die alle Bemühungen um eine halbwegs geordnete Auswanderung erschwerte, durch Rat und Tat zu dämpfen. Hier aber sah sich die Reichsvertretung neuen Schwierigkeiten gegenüber. Unmittelbar nach dem Pogrom wurden alle jüdischen Zeitungen verboten. Als einzige durfte nur noch das „Jüdische Nachrichtenblatt" erscheinen, und dieses diente in erster Linie den Nazibehörden zur Veröffentlichung ihrer umfangreichen Anordnungen für den Vollzug der sich ständig steigernden Ausraubung der jüdischen Bevölkerung, war also eine Quelle ständiger neuer Beunruhigungen für die Verfolgten.

In dieser Situation gewann die Arbeit der jüdischen Kulturbünde eine besondere Bedeutung.[42] Nach dem Ausschluß der Juden aus dem deutschen Kulturleben war die Tätigkeit der jüdischen Kulturbünde vom Propagandaministerium ursprünglich gefördert worden, um die geistige und kulturelle Ghettoisierung der deutschen Juden zu beschleunigen. Aber dieses „Instrument zur Kulturdrosselung wuchs in ein Zentrum des geistigen Widerstandes" gegen die Kulturbarbarei der Faschisten. So wurden die Kulturbünde – wie die „Jüdische Rundschau" noch wenige Wochen vor dem Pogrom am 2. September 1938 feststellte – zum einzigen Rüstzeug gegen das seelische Zerriebenwerden, gegen das geistige Stumpfwerden der durch die ständigen Verfolgungen zermürbten jüdischen Menschen. Der Reichsverband der Jüdischen Kulturbünde unterhielt um jene Zeit 3 Schauspiel- und 1 Opernensemble, 2 Symphonieorchester, 1 Kleinkunstbühne, 1 Theater für die jüdischen Schulen, einige Chöre und zahlreiche Kammermusikgruppen; er veranstaltete Ausstellungen und Vorträge und beschäftigte insgesamt fast 2 500 Künstler. Sein Initiator war Dr. Kurt Singer, der später die Leitung der Jüdischen Oper übernahm.

Am 8. November 1938, am Tag nach dem Pariser Attentat, wurde dem Kulturbund vom Propagandaministerium eröffnet, daß er unverzüglich seine gesamte Tätigkeit einzustellen habe – ein Vorgang, wie er sich ähnlich 1936 anläßlich des Attentats auf Wilhelm Gustloff abgespielt hatte. Damals hatte das Verbot nur kurze Zeit gedauert. Nach den wilden Mordorgien der „Kristallnacht" bestand allerdings bei den führenden Funktionären des Kulturbundes kein Zweifel, daß nunmehr jeglicher legaler jüdischer Kulturarbeit endgültig der Boden entzogen war. Doch es kam anders:

Vier Tage später wurden die Mitglieder des Präsidiums des Reichsverbandes, Benno Cohn und Dr. Max Wiener sowie der Stellvertreter des damals gerade im Ausland weilenden Dr. Singer, Dr. Werner Levie, zu dem zuständigen Ressortleiter im Propagandaministerium Hans Hinkel geladen. Dieser Altnazi – er nahm bereits 1923 am Hitlerputsch teil – war ein berüchtigter Antisemit und aus diesem Grunde als Staatskommissar mit dem Titel „Sonderbeauftragter für die Überwachung und Beaufsichtigung der Betätigung aller im deutschen Reichsgebiet lebenden nichtarischen Staatsangehörigen auf künstlerischem und geistigem Gebiet" im Propagandaministerium eingesetzt worden. Er eröffnete den überraschten Kulturbundfunktionären folgenden Erlaß des Propagandaministers:

„1. Den Juden ist künftig untersagt, öffentliche Theater, Kinos, Konzerte und Kabaretts zu besuchen;

2. Der Jüdische Kulturbund hat mit sofortiger Wirkung seine Tätigkeit wiederaufzunehmen."

Dr. Levie lehnte dieses Ansinnen mit der Begründung ab, daß zahlreiche Künstler in Konzentrationslager überführt worden seien und daher nicht auftreten könnten. Aber es geschah das Unwahrscheinliche: Hinkel sagte die unverzügliche Freilassung aller verhafteten jüdischen Künstler zu, die noch am gleichen Tage erfolgte.

Die Motive für diesen erstaunlichen Schritt von Goebbels scheinen einer gewissen politischen Logik zu entbehren. Denn auch der Gestapo, die ja alle Kulturbundveranstaltungen überwachte, konnte nicht entgangen sein, daß von diesen Veranstaltungen ein mobilisierender, die Moral stärkender Einfluß auf die jüdischen Zuhörer ausstrahlte. Und es konnte absolut nicht im Interesse der Naziführung liegen, den Selbstbehauptungswillen ihrer Opfer zu stärken.

Vielleicht lassen sich gewisse Analogien zu dem späteren Vorgehen der Nazibehörden in Theresienstadt herstellen, wo man die Opfer zwang, einen betrügerischen Film über ihr eigenes Leben im Ghetto zu drehen, um der Welt ein Potemkinsches Dorf von staatlich garantiertem jüdischen Eigenleben vorzuzaubern. Wahrscheinlich sollte auch jetzt die Wiedereröffnung der jüdischen Theater in der Hauptstadt Berlin dem argwöhnischen Ausland den Eindruck vermitteln, die Juden selbst gingen über den Pogrom mit Gelassenheit zur Tagesordnung über: „Es war ja alles gar nicht so schlimm!"

Die Nazimentalität ist allerdings nicht nur mit rationalen Maßstäben zu messen. Alle Konzentrationslagerinsassen wissen davon zu berichten, daß viele Nazihenker sich nicht damit begnügten, ihre Opfer auftragsgemäß umzubringen, sondern eine besondere Befriedigung empfanden, ihre Opfer zu demütigen und zu verhöhnen. In vielen Lagern gehörte es zum Ritual öffentlicher Exekutionen politischer Häftlinge, daß die eigenen Kameraden die Todeskandidaten mit fröhlicher Tanz- oder Marschmusik zum Hinrichtungsort begleiten mußten.[43] Vielleicht gab es auch bei den Herren des Propagandaministeriums ähnliche sadistische Regungen. Vielleicht suchten sie ein Gefühl der Befriedigung bei dem Gedanken, daß jüdische Schauspieler Komödien spielen mußten, während ihre nächsten Angehörigen und Freunde im Vorhof der Hölle auf die Erlösung durch den Tod warteten.

Wie dem auch sei – die Spielzeit der jüdischen Theater nahm ihren Fortgang. Im Theater in der Kommandantenstraße in Berlin fand am 17. November 1938 die Premiere einer Studentenkomödie statt, in einer gespenstischen Atmosphäre, vor fast leerem Haus. Es war dies die letzte Spielzeit des jüdischen Theaters in Deutschland, denn bald nach dem Überfall auf Polen und der Errichtung des „Generalgouvernements" begannen die Deportationen der noch im Herrschaftsbereich der Nazis verbliebenen Juden. Bewundernswert ist die Haltung jener jüdischen Künstler, die nicht spielten, sangen und musizierten, um Ruhm und Beifall zu ernten, um durch ihre Darbietungen das Leben eines anspruchsvollen und verwöhnten Publikums zu bereichern, sondern um den Erniedrigten in der eintönigen Düsternis des Alltags einige Stunden des Vergessens zu bereiten. Manche Künstler schlugen die Möglichkeit der Emigration oder der Flucht ins Ausland aus und verharrten auf ihren Posten, bis sie selbst deportiert wurden.

Die Reichsvertretung der Juden in Deutschland war durch den freiwilligen Zusammenschluß der jüdischen Organisationen und Gemeindeverbände entstanden. Ihre Autorität beruhte auf dem Vertrauen, das die von ihr vertretenen Juden ihr entgegenbrachten. Mit der Ausdehnung des Herrschaftsbereiches der Nazimachthaber auf Österreich, das Sudetengebiet und auf Böhmen und Mähren fielen weitere Hunderttausende Juden unter die faschistische Nürnberger Gesetzgebung. Diese standen außerhalb des Geltungsbereiches der Reichsvertretung, sie wurden durch ihre eigenen österreichischen und tschechischen Organisationen und Gemeinden vertreten. Es lag daher im gemeinsamen Interesse, wenn sich die Reichsvertretung mit den österreichischen und tschechischen jüdischen Organen zu einer demokratischen Gesamtvertretung der Juden im deutschen Herrschaftsbereich hätte zusammenschließen können. Zum mindesten wäre dadurch eine einheitliche Haltung der verschiedenen jüdischen Gruppen gegenüber der Regierung erreicht worden. Doch lag eine derartige demokratische Zentralisierung der verfolgten Juden keineswegs im Interesse der Nazimachthaber. Vielmehr strebten diese eine andere Form zentralisierter Kontrolle an.

Am 4. Juli 1939 erging die 10. Verordnung zum „Reichsbürgergesetz".[44] Sie verkündete den zwangsweisen Zusammenschluß aller staatsangehörigen und staatenlosen Juden im Sinne der Nürnberger Gesetze, die ihren Wohnsitz im „Reichsgebiet" – also Deutschland, Österreich und Sudetengebiet – hatten. Als Aufgabengebiete der Reichsvereinigung der Juden in Deutschland, die als rechtsfähiger Verein anerkannt wurde, nannte die Verordnung die Förderung der Auswanderung, das jüdische Schulwesen und die freie jüdische Wohlfahrtspflege. Damit übernahm die Reichsvereinigung de jure die bisherige Tätigkeit der Reichsvertretung, die stillschweigend zu bestehen aufhörte.

Rein äußerlich änderte sich im Geschäftsbetrieb der alten Reichsvertretung nichts. Die Geschäftsräume in der Berliner Kantstraße erhielten lediglich ein neues Schild, und der Briefkopf wurde geändert. Alle verantwortlichen Funktionäre wurden von der Aufsichtsbehörde in ihren Ämtern belassen, an der Spitze als Präsident Dr. Leo Baeck und als Geschäftsführer Dr. Otto Hirsch. Trotzdem gab es sehr erhebliche Unterschiede zwischen beiden Organisationen. Die Reichsvereinigung war ein typisches Diktaturinstrument: Der Vorstand wurde von den Nazibehörden ernannt und war nur diesen rechenschaftspflichtig; es gab keine Mitgliederversammlungen, in denen die zwangsweisen Mitglieder ihre Rechte hätten wahrnehmen können. Die Träger der alten Reichsvertretung, die jüdischen Organisationen und Gemeinden, wurden auf Grund der 10. Verordnung zum „Reichsbürgergesetz" in der Folge vom Reichssicherheitshauptamt aufgelöst und ihre Vermögenswerte der Reichsvereinigung übertragen. Den jüdischen Gemeinden war bereits durch Verordnung vom 28. März 1938 der Status von Körperschaften öffentlichen Rechts aberkannt worden, d. h., daß ihnen u. a. auch jegliche Steuerprivilegien entzogen wurden.

Die Reichsvertretung hatte nur die Interessen solcher jüdischen Bürger wahrzunehmen, die sich zur jüdischen Minderheit bekannten. Bei aller Heterogenität in politischer und sozialer Hinsicht hatte es doch eine alle Juden verbindende Gemeinsamkeit gegeben, die Kehillah, die Gemeinde. Die neue Reichsvereinigung sollte demgegenüber alle von den Nürnberger Gesetzen Betroffenen, also Juden, Christen „nichtarischer" Abkunft und „Mischlinge", soweit sie als „Geltungsjuden" klassifiziert waren, vertreten – gleichgültig ob sich der einzelne als Jude bekannte oder nicht. Infolge der Inkorporierung der österreichischen und sudetendeutschen Juden und als Juden klassifizierten „Nichtarier" erhöhte sich die Zahl der von der Reichsvereinigung zwangsweise Vertretenen erheblich, und von jetzt an erfaßten die Statistiken der zentralen Organisation (z. B. hinsichtlich Auswanderung, des Sterbeüberschusses usw.) nicht mehr nur die Juden, sondern die unter die Nürnberger Gesetze fallenden „Nichtarier", ausgenommen die „Mischlinge". Indem auf diese Weise ab 1939 die Grenzen zwischen „Glaubensjuden" und „Rassejuden" verwischt wurden, fehlen auch exakte statistische Nachweisungen über den tatsächlichen Umfang der jüdischen Auswanderung und der dann folgenden Deportationen. Hier liegt auch die Ursache, daß die auf Schätzungen beruhenden Angaben der verschiedenen Publizisten zum Teil erheblich differieren.

In der durch Hannah Arendt ausgelösten Kontroverse über die Haltung führender jüdischer Funktionäre gegenüber dem Naziregime[45] spielt u. a. die Frage eine Rolle, ob es gerechtfertigt war, daß Leo Baeck und seine Mitarbeiter auch unter den neuen Diktaturbestimmungen auf ihren Posten ausharrten, also – wie Arendt und Raoul Hilberg[46] behaupten – mit den Nazibehörden „kollaborierten". Hans E. Fabian, ein Chronist der Reichsvereinigung, begründet die Haltung der jüdischen Funktionäre folgendermaßen: „Sie waren davon überzeugt, daß ohne die Reichsvereinigung der einzelne dem unmittelbaren Druck der Gestapo weit stärker und schutzloser ausgeliefert sein würde und daß in manchen Punkten doch noch gewisse Erleichterungen erreichbar seien. Die Arbeit in der Reichsvereinigung war der Versuch, einen Puffer zu bilden, um das unabwendbare Schicksal für den Einzelnen so leicht wie möglich zu gestalten. Hätten die Mitarbeiter anders gehandelt, hätten sie versucht, sich selbst im Ausland oder in der Illegalität in Sicherheit zu bringen – was für viele möglich war –, dann hätte dies zum Erfolg gehabt, daß die leitenden Posten von der Gestapo mit ihren eigenen Agenten besetzt worden wären, die leider auch in jüdischen Kreisen vorhanden waren. Wie sich das Schicksal des Einzelnen dann gestaltet hätte, ist schwer zu sagen. Sicher ist, daß dann die Deportationen früher eingesetzt hätten und daß manche Erleichterungen, die doch geschaffen werden konnten, fortgefallen wären."[47]

In der Tat gelang es der Reichsvereinigung selbst unter den erschwerten Bedingungen der ersten Kriegsjahre, noch fast 35 000 Juden die Auswanderung zu ermöglichen, ihnen bei der illegalen Flucht nach Kräften zu helfen oder die von Eichmann und seinen Helfershelfern betriebenen Methoden der Austreibung, über die im folgenden berichtet wird, zu mildern. Sicherlich hat es bis in die letzten Kriegsjahre hinein Fälle echter Kollaboration einzelner Juden aus egoistischen Motiven, Fälle schändlichen Verrates an den eigenen Brüdern und Schwestern gegeben, sogar in manchen Ghettos. Auf keinen Fall wird man diesen Vorwurf gegen die Repräsentanten der Reichsvereinigung erheben dürfen. Eine andere Frage ist, daß sie – ängstlich auf die peinliche Einhaltung der Nazigesetze bedacht – nicht den Weg zur antifaschistischen Widerstandsbewegung fanden, ihn auch gar nicht suchten. Das war die echte Tragödie der bürgerlichen Führer der jüdischen Minderheit in Deutschland, daß sie nicht die klassenmäßigen Wurzeln des zur Staatsdoktrin erhobenen Antisemitismus und seine politische Funktion bei der Vorbereitung des zweiten Weltkrieges erkannten und rechtzeitig die notwendigen politischen Konsequenzen zogen!

Der unmittelbar nach dem Pogrom verordnete Ausschluß der jüdischen Schüler aus allgemeinen Schulen erforderte ungeheure Anstrengungen, um überhaupt eine schulische Ausbildung der jüdischen Kinder zu gewährleisten. Es mußten neue jüdische Schulen errichtet und die in den Städten und Gemeinden verstreuten jüdischen Schüler an diesen Schulen konzentriert werden. Da das ganze Leben der jüdischen Bürger nur noch auf Auswanderung gerichtet war, trug die Schulbildung jetzt überwiegend einen provisorischen Charakter: Sie diente vor allem dazu, die Schüler für eine künftige Existenz im Ausland vorzubereiten. Die Leiterin der Abteilung Schulwesen in der Reichsvereinigung war Paula Fürst, die auf ihrem Posten bis zum 19. Juli 1942 ausharrte. An diesem Tage wurde das jüdische Schulwesen auf Befehl der Aufsichtsbehörde liquidiert, sie selbst verhaftet und deportiert.

Eine der schwierigsten Aufgaben der Reichsvereinigung war die Betreuung der Alten und Kranken, die von der Abteilung Fürsorge unter der Leitung von Dr. Conrad Cohn und Hannah Karminski geleistet wurde. Die Abteilung verwaltete Krankenhäuser, Alters- und Siechenheime, Kinderheime und sonstige Fürsorgeanstalten. Hinzu kam die offene Fürsorge für die anschwellende Zahl der Bedürftigen. Für die Alten und Kranken gab es nur geringe Aussichten, das Land noch verlassen zu können. Im Verlauf der ersten Kriegsjahre wurden sie deportiert und umgebracht, wenn sie nicht vorher schon den Strapazen des rücksichtslosen Transports erlegen waren. Cohn wurde 1941 verhaftet, als man in einem Heim zwangsbewirtschaftete Waren fand, Hannah Karminski wurde im Dezember 1942 mit anderen Funktionären als Geisel verhaftet, als einige zur Deportation eingeteilte Angestellte der Jüdischen Gemeinde zu Berlin in die Illegalität flohen. Sie wurde deportiert und umgebracht.

Wie aber stand es nun mit der Auswanderung, deren Förderung im Statut der Reichsvereinigung als deren Hauptaufgabe bezeichnet wurde?

Auf der Konferenz von Evian war deutlich geworden, daß die deutschen Faschisten nicht die Absicht hatten, die von ihnen proklamierte „rassische Dissimilierung" durch korrekte Förderung einer legalen jüdischen Auswanderung zu erreichen, sondern daß es ihnen zur psychologischen Vorbereitung der „Endlösung der Judenfrage" auf den Export des Antisemitismus ankam. Durch die Massenaustreibung mittelloser Juden aus dem deutschen Herrschaftsbereich erwarteten sie eine Stärkung der meist kleinen antisemitischen Gruppen in den Aufnahmeländern, die dann in den kommenden kriegerischen Auseinandersetzungen als „fünfte Kolonnen" des deutschen Imperialismus wirksam werden sollten. Die Auswanderung oder Austreibung der deutschen Juden war also keine Alternative zur „Endlösung der Judenfrage", zu ihrer physischen Vernichtung, sondern eine Maßnahme zur Vorbereitung der europäischen „Endlösung der Judenfrage".

Hierzu gibt es eine Reihe von authentischen Bekundungen der Naziführung aus der Zeit nach dem Novemberpogrom. Am 17. November 1938 schrieb „Das Schwarze Korps", das Organ der SS, unter der bezeichnenden Überschrift „Dieses Pack ist schlimmer": „Wer es zu wissen wünscht, soll es wissen: daß wir in einer unseretwegen ‚unheimlichen' Konsequenz von den Geiseln, die das Judentum uns stellt, Gebrauch machen werden nach dem von den Juden selbst verkündeten Grundsatz: Aug' um Aug', Zahn um Zahn – tausend Augen um ein Auge, tausend Zähne um einen Zahn!" [48]

Eine Woche später kündigte das Blatt in einem offenkundig von Himmler inspirierten Artikel das Programm der „Endlösung der Judenfrage" mit schonungsloser Brutalität an: Die Ausschaltung aus der Wirtschaft werde die Verelendung der Juden mit sich bringen, die Verjagung aus ihren Wohnungen und ihre Konzentrierung in Ghettos werde diesen Verelendungsprozeß beschleunigen und die Kriminalität fördern. „Im Stadium einer solchen Entwicklung", fuhr der anonyme Artikelschreiber fort, „ständen wir daher vor der harten Notwendigkeit, die jüdische Unterwelt genauso auszurotten, wie wir in unserem Ordnungsstaat Verbrecher eben auszurotten pflegen: Mit Feuer und Schwert. Das Ergebnis wäre das tatsächliche und endgültige Ende des Judentums in Deutschland, seine restlose Vernichtung!" [49]

Auf der bereits erwähnten Besprechung im Luftfahrtministerium am 12. November 1938 erklärte Göring, im Falle eines außenpolitischen Konflikts „eine große Abrechnung an den Juden zu vollziehen." Von Hitler selbst sind aus jener Zeit mehrere Äußerungen bekannt, in denen er die physische Ausrottung der Juden androhte. In seiner Rede vor dem Reichstag am 30. Januar 1939 verkündete er: „Wenn es dem internationalen Finanzjudentum in- und außerhalb Europas gelingen sollte, die Völker noch einmal in einen Weltkrieg zu stürzen, dann wird das Ergebnis nicht die Bolschewisierung der Erde und damit der Sieg des Judentums sein, sondern die Vernichtung der jüdischen Rasse in Europa!" [50]

Unter diesen Aspekten also ist die „Förderung der Auswanderung der Juden", wie sie der Reichsvereinigung als vorgebliche Aufgabe gestellt war, einzuschätzen.

Am 24. Januar 1939 richtete Göring im Auftrage Hitlers an den Reichsinnenminister eine Anweisung, unverzüglich eine „Reichszentrale für jüdische Auswanderung“ in seinem Ministerium einzurichten. Sie sollte

1. alle Maßnahmen zur Vorbereitung einer verstärkten Auswanderung der Juden treffen;

2. die Auswanderung lenken, u. a. durch bevorzugte Auswanderung der ärmeren Juden;

3. die Durchführung der Auswanderung auch in Einzelfällen beschleunigen.

Ferner wurde gesagt, die Reichszentrale solle „eine zur einheitlichen Vorbereitung von Auswanderungsgesuchen geeignete jüdische Organisation“ ins Leben rufen – ein überflüssiger Hinweis, denn diese Organisation bestand bereits: die Reichsvereinigung der Juden in Deutschland. Zum Leiter der Reichszentrale wurde der Chef der Sicherheitspolizei, Reinhard Heydrich, bestimmt. Er setzte als Geschäftsführer den Leiter der Abteilung II des Geheimen Staatspolizeiamtes, SS-Standartenführer Heinrich Müller, ein. Im Oktober 1939 trat dann dessen Nachfolge der berüchtigte Eichmann an.

Die Gründung der Reichszentrale hatte eine Vorgeschichte, die mit der Person Eichmanns aufs engste verknüpft ist. Wie berichtet, hatte er in Wien die „Zentralstelle für jüdische Auswanderung“ ins Leben gerufen. Es war aufgefallen, daß aus Österreich im Jahre 1938 verhältnismäßig viel mehr Juden – insgesamt 65 000 – ausgereist waren als aus Deutschland. Man schrieb in Berlin nicht ganz zu Unrecht diese erstaunliche Tatsache dem besonderen Geschick Eichmanns zu. So entschloß sich Göring, die Wiener Erfahrungen auf das ganze Reich zu übertragen.

Nach der Okkupation der Tschechoslowakei im März 1939 wurde Eichmann nach Prag entsandt, um dort eine entsprechende Einrichtung ins Leben zu rufen, die dann als Filiale der Reichszentrale fungieren sollte. Der „Reichsprotektor“ von Neurath unterzeichnete am 15. Juli 1939 die Gründungsurkunde für die Prager Filiale, die im Prinzip die gleichen nichtssagenden Bestimmungen enthielt wie Görings Erlaß vom 24. Januar 1939. Zum Verwalter der Prager Stelle beauftragte der „Reichsprotektor“ den Befehlshaber der Sicherheitspolizei in Böhmen und Mähren, SS-Oberführer Dr. Stahlecker.

Die honorigen Gründungsurkunden dieser verschiedenen „Auswanderungs“-Stellen hatten allerdings nichts mit der realen Tätigkeit, die sie in der Folge entfalteten, gemein. Gestapo und SD hatten alle Mittel zur Verfügung, um sich der unerwünschten Juden auf die verschiedenste Weise zu entledigen. Da gab es die administrative Ausweisung ins „Niemandsland“, wo die Vertriebenen zwischen hermetisch verschlossenen Grenzen oft wochenlang kampierten, bis sich vielleicht irgendeine rettende internationale Hilfsorganisation fand, die sie aus ihrer Lage befreite. Ein von den Austreibern bevorzugtes „Niemandsland“ waren umherirrende Schiffe, die sich bemühten, ihre lebende

Fracht „auf hoher See wie Schutt abzuladen". Bekannt wurde die Odyssee einer Gruppe österreichischer Juden aus dem Burgenland, die Zuflucht auf einem großen Boot auf der Donau suchten und – da ihnen die ungarische Regierung die Einreise verweigerte – auf dem Fluß stromabwärts trieben, bis sie endlich in Jugoslawien Asyl fanden.[51]

Maria Zelzer berichtet von dem Fall eines jüdischen Fabrikanten, der eine im Ausland angefallene Erbschaft gemacht hatte. Die Nazibehörden sperrten den Mann ein, dann führten sie ihn an die Grenze und gaben ihn erst frei, als die Unterhändler den vollen Betrag der Erbschaft in Devisen abgeliefert hatten. „Das System der chinesischen Flußpiraten" wurde dieses Vorgehen im Volksmund genannt.[52]

Eine große Anzahl von Juden wurden mit Hilfe von falschen oder ungültigen Einreisevisen über die Grenzen befördert.[53] Die Gestapo arbeitete bei diesem Handel mit deutschen Schiffahrtsgesellschaften zusammen, die diese falschen Papiere bei korrupten Angestellten verschiedener Konsulate besorgten. So vertrieb ein Ring von Erpressern und Schwindlern mehrere tausend Blanko-Einreisevisen nach Bolivien zu Wucherpreisen, die zwischen 200 und 1 500 Dollar pro Stück schwankten. Als der Schwindel herauskam, erklärte die bolivianische Regierung die Visen für ungültig. Anfang 1939 liefen zwei Dampfer mit 286 jüdischen Passagieren nach karibischen Häfen aus. Wegen Ungültigkeit der Visen wurde ihnen die Einreise verweigert. Nach langen Interventionen der HICEM fanden sie endlich in Venezuela Asyl. So ging es 95 Auswanderern im März 1939 in Uruguay, 150 im Mai in Paraguay. Internationales Aufsehen erregte der Fall des Dampfers „St. Louis", der am 15. Mai 1939 mit 907 jüdischen Auswanderern an Bord nach Kuba fuhr, obwohl die kubanische Regierung eine Verordnung erlassen hatte, derzufolge wegen stattgefundener Unregelmäßigkeiten alle Landegenehmigungen für ungültig erklärt wurden. Als die kubanischen Behörden den Passagieren die Landegenehmigung verweigerten, wurde das Schiff zum Schauplatz herzzerreißender Szenen, denn die Juden mußten befürchten, nach der Rückkehr in Deutschland verhaftet und in Konzentrationslager gesteckt zu werden. Der AJDC verhandelte mit verschiedenen europäischen Regierungen, um eine vorübergehende Aufnahme in diesen Ländern zu erreichen. Nachdem er sich mit 500 000 Dollar für die Unterhaltskosten der Flüchtlinge verbürgt hatte, konnten diese dann auf die vier in Frage kommenden Länder England, Frankreich, Belgien und Holland verteilt werden.

So artete die jüdische Auswanderung aus Deutschland unter der Regie der Gestapo in kurzer Zeit zu einem auf Erpressung, Urkundenfälschung und Betrug beruhenden System des Sklavenhandels aus, bis sie unter dem Eindruck der Kriegsereignisse völlig zum Erliegen kam.

4. Die Funktion der Judenverfolgungen im System der imperialistischen Kriegsvorbereitung

Der verhältnismäßig kurze Zeitabschnitt zwischen November 1938 und dem Ausbruch des zweiten Weltkrieges am 1. September 1939 ist für die Einordnung der faschistischen Judenverfolgungen in Deutschland in die auf die Entfesselung des Krieges gerichtete Gesamtstrategie des deutschen Imperialismus von entscheidender Bedeutung. Das Münchner Abkommen, das die Westmächte mit der Eindämmung des deutschen Expansionsdranges zu rechtfertigen suchten – Chamberlain: „Nunmehr ist der Frieden auf Generationen hinaus gesichert!" –, erwies sich ganz im Gegenteil als Stimulans für die Eroberungspläne der faschistischen Machthaber Deutschlands. Indem die Westmächte eine systematische Isolierungspolitik gegenüber der Sowjetunion betrieben und die von ihr verfochtenen Prinzipien einer kollektiven Sicherheit in Europa ablehnten, rissen sie die letzten Dämme ein, die einer gewaltsamen deutschen Expansion im Wege standen.

Die Nazimachthaber – weit davon entfernt, sich an die Kette einer antisowjetischen Politik unter englisch-französischer Führung legen zu lassen – nutzten die ihnen in München erteilte Blankovollmacht rücksichtslos zur Verstärkung ihres eigenen industriellen und politischen Potentials aus. Bereits am 10. November 1938, dem Tag des Pogroms, erklärte Hitler vor Vertretern der deutschen Presse mit zynischer Offenheit, nur die Umstände hätten ihn gezwungen, jahrzehntelang vom Frieden zu sprechen. Dadurch sei es ihm aber gelungen, Deutschland „die Rüstung zu geben, die immer wieder für den nächsten Schritt als Voraussetzung notwendig war."[54]

Der „nächste Schritt" nach dem Münchner Abkommen war die am 15. März 1939 erfolgte schlagartige Besetzung Böhmens und Mährens durch die Wehrmacht. Vorbereitet wurde dieser Schritt durch die Wühlarbeit deutscher Faschisten in der Slowakei und in der Karpatho-Ukraine. Bereits am 2. November 1938 waren auf Grund des sogenannten Ersten Wiener Schiedsspruches die Karpatho-Ukraine und südliche Landesteile der Slowakei Ungarn einverleibt worden. Am 14. März 1939 organisierte die slowakische klerikal-faschistische Partei gemeinsam mit der „deutschen Volksgruppe" in der Slowakei einen Putsch und bildete eine separatistische Regierung, die sich unter den Schutz des „Großdeutschen Reiches" stellte. Als die Prager Regierung gegen die Separatisten einschreiten wollte, marschierten deutsche Truppen in Prag ein. Am 16. März 1939 wurde das „Protektorat Böhmen und Mähren" errichtet und Hitlerdeutschland einverleibt.

Eine Woche später zwang die Naziregierung Litauen, das Memelgebiet an Deutschland abzutreten. Am gleichen 23. März 1939 schloß Hitler mit Rumänien einen Vertrag, der die Unterordnung der gesamten rumänischen Wirtschaft unter die Interessen der deutschen Monopole besiegelte. Bereits seit Januar 1939 hatte die Naziregierung verstärkten Druck auf Polen ausgeübt, um die Eingliederung der Freien Stadt Danzig in das Reich und die Einrichtung einer exterritorialen Autobahn und Bahnlinie durch das Korridorgebiet zu erreichen. In Wirklichkeit ging es Hitler allerdings – wie er am 23. Mai 1939 vor den Befehlshabern der Wehrmacht ausführte – nicht um das „Objekt Danzig". Es handele sich vielmehr „um die Erweiterung des Lebensraumes im Osten und Sicherstellung der Ernährung sowie der Lösung des Baltikum-Problems". Da dieses Ziel auf dem Verhandlungswege nicht zu erreichen war, hatte Hitler bereits am 11. April 1939 die Weisung an die Wehrmacht zum „Fall Weiß" – zum bewaffneten Überfall auf Polen – erlassen. Am 28. April 1939 kündigte er den deutsch-polnischen Nichtangriffspakt von 1934.

In der kurzen Zeit von einem Jahr hatte sich das militärische Kräfteverhältnis in Europa erheblich zugunsten Deutschlands verändert. Zu Beginn des zweiten Weltkrieges verfügte das deutsche Heer über 103 Divisionen mit 2,7 Millionen Mann. Die Ausrüstung von 30 tschechoslowakischen Divisionen, darunter 3 modernen Panzerdivisionen, war dem faschistischen Deutschland als Beute zugefallen. Die Luftwaffe besaß 4 400 Kampf- und Transportflugzeuge, die Kriegsmarine 132 Einheiten, darunter 57 U-Boote.[55] Damit war Deutschland nunmehr zur stärksten Militärmacht in Europa aufgestiegen. An der deutsch-französischen Grenze waren moderne Befestigungswerke, der „Westwall", im Bau, die Grenze im Südosten um 300 Kilometer vorgeschoben und um 600 Kilometer verkürzt worden. Das beträchtliche österreichische und tschechische Industriepotential konnte unmittelbar für die weitere Kriegsvorbereitung genutzt werden. Und schließlich war das gesamte französische Bündnissystem in Ost- und Südosteuropa de facto zusammengebrochen.

Diese eklatanten Erfolge konnte die Nazidiplomatie in erster Linie durch die Schützenhilfe der Westmächte erringen. Es waren Chamberlain und Daladier, die Prag unter Druck setzten, eine militärische Hilfe der Sowjetunion zur Verteidigung seiner nationalen Existenz abzulehnen. Rumänien und Polen verweigerten der Roten Armee das Durchmarschrecht für den Fall einer bewaffneten Hilfeleistung für die Tschechoslowakei; die polnische Militärregierung tat ein übriges und beteiligte sich sogar in selbstmöderischer Verblendung an der Zerstückelung des slawischen Nachbarn durch die Annexion des Olsa-Gebietes. Die Saat der von den Nazis seit Jahren betriebenen antikommunistischen Propaganda ging auf und trug Früchte. Der Antikommunismus verhinderte das Zustandekommen einer gemeinsamen antifaschistischen Widerstandsfront; er lähmte die Verteidigungsbereitschaft der von Nazideutschland bedrohten Staaten und stärkte die Kollaborationstendenzen in den reaktionärsten Schichten dieser Länder („lieber Niederlage und Unterwerfung als Revolution"), die dann in der Folge ohne Gegenwehr oder nach hoffnungslosen Ansätzen einer bewaffneten Verteidigung dem übermächtigen Gegner einzeln und nacheinander zum Opfer fielen.

Doch ebenso, wie sich der faschistische Herrschaftsbereich ausdehnte und sich die faschistische Macht festigte, entwickelten sich auch die antifaschistischen Gegenkräfte in Europa, wenn auch nicht in gleichem Maße und in gleichem Tempo. Vor allem in England und Frankreich richtete sich die Kritik der Volksmassen gegen die Appeasement-Politik ihrer nazifreundlichen Regierungen. Unter dem Druck der öffentlichen Meinung sahen sich die britische und französische Regierung Ende März 1939 genötigt, erste Verhandlungen mit der Sowjetunion über eine gemeinsame Abwehr der Naziaggression aufzunehmen. Gleichzeitig gaben beide Regierungen Garantieerklärungen für Polen ab. Aber all das geschah zögernd, mit tausend Vorbehalten und stets mit dem Hintergedanken, doch noch mit der Naziregierung zu einem gegen die Sowjetunion gerichteten Gentleman Agreement zu kommen.

Unter diesen Bedingungen entschloß sich die Sowjetregierung, ein Angebot der deutschen Regierung auf Abschluß eines Nichtangriffspaktes anzunehmen, nachdem die polnische Militärregierung jegliche sowjetische Hilfe für den Fall eines deutschen Angriffs kategorisch abgelehnt hatte. Der deutsch-sowjetische Nichtangriffspakt vom 23. August 1939 verschaffte der UdSSR eine Atempause zur Verstärkung der eigenen Verteidigungskraft. Er bildete die Basis für den nach der Kapitulation Polens am 28. September 1939 abgeschlossenen Vertrag über die Festlegung der deutsch-sowjetischen Demarkationslinie, durch den die von Polen 1920 annektierten belorussischen, ukrainischen und litauischen Territorien dem faschistischen Zugriff entzogen werden konnten.

Die Nazimachthaber verfolgten ihre Expansionspläne, die auf eine völlige „Neuordnung" Europas zusteuerten, inzwischen zielstrebig weiter. Vom Standpunkt der herrschenden Klasse in Deutschland, der Monopolbourgeoisie, war das Endziel einer solchen „Neuordnung" die Ausdehnung ihres Machtbereiches auf ganz Europa, die Verdrängung der imperialistischen Konkurrenten sowie schließlich die Vernichtung der Sowjetunion und die Beseitigung der sozialistischen Gesellschaftsordnung als entscheidendes Hemmnis für die Errichtung des neuen Kolonialreiches.

In der Sicht der Naziideologen bot sich die „Neuordnung" als ein „Germanisches Großreich" dar, in dem eine ausgewählte deutsche Minderheit als Herrenschicht über eine breite „fremdvölkische" rechtlose Masse regiert. Weite Landstriche im Osten Europas sollten von ihren Bewohnern entvölkert und durch deutsche Ansiedler besetzt werden. Die slawischen Völker – insbesondere Polen und Russen –, sollten zum „Volkstod" verurteilt werden, das heißt, sie sollten vom Erdboden verschwinden, sei es durch massenweise Zwangsgermanisierung, sei es durch Austreibung oder durch direkte physische Ausrottung. Das waren keine vagen Zukunftsvisionen, sondern konkrete Pläne, die die Herrschaftsmethoden in den okkupierten Ländern in den kommenden Kriegsjahren bestimmten, wie z. B. der berüchtigte „Generalplan Ost" aus dem Jahre 1942, der im Reichssicherheitshauptamt konzipiert worden war.

Auf ihren Kern zurückgeführt, basierten diese Pläne auf den gleichen rassistischen Prinzipien, die auch den Nürnberger Gesetzen zugrunde lagen. Mit der Einverleibung Böhmens und Mährens im März 1939 verloren die Tschechen ihre nationale Souveränität, wurden zwangsweise Angehörige des „Großdeutschen Reiches", besaßen aber als „Protektoratsangehörige" keine staatsbürgerlichen Rechte. Waren es 1933 die Juden, die entrechtet wurden, so dehnten nunmehr die Nazimachthaber ihre diskriminierenden Maßnahmen gegen weitere Bevölkerungsgruppen aus, die sie unter dem Sammelbegriff „Fremdvölkische" zusammenfaßten. Dabei entwickelten sie in der Folge ein ausgeklügeltes System abgestufter Diskriminierungen. Auf der untersten Stufe stand der „jüdische Untermensch" als „Antisymbol", als Inkarnation des Bösen schlechthin.

Antisemitismus und Judenverfolgungen – das wurde in diesem letzten Stadium der Kriegsvorbereitung immer deutlicher – übten eine wichtige Funktion in der aggressiven Gesamtpolitik des deutschen Imperialismus aus: An den deutschen Juden wurden künftige Herrschaftsmethoden gegenüber anderen zu unterwerfenden Völkern erprobt: Die „Kristallnacht" wurde zum Modell für die ein Jahr später einsetzende „AB-Aktion" – die Ausrottung der polnischen Intelligenz –, für die Massaker von Lwów im Juli 1941 durch die von Prof. Dr. Oberländer[56] geführte ukrainisch-faschistische Formation „Nachtigall" und für zahllose weitere Pogrome. Wenn wir bereits feststellten, daß das Münchner Abkommen die letzten Dämme gegen die gewaltsame deutsche Expansion niederriß, so ergibt sich daraus, wie Lionel Kochan durchaus zutreffend konstatiert[57], auch der ursächliche Zusammenhang zwischen München und den sich nun hemmungslos steigernden Judenverfolgungen.

Ihre äußeren Erfolge führten den Nazimachthabern wohl neue Anhänger aus den bisher noch abwartenden Schichten des deutschen Volkes zu, aber sie vermochten nicht, über die durch die gewaltige Aufrüstung verursachten wirtschaftlichen Schwierigkeiten hinwegzutäuschen. Die Diskrepanz zwischen den Weltherrschaftszielen des deutschen Imperialismus und seinen begrenzten realen Möglichkeiten führte zu verschärfter Ausbeutung der Arbeiter und zur Zerrüttung der staatlichen Finanzen. Innerhalb eines Jahres erhöhte sich die Verschuldung des Reiches von 19 auf 30,7 Milliarden Reichsmark, der Geldumlauf schwoll um 2,5 Milliarden Reichsmark an. Es fehlte an kriegswichtigen Rohstoffen (z. B. Erdöl) und an Arbeitskräften und durch die starke Konzentration des Kapitals wurden Hunderttausende mittelständischer Existenzen vernichtet.

In dieser Situation spitzten sich die Gegensätze innerhalb der herrschenden Kreise über die Wege zur Überwindung der Schwierigkeiten – trotz grundsätzlicher Übereinstimmung über die Ziele – weiterhin zu. Mit der Abberufung Schachts als Reichsbankpräsident am 19. Januar 1939 (als Reichswirtschaftsminister war er bereits 1937 zurückgetreten) festigten jene Gruppen, die die in München vereinbarte Kooperation mit den Westmächten gegen die Sowjetunion abzuschütteln wünschten und bereit waren, die Expansion nach Osten aus eigener Kraft und gegebenenfalls auch gegen die Westmächte ins Werk zu setzen, ihre Positionen.

Die durch die „Kontribution", die „Arisierungs"-Gewinne und die Ausraubung der auswandernden Juden erzielten beträchtlichen Einnahmen reichten natürlich nicht im geringsten aus, die Aufrüstung zu finanzieren, aber sie verschafften der Regierung doch zeitweise eine fühlbare Entlastung. Zugleich übten die gegen die Juden verhängten Boykottmaßnahmen und Pogrome die Funktion eines Ventils für die angestauten sozialen Spannungen aus. Nicht unerhebliche Teile des Kleinbürgertums und der Intelligenz, die die Nutznießer der Verdrängung der Juden waren, wurden noch weiter korrumpiert und an das System gebunden. Darüber hinaus sollte der Terror gegen die Juden abschreckend auf alle oppositionellen Kräfte in Deutschland wirken. Dabei waren die in die Konzentrationslager verschleppten, bei den Pogromen erschlagenen und wegen „Rassenschande" verurteilten Juden nur eine kleine Gruppe der Opfer faschistischer Terrormaßnahmen, die sich in erster Linie gegen die antifaschistischen Widerstandskämpfer aus den Reihen der Arbeiterbewegung richteten.

Nach dem Novemberpogrom befanden sich über 60 000 Menschen in Konzentrationslagern. Diese Zahl sank bis Kriegsausbruch vorübergehend auf 25 000 ab. Über 140 000 Menschen – überwiegend Kommunisten – saßen in Gefängnissen und Zuchthäusern. Bis zu diesem Zeitpunkt waren etwa eine Million deutsche Bürger für kürzere oder längere Zeit ihrer Freiheit beraubt, Hunderte waren hingerichtet, Tausende ermordet worden.

Trotzdem verschärften sich die Klassengegensätze weiter. Immer wieder kam es in den Betrieben zu Widerstandshandlungen verschiedenster Art; Monat für Monat verhaftete die Gestapo Hunderte Widerstandskämpfer – nach einer erhalten gebliebenen Statistik von nur 61 Gestapostellen in sieben Monaten des Jahres 1939 4 624 Menschen, darunter 3 142 Kommunisten.[58] Doch der gerade jetzt so notwendige Zusammenschluß aller oppositionellen Kräfte zum Sturz des Hitlerregimes kam noch nicht zustande. Es waren vor allem rechte Vertreter des Parteivorstandes der SPD, die die Bildung einer Volksfront zu verhindern suchten und jegliche Zusammenarbeit mit den Kommunisten ablehnten. In dem Sinne traten z. B. der Parteivorsitzende Otto Wels, der ehemalige Chefredakteur des „Vorwärts" Friedrich Stampfer, der langjährige Reichsfinanzminister Rudolf Hilferding, der noch im Januar 1939 einen „kompromißlosen Kampf gegen die Kommunisten" forderte, und der Gewerkschaftsführer Fritz Tarnow, der 1931 „Arzt am Krankenbett des Kapitalismus" sein wollte, auf. Sie traten für eine „Volksfront ohne Kommunisten" ein und trugen so nicht wenig zur Verwirrung der deutschen Arbeiter bei. Anstatt alle Kräfte gegen den Ausbruch eines neuen Weltkrieges zu mobilisieren, diskutierte der sozialdemokratische Parteivorstand am 26. April 1939 die Frage, welche Propagandataktik die SPD im Kriegsfalle einschlagen solle. Tarnow konnte unwidersprochen den Standpunkt vertreten, die Partei dürfe auf keinen Fall die deutschen Soldaten auffordern, die Waffen niederzulegen und Sabotage an der deutschen Kriegführung zu üben, um nicht das Odium mangelnder Vaterlandsliebe auf sich zu laden.[59]

So wirkte sich der Antikommunismus auch an der inneren Front verhängnisvoll aus. Er lähmte den Widerstandswillen im deutschen Volk und ermöglichte es den Faschisten, durch ihre ungezügelte chauvinistische und antisemitische Propaganda die psychologischen Voraussetzungen für den Krieg zu schaffen. Der Krieg aber – darüber konnte nach dem Novemberpogrom und nach den verschiedenen Naziproklamationen, über die wir berichteten, kein Zweifel mehr bestehen – bedeutete auch das physische Ende der Juden.

Diese düstere Perspektive blieb auch nicht den Verantwortlichen der christlichen Kirchen in Deutschland verborgen. Waren die brennenden Synagogen und die antisemitischen Mordbrennereien der „Kristallnacht" nicht deutliche Warnsignale, daß sich hier eine fürchterliche Entwicklung anbahnte, die an das Gewissen eines jeden Christenmenschen rührte?

Der hohe katholische Klerus hatte in den verflossenen Jahren zu den Judenverfolgungen geschwiegen. Er hatte sich allerdings auch nicht – von Einzelfällen abgesehen – mit dem nazistischen Antisemitismus identifiziert. Hervorstechendes Merkmal der Beziehungen zwischen Klerus und faschistischem Staat war, wie bereits im ersten Kapitel festgestellt, die gemeinsame Gegnerschaft gegen den Kommunismus. Diese Gemeinsamkeit sollte im Jahr 1941 anläßlich des Überfalls auf die Sowjetunion unverhüllt vor aller Welt demonstriert werden. Demgegenüber traten die Meinungsverschiedenheiten über die Abgrenzung der beiderseitigen Kompetenzsphären stets in den Hintergrund.

Diese Grundeinstellung wurde auch durch die „Kristallnacht" nicht erschüttert. Es wird zwar berichtet, daß Kardinal Faulhaber in München dem Oberrabbiner half, geweihte Gegenstände aus der Synagoge in Sicherheit zu bringen. Aber „die Bischöfe blieben stumm angesichts der brennenden Tempel und auch, als die ersten Juden zusammengetrieben wurden".[60] Einige von ihnen erhoben einige Wochen nach der „Kristallnacht" ihre Stimme, jedoch nicht, um gegen die Greueltaten zu protestieren, sondern um die Opfer zu verhöhnen. So beschuldigten der Erzbischof von Freiburg und der Bischof von Limburg in Hirtenbriefen, die am 30. Januar bzw. am 6. Februar 1939 verkündet wurden, die Juden des Mordes an Christus und des Hasses gegen die Christen und behaupteten, sie stünden seitdem unter einem Fluch.

Guenter Lewy, dessen scharfe Abrechnung mit der profaschistischen Politik der katholischen Kirche und des Vatikans eine weltweite Diskussion auslöste, resümierte: „Als Hitler sein Mordprogramm gegen die Juden Europas durchführte, verteidigten nur wenige die Wahrheit und Gerechtigkeit. Der Stellvertreter Christi und der deutsche Episkopat gehörten nicht dazu."[61]

In der evangelischen Kirche[62] war es den „Deutschen Christen" gelungen, ihren Einfluß auf die Leitungen der Landeskirchen zu festigen. Sie beherrschten faktisch 11 von 28 offiziellen Kirchenleitungen, darunter jedoch die größten wie die Altpreußische Union sowie die Landeskirchen in Thüringen und Sachsen. Damit sanken diese Kirchenleitungen zu ausführenden Organen der Naziregierung im kirchlichen Bereich herab. Am 26. März 1939 veröffentlichte die „Nationalkirchliche Einung DC" zusammen mit „Männern aus verschiedenen Kreisen evangelischer Pfarrer und Laien" die sogenannte Godesberger Erklärung, die den „unüberbrückbaren religiösen Gegensatz zum Judentum" herausstellte und die Zustimmung von 11 Landeskirchen fand. Bereits im Februar hatten einige Landeskirchen begonnen, sämtliche Juden im Sinne der ‚Nürnberger Gesetze' aus der kirchlichen Gemeinschaft auszuschließen, so Sachsen-Anhalt am 2. Februar, Thüringen am 10. Februar, Mecklenburg am 13. Februar und Sachsen am 27. Februar 1939. Durch die „Disziplinarordnung der Deutschen Evangelischen Kirche" und durch die „Kirchenbeamtenordnung" vom 13. April 1939 wurde dieser Weg zur „judenreinen" Kirche reichskirchengesetzlich sanktioniert.

Am 4. April 1939 gründeten einige Landeskirchen das „Institut zur Erforschung des jüdischen Einflusses auf das deutsche kirchliche Leben", das am 6. Mai 1939 in Eisenach eröffnet wurde. „Wissenschaftlicher Leiter" des Instituts war der Theologe Prof. Dr. Grundmann von der Universität Jena. Eine der Hauptaufgaben des Instituts war, aus dem Neuen Testament alles „jüdisch Beeinflußte" zu entfernen.[63]

Da die Kirchenführer beider Konfessionen die in letzter Konsequenz gegen die Sowjetunion gerichtete Expansionspolitik Hitlers billigten und die Funktion der Judenverfolgungen im System der Kriegsvorbereitungen sehr wohl begriffen hatten, konnten die Juden auch von dieser Seite keine entscheidende Hilfe erwarten.

Diese den ethischen Prinzipien des Christentums ins Gesicht schlagende Haltung führender Repräsentanten der Kirchen verstärkte jedoch den Differenzierungsprozeß im kirchlichen Bereich. Weniger erkennbar war er in der katholischen Kirche mit ihrem streng hierarchischen Kirchenregiment. Um so höher ist das mutige Auftreten zahlreicher katholischer Gläubigen zu bewerten, die sich in einen doppelten Gewissenskonflikt versetzt sahen: Sie mußten gegen die staatliche Obrigkeit und zugleich gegen ihre eigenen, mit dem verbrecherischen Staat kollaborierenden Oberen ankämpfen, wenn es darum ging, die Rechte und das Leben der verfolgten Juden zu verteidigen. Überall im Lande fanden sich aufrechte Katholiken, die der Stimme des Gewissens mehr gehorchten als der staatlichen oder kirchlichen Obrigkeit. So verrichtete der Berliner Dompropst Bernhard Lichtenberg als Antwort auf den Pogrom von der Kanzel der Hedwigskirche herab täglich öffentliche Bittgebete für die Verfolgten. Von der Hilfe, die Juden in der „Kristallnacht" und danach in Klöstern erfuhren, berichteten wir bereits. Eine anerkennenswerte und nützliche Arbeit leistete der bereits erwähnte St. Raphaels-Verein unter der Leitung von Bischof Bersing in legalem, allerdings stark eingeschränktem Rahmen: Er nahm sich der katholischen „Judenchristen" an und verhalf vielen von ihnen zur Auswanderung.

Etwas komplizierter verlief der Differenzierungsprozeß in der evangelischen Kirche und hier ganz besonders in der Bekennenden Kirche. Die in den Kirchenleitungen verbliebenen Anhänger der Bekennenden Kirche und die auf Hitler vereidigten Bekenntnispfarrer waren bemüht, die Legalität nicht zu verletzen; ihr „Widerstand" erlahmte sichtlich und reduzierte sich auf Hilfeleistungen in individuellen Fällen, So soll der bayrische Landesbischof Meiser Geldbeträge zur Verfügung gestellt haben, mit denen verfolgten Juden Hilfe geleistet wurde. Ähnliches wird vom württembergischen Landesbischof Wurm und anderen kirchlichen Amtsträgern berichtet. Doch insgesamt gesehen entsprach diese Haltung keineswegs den Erfordernissen der Zeit und auch nicht den Erwartungen, die in den ersten Jahren auf die Bekennende Kirche gesetzt worden waren. Tiefe Resignation spricht aus dem bitteren Wort Karl Barths vom „Heer der Nichtbekennenden in der Bekennenden Kirche", das er damals von Basel aus an seine Glaubensbrüder in Deutschland sandte.

Doch gab es auch jetzt noch einen kleinen, aber aktiven Kreis, der trotz der zunehmenden Verfolgungen fest zur Bekennenden Kirche und ihren Vorläufigen Kirchenleitungen in den von den „Deutschen Christen" beherrschten Landeskirchen hielt. Gegen die soeben ergangenen Judenausschlußgesetze wandte sich die Konferenz der Landesbruderräte am 14. April 1939 mit einem sehr mutigen Wort: „Die für diese Gesetze verantwortlichen Männer erweisen sich damit als Feinde des Kreuzes Christi. Sie können überhaupt niemanden aus der christlichen Kirche ausschließen. Sie haben sich aber selbst durch den Erlaß ihrer Gesetze von der heiligen christlichen Kirche geschieden. Wir bitten die Pfarrer und Gemeinden der betreffenden Landeskirchen (in denen der Judenausschluß verkündet wurde – d. Verf.), diese Gesetze nicht zu halten, vielmehr die christliche Gemeinschaft mit allen denen, die sich diesem Joch beugen, aufzugeben."

Das war eine offene Aufforderung zum Ungehorsam und zum Widerstand, ein radikaler Bruch mit der jahrhundertealten Tradition der evangelischen Kirche als zuverlässigste Stütze der weltlichen Obrigkeit. Aber es war auch die letzte öffentliche Erklärung der Bekennenden Kirche.

Zu denen, die sich um die Rettung verfolgter Juden wohl mit am meisten bemüht haben, gehört der Kreis von Menschen, die unter der Leitung von Heinrich Grüber die Berliner Hilfsstelle „An der Stechbahn" im Herbst 1938 schufen und betrieben. Das Büro Grüber organisierte in erster Linie die Auswanderung evangelischer „Judenchristen". In der nur zweijährigen Tätigkeit des Büros – Grüber wurde im Dezember 1940 verhaftet – gelang es, Tausenden das Leben zu retten.[64]

So nützlich die Aktivität humanistisch gesonnener und tief religiös empfindender Angehöriger beider christlichen Kirchen für die verfolgten Juden auch war, so lag doch die Schwäche dieser christlichen Opposition bereits in ihrem Ansatzpunkt, in ihrer Beschränkung auf den religiösen und kirchlichen Bereich, in ihrer Unfähigkeit, den Klassencharakter des faschistischen Regimes und seiner Unterdrückungspolitik auf allen Gebieten des gesellschaftlichen Lebens zu erkennen, und schließlich in ihrer im Grunde genommen konservativen, jeder revolutionären Bewegung ablehnend gegenüberstehenden Grundeinstellung. Nur so ist zu erklären, daß in der Bekennenden Kirche Verfechter eines gemäßigten Klerikalfaschismus wie Generalsuperintendent Otto Dibelius sich mit den aktiven Widerstandskämpfern des linken Flügels zusammenfinden konnten. Dort allerdings, wo es den Gruppen, die sich um Persönlichkeiten wie Dietrich Bonhoeffer, Martin Niemöller, Heinrich Grüber, Heinrich Vogel u. a. scharten, gelang, sich von den kompromißbereiten Kirchenführern zu lösen und eine Konzeption zu entwickeln, die konsequent gegen Rassismus, Nationalismus und Militarismus gerichtet war, boten sich auch Ansatzpunkte „für einen gesellschaftlich umfassenderen eigentlichen antifaschistischen Widerstand"[65], der leider – wie die Geschichte bewies – zu schwach und zu isoliert blieb, um gemeinsam mit der revolutionären Arbeiterbewegung die Entfesselung des Krieges und damit auch die Ausrottung der Juden zu verhindern.

5. Einschätzung der Lage durch die KPD

Die Judenverfolgungen in Deutschland erregten bei Millionen Menschen in der ganzen Welt Empörung und Abscheu. Der Aprilboykott 1933, die Nürnberger Gesetze, die Hetze des „Stürmer", die Austreibungsmethoden und schließlich der Novemberpogrom 1938 waren Anlässe zu antinazistischen Demonstrationen, Proklamationen, Protesten aller Art und zur Verurteilung durch die Organe der demokratischen öffentlichen Meinung im Ausland. Eine besondere Stellung – sie soll im folgenden gezeigt werden – nahm die Verurteilung der Rassenhetze durch die KPD ein.

In der bürgerlichen Publizistik, die sich mit der Geschichte der Judenverfolgungen und der „Endlösung der Judenfrage" beschäftigt, sind viele dieser protestierenden Stimmen erwähnt und teilweise auch zitiert. In keiner einzigen dieser Darstellungen wird jedoch von den kommunistischen Stellungnahmen Notiz genommen. Auch die bürgerlich-jüdischen und insbesondere die zionistischen Autoren machen da keine Ausnahme. So wird beim unbefangenen Leser der Eindruck erweckt, die deutschen Kommunisten hätten den Judenverfolgungen keine Beachtung geschenkt.

Diese Totschweigetaktik ist nur ein Glied in der Kette jener bürgerlichen Geschichtsdarstellungen, in denen der antifaschistische Widerstand gegen das Naziregime auf bürgerliche und christliche Kreise beschränkt bleibt und seinen Höhepunkt im Attentat auf Hitler am 20. Juli 1944 findet.

Demgegenüber bleibt festzustellen und unsere bisherige Darstellung hat das in ausreichendem Maße nachgewiesen: Vom ersten Tage der faschistischen Diktatur an waren die Kommunisten die Hauptträger des antifaschistischen Widerstandes und daher richtete sich in erster Linie gegen sie auch der massierte Einsatz der Terrororgane des Naziregimes, der Gestapo, des SD, der SS und des gesamten Unterdrückungsapparates und forderte die höchsten Blutopfer. Das hat sich bis zum Tage ihrer Niederwerfung nicht geändert.

Allerdings unterschied sich der kommunistische Widerstand von der Aktivität anderer oppositioneller Gruppen in einer Hinsicht grundsätzlich. Während die bürgerlichen Nazigegner, die Rechtssozialdemokraten und auch die jüdischen Organisationen auf eine Restauration der Weimarer Republik hinarbeiteten, entwickelten die Kommunisten ein Alternativprogramm, das die politischen Lehren aus der Vergangenheit zog. Eines der eindrucksvollsten Dokumente hierfür sind die Beschlüsse des 14. Parteitages der KPD vom 30. Januar bis 1. Februar 1939, der in der Nähe von Paris stattfand, aber aus konspirativen Gründen als Berner Konferenz deklariert wurde.

In der Berner Resolution heißt es im Hinblick auf die zu schaffende neue Republik nach dem Sturz der Nazidiktatur: „Die neue demokratische Republik wird aber, im Gegensatz zur Weimarer Republik, den Faschismus mit der Wurzel ausrotten, ihm seine materielle Basis durch die Enteignung des faschistischen Trustkapitals entziehen und sich, wieder im Gegensatz zur Weimarer Republik, in der Armee, der Polizei und im Beamtenapparat zuverlässige Verteidiger der demokratischen Freiheiten und der demokratischen Volksrechte schaffen. In der neuen demokratischen Republik wird, im Gegensatz zu Weimar, nicht die Großbourgeoisie, gedeckt durch eine Koalition mit einer Arbeiterpartei, ihre wirtschaftlichen und politischen Anschläge gegen das Volk richten können, sondern *die einige Arbeiterklasse, vereint mit den Bauern, dem Mittelstand und der Intelligenz in der Volksfront, wird das Schicksal des Landes bestimmen."*

In dem Programmentwurf, den die Berner Konferenz der KPD allen Nazigegnern zur Diskussion vorlegte, forderte sie im Hinblick auf das künftige demokratische Deutschland: „Persönliche und politische Freiheit für alle Bürger, ohne Unterschied der Herkunft, des Standes, der Rasse und der Religion". Und als eine wichtige aktuelle Aufgabe bezeichnete die Resolution, die Antifaschisten dürften „der erbärmlichen Judenhetze des Regimes nicht die geringsten Konzessionen machen, sondern müssen überall der Judenhetze aufklärend entgegentreten, die Pogromisten im Volk isolieren und die jüdischen Mitbürger moralisch und materiell nach Kräften unterstützen. Der Kampf gegen den Antisemitismus", heißt es weiter, „ist untrennbar verbunden mit dem Kampf gegen den Krieg und zur Befreiung des ganzen Volkes vom Joch der Hitlerdiktatur."[66]

Die KPD war sich im klaren darüber, daß ein Sieg über den Faschismus in Deutschland nur durch die Zusammenfassung aller antifaschistischen Kräfte errungen werden könne. Daher arbeitete sie seit der Brüsseler Konferenz 1935 mit ganzer Kraft auf die Aktionseinheit zwischen KPD und SPD und auf die Bildung einer Volksfront hin. Zwar war es – wie bereits erwähnt – am 9. Juni 1936 in Paris zur Bildung eines vorbereitenden Ausschusses für eine deutsche Volksfront gekommen. Aber nach drei Jahren mußte Wilhelm Pieck auf der Berner Konferenz feststellen, daß dieser Ausschuß „durch die Machinationen einiger Sozialdemokraten wieder vollständig zerfallen" war.[67] Es gibt übrigens in der historischen Literatur keine Hinweise, daß es zu einer aktiven Kooperation zwischen dem Volksfrontausschuß und bürgerlich-jüdischen Organisationen gekommen ist. Möglicherweise war die Furcht vor weiteren Massenrepressalien der Nazimachthaber gegen die noch im deutschen Herrschaftsbereich lebenden Juden ein Motiv für diese Zurückhaltung der jüdischen Weltorganisationen, doch dürfte der eigentliche Grund in der unverändert ablehnenden Haltung der jüdischen Großbourgeoisie gegenüber den Kommunisten, die ja die aktivsten Kräfte in der Volksfront waren, zu suchen sein. Dagegen arbeiteten linksorientierte jüdische Emigranten verschiedener politischer Richtungen maßgeblich in den Volksfrontausschüssen von Anfang an mit.

In der Tschechoslowakei riefen jüdische Jugendorganisationen gemeinsam mit sozialistischen und kommunistischen Gruppen am 8. Mai 1939 einen Bund der antifaschistischen Jugend Deutschlands ins Leben, der auch mit illegalen deutschen Widerstandskämpfern zusammenarbeitete. Einen hervorragenden Platz in der deutschen Widerstandsbewegung nimmt die Gruppe um Herbert Baum ein, die 1938 aus dem Zusammenschluß junger Kommunisten und verschiedener jüdischer Organisationen in Berlin entstand.

Im März 1939 gelang es den Bemühungen Heinrich Manns und Hermann Budzislawskis, ehemalige Mitglieder des Volksfrontausschusses in Paris in einem erneuten Aktionsausschuß Deutscher Oppositioneller zusammenzufassen und zu aktivieren. Der Ausschuß trat mit Publikationen und Appellen an die Öffentlichkeit und trug in der Folge zur Formierung der deutschen Volksfront wesentlich bei. Doch es war zuviel kostbare Zeit verstrichen. Eine Verwirklichung des Programms der KPD hätte den Ausbruch des Krieges verhindern und den Sturz der Nazidiktatur herbeiführen können. Damit wären auch die Juden gerettet worden. Aus den angegebenen Gründen gelang es den Kommunisten trotz schwerster Blutopfer nicht, in Deutschland eine Bewegung zu entfachen, die stark genug war, den Nazikriegstreibern in den Arm zu fallen. Die antikommunistische Appeasement-Politik der Münchner westlichen Verbündeten hatte die Stellung Hitlers außenpolitisch gestärkt. Die antikommunistische Appeasement-Politik nazifreundlicher Kirchenführer und sozialdemokratischer und bürgerlicher „Oppositioneller" hatte den gleichen Effekt im Innern. So gelang es den Faschisten „durch zügellosen Terror, durch massiven ideologischen Druck und durch demagogische soziale und nationale Propaganda große Teile des deutschen Volkes chauvinistisch zu verhetzen oder in Passivität und Resignation zu versetzen . . . Diese Ideologie versperrte vielen Deutschen den Blick dafür, daß der Feind des Volkes und der Nation die Unterdrücker im eigenen Lande, die deutschen faschistischen Machthaber in Politik und Wirtschaft und die Militaristen waren. Die deutschen Faschisten vermochten daher den zweiten Weltkrieg zu entfesseln, ohne auf größeren Widerstand im Lande zu stoßen."[68]

Somit nahm auch die „Endlösung der Judenfrage" ihren Lauf.

Kapitel 4

Der Übergang zum faschistischen Massenmord (1939–1941)

Als Hitler am 1. September 1939 vor dem Reichstag wortreich die Entfesselung des zweiten Weltkrieges durch den faschistischen deutschen Imperialismus erklärte, erging er sich nicht in erneuten „Prophezeiungen" über das Schicksal der Juden, obwohl er das bei späterer Gelegenheit behauptete. Jedoch galt besonders an und seit diesem Tag das Wort vom 30. Januar 1939 über „die Vernichtung der jüdischen Rasse" im faschistischen Krieg.[1] Damit wies der Repräsentant Nazideutschlands und der Exponent der reaktionärsten Teile des Finanzkapitals unmißverständlich darauf hin, daß der deutsche Imperialismus barbarische Methoden anwenden wollte, um auch in dieser Hinsicht seine Kriegsziele zu erreichen.

1. Faschistische Kriegsziele

Der Überfall auf Polen und die Okkupation des benachbarten Landes war der erste Schritt des deutschen Faschismus, mit nackter Gewalt seine langfristigen Pläne der Germanisierung und Kolonialisierung Osteuropas zu verwirklichen. In diesem Krieg ging es ihm insgesamt um die Beherrschung Europas und die Neuaufteilung der Einflußgebiete der Welt zu seinen Gunsten mit dem Ziel, die Ergebnisse des ersten Weltkrieges zu revidieren, die ungeteilte Herrschaft des Kapitalismus in der Welt wieder herzustellen und seine Weltbeherrschungspläne zu realisieren. Sie umschlossen nicht zuletzt die Absicht, die revolutionären, demokratischen und nationalen Bewegungen zu unterdrücken und zu zerschlagen. Kurz: Sein Ziel war, den geschichtlichen Entwicklungsgang aufzuhalten und rückgängig zu machen.

Innerhalb dieses weitgesteckten Ziels wollte sich der deutsche Imperialismus und Militarismus fremdes Eigentum, Bodenschätze, Betriebe, Ländereien usw., aneignen, um – zunächst – die weiter geplanten Eroberungszüge führen und um es zur Erhaltung und Vergrößerung seines Regimes ausnutzen zu können.

Am deutlichsten traten die imperialistischen Kriegsziele und ihre Einpeitscher sofort nach den Aggressionen in Westeuropa hervor. Beispielsweise stellten die Repräsentanten des deutschen Monopolkapitals auf der Tagung der Reichsgruppe Industrie am 17. Juni 1940 ein erweitertes Kriegszielprogramm auf, das sie mit „Neuordnung der europäischen Wirtschaft" und „europäische Großraumwirtschaft" umschrieben. Viele Konzerne fixierten in eigenen Denkschriften und Plänen ihre Ansprüche, so die IG Farben auf die europäische Chemieindustrie, Zeiss, Flick und andere Unternehmen auf ausländische Rohstoffe, Bodenschätze und Betriebe oder deren Ausschaltung. Dazu gehörten weiter Wünsche für den Einsatz und die Ausbeutung ausländischer Arbeitskräfte unter dem Stichwort „intereuropäischer Arbeiterausgleich". Ihre Ausarbeitungen sandten die Monopolherren entweder direkt an staatliche Stellen, oder sie gingen in die Pläne der Reichsgruppe Industrie ein.[2]

Zu dem hauptsächlichen faschistischen Kriegsziel, der Herstellung und Sicherung der Hegemonie des deutschen Monopolkapitals in Europa, gehörte untrennbar die Vernichtung des ersten sozialistischen Staates der Erde. Sie war der Kern der kriegerischen Absichten des deutschen Imperialismus, der die Speerspitze des Weltimperialismus darstellte, und die Voraussetzung für seinen Kampf um die Weltherrschaft. Die faschistische „Neuordnung" Europas war diesem Hauptziel untergeordnet und sollte die relativ schwachen Kräfte und Ressourcen Nazideutschlands verstärken, um den entscheidenden Schlag zu ermöglichen.

Die „Neuordnung" Europas bedeutete auf ökonomischem Gebiet die staatsmonopolistische Beherrschung der europäischen Wirtschaft durch die führenden deutschen Monopole, ihre vollständige Unterordnung, rücksichtslose Ausbeutung und Zwangsarbeit für Millionen Menschen. In politischer Hinsicht bedeutete sie die Annexion souveräner Staaten, die Errichtung terroristischer Regime und die Bildung von Vasallen„regierungen", die Kollaboration der europäischen Faschisten unter Hegemonie des deutschen Imperialismus. Ideologisch bedeutete die „Neuordnung" Europas die Verbreitung barbarischer imperialistischer Ideen, besonders von Antikommunismus, Militarismus und Rassismus. Im Zusammenhang mit dem faschistischen Terror bedeutete „Neuordnung" Europas nicht zuletzt die Beseitigung bürgerlicher Freiheiten, die Unterdrückung der revolutionären und demokratischen Bewegungen, den Auf- und Ausbau des Zuchthaus- und KZ-Regimes, die Drangsalierung, Dezimierung der Bevölkerung und Ermordung von Millionen Menschen.

Die Kontinuität der aggressiven Politik des deutschen Imperialismus offenbarte sich in der „Neuordnung" Europas und im erneuten Griff nach der Weltmacht am deutlichsten. Wie alles Reaktionäre der Politik und Ideologie des deutschen Imperialismus in seiner faschistischen Herrschaftsform kulminierte, so waren auch die verbrecherischen Kriegsziele und deren adäquate Durchsetzung die Steigerung seiner Menschenfeindlichkeit und Barbarei. Terror und Mord waren dem imperialistischen System immanent.

Aus dem Widerspruch zwischen den umfassenden Kriegszielen und den relativ beschränkten Möglichkeiten des deutschen Faschismus erfuhren die Pläne der „Neuordnung" Europas, insbesondere die damit zusammenhängenden Mordprogramme, ihre letzte Zuspitzung. Derselbe Widerspruch umschloß die faschistische Niederlage, die zu bereiten sich die überfallenen und bedrohten Völker rüsteten, und für die sie in ihrem gerechten Verteidigungskampf antraten.

Am 2. September 1939 charakterisierte das Politbüro des ZK der KPD den faschistischen Krieg als ungerechten imperialistischen Raubkrieg, der auf den Widerstand der bedrohten Völker stoßen würde. Es betonte die Solidarität aller gegen den Faschismus Kämpfenden und erklärte: „Die revolutionären Kräfte der deutschen Arbeiterklasse und alle fortschrittlichen Deutschen verurteilen aufs schärfste die nationale Unterdrückung, den furchtbaren Terror, wie die Germanisierungsmaßnahmen der deutschen Okkupanten. Das deutsche Volk kann selbst nicht frei sein und in Frieden leben, solange es zuläßt, daß die herrschende Klasse Deutschlands andere Völker unterdrückt". Speziell zu den faschistischen Kriegszielen sagte die Führung der KPD am 15. April 1940: „Diese ‚Neuordnung Europas' ist eben die Ausdehnung des Machtbereiches der deutschen Kapitalisten. Und in diesem ganzen Bereich wollen sie ein Regime einführen, wie sie es in Deutschland errichtet haben." Und Anfang Juli 1940 unterstrich sie: „Der Plan der Schaffung eines ‚neuen Europas' . . . läuft auf nichts anderes hinaus, als über ganz Europa die Vorherrschaft des deutschen Imperialismus zu errichten . . . Ein solches ‚neues Europa' wäre ein Europa mit entrechteten, versklavten Arbeitern und Bauern, ein Europa der Not, des Elends, des Hungers der werktätigen Massen." [3]

Inmitten des von der faschistischen Propaganda erzeugten Chauvinismus bewahrten die deutschen Kommunisten und viele der mit ihnen verbündeten Antifaschisten, Kriegs- und Hitlergegner die Prinzipien der internationalen Solidarität und des kämpfenden Humanismus. In Weiterentwicklung ihrer Politik, die sie vor allem auf den Konferenzen von 1935 und 1939 ausführlich dargelegt und begründet hatte, setzte die KPD ihr demokratisches und humanistisches Programm für ein neues Deutschland den faschistischen Plänen entgegen. Ihre Aufrufe forderten von allen nichtnazistischen Deutschen, den Völkern zu beweisen, daß trotz hemmungslosen faschistischen Terrors ein anderes Deutschland existierte, das besonders jetzt mit noch größerer Intensität gegen den Faschismus und seinen Krieg kämpfen mußte, um ihn schnellstens zu beenden, das barbarische Regime zu stürzen und einen friedliebenden und demokratischen Staat zu errichten.[4]

2. Die Vorbereitung auf den Völkermord in der ersten Kriegsetappe

Angebliche Kriegsnotwendigkeiten hätten Nazideutschland gezwungen, drakonische Maßnahmen gegen die militärischen Gegner und die Zivilbevölkerung der okkupierten Länder zu ergreifen, behaupteten seine Machthaber und verbreiten insbesondere deren Apologeten in der BRD. Sie lassen bei dieser Behauptung sowohl die Kriegsziele des imperialistischen Deutschlands als auch die seit langem vorliegenden Terror- und Mordvorschläge und -programme bewußt außer Betracht, die nicht in ihre „Beweiskette" passen.

In Wirklichkeit beabsichtigten die deutschen Faschisten von vornherein, den Krieg als Vernichtungskrieg zu führen und ihre Pläne unter dem Deckmantel der militärischen Auseinandersetzung zu realisieren. Entsprechend ihren vor 1939 entstandenen Vorstellungen setzten sie nach Kriegsausbruch ihren Terror- und Mordapparat ein und schufen neue Einrichtungen, gaben diesbezügliche Anweisungen heraus, begannen ihre Ausführung und fixierten erweiterte Pläne.

Unmittelbar mit der Entfesselung des zweiten Weltkrieges hing die Konzentrierung aller Organe des außergerichtlichen Terrors im Reichssicherheitshauptamt seit dem 27. September 1939 zusammen. Es sollte die Repressivmaßnahmen inner- und außerhalb des faschistischen Regimes koordinieren und leiten, wobei es mit anderen Instanzen der zivilen Verwaltung und des Militärapparates eng zusammenwirkte. Die neue Behörde unter SS-Gruppenführer Heydrich verfügte über Exekutivorgane, darunter besondere Mordkommandos, die Einsatzgruppen.

Kurz vor der Gründung des Reichssicherheitshauptamtes, am 20. September 1939, benutzte der Chef der Sicherheitspolizei in einer Anweisung über den verschärften Terror gegen deutsche Antifaschisten das Wort „Sonderbehandlung"[5] als Synonym für Mord. Zusammen mit anderen Begriffen wie Sonderaktion, Sondereinsatz, Sonderaufgabe, Sonderauftrag, Sonderunterbringung, Sonderkommando, Aussonderung, Aussiedlung, Umsiedlung, Abschiebung, Evakuierung, Ausmusterung usw. wurde es zum verhüllenden und zugleich entlarvenden Begriff für faschistischen Massen- und Völkermord. Seine Übernahme aus dem Sprachschatz militaristischer und chauvinistischer Verbände der frühen zwanziger Jahre, vor allem der Freikorps und der Schwarzen Reichswehr, und sein Auftauchen bei der Entfesselung des zweiten Weltkrieges deutete zum wiederholten Male auf die Kontinuität in der imperialistischen deutschen Politik und auf den sachlichen und zeitlichen Zusammenhang zwischen Krieg, Ausrottungsplänen und Terror hin.

Von den sieben Ämtern des Reichssicherheitshauptamtes war das Amt IV, die Gestapo, unter SS-Oberführer Heinrich Müller, für den außergerichtlichen politischen Terror zuständig. Es lenkte auch zunehmend die Judenverfolgung im In- und Ausland. Deutlich wurde das im Aufstieg Adolf Eichmanns. Im Oktober 1939 avancierte er zum Geschäftsführer der „Reichszentrale für jüdische Auswanderung". Im Dezember 1939 übernahm der SS-Hauptsturmführer im Amt IV das neue Referat IV D 4 – Auswanderung, Räumung. Sein Stellvertreter war der spätere SS-Obersturmbannführer Rolf Günther. Das Referat etablierte sich in der Berliner Kurfürstenstraße 116, dem beschlagnahmten Haus des Jüdischen Brüder-Vereins zur gegenseitigen Unterstützung. In den Händen Eichmanns und seines Stabes lag es in dieser Zeit, die Deportationen aus den besetzten Gebieten und aus Deutschland zu organisieren. Sie betrafen sowohl Juden und Zigeuner als auch Polen.

Nachdem die faschistische Militärmaschine Polen überrannt hatte, erklärte Hitler am 6. Oktober 1939, die nächste Aufgabe wäre nun eine neue „Ordnung" der „ethnographischen Bedingungen", das heißt, eine „Umsiedlung der Nationalitäten", und, so fügte er hinzu, in „diesem Zusammenhang: Der Versuch einer Ordnung und Regelung des jüdischen Problems".[6] Um diese Absicht durch die Terrororgane ausführen zu lassen, wurde Himmler am folgenden Tag zum „Reichskommissar für die Festigung deutschen Volkstums" ernannt. Das erklärte Ziel war nach dem entsprechenden Erlaß „die Ausschaltung des schädigenden Einflusses von solchen volksfremden Bevölkerungsteilen, die eine Gefahr für das Reich und die deutsche Volksgemeinschaft bedeuten".[7] Die weitgefaßte Bestimmung schloß sowohl deutsche und ausländische Antifaschisten als auch alle Menschen ein, die die Faschisten zu ihren Gegnern erklärten.

Ziele der faschistischen Politik in Osteuropa fixierte Himmler am 15. Mai 1940 in der Schrift „Einige Gedanken über die Behandlung der Fremdvölkischen im Osten". Darin hieß es u. a.: „Den Begriff Juden hoffe ich, durch die Möglichkeit einer großen Auswanderung sämtlicher Juden nach Afrika oder sonst in eine Kolonie völlig auslöschen zu sehen.[8] Es muß in einer etwas längeren Zeit auch möglich sein, in unserem Gebiet die Volksbegriffe der Ukrainer (! – d. Verf.), Goralen und Lemken verschwinden zu lassen. Dasselbe, was für diese Splittervölker gesagt ist, gilt in dem entsprechend größeren Rahmen für die Polen."[9]

Auf diesem Elaborat, das jahrzehntelange Herrenmenschenideologie und faschistischen Unterdrückungs- und Ausrottungswillen ausdrückt, basierte nicht nur der spätere langfristige „Generalplan Ost"[10], sondern danach handelten die Okkupanten in der ČSR, in Polen, Südosteuropa und später in den besetzten Gebieten der UdSSR, abgeschwächter in Nord- und Westeuropa. Der Mordplan lag auch der Verfolgung jüdischer Menschen zugrunde. Denn der Massenmord an ihnen war Anfang und Generalprobe der faschistischen Ausrottung von Millionen Menschen anderer Staaten und Völker.

Bürgerliche Publizisten, wie Gideon Hausner, Helmut Krausnick, Gerald Reitlinger, Wolfgang Scheffler und Albert Wucher, die sich mit der faschistischen Judenverfolgung beschäftigen, ignorieren in der Regel gänzlich ihren Zusammenhang mit der Verfolgung von verschiedenen Bevölkerungsteilen in den besetzten Gebieten, die in deren völliger Ausrottung gipfelte. Sie behandeln weder die Kontinuität in der Politik des imperialistischen Deutschlands, die sich in den Kriegszielen ausdrückte, noch die Verbindung mit Herrenmenschentum und Rassenhetze, deren wesentlicher Teil der Antisemitismus war. Sie vermögen diese Blutlinie und ihren Konnex nicht darzulegen, denn sonst müßten sie unweigerlich zumindest mit wichtigen Aspekten der Politik des gegenwärtigen imperialistischen deutschen Staates in Konflikt kommen, die imperialistische Kräfte in der BRD betreiben. Und so weit geht ihre „Objektivität" nicht.

Innerhalb des gegen die jüdische Bevölkerung Europas gerichteten Teils des faschistischen Mordprogramms waren die ersten 22 Monate des zweiten Weltkrieges die Etappe des Übergangs zur systematischen Massenvernichtung, die Zeit der unmittelbaren Vorbereitung, der Versuche und ersten Maßnahmen zur Durchführung der „Endlösung der Judenfrage" im gesamteuropäischen Maßstab. Deshalb ist zumindest im großen Überblick die Verfolgung der Juden in allen vom deutschen Imperialismus besetzten Ländern und Gebieten sowie den Satellitenstaaten im faschistischen Machtbereich in die Darlegung des Schicksals der deutschen jüdischen Bürger einzubeziehen. Wie sie seit 1933 drangsaliert wurden, geschah nach vorgefaßten Plänen mit noch größerer Intensität und in noch schnellerer Abfolge den jüdischen Bürgern anderer Staaten. Selbstredend kann die Vorbereitung auf die „Endlösung der Judenfrage" nur im Zusammenhang mit dem vom deutschen Imperialismus entfesselten und geführten Eroberungs- und Vernichtungskrieg gesehen und verstanden werden.

Mit den Nazitruppen zog auch der Antisemitismus nazistischer Prägung in die annektierten Gebiete ein. Denn früher oder später führten die Okkupanten nach dem Modell der antisemitischen Bestimmungen in Deutschland in den besetzten oder von ihnen abhängigen Ländern ähnliche Maßnahmen zur Isolierung und Diskriminierung der jüdischen Landesbewohner ein oder regten Kollaborateure zu entsprechenden Schritten an, die von propagandistischer Hetze begleitet waren. In einigen Gebieten animierten die Okkupanten einheimische Antisemiten zu kleineren oder größeren Pogromen nach dem Muster der „Kristallnacht" und bezogen sie in ihre Judenverfolgung ein.

Waren auch Zeitpunkt, Form und Intensität dieser Maßnahmen und Verfolgungen in den einzelnen besetzten oder abhängigen Gebieten unterschiedlich, so liefen sie doch überall darauf hinaus, in kürzerer Zeit als in Deutschland die ökonomischen, politischen und ideologischen Voraussetzungen für den systematischen Massenmord durch den deutschen Faschismus zu schaffen, um ihn zu einem schon absehbaren Zeitpunkt zu beginnen.

Die Judenverfolgung war ein wichtiges Kennzeichen der Barbarei des faschistischen deutschen Imperialismus. Es galt aber nicht allein und vorrangig: Verfolgung und Ermordung politischer Gegner, ganzer Bevölkerungsgruppen und Völker waren – und sind – dem Imperialismus systemimmanent. Sein in der damaligen Zeit verbrecherischster Teil führte sie in bis dahin unbekannter Weise, Intensität und Größenordnung aus. Zu den Zielen des deutschen Imperialismus in dem von ihm entfesselten zweiten Weltkrieg gehörten untrennbar die Aneignung von Bodenschätzen, Arbeitskräften, Rohstoffen und Fabriken in den okkupierten Ländern, teilweise durch „Arisierung der Wirtschaft" wie z. B. in Deutschland 1937/38, und die Vertreibung und Dezimierung der ansässigen Bevölkerung, zu der die Bürger mosaischen Glaubens gehörten. Die ökonomischen Ziele und die Verbrechen gegen die Menschlichkeit waren Teile der Hegemoniebestrebungen des deutschen Imperialismus, wie sie seit dessen Existenz hervortraten. Darin drückte sich die Kontinuität aus. Daß sich die Verbrechen des deutschen Imperialismus ab 1933 und 1939 durch Brutalität, Perfektion und Schrankenlosigkeit vom Terror anderer imperialistischer Regimes unterschieden, resultierte aus dem Wesen des Faschismus.

Er war – wie der VII. Weltkongreß der Kommunistischen Internationale feststellte – nicht die einfache Ersetzung einer bürgerlichen Regierung durch eine andere, sondern die Ablösung einer Form der Klassenherrschaft der Bourgeoisie, der bürgerlichen Demokratie, durch eine andere, durch die offene terroristische Diktatur der reaktionärsten, am meisten imperialistischen Elemente des Finanzkapitals. Aus diesem Klassencharakter ergaben sich wesentliche Merkmale der faschistischen Massenverbrechen. Sie waren Ausfluß der Welteroberungs- und Ausrottungsziele deutscher Monopole. Damit dienten sie nicht nur der Niederhaltung, sondern vor allem der physischen Liquidierung der Kräfte, die gegen den Faschismus kämpften oder seine potentiellen Gegner waren, und ganzer Völker, die wegen ihrer nationalen und rassischen Herkunft der „Neuordnung" Europas durch den deutschen Imperialismus im Wege standen. Um ihre Länder dem geplanten faschistischen Weltreich einzugliedern und weitere Millionen Menschen sklavenartig ausbeuten zu können, waren sie dazu ausersehen, degradiert, vertrieben und ausgerottet zu werden. Gerade in der Dezimierung und Ermordung ganzer Völker äußerte sich eine spezifische und besonders barbarische Seite des faschistischen Systems.

Zu ihm gehörte als untrennbarer Bestandteil die faschistische Ideologie. Ohne diese pseudowissenschaftliche Philosophie, Ethik, Soziologie und Historiographie ließ sich nicht jener Gewaltkult entwickeln, ohne Chauvinismus,

Rassismus und Militarismus konnte der imperialistische Terror zwischen 1933 und 1945 nicht den Fanatismus und den Grad der Barbarei erreichen, den seine schreckliche neue Qualität kennzeichnete.

Allen faschistischen Verbrechen, für die sich stets eine „Begründung" fand und für deren Verkündigung die Entscheidung des „Führers" oder anderer Exponenten des deutschen Finanzkapitals genügte, war Tür und Tor geöffnet. Der faschistische Terror war den Eroberungs- und Ausrottungs-, den Kriegszielen der deutschen Monopole adäquat. Sie bestimmten ihn und die faschistischen Verbrechen an der Menschlichkeit und der Menschheit in Deutschland und den besetzten Gebieten.

Innerhalb dieses faschistischen Systems nahm die Judenverfolgung einen gewichtigen, aber nicht alleinigen Platz ein. Sie war integrierter Bestandteil der Kriegsziele und -politik des deutschen Imperialismus. Alle faschistischen Institutionen waren an den Massenverbrechen, einschließlich der Judenverfolgung, beteiligt. Sie muß in diesem Zusammenhang betrachtet und kann nicht isoliert dargestellt werden, wie es die schon genannten und andere bürgerliche Autoren in vielen Publikationen tun, um den Systemcharakter des Regimes und seiner Verbrechen nur auf diesen Teil reduzieren zu können. Ihre teilweise harte Kritik soll, ohne die wirklich Schuldigen zu treffen, den Anschein einer publizistischen „Bewältigung der Vergangenheit" suggerieren. Neben der primären Absicht, die Gesellschaftsordnung zu entlasten, die den Faschismus und dessen Verbrechen hervorbrachte, dokumentiert sie eine Akzentverlagerung vom Antisemitismus zum Philosemitismus und Prozionismus. Das ist im Kern die gleiche Erscheinung, steht sie doch im ähnlichen Verhältnis zum Antikommunismus und richtet sich ebenfalls gegen andere Völker.

Bei der Vorbereitung auf den Massenmord an den europäischen Juden, in der ersten Etappe des noch umfassenderen Völkermordes, hatten die deutschen Imperialisten dem okkupierten und völlig von der Außenwelt isolierten Polen einen besonderen Platz zugedacht. Sie machten es zunächst zum Experimentierfeld und später zur Stätte ihres Massenmordes.

Noch während der Kampfhandlungen begann die Terrorisierung. Denn im Gefolge der Wehrmachtseinheiten und ihnen unterstellt, kamen – genau wie 1938 in Österreich und 1939 in der ČSR – Einsatzgruppen der Sicherheitspolizei an. Die fünf, später sechs Gruppen, untergliedert in fünfzehn Einsatzkommandos von je etwa 100 bis 150 Mann und ein Sonderkommando, zusammengestellt aus Angehörigen des SD, der Gestapo und der Kriminalpolizei, sollten „politisch-polizeiliche Sonderaufgaben" erfüllen. Das hieß in der Regel Aufspüren und Ermorden polnischer Patrioten, Intellektueller und politischer Funktionäre besonders der Arbeiterbewegung.

Die Angehörigen der Einsatzkommandos, aber auch anderer SS- und auch zum Teil Wehrmachtseinheiten verübten die ersten Gewalttaten gegen jüdische Bürger Polens. So sperrten z. B. ein Wachtmeister und ein Kanonier 50 Juden in eine Synagoge ein und erschossen sie. Als die Mörder von einem Standgericht am 14. September 1939 wegen Disziplinlosigkeit zu milden Strafen verurteilt wurden, griff der Oberbefehlshaber des Heeres ein und befahl ihre Freilassung.

Am 21. September 1939 rief Heydrich die Chefs der Einsatzgruppen zusammen, um ihr Vorgehen zu koordinieren und zu systematisieren. Er unterschied in seiner schriftlichen Richtlinie vom selben Tag zwischen „1) dem Endziel (welches längere Fristen beansprucht) und 2) den Abschnitten der Erfüllung dieses Endzieles (welche kurzfristig durchgeführt werden)". Die erste Etappe sei die Deportation aus den Gebieten, die annektiert würden, und die Konzentrierung der Verfolgten in den übrigen Gebieten, in denen „möglichst wenige Konzentrierungspunkte festzulegen (sind), so daß die späteren Maßnahmen erleichtert werden".[11] Mündlich hatte Heydrich erklärt – vermutlich bei der Erläuterung des Unterschieds der Ziele –, daß ebenfalls jüdische Bürger Deutschlands nach Polen deportiert werden würden.

Nach den Richtlinien wurde auch hinsichtlich der jüdischen Bevölkerung verfahren. Zuerst mußten die Juden eine Armbinde mit dem Davidstern tragen, erstmalig ab 24. Oktober 1939 in Włoclawek, dann in anderen Orten, bis am 23. November 1939 der sogenannte Generalgouverneur die Kennzeichnung allgemein anordnete. Das war die erste Brandmarkung von Juden im 20. Jahrhundert, ein Charakteristikum für die imperialistische Reaktion. Die im sogenannten Generalgouvernement erprobte Brandmarkung, nach und nach im gesamten faschistischen Herrschaftsbereich eingeführt, war das Zeichen, daß die Deportation und der Massenmord an den jüdischen Bewohnern des jeweiligen Landes unmittelbar bevorstand.

Parallel zur Kennzeichnung begannen die Deportationen und die Isolierung in Ghettos. Beispielsweise erging am 10. Dezember 1939 die Bestimmung, ein Ghetto in Łódź (Litzmannstadt) zu errichten, das am 30. April 1940 von der Umwelt abgeriegelt wurde. Es folgte bis 1941 die Errichtung weiterer Ghettos.

Bevor die geplanten großen Deportationen einsetzten, erhielt Eichmann den Auftrag, geeignete Methoden und Ziele zu erkunden. Denn am 6. Oktober 1939 legte sein Amtschef fest, daß etwa 70 000 bis 80 000 Juden aus Katowice deportiert werden sollten. Auch Einwohner aus dem tschechischen Ostrava gehörten dazu. „Diese Tätigkeit", vermerkte Müller, „soll in erster Linie dazu dienen, Erfahrungen zu sammeln, um auf Grund dieser derart gesammelten Erfahrungen die Evakuierung größerer Massen durchführen zu können." Am 10. Oktober trug Eichmann seinen Plan vor, je zwei Transporte mit 2 000 Männern zu verschleppen. „Nach der Durchführung dieser insgesamt vier Transporte muß über den Chef der Sicherheitspolizei dem RFSS und Chef der deutschen Polizei ein Erfahrungsbericht vorgelegt werden ... Es muß dann abgewartet werden, bis der generelle Abtransport von Juden angeordnet wird." Die Insassen der „Mustertransporte" sollten im Gebiet von Lublin Barackenlager errichten, die als Durchgangsstation für alle weiteren Transporte gedacht waren.

Am 15. Oktober telegrafierte Eichmann lakonisch an Günther: „Eisenbahnstation für Transport ist Nisko am San." [12] Drei Tage später folgte der erste Deportationszug. Ein Teil der Deportierten mußte in Nisko unter großen Leiden das Lager errichten, andere, zumeist Arbeitsunfähige, wurden in Richtung der sowjetischen Grenze getrieben, die nur kleine Gruppen erreichten.

Das unter unsäglichen Leiden und Opfern auf blankem Boden errichtete Lager führte den Namen „Zentralstelle für jüdische Umsiedlung in Nisko am San". Es lag in jenem ostpolnischen Gebiet zwischen San und Bug, das als Ziel für weitere Deportationstransporte ausersehen war, um viele Zehntausende jüdischer Bürger für die sofortige oder spätere Ermordung zu konzentrieren.

Als im März 1940 der weitere Ausbau Niskos im Zusammenhang mit dem zeitweiligen Stopp der Deportationen eingestellt und das Lager aufgelöst wurde, kam ein großer Teil seiner Insassen nach Lublin, um das Vernichtungslager Majdanek zu errichten. Allein schon aus diesem Vorgang wurde die Funktion Niskos deutlich: Die Deportationen in den ostpolnischen Ort und die Errichtung des Lagers dienten als Modell bei der Vorbereitung und Erprobung von organisatorischen Maßnahmen der „Endlösung der Judenfrage". Es war keineswegs zufällig, daß Nisko im Deportationsgebiet des Jahres 1942 lag.

Am 30. Oktober 1939 legten die faschistischen Mordplaner fest, daß alle jüdischen Bewohner – insgesamt 550 000 Menschen – und etwa 450 000 Polen aus den in den faschistischen Staat eingegliederten polnischen Gebieten innerhalb von vier Monaten in das sogenannte Generalgouvernement deportiert werden sollen. Am 14. November meldeten z. B. die Okkupanten aus Bydgoszcz, die Stadt wäre „judenfrei". Eine Besprechung am 30. Januar 1940, an der Vertreter mehrerer faschistischer Dienststellen teilnahmen, hatte das Ziel, die Deportationen zu forcieren und weitere Transporte zu planen. Sie hätten ab März 1940 vor allem 120 000 Polen aus den abgetrennten Gebieten und etwa 100 000 bis 120 000 Menschen aus dem besetzten Polen zu umfassen, wodurch Zwangsarbeiter Übungsplätze und Befestigungsanlagen für die Wehrmacht entstehen sollten. Ziel der Transporte waren Orte im Gebiet von Lublin, wo Nisko lag und später das KZ Majdanek und andere Vernichtungslager errichtet wurden. Aus dem Plan war eine weitere wichtige Funktion des sogenannten Generalgouvernements zu erkennen, die mit den Deportationen zusammenhing: Aufmarschgebiet des deutschen Imperialismus gegen die Sowjetunion zu sein.

Am 23. März 1940 ordnete jedoch Göring an, bis auf weiteres sämtliche Deportationen einzustellen. Der Grund dürften wohl die bevorstehenden faschistischen Offensiven in Nord- und Westeuropa gewesen sein, für die Transportraum benötigt wurde.

In der während der Aggressionen in Westeuropa verfaßten Denkschrift vom Mai 1940 erwähnte Himmler die Möglichkeit, europäische Juden in eine afrikanische Kolonie zu schicken. Offenbar dachte er dabei an Madagaskar.

Ein solcher Vorschlag tauchte schon 1931 in einer Broschüre von Egon von Wingheuer auf. Die ersten Schritte in dieser Richtung unternahm 1937 die profaschistische polnische Regierung, die eine Studienkommission nach Madagaskar entsandte. Wohl von deren Bericht angeregt, wollte sich die Naziregierung an dem Projekt beteiligen, wie aus der Äußerung Görings auf der Sitzung am 12. November 1938 ersichtlich ist: Man werde „jetzt endlich einen außenpolitischen Vorstoß" unternehmen, um „tatsächlich zur Lösung der Madagaskar-Frage zu kommen."[13] Das geschah offenbar alsbald. Denn wenig später, am 7. Dezember, informierte der französische Außenminister Ribbentrop, seine Regierung überlege, ob sie 10 000 jüdische Flüchtlinge nach Madagaskar transportieren solle. Danach erwähnte Rosenberg den Plan in seiner Rede am 7. Februar 1939.

Die Überlegungen ausländischer Antisemiten griffen die Nazis im Frühjahr 1940 erneut auf. Am 3. Juni schrieb Franz Rademacher, Leiter des Referates D III des Auswärtigen Amtes, in der Studie „Grundsätzliche Festlegung der deutschen Kriegsziele": „a) alle Juden aus Europa, b) Trennung zwischen Ost- und Westjuden; Ostjuden, die den zeugungskräftigen und talmudsicheren Nachwuchs für die jüdische Intelligenz bilden, bleiben als Faustpfand in deutscher Hand (Lublin?), um die Amerikajuden lahmzulegen; Westjuden aus Europa (Madagaskar?), c) Jüdisches Nationalheim in Palästina (Gefahr eines 2. Roms!)."[14]

Von den drei genannten Möglichkeiten ließen einige Naziführer die zweite weiter verfolgen. Jedoch bat Heydrich schon am 24. Juni Ribbentrop, ihn zu geplanten Besprechungen, „die sich mit der Endlösung der Judenfrage befassen", einzuladen, und setzte hinzu: „Das Gesamtproblem ... kann durch Auswanderung nicht mehr gelöst werden; eine territoriale Endlösung wird daher notwendig."[15]

Zweimal wurde hier der enthüllende Terminus „Endlösung" gebraucht. Er deutete an, daß die faschistischen Machthaber unbeirrt ihr Ausrottungsziel verfolgten und offensichtlich auch – wie die späteren Vorgänge erhellten – an dem Plan festhielten, den Massenmord in Osteuropa durchzuführen. Die genaue Analyse des Madagaskar-Projektes war ihnen wohl mehr im Zusammenhang mit den faschistischen Kolonialplänen und wegen der möglichen Täuschung der Weltöffentlichkeit interessant. Beide Absichten sind aus Rademachers Denkschrift „Die Judenfrage im Friedensvertrag" vom 3. Juli 1940 zu erkennen. Deren erster Satz lautete: „Der bevorstehende Sieg gibt Deutschland die Möglichkeit und meines Erachtens auch die Pflicht, die Judenfrage in Europa zu lösen." Aufgabe des Auswärtigen Amtes wäre es u. a., dieses Ziel in Verträgen festzuhalten, über das Deportationsgebiet zu verhandeln, Vorarbeiten durch Befragung faschistischer Dienststellen und durch Anfertigen von Statistiken über die Zahl der Juden in einzelnen Staaten zu leisten. Weiter führte Rademacher über den vom Reichssicherheitshauptamt und anderen Instanzen gebilligten Plan aus: Frankreich müßte seine Kolonie Madagaskar an Deutschland abtreten. Dort wären Marine- und Flugstützpunkte zu errichten und Juden unter dem Kommando eines Polizeigouverneurs anzusiedeln. Sie verlören ihre Staatsangehörigkeit, blieben aber als „Faustpfand" in deutscher Hand. Die Regelung ließe sich auch propagandistisch ausnützen.[16]

In der Aufzeichnung Rademachers vom 12. August war nochmals die Grundabsicht fixiert, wenn er schrieb: „Der Leitgedanke ist, sozusagen auf einen Schlag, den jüdischen wirtschaftlichen Einfluß in Europa durch den deutschen zu ersetzen."[17]

Ähnliche Überlegungen stellte das Referat IV D 4 des Reichssicherheitshauptamtes an. Eichmann fuhr mit seinem Mitarbeiter Dr. Erich Rajokowitsch in das Hamburger Tropeninstitut, um sich über die klimatischen Verhältnisse auf Madagaskar zu informieren. Weiter entsandte er seinen Gehilfen Theodor Dannecker nach Paris, um Akten des französischen Kolonialministeriums zu studieren. Mitte August 1940 war seine Ausarbeitung fertig. Er plädierte ebenfalls für eine deutsche Kolonie Madagaskar, wohin vier Millionen Juden deportiert werden sollten. Der Plan wurde von Himmler gebilligt und durch Heydrich an Ribbentrop geleitet.

Danach war von den Faschisten kaum etwas über das Projekt zu hören. Jedoch liebäugelten der Generaloberst a. D. Ludwig Beck, ehemals Chef des Generalstabes des Heeres, und der Beauftragte des Boschkonzerns, Dr. Carl Goerdeler, vormals Oberbürgermeister von Leipzig und Preiskommissar Hindenburgs und Hitlers, – beide später Führer des reaktionären Teils der Verschwörung vom 20. Juli 1944 – mit einer „Dauerlösung des Judenproblems". In ihrer Denkschrift „Das Ziel", die sie etappenweise verfaßten und Mitte 1941 abschlossen, gingen sie von der Voraussetzung aus, daß nur den jüdischen Bürgern, die soldatische Leistungen im ersten Weltkrieg oder eine alte Familientradition aufzuweisen hätten, die deutsche Staatsbürgerschaft nicht verweigert werden könnte. Weiter plädierten sie für „menschenwürdige Ghettos" in den okkupierten Gebieten. Als beste „Lösung" fixierten sie: „Zur Ruhe wird die Welt aber doch nur kommen, wenn das jüdische Volk eine wirklich ausnützbare Möglichkeit erhält, einen eigenen Staat zu gründen und zu erhalten. Ein solches Gebiet läßt sich auf jeden Fall unter durchaus lebenswerten Umständen entweder in Teilen Kanadas oder Südamerikas finden."[18]

Diese Gedanken waren bezeichnend dafür, wie weit Vertreter eines anderen Flügels der herrschenden Klasse in den Antisemitismus verstrickt waren und wie sie sich die „Lösung der Judenfrage" vorstellten.

Das Madagaskar-Projekt war längst zu den Akten gelegt, als Rademacher am 10. Februar 1942 – nach der Wannsee-Konferenz [19] – lakonisch notierte: der Krieg gegen die Sowjetunion ermögliche, „andere Territorien für die Endlösung zur Verfügung zu stellen". Die Entscheidung wäre gefallen, daß die Opfer „nach dem Osten abgeschoben werden sollten".[20]

Madagaskar kam nie in deutsche Hand. Jedoch ging aus dem Planspiel die Größenordnung hervor, mit der die Nazis rechneten. In mehrfacher Hinsicht war die Studie ein wichtiges Stadium der faschistischen „Endlösungs"-Absichten, die darin mehrmals erwähnt wurden: Sie erbrachte genaue Zahlenangaben und klärte Methoden der Judenverfolgung – Deportation und Entzug der Staatsbürgerschaft, Terror und Polizeigewalt, diplomatische und wirtschaftliche Erpressung anderer Staaten durch ein „Faustpfand".

3. Die weitere Drangsalierung jüdischer Bürger Deutschlands

Mit Beginn des zweiten Weltkrieges verschärften die faschistischen Machthaber den außergerichtlichen Terror im Innern. Zwei Ausarbeitungen zeugten davon. In den „Grundsätzen der inneren Staatssicherung während des Krieges" vom 3. September 1939 hieß es: „Jeder Versuch, die Geschlossenheit und den Kampfwillen des deutschen Volkes zu zersetzen, ist rücksichtslos zu unterdrükken." Nach Festnahme wäre zu entscheiden, ob die „brutale Liquidierung solcher Elemente erfolgen wird." [21] Die „Grundsätze der inneren Staatssicherheit während des Krieges" vom 20. September 1939 bestätigten diese Absicht und präzisierten, daß unter Ausschaltung der Gerichte Kriegs- und Hitlergegner „durch rücksichtslosestes Vorgehen (nämlich durch Exekution) ausgemerzt" werden sollten.[22]

Verordnungen verboten das Abhören ausländischer Rundfunkstationen, den Wechsel des Arbeitsplatzes und „sonstiges kriegsschädliches Verhalten" in der Wirtschaft, drohten härteste Strafen an usw.

Alle diese Maßnahmen richteten sich in erster Linie gegen Antifaschisten und potentielle Kriegs- und Hitlergegner. Unter demselben Terror standen auch die jüdischen Bürger Deutschlands, die noch weitere harte Bestimmungen trafen.

Nach einer statistischen Erhebung der jüdischen Reichsvereinigung betrug die Zahl der Bürger Deutschlands, die unter die Nürnberger Unrechtsgesetze fielen, im Herbst 1939 185 000 Personen, knapp 0,3 Prozent der deutschen Staatsbürger. Die Mehrzahl von ihnen gehörte der jüdischen Religionsgemeinschaft an. Die übrigen waren durch die Faschisten 1935 zu Juden erklärt worden. 77 000 waren männlichen, 108 000 weiblichen Geschlechts. Knapp 60 000 befanden sich im Alter von über 60 Jahren. Hinzu kamen etwa 55 000 Personen, die als sogenannte Mischlinge 1. und 2. Grades von der Reichsvereinigung betreut werden sollten.

Nach der amtlichen Statistik von Mitte 1939 lebten von diesen rassisch Verfolgten rund 82 000 in Berlin, 14 000 in Frankfurt a. M., 11 000 in Breslau, 10 000 in Hamburg und 6 000 in Leipzig.

Das Kesseltreiben gegen diese Deutschen verstärkte sich seit dem 1. September 1939 immer mehr. Denn auch bei der Judenverfolgung in Deutschland bedeuteten die zwei Jahre zwischen September 1939 und September 1941 die Zeit der Vorbereitung des systematischen Massenmordes. An der sich zuspitzenden Verfolgung waren – wie auch in den Jahren zuvor – staatliche Einrichtungen, Instanzen der Nazipartei, propagandistische und wissenschaftliche Institutionen und Konzerne beteiligt. Ihre Maßnahmen ergänzten einander und waren auf ein Ziel gerichtet: die jüdische Bevölkerung vollends zu entrechten, zu isolieren und zu entnerven, die Bedingungen für den Mord zu schaffen.

Am ersten Tag des zweiten Weltkrieges wurde von den örtlichen Polizeibehörden über die rassisch Verfolgten eine Ausgangssperre verhängt. Diese bestimmte, daß sie zwischen 20 Uhr (zwischen 1. April und 30. September ab 21 Uhr) und 6 Uhr (in denselben Monaten bis 5 Uhr) nicht ihre Wohnung verlassen durften. Die Einhaltung wurde streng kontrolliert. Jüdische Bürger, die während der Ausgangssperre nicht in ihren Wohnungen angetroffen wurden, erhielten eine Vorladung zur Gestapo und kehrten von dort oft nicht zu ihrer Familie zurück. Klarer als andere Beschränkungen dieser Zeit machten die Anordnung und ihre Durchführung deutlich, daß Juden unter Ausnahmebestimmungen standen. Jeder Versuch, den sich schließenden Ring der Verbote zu durchbrechen, konnte für sie den Tod bringen, wie der Stabsleiter des Stellvertreter Hitlers, Martin Bormann, am 30. Oktober 1939 staatlichen und Naziparteiinstanzen mitteilte: „Von besonderer Bedeutung ist ein erst vor wenigen Tagen ergangener Erlaß . . ., in welchem angeordnet worden ist, daß alle Juden, die irgendwelchen Anordnungen nicht sofort Folge leisten oder sonst ein staatsabträgliches Verhalten an den Tag legen, sofort festzunehmen und in ein Konzentrationslager einzuliefern sind.“ [23]

Viele der neuen Verbote, Beschränkungen und Repressalien waren gravierend für die Verfolgten und trieben ihre Außerrechtsstellung weiter voran. Am 23. September 1939 ordnete die faschistische Polizei an, daß noch am selben Tag entschädigungslos die Rundfunkgeräte persönlich abzuliefern wären. Die

Enteignung war mit einer gemeinen Schikane verknüpft. Denn an diesem Tag begingen die gläubigen Juden ihren höchsten Feiertag, das Versöhnungsfest, an dem ihnen ihre Glaubensregeln jede unreligiöse Handlung strikt verboten. Im Herbst 1939 wurde bestimmt, daß jüdische Bürger nur in festgelegten, oft weit entfernten Geschäften einkaufen durften. Ende Januar 1940 entzog man ihnen die Zuteilung von Bohnenkaffee, Milch, Geflügel, Reis, Hülsenfrüchten, Obstkonserven und anderen Lebensmitteln und Gegenständen des täglichen Bedarfs. Am 6. Februar 1940 ordnete das Reichswirtschaftsministerium an, daß Juden keine Kleiderkarten und Bezugscheine für Textilien erhalten sollten. Der Erlaß gestattete nur, gebrauchte Kleidung zu erwerben. Am 4. Juli bestimmte der Berliner Polizeipräsident, daß Juden ausschließlich zwischen 16 und 17 Uhr ihre Einkäufe zu erledigen hätten. Andere Städte folgten diesem Vorgehen, wobei sie zum Teil – wie z. B. in Leipzig – die Einkaufszeit auf eine halbe Stunde verkürzten. Am 10. Juni 1941 schließlich verfügte die NSV in Berlin, daß den rassisch Verfolgten die Lebensmittelkarten getrennt von der übrigen Bevölkerung auszuhändigen wären, was anderswo – z. B. in München – schon früher praktiziert wurde.

Die wohl einschneidendste Maßnahme der Isolierung in dieser Zeit war die forcierte Einrichtung von sogenannten Judenhäusern, in die jüdische Bürger zwangsweise umziehen mußten. Im Oktober 1939 richtete man in Leipzig knapp 50 „Judenhäuser" ein, die, eng beieinander gelegen, eine Art Ghetto bildeten. In München ereignete sich ähnliches seit der Jahreswende 1939/40. In Köln wurde 1940 begonnen, die jüdischen Bewohner der Stadt zu konzentrieren und dann in die ober- und unterirdischen Bauten des Forts Müngersdorf einzusperren. Sie mußten hier ohne eigene Möbel – nur ein Bett und ein Stuhl waren jedem gestattet – zusammengedrängt unter menschenunwürdigen Umständen hausen. Ende 1941 war in Köln die Konzentrierung abgeschlossen. In den Jahren 1941/42 vollzog sich der gleiche Vorgang in anderen Städten. In Berlin wurde vorerst davon abgesehen, jedoch ordnete am 21. Dezember 1940 der Polizeipräsident an, daß in Wohnhäusern spezielle Luftschutzräume für Juden einzurichten wären.

In finanzieller Hinsicht wurden die jüdischen Bürger ebenfalls stärker als vorher beansprucht. Die am 31. Oktober 1939 erlassene Änderung des Vermögenssteuergesetzes bestimmte, daß Juden keine Freibeträge mehr zu gewähren wären. Das hieß, bei einem jüdischen Ehepaar begann die Vermögensbesteuerung schon bei 500, bei anderen Personen jedoch erst bei 20 500 Reichsmark. Auf dem gleichen Gebiet lagen die Anordnungen des Reichsaufsichtsamtes für Privatversicherungen vom 13. April 1940, wonach Juden von privaten Krankenversicherungen ausgeschlossen waren, und die Verordnung vom 9. Dezember 1940, die Kinderbeihilfen untersagte.

Auf Anweisung des Postministers vom 29. Juli 1940 waren Juden für den

1. September 1940 die Telefonanschlüsse gekündigt. Gas- und Elektrizitätswerke verlangten Kautionen für die Weiterbelieferung von Energie. Polizeibehörden, Banken und andere Einrichtungen setzten tägliche Besuchszeiten für eine Stunde fest. Nur ein Postamt jeder Stadt fertigte in einer kurz bemessenen Zeit Juden ab. Die Reichsbahn beschränkte die Benutzung auf bestimmte Wagen bzw. Züge. Friseure durften Juden nur in einer kurzen Zeit bedienen.

Spezielle Verfügungen galten einzelnen Berufszweigen. So wurde am 19. September 1939 bestimmt, daß jüdische Ärzte nur beschränkt an der kassenärztlichen Versorgung teilhaben konnten. Jüdische Kinder- und Säuglingsschwestern durften nach der Anordnung vom 15. November 1939 nur „Nichtarier" betreuen. Medizinisch-technische Assistentinnen jüdischer Herkunft durften ab 17. Februar 1940 nur noch an jüdischen Krankenanstalten beschäftigt sein. Jüdische Rechtsanwälte konnten am 12. Juni 1940 von Gerichten abgelehnt werden und was der Einschränkungen mehr waren.

Von den rund 80 000 jüdischen Berlinern standen zu Beginn des zweiten Weltkrieges etwa 20 000 in einem Arbeitsverhältnis. Ähnlich mag die Situation in anderen Städten gewesen sein. Sie war erklärbar aus dem hohen Anteil älterer Juden, die noch in Deutschland verblieben waren, aus dem Ausschluß aus vielen Berufen und der „Arisierung" ihrer Arbeitsstellen. Da vielen der Arbeitenden die Ausübung ihres Berufes verwehrt war, mußten sie Hilfs- und unqualifizierte Arbeit annehmen. Oft waren sie im Baugewerbe, beim Straßenbau und mit sonstigen Erdarbeiten beschäftigt. Andere Hilfs- und vor allem Facharbeiter wurden insbesondere von Großbetrieben, meist Rüstungsproduzenten, ausgebeutet.

Offenbar wurden nach noch nicht entdeckten zentralen oder regionalen Anweisungen etwa seit Kriegsbeginn jüdische Bürger zur Arbeit gezwungen. Beispielsweise berichtet der Leipziger Oberbürgermeister am 18. Juli 1940: „Der Herr Präsident des Landesarbeitsamtes Sachsen hatte für den Arbeitseinsatz von Juden u. a. Erdarbeiten, Straßenbauarbeiten, Aufforstungsarbeiten und Arbeiten in Gartenbaubetrieben vorgesehen. Diese Art des Arbeitseinsatzes erschien auch mir örtlich zweckmäßig. Ich habe deshalb eine Anzahl Juden, auch Jüdinnen, dem Stadtforstamt zu Aufforstungsarbeiten zugewiesen, eine größere Anzahl wurde der Städtischen Arbeitsanstalt (Holzspalterei) zugeteilt, andere verrichteten Schanzarbeit und schufen Luftschutzlaufgräben an der Großmarkthalle, wieder andere waren auf dem neuen großen Müllberg beschäftigt und hatten aus der dort angefahrenen Asche Textil- und Metallabfälle, insbesondere Blechbüchsen herauszulesen. Eine weitere Gruppe wurde für Planierungs-, Erd- und Gartenarbeiten auf den einzelnen Leipziger Friedhöfen, u. a. dem Südfriedhof eingesetzt. Schließlich wurden, um einem dringenden Bedürfnis abzuhelfen, Juden privaten Müllabfuhrgeschäften zugeteilt." Weiter besagte der Bericht: „Die Arbeiten, die die Juden dort zu verrichten haben, sind ausgesprochene Schmutzarbeiten, für die städtische Gefolgschaftsmitglieder neben der Schmutzzulage auch Schmutzkleidung erhalten müßten. Beides wird Juden nicht gewährt." Für diese schwere und schmutzige „Pflichtarbeit" zahlte die Stadtverwaltung Stundenlöhne von 10, 20 oder 25 Pfennigen.[24] Auch andere Städte und Unternehmen hatten ähnliche Sätze.

Genauso schlimm war die Zwangsarbeit in den Großbetrieben. In Berlin wurden im Sommer 1940 beispielsweise über 500 Juden im Elektromotorenwerk der Siemens-Schuckert AG konzentriert, wo sie von anderen Arbeitern völlig isoliert blieben. Sie mußten sich täglich eine halbe Stunde vor Arbeitsbeginn am Werktor einfinden, um von dort geschlossen an den Arbeitsplatz geführt zu werden. Außerdem verbot der Elektrokonzern den jüdischen Arbeitskräften das Betreten der Waschräume und der Kantine und entzog ihnen das Werkessen. Das Aceta-Werk der IG Farbenindustrie, die Ehrich & Graetz AG und andere Berliner Betriebe, in denen jüdische Zwangsarbeiter unter ähnlichen Bedingungen beschäftigt waren, führten sogar schon vor dem September 1941 deren Kennzeichnung ein.

Unter den jüdischen Zwangsarbeitern waren Menschen der unterschiedlichsten sozialen Herkunft und Berufe: Ärzte, Angestellte, Apotheker und Rechtsanwälte. Die meisten der Frauen, die bei Siemens arbeiten mußten, waren bisher nur ihren häuslichen Aufgaben nachgegangen. Sie stammten aus Handwerkerkreisen, aus Geschäftshäusern und Intellektuellenfamilien. Ihnen wurde Arbeit zugewiesen, die früher nur Männer geleistet hatten. Eine Gruppe jüdischer Männer, von denen keiner unter 60 Jahren war, mußte täglich bei Wind und Wetter Kohlen schippen. Durch die Drohung, sie bei der Gestapo zu melden, wenn sie das verlangte Soll nicht erreichten, zwang sie der Konzern zu höchsten, sie erschöpfenden Leistungen.

Die Arbeitszeit betrug wöchentlich 60 Stunden, dafür erhielten die Zwangsarbeiter wöchentlich acht bis zwölf Mark brutto. Davon wurden z. B. noch Geldstrafen für Zuspätkommen, für das Beschädigen von Werkzeugen, das den ungeübten Händen oft unterlief, abgezogen.

Der finanzielle Ertrag der Zwangsarbeit verringerte sich noch, als am 24. Dezember 1940 das Finanzministerium anordnete, daß die sogenannte Sozialausgleichsabgabe, wie sie seit August 1940 von polnischen Zwangsarbeitern erhoben wurde, auch auf jüdische Zwangsarbeiter anzuwenden wäre. Damit mußten sie 15 Prozent ihres Lohnes als zusätzliche Steuer abführen.

Anfang März 1941 verfügte der Präsident der Reichsanstalt für Arbeitsvermittlung, daß alle jüdischen Bürger beschleunigt zur Arbeit eingesetzt werden sollten. Infolgedessen erhöhte sich in Berlin die Zahl der jüdischen Zwangsarbeiter bis August 1941 auf etwa 26 000. Dieser zentrale Erlaß zur Zwangsarbeit leitete über zu den Verordnungen vom 3. und 31. Oktober 1941, wonach die Zwangsarbeit unter noch erschwerteren und diskriminierenderen Bedingungen zu leisten war.[25]

Wie 1914, so sprach die imperialistische deutsche Propaganda seit September 1939 nur von „aufgezwungenem Krieg" und „grundlosen Kriegserklärungen" Großbritanniens und Frankreichs. Vielfältig variiert tauchten diese lügnerischen Formeln in den Reden der Naziführer immer wieder auf, standen in der Presse und dröhnten aus den Lautsprechern. Und niemals fehlte der Hinweis auf die „jüdisch-plutokratische Verschwörung", die dem imperialistischen Deutschland den „Platz an der Sonne" verwehren wollte. Als ein „Beweis" wurde eine Stelle des Briefes vom Präsidenten der Jewish Agency, Dr. Chaim Weizmann, an den britischen Premierminister am 29. August 1939 hochgespielt. Weizmann hatte unberechtigt namens der Juden in der Welt erklärt, daß sie an der Seite Großbritanniens stünden und für die Demokratie kämpfen würden.[26] Diese unbedacht gewählten Worte fälschte die Nazipropaganda zu einer jüdischen Kriegserklärung um, die die faschistische Verfolgung wehrloser und nichtkriegführender Menschen propagandistisch glaubhaft machen sollte.

Abgesehen von dieser neuen Variante, wurden nach wie vor sämtliche Register der Volksverdummung gezogen, die Raub und Mord, nicht zuletzt an der jüdischen Bevölkerung Europas, bemänteln sollten. Ein typisches Beispiel dafür, wie „Herrenmenschen"-Propaganda und Ausrottungsziel gekoppelt wurden, stammte von Dr. Robert Ley, dem Chef der faschistischen Arbeitsfront, und hat der „Angriff" am 30. Januar 1940 abgedruckt: „Es ist unser Schicksal, zu einer hochstehenden Rasse zu gehören. Eine tieferstehende Rasse braucht weniger Raum, weniger Kleider, weniger Essen und weniger Kultur als eine hochstehende Rasse." Mit derlei unheilschwangeren Phrasen sollte der Kriegswille angestachelt und die verbrecherische Kriegführung gerechtfertigt werden.

Neben der allgemeinen Propaganda gegen die Kriegsgegner, die zum Teil stark antisemitisch war, gab es eine besondere Hetze gegen die Juden. Dafür wurde außer Presse und Rundfunk vor allem seit 1940 der Film eingesetzt. Durch lautstarke Reklame und technische Perfektion stachen drei Streifen hervor, die im zweiten Halbjahr 1940 erschienen: Der UFA-Spielfilm „Die Rothschilds" wurde im Juli 1940 uraufgeführt. Er wollte – historisch verpackt – die jüdischen Einflüsse auf das Wirtschaftsleben Englands „entlarven". Veit Harlans Film „Jud Süß", von der Terra-Filmgesellschaft hergestellt, stand seit September 1940 auf dem Programm der Lichtspieltheater. Wie Teile der Bevölkerung auf den Streifen reagierten, der eine niederträchtige Verfälschung des Romans von Lion Feuchtwanger war, hielt ein Stimmungsbericht des SD fest: „. . . ist es wiederholt während der Vorführung des Films zu offenen Demonstrationen gegen das Judentum gekommen. So kam es z. B. in Berlin zu Ausrufen wie ‚Vertreibt die Juden vom Kurfürstendamm! Raus mit den letzten Juden aus Deutschland!' "[27] Wegen dieser aufputschenden Wirkung ordnete Himmler sechs Tage nach der Berliner Premiere an, daß der SS und Polizei noch im Winter 1940/41 der Film gezeigt werden sollte. Später wurde er mehrmals Einheiten, die am folgenden Tag Deportationen und Massenmorde ausführten, oder Mannschaften in KZ vorgeführt, die danach unter den Häftlingen wüteten. Das dritte filmische Machwerk nannte sich „Der ewige Jude". Der Text zu den „Dokumentar"-Bildern stammte von dem Leiter der sogenannten Antikomintern, einer staatlichen antikommunistischen Propagandainstitution, Dr. Eberhard Taubert. Auch darin drückte sich zum wiederholten Mal die Verklammerung von Antikommunismus und Antisemitismus in der faschistischen Ideologie und Propaganda aus.

Diese faschistische Propaganda durch Presse, Funk und Film erfuhr Stützung, Bereicherung und Ergänzung durch zahlreiche pseudowissenschaftliche Pamphlete, die nach Kriegsbeginn verstärkt erschienen. Die wohl erste antisemitische Broschüre, die das Propagandaministerium nach Kriegsausbruch herausbrachte, stammte von seinem Mitarbeiter Wolfgang Dierwege und trug den Titel „Anschlag gegen den Frieden. Ein Gelbbuch über Grunspan und seine Helfershelfer". Auch bei anderen Publikationen trat schon im Titel deutlich die Verbindung zwischen Kriegszielen und antisemitischer Hetze hervor. So erschienen u. a. zwischen 1939 und 1941 die Arbeiten von Heinz Ballensiefen „Juden in Frankreich", Peter Aldag „Die Juden in England", Hermann Erich Seifert „Der Jude an der Ostgrenze", und Hermann Fehst „Bolschewismus und Judentum". Das Buch von Fehst kam erstmals 1934 heraus und wurde durch das vom Propagandaministerium finanzierte „Institut zur Erforschung der Judenfrage" gemeinsam mit dem Gesamtverband deutscher antikommunistischer Vereinigungen publiziert.

In dieser Zeit entstand eine weitere faschistische Propagandazentrale: das am 20. April 1940 eröffnete „Institut für deutsche Ostarbeit" in Kraków unter dem Patronat Hans Franks. Zu ihm gehörte eine Sektion „Rassekunde", die mit 32 Mitarbeitern etwa ein Drittel der Institutsangehörigen umfaßte.

Auf der ersten Institutstagung vom 20. bis 22. Juni 1940 sprach unter anderem Dr. Peter-Heinz Seraphim über „Die Juden in Polen" und gab damit das Leitthema für die Hetzpropaganda, die, wie der Leiter des „Judenreferates" Josef Sommerfeldt in der Institutszeitschrift formulierte, „im Sinne des nationalsozialistischen Kampfes die lückenlose und erschöpfende Begründung für die Vernichtung des Weltjudentums und seinen Ausschluß aus der Gemeinschaft der arischen Völker" geben sollte.

Doch nicht nur auf theoretisch-publizistischem Gebiet waren diese „Forscher" tätig. Sie griffen, wie Sommerfeldt verkündete, in die Judenverfolgung in Polen ein: „Ein einzigartiges Material (! – d. Verf.) ist uns zur Zeit noch (! – d. Verf.) im Judentum in die Hände gegeben. Nach der gesamteuropäischen Bereinigung der Judenfrage wird es wohl unmöglich sein, wieder in den Besitz eines solchen restlos schlagkräftigen und unsere politische Handlungsweise für alle Zeiten begründeten Materials zu kommen." Und der Direktor des Instituts, Dr. Wilhelm Colbitz, ergänzte an anderer Stelle: „Die Judenforschung im Institut wird in engster Verbindung mit den Zentralstellen der Partei und des Staates im Sinne einer Gesamtbereinigung des europäischen Judenproblems geleistet." [28]

Die faschistische antisemitische Propagandaoffensive nach dem September 1939 sollte neben der Weiterführung der seit 1933 betriebenen Hetze vor allem dazu dienen, den faschistischen Krieg zu begründen, die wahren Kriegsziele zu verschleiern und die Kriegsstimmung zu schüren, besonders aber direkt die Judenverfolgung propagandistisch zu unterstützen und die „Endlösung der Judenfrage" vorzubereiten. Die Hetze hatte nicht nur beträchtliche Auswirkungen auf die deutsche Bevölkerung, sondern trug auch zur weiteren Isolierung der jüdischen Bürger bei.

Nach Kriegsausbruch überprüften Sonderausschüsse die in Großbritannien lebenden Emigranten, ob sie für die britische Insel ein Sicherheitsrisiko bedeuteten. Charakteristisch war, daß unter diesem diskriminierenden Vorwand Kommunisten, ehemalige Angehörige der Internationalen Brigaden und entschiedene Vertreter der Arbeiterinteressen sofort interniert wurden. Im Mai/Juni 1940, als die faschistische Invasion in greifbare Nähe rückte, verhaftete man die Mehrheit der deutschen Emigranten, darunter 3 000 Frauen, und brachte sie in Lager, insgesamt über 25 000 Flüchtlinge aus Nazideutschland, Österreich und der ČSR. Der Hauptteil befand sich in Internierungslagern auf der Insel Man, während mehr als 7 000, darunter wiederum viele Kommunisten und aufrechte Antifaschisten, zusammen mit Kriegsgefangenen und Nazianhängern nach Kanada und Australien deportiert wurden, wobei ein faschistisches U-Boot ein Schiff versenkte. Sowohl die Gleichstellung mit Nazis als auch ihre Lebensumstände in den Internierungsländern trafen die Flüchtlinge hart.

Nachdem die Gefahr einer Invasion vorüber war, erhoben sich in Großbritannien zahlreiche Proteste gegen die Internierung und Deportation. Unter dem Druck der Öffentlichkeit mußte bis 1941 der Großteil der in England verbliebenen Emigranten entlassen werden. Auch nach Kanada Deportierte durften zurückkehren. Die jüngeren Männer meldeten sich vielfach zum Dienst in der britischen Armee. Fast alle anderen arbeiteten in der Industrie und trugen ihren Teil dazu bei, die Kraft der Antihitlerkoalition im Kampf gegen Nazideutschland zu stärken.

Bedeutend schlimmer entwickelte sich die Lage der etwa 40 000 bis 50 000 deutschen Emigranten in Frankreich, unter denen eine größere Anzahl jüdischer Bürger war. Sie besaßen entweder deutsche Pässe – gültig oder ungültig – oder wurden von französischen Behörden als „heimatlos" oder „unbestimmt" geführt. Ihre Verfolgung deutete sich in der Nacht zum 1. September 1939 an, als in Paris deutsche Kommunisten und andere Antifaschisten verhaftet und ins Gefängnis geworfen wurden. Am 3. September 1939 traf alle Männer deutscher Nationalität zwischen 16 und 65 Jahren die Order, binnen drei Tagen interniert zu werden. Ausnahmen wurden nur für einige, so für Mitglieder und Mitarbeiter des Parteivorstandes der SPD, gemacht. Auch darin offenbarte sich die antikommunistische Gemeinsamkeit zwischen deutschem und französischem Imperialismus.

Die von französischen Polizisten, Gendarmen und Soldaten Verhafteten wurden in etwa 65 Lagern, Sportstadien, Zirkuszelten, verwahrlosten Gebäuden, Fabrikhallen, Schuppen, Ställen, Baracken und Gefängnissen untergebracht. Das größte war wohl das Pariser Radsportstadion Colombes, wo unter freiem Himmel etwa 20 000 Emigranten vegetieren mußten. Die berüchtigsten Internierungsstätten waren die südfranzösischen Lager Le Vernet und Gurs – hier befanden sich 4 730 deutsche Internierte –, in die man schon Angehörige der Internationalen Brigaden und republikanische Spanier eingesperrt hatte. Der französische Arzt Dr. Joseph Weill, der für ein Solidaritätskomitee tätig war, berichtete über den Zustand in den KZ: Sie wären „allesamt untragbar, düster, schmutzig" und wurden „auf Grund schwerer Versäumnisse und betrügerischer Machenschaften seit ihrer Entstehung niemals von den Behörden abgenommen".[29]

Nach zahlreichen Protesten wurde Anfang 1940 ein Teil der Gefangenen entlassen. Viele meldeten sich zur französischen Armee, um in deren Reihen gegen den Nazifaschismus zu kämpfen. Eine große Anzahl wurde in Arbeitseinheiten zusammengefaßt. Die Internierten waren angehalten, sich entweder für Zwangsarbeit oder die Fremdenlegion zu entscheiden, deren Einheiten nach Nordafrika verlegt wurden. Auch einige Arbeitskompanien kamen dorthin und wurden zum Bau der Transsahara-Eisenbahn eingesetzt.

Am 13. Mai 1940 wurde erneut bestimmt, daß alle Deutschen in Frankreich zu internieren wären. Sie und die Angehörigen der Arbeitseinheiten wurden zum Teil den einrückenden Nazitruppen überlassen oder von Lager zu Lager geschleppt, bis sie schließlich in die Hände der Okkupanten fielen. Nicht wenige sahen nur einen Ausweg: den Selbstmord.

Viele der Internierten, die weiter blickten, versuchten, sich diesem Schicksal durch eine mühselige Flucht nach Südfrankreich oder über die Pyrenäen zu entziehen. Sie wurden dabei solidarisch von der französischen Bevölkerung unterstützt. Die Flucht gelang beispielsweise Lion Feuchtwanger. Andere wieder konnten dank französischer Hilfe in Frankreich untertauchen und kämpften später in der französischen Widerstandsbewegung.

Nach der Okkupation schlug der faschistische Botschafter Otto Abetz am 20. August 1940 u. a. eine Meldepflicht für deutsche Juden vor. Sein Brief ging über Martin Luther, den Leiter der Abteilung Deutschland des Auswärtigen Amtes, an das Eichmann-Referat. Es antwortete am 20. September 1940 zustimmend. Abetz regte daraufhin das Kollaborationsregime an, jüdische Flüchtlinge als staatenlos zu erklären. Vichy reagierte prompt und erließ am 4. Oktober das Statut des Juifs. Danach waren 30 000 Flüchtlinge im besetzten und 20 000 im unbesetzten Teil Frankreichs ihrer Freiheit beraubt. Die Okkupanten brachten sie in den Lagern Drancy, Pithiviers und Beaume de Rolande, die Vichy-Faschisten in den KZ Gurs, Les Milles und Rivesaltes unter. Unter ihnen waren eine große Anzahl deutscher Staatsbürger. Sie teilten das Schicksal ihrer in Deutschland lebenden Leidensgefährten. Ab April 1942 fuhren die Todestransporte von Drancy nach Auschwitz.

Obwohl der Krieg die bisher gewählten Wege der jüdischen Flüchtlinge in Europa versperrt hatte, gab es noch eine Reihe Möglichkeiten, offiziell über die deutschen Grenzen zu gelangen. Die faschistische Reichszentrale, die vorgab, sich mit der Auswanderung zu beschäftigen, unternahm nichts, um diese Wege zu suchen. Es waren in erster Linie die Reichsvereinigung der Juden in Deutschland und andere Hilfseinrichtungen, die sich des geringen Teils der Verfolgten annahmen, die noch Auswanderungsgenehmigungen erhielten.

Bis Mai 1940 konnten viele Flüchtlinge über Holland und Belgien reisen. Ein weiterer Weg führte bis zu dessen Kriegseintritt über Italien. Eine andere Möglichkeit war die Strecke über die Slowakei und Rumänien. Die Sowjetunion gestattete einer ganzen Anzahl von Flüchtlingen die Durchreise. Transit-Staaten waren auch Schweden, Spanien und Portugal. Meist ging die Flucht nach Übersee. Aufnahmeländer waren die USA und die Staaten Mittel- und Südamerikas. Ein weiteres Ziel der Emigranten war nach wie vor Palästina. In Ostasien war Shanghai ein bevorzugter Sammelpunkt.

Nicht nur der Kriegszustand, sondern vor allem Maßnahmen der faschistischen Behörden erschwerten die Auswanderung in dieser Übergangsperiode zum systematischen Massenmord. Offenbar auf Anweisung ihrer „Aufsichtsbehörde" ordnete die Reichsvereinigung Anfang 1940 an, daß Emigranten, die über ein Vermögen von mehr als 10 000 Reichsmark bzw. über Einkünfte verfügten, die dem Ertrag dieser Summe entsprachen, je nach Höhe 10 bis 60 Prozent als außerordentliche Abgabe zahlen mußten. Damit sollten Mittel für die Arbeit der Reichsvereinigung aufgebracht werden.

Die Sondersteuer war neben der am 17. April 1939 vom Reichsfinanzministerium angeordneten Besteuerung des Auswandergutes zu entrichten. Am 21. November 1940 und am 5. April 1941 wurden im Reichssteuerblatt neue einschränkende Bestimmungen über das Eigentum erlassen, das die Flüchtlinge mitnehmen durften. Unter anderem wurde danach der bereits verzollte Inhalt der Kisten, die in deutschen Häfen lagerten, um den Flüchtlingen nachgesandt zu werden, zugunsten des Staates enteignet und versteigert.

Diese Maßnahmen deuteten darauf hin, daß spätestens ab Mitte 1940 die Nazibehörden weniger als je zuvor an einer Auswanderung interessiert waren. Als Heydrich am 24. Juni 1940 wegen des Madagaskar-Projektes an Ribbentrop schrieb, meinte er schon, die „Judenfrage" könnte durch Auswanderung nicht gelöst werden. Ein Erlaß des Reichssicherheitshauptamtes vom 25. Oktober 1940 verbot die Auswanderung aus dem besetzten Polen. Darin wurde auch von den „immer kleiner werdenden Möglichkeiten der Auswanderung für Juden aus dem Altreich" gesprochen.[30]

Fast zum gleichen Zeitpunkt fand eine Besprechung statt, die deutlich machte, welche weiteren Schritte die Faschisten im Zusammenhang mit der gedrosselten Auswanderung, im Hinblick auf ihre gänzliche Unterbindung und zur organisatorischen Vorbereitung des Massenmordes unternahmen. Am 30. Oktober 1940 verhandelte Eichmann mit Geheimrat Großkopf vom Auswärtigen Amt über die „Erfassung" deutscher Juden, die nicht in Deutschland lebten. Sie vereinbarten, „daß nicht nach außen der Eindruck erweckt wird, daß man die Juden zu erfassen versucht". Nach der Registrierung durch die Konsulate, deren Listen an das Reichssicherheitshauptamt gingen, sollte der Abtransport erfolgen. Die Ankunft wäre „dem Reichssicherheitshauptamt telegrafisch anzuzeigen", das dann „das weitere veranlassen" würde.[31] In Zusammenarbeit mit dem Auswärtigen Amt registrierte also das Referat IV D 4 jüdische Bürger Deutschlands in den von den Nazis abhängigen Staaten, um sie genauso wie die Juden, denen die Auswanderung verboten wurde, später umbringen zu können.

Am 20. Mai 1941 erging ein neuerlicher Brief Eichmanns an alle Gestapostellen, wonach die Auswanderung aus Frankreich und Belgien zu verhindern sei. Auch in diesem Schreiben fand sich ein zweifacher Hinweis auf die „Endlösung der Judenfrage".

Nachdem der systematische Massenmord in den besetzten sowjetischen Gebieten schon begonnen hatte, ordnete Eichmann an, daß Funktionäre und Personal der Reichsvereinigung und der jüdischen Kultusvereinigungen nicht mehr auswandern dürften. Und am 23. Oktober 1941 schließlich teilte Müller den Gestapostellen mit, daß nach Himmlers Anordnung die Auswanderung von Juden mit sofortiger Wirkung zu verhindern wäre. Er setzte hinzu, um wegen der doppeldeutigen Tarnbezeichnungen Mißverständnisse zu vermeiden, daß damit nicht die „Evakuierung" gemeint wäre.

Die letzte Gruppe Flüchtlinge vor diesem Termin verließ Deutschland am 15. Oktober 1941 in Richtung Lissabon.

Insgesamt betrug die Zahl der jüdischen „Auswanderer" aus Deutschland zwischen September 1939 und Oktober 1941 nur wenig über 10 000 Personen. Diese Abnahme der „Auswanderung" gegenüber der Flucht von schätzungsweise 165 000 Personen in den 24 Monaten vor Kriegsausbruch macht deutlich, wie die deutschen Faschisten jüdische Bürger daran hinderten, ihrem Herrschaftsbereich zu entkommen, als sie unter dem Deckmantel des Krieges ihre Massenmordpläne durchführen wollten.

Von Oktober bis zum Dezember 1941, dem Kriegseintritt der USA, gelang es lediglich noch 584 Menschen, über Schweden und Spanien ins Ausland zu gelangen. Das war das Ende der offiziell genehmigten Flucht aus dem faschistischen Herrschaftsbereich, zu einer Zeit, da schon die Deportationstransporte in großer Zahl in Ghettos und Vernichtungslager rollten.[32]

Die Vorläufer der systematischen Todestransporte aus Deutschland ab Oktober 1941 waren größere Deportationen, die nach Entfesselung des zweiten Weltkrieges stattfanden.

Gleich nach Beginn des Krieges verschleppten die Faschisten viele Menschen in Konzentrationslager. Neben Tausenden Kommunisten, Sozialdemokraten und Gewerkschaftern waren darunter auch jüdische Bürger. Welches Schicksal sie in den KZ erwartete, zeigte sich in Buchenwald nach dem Attentat auf Hitler am 8. November 1939 in München. Am folgenden Tag wurden in dem KZ auf dem Ettersberg 21 jüdische Häftlinge erschossen und den übrigen für drei Tage die Nahrung entzogen.

In den ersten Kriegstagen traf auch jüdische Bürger Deutschlands das Los der Evakuierung. Die in Baden und der Pfalz Wohnenden wurden in das Reichsinnere geschleppt, weil sie angeblich das Hinterland des sogenannten Westwalls gefährdeten. Binnen einer Stunde mußten sie ihr Heim verlassen. Kaum einen Handkoffer mit ihrer Habe durften sie packen. Viele hatten nur bei sich, was sie gerade auf dem Leib trugen. Am 8. September 1939 trafen beispielsweise die ersten 60 Evakuierten in München ein. Zwei Wochen später waren etwa 350 in der bayrischen Hauptstadt. Die Nazis überließen es den jüdischen Gemeinden, für die Verschleppten zu sorgen. Sie mußten in Notquartieren, in Wohnungen ihrer Leidensgefährten untergebracht und wegen der faschistischen Wohnungsbeschlagnahmen immer wieder umquartiert werden. Notküchen und jüdische Speiseanstalten übernahmen die Verpflegung. Dank der Hilfe humanistisch eingestellter Menschen konnten die Gemeinden den Verschleppten – insbesondere den Kindern – Kleidungsstücke und Gegenstände des täglichen Bedarfs geben.

Gegen Ende März 1940 durften die aus Karlsruhe und Offenburg Stammenden von München in ihre Heimat zurückkehren. Danach folgten die übrigen.

Inzwischen arbeiteten die Nazis ihre großen Deportationspläne aus. Schon in der Aktennotiz über die Besprechungen Eichmanns und Günthers in Katowice am 10. Oktober 1939 war vermerkt: „Der Führer hat vorerst die Umschichtung von 300 000 Juden aus dem Altreich und der Ostmark (Österreich – d. Verf.) angeordnet."[33] Auf der Konferenz am 30. Januar 1940 in Berlin beschlossen SS-Funktionäre, gewissermaßen als ersten Schritt: „Mitte Februar 1940 sollten 1 000 Juden aus Stettin, deren Wohnungen aus kriegswirtschaftlichen Gründen dringend benötigt werden, geräumt und gleichfalls ins Generalgouvernement abgeschoben werden."[34]

Das Zusammentreiben der jüdischen Bürger Stettins erfolgte in der Nacht vom 12. zum 13. Februar 1940. SS-, SA- und NSDAP-Mitglieder drangen in Wohnungen ein und zwangen die Betroffenen – einschließlich der Säuglinge, Greise, Kranken und Invaliden – warme Kleider anzuziehen und einen Handkoffer zu packen. Für die gesamte Einrichtung, Bargeld und Wertgegenstände mußte eine Verzichterklärung unterschrieben werden. Danach wurden die Verfolgten zum Stettiner Güterbahnhof gebracht, wo Deportierte aus der näheren und weiteren Umgebung, darunter aus Stralsund, zu ihnen stießen. Der Güterzug mit den 1 200 Menschen fuhr nach Lublin. Von dort mußten die Verschleppten bei grimmiger Kälte vierzehn Stunden nach Piaski und Belzyec laufen, wo 600 bzw. 500 unterkamen. Die etwa 100 Greise und Kranken brachte man nach Glusk.

Die Deportierten mußten in Ställen und Scheunen hausen. Aus ihren Briefen ergab sich Mitte März folgendes Bild: „Die Neuankömmlinge besitzen wirklich nur, was sie auf dem Leibe tragen oder in Handtasche oder Rucksack bei sich im Wagen hatten. Ihr Gepäck haben sie bis heute nicht erhalten, und wenn man zwischen den Zeilen zu lesen versteht, begreift man, daß sie auch nicht mehr damit rechnen, daß sie es bekommen. Es fehlt also überall am Allernotwendigsten. Sie haben keinerlei Medikamente und medizinische Instrumente, Nahrungsmittel sind äußerst knapp und schlecht, die Bekleidung völlig unzureichend!"[35]

Schon während des Transportes erfroren 71 Menschen, viele andere zogen sich Erfrierungen an den Gliedern zu. Bis zum 12. März 1940 waren 230 Tote zu beklagen. Die Überlebenden wurden 1942 in den Massenmord einbezogen.

Einige größere ausländische Zeitungen berichteten detailliert über diese erste Deportation aus Deutschland. Neben dem faschistischen Aufmarsch gegen Frankreich, Belgien und die Niederlande trug das wohl zu Görings Anweisung vom 23. März 1940 bei, einstweilen die Transporte einzustellen. Sie wirkte sich auch auf eine weitere Deportation aus. Die etwa 160 jüdischen Menschen, die um den 20. März aus Schneidemühl nach Glowno bei Łódź gebracht worden waren, wurden nach einem Lager östlich von Berlin zurückgeholt, wo sie bis zur erneuten Deportation 1942 hausten.

Die Vorgeschichte der nächsten, weit größeren Deportation blieb weitgehend ungeklärt. Vermutlich nahmen die Nazis die Vereinbarung der deutschen Waffenstillstandskommission unter General von Stülpnagel und der französischen Delegation unter General Huntziger, alle französischen Juden aus Elsaß und Lothringen in die unbesetzte Zone Frankreichs zu transportieren, zum Anlaß, sämtliche deutschen jüdischen Staatsbürger aus Baden und der Pfalz zu deportieren. Die Aktion wurde nach einer Anweisung der Nazigauleiter Josef Bürckel und Robert Wagner vom 20. Oktober 1940 ausgelöst und nach geheimer Vorbereitung durch die Gestapostellen Karlsruhe, Neustadt und Saarbrücken geleitet. Sie erfaßte am 22. und 23. Oktober nach Eichmanns Bericht 6 504, nach einem anonymen Schreiben etwa 6 300 badische und 1 150 Pfälzer Juden. Teilweise waren sie erst ein halbes Jahr aus dem Landesinneren in ihre Heimat zurückgekehrt. Wieder erschienen in den Morgenstunden Nazis in den Wohnungen der Verfolgten. Sie durften maximal 50 kg Gepäck und 100 Mark mitnehmen. Aller übriger Besitz mußte zurückgelassen werden und verfiel dem faschistischen Staat. „Die Altersheime", so berichtete der Anonymus, „in Mannheim, Karlsruhe, Ludwigshafen usw. wurden evakuiert. Frauen und Männer, die nicht zu gehen imstande waren, wurden befehlsgemäß auf Tragbahren zu den Eisenbahnzügen transportiert. Der älteste Deportierte war ein 97jähriger Mann aus Karlsruhe. Die Frist, die den Verschickten zur Vorbereitung gewährt wurde, schwankte örtlich zwischen einer Viertelstunde und zwei Stunden ... Zum Abtransport aus entlegenen Orten nach den Sammelstellen wurden Wehrmachts-Autos zur Verfügung gestellt." [36]

Die neun Züge mit den Deportierten trafen nach einer Fahrt von vier Tagen und drei Nächten in den KZ Les Milles, Gurs und Rivesaltes ein. Hier fanden die Deportierten ehemalige Emigranten vor, die noch von den französischen Behörden in Haft gehalten wurden. Wenige Tage später trafen die ersten „staatenlosen" Juden ein, die von der Vichy-Polizei verhaftet worden waren. Auch unter ihnen war ein hoher Anteil Deutscher.

Die Deportierten mußten in diesen Lagern unter menschenunwürdigen Bedingungen leben. Ihre Tageskost hatte 980 bis 1 250 Kalorien; die sanitären Anlagen waren völlig unzureichend. Ruhr und andere Krankheiten grassierten. In den Deportationslagern starben ungefähr 2 000 der aus Baden und der Pfalz Verschleppten. Weniger als 1 000 gelang 1941 die Auswanderung, die Flucht in das Ausland oder die Illegalität. Für etwa 4 000 begannen seit August 1942 die Todestransporte in die Vernichtungslager.

Bei allen ersten Deportationen aus Deutschland zeigte sich ein einheitliches Vorgehen der Faschisten: Verhaftung in der Nacht, die den Opfern keine Zeit zum Überlegen ließ, Mitnahme geringen Gepäcks, Raub der übrigen Habe, langdauernde Transporte, Deportation in unwirtliche und todbringende Verhältnisse. So erprobten und verfeinerten sie ihre Praktiken, die ab Herbst 1941 den systematischen Todestransporten aus Deutschland zugrunde lagen.

4. Reaktion und Selbstbehauptungsversuche jüdischer deutscher Bürger

Dr. Else Behrend-Rosenfeld, die im September 1939 in München lebte, hielt die unterschiedliche Reaktion ihrer Leidensgefährten auf die Entfesselung des Krieges in ihrem Tagebuch fest: „Es herrschte große Aufregung in der jüdischen Kultusgemeinde. In allen Büros wird darüber gesprochen, wie sich der Krieg für uns Juden auswirken werde. Die Klugen zucken die Achseln und raten zu Ruhe und möglichst unauffälligem Benehmen, die Ängstlichen ... prophezeien baldiges Erschießen aller Juden, wenigstens der männlichen.“ [37]

Die meisten der Drangsalierten entschieden sich offensichtlich für Stillhalten, wenngleich sie unter den immer stärker werdenden Beschränkungen sehr litten. Ein anderer, geringerer Teil entschloß sich, noch tatkräftiger in jüdischen Einrichtungen mitzuarbeiten, Hilfe für die unmittelbar Verfolgten zu leisten. Aber nicht wenige verzweifelten völlig. Die steigende Zahl der Selbstmorde war bezeichnend für ihre Stimmung, in der sie keinen Ausweg mehr sahen. Allein auf einem Berliner jüdischen Friedhof wurden 1939 103, 1940 59 und 1941 254 Menschen beigesetzt, die in den Tod geflohen waren. Die Zahl stieg mit den wachsenden Bedrohungen noch an. So suchten bei der Verschleppungsaktion im Oktober 1940 allein in Mannheim acht und in Karlsruhe drei Menschen den Tod. Andere wählten diesen Ausweg noch während der Fahrt des Transportes.

In der Vielzahl der Verhaltensweisen jüdischer Bürger in dieser Zeit gab es nur einen größeren Protest: Dr. Julius L. Seligsohn, Leiter des Hilfsvereins der Juden in Deutschland und Vorstandsmitglied der Reichsvereinigung, schlug allen jüdischen Gemeinden im Gedenken an die badische und pfälzische Deportation vor, einen Tag zu fasten. Der Protest wurde vielerorts begrüßt und befolgt. Die Gestapo verhaftete daraufhin im November 1940 Dr. Seligsohn und warf ihn in das KZ Sachsenhausen, wo er am 28. Februar 1942 verstarb. Zeitgenossen vermuteten auch, daß Dr. Otto Hirsch, geschäftsführender Vorsitzender der Reichsvereinigung, deswegen in das KZ Mauthausen verschleppt und dort am 19. Juni 1941 ermordet wurde. Außerdem verhaftete man noch weitere jüdische Funktionäre wegen dieses Protestes und warf sie ins KZ, so Elieser Ehrenreich vom Vorstand der Berliner Jüdischen Gemeinde.

Wohl die erste Hilfsaktion für Deportierte organisierte die Münchner jüdische Gemeinde. Nach brieflichen Kontakten mit den im Februar 1940 nach Polen Verschleppten unternahm sie viele Schritte, um ihnen zu helfen. Unter der Leitung von Dr. Else Behrend-Rosenfeld wurden Medikamente, Nahrungsmittel, Kleidungsstücke und vieles andere mehr gesammelt oder heimlich besorgt. Hunderte von Zwei-Kilo-Paketen und zahlreiche Geldsendungen von monatlich je 10 Mark konnten abgeschickt werden. Dr. Behrend-Rosenfeld besuchte außerdem die jüdischen Gemeinden in Karlsruhe, Offenburg, Freiburg i. Br., Mannheim, Stuttgart, Frankfurt a. M., Dresden und Berlin, um ähnliche Hilfssendungen anzuregen. Auch für die nach Frankreich Deportierten wurden solche Aktionen eingeleitet.

In Berlin versuchte dagegen die Reichsvereinigung der Juden in Deutschland, ihre Tätigkeit in der gewohnten Weise fortzuführen. Obwohl sie die Auflagen der Gestapo erfüllen mußte, jüdische Wohnungen zu registrieren, Wohnungszusammenlegungen durchzuführen, regelmäßig monatliche Statistiken anzufertigen und im „Jüdischen Nachrichtenblatt" die faschistischen Anordnungen und Verbote zu publizieren, glaubten ihre Mitarbeiter, der darin liegenden Bedrohung ausweichen zu können.

Spendensammlungen und Mitgliedsbeiträge dienten zur Deckung der Ausgaben der Reichsvereinigung. Da sie nicht ausreichten, wurde die Auswanderersondersteuer eingeführt. Außerdem verwaltete die Vereinigung das Vermögen der jüdischen Organisationen und Gemeinden, die mehr und mehr aufgelöst wurden. Einen Teil dieser Mittel stellte die Reichsvereinigung für religiöse Zwecke zur Verfügung. Doch im Mai 1941 verbot die „Aufsichtsbehörde" diese Ausgaben und ordnete an, daß die Mittel durch private Spenden aufgebracht werden müßten. Neben der Finanzierung der religiösen Veranstaltungen und der Unterstützung und Hilfe für Auswanderer konzentrierte sich die Reichsvereinigung auf die soziale Fürsorge, die ja nicht mehr vom faschistischen Staat geleistet wurde. Sie unterhielt auch Krankenhäuser, Alters- und Kinderheime und ähnliche Einrichtungen, die ständig mehr in Anspruch genommen wurden. Ein weiteres Gebiet war das jüdische Schulwesen. Da jüdischen Kindern seit November 1938 der Besuch öffentlicher Schulen verboten war, mußten sie in jüdische Bildungsstätten gehen. 1939 bestanden noch 136 Schulen mit etwa 9 000 Schülern. Der Unterricht hatte ein hohes Niveau, da an ihnen viele erfahrene und tüchtige Lehrer unterrichteten, die vor 1933 an bekannten progressiven Schulen gewesen waren. Am 26. April 1941 ordnete der faschistische Volksbildungsminister an, daß die Zahl der Schulen zu reduzieren wäre und sie in großen Städten konzentriert werden sollten. Weiter bestanden noch die Hochschule für die Wissenschaft des Judentums, an der Rabbiner Dr. Leo Baeck zuletzt einziger Dozent für drei Studenten war, und eine Reihe landwirtschaftlicher und handwerklicher Ausbildungsstätten.

Der jüdische Kulturbund war ebenfalls bemüht, seine Arbeit trotz großer

Schwierigkeiten weiterzuführen. Bis etwa April 1941, in einzelnen Orten sogar bis 1942 konnte er Theateraufführungen, Konzerte, Vorträge usw. veranstalten.

Die Hilfe für Deportierte, die Fürsorge, die Religionsausübung und vor allem die Bildung der Kinder und Jugendlichen und die kulturelle Betätigung waren in dieser Zeit die wichtigsten Mittel, mit denen jüdische Organisationen und Gemeinden versuchten, trotz des sich steigernden Terrors den Selbstbehauptungswillen ihrer Mitglieder zu stärken. Doch bargen sie auch die Gefahr in sich, Illusionen über Härte und Ziele der faschistischen Verfolgung zu wecken. Deshalb kritisierte Dr. Behrend-Rosenfeld nicht ohne Grund: „Sie führen ihr normales Leben fast unbehindert weiter und scheinen sich auch in der Reichsvereinigung, der Zentralisation der ganzen jüdischen Gemeinden des Reiches, fast gefährlich sicher zu fühlen." Weiter notierte sie den Eindruck, daß „man dort alle ständig sich steigernden Schwierigkeiten bei uns betrachtet wie ein Zuschauer im sicheren Hafen ein Schiff, das verzweifelt mit dem Versinken in den Wellen kämpft. Wir alle sind davon überzeugt, daß immer neue Schläge und immer schwerere folgen werden; wir sind darauf vorbereitet, sie zu empfangen und sie mit zusammengebissenen Zähnen zu ertragen. Für die anderen werden diese Schläge wie Blitze aus einem noch einigermaßen heiteren Himmel kommen." [38]

Den hauptsächlichen Grund für diese Illusionen über die faschistischen Absichten nannte Dr. Margarete Susmann: „Wir waren Deutsche, sonst wäre nicht alles, was später kam, so furchtbar, so niederschmetternd gewesen. Wir sprachen die uns teure deutsche Sprache, im wahrsten Sinne die Muttersprache, in der wir alle Worte und Werte des Lebens empfangen hatten ... Wir kannten kein anderes Vaterland als das deutsche, und wir liebten es mit der Liebe zum Vaterland." Sie setzte hinzu, daß ihr „inzwischen klar geworden wäre, daß die Macht und das Geld der Groß- und Schwerindustrie" hinter den faschistischen Handlungen stand, wobei sich Dr. Susman allerdings auf eine ihr bekannte Person bezog.[39]

Selbst in dieser Begrenztheit hatten damals diese letzte Erkenntnis, welchem System ihre Verfolger dienten und welches seine Hintermänner und Nutznießer waren, nur wenige jüdische Bürger Deutschlands. Die emotionale Haltung überwog auch bei den Funktionären der Reichsvereinigung. Zudem hingen viele der Vorstellung an, durch Kontakt und Einflußnahme über SS-Leute, die „Aufsichtsbehörde", Beamte der Verwaltung usw. oder als Mittler zwischen Verfolgern und Opfern faschistische Maßnahmen abschwächen zu können. Und selbst, wenn den Betroffenen die Einsicht in Ziele und Wesen des faschistischen Regimes gelungen wäre, hätten sich zu wenige Juden zu organisiertem offenem Aufbegehren entschieden. Der faschistische Druck umschloß zwar die Verfolgten, doch im Grunde waren sie durch verschiedene politische Meinungen, soziale Stellungen und ideologische und religiöse Ansichten zersplittert. Sie hingen ihren Auffassungen auch dann noch an, als die antisemitischen Maßnahmen ihre bisherigen sozialen und politischen Bindungen zerstört hatten. Hinzu kam ein differenzierter faschistischer Terror, der manchen ein Durchkommen erhoffen ließ, und ein relativ hoher Anteil älterer Menschen, die resignierten. Trotz aller Erfahrungen mit einer neunjährigen Terrorherrschaft war die Mehrheit der noch in Deutschland lebenden Juden kaum auf den Massenmord vorbereitet, der auf sie hereinbrach.

5. Antifaschistischer Widerstand und humanitäre Hilfe

Helft mit allen Mitteln – so hatte im November 1938 das ZK der KPD alle antifaschistischen und humanistischen Deutschen beschworen. Es betonte jedoch zugleich, daß der Kampf gegen die Judenverfolgung „ein untrennbarer Teil des deutschen Freiheits- und Friedenskampfes" wäre. „Die Befreiung Deutschlands von der Schmach der Judenpogrome wird zusammenfallen mit der Stunde der Befreiung des deutschen Volkes von der barbarischen Tyrannei."[40]

Dieser Appell und dieser Grundgedanke behielten ihre volle Gültigkeit nach Kriegsbeginn, ja sie erlangten nun besondere Bedeutung. Sowohl mannigfaltige direkte Hilfe wurde erforderlich als auch und vor allem entschiedener Kampf gegen den imperialistischen Krieg, für den Sturz des faschistischen Regimes und den Aufbau einer neuen Gesellschaftsordnung. Und das hieß nicht zuletzt Kampf gegen den Rassimus und für die Beseitigung seiner Wurzeln.

Deshalb hatte Anfang 1939 auch die Berner Konferenz der KPD nachdrücklich in ihrer Resolution den untrennbaren Zusammenhang zwischen dem Kampf gegen den Antisemitismus mit dem Kampf gegen den Krieg und zur Befreiung des ganzen Volkes vom Joch der faschistischen Diktatur hervorgehoben.[41] Die Vernichtung der imperialistischen Wurzeln von Faschismus und Krieg, die die Grundlage des kommunistischen Programms war, bot die Garantie dafür, daß Antisemitismus und Judenverfolgung verschwanden. Dieses Programm stellte in den wesentlichen Punkten während der gesamten Kriegszeit die Basis für die kommunistische Politik gegen den Faschismus dar. Sowohl die Ausarbeitung dieser antifaschistischen Strategie wie ihre Verwirklichung in opferreichem Einsatz waren die entscheidenden Leistungen der deutschen Kommunisten im antifaschistischen Kampf.

Die Kommunistische Partei Deutschlands war die einzige deutsche Kraft, die nicht nur echte Demokratie und wahren Humanismus in ihrem Programm vertrat, sondern auch den Weg wies, sie zu erlangen, und alles daran setzte, sie zu realisieren. Damit kämpften die deutschen Kommunisten auch um die Voraussetzungen für die Beseitigung des Rassismus und das Ende der sich daraus ergebenden verbrecherischen Konsequenzen.

Mehrfach brandmarkte die Führung der KPD in internen Materialien für die Parteiorganisationen – beispielsweise im Dezember 1939 – und in öffentlichen Aufrufen – so u. a. im Mai 1940 – die faschistische Germanisierungs- und Rassenpolitik und die faschistischen Verbrechen, wobei sie die imperialistischen Urheber und Nutznießer entlarvte.[42]

In diesem Zusammenhang arbeiteten KPD-Funktionäre in der Schweiz, die für die illegale Arbeit in Südwest- und Süddeutschland verantwortlich waren, im Dezember 1940 eine Studie über „Sozialismus und Judenfrage" aus. In ihrem Schlußabschnitt hieß es wörtlich: „Die Judenfrage ist also keine Religions-, keine Rassen-, sondern wie alle anderen gesellschaftlichen Fragen – eine soziale beziehungsweise eine Klassenfrage." Die Aufhebung der Ausbeutung des Menschen durch den Menschen beseitige jedes Judenproblem.[43] Diese Ausarbeitung diente auch der theoretischen Diskussion über dieses Problem und rief zum Kampf gegen den Imperialismus auf, der den Rassismus hervorbrachte, nährte und schreckliche, bisher unbekannte Verbrechen beging.

Entsprechend der strategischen und taktischen Orientierung, die die KPD-Führung fixiert hatte, führten die illegalen Parteiorganisationen den Kampf in der neuen Situation des Krieges und des verstärkten Terrors unter Bedingungen, die erheblich die Tätigkeit der antifaschistischen Front erschwerten. Durch Verhaftungen vor, bei und nach Kriegsbeginn, durch Einziehung in die faschistische Wehrmacht und Dienstverpflichtung waren ihre Reihen dezimiert. Die illegalen Kämpfer mußten sich auf die neue komplizierte Lage einstellen, neue Verbindungen knüpfen und ihre Organisationen festigen.

Die Sammlung und Stärkung der Kräfte war die Hauptaufgabe der illegalen kommunistischen Organisationen in der ersten Periode des zweiten Weltkrieges. Instrukteure des ZK der KPD, die 1939/40 in Berlin und seit Mitte 1940 in Westdeutschland tätig waren, unternahmen große Anstrengungen, um die Parteiorganisationen und -mitglieder mit den Beschlüssen der KPD-Führung bekannt zu machen, Verbindungen zwischen einzelnen Organisationen herzustellen und Voraussetzungen für die Tätigkeit einer operativen Leitung in Deutschland zu schaffen.

Das Zentrum des illegalen Kampfes war die deutsche Hauptstadt. Im Südosten Berlins entwickelte eine größere KPD-Organisation starke Aktivität. Nach ihrer Zerschlagung entstand unter dem kommunistischen Funktionär Robert Uhrig eine einheitliche Leitung der Berliner Parteiorganisation, die mit der Widerstandsorganisation um Harro Schulze-Boysen und Dr. Arvid Harnack und anderen Gruppen zusammenwirkte. In Dresden, Frankfurt a. M., im Rhein- und Ruhrgebiet, im Mansfeldischen, in Breslau und vielen anderen Orten und Gebieten schlossen sich ebenfalls die illegalen Kommunisten und Antifaschisten enger zusammen und verstärkten ihre Aktivität.

Neben der Stärkung ihrer Organisationen stand die Aufnahme von Verbindungen zu Sozialdemokraten und bürgerlichen Hitlergegnern im Mittelpunkt der Arbeit der Kommunisten. Denn sowohl die Bildung überregionaler Leitungen als auch die Herstellung der Aktionseinheit und Volksfront waren wichtige Voraussetzungen für den erfolgreichen antifaschistischen Kampf, für die Volksbewegung gegen Krieg und Faschismus. Diesem Ziel dienten die antifaschistischen Publikationen in dieser Zeit: „Die Rote Fahne", die in Berlin erschien, die „Berliner Volkszeitung", „Das freie Wort", „Die Stimme des Volkes", zahlreiche Flugblätter und -schriften, Klebezettel und Mauerinschriften. Sie begründeten die Notwendigkeit, den Krieg zu beenden, die Sowjetunion vor einem faschistischen Überfall zu schützen, alle Maßnahmen des faschistischen Regimes zu durchkreuzen. Zu den vielfältigen Aktionen im antifaschistischen Kampf, die auch für die jüdischen Bürger von Bedeutung waren, gehörte die unmittelbare Hilfe für Verfolgte, die sich vor allem mit den beginnenden Deportationen verstärkte.

Unter den Kräften und Gruppen, die sich den drangsalierten jüdischen Bürgern widmeten, war der Kreis um den Berliner Kommunisten Herbert Baum besonders aktiv. Selbst dem faschistischen Rasseunrecht unterworfen, nutzte Baum seine Erfahrungen, die er im illegalen Kampf seit 1933/34 als organisatorischer Leiter des Unterbezirks Berlin-Südost des Kommunistischen Jugendverbandes gesammelt hatte. Gemeinsam mit Franz Krahl, Walter Sachs, Ismar Zöllner und anderen Kampfgefährten befolgte er die Beschlüsse der Brüsseler Konferenz der KPD in seiner illegalen Tätigkeit. Vom Instrukteur der Abschnittsleitung Mitte des ZK der KPD, Wilhelm Bamberger, der 1936/37 die Verbindung zwischen der Parteiführung und der Gruppe hielt, bekamen die Kommunisten jüdischer Herkunft den Rat, besonders unter jüdischen Jugendlichen zu wirken. Es gelang ihnen, Kontakte zu Angehörigen jüdischer Jugendorganisationen aufzunehmen, die sie zum Teil aus der Zeit vor 1933 kannten. Enge Verbindungen bestanden außerdem zu zwei illegalen KPD-Gruppen sowie von 1938 an zur Leitung der Berliner KPD-Organisation unter Robert Uhrig. Dieser erfahrene Parteifunktionär erläuterte im Spätherbst 1939 und noch später – zwei- oder dreimal erhielt er Gelegenheit dazu – die Politik der KPD und die Aufgaben im antifaschistischen Kampf Angehörigen der Baum-Gruppe. Auch aus der antifaschistischen Organisation, die sich um Dr. Arvid Harnack und Harro Schulze-Boysen gebildet hatte, kam politische und materielle Hilfe.

1939/40 stießen zur Baum-Gruppe u. a. Ursula Ehrlich, Siegbert Rotholz und Lothar Salinger. Viele der Angehörigen der Gruppe mußten in dieser Zeit in den Siemens-Werken Zwangsarbeit leisten. Auch Herbert Baum war hier als Elektriker tätig. Wegen seiner Kenntnisse durfte er die isolierte Abteilung verlassen und konnte Verbindungen zu anderen Zwangsarbeitern aufnehmen. Durch beharrlichen Einsatz um bessere Arbeitsbedingungen erwarben er und seine Freunde sich die Achtung ihrer Kollegen. Etwa zehn jugendliche jüdische Zwangsarbeiter wurden dabei 1940/41 für die illegale Tätigkeit gewonnen.[44] Mit ihrem aktiven Kampf für den Sturz des Faschismus traten sie zugleich für die Befreiung von antisemitischer Hetze und rassistischer Verfolgung ein.

Nächst den organisierten Antifaschisten leisteten in dieser Zeit vor allem mutige Christen den Verfolgten Hilfe. In Berlin setzte das Büro des Pfarrers Heinrich Grüber seine Tätigkeit besonders für getaufte Bürger jüdischer Herkunft fort. Trotz beschränkter Möglichkeiten unterstützte es nach wie vor Auswanderer, übernahm für die Reichsvereinigung der Juden Vorsprachen bei Behörden, half materiell und ideell, u. a. durch Einrichtung und Unterhalt einer Schule für christliche Kinder, die unter die faschistischen Rassegesetze fielen.

Ähnlich und auch gemeinsam mit der Berliner Stelle arbeiteten die Vikarin Staritz in Breslau, der Pfarrer Maas in Heidelberg, Frau Schrade in Thüringen, Pastor Encke in Köln und Pfarrer Böhme in Leipzig, Pfarrer Richter in Dresden, Pastor Kleinschmidt und M. Lachmund in Mecklenburg.

Nach den Deportationen im Februar 1940 erhob Pfarrer Grüber Protest. Obwohl von der Gestapo verwarnt, ließ er nicht von seiner Hilfe ab. So setzte er sich beispielsweise für die Verschleppten vom Oktober 1940 ein. Wahrscheinlich stand seine Verhaftung am 19. Dezember, seine Verschleppung nach Sachsenhausen und die Schließung des Büros damit im Zusammenhang. Pastor Werner Sylten führte die Arbeit bis zu seiner Verhaftung und der endgültigen Schließung des Büros im Februar 1941 fort. Die Angehörigen der Bekennenden Kirche Dr. Franz Kaufmann, Helene Jacobs, Hilde Jacobsen, Hildegard Jacoby, Etta von Oertzen, Hildegard Schaeder und Gertrud Staewen kümmerten sich danach weiter mit sehr beschränkten Mitteln um einige Verfolgte.[45] Analog handelten an der Leipziger Universität die Professoren Betke, Bornkamm, Dahm, Doerne, Müller und Oepke und die Theologiestudenten Walter Feurich und Horst Pipping.

Sie und viele ungenannte Protestanten trugen dazu bei, Verfolgten das Leben zu erleichtern oder gar zu retten. Sie traten damit sowohl gegen die faschistischen antisemitischen Maßnahmen als auch gegen die offizielle Haltung von führenden Kirchenleuten auf. Grüber protestierte z. B. noch 1940 gegen eine Anweisung des Evangelischen Oberkirchenrates der altpreußischen Union, an Hand der Kirchenbücher „Ariernachweise" auszufertigen.

Auf gleiche Weise half von katholischer Seite das „Bischöfliche Hilfswerk für nichtarische Christen", das nach der „Kristallnacht" in Berlin gegründet und von Dr. Margarete Sommer geleitet wurde, mit Geld- und Sachspenden, mit Unterstützung der Auswanderung, durch Vermittlung von Unterkünften, durch Beistand und Trost. Sein entschiedenster Mitarbeiter war Dompropst Bernhard

Lichtenberg, der nicht zuletzt deswegen im Oktober 1941 verhaftet und sieben Monate später zu zwei Jahren Gefängnis verurteilt wurde.[46]

Eine weitere katholische Hilfsstelle befand sich unter der Leitung von Dr. Gertrud Luckner in Freiburg i. Br. Sie widmete sich neben allgemeiner Unterstützung 1940/41 besonders der Hilfe für die nach Polen Deportierten.[47]

Grüber, Lichtenberg und ihre direkten und indirekten Helfer folgten ihrem Gewissen. Sie bezogen Front gegen antisemitische Maßnahmen, indem sie Tausenden – wenn oft auch nur den „getauften Juden" – halfen. Darin bestand ihr Verdienst, ohne daß die meisten von ihnen Wesen und Funktion des Antisemitismus im faschistischen System und dessen Charakter und Basis erkannten. Sie ragten aus der Masse der Christen heraus, die nicht alles in ihren Möglichkeiten stehende taten, um den Verfolgten zu helfen und gegen staatliche und kirchliche Obrigkeit zu opponieren.

Zu den aufrechten Christen traten Menschen, die ihren jüdischen Mitbürgern ebenfalls zur Seite standen. Sie sandten Pakete und Geld an die ersten Deportierten, wie z. B. Frau Groener-Geyer aus Berlin-Dahlem. Gemüsehändler, Schlächter und andere Kaufleute schoben ihren jüdischen Kunden verstohlen Nahrungsmittel zu. Andere kauften für die Verfolgten verbotene Waren ein. Hausgehilfinnen versorgten trotz vielfältigen Drucks treu ihre Dienstherren weiter. Der Berliner Friseur Leon Knychala und seine Familie brachten Lebensmittelmarken und Nahrungsmittel heimlich in das Altersheim, das an ihr Haus grenzte. Außerdem versteckten sie zwei jüdische Flüchtlinge vier Jahre lang bis 1944. Lina Angermaier brachte in München nicht nur Lebensmittel zu jüdischen Familien, sie pflegte auch Grabstellen und half heimlich bei Bestattungen. Einige Ärzte behandelten ohne Honorar jüdische Patienten, stellten ihnen aber überhöhte Rechnungen zu, die von Sperrkonnten beglichen wurden. Das Geld, über das sie sonst nicht verfügen konnten, erhielten die Kranken von den Medizinern zurück. In Bad Mergentheim wagte Julian Mulek, Torah-Rollen und andere Kultgegenstände aus der Synagoge zu verstecken und bis 1945 aufzubewahren.[48]

Diese und andere Helfer in der Not stammten meist aus arbeitenden Schichten und der Intelligenz. Kleinere Geschäftsleute beteiligten sich ebenfalls an solchen humanistischen Taten, denn ihnen war die Solidarität der Verfolgten und Unterdrückten nicht fremd. Alle diese hilfsbereiten Menschen in Deutschland zeugten – bewußt oder unbewußt – gegen den faschistischen Antisemitismus und verfuhren nach dem humanistischen Gebot, das der Aufruf des ZK der KPD nach dem Novemberpogrom 1938 postulierte. Objektiv gehörten sie zum antifaschistischen Deutschland.

Bewußt hingegen wurde der kommunistische Aufruf in den faschistischen Konzentrationslagern befolgt. Beispielsweise erhielt in Buchenwald das Mitglied des ZK des Kommunistischen Jugendverbands, Rudi Arndt, der selbst jüdischer Herkunft war, von der Leitung der illegalen KPD-Organisation den Auftrag, den jüdischen Mithäftlingen zu helfen. Als Teil des Kampfes gegen das faschistische System, also auch gegen Antisemitismus und Massenmord, leitete er zunächst das spezielle Revier für Juden im Krankenbau des Lagers. Mit Hilfe seiner Genossen konnte er Medikamente aus Beständen der SS und des allgemeinen Reviers herbeischaffen, die jüdischen Häftlingen nicht zustehen sollten. Des weiteren hielt er Kranke vor den SS-Ärzten versteckt und versorgte sie durch seine Helfer. Nach Auflösung dieses speziellen Reviers gelang es Arndt gemeinsam mit seinen Genossen, die jüdischen Insassen des sogenannten Kleinen Lagers aus fünf großen Zelten, in denen sie – unter selbst für KZ-Verhältnisse außergewöhnlich schlechten Bedingungen – vegetierten, durch zusätzliche Nahrungsmittel, Decken usw. zu unterstützen. Die illegale Leitung der antifaschistischen Häftlinge setzte außerdem den Kommunisten Curt Posener ein, der gleichfalls dem Sonderlager Hilfe leistete. Als nach dem Attentat vom 8. November 1939 den jüdischen Häftlingen in Buchenwald für drei Tage das Essen gänzlich entzogen wurde, teilten die Antifaschisten ihre Rationen mit den Hungernden. Im Frühjahr 1940 gelang es dem KPD-Landtagsabgeordneten und Leiter des Häftlingsreviers Walter Krämer, den SS-Ärzten einzureden, daß das Sonderlager ein Seuchenherd wäre, der die SS-Leute gefährde. Daraufhin wurde es aufgelöst, und 500 Häftlinge, kaum noch lebensfähig, konnten nun unter „normalen" KZ-Bedingungen leben und wieder auf die Beine gebracht werden. Zur gleichen Zeit, am 3. Mai 1940, wurde Rudi Arndt im Steinbruch Buchenwalds angeblich „auf der Flucht erschossen", da er – wie SS-Leute durchblicken ließen – die Juden politisch organisiert hätte. Seinen Auftrag übernahm der Kommunist Emil Carlebach.[49]

Ähnliches geschah auch in anderen Konzentrationslagern. Die bewährte kämpferische Solidarität steigerte sich noch, als die faschistische „Endlösung der Judenfrage" begann. Doch angesichts der Haltung des übergroßen Teils der deutschen Bevölkerung war es den Antifaschisten trotz allen Mutes und aller Einsatzbereitschaft nur möglich, wenigen Verfolgten zu helfen, ganz zu schweigen davon, dem Mord Einhalt gebieten zu können.

6. Der Entschluß zum Beginn des systematischen Massenmordes

Daß das faschistische Regime immer stärker auf systematischen Massenmord hinsteuerte, deutete sich zunehmend seit Ende 1940 an. Am 3. Dezember schrieb beispielsweise der Chef der Reichskanzlei, Dr. Heinrich Lammers, an den Wiener Nazigauleiter Baldur von Schirach, Hitler habe auf Schirachs Bericht hin entschieden, daß 60 000 Wiener Juden deportiert werden müßten. Der Gauleiter übergab diese Mitteilung am 18. Dezember, an dem Tag, an dem der Befehl Nr. 21 zum Überfall auf die Sowjetunion unterzeichnet wurde, den SS-, Polizei- und Gestapoführern in Wien mit dem Zusatz, die „Abschiebung" solle Anfang des kommenden Jahres stattfinden. Zwischen dem 15. Februar und dem 12. März wurden in fünf Transporten 5 041 jüdische Einwohner Wiens nach Polen deportiert.

Am 8. Januar 1941 wurde auf einer Besprechung im Reichssicherheitshauptamt unter Heydrichs Leitung erörtert, daß bis zum 1. Mai 184 000 Polen und Juden aus Ostpreußen, Schlesien, Danzig-Westpreußen und dem sogenannten Warthegau zu deportieren wären. Dazu kämen 65 500 Menschen aus denselben Gebieten, um „Truppenübungsplätze" zu schaffen. Aus demselben Grund wären 200 000 Menschen aus den okkupierten Gebieten Polens „umzusiedeln". Hier bestände die Wehrmacht auf einen Abschluß bis zum 1. April. Insgesamt sei mit einer „Evakuierung" von über einer Million Menschen aus Polen und dem östlichen Reichsgebiet zu rechnen.[50] Mit dieser Besprechung wurde das Deportationsprogramm von Anfang 1940 genau an dem Punkt wieder aufgenommen, an welchem es im März abgebrochen worden war. Wiederum war dabei der Zusammenhang mit den Aufmarschvorbereitungen gegen die Sowjetunion nicht zu übersehen.

Synchron mit diesen Festlegungen im Reichssicherheitshauptamt liefen Vorbereitungen der Ministerialbürokratie. Am 12. Januar 1941 übersandte das Ministerium des Inneren einen von seinem Staatssekretär Stuckart unterzeichneten Entwurf an die Reichskanzlei. Es hieß darin: „Ich erwäge . . . , grundsätzlich den Juden die Staatsbürgerschaft zu entziehen und sie zu Staatenlosen zu machen."[51] Drei Tage später fand über den Vorschlag eine Besprechung statt, an der sieben Vertreter aus drei Abteilungen des Innenministeriums, darunter Globke, drei Beamte des Außenministeriums, dabei Rademacher, zwei Vertreter des Justizministeriums, je ein Beamter des Finanz- und des Wirtschaftsministeriums, zwei Angehörige des Reichssicherheitshauptamtes und Vertreter anderer Nazieinrichtungen teilnahmen. Sie besprachen den Vorschlag und stimmten im Prinzip zu, bei den zu erwartenden Deportationen den deutschen Juden die Staatsbürgerschaft zu entziehen. Zugleich wurde entschieden, daß bei Deportationen das Eigentum der Verschleppten an den Nazistaat fiel. Mit Beginn der Transporte erlangte der Schubladenentwurf am 25. November 1941 Wirksamkeit.[52]

Am 1. März 1941 wurde im Reichssicherheitshauptamt ein neuer Geschäftsverteilungsplan in Kraft gesetzt. Das Referat IV D 4 trug seitdem die Bezeichnung IV B 4. Bedeutungsvoll war, daß zu der bisherigen Aufgabe „Räumungsangelegenheiten" die Zuständigkeit für „Judenangelegenheiten" trat. Die Leitung lag weiterhin bei Eichmann, der am 9. November 1941 zum SS-Obersturmbannführer befördert wurde. Sein Stellvertreter blieb SS-Sturmbannführer Rolf Günther. Die Unterreferate IV B 4a und IV B 4b lagen in den Händen von SS-Hauptsturmführer Anton Brunner und SS-Sturmbannführer Friedrich Suhr. Sie verfügten über eine relativ kleine Gruppe Mitarbeiter, u. a. den „Transportspezialisten" und Verbindungsmann zur Reichsbahn, den späteren SS-Sturmbannführer Franz Novak.

Am 17. März teilte Hitler Frank mit, daß die „Umsiedlung" in das und in dem sogenannten Generalgouvernement zunächst gestoppt würde, die „Evakuierung" von Menschen, die „Truppenübungsplätze" aus- und aufbauen sollten, liefe dagegen weiter. Diese teilweise Unterbrechung der Deportationen hing augenscheinlich mit den Transportschwierigkeiten beim faschistischen Aufmarsch gegen die UdSSR zusammen, auf den die Erwähnung der „Übungsplätze" hindeutete.

Ganz klar wurde der sachliche und zeitliche Zusammenhang zwischen den Angriffsplänen und dem Entschluß, die „Endlösung" zu beginnen, bei der Festlegung der barbarischen Kampfführung gegen die Sowjetunion. In den durch Generalfeldmarschall Wilhelm Keitel am 13. März unterzeichneten „Richtlinien auf Sondergebieten zur Weisung Nr. 21" hieß es: „Im Operationsgebiet des Heeres erhält der Reichsführer SS zur Vorbereitung der politischen Verwaltung Sonderaufgaben im Auftrage des Führers." [53]

Am 25. März 1941 verhandelte Heydrich mit dem Generalquartiermeister des Heeres Eduard Wagner. Der General gab der SS freie Hand, wie sein Befehlsentwurf vom folgenden Tag zeigte, der das Ergebnis der Besprechung fixierte: „Die Durchführung besonderer sicherheitspolizeilicher Aufgaben außerhalb der Truppe macht den Einsatz von Sonderkommandos der Sicherheitspolizei (SD) im Operationsgebiet erforderlich ... Die Sonderkommandos sind berechtigt, im Rahmen ihres Auftrages in eigener Verantwortung gegenüber der Zivilbevölkerung Exekutivmaßnahmen zu treffen. Sie sind hierbei zu engster Zusammenarbeit mit der Abwehr (der Wehrmacht – d. Verf.) verpflichtet." [54]

Am selben Tag, dem 26. März, wurde in Frankfurt a. M. das „Institut zur Erforschung der Judenfrage" als erste Einrichtung der „Hohen Schule" der NSDAP eröffnet. Nach einer Ansprache Alfred Rosenbergs referierte der Institutsleiter Dr. Wilhelm Grau über „Die geschichtlichen Lösungsversuche der Judenfrage". Auf der Arbeitstagung am nächsten Tag sprach u. a. Prof. Dr. Peter-Heinz Seraphim über „Die bevölkerungs- und wirtschaftspolitischen Probleme einer europäischen Gesamtlösung der Judenfrage". Er plädierte für die Vertreibung der europäischen Juden: Die „Dissimilierung ohne äußerlich-räumliche Ausgliederung" und die „Ghettoisierung, sei es in einzelnen Stadtghetti, sei es in einem Bereich Osteuropas" hätte zwar die soziale Verelendung und Umschichtung erreicht. Sie erziele aber nicht „eine physische Selbstauflösung des Judentums, den Volkstod".[55] Ähnliche Töne schlug Prof. Dr. Walter Groß in seinem

Vortrag „Die rassenpolitischen Voraussetzungen einer europäischen Gesamtlösung der Judenfrage" an.

Für den Eingeweihten war das deutlich genug. Der Öffentlichkeit teilte Rosenberg auf einer abschließenden Kundgebung am 28. März u. a. mit: „Für Deutschland ist die Judenfrage erst dann gelöst, wenn der letzte Jude den großdeutschen Raum verlassen hat. Da nunmehr Deutschland ... dafür gesorgt hat, daß Europa als Ganzes wieder frei wird von dem jüdischen Parasitismus, da dürfen wir ... sagen: Für Europa ist die Judenfrage erst dann gelöst, wenn der letzte Jude den europäischen Kontinent verlassen hat."[56]

Ende März 1941, so sagte der Oberdienstleiter in Hitlers Kanzlei, Viktor Brack, 1947 aus, wäre es unter seinesgleichen „ein ‚offenes Geheimnis'" gewesen, daß die faschistischen „Machthaber beabsichtigten, die gesamte jüdische Bevölkerung in Deutschland und den besetzten Gebieten auszurotten".[57]

Die propagandistischen Äußerungen, die Vorbereitungen der Ministerialbürokratie, der Wehrmacht- und SS-Kommandeure deuteten darauf hin, daß sich im März 1941 die Spitzen des faschistischen Regimes entschlossen haben müssen, die „Endlösung der Judenfrage" zugleich mit dem Überfall auf die Sowjetunion systematisch durchzuführen. Auch weitere Schritte bestätigen das.

Im April 1941 erläuterte Heydrich den Amtschefs des Reichssicherheitshauptamtes den „harten Auftrag" und verlangte „ganze Männer". Im Mai wurden aus etwa 3000 Leuten vier große Einsatzgruppen mit entsprechenden Einsatzkommandos gebildet. Dabei erhielten ihre Funktionäre mündlich die Anweisung, alle Juden zu erschießen. Zur selben Zeit unterrichtete General Wagner die Abwehroffiziere der zum Überfall auf die UdSSR bereitstehenden Heeresgruppen und Armeen über den „Auftrag" der Einsatzgruppen und die notwendige Zusammenarbeit mit Wehrmachtseinheiten.

Am 20. Mai teilte das Eichmann-Referat allen Gestapostellen mit, daß „im Hinblick auf die zweifellos kommende Endlösung der Judenfrage" die Auswanderung von Juden aus Westeuropa zu verhindern wäre.[58]

Ende Mai kamen die 120 Führer der Einsatzkommandos in der Grenzpolizeischule Pretzsch an der Elbe zusammen, um für den Vernichtungsfeldzug vorbereitet zu werden. Mitte Juni traten die Angehörigen der Mordeinheiten nach ihrer Ausbildung bei Düben an der Mulde an und hörten von Heydrich, daß ihnen ein Einsatz bevorstünde, der unerhörte Härte verlange. Ein paar Tage später wüteten sie schon in der Sowjetunion.

Der Entschluß der faschistischen Führung, ihre Pläne zu realisieren, die jüdische Bevölkerung in ihrem Herrschaftsbereich systematisch umzubringen, und die entsprechenden Vorbereitungen im Frühjahr 1941 schlossen die ersten Perioden der faschistischen Judenverfolgungen ab. Die Rassenhetze, die Drangsalierung und Diskriminierung, die Entwurzelung und Entrechtung der jüdischen Bürger Deutschlands, das schrittweise Vorgehen mündete von Mitte 1941 an in planmäßigen Massenmord an Millionen Menschen in ganz Europa.

Er war keineswegs Ausfluß der Wahnvorstellungen von Einzelnen, wie bürgerliche Fachleute und Publizisten, so z. B. Hannah Arendt, Hans Buchheim, Heinz Höhne, Hans Mommsen, immer wieder behaupten, um das System davon reinzuwaschen, sondern erwuchs aus den Zielen des imperialistischen Deutschlands und der damit verbundenen Barbarei. Es war auch nicht nur eine einzelne faschistische Organisation, die die Verbrechen beging, wie dieselben Apologeten ebenfalls glauben machen möchten. Denn an der Vorbereitung und Ausführung der ungeheuerlichen Schandtaten waren sämtliche Einrichtungen des faschistischen Regimes beteiligt, von der Bürokratie über die Ideologen, die Richter und die bewaffneten Organe bis zu den unmittelbar den Mord Ausführenden.

Die Faschisten begannen den systematischen Massenmord im Zusammenhang mit dem Überfall auf die Sowjetunion, den sozialistischen Staat, den entschiedensten staatlich organisierten Gegner des Faschismus und das entscheidende Hindernis auf ihrem Weg zur Hegomonie in Europa und der Welt. Ihre gesamten Pläne und Vorbereitungen waren auf diesen Zeitpunkt abgestimmt.

Kapitel 5

Die „Endlösung der Judenfrage" – Massenmord als Element des faschistischen Weltherrschaftsstrebens (1941–1942/43)

„... beauftrage ich Sie hiermit, alle erforderlichen Vorbereitungen in organisatorischer, sachlicher und materieller Hinsicht zu treffen für eine Gesamtlösung der Judenfrage im deutschen Einflußgebiet in Europa", schrieb Göring am 31. Juli 1941 an Heydrich.[1] Vierzig Tage waren seit dem faschistischen Überfall auf die Sowjetunion vergangen. Die Naziführung hielt die Zeit für gekommen, das Mordprogramm zu realisieren, dem sie seit Jahren Zug um Zug zustrebte.

1. Politische und militärische Ereignisse 1941

Am 22. Juni 1941 hatten die Faschisten den Sowjetstaat mit Krieg überzogen. Mit Brand und Mord fielen sie in ein Land ein, das friedlich seiner Arbeit nachging. Nach Plänen, die ein Jahr lang ausgearbeitet wurden, traten die faschistischen Armeen in Stärke von 190 Divisionen an. Gut ausgerüstet und kriegserfahren, konnten sie weit in sowjetisches Gebiet vorstoßen. Die Rote Armee hemmte in hartnäckigen und verlustreichen Verteidigungskämpfen den faschistischen Angriff und brachte ihn schließlich in der Schlacht vor Moskau zum stehen. Ende November/Anfang Dezember 1941 ging sie bei der sowjetischen Hauptstadt und an anderen Frontabschnitten zur Offensive über. Erstmals erlitt die faschistische Wehrmacht eine schwere Niederlage. Die Erfolge der Roten Armee durchkreuzten ihren Blitzkriegsplan und zerstörten den Nimbus ihrer Unbesiegbarkeit.

Das hatte sowohl militärische als auch politische und moralische Bedeutung. Denn seit den Junitagen 1941 blickten die Völker, die von dem barbarischen faschistischen Regime unterjocht oder von ihm bedroht waren, zuversichtlich auf die Sowjetunion. Ihr Beispiel gab ihnen neue Kraft im Kampf um den Sieg über den Faschismus, der mit brutalster Gewalt nach der Weltherrschaft griff. Die erzwungene Teilnahme der UdSSR am Krieg bestimmte fortan den Verlauf des zweiten Weltkrieges und ließ seinen Charakter als gerechten antifaschistischen Befreiungskrieg voll hervortreten.

Die sowjetische Außenpolitik, die in ihren Beziehungen zu den kapitalistischen Ländern das Prinzip der Koexistenz zugrunde legt, wirkte maßgeblich auf Herausbildung und Wesen der Koalition der gegen den faschistischen Block kämpfenden Völker. Am 12. Juli 1941 wurde in Moskau zwischen der UdSSR und Großbritannien eine Übereinkunft über das gemeinsame Vorgehen im zweiten Weltkrieg unterzeichnet. Nach dem japanischen Überfall auf den USA-Stützpunkt Pearl Harbour am 7. Dezember und die Kriegserklärung Nazideutschlands an die USA vom 11. Dezember 1941 vereinbarten die UdSSR, Großbritannien und die USA mit der Deklaration vom 1. Januar 1942 ihr gemeinsames Programm der Verteidigung von Leben, Freiheit, Unabhängigkeit, Gerechtigkeit und der Menschenrechte. Weitere 23 Staaten schlossen sich sofort, 21 andere Länder später dieser Manifestation an. Sie stellte die Gründungsurkunde und das Programm der Antihitlerkoalition dar.

Der antifaschistisch gesinnte Teil des deutschen Volkes stimmte mit den Zielen der Antihitlerkoalition überein. In seinem Namen erklärte das ZK der KPD am 24. Juni 1941: „Unser Feind steht im eigenen Land: Die faschistischen Landsknechte der Großkapitalisten, der Kriegsgewinnler sind unser Feind! Der gemeinsame Sieg der Roten Armee und der um ihre nationale Freiheit kämpfenden unterdrückten Völker wird auch der Sieg unseres deutschen Volkes sein ... Wir haben Freunde und Verbündete in all den gemarterten Völkern, die ihre Freiheit wiederhaben wollen. Unser größter und stärkster Freund ist und bleibt das Sowjetvolk, dessen Banner das Wahrzeichen der gerechten Sache aller für Freiheit, Glück und Ehre kämpfenden Menschen geworden ist."[2]

Am 6. Oktober 1941 bezeichnete die Führung der KPD den faschistischen Krieg gegen die Sowjetunion als das schwerste Verbrechen auch gegen das deutsche Volk, das größtes Unglück über Deutschland bringe. Sie charakterisierte den Kampf der anderen Völker als gerechten Krieg, der unvermeidlich zur Niederlage des Faschismus führe. Das ZK der KPD beschwor das deutsche Volk, das Naziregime zu stürzen, dessen barbarischen Krieg ein Ende zu machen und den Weg zu einem friedliebenden und demokratischen Deutschland zu beschreiten, nicht zuletzt, um den deutschen Imperialismus zu entmachten, dessen Raub- und Klassenziele und verbrecherische Kriegführung der Aufruf geißelte.[3]

2. Die Ziele der faschistischen Ausrottungspolitik

Schon als die Pläne für den faschistischen Überfall auf die Sowjetunion ausgearbeitet wurden, spielten die Mordabsichten eine große Rolle. Und sie waren auch den führenden Militärs bekannt. Am 30. März 1941 versammelten sich die Befehlshaber und Stabschefs der zum Angriff im Osten vorgesehenen Wehrmachtseinheiten in der Reichskanzlei. Hitler unterrichtete sie über die Ziele des Überfalls. Nach den Notizen des Generalstabschefs Halder sagte er: „Es handelt sich um einen Vernichtungskampf ... Der Kampf wird sich sehr unterscheiden vom Kampf im Westen. Im Osten ist Härte mild für die Zukunft."[4] Ähnlich äußerte sich Hitler am 14. Juni 1941 vor Truppenkommandeuren und fügte hinzu, der bevorstehende Überfall sei der letzte große Feldzug des Krieges.

Der Sachwalter des faschistischen deutschen Imperialismus charakterisierte in seinen Ansprachen dessen politische Ziele beim Krieg gegen die Sowjetunion: Vernichtung des ersten sozialistischen Staates, Beseitigung des wichtigsten Hindernisses auf dem Weg zur Vorherrschaft in Europa und schließlich der Welt. Zugleich unterrichtete er die Generale über die kommende Kriegführung, deren Richtlinien vorlagen.

Ausarbeitungen des Wehrwirtschafts- und Rüstungsamtes des OKW, die auf Vorstellungen führender Konzerne zurückgingen, sahen die extensive Ausplünderung der besetzten sowjetischen Gebiete vor, wobei die Monopole selbst beteiligt werden und den Löwenanteil erhalten sollten.[5]

Direkt mit den hauptsächlichen faschistischen Kriegszielen gegenüber der UdSSR standen Anweisungen an die Wehrmacht im Zusammenhang: die Richtlinie zur Ermordung sowjetischer Zivilisten (sogenannter Gerichtsbarkeitserlaß vom 13. Mai 1941), sowjetischer Soldaten und Offiziere (sogenannter Kommissarbefehl vom 6. Juni 1941) und Kriegsgefangener (Anweisungen vom 16. Juni 1941). Danach handelten vor allem SS-Einsatzkommandos, aber auch zahlreiche Wehrmachtseinheiten.

Nach dem Scheitern des faschistischen Blitzkriegsplanes mußten die Nazis ihre Ausrottungspläne zum Teil variieren. Arbeitseinsatzbehörden trieben mit Hilfe von Wehrmacht, SS und Polizei Millionen Menschen zusammen und verschleppten sie nach Deutschland. Die sowjetischen Zwangsarbeiter waren ebenfalls wie die polnischen Arbeitskräfte mit einem Abzeichen gekennzeichnet und standen in einem „Beschäftigungsverhältnis besonderer Art".[6] In ähnlicher Weise wurden jüdische Bürger gebrandmarkt und als Zwangsarbeiter außerhalb jedes Arbeitsrechtes gestellt.

Die gesamte vielschichtige Politik des deutschen Imperialismus im besetzten und abhängigen Europa – Kollaboration und unterschiedlicher Druck, Raub und Deportation, Terror und Massenmord – diente der Durchsetzung seiner

Vorherrschaftsabsichten, war die Praxis seiner „Neuordnungs"-Pläne und stellte die Vorbereitung zur Durchführung der Programme für die Zeit nach der erstrebten faschistischen Hegemonie dar.

Schon 1934 hatte Hitler die Absicht ausgesprochen, bei dem geplanten Griff nach der Weltmacht Völkermord begehen zu lassen: „Wir müssen entvölkern als Bestandteil unserer Aufgabe, die deutsche Bevölkerung zu erhalten. Wir werden eine Technik der Entvölkerung entwickeln müssen ... Wenn ich die Blüte des deutschen Volkes in die Hölle des Krieges ohne das geringste Mitleid für das Vergießen kostbaren deutschen Blutes schicken kann, so habe ich gewiß das Recht, Millionen einer sich wie Ungeziefer vermehrenden niedrigen Rasse zu vernichten."[7]

Als der deutsche Faschismus nach dem Überfall auf die Sowjetunion und den Anfangserfolgen den sozialistischen Staat schon geschlagen wähnte, die entscheidende Etappe zur „Neuordnung" durchschritten zu haben glaubte und ihm die Erreichung seiner Hegemonie über Europa und beträchtliche Teile der Welt greifbar nahe schien, versuchte er, mit seiner bewaffneten Macht und mit seinen technischen Mitteln sein Mordprogramm in die Tat umzusetzen.

Die weitestgehenden Mordziele bei der „Neuordnung" Europas waren im „Generalplan Ost" niedergelegt. Er basierte auf den faschistischen Germanisierungsplänen von 1940, z. B. der Ausarbeitung Himmlers „Einige Gedanken über die Behandlung der Fremdvölkischen im Osten" von Ende Mai 1940[8]. Offenbar im selben Zusammenhang übersandte Karl-Hermann Frank, Staatssekretär in den annektierten tschechischen Gebieten, am 31. August 1940 dem Reichsführer SS die „Denkschrift über die Behandlung des Tschechen-Problems und die zukünftige Gestaltung des böhmisch-mährischen Raumes". In seinen detaillierten Vorschlägen ging Frank von folgender Vorstellung aus: „Es geht um die Neuordnung des Reiches und im Zuge derselben um die endgültige Lösung der Tschechenfrage."[9] Diese „Lösung" umfaßte die Unterjochung, Deportation und schließliche Ermordung von Millionen Tschechen, die zum Teil sofort, zum Teil nach der völligen Unterwerfung Europas beginnen sollte.

Zwei Tage nach dem faschistischen Überfall auf die UdSSR beauftragte Himmler den Leiter des Planungsamtes im Stabshauptamt des „Reichskommissars für die Festigung deutschen Volkstums" und Direktor des Instituts für Agrarwesen und Agrarpolitik der Berliner Universität, Prof. Dr. Konrad Meyer-Hetling, einen Plan für die systematische Deportation der Landesbewohner und die Ansiedlung von Deutschen in Osteuropa auszuarbeiten. Die Vorlage des „Generalplanes Ost" erfolgte am 15. Juli 1941.

Dieser Plan, in den Erfahrungen aus dem besetzten Polen einflossen, sah binnen 25 bis 30 Jahren die Verschleppung von 80 bis 85 Prozent der polnischen Bevölkerung, 85 Prozent der litauischen Bürger, 75 Prozent der Bewohner der Belorussischen Sowjetrepublik, 65 Prozent der Einwohner der westukrainischen

Gebiete und je 50 Prozent der estnischen, lettischen und tschechischen Bevölkerung vor. Er umfaßte damit die Deportation von 31 der insgesamt 45 Millionen Menschen in diesen Gebieten. In die Berechnungen waren etwa fünf Millionen jüdischer Bürger der osteuropäischen Staaten eingeschlossen. Ende April 1942 legte Dr. Erich Wetzel, ehedem Leiter der Hauptberatungsstelle des Rassenpolitischen Amtes der NSDAP und nun Regierungsrat in der Hauptabteilung Politik des Reichsministeriums für die besetzten Ostgebiete, umfangreiche ergänzende Vorschläge zum „Generalplan Ost“ vor. Wetzels Ausarbeitung, die von anderen Mitarbeitern des Ostministeriums unterstützt wurde, setzte die Ermordung von fünf bis sechs Millionen Juden voraus und verlangte, innerhalb von 30 Jahren 46 bis 51 Millionen Menschen zu deportieren. Ihr Besitz sollte in deutsche Hände übergehen, und die nicht verschleppten Einwohner sollten Diener der „Herrenrasse“ sein.[10]

Aus allen diesen Plänen und Äußerungen, aus der Terminologie, den verschiedenen „Endlösungs“-Plänen und ihren Zielen ging eindeutig der direkte Zusammenhang mit der „Endlösung der Judenfrage“ hervor. Nach dem Massenmord an den Juden in Europa sollte die Ausrottung der Slawen folgen.

Verflechtung und Abfolge dieses Mordprogramms und der Zusammenhang seines Durchführungsbeginns mit dem faschistischen Überfall auf den sozialistischen Staat resultieren aus der imperialistischen Politik. Bürgerliche Darstellungen, so von Robert Kempner, Helmut Krausnick und Gerald Reitlinger, konstatieren zwar die zeitliche Verbindung, werfen aber nicht die Frage nach den Ursachen auf. Sie reduzieren die Schuldfrage auf einzelne Naziführer, um damit von dem imperialistischen Gesamtsystem und dessen Zielen abzulenken. Wie auch auf anderen Gebieten der faschistischen Politik versuchen die Autoren, alle historischen Gesetzmäßigkeiten zu leugnen und dafür Zufälligkeiten, Mißverständnisse, Differenzen, Rivalitäten und Bestrebungen einzelner Personen anzuführen, um dahinter die Verantwortung der gesellschaftlichen Kräfte verschwinden zu lassen. Jüngere westdeutsche Schriften, z. B. von Höhne und Mommsen, die sogar Teile der SS-Organisation und ihre Führer reinwaschen möchten, sprechen direkt von einer Karikatur eines Staates, von Dilettanten und vertagten Entscheidungen. Solche Publikationen sind – einschließlich ihrer Vorläufer – Zeugnis des revisionistischen Zuges der Geschichtsbetrachtung und der Renazifizierung in der BRD. Sie sind nicht nur symptomatisch für die „Entteufelung“ der SS, sondern noch mehr für die des faschistischen Systems und der Entlastung der Gesellschaftsformation, die es trug, für den Staat der Verdrängung der Vergangenheit, der Ignorierung ihrer Lehren, für die weitgehende Annäherung zwischen Journalisten, Historikern und neonazistischen Kräften in der BRD.

Während noch Nazifunktionäre auf der Grundlage „wissenschaftlicher Forschungsergebnisse“ von Geopolitikern, sogenannten Ostexperten und Rasseforschern größenwahnsinnige Ausrottungsprojekte für die Zukunft ersannen, hatte das Massenverbrechen schon begonnen. Die Mordkommandos der SS, Wehrmacht und Polizei verfolgten Slawen und Juden, mit dem Unterschied, daß die jüdischen Bürger der besetzten Gebiete bereits systematisch umgebracht wurden, während andere Bevölkerungsgruppen zunächst teilweise dem planmäßigen Vorgehen zum Opfer fielen. Über den Mord an Juden vermerkte Wetzel lakonisch in seiner Stellungnahme: „Eine Aussiedlung der weiter im Plan genannten Juden erübrigt sich mit der Lösung der Judenfrage." [11]

3. Die „Endlösung der Judenfrage" in den besetzten Gebieten 1941/42

Der Massenmord an der jüdischen Bevölkerung in den vom Faschismus besetzten Gebieten und die Verfolgung und Deportation der jüdischen Bürger Deutschlands standen im untrennbaren Zusammenhang. Sie liefen teilweise zeitlich parallel. Wegen des besseren Überblicks sollen in den folgenden Abschnitten zunächst die faschistischen Gewaltverbrechen außerhalb Deutschlands bis zur Jahreswende 1942/43 skizziert werden, um dann das Schicksal der deutschen Juden geschlossen detailliert darstellen zu können. Als entscheidendes Kriterium, um die Ausrottung der jüdischen Bevölkerung der besetzten oder unter faschistischer Herrschaft stehenden Länder in die imperialistische Völkermordpolitik einzuordnen, ist der Zeitpunkt gewählt, an dem der systematische Massenmord und die Deportation in die Massenvernichtungsstätten für das jeweilige Land begann.

Die faschistischen Einsatzgruppen waren schon vor dem 22. Juni 1941 aufgestellt und auf die Mordaufgabe vorbereitet worden. Ihr Auftrag, von Heydrich zunächst mündlich und am 2. Juli 1941 schriftlich erteilt, lautete: „Zu exekutieren sind alle Funktionäre der Komintern (wie überhaupt die kommunistischen Berufspolitiker schlechthin), die höheren, mittleren und radikalen unteren Funktionäre der Partei, des Zentralkomitees, der Gau- und Gebietskomitees, Volkskommissare, Juden in Partei- und Staatsstellungen, sonstige radikalen Elemente (Saboteure, Propagandeure, Heckenschützen, Attentäter, Hetzer usw.) ... Den Selbstreinigungsversuchen antikommunistischer oder antijüdischer Kreise in den neu zu besetzenden Gebieten sind keine Hindernisse zu bereiten. Sie sind, allerdings spurenlos, zu fördern." [12]

Vier Einsatzgruppen führten den beliebig auslegbaren Mordauftrag aus:

Einsatzgruppe A, zugeteilt der Heeresgruppe Nord, in den baltischen Republiken der UdSSR stationiert, geführt von SS-Brigadeführer Dr. Walter Stahlecker, Leiter des Amtes VI (Sicherheitsdienst Ausland) des Reichsicherheitshauptamtes.

Einsatzgruppe B, zugeordnet der Heeresgruppe Mitte, zuständig für Belorußland, unter SS-Gruppenführer Arthur Nebe, Leiter des Amtes V (Kriminalpolizei) des Reichsicherheitshauptamtes,

Einsatzgruppe C bei der Heeresgruppe Süd in der Ukraine, unter dem Kommando von SS-Brigadeführer Dr. Dr. Otto Rasch, Inspekteur der Sicherheitspolizei in Königsberg,

Einsatzgruppe D, zugeteilt der 11. Armee, in der südlichen Ukraine, auf der Krim und im Gebiet vor dem Kaukasus „operierend", geführt von SS-Gruppenführer Otto Ohlendorf, Leiter des Amtes III (Sicherheitsdienst Inland) des Reichssicherheitshauptamtes.

Jede Einsatzgruppe war in mehrere Einsatzkommandos untergliedert, die weitgehend selbständig mordeten. Je 500 bis 1 000 Mann gehörten einer Einsatzgruppe an. Die Einsatzgruppe A setzte sich beispielsweise zu 34 Prozent aus Angehörigen der Waffen-SS, zu 3,5 Prozent aus SD-Leuten, 4,1 Prozent aus Kriminalpolizisten, 9 Prozent aus Gestapoleuten, 8,8 Prozent aus Hilfspolizisten und zu 13,4 Prozent aus Angehörigen anderer Polizeiformationen und Soldaten der Wehrmacht zusammen. [13]

Von der Wehrmacht wurde das Morden der Einsatzgruppen moralisch, personell und materiell unterstützt. Beispielsweise schrieb Generalfeldmarschall von Manstein am 20. November 1941 in einem Befehl: „Das jüdisch-bolschewistische System muß ein für allemal ausgerottet werden. Nie wieder darf es in unseren europäischen Lebensraum eingreifen ... Für die Notwendigkeit der harten Sühne am Judentum, dem geistigen Träger des bolschewistischen Terrors, muß der Soldat Verständnis aufbringen. Sie ist auch notwendig, um alle Erhebungen, die meist von Juden angezettelt werden, im Keime zu ersticken. Aufgabe der Führer aller Grade ist es, den Sinn für den gegenwärtigen Kampf dauernd wach zu halten." [14] Am 2. Dezember 1941 berichtete ein Rüstungsinspekteur General Georg Thomas aus der Ukraine, daß Erschießungen öffentlich vielfach „unter freiwilliger Beteiligung von Wehrmachtsangehörigen" stattfanden.[15]

Die Beteiligung von Wehrmachtsführern und -einheiten an der Judenverfolgung – wie auch an anderen faschistischen Untaten in allen besetzten Gebieten und allen Bevölkerungsgruppen – wird in der Regel von bürgerlichen Publizisten weitgehend unterschlagen. Vor allem westdeutsche Autoren, u. a. Wolfgang Birkenfeld, Hans-Adolf Jacobsen, Eberhard Jäckel, Andreas Hillgruber, Hans Umbreit, befleißigen sich, die „Traditionen" der Armeen des deutschen Imperialismus angesichts der neuen Bündnisse und seiner kaum veränderten Ziele reinzuwaschen und -zuhalten.

Gleiches gilt für das Verhältnis zwischen Antikommunismus und Antisemitismus, das am deutlichsten bei den Verbrechen in den okkupierten sowjetischen Gebieten – aber nicht nur hier – zutage trat. Diese Verbindung, in der der Antikommunismus das primäre Element bildete, ist seit dem 19. Jahrhundert festzustellen und wurde mit dem Übergang zum Imperialismus zur vorherrschenden Erscheinung der imperialistischen Propaganda und Politik. Der deutsche Imperialismus praktizierte, vor allem seit 1933, ihre verbrecherischste Form.

Der Mord an Bürgern der Sowjetunion und an Mitgliedern der KPdSU (B) war charakteristisch für die Einsatzgruppen. Die Einsatzgruppe D meldete beispielsweise am 21. Januar 1942: „Vom 16. November bis zum 15. Dezember 1941 einschließlich wurden 17 645 Juden, 2 504 Krimtschaken, 624 Zigeuner und 212 Kommunisten und Partisanen erschossen.“ [16]

Eines der größten Massaker fand in Kiew statt, wo das Sonderkommando 4 a der Einsatzgruppe C am 29. und 30. September 1941 33 771 Juden hinmordete. Das Mitglied des NKFD, Bernd von Kügelgen, war dabei, als Ende 1943 die Opfer exhumiert wurden. Er schrieb darüber: „Wir gehen denselben, der für unzählige Zivilisten der letzte gewesen ist, den Weg nach Babi Jar – dem Mordplatz . . . Von den Toten ist nur noch eine schwärzliche, mit Sand vermischte Masse übriggeblieben. Knochenstücke und halbverkohlte Kleiderfetzen zeugen davon, daß diese Aschehaufen einstmals Menschen gewesen sind.“ Kügelgen schilderte auch die Reaktion der deutschen Kriegsgefangenen, die die Leichen ausgruben: „Noch fehlen die Worte, um dem Ausdruck zu geben, was sie bewegt. Nur ab und zu begehren sie auf, klagen Hitler, klagen seine Mordtruppen an . . . Jeden Abend, nachdem sich die Arbeitskommandos mit Desinfektionsmitteln gereinigt hatten, fanden im Lager kurze Versammlungen statt. Soldaten, die noch vor wenigen Tagen gegen die Rote Armee gekämpft hatten, traten – ohne daß sie dazu aufgefordert wurden – als Diskussionsredner auf und sprachen ihr ‚Schuldig‘ über die Massenmörder, brachen mit Hitler, brachen mit der faschistischen Mordideologie und stellten sich auf die Seite der Antifaschisten.“ [17]

Mordberichte der Einsatzgruppen vermerkten bis Herbst 1941 u. a. [18]:

15. Oktober 1941	Einsatzgruppe A:	135 567	Ermordete
14. November 1941	Einsatzgruppe B:	45 467	Ermordete
12. Oktober 1941	Einsatzgruppe C:	51 000	Ermordete
15. Oktober 1941	Einsatzgruppe D:	40 699	Ermordete

Überall fielen unter den Kugeln der Einsatzgruppen und ihrer Helfer nach dem vorgefaßten Mordprogramm sowjetische Soldaten, Kommunisten, Zivilisten und in hohem Maße jüdische Bürger. Sie waren die Hauptopfer des Wütens der Todeskommandos. Die pseudowissenschaftlichen faschistischen „Theorien“

vom „Herrenmenschentum", der „Germanisierungsmission", der „Neuordnung" Europas und der Antikommunismus fanden zuerst in den besetzten Gebieten der Sowjetunion ihre grausige Verwirklichung.

Nach der ersten Mordwelle beim faschistischen Krieg gegen die UdSSR war vielerorts die jüdische Bevölkerung in Ghettos eingepfercht worden. Die größten dieser Lager entstanden in Kowno (Kauen) Anfang Juli 1941, in Minsk Ende Juli 1941, in Wilna im August 1941 und in Riga im Oktober 1941. Abteilungen der Einsatzgruppen, die inzwischen einen festen Standort hatten, stürzten sich auf diese und andere Lager und brachten den größten Teil ihrer Insassen um. In Kowno wurden am 28. Oktober 1941 ungefähr 10 000, in Minsk am 6. und 20. November 1941 etwa 19 000, in Riga am 30. November und 8. Dezember 1941 27 000, in Wilna am 22. Dezember 1941 schätzungsweise 32 000 Menschen ermordet.

Neben Erschießungen wurde noch eine andere Mordart angewandt: das Töten durch Gas. Am 25. Oktober 1941 schrieb Dr. Wetzel an den Reichskommissar Lohse in Riga, „daß sich Herr Oberdienstleiter Brack von der Kanzlei des Führers bereit erklärt hat, bei der Herstellung der erforderlichen Unterkünfte sowie der Vergasungsapparate mitzuwirken". Eichmann wäre mit der Installierung einverstanden, da in Minsk und Riga Lager für deportierte Juden geschaffen werden sollten.[19]

Der erwähnte SS-Oberführer Viktor Brack war Leiter des Hauptamtes II der „Kanzlei des Führers". Ihm oblag u. a. die Organisierung des „Euthanasie"-Mordes an schätzungsweise über 80 000 Menschen, die angeblich an Geistes- und unheilbaren Krankheiten litten. Nach dem Abbruch dieser Mordaktion am 24. August 1941 konnten die „Brackschen Hilfsmittel", die Vergasungsanlagen, einschließlich der „Erfahrungen" ihrer Einrichter und ihres Personals, zum Massenmord im Osten eingesetzt werden. An hilflosen Kranken war ein Teil jener „Technik der Entvölkerung" ausprobiert worden, von der Hitler 1934 sprach. Sie stand nun zum größten Massenmord der Geschichte bereit. An ihrer Einrichtung in Osteuropa wurde die Verbindung von „Euthanasie", dem ersten systematischen Massenmord in Nazideutschland während des zweiten Weltkrieges und „Endlösung der Judenfrage" in dem vom deutschen Faschismus unterjochten Europa deutlich. Der Gasmord wurde zur vorherrschenden faschistischen Massenmordmethode.

Dabei verwandte man zum Teil auch Lastkraftwagen. Sie wurden von der Berliner Firma Saurer hergestellt. Von außen sahen sie wie gewöhnliche geschlossene Fahrzeuge aus. Aber ihre Türen und Aufbauten waren fest abgedichtet. In ihr Inneres strömte das Abgas des Motors. Nach einer Fahrt von etwa 30 Minuten waren 70 bis 80 Menschen im Wageninneren erstickt. Die Gaswagen, von den Nazis S-Wagen genannt, und die „Brackschen Hilfsmittel" waren die Vorstufe zu den großen Vernichtungslagern in Polen.

Die ausgedehnten Mordzüge der Einsatzgruppen endeten – nach ihren Berichten zu urteilen – bei den Gruppen A und D Mitte 1942, bei den Gruppen B und C im November 1942. Aber auch über diesen Zeitpunkt hinaus, bis weit in das Jahr 1943 hinein, töteten einzelne Kommandos noch eine Vielzahl von Menschen. Im Nürnberger Hauptkriegsverbrecherprozeß wurde geschätzt, daß die Einsatzgruppen, ihre Helfer und Helfershelfer in der Sowjetunion zwei Millionen Menschen umbrachten. Das Urteil im Nürnberger Verfahren gegen Führer und Angehörige von Einsatzgruppen bezifferte die Zahl ihrer Opfer vorsichtig mit über einer Million Menschen.

Seit Juni 1942 durchzog ein anderes SS-Kommando die okkupierten Gebiete der Sowjetunion und Polens. Es nannte sich Sonderkommando 1005 und stand unter der Leitung des SS-Standartenführers Paul Blobel, vordem Chef des Einsatzkommandos 4a der Einsatzgruppe C. Mit Hilfe jüdischer Arbeitsgruppen sollte es alle Anzeichen des faschistischen Massenmordes verwischen. An Hand genauer Lagepläne und Listen wurden die Massengräber geöffnet, die Leichen verbrannt, ihre Knochen zermahlen und die Asche verstreut. Auf die geleerten Gräber wurden Bäume und Sträucher gepflanzt. Die Angehörigen der Arbeitskommandos brachte man in gewissen Zeitabständen ebenfalls um, damit auch sie später nicht Zeugnis ablegen konnten. Das Kommando 1005 betätigte sich außerdem noch zeitweise als Mordeinheit und tötete zahlreiche Menschen. Seine „Erfahrungen" wurden ebenso wie die der „Euthanasie"-Morde von den Vernichtungslagern übernommen.

SS-Obersturmführer Rudolf Höß, der Kommandant des KZ Auschwitz, wurde im Sommer 1941 von Himmler über die Absicht unterrichtet, die „Endlösung der Judenfrage" zu beginnen. Himmler erläuterte Höß, daß Auschwitz – Himmler hatte das KZ am 1. März 1941 besichtigt und den Ausbau angeregt – als Zentrum gewählt sei, weil es verkehrsgünstig liege und das Gebiet sich leicht absperren und tarnen ließe. Eichmann würde in nächster Zeit den Kommandanten aufsuchen, mit ihm alle Einzelheiten und vor allem die anzuwendenden Mordmethoden besprechen.

Eichmann kam bald darauf nach Auschwitz und informierte Höß über den Ablauf des Massenmordes. Er berichtete von dem Gasmord an Geisteskranken in Deutschland, meinte jedoch, für die „Endlösung" müsse ein anderes Gas benutzt werden. Eichmann und Höß besichtigten gemeinsam das Gelände, wo der Mord geschehen sollte und besprachen die erforderlichen Bauten.

Am 3. September 1941 ließ SS-Hauptsturmführer Karl Fritzsch in Auschwitz 600 sowjetische Kriegsgefangene und 298 kranke Häftlinge in den Zellen des Bunkers im Block 11 durch das Gas Zyklon B ermorden. Höß forcierte die Mordexperimente mit Zyklon B im Leichenraum des Krematoriums. Zugleich unterrichtete er die SS-Führung von den Ergebnissen. Damit war das Mittel für einen millionenfachen Massenmord gefunden, und am 8. Oktober 1941 begann der Aufbau von Auschwitz II bei Birkenau. Im Januar 1942 wurden polnische Juden aus Oberschlesien die ersten Opfer in den provisorischen Gaskammern von Birkenau.[20]

Zur selben Zeit, am 20. Januar 1942, fand im Gebäude der Internationalen Kriminalpolizeilichen Kommission Berlin, Großer Wannsee Nr. 56-58, die entscheidende Konferenz über die „Endlösung der Judenfrage" statt. Termin und Inhalt der Besprechung waren von der faschistischen Meinung bestimmt, den entschiedensten Gegner des Faschismus niedergeworfen, das schwerste Hindernis auf dem Weg zu Beherrschung Europas überwunden zu haben und in die letzte Phase des Kampfes um die Weltmacht eingetreten zu sein. Deshalb schien für die Naziführung der Zeitpunkt erreicht, in der „Judenfrage" nach den Massenmorden in der Sowjetunion, der Ghettoisierung in anderen Ländern und weiteren Vorbereitungen, die „Endlösung" mit technischen Mitteln im großen Stil fortzusetzen.

Heydrich hatte die Tagung ursprünglich für den 9. Dezember 1941 angesetzt, mußte sie jedoch – offenbar wegen der Schlacht vor Moskau – verschieben. Teilnehmer waren Vertreter des SS-Reichssicherheitshauptamtes, des Reichsministeriums für die besetzten Ostgebiete, der Ministerien des Inneren, für Justiz und für Auswärtiges – sämtlich Staatssekretäre –, des Beauftragten für den Vierjahresplan, des SS-Rasse- und Siedlungs-Hauptamtes und der Sicherheitspolizei im besetzten Osteuropa. Das Protokoll führte Eichmann.

Heydrich verwies einleitend auf das Schreiben Görings vom 31. Juli 1941. Zweck der Besprechung wäre „die vorherige gemeinsame Behandlung aller an diesen Fragen beteiligten Zentralinstanzen im Hinblick auf die Parallelisierung der Linienführung". Denn jetzt wäre die „Endlösung" in das Stadium der „Evakuierung der Juden nach dem Osten" getreten. Betroffen wären – ohne die schon Ermordeten – 7 977 700 Menschen in den okkupierten Ländern und weitere 3 303 600 Menschen in anderen Gebieten, darunter den mit Nazideutschland verbündeten Staaten. „Im Zuge der praktischen Durchführung der Endlösung wird Europa von Westen nach Osten durchgekämmt. Das Reichsgebiet einschließlich Protektorat Böhmen und Mähren wird, allein schon aus Gründen der Wohnungsfrage und sonstiger sozialpolitischer Notwendigkeiten, vorweggenommen werden müssen." Die Deportierten würden in Osteuropa „entsprechend behandelt".

Die Teilnehmer der Besprechung zeigten sich in die verschleiernden Ausdrücke eingeweiht. Der Staatssekretär im sogenannten Generalgouvernement, Dr. Josef Bühler, bat beispielsweise, in Polen mit der „Endlösung" zu beginnen, weil da u. a. das Transportproblem keine große Rolle spiele. Er schlug des weiteren vor, „gewisse vorbereitende Arbeiten im Zuge der Endlösung gleich in den betreffenden Gebieten selbst durchzuführen, wobei jedoch eine Beunruhigung der Bevölkerung vermieden werden müsse."[21]

Die Konferenz, die Umfang und Ablauf des Massenmordes festlegte und die Rollen der beteiligten Behörden verteilte und koordinierte, dauerte nur anderthalb Stunden. „Alle Teilnehmer waren höchst zufrieden", berichtete Eichmann später, „und gaben fröhlich ihre Zustimmung, sich an der ‚Endlösung' der Judenfrage zu beteiligen."[22]

Mit der beginnenden „Endlösung der Judenfrage" und ihrer Ausdehnung nach der Wannsee-Konferenz war genau die Hetzwelle abgestimmt, die in Europa und Übersee wirken sollte. Anregungen für die antisemitische Propaganda in den USA übersandte beispielsweise am 22. November 1941 Kurt-Georg Kiesinger, stellvertretender Leiter der Rundfunkpolitischen Abteilung des Auswärtigen Amtes. In ihnen hieß es: „Ist nicht der Präsident täglich umgeben von Juden, die ihn aufs engste beraten und mit denen er aufs engste und intimste verkehrt? ... Ist nicht ein großer Teil der amerikanischen Presse und Journalistik in den Händen von Juden? ... Ist nicht der Rundfunk zum größten Teil in jüdischen Händen ...?"[23]

Im Zusammenhang mit der „Endlösungs"-Konferenz stand ebenso der Aufbau neuer Vernichtungslager, die zunächst ausschließlich für den Massenmord an den europäischen Juden bestimmt waren. Sie befanden sich sämtlich im okkupierten Polen.

Das Vernichtungslager Chełmno (Kulmhof) im sogenannten Warthegau existierte seit 8. Dezember 1941. Seine Leiter waren der Kriminalkommissar Lange, vorher an der „Euthanasie"-Aktion beteiligt, und der Kriminalkommissar Bothmann. In Chełmno wurden vom 16. Januar bis zum 15. Mai 1942 51 990 Insassen des Łódźer Ghettos, danach etwa 40 000 Juden aus der Umgebung Lublins und im September 1942 nochmals 15 700 Bewohner des Ghettos Łódź in fahrbaren Gaskammern umgebracht. Ihnen folgten Menschen aus dem Gebiet um Poznań. Am 1. Mai 1942 regte der Reichsstatthalter im sogenannten Warthegau, Greiser, an, in Chełmno auch 230 000 Tb-kranke Polen durch das Sonderkommando Bothmann „ausmerzen" zu lassen. Bothmann ging mit seinen Leuten im März 1943 nach Kroatien, um im Frühjahr 1944 erneut nach Chełmno zurückzukehren. Bis zur Zerstörung des Vernichtungslagers im Januar 1945 wurden schätzungsweise hier 360 000 Menschen ermordet.

Die Vernichtungslager Bełżec, Sobibor und Treblinka[24] errichtete der Kriminalkommissar Christian Wirth, der ebenfalls „Erfahrungen" aus den „Euthanasie"-Morden mitbrachte. Die drei Vernichtungslager unterstanden ebenso wie Chełmno dem Reichssicherheitshauptamt, speziell dem Referat IV B 4. In diesen Mordstätten wurden die Verbrennungsgase großer Dieselmotoren in die Gaskammern geleitet.

Bełżec wurde ab 17. März 1942 zunächst von Wirth, später von dem Kriminalkommissar Gottlieb Hering geleitet. Bis zur Auflösung des Lagers im Frühjahr 1943 kamen hier etwa 600 000 Menschen, vor allem aus der Gegend um Lublin und aus Galizien, aber auch – wie in den anderen Vernichtungslagern – Bürger anderer Staaten um.

Sobibor bestand seit 17. Mai 1942. Unter der Leitung des SS-Hauptsturmführers Franz Reichsleitner brachten die Faschisten hier ungefähr 250 000 Menschen um, meist aus Warschau, Lublin und Lwow. Am 14. Oktober 1943 wurde die Mordstätte durch den Aufstand des Todeskommandos, angeführt von dem sowjetischen Leutnant Alexander Petschorski, zerstört.

Treblinka wurde ab 23. Juli 1942 von dem „Euthanasie"-Arzt Dr. Irmfried Eberl geleitet, später von dem SS-Hauptsturmführer Franz Stangl. In 13 großen Gaskammern wurden bis zum Aufstand der Häftlinge am 2. August 1943 etwa 800 000 Menschen, meist aus dem Warschauer Bezirk – ungefähr 380 000 zwischen Juli und Oktober 1942 – und aus Białystok getötet.

Im besetzten Polen waren von Dezember 1939 an die jüdischen Bürger in Ghettos getrieben worden. Einige der größten waren in Łódź, Warschau, Kraków und Lublin. Am 16. Dezember 1941 erklärte der faschistische Generalgouverneur Dr. Hans Frank seinen Mitarbeitern: „Mit den Juden – das will ich Ihnen ganz offen sagen – muß so oder so Schluß gemacht werden ... Aber was soll mit den Juden geschehen? Glauben Sie, man wird sie im Ostland (Belorußland, Litauen, Lettland und Estland – d. Verf.) in Siedlungsdörfern unterbringen? Man hat uns in Berlin gesagt: weshalb macht man diese Scherereien; wir können im Ostland oder im Reichskommissariat (in der besetzten Ukraine – d. Verf.) auch nichts mit ihnen anfangen, liquidiert sie selber ... Wir müssen die Juden vernichten, wo immer wir sie treffen und wo es irgend möglich ist, um das Gesamtgefüge des Reiches hier aufrecht zu erhalten."[25]

Entsprechend der Absicht und der Anregung auf der Wannsee-Konferenz begann alsbald der Massenmord an polnischen Juden in den genannten Vernichtungslagern.

Die Zahl der jüdischen Bürger Polens, die der „Endlösung der Judenfrage" zum Opfer fielen, wurde auf mindestens 3 Millionen geschätzt.

Von den Staaten Mittel- und Westeuropas – Deutschland ausgenommen – wurde nach dem 22. Juni 1941 zuerst Österreich von dem Massenmord betroffen. Nach den ersten Deportationen im Oktober 1939 und im Februar/März 1941 verschleppte man seit dem 15. Oktober 1941 binnen zwei Wochen fast 5 000 österreichische Juden nach Łódź. Ihnen folgten vom 23. November 1941 bis 5. Oktober 1942 16 Transporte mit ungefähr 15 500 Opfern nach Riga und Minsk und vom 9. April bis 14. Juni 1942 6 Züge mit 6 000 Deportierten in die Gegend von Lublin. Die meisten dieser Verschleppten starben in den Vernichtungslagern in Polen. Vom 20. Juni bis 9. Oktober 1942 gingen 13 Transporte nach Theresienstadt (Terezin), danach folgten kleinere Deportationen nach Theresienstadt, Minsk, Treblinka, Auschwitz und anderen Konzentrationslagern. Von 1938 bis 1945 wurden von den Faschisten 65 459 österreichische Juden ermordet.

Einen Tag nach Beginn der Deportationen aus Österreich, am 16. Oktober 1941, setzte die Verschleppung von 7 000 jüdischen Bürgern der annektierten Teile der ČSR nach Łódź, Minsk, Riga, und Kowno ein. Über 7 500 tschechische und slowakische Juden kamen nach Theresienstadt. Am 28. März 1942 traf der erste Massentransport aus der Slowakei in Auschwitz-Birkenau ein. Neben weiteren Deportationen in dieses Vernichtungslager gab es Transporte nach Majdanek. Die Zahl der ermordeten Juden der ČSR in den Grenzen von Mitte 1938 schätzte man auf ungefähr 250 000 Menschen.

Die ersten jüdischen Luxemburger kamen im Herbst 1941 nach Łódź. 3 000 von ihnen fielen dem Massenmord zum Opfer.

Aus Frankreich ging nach Abstimmung zwischen den Judenreferenten der SS und des Auswärtigen Amtes, die zwischen 6. und 21. März 1942 erfolgte, jenem Tage, an dem Staatssekretär Ernst von Weizsäcker und Unterstaatssekretär Martin Luther ihre Zustimmung erteilten, der erste Deportationszug am 28. März 1942 ab. Sein Ziel hieß wie bei den folgenden Transporten Auschwitz-Birkenau. Ein Teil der französischen Juden starb auch in Majdanek. Insgesamt kamen mindestens 70 000 von ihnen um.

Für die niederländischen Juden begann die systematische Fahrt in den Tod am 15. Juli 1942. Meist endete sie in Auschwitz und Treblinka. Die Zahl ihrer Opfer wurde mit über 100 000 angenommen.

Der erste Transport belgischer Juden erreichte Auschwitz-Birkenau am 18. August 1942, nachdem schon Ende 1941 in Belgien lebende Juden polnischer Nationalität nach Łódź deportiert worden waren. Auf etwa 40 000 wurden die Opfer der Juden Belgiens geschätzt.

Im selben Monat, am 18. August 1942, traf der erste von 33 Vernichtungstransporten aus Jugoslawien in Birkenau ein. Seine Insassen kamen aus Kroatien. Im serbischen Landesteil hatte die „Endlösung“ mit Massenerschießungen durch Wehrmachtseinheiten im Sommer 1941 begonnen. Sie endete ein Jahr später mit der Ermordung der Insassen der serbischen Ghettos in Gaswagen. Ungefähr 60 000 jüdische Bürger Jugoslawiens fielen den Massakern zum Opfer.

In Rumänien fanden seit Juni 1941 große Pogrome statt. Sie steigerten sich zur Ermordung von Zehntausenden in Ghettos und Deportationen zu den Einsatzgruppen in der Sowjetunion. Schätzungsweise wurden 300 000 rumänische Juden umgebracht.

Verfolgung, Isolierung, Einsperren in besonderen Wohnbezirken, Deportation, Beraubung und schließlich Mord – das waren die Stationen auf dem

Leidensweg europäischer Juden unter dem faschistischen Joch in den Jahren 1941/42.[26] Eine Minderheit setzte sich in dieser Zeit gegen das Verbrechen zur Wehr. Mancherorts fand sie die Solidarität und den Beistand eines Teils ihrer Mitbürger.

Die jüdischen Bürger Deutschlands mußten den gleichen Weg gehen. Auch für sie war der Juni 1941 der tiefste Einschnitt einer Entwicklung, die sich seit 1933 immer mehr steigerte. Ab Herbst 1941 begann für sie die „Endlösung der Judenfrage".

4. Die Deportation der deutschen Juden

Seitdem die deutschen Imperialisten den zweiten Weltkrieg entfesselt hatten, verfolgten sie mit noch größerer Unerbittlichkeit alle Kräfte, die gegen das Naziregime und seinen Krieg kämpften oder sich dagegen aussprachen. Bei der Terrorisierung arbeiteten Justiz und Polizei zusammen und ergänzten sich wechselseitig. Stand vor 1939 auf 3 Delikte die Todesstrafe, so 1943/44 auf 46 Tatbestände oder auch nur ihren Anschein. 1941 wurden 1 146, 1942 1 556 Deutsche hingerichtet.

So grausam die faschistische Justizmaschine auch arbeitete, von dem außergerichtlichen Unterdrückungsapparat wurde sie zunehmend in den Schatten gestellt. Viele der Verhafteten kamen ohne jedes Gerichtsverfahren ins Konzentrationslager. Deren Zahl erhöhte sich von 6 bei Beginn des Krieges auf 15 im April 1942 und auf 20 große KZ mit 165 Außenkommandos zwei Jahre später. Im September 1939 betrug die Zahl der KZ-Häftlinge 23 400, im April 1942 44 700 und im August 1942 115 000. Ein Jahr später erreichte sie 224 000. Bis zum August 1944 stieg sie auf 524 286.[27]

Unter den politischen Gefangenen der Haftanstalten und KZ waren ein Großteil deutscher Antifaschisten, die am entschiedensten den Faschismus bekämpften, die am konsequentesten für die Befreiung von der imperialistischen Barbarei eintraten und die auch die wirksamste Hilfe für die verfolgten Juden hätten bieten können.

Das brutale Unterdrückungssystem entsprach dem Wesen des Faschismus und seinen Eroberungszielen. So wie 1933 der hemmungslose außergerichtliche Terror dominierte, hatten der deutsche Imperialismus und seine Mordspezialisten auch den Einsatz aller außergerichtlichen Repressivorgane für den geplanten Krieg vorbereitet. Das war das verbrecherische Rezept des faschistischen deutschen Imperialismus, um eine innenpolitische und militärische Krise zu meistern, die möglicherweise der Kriegsbeginn auslösen konnte. Genau danach handelte er nach der Blitzkriegsniederlage durch die sowjetische Winteroffensive 1941/42, als die Kriegsmüdigkeit zunahm, sich Opposition und Widerstand verstärkten und Zeichen einer ernsten Krise auftraten, die Anfang 1943 voll ausbrach und von der sich das faschistische Regime nicht mehr erholte. Gegen die Mehrheit des deutschen Volkes und dessen objektive Interessen gewandt, sollte der zuerst mobilisierte forcierte außergerichtliche und der nachziehende Justizterror gewährleisten, daß Deutsche und ausländische Bürger im faschistischen Machtbereich ohne Aufbegehren und Widerstand ihr Letztes für den deutschen Imperialismus und dessen Krieg hergaben.

Die faschistische Propaganda nahm innerhalb dieses Systems indirekte Terrorfunktionen wahr. Über alle Publikationsmittel und durch Flüsterparolen hatte sie Furcht vor Verhaftung und Bestrafung zu verbreiten, die Verfolgten als Feinde zu diffamieren und die Repressalien zu rechtfertigen. Das war den faschistischen Machthabern zumindest genauso wichtig wie der nackte Terror. Das Wissen um Verhaftung, Einkerkerung und Drangsalierung der Antifaschisten spielte – wie auch die Kenntnis von der Judenverfolgung – im imperialistischen Terrorsystem eine gewichtige Rolle. Zudem sollte die ständige Hetze gegen Kommunisten und andere Kriegs- und Hitlergegner und gegen Juden diese von den Volksmassen isolieren und jegliche solidarische Handlung gegenüber den Verfolgten unterbinden.

Wie gegenüber den Antifaschisten überwog und steigerte sich der Polizeiterror gegenüber den deutschen Juden. Allein von den 108 Verordnungen und Erlassen zwischen dem 20. Juli 1941 und dem 13. November 1944 stammten 62 von dem Reichsinnenministerium des Inneren, dem Reichssicherheitshauptamt und der Polizei.

Die einschneidendste Maßnahme der Judenverfolgung im Jahre 1941 war die Polizeiverordnung über die Kennzeichnung der Juden vom 1. September 1941. Sie ging auf Überlegungen während der Besprechung am 12. November 1938 zurück und bestimmte, daß alle deutschen Juden über sechs Jahre mit wenigen Ausnahmen einen gelben Stern auf der Brust zu tragen hätten und ihren Wohnsitz nicht verlassen dürften. Die Verordnung trat am 19. September 1941 in Kraft.[28] Das war der zweithöchste jüdische Feiertag, das Neujahrsfest – eine zusätzliche Schikane der Nazis. Die Kennzeichnung – erstmals seit dem Mittelalter in Deutschland – bedeutete den Übergang zum systematischen Massenmord an den deutschen Juden.

Auf arbeitsrechtlichem Gebiet dekretierte die Verordnung vom 3. Oktober 1941 lakonisch: „Juden, die in Arbeit eingesetzt sind, stehen in einem Beschäftigungsverhältnis eigener Art."[29] Die Durchführungsverordnung vom 31. Oktober 1941 erläuterte, daß nur die geleistete Arbeit zu vergüten wäre. Zuschläge, Krankengelder, Urlaubsbezahlung, Beihilfen usw. entfielen. Kündigungsfristen und Arbeitsschutzbestimmungen wären aufgehoben. Diese Festlegungen waren fast wörtlich identisch mit dem Ausnahmerecht für Zwangsarbeiter aus Polen und der UdSSR.

Im Zusammenhang mit der Deportation der deutschen Juden gab das Finanzministerium am 4. November 1941 Richtlinien heraus, die zeigten, daß wirtschaftliche Gesichtspunkte dem Massenmord untergeordnet waren, aber dennoch eine gewichtige Rolle spielten. Einleitend führten sie aus: „Juden, die nicht in volkswirtschaftlich wichtigen Betrieben beschäftigt sind, werden in den nächsten Monaten in eine Stadt in den Ostgebieten abgeschoben. Das Vermögen der abzuschiebenden Juden wird zugunsten des Deutschen Reiches eingezogen. Es verbleiben den Juden 100 RM und 50 kg Gepäck je Person." Darauf folgten detaillierte Angaben über Zeitpunkt, Organisation, Beschlagnahmevorgang und Verkauf des Raubes.[30]

Im Bereich der faschistischen Justiz war die Verfügung des Justizministers vom 20. November 1941 ein wesentlicher Punkt bei der Auslieferung der Juden an die Polizei. Sie bestimmte, daß die Entlassung jüdischer Justizhäftlinge sechs Wochen zuvor der Gestapo mitzuteilen wäre, damit sie von ihr „übernommen" werden könnten.[31]

Als weitere einschneidende Bestimmung nach Beginn der Massendeportation aus Deutschland kam am 25. November 1941 die 11. Verordnung zum „Reichsbürgergesetz" heraus, die als Schubladenentwurf von der faschistischen Ministerialbürokratie schon im Januar 1941 fixiert worden war.[32] Ihr Paragraph 2 besagte:

„Ein Jude verliert die deutsche Staatsbürgerschaft,

a) wenn er beim Inkrafttreten dieser Verordnung seinen gewöhnlichen Aufenthalt im Ausland hat, mit dem Inkrafttreten dieser Verordnung,

b) wenn er seinen gewöhnlichen Aufenthalt später im Ausland nimmt, mit der Verlegung des gewöhnlichen Aufenthalts ins Ausland."

Damit waren sowohl die „Auswanderer" und die schon Deportierten als auch die zu Verschleppenden staatenlos, wenn ihr Transport die Grenzen überschritt. Ihr Vermögen übernahm nach derselben Verordnung der Nazistaat, wobei SS-Dienststellen festzustellen hatten, „ob die Voraussetzungen für den Vermögensverfall vorliegen".[33] Am 3. Dezember 1941 ergänzte eine Verordnung des Innenministeriums, daß diese Entrechtung und Enteignung auch gälte, wenn der „Aufenthalt" in besetzten oder annektierten Gebieten „genommen" würde.

In ähnlicher Weise erließen noch andere Dienststellen Anweisungen für die Deportation der deutschen Juden. Diese Regelungen, die einander ergänzten, beschleunigten den Prozeß der Außerrechtstellung der deutschen Juden, der 1933 begonnen hatte, und führten ihn zu Ende.

Allein die ausdrückliche einleitende Feststellung in der Verordnung des Finanzministeriums und die langfristige Vorbereitung der Verordnung des Innenministeriums bewiesen, daß die Zivilverwaltung genauestens in die Deportationspläne eingeweiht war. Das geschlossene Bündel der in kurzer Zeit erlassenen Bestimmungen zeigte auch die terminliche Abstimmung mit den Exekutivorganen. Die faschistische Bürokratie arbeitete darüber hinaus nicht nur bei der Vorbereitung, sondern auch bei der Verschleppung Hand in Hand mit Gestapo und Polizei.

Bürgerliche Autoren ignorieren oft die Rolle ziviler Institutionen bei der faschistischen Verfolgung und dem imperialistischen Terror. Sie reduzieren ihre Darstellungen auf Gestapo und SS, um Justiz-, Verwaltungsbehörden und Propagandaeinrichtungen des deutschen Imperialismus aus dem Blickfeld zu nehmen. In der letzten Zeit sprechen einige westdeutsche Historiker – Buchheim und Mommsen – sogar von einer „Aushöhlung" und „Überfremdung" der faschistischen Behörden, auf die gewissermaßen eine Naziverwaltung aufgestülpt gewesen sei, die das Wesen der Behörden verändert und sie funktionsuntüchtig gemacht oder überspielt habe. Sie möchten dadurch die Jahre 1933 bis 1945 aus der Verwaltungsgeschichte herausnehmen, um eine Kontinuität zwischen dem Staatsapparat der Weimarer Republik und der BRD zu konstruieren und diesen von der Teilnahme an den faschistischen Untaten freizusprechen.

Parallel mit der Vorbereitung und Durchführung der Deportation lief eine Propagandaaktion. Goebbels gab ihren Ton u. a. in seinem Artikel im Wochenblatt „Das Reich" vom 16. November 1941 an. Mit verlogenen Phrasen wollte er den Juden die Schuld am zweiten Weltkrieg zuschieben und verkündete: „Das Weltjudentum geht jetzt nach seinem eigenen Gesetz ‚Auge um Auge, Zahn um Zahn!' zugrunde." In diesem Sinne interpretierte Goebbels die Einführung des gelben Sterns und fuhr fort: „Die Juden sind eine parasitäre Rasse ... Dagegen gibt es nur ein wirksames Mittel: einen Schnitt machen und abstoßen." Im Kampf gegen den Juden gebe es kein Zurück. Deshalb müßte auch der Krieg gewonnen werden, denn – so beabsichtigte Goebbels, das Schuldgefühl seiner Leser zu beschwören – sonst würde am deutschen Volk ein „Rachewerk" vollzogen werden. Mit dieser angeblichen Verstrickung des Volkes in die faschistischen Verbrechen wollte der Propagandaminister nicht nur den Durchhaltewillen stärken, sondern sich auch gegen Mitleids- und Solidaritätsbezeugungen wenden, für die er Beispiele anführte.[34] In einem der zehn Punkte, mit denen Goebbels die Propagandasätze des faschistischen Antisemitismus zusammenfaßte, war eine direkte Drohung gegen Deutsche, die noch Umgang mit jüdischen Mitbürgern pflegten: „Er verdient die Verachtung des ganzen Volkes, das er in seiner schwersten Zeit feige und gemein im Stich läßt, um sich auf die Seite seiner Hasser zu stellen."[35]

Auf einen ähnlichen Ton, oft noch eindeutiger, waren unzählige Veröffentlichungen in allen faschistischen Publikationsorganen, Presse, Rundfunk und Film, abgestellt. Beispielsweise schrieb ein Wehrmachtsblatt im Juli 1942: „Die Judenfrage ist aus dem theoretischen in ein rein praktisches Stadium getreten, und zwar nicht bloß in Deutschland, sondern im zunehmenden Maße auch in anderen europäischen Ländern."[36]

Die übelste Rolle spielten in der Propagandawelle „Der Stürmer" und „Das Schwarze Korps". Auch in einer Vielzahl von Büchern und Zeitschriften predigten „namhafte Wissenschaftler" den Antisemitismus. So erschienen 1941/42 antisemitische Machwerke mit den charakteristischen Titeln „Zur Judenfrage in Rußland", „Bolschewistische Wissenschaft und Judentum", „Die englisch-jüdische Allianz", „Die Wurzel des Judenhasses in Frankreich", „Jüdische und deutsche Physik", „Die Juden und die Justiz", „Germanentum, Christentum und Judentum", usw.

Im letztgenannten Werk, das von dem evangelischen Institut zur Erforschung des jüdischen Einflusses auf das deutsche kirchliche Leben herausgegeben wurde, schrieb u. a. der Theologie-Professor Dr. Georg Bertram: „Das Judentum wollte sich den ersten Platz in der Weltgeschichte dadurch erschleichen, daß es sich eine Volksgeschichte aneignete, die ihm nicht gehörte, und indem es diese Geschichte zur Menschheitsgeschichte ausweitete."[37]

Mit derartigen Publikationen und solchen Auslassungen unterstützten die wissenschaftlichen Propagandisten des Faschismus den Massenmord an den Juden. Bezeichnend dabei ist, daß oftmals – wie aus den Titeln der erstgenannten Arbeiten von den beiden sogenannten Ostforschern Georg von Rauch und Bolko von Richthofen erkennbar – der Antikommunismus, der wichtigste Bestandteil der faschistischen Ideologie und Propaganda, aufs engste mit der rassistischen Hetze verbunden war.

Das propagandistische Trommelfeuer und die Maßnahmen der Ministerialbürokratie, die mit den Deportationen zusammenhingen und sie begleiteten, waren genau mit den Plänen abgestimmt, die für den Massenmord ausgearbeitet wurden. Sie waren bei der Einführung des gelben Sterns so weit gediehen, daß Himmler am 18. September 1941 dem Gauleiter im sogenannten Warthegau, Greiser, mitteilen konnte: „Der Führer wünscht, daß möglichst bald das Altreich und das Protektorat (die annektierten Teile der ČSR – d. Verf.) vom Westen nach dem Osten von Juden geleert und befreit werden. Ich bin daher bestrebt, möglichst noch in diesem Jahr die Juden des Altreichs und des Protektorats zunächst einmal als erste Stufe in die vor zwei Jahren neu zum

Reich gekommenen Ostgebiete zu transportieren, um sie im nächsten Frühjahr noch weiter nach dem Osten abzuschieben." [38]

Die Ankündigung der stufenweisen „Abschiebung" in okkupierte Gebiete der Sowjetunion bezog sich offenbar auf einen Vorschlag des Reichsministeriums für die besetzten Ostgebiete, das seine „Erfahrungen" beim Mord an jüdischen Bürgern der UdSSR in einem Plan zusammenfaßte, den Dr. Otto Bräutigam, Verbindungsmann des Ostministeriums zu anderen Stellen, am 14. September 1941 dem Adjutanten Hitlers übergab. Diese Ausarbeitung sah vor, alle Juden Zentraleuropas in die besetzten Gebiete der Sowjetunion zu deportieren. Am 18. Dezember 1941 schrieb Bräutigam kurz und bündig: „In der Judenfrage dürfte inzwischen durch mündliche Besprechungen Klarheit geschaffen sein. Wirtschaftliche Belange sollen bei der Regelung des Problems grundsetzlich unberücksichtigt bleiben." [39]

Das Referat IV B 4 im Reichssicherheitshauptamt fungierte gewissermaßen als Organisationsstab bei Planung und Durchführung der unmittelbaren Maßnahmen zur Deportation der deutschen Juden. Es hatte in allen Gestapodienststellen in Deutschland und in den vom Faschismus besetzten Gebieten und abhängigen Ländern Europas ständige Vertreter und stand mit ihnen in direkter Verbindung. Das Referat und seine Vertreter hatten die Befugnis, Teilen des faschistischen Terror- und Mordapparates Anweisungen zu erteilen.

Für das Zusammentreiben der Todeskandidaten standen in den jeweiligen Orten Gestapoleute und Polizeieinheiten bereit. Auch die Reichsvereinigung der Juden in Deutschland war durch ihre „Aufsichtsbehörde" – letztlich das Referat IV B 4 – angewiesen, die Betroffenen zu unterrichten und Ordner zu stellen. In den Großstädten waren Sammelpunkte eingerichtet, und die Reichsbahn hatte Transportpläne ausgearbeitet und Züge bereitgestellt. Fahrpläne und andere Vorbereitungen zur Deportation waren mit Wehrmachtsdienststellen abgestimmt.

Am 10. Oktober 1941 versammelten sich im Reichssicherheitshauptamt sieben SS-Führer – unter ihnen Eichmann und Günther –, um den Stand der Vorbereitungen für die Deportationen zum letzten Mal zu überprüfen. Das Protokoll vermerkte: „Die Besprechung war angesetzt, um Maßnahmen zu erörtern, die zunächst für Lösung der Judenfragen im Protektorat und teilweise im Altreich notwendig wurden ... Es war vorgesehen, damit am 15. Oktober etwa zu beginnen, um die Transporte nach und nach bis zum 15. November abrollen zu lassen ... Es sollen die lästigsten Juden herausgesucht werden. Minsk und Riga sollen 50 000 bekommen ... Es soll keine Rücksicht auf Juden mit Kriegsauszeichnungen genommen werden ... SS-Brigadeführer Nebe und Rasch (Leiter von Einsatzgruppen – d. Verf.) könnten in die Lager für kommunistische Häftlinge im Operationsgebiet Juden mit hineinnehmen." Das Ziel hieß, bis „Ende dieses Jahres möglichst die Juden aus dem deutschen Raum" herauszubringen. [40]

Damit waren im Herbst 1941 im engen Zusammenspiel zwischen Gestapo, Polizei, zivilen und militärischen Behörden, propagandistischen Institutionen und Reichsbahn alle Vorbereitungen abgeschlossen. Alle Beteiligten waren sich über den Zweck im klaren: Deportation nach dem Osten hieß Fahrt in den Tod.

Am 14. Oktober 1941, genau fünf Wochen nach Einführung des gelben Sterns, unterzeichnete der Chef der Ordnungspolizei, SS-Gruppenführer Kurt Daluege, den ersten Deportationsbefehl. Das Ziel der Transporte, die alsbald zusammengestellt wurden, war Łódź. Im Bericht eines Polizeihauptmanns hieß es: „In der Zeit vom 16. 10. 41 bis einschließlich 4. 11. 41 wurden auf dem Bahnhof Radegast 19 827 Juden aus dem Altreich in Empfang genommen und in das Getto eingewiesen. Die Juden (in der Mehrzahl ältere Frauen und Männer) trafen in 20 Transporten mit durchschnittlich 1 000 Personen mit Sonderzügen der Reichsbahn (Personenwagen) in der vorgenannten Zeit täglich hier ein.“ [41]

Vier Züge kamen aus Berlin, zwei aus Köln, je einer aus Frankfurt a. M., Hamburg und Düsseldorf.

Am 24. Oktober gab Daluege den zweiten Deportationsbefehl heraus, wonach im November und Dezember 1941 50 000 Juden aus Deutschland, Österreich und den annektierten Gebieten der ČSR zu verschleppen waren. Züge für je 1 000 Deportierte sollten in 16 deutschen Großstädten zusammengestellt werden. Ihre Abgangsbahnhöfe waren nach unvollständigen Angaben: Berlin (acht Transporte), Bremen, Breslau, Dortmund, Düsseldorf (drei Transporte), Frankfurt a. M., Hamburg (drei Transporte), Hannover, Kassel, Köln, München (zwei Transporte), Nürnberg und Stuttgart. Ihre Ziele waren die Lager in Riga, Kowno und Minsk.

Die Zahl der nach Riga Deportierten – einschließlich von sechs Transporten aus Wien und eines Zuges aus Theresienstadt – wurde mit 20 000, der nach Kowno Verschleppten mit 15 000, der nach Minsk „Evakuierten“ – einschließlich je eines Transportes aus Wien und Brno – mit 7 000 beziffert.

Während noch der letzte Zug der zweiten Deportationswelle unterwegs war, gab Eichmann am 31. Januar 1942 Richtlinien zu weiteren Verschleppungen mit genauen Bestimmungen über den Personenkreis heraus und ordnete dessen „Erfassung“ bis 9. Februar an. Als ein neuer Überblick bestand, konnten auf einer Zusammenkunft der Sachbearbeiter der Gestapostellen am 6. März 1942 die Einzelheiten der dritten Massendeportation festgelegt werden. Sie sollte 55 000 Menschen aus Deutschland, Österreich und den annektierten tschechischen Gebieten umfassen.

Nachdem schon vorher, am 1. März, ein Transport mit 800 jüdischen Bürgern Hannovers nach Warschau gegangen war, folgten bis Juli 1942 Züge mit etwa 50 000 Personen nach mehreren Orten im Kreis Lublin, nach Minsk und Łódź.

Am 21. Mai 1942 zog Müller in einem Fernschreiben Zwischenbilanz und forderte die Gestapostellen erneut zu statistischen Erhebungen auf: „Um die im Osten noch vorhandenen Aufnahmemöglichkeiten für eine weitere Evakuierung restlos ausnützen zu können, bitte ich, die Zahl jener im dortigen Dienststellenbereich bisher verbliebenen Juden anzugeben, die unter genauester Beachtung der Richtlinien noch evakuiert werden können."[42]

Am 2. Juni 1942 kam der erste Transport einer weiteren Deportationswelle aus Deutschland im Ghetto Theresienstadt an. Zwischen Juni und Oktober 1942 wurden insgesamt 33 040 deutsche Juden nach Theresienstadt gebracht.

In der zeitlich parallel laufenden fünften Welle großer Verschleppungen wurden schätzungsweise vom Juli bis Oktober 1942 20 000 Menschen nach Minsk, Riga, Treblinka und anderen Orten „evakuiert".

Die Formen, in denen sich diese Massendeportationen abspielten, entsprachen ihren Zielen. Sie unterschieden sich nur geringfügig. Die örtlichen Varianten waren nur noch brutaler. Vorgänge wie im Jahr 1942 gab es ähnlich auch davor und danach.

Die Richtlinien Eichmanns vom 31. Januar 1942 stellten einleitend fest: „Die in der letzten Zeit in einzelnen Gebieten durchgeführte Evakuierung von Juden nach dem Osten stellt den Beginn der Endlösung der Judenfrage im Altreich, der Ostmark (gemeint ist Österreich – d. Verf.) und im Protektorat Böhmen und Mähren (gemeint sind die annektierten Teile der ČSR – d. Verf.) dar." Über die Weiterführung besagten die Richtlinien: Zuständig für die „Evakuierung" seien die Gestapostellen. „Aufgabe dieser Dienststellen ist neben der Konzentrierung und der persönlichen Erfassung des zu evakuierenden Personenkreises der Abtransport dieser Juden mit Sonderzügen der Deutschen Reichsbahn gemäß dem vom Reichssicherheitshauptamt im Benehmen mit dem Reichsverkehrsministerium aufgestellten Fahrplan und die Regelung der vermögensrechtlichen Angelegenheiten." Alle Bürger, auf die die 1. Verordnung zum „Reichsbürgergesetz" vom 14. November 1935 zutraf, sollten deportiert werden. Ausgenommen waren die jüdischen Partner in „Mischehen", Juden ausländischer Staatsangehörigkeit, Personen im kriegswichtigen Einsatz, Gebrechliche zwischen 55 und 65 und Alte über 65 Jahre, für die eine „gesonderte Regelung vorgesehen" war.[43]

Anfang März 1942 wurden bei Eichmann kurz vor der dritten Deportationswelle die letzten Maßnahmen zur „Erfassung des Vermögens" und über die „technische Durchführung der Transporte" festgelegt.[44]

Standen die Termine fest, erhielten die Opfer von der Jüdischen Gemeinde oder von der Gestapo die Nachricht, daß sie binnen drei Tagen „abwandern" sollten. Nach beigelegten Merkblättern, Vermögenserklärungen und Listen waren das gesamte Inventar der Wohnung, sämtliche Wertpapiere, alle Wertgegenstände und Urkunden aufzuführen bzw. beizufügen. Selbst Anweisungen zur Reinigung der Wohnung, Bezahlung von Rechnungen, Verdunkelung und zum Abstellen der Leitungshähne waren nicht vergessen.

Nach Organisationsplänen und schriftlichen Richtlinien gingen die Polizeibeamten beim Abholen vor. Sie durchsuchten die Anwesenden und das Gepäck im Höchstgewicht von 50 Kilo und die für drei Tage berechneten Nahrungsmittel, kontrollierten und übernahmen die Inventar- und Vermögenslisten.

Die Bewohner wurden daraufhin aus der Wohnung getrieben und zum Sammelpunkt geschleppt. Juden in Leipzig warf man z. B. bei 15 bis 20 Grad Kälte am 19. und 27. Januar 1942 auf offene Lastwagen und fuhr sie in das 18 km entfernte Delitzsch, wo sie in Viehwaggons gepfercht wurden. Andere Transportmittel waren Omnibusse, Lastkraftwagen, Möbel- und Leiterwagen.

Bewohner kleinerer Orte kamen in größere Städte, die als Abgangsstationen für die Züge erklärt waren. Sammelpunkte waren in der Regel in Berlin die Synagoge in der Lewetzowstraße und das jüdische Altersheim in der Großen Hamburger Straße, in Köln die Messehallen, in Frankfurt a. M. die Großmarkthalle und der Schlachthof, in Dortmund der Börsensaal.

Hier mußten die Zusammengetriebenen unter primitivsten Verhältnissen warten, bis ihr Zug abfuhr. Währenddessen wurden erneut Leibesvisitationen vorgenommen, das Gepäck durchwühlt, Fragebogen und Eigentum überprüft. Ein Teil der persönlichen Habe, wie Uhren, Schmuck und Trauringe, Füllfederhalter, und die Papiere wurden sofort weggenommen. Eine Liste der Gestapo in Würzburg vermerkte z. B. am 30. März 1942: „10 Schirme mit Griff, 4 Schirme (Knirps), 17 Rasierapparate (elektr.), 10 Rasierapparate (einfach), 4 Rasiermesser, 28 Haarschneidemaschinen, 18 Necessaires, 16 Ringe (Eheringe), 6 Halskettchen, 1 Armreif, 6 Weckeruhren, 8 Taschenuhren (darunter 3 mit Kette), 4 Armbanduhren (1 ohne Armband), 4 Handtaschen, 8 Geldbeutel verschiedener Art, 12 Brieftaschen, 26 Füllfederhalter, 5 Puderdosen, 5 Wärmflaschen, 4 Stielbrillen, 8 optische und Sonnenbrillen, 2 Feldflaschen, 358 Postkarten à 6 Pfg., 37 Postkarten à 12 Pfg. (Antwortkarten), 40 Postkarten à 15 Pfg., 50 Postkarten à 30 Pfg., 8 Postkarten beschrieben oder unbrauchbar mit ungestempelten Freimarken im Werte von 1.73 RM."[45]

Meist noch während des mehrtägigen Aufenthalts in den Sammelpunkten erhielten die Verhafteten die Nachricht, daß ihr Vermögen und Eigentum beschlagnahmt worden wäre. Für die Aushändigung der Verfügung durch Gerichtsvollzieher wurden 1,15 Mark verlangt.

Die Immobilien, das Mobiliar und die Kleidungsstücke übernahmen die Finanzämter, die es versteigerten, zur Einrichtung von Amtsräumen, Schulen und Heimen verwendeten oder an Nazifunktionäre, Bombengeschädigte, der NSV und dem WHW übergaben. Kunstgegenstände wurden der „Reichskammer für bildende Künste" gemeldet, Museen übereignet oder verkauft. Besonders wertvolle Gemälde, Plastiken, Münzen, Sammlungen usw. verleibten Hitler, Göring oder andere führende Nazis ihren Beständen ein. Schmuck, Briefmarkensammlungen und ähnliche Wertobjekte wurden an Pfandleihen gegeben.

Doch auch die SS kam nicht zu kurz. Sie verlangte eine „Abwanderungsabgabe", um angeblich daraus die Deportationskosten zu bestreiten. Am 3. Dezember 1941 forderte die Reichsvereinigung der Juden ihre Mitglieder auf, mindestens 25 Prozent ihres Barvermögens vor der Deportation als „Spende" abzugeben. Die Mittel seien für die Ausrüstung der Transporte mit Lebensmitteln und Geräten bestimmt. Deutlicher erklärte Eichmann Anfang März 1942 seinen Leuten den Zweck: „Das sogenannte ‚Sonderkonto W' steht dem Referat IV B 4 des Reichssicherheitshauptamtes zur Verfügung, da nach der 11. VO das RSHA an die Vermögen der Juden nicht mehr herankam. Um diesem Fonds ausreichend Gelder zur Verfügung zu stellen, wird gebeten, die Juden in nächster Zeit zu erheblichen ‚Spenden' für das Konto ‚W' anzuhalten."[46]

In Wirklichkeit verlangte die Gestapo die Fahrkosten direkt von den Verschleppten und bürdete ihnen dazu die „Kosten" und „Spesen" der Bewacher auf. Den recht beträchtlichen Rest strich sie ein.

Eine weitere Geldquelle waren die sogenannten Heimeinkaufsverträge bei den Transporten nach Theresienstadt. Darin wurden das ganze Barvermögen sowie alle Konten, Forderungen und Wertpapiere usw., die für die Eigentümer nicht mehr verfügbar waren, der Reichsvereinigung der Juden übertragen, um davon angeblich die Unterbringung und Verpflegung im Ghetto zu bestreiten. In die amtlichen Vermögenserklärungen waren diese Überlassungen nicht aufzunehmen. Wie bei der Auswanderung bis 1939 die begüterten Juden im Vorteil waren, so konnten sie sich in manchen Fällen auch mittels der „Kaufverträge" von der direkten Deportation in Massenvernichtungsstätten loskaufen. Die so erpreßten Beträge kamen auf ein von IV B 4 gesperrtes Sonderkonto. Sie umfaßten schätzungsweise 300 bis 400 Millionen Mark, die sich das faschistische Regime sicherte.

Derart enteignet und ausgeplündert, wurden die Verhafteten zum Bahnhof – meist Güterbahnhöfe, in Würzburg sogar der Fäkalienversandbahnhof – geführt. Die Züge bestanden anfangs aus einfachen Personenwagen. Nach Eichmanns Anordnung von Anfang März 1942 kamen danach nur noch Güterwagen in Frage: „Es stehen nur leere Russenzüge/Arbeitertransporte in das Altreich zur Verfügung, die alle in das Generalgouvernement zurückrollen sollen und nun vom RSHA im Einvernehmen mit dem OKH ausgenutzt werden ... Die Züge fassen nur 700 Personen, jedoch sind 1000 Juden darin unterzubringen."[47]

Die Fahrt dauerte von vier bis zu zwölf Tagen, wobei ungezählte Menschen an den Drangsalierungen, an Durst, Hunger und Kälte starben. Eine Deportierte schilderte ihre Erlebnisse: „In ungeheizte Waggons eingeschlossen, ohne irgend etwas Warmes, ohne Verpflegung und die Möglichkeit, seine Notdurft zu verrichten, fuhren wir fünf Tage und Nächte. Als wir die Begleitmannschaften baten, austreten zu dürfen, mußten in jedem Waggon die Aborte mit den Händen ohne Werkzeug gesäubert werden. Das war, abgesehen von dem aufsteigenden Ekel, in der bitteren Kälte eine furchtbare Arbeit. Man ließ schließlich nach langem Bitten aus jedem Waggon einige Leute nach Wasser gehen – wir waren fast verdurstet –, dann durften wir uns für fünf Minuten draußen im Schnee notdürftig säubern und austreten, Männlein und Weiblein gemeinsam, für die Frauen und Mädchen eine schreckliche Angelegenheit. Ging's der SS nicht schnell genug, gab es auch Kolbenschläge. Die furchtbare Kälte und dazu noch Tag und Nacht fast unbeweglich sitzen zu müssen, brachte entsetzliche Erfrierungen mit sich, an denen später noch viele zugrunde gingen. Hunderten von Menschen faulten die Zehen und die Finger ab."[48] Nach der Ankunft waren die Leiden keineswegs zu Ende. Sie steigerten sich noch.

5. Leben und Tod deutscher Juden in den Ghettos und Vernichtungslagern

Das Ghetto Łódź, in das die ersten Deportationszüge aus Deutschland gesandt wurden, bestand seit Dezember 1939. Ab Mai 1940 war es von der Außenwelt abgeriegelt. In ihm waren 170 000 Menschen zusammengepfercht. Die Verwaltung lag in den Händen von Hans Biebow, dem ein Judenrat unter Chaim Rumkowski, einem Zionisten, zur Seite stand. Rumkowski ließ eigenes Ghettogeld und Briefmarken mit seinem Porträt herstellen, verwaltete und verteilte die Nahrungsmittel, teilte die Arbeit ein und „entlohnte" die Arbeitskräfte. Er leitete die jüdische Ghettopolizei („Ordnungsdienst") und einen Geheimdienst („Sonderkommando", „Sonderabteilung"). Deren Aufgabe war u. a., die noch teilweise vorhandene alte und die unter Ghettobedingungen neu etablierte Oberschicht zu schützen. Von dieser Absicht der in Łódź herrschenden jüdischen Gruppe zeugte die Meinung Rumkowskis, die ein Ghettobewohner in seinen Aufzeichnungen festhielt: „Denkt nur nicht, ihr Halunken und Schufte, daß die Welt herrenlos ist, daß ihr tun und lassen könnt, was immer euch beliebt, daß ihr nicht zu fragen braucht, ob mir das gefällt oder nicht."[49]

Die herrschende Gruppe schuf sich nicht nur ihre eigenen Organe und verfügte über sie, sie protegierte auch ausgewählte junge und schöne Ghettoinsassen auf Kosten der Allgemeinheit in einer Art eigener „Rassenauswahl", um sie zu erhalten. Für sie gab es bevorzugte Küchen und Arbeitsstellen, isolierte Plätze, um sie vor Krankheiten zu bewahren, sogar ein Erholungsheim.

Mit gewissen Relationen stellte die gesellschaftliche Struktur im Ghetto ein Abbild der Verhältnisse vor der Ghettozeit bzw. außerhalb des Ghettos dar. Die Faschisten knüpften daran an. Denn im Grunde waren der Judenrat und seine Organe – und das ist charakteristischer – ihre Instrumente, die die schmutzige und blutige Tätigkeit auszuführen hatten.

Die „Lebens"-Bedingungen lagen für das Gros der Ghettoinsassen weit unter dem Minimum. Denn die katastrophalen Verpflegungs-, Unterkunfts- und sanitären Verhältnisse sollten zur Vernichtung beitragen. Hunger, Krankheiten und Seuchen zeitigten eine hohe Sterblichkeit. Ein Gestapobericht vom 2. Juli 1942 vermerkte: „In Anbetracht des Vorjahres hat sich der Gesundheitszustand der Juden um das 3fache verschlechtert ... Schon seit Monaten ist die durchschnittliche Sterbezahl der Juden auf 1 800 angestiegen". Und am 3. Oktober 1942 hieß es: „Die Sterbeziffer ist auf Grund der Aussiedlung der kranken und arbeitsunfähigen Juden im Berichtsmonat erheblich zurückgegangen, so daß nur 648 Todesfälle gegenüber 1 736 im Vormonat zu verzeichnen sind ... Im einzelnen entfallen von den 648 Todesfällen 13 auf Typhus, 52 auf Lungentuberkulose, 1 auf Ruhr, 221 auf Herzschwäche und 132 auf Unterernährung."[50] Insgesamt starben in Łódź von Mai 1940 bis August 1944 43 441 Menschen.

Über die Arbeitsbedingungen sagte ein Bericht Biebows vom 4. März 1942: „Es sind im Ghetto 53 000 Arbeiter eingesetzt, die im wesentlichen im wehrwirtschaftlichen Interesse tätig sind. Jeder, der die Verhältnisse im Ghetto kennt, weiß, daß die Werktätigen buchstäblich an ihrem Arbeitsplatz wegen Entkräftung zusammenbrechen."[51] Der Gestapobericht von Oktober 1942 ergänzte: „Der weit größere Teil dieser arbeitenden Juden ist nach wie vor für die Ausfertigung von Wehrmachtsaufträgen eingesetzt, während ein kleinerer Teil mit der Ausfertigung von Privataufträgen beschäftigt wird. Bei den Privatauftraggebern handelt es sich um größere Textil- und Schuhfirmen aus dem Altreichsgebiet."[52]

Unter diesen Bedingungen „lebten" auch die deportierten deutschen Juden. Es erging ihnen zum Teil sogar noch schlechter. Nach der Ankunft der Transporte wurden sie etwa drei Wochen lang von einer Stelle zur anderen geschickt, ehe sie eine feste Unterkunft hatten. Sie lagen in alten Holzhütten und in Fabrikhallen.

Fanden viele der Ghettobewohner durch das Hunger-, Zwangsarbeits- und Terrorsystem den Tod, so wurden noch mehr direkt umgebracht. Schon bei Beginn der Deportationen aus Deutschland war der Mord vorgesehen. So schrieb am 25. Oktober 1941 Dr. Wetzel in seinem Brief über die „Methoden" der „Euthanasie"-Aktion und deren Anwendung in Riga: „Nach der Sachlage bestehen keine Bedenken, wenn diejenigen Juden, die nicht arbeitsfähig sind, mit den Brackschen Hilfsmitteln beseitigt werden."[53]

Die erwähnten Gaskammern wurden u. a. in Chełmno installiert. Das war das Ziel der Transporte aus Łódź, die am 16. Januar 1942 begannen. Ein vom 9. Juni 1942 datierter Bericht vermerkte, daß von den Transporten aus Deutschland, Österreich und aus den annektierten tschechischen Gebieten 10 993 Menschen von Łódź nach Chełmno deportiert wurden. Erneute Todestransporte im September 1942 umfaßten 15 700 Ghettobewohner. Anfang 1943 „lebten" 87 180 Menschen in Łódź, davon 83 133 polnischer Staatsangehörigkeit, das hieß, daß die Mehrzahl der deutschen Juden in Łódź 1942 gestorben oder in den Gaskammern von Chełmno ermordet worden war.

Das Ghetto Minsk wurde Ende Juli 1941 errichtet. Am 6. und 20. November 1941 ermordete die SS hier 19 000 sowjetische Juden. Genau zu diesem Zeitpunkt trafen die Transporte aus Deutschland, Österreich und der ČSR mit insgesamt 73 000 Personen in Minsk ein. Die fünf Lagerbereiche (Hamburger – einschließlich der Frankfurter Deportierten –, Berliner – mit den Juden aus Brno –, Rheinländer, Bremer und Wiener Lager) unterstanden dem Judenältesten Dr. Edgar Frank aus Hamburg. Den jüdischen Ordnungsdienst leitete Dr. Karl Löwenstein, ein Bankier aus Berlin.

Die Deportierten waren in Holzhütten untergebracht – die Berliner mußten darauf vier Tage warten –, in denen jede Person 1,4 Quadratmeter Platz hatte. Die Unterkünfte waren ohne jede Einrichtung und sanitäre Anlagen. Zur Heizung mußte Holz gestohlen werden.

Die tägliche Ration bestand aus einer fettlosen Wassersuppe mit 5 g Buchweizen und 150 g Brot. Die fünf Ärzte konnten kaum etwas gegen Erkrankungen und Seuchen unternehmen, da sie keinerlei Instrumente, Medikamente und Verbandszeug hatten.

Über die daraus resultierende Lage schrieb der faschistische Generalkommissar von Minsk, Wilhelm Kube, am 16. Dezember 1941 nach Riga: „Die Juden selbst werden in den nächsten Wochen wahrscheinlich verhungern oder erfrieren. Sie bilden für uns eine ungeheure Seuchengefahr."[54] Ähnlich urteilte die Einsatzgruppe A: „Etwa 70–80 Prozent sind Frauen und Kinder sowie alte, arbeitsunfähige Personen. Die Sterblichkeitsziffer steigt ständig, auch infolge des außergewöhnlich harten Winters."[55]

Die Massenmorde an deutschen Juden in Minsk begannen Ende Juli 1942. Kube berichtete: „In Minsk-Stadt sind am 28. und 29. Juli rund 10 000 Juden liquidiert worden ... In Minsk-Stadt sind 2600 Juden aus Deutschland übriggeblieben."[56]

Am 8. Mai 1943 wurden auch sie umgebracht. Der „Ordnungsdienst", der sich zur Wehr setzen wollte, war zum angeblichen Löschen eines Brandes außerhalb des Ghettos gerufen worden und fand hier den Tod. Zwischen dem 11. und 14. September 1943 wurden die letzten Bewohner des Ghettos Minsk ermordet.

Die Menschen, die Mitte 1942 aus Deutschland, Österreich und der ČSR in die Minsker Gegend kamen, fanden sofort den Tod. Ihr Schicksal spiegelte sich schon in dem Fernschreiben vom 15. Juni 1942 wider: „Beim Kommandeur der Sipo und des SD Weißruthenien trifft wöchentlich ein Judentransport ein, der einer Sonderbehandlung zu unterziehen ist. – Die 3 dort vorhandenen S-Wagen reichen für diesen Zweck nicht aus. Ich bitte um Zuweisung eines weiteren S-Wagens (5-Tonner). Gleichzeitig wird gebeten, für die vorhandenen 3 S-Wagen (2 Daimond, 1 Saurer) noch 20 Abgasschläuche mitzusenden, da die vorhandenen bereits undicht sind.“ [57]

Die zwei Ghettos in Riga hatte man im Oktober 1941 errichtet. Am 27. November 1941 wurden 29 500 Ghettobewohner und die Deportierten des ersten Transportes aus Deutschland umgebracht. Weiteren Morden im Dezember 1941 und im Januar 1942 fielen wahrscheinlich andere aus Deutschland Verschleppte zum Opfer.

1 000 junge deutsche Juden waren im Lager Salaspils, 18 km von Riga entfernt, untergebracht. Sie hausten in einer großen Baracke ohne Dach zu dritt in Kojen von 150 cm Breite. Trotz erbärmlicher Ernährung und sanitärer Verhältnisse mußten sie das Lager ausbauen. Von den Häftlingen dieses Lagers lebten bei dessen Auflösung im August 1942 nur noch 192.

Kleinere Gruppen aus Riga waren Mitte 1942 damit beschäftigt, bei Bikerniki Massengräber für weitere Transporte aus Deutschland, Österreich und aus den tschechischen Ländern auszuheben, die auf Fahrzeugen der Wehrmacht und der SS ankamen. Nach den Massenexekutionen mußten die Häftlinge des Rigaer Ghettos die Gruben zuschaufeln. Sie konnten auch feststellen, daß Gaswagen in Riga eingesetzt waren.

Im August 1943 begannen die Deportationen aus dem Ghetto Riga. Einen vom „Ordnungsdienst“ geplanten Aufstand, der dem Beispiel des Warschauer Ghettos folgen wollte, vereitelten die Nazis und erschossen die jüdischen Polizisten. Am 2. und 3. November 1943 verließen die letzten Häftlinge Riga. Etwa 2 800 ältere Menschen aus dem Transport wurden am 5. November 1943 in Auschwitz umgebracht. Die restlichen Ghettoinsassen kamen in das Arbeitslager Kaiserwald bei Riga.

Der Name Theresienstadt tauchte am 10. Oktober 1941 im Protokoll der Besprechung auf, die sich ausführlich mit den ersten Deportationen beschäftigte. Nach Absprache mit dem Militärbefehlshaber sollte die Stadt geräumt und anschließend zum Ghetto erklärt werden. „Der Transport ins Getto“, fuhr das Protokoll fort, „würde keine lange Zeit in Anspruch nehmen; jeden Tag könnten

2–3 Züge nach Theresienstadt gehen mit je 1 000 Personen. Die Umsiedlung erfolgt nach den Grundsätzen der Evakuierungen. Nach bewährter Methode kann der Jude bis zu 50 kg nicht sperrendes Gepäck mitnehmen und – im Interesse der Erleichterung für uns – Lebensmittel für 14 Tage bis zu 4 Wochen. In die leeren Wohnungen wird Stroh verteilt, da durch das Aufstellen von Betten zu viel Platz weggenommen wird. Die vorhandenen größeren Wohnungen in guten Häusern stehen lediglich der ‚Außenstelle der Zentralstelle im Getto' zur Verfügung, dem Ältestenrat, dem Lebensmittel-Büro und nicht zuletzt den Bewachungsmannschaften. Die Juden haben sich Wohnungen in die Erde hinab zu schaffen." Zugleich wurde ausgesprochen, daß Theresienstadt nur zeitweilig Ghetto sein sollte: „Nach Evakuierung aus diesem vorübergehenden Sammellager (wobei die Juden ja schon stark dezimiert wurden) in die östlichen Gebiete könnte dann das gesamte Gelände zu einer vorbildlichen deutschen Siedlung ausgebaut werden." [58]

Damit war von vornherein der Charakter des Ghettos Theresienstadt als „Potemkinsches Dorf" zur Täuschung der Öffentlichkeit und zur Verschleierung des Massenmordes festgelegt.

Auf der Wannsee-Konferenz erklärte Heydrich, daß auch deutsche Juden in das Ghetto verschleppt werden würden: „Es ist beabsichtigt, Juden im Alter von über 65 Jahren nicht zu evakuieren, sondern sie einem Altersgetto – vorgesehen ist Theresienstadt – zu überstellen. Neben diesen Altersklassen – von den am 31. 10. 1941 sich im Altreich und der Ostmark befindlichen Juden sind etwa 30 Prozent über 65 Jahre alt – finden in den jüdischen Altersgettos weiterhin die schwerkriegsbeschädigten Juden und Juden mit Kriegsauszeichnungen (EK I) Aufnahme. Mit dieser zweckmäßigen Lösung werden mit einem Schlag die vielen Interventionen ausgeschaltet." [59]

Nach präzis gefaßten Richtlinien vom 21. Mai traf am 2. Juni 1942 der erste Transport aus Deutschland in Theresienstadt ein. Es folgten 1942 32 988, 1943 5 285, 1944 1 675 und 1945 1 954 Personen.

Das Ghetto Theresienstadt [60] unterstand wie alle anderen faschistischen Ghettos dem Reichssicherheitshauptamt. Die Kommandanten von Theresienstadt waren nacheinander SS-Hauptsturmführer Dr. Siegfried Seidl (bis Juli 1943), SS-Obersturmführer Anton Burger (bis Februar 1944) und SS-Obersturmführer Karl Rahm (bis Mai 1945).

Wie in anderen Ghettos lag die Selbstverwaltung in den Händen eines Judenrates. Judenälteste in Theresienstadt waren Jakob Edelstein (Dezember 1941 bis Januar 1943), Dr. Paul Eppstein, vordem Vorstandsmitglied der Reichsvereinigung der Juden in Deutschland (Januar 1943 bis September 1944), Dr. Benjamin Murmelstein (ab September 1944).

Fast alle Mitglieder des Ältestenrates – meist Zionisten – hatten, von den Nazis dazu bestimmt, die Vorstellung, Theresienstadt zu einem Musterlager auszubauen. Ihr Agieren bot den wirklichen Beherrschern der Stadt die Möglichkeit, den Schein des „Vorzugs"-Ghettos zu vertiefen.

Im Dezember 1943, als sich die Informationen über den faschistischen Massenmord in der Weltöffentlichkeit verdichteten, ordneten die Nazis die „Stadtverschönerung" an, deren Kosten sie den Ghettoinsassen aufbürdeten. Bis zum 23. Juni 1944 war Theresienstadt auf Hochglanz gebracht, wobei nicht weniges nur für diesen Zeitpunkt hergerichtet worden war und nie den Bewohnern zugute kam. An diesem Tag besuchten im offiziellen Auftrag zwei Dänen und ein Schweizer das Lager und wurden dabei von dem Judenältesten geführt und falsch informiert. Zum selben Zweck, der Täuschung der Weltöffentlichkeit, wurde im August/September 1944 ein unglaublich verlogener Film in Theresienstadt gedreht. Offenbar sollte beides in der faschistischen Propagandaoffensive benutzt werden.

Die Lage der Deportierten in Theresienstadt entsprach keineswegs der faschistischen Propaganda vom „Bad Theresienstadt" und vom „Vorzugs"-Ghetto.

In den Wohnräumen der alten Stadt herrschte eine qualvolle Enge. Mitte 1942 hatte der Ort eine rechnerische Bevölkerungsdichte von 321 000 Menschen auf 1 Quadratkilometer. Jede Person hatte 1,6 Quadratmeter „Wohnraum" zur Verfügung, das hieß im wesentlichen eine Pritsche. Die Nahrungsmittelrationen waren nach verschiedenen Gruppen differenziert, so daß für einen großen Teil der Theresienstädter ein Hungerregime herrschte.

Die sanitären Verhältnisse waren u. a. dadurch charakterisiert, daß 48 Personen je ein Klosett benutzen mußten und daß ein Arzt 87,5 Personen zu betreuen hatte. Die Zahl der Kranken betrug durchschnittlich täglich 1942 5 702 = 19,2 Prozent, 1943 10 397 = 24,0 Prozent, 1944 6 030 = 23,1 Prozent.

In Theresienstadt starben 1942 15 891 Menschen, 1943 12 696 Menschen, 1944 4 540 Menschen, insgesamt 33 521 Menschen, darunter 20 848 Deutsche.

Theresienstadt war nicht nur Sterbelager, das der faschistischen Propaganda Hohn sprach. Seine zweite Funktion war, Ausgangspunkt zu Transporten in Vernichtungslager zu sein.

Zwischen März und Juni 1942 wurden 14 000 Ghettobewohner nach Lublin verschleppt. Zwischen Juli und September 1942 kamen 17 004 Theresienstädter, darunter etwa 6 600 Juden, in die Minsker Gegend, und im Oktober 1942 deportierte man etwa 8 000 Menschen nach Treblinka. Danach begannen die Transporte nach Auschwitz. Unter den insgesamt 88 323 in den Tod Geschickten waren 16 098 Juden aus Deutschland.

Angesichts dieser Massendeportationen enthüllte sich das wahre Wesen des „Vorzugslagers". Der Berliner Arnold Munter charakterisierte diese wesentliche Funktion des Ghettos Theresienstadt: „Ausrotten – das war der Gedanke des Obersturmbannführers Eichmann, als er die Festung Theresienstadt als sogenanntes Getto einrichten ließ und von dort ständig Transporte in die Vernichtungslager anordnete." [61]

Den Charakter eines direkten Vernichtungslagers hatte das Ghetto Kowno. Es war im Juli 1941 eingerichtet worden. Die meisten Insassen der Transporte, die dort im Oktober, November und Dezember 1941 ankamen, wurden auf der Festung Nr. 9 erschossen. Lakonisch vermerkte ein Bericht des Einsatzkommandos 3 der Einsatzgruppe A über Deportierte aus Deutschland und Österreich: Es wären am 25. November 1941 1 179 Juden, 1 600 Jüdinnen und 175 Kinder aus Berlin, München und Frankfurt a. M., am 29. November 1941 693 Juden, 1 155 Jüdinnen und 152 Kinder aus Breslau und Wien „umgesiedelt" worden. Erschießungen von 3 000 bis 4 000 deutschen Juden fanden in Kowno am 10. und 14. Dezember 1941 statt.

6. Die „Endlösung der Judenfrage" in Konzentrationslagern

Jüdische KZ-Häftlinge waren schon vor dem Überfall auf die Sowjetunion in den Massenmord einbezogen worden. Kleinere Ärztegruppen, die auch an den „Euthanasie"-Morden beteiligt gewesen waren, fuhren von KZ zu KZ, um angeblich „Arbeitsunfähige" zu untersuchen.

Wie solche „Untersuchungen" verliefen, schilderte einer der Ärzte brieflich seiner Frau aus Buchenwald. Am 25. November 1941 schrieb er: „Als zweite Portion (! – d. Verf.) folgten nun insgesamt 1 200 Juden, die sämtlich nicht erst ‚untersucht' werden, sondern bei denen es genügt, die Verhaftungsgründe (oft sehr umfangreich!) aus der Akte zu entnehmen und auf die Bögen zu übertragen. Es ist also eine rein theoretische Arbeit, die uns bis Montag einschließlich ganz bestimmt in Anspruch nehmen wird." Am 28. November berichtete er: „Heute morgen wurde wieder mächtig geschafft, ich habe in den zwei Stunden von 9–11 Uhr 70 Bögen fertig bekommen." Und schließlich am 1. Dezember 1941: „. . . heute (ist) ein Rekord geschlagen: 230 Bögen habe ich fertig bekommen, so daß jetzt insgesamt 1 192 fertig sind." [62]

So oder ähnlich fanden die „Aussonderungen" in allen KZ statt. Im April 1941 waren die Ärzte in Sachsenhausen, wo danach im Juni 269 Gefangene durch Gas ermordert wurden. Im Juli 1941 bestimmten sie in Auschwitz 575 Häftlinge für den Tod. Sie wurden in Sonnenstein bei Pirna umgebracht. Im September 1941 waren die Mordgehilfen in Dachau. Ihre Opfer starben in der „Euthanasie"-Anstalt Hartheim bei Linz. Ravensbrück suchte die Kommission im

November 1941 und im Januar 1942 heim. Ungefähr 1600 Frauen wurden daraufhin in der „Heil- und Pflegeanstalt" Bernburg umgebracht. Unter ihnen waren die deutschen Kommunistinnen jüdischer Herkunft Olga Benario-Prestes, Ruth Grünspan und Rosa Menzer sowie mehrere Katholikinnen jüdischer Abstammung. Ende November/Anfang Dezember 1941 war Buchenwald an der Reihe. Etwa 400 der „Ausgesonderten" wurden am 2., 11. und 13. März 1942 von dort nach Bernburg in den Tod geschickt. Im KZ Groß-Rosen wurden im Dezember 1941 214 Häftlinge ausgesucht, von denen 127 am 17. und 18. März 1942 nach Bernburg kamen. Ab Februar 1942 waren die ärztlichen Mordgehilfen in Flossenbürg und Neuengamme.

Dieser „Aussonderungs"-Aktion in den KZ folgten im Herbst 1942 Transporte aus Haftanstalten in Konzentrationslager. Im Zuge der Auslieferung von Justizhäftlingen an die Polizei hatten am 18. September Justizminister Otto Thierack und Reichsführer SS Heinrich Himmler vereinbart: „Auslieferung asozialer Elemente (darunter verstanden die Nazis mit längerer Haft und mehrfach Bestrafte – d. Verf.) aus dem Strafvollzug an den Reichsführer SS zur Vernichtung durch Arbeit."[63] Bei der Devise „Vernichtung durch Arbeit" hatten beide offensichtlich das von der IG Farben in Auschwitz geschaffene Modell vor Augen. Der Begriff drückte prägnant die Einheit zwischen monopolkapitalistischer Ausbeutungsabsicht und faschistischem Ausrottungsziel aus. Er war typisch für die imperialistische Zwangsarbeit und deren Methoden, soweit sie Arbeitskräfte „niederer Rasse" betraf. Die Devise „Vernichtung durch Arbeit" galt über Auschwitz hinaus besonders für die variierte „Endlösung der Judenfrage" nach der Wende des zweiten Weltkrieges Ende 1942/Anfang 1943.

Nach diesem Entschluß begannen Transporte aus den KZ, die sich zeitlich der fünften Deportationswelle aus Deutschland anschlossen und die sechste darstellten. Am 5. Oktober 1942 unterrichtete die KZ-Verwaltung in Oranienburg die Lagerkommandanten, „daß sämtliche im Reichsgebiet gelegenen KL (SS-Abkürzung für KZ – d. Verf.) judenfrei gemacht werden. Es sollen daher die sich im dortigen KL befindlichen Juden nach Auschwitz oder Lublin überstellt werden."[64]

Die SS-Statistik vermerkte am 31. Dezember 1942 das Resultat: In Lublin waren nun 7342, in Auschwitz 1412, in Buchenwald 227, in Mauthausen 79, in Sachsenhausen 46, in Stutthof 18 und in Ravensbrück 3 jüdische KZ-Insassen.

Später, als ihre Niederlage im zweiten Weltkrieg offensichtlich war, brachten die Nazis neue jüdische Häftlinge zur „Vernichtung durch Arbeit" in die KZ, vor allem in deren Außenkommandos bei Industriekonzernen in Deutschland.

Im Gebiet Lublin begann im März 1942 die „Aktion Reinhard", die Deportation und Ermordung Hunderttausender, der Raub und die Verwertung ihrer Habe, die Leichenfledderei und der Arbeitseinsatz eines geringen Teils der Verschleppten. Über die Einbeziehung deutscher Juden teilte SS-Hauptsturmführer Höfle, der Vertreter des SS- und Polizeiführers in Lublin, SS-Gruppenführer Odilo Globocnik, am 16. März 1942 mit: „Piaski wird von polnischen Juden freigemacht und wird Sammelpunkt für die aus dem Reich kommenden Juden."

Schon drei Wochen später, am 7. April, hieß es in einem Bericht: „Der Stand der Siedlungsbewegung ist zur Zeit der, daß ca. 6000 vom Reich hergesiedelt wurden, ca. 7500 aus dem Distrikt und 18000 aus der Stadt Lublin herausgesiedelt sind. Im einzelnen sind herausgesiedelt worden aus Piaski, Landkreis Lublin, 3400 und Reichsjuden hereingekommen bisher 2000; aus Izbica, Kreis Krasnystaw, 2200 und bisher Reichsjuden hereingekommen 4000."

Vier Tage später verlautete aus Piaski lakonisch: „Während die von den hessischen Juden (aus Bełżec – d. Verf.) zurückgekommenen Sachen zum Teil neuwertig sind, handelt es sich bei den übrigen Spinnstoffwaren um ältere und schmutzige Wäsche für die Zerreißmaschine. Die Wäschestücke der hessischen Juden sind in Koffern verpackt. Ferner wurden bis heute ein Betrag von Złoty 8300,54 (zum Teil in Reichsmark), Goldrubel 85.– sowie 5 Eheringe sichergestellt."

Am nächsten Tag wurde u. a. gemeldet: „In Izbica trafen aus dem Rheinland 1871 Personen ein." Der Kreishauptmann in Lublin berichtete am 5. Oktober 1942, daß „8009 Juden aus dem Reich in mein Kreisgebiet umgesiedelt worden sind". 1200 wurden nach Bełżec, 5466 nach Piaski, 54 nach Ludzawa und 612 nach Kamionka gebracht. „Davon", fuhr der Bericht fort, „sind bereits 3692 wieder ausgesiedelt worden."[65] Unter diesen Deportierten waren auch 13000 aus Theresienstadt.

Die Verschleppten, die die Zwischenstationen ihres seit 1941 währenden Leidensweges in Polen überlebten, starben fast alle zwischen März und Oktober 1942 in den Gaskammern von Bełżec, Sobibor, Treblinka und Majdanek, den vier Mordzentren im Bereich des SS-Gruppenführers Globocnik, der die „Aktion Reinhard" leitete.[66]

Alle faschistischen Maßnahmen in den Ghettos, gleichgültig, ob sie Nahrung, Bekleidung, Unterkunft, sanitäre oder medizinische Verhältnisse betrafen, waren immer nur auf ein Ziel gerichtet: den Tod der Verschleppten. Damit unterschieden sie sich in fast keiner Weise von den faschistischen Absichten in dem KZ Auschwitz.

Der Name Auschwitz wurde in aller Welt zum Synonym für faschistischen Massenmord und imperialistische Barbarei. Denn in keiner anderen faschistischen Mordstätte wurden so viele Menschen umgebracht, keine war seit ihrer

Errichtung so eng mit führenden deutschen Konzernen verbunden und keine erfüllte ihre Doppelfunktion im gleichen Ausmaß wie Auschwitz.[67]

Die ersten Häftlinge, die – abgesehen von Aufbaukommandos aus dem KZ Sachsenhausen – seit dem 14. Juni 1940 nach Auschwitz geschleppt wurden, waren Polen. Nach und nach kamen Menschen aus allen europäischen Ländern hinzu. Einen relativ starken Anteil hatten sowjetische Kriegsgefangene, für die ab März 1941 im Rahmen der intensiven Kriegsvorbereitungen gegen die UdSSR ein größeres Nebenlager – Auschwitz-Birkenau – errichtet wurde. Da aber Birkenau einige Zeit darauf zum Vernichtungszentrum ausersehen war, wurden wider jegliches Völkerrecht die Kriegsgefangenen in das sogenannte Stammlager eingeliefert. Sie traf der Mordterror am härtesten. Von den etwa 13 000 sowjetischen Soldaten und Offizieren starben zwischen Oktober 1941 und Februar 1942 8 300. Als Auschwitz von ihren Kameraden im Januar 1945 befreit wurde, lebten nur noch 97.

Das allein charakterisiert das Hunger- und Terrorregime in Auschwitz. Sämtliche Maßnahmen und Einrichtungen waren auf indirekten und direkten Mord abgestellt. Bei unzureichender Kost, ungenügender Bekleidung, schlechter Unterkunft, miserablen sanitären Verhältnissen und bei härtester Arbeit wurden Zehntausende im Stammlager zu Tode geschunden. Das Krankenrevier diente kaum der Heilung von Kranken, sondern vor allem der Ermordung von etwa 30 000 Menschen durch SS-Ärzte und SS-Pfleger mittels tödlicher Spritzen. Häftlinge bezeichneten deswegen den Krankenbau, zunächst in den Blocks 20 und 21, später durch die Blocks 19, 28 und 9 erweitert, als „Vorzimmer zum Krematorium". Im Block 20 unternahmen auch der SS-Arzt Dr. Helmuth Vetter – zugleich Angestellter der IG Farben – und andere Mörder im Arztkittel 1942 bis 1944 Versuche an Menschen. Im Dienste des Chemiekonzerns erprobten sie unausgereifte Präparate gegen Typhus und Tbk sowie einen Blutersatzstoff. Vorher wurden die Häftlinge künstlich infiziert. Fast die Hälfte der Häftlinge starb noch während der Experimente unter großen Qualen, die anderen erlagen den Folgen etwas später oder wurden ermordet.

Im südwestlichen Teil des Stammlagers, in dem diese Gebäude lagen, befanden sich noch weitere Mordstätten. Hier waren der Block 11, in dem Prof. Dr. Carl Clauberg verbrecherische Experimente unternahm,[68] und der Block 10 mit den Strafzellen. In den „Dunkelzellen" mit etwa neun Quadratmetern waren zeitweilig 10 bis 20 Häftlinge – zumeist als Repressalie nach einer Flucht – zugleich eingesperrt. Sie erhielten nichts zu essen und zu trinken und starben innerhalb einer Woche. Die „Stehzellen" waren 90 mal 90 Zentimeter groß, und die Häftlinge mußten wie in eine Hundehütte in sie hineinkriechen. Die vier Insassen jedes dieser vier Löcher konnten nicht sitzen und bekamen aus Luftmangel Erstickungsanfälle. Auch sie kamen meistens innerhalb weniger Tage um. Die anderen Zellen wurden von Zeit zu Zeit „ausgestaubt", wie es in der

SS-Sprache hieß. Die ausgesonderten Häftlinge erschoß man zumeist an der „Schwarzen Wand" zwischen den Blocks 10 und 11, wo auch weitere Exekutionen vorgenommen wurden. Insgesamt ermordete man hier etwa 20 000 Häftlinge.

In diesem Stammlager, später Auschwitz I genannt, wurden 405 000 Häftlinge mit Nummern registriert, die ihnen auf den linken Unterarm tätowiert waren. Durch direkten Mord und indirekte Tötung kamen schätzungsweise 340 000 von ihnen um.

SS-Standortältester und Kommandant aller Lager in und bei Auschwitz war bis zum November 1943 SS-Obersturmbannführer Höß. Im November 1943 wurde der Komplex in drei Bereiche gegliedert. SS-Standortältester und Kommandant von Auschwitz I war bis Mai 1944 SS-Obersturmbannführer Liebehenschel. Zwischen Mai und Juli 1944 – während der „Ungarn"-Aktion – war Höß erneut Standortältester, während SS-Sturmbannführer Baer von Mai 1944 bis Januar 1945 als Kommandant von Auschwitz I und ab Juli 1944 als SS-Standortältester fungierte.

In den Händen der Kommandanten von Auschwitz I lag nicht nur die Gewalt über alle Lagerbereiche, sondern auch die Befehlsbefugnis als Standortältester über die Wachmannschaften. Zunächst waren die Lagerwachen nur SS-Leute, später kamen Wehrmachtsangehörige hinzu, was von Häftlingen und SS-Offizieren bestätigt wurde.

Himmler erklärte am 1. März 1941 nach den Erinnerungen von Höß während der Inspektion des neuen KZ, an der führende Leute der IG Farben teilnahmen, Auschwitz solle „eine gewaltige Häftlings-Rüstungs-Zentrale werden". Höß kommentierte diese Anweisung: „Das Lager für 100 000 Kriegsgefangene, der Ausbau des alten Lagers für 30 000 Häftlinge, die Bereitstellung für Buna von 10 000 Häftlingen sprachen deutlich dafür. Es waren dies aber zu diesem Zeitpunkt Zahlengrößen, die bis dahin in der Geschichte der KL völlig neu waren."[69] Hinsichtlich Buna meinte er das vierte Buna-Werk der IG Farben, mit dessen Aufbau und Betrieb der Chemiekonzern stark an der „Endlösung der Judenfrage" beteiligt war.

Die IG Farben war durch ihr Vorstandsmitglied, SS-Hauptsturmführer Dr. Heinrich Bütefisch, im Freundeskreis Himmlers vertreten. Dieser Kreis, in dem später 19 Industrielle und 10 Bankiers monatlich mit den höchsten SS- und anderen Naziführern zusammenkamen und der jährlich über eine Million Mark für die SS spendete, hatte 1935 das KZ Dachau besichtigt. Seitdem interessierte sich der Vorstand der IG Farben für den Arbeitseinsatz von KZ-Häftlingen.

Als sich im November 1940 die IG Farben entschloß, ein viertes Buna-Werk zu bauen, wählte sie als Standort Auschwitz, weil sie von der unmenschlichen Auffassung ausging, dort neben Wasser, Kohle, Kalk und Salz genügend KZ-Häftlinge vorzufinden. In den vorbereitenden Gesprächen wurde ausdrücklich ihr Einsatz erwogen. Der Leiter des Bauvorhabens und spätere Verantwortliche für den Buna-Sektor, Dr. Otto Ambros, Mitglied des Vorstandes der IG Farben, besuchte Ende Dezember 1940 oder Anfang Januar 1941 das Landesplanungsamt in Katowice und bezeichnete das Gebiet um Auschwitz als für das neue Werk geeignet. Er wies den IG-Vorstand darauf hin, daß in unmittelbarer Nähe das KZ liege.

Göring und Himmler ordneten am 18. und 26. Februar 1941 auf Anregung des Aufsichtsratsvorsitzenden des Chemiekonzerns an, die Ortsansässigen zu vertreiben und polnische Arbeitskräfte und KZ-Häftlinge für den Bau des Buna-Werkes einzusetzen. Am 20. März 1941 legten Bütefisch, Walther Dürrfeld und Max Faust, der künftige Direktor des Auschwitzer Werkes und sein Stellvertreter, Karl Wolff, der Adjutant Himmlers, Richard Glücks, im Wirtschafts-Verwaltungshauptamt für die KZ verantwortlich, und andere SS-Führer fest, daß die IG für das Tagewerk eines Facharbeiters vier und für das eines Hilfsarbeiters drei Mark an die SS zahlen solle. Im Vorstand der IG Farbenindustrie, der seine Zustimmung erteilte, vertrat Ambros die Meinung, der Satz müsse noch niedriger sein.

Eine Woche später, am 27. März 1941, erörterten IG-Leute mit Höß die näheren Einzelheiten. Zunächst sollten 100, 1942 3000 KZ-Häftlinge für die IG arbeiten. Ihre Arbeitszeit sollte im Sommer täglich 10 bis 11, im Winter 9 Stunden betragen. Das Protokoll vermerkte am Schluß: „Die gesamte Verhandlung wurde in herzlichem Einvernehmen geführt, wobei von beiden Seiten der Wunsch herausgestellt wurde, sich gegenseitig jede mögliche Hilfe angedeihen zu lassen." [70]

Am 7. April 1941 fand die Gründungssitzung für das Auschwitzer IG-Werk in Katowice statt. Der erstmalige Einsatz von KZ-Häftlingen bei einem deutschen Industriekonzern, ihre Ausbeutung durch die IG Farben begann. Das lief so reibungslos an, daß Ambros am 12. April 1941 an den IG-Vorstand schreiben konnte: „Unsere neue Freundschaft mit der SS (wirkt sich) sehr segensreich aus. Anläßlich eines Abendessens ... haben wir weiterhin alle Maßnahmen festgelegt, welche die Einschaltung des wirklich hervorragenden Betriebes des KZ-Lagers zugunsten der Buna-Werke betreffen." [71]

Nachdem die Häftlinge schon beim Bau des neuen Chemiebetriebes beschäftigt gewesen waren, stellte die IG fest, daß durch den täglichen Marsch vom KZ zur Arbeitsstelle und zurück die Arbeitszeit für den Konzern zu kurz wäre. Ihre Verantwortlichen meinten weiter, daß die Häftlinge zuviel „Kräfte" auf dem Wege einbüßten, die dem Unternehmen damit verlorengingen. Deshalb drängte die IG schon 1941 auf Errichtung eines Werks-KZ, um – nach Dürrfelds Worten – „die Leistung (der Häftlinge – d. Verf.) zu steigern". [72]

Am 31. Mai 1942 wurde das Außenkommando Monowitz der IG Farben übergeben. Himmler besuchte es am 17. Juli 1942, und SS-Obersturmbannführer Maurer vom Wirtschafts-Verwaltungshauptamt besichtigte es am 10. Februar und am 19. März 1943.

Seit der Übergabe war die IG allein für die soziale Lage der Häftlinge verantwortlich. Sie unterschied sich im negativen Sinne von anderen Konzentrationslagern.

Die IG interessierte es nicht, wenn Häftlinge starben, waren sie doch billig und leicht aus den Deportationstransporten zu ersetzen, wie z. B. aus denen vom März 1943 aus Berlin,[73] vom 2. April 1943 mit 658 Häftlingen aus Mauthausen und vom 8. Juli 1943 mit 1 500 Häftlingen aus Majdanek, die von einem SS-Offizier und einem SS-Arzt dort für die IG ausgesucht worden waren.

Infolge der ständigen Wünsche der IG nach mehr Arbeitskräften und trotz hoher „Abgänge" stieg die Häftlingszahl in Monowitz ständig. Am 1. Januar 1944 betrug sie 5 300 und am 17. Januar 1945 10 223. Die Gesamtzahl der Häftlinge, die von dem Chemiekonzern in Auschwitz ausgebeutet wurden, lag aber weit höher. Denn durch die Arbeits- und Lebensverhältnisse und die Ermordung Arbeitsunfähiger betrug die durchschnittliche Lebenszeit eines Lagerinsassen in Monowitz nach Berechnungen von Häftlingen nur drei bis vier Monate. Als das Lager im Januar 1945 durch die Rote Armee befreit und geräumt wurde, waren dort – ebenfalls nach Häftlingsschätzungen – 120 000 Häftlinge gestorben, die von der IG Farbenindustrie AG bis zur völligen Erschöpfung und bis zum Zusammenbruch ausgebeutet worden waren.

Für die Häftlingszwangsarbeit zahlte die IG an die SS in zweieinhalb Jahren über 20 Millionen Reichsmark. Davon sahen die Häftlinge allerdings keinen Pfennig. Sie schufen aber Riesenwerte für den Chemiekonzern. Wertmäßig entwickelte sich die Monowitzer Anlage wie folgt:

Unfertige Anlagen	
am 31. Dezember 1941	4 408 577 RM
am 31. Dezember 1942	59 201 851 RM
am 31. Dezember 1943	115 553 341 RM
am 31. Dezember 1944	202 687 049 RM
Betriebsbereite Anlagen nach Abzug der Abschreibung	
am 31. Dezember 1941	2 117 136 RM
am 31. Dezember 1942	4 526 792 RM
am 31. Dezember 1943	54 675 500 RM
am 31. Dezember 1944	126 082 345 RM

Hunderte Millionen Mark wurden aus der Häftlingsarbeit in einem der IG-Farben-KZ für den Werkaufbau herausgepreßt, gar nicht gerechnet die abgeschriebenen Summen und den Wert der produzierten Güter.

Auf Grund der guten Zusammenarbeit mit der SS und der riesigen Profite, die aus der Häftlingsarbeit stammten, plante die IG, ein neues Synthesewerk mit KZ-Häftlingen aufzubauen.

Durch Häftlinge aus Auschwitz wurden die Oberschlesischen Hydrierwerke in Blechhammer errichtet und betrieben. Die Zahl der Häftlinge in diesem Werk betrug Ende 1944 14 000. In drei Bergwerken ließ die IG zusammen 6 000 Auschwitzer Häftlinge für sich schuften. Aus anderen KZ holte sie sich weitere Häftlinge, um sie in ihren Betrieben überall in Deutschland unter sklavenähnlichen Bedingungen auszubeuten.

Auch andere deutsche Monopole bemühten sich, ihre Beziehungen zur SS auszunutzen, um aus der Häftlingsarbeit hohe Profite zu erzielen. Der zweite große Konzern in Auschwitz war Krupp. Dessen Direktion beschloß am 8. März 1943, gerade zur Zeit der letzten großen Deportationen deutscher Juden, einen Teil der Produktion von Flugzeugteilen und Granatzündern nach Auschwitz zu verlegen, nachdem sie schon im Herbst bei der IG Farben Erkundigungen eingezogen hatte. Am 12. März 1943 konferierten in Essen die Direktoren Köttgen und Hölkeskamp, Oberst Dr. v. Wedel und Hauptmann Hartfuß vom OKH, SS-Obersturmbannführer Maurer und Direktor Wielan vom Sonderausschuß des Ministeriums für Bewaffnung und Kriegsproduktion. Sie vereinbarten, daß Krupp auf dem Gelände des KZ Auschwitz eine Halle und 1 500 Häftlinge erhalten solle, um mit seinen Maschinen und unter Leitung seines Personals dort die Produktion aufzunehmen. Die Krupp-Direktoren Weinhold und Velten kontrollierten am 20. April 1943 den Stand der Vorbereitungen an Ort und Stelle. Am 6. Juni 1943 trafen ein leitender Angestellter und 30 Meister und Vorarbeiter ein, um am nächsten Tag mit Häftlingen die Arbeit zu beginnen. Sie wurde am 1. Oktober 1943 von der Firma Union übernommen, die ihren Betrieb aus der Ukraine nach Auschwitz verlegte. Krupp produzierte im Bertha-Werk in Breslau mit Häftlingen aus den KZ Auschwitz und Groß-Rosen weiter.

Außerdem beuteten u. a. der Hermann-Göring-Konzern in zwei Kohlebergwerken 2 000, der Siemenskonzern 1 500, die Ruß-Werke in Gleiwitz 12 000, die Oberschlesische Maschinen AG 1 200, die Zementfabrik Golleschau 1 000 Auschwitzer Häftlinge aus. Insgesamt waren Ende 1944 in den Außenkommandos von Auschwitz 35 000 KZ-Häftlinge, die für deutsche Betriebe Sklavenarbeit leisten mußten. Die Totenzahl der 39 Außenkommandos, die im November 1943 als Auschwitz III unter dem Kommando von SS-Hauptsturmführer Heinrich Schwarz zusammengefaßt wurden, lag bei schätzungsweise 250 000. Zusammen mit den Toten von Monowitz waren es 370 000 Menschen aus dem KZ Auschwitz, die sterben mußten, um den Profit deutscher Monopole zu erhöhen.

Zwischen dem Morden im Stammlager Auschwitz, in dem Außenlager Monowitz, in den Außenkommandos und in Auschwitz-Birkenau (seit November 1943 Auschwitz II) bestand ein enger Zusammenhang. Das Lager in Birkenau war ursprünglich für sowjetische Kriegsgefangene bestimmt. Nach dem Beginn der

„Endlösung der Judenfrage" wurde es ab Oktober 1941 zum Vernichtungslager ausgebaut.

Auschwitz-Birkenau umfaßte eine Fläche von 175 Hektar. Es war das räumlich größte faschistische Konzentrations- und Vernichtungslager. Es bestand aus drei großen Teillagern, die innerhalb des elektrisch geladenen Stacheldrahtzaunes wieder eigene Umzäunungen hatten.

Kommandanten von Auschwitz II waren SS-Sturmbannführer Fritz Hartjenstein (November 1943 – Mai 1944) und SS-Hauptsturmführer Josef Kramer (Mai 1944 – November 1944).

Nach der ersten Anwendung von Zyklon B am 3. September 1941, wodurch sowjetische Kriegsgefangene und kranke Häftlinge getötet worden waren, fanden weitere Gasmorde zunächst im Krematorium des Stammlagers Auschwitz statt. In Birkenau wurden anfangs, von Januar 1942 an, die Deportierten in umgebauten Bauernhäusern mit Zyklon B umgebracht.

Das Gas war ein Erzeugnis der Deutschen Gesellschaft für Schädlingsbekämpfung, die zum IG-Farben-Konzern gehörte. Lieferant war die Handelsgesellschaft Tesch und Stabenow in Hamburg. Das Gas wurde mit LKW der SS aus dem Werk in Dessau abgeholt und nach Auschwitz gebracht. Außerdem lieferte Tesch und Stabenow Zyklon B an andere KZ. Die Gewinne der Firma aus dem Verkauf von Zyklon B betrugen 1941 45 735 RM, 1942 92 681 RM, 1943 127 985 RM, 1944 27 923 RM.

Die Leichen wurden 1941/42 im Krematorium des Stammlagers verbrannt oder in Massengräbern verscharrt. Im Zusammenhang mit der Tätigkeit des Sonderkommandos 1005 und einem Besuch des Leiters öffnete man die Gruben und verbrannte die Leichen. Höß berichtete darüber: „Erst gegen Ende des Sommers (1942 – d. Verf.) fingen wir an mit der Verbrennung, zuerst auf einem Holzstoß mit ca. 2 000 Leichen, nachher in den Gruben mit den wieder freigelegten Leichen aus der früheren Zeit. Die Leichen wurden zunächst mit Ölrückständen, später mit Methanol übergossen. In den Gruben wurde fortgesetzt verbrannt, also Tag und Nacht. Ende November 1942 waren sämtliche Massengräber geräumt. Die Zahl der in diesen Massengräbern vergrabenen Leichen betrug 107 000." [74]

Zur selben Zeit wurden auch neue Gaskammern und Krematorien in Birkenau errichtet. Baufirma war die Huta, Hoch- und Tiefbau AG. Die Inneneinrichtung und den Bau der Gaskammern besorgte die Erfurter Firma Topf & Söhne, die auch für andere KZ die Einrichtung der Krematorien lieferte. Die elektrischen Anlagen der Gaskammern und Krematorien installierte Siemens.

Die neuen Krematorien II, IV und V – das im Stammlager trug die Nr. I – wurden zwischen dem 22. März und 4. April, Krematorium III am 25. Juni 1943 übergeben.

Die Krematorien II und III hatten im Keller je eine Gaskammer mit

210 Quadratmeter Grundfläche. In sie konnten je 3 000 Menschen hineingezwängt werden. Die je vier Gaskammern der Krematorien IV und V faßten 3 050 Personen, also war es möglich, etwa 12 000 Menschen zu gleicher Zeit oder rund 60 000 täglich in den neuerrichteten Gaskammern zu ermorden.

Nach einer Meldung der Zentralbauleitung der Waffen-SS Auschwitz vom 28. Juni 1943 konnten in 24 Stunden in den Krematorien I 340, II und III je 1 440 und IV und V je 768, insgesamt 4 756 Leichen verbrannt werden.

Während des Sommers 1944 reichte den Mördern auch das nicht mehr aus. In den alten Gruben neben den Bauernhäusern und sechs neuen Gruben neben dem Krematorium V mußten die Leichen wieder im Freien verbrannt werden. Bis zu 24 000 Tote wurden im August 1944 täglich in den Krematorien und Gruben eingeäschert. In dieser Zeit korrespondierte die Auschwitzer Kommandantur wiederum mit Topf & Söhne, um ein sechstes Krematorium mit einer „offenen Verbrennungsstätte" einzurichten.

Die ankommenden Deportierten sahen von diesen Mordeinrichtungen zunächst nichts. SS-Leute trieben die Verschleppten aus den Waggons und hießen sie, das Gepäck im Zug zu lassen. Auf der Bahnrampe mußten sich alle in langen Reihen aufstellen. LKW und ein Wagen mit dem Roten Kreuz standen bereit. Das beruhigte die Deportierten, zumal ihnen bedeutet wurde, daß die Alten und Kranken damit gefahren würden. Am Kopf der langen Schlange standen SS-Ärzte. Sie musterten die Ankömmlinge und deuteten mit der Hand nach rechts oder links. Selektion hieß dieser Vorgang. Auf die eine Seite kamen ältere Menschen, Schwangere, Mütter mit Kleinkindern, Kinder und Gebrechliche, auf die andere Seite jüngere Leute, etwa 10 bis 20 Prozent des Transportes. Sie waren für den Arbeitseinsatz bestimmt. Doch die meisten von ihnen wurden früher oder später nochmals ausgemustert. Als dann nicht mehr „arbeitsfähig", überantwortete man sie dem Tod.

Die große Gruppe der für den Tod Bestimmten bewegte sich langsam zu Fuß auf die Gaskammern zu. Alte und Gehbehinderte wurden gefahren, und dem LKW folgte der Sanitätswagen. Doch er hatte keine Deportierten aufgenommen. In ihm waren SS-Sanitäter und Büchsen mit Zyklon B.

Die Todeskandidaten sahen an den Gebäuden, an denen ihr Zug endete, Schilder mit den Aufschriften „Zum Baderaum". Man sagte ihnen, sie sollten sich entkleiden, ihre Sachen ordentlich zusammenlegen und sich die Nummer des Platzes merken, an dem ihre Kleidung lag. Unruhige, bei denen die SS befürchtete, sie wüßten von ihrem Schicksal, wurden beiseite geführt und hinterrücks erschossen. Nach dem Auskleiden trieb man alle in einen Raum, an dessen Tür „Zur Desinfektion" stand. Die schweren Türen schlossen sich, das Licht verlöschte. Und aus den Duschen strömte Gas, das sich aus den von SS-Sanitätern eingeworfenen Kristallen entwickelte.

Nach 15 bis 20 Minuten wurden Exhaustoren eingeschaltet. Häftlings-Sonderkommandos begannen danach, die Leichen der Ermordeten herauszuschleppen. Etwa 40 Häftlingszahnärzte mußten nach Goldplomben und -zähnen sehen und sie herausbrechen. Andere Angehörige des Sonderkommandos untersuchten die Körper nach versteckten Wertsachen, und wieder andere schnitten den Leichen die Haare ab.

Das Gold wurde gesammelt und in kleinen Räumen der Krematorien II und III eingeschmolzen. Ein Häftling, der daran beteiligt war, gab an, die Menge habe bis Herbst 1944 2 000 Kilogramm betragen. Die Barren wurden entweder an das SS-Sanitätshauptamt geschickt, das das Gold für die Zahnbehandlung verteilte, oder an die Reichsbank gesandt.

Die Haare erhielten zum großen Teil die Filzfabrik Alex Zink bei Nürnberg und die Firma Held in Schlesien. Sie stellten u. a. Haargarnfüßlinge für U-Boot-besatzungen, Haarfilzstrümpfe für Eisenbahner, Stoßfänger und Stricke sowie Matratzen und Schneiderroßhaar her. In Neuengamme mußten Häftlinge für die Firma Messap Zeitbomben montieren, in deren Auslösungsmechanismus Menschenhaare eingebaut wurden. Bei der Befreiung von Auschwitz fand die Untersuchungskommission noch 7000 Kilogramm versandfertiges Frauenhaar vor.

Die Asche aus den Krematorien und von den Scheiterhaufen wurde anfangs vergraben, in Sümpfe, die Flüsse Wisla und Sola geschüttet und bei Bauten in Auschwitz verwendet. Seit 1943 wurden die nicht verbrannten Knochen zermahlen und zur Herstellung von Dünger an die Firma Strehm verkauft. Nach 1945 wurden in Auschwitz Belege über den Versand von 112 Tonnen und 600 Kilogramm Knochenmehl an diesen Betrieb gefunden.

Doch selbst diese industrielle „Leichenverwertung" schien den Faschisten noch nicht genug zu sein. Seit Winter 1943/44 wurde deshalb im Anatomischen Institut in Danzig ein Verfahren zur Herstellung von Seife aus menschlichem Fett erprobt. Im März/April 1944 wurden die ersten Geräte installiert, und die abscheuliche Produktion begann im Kleinen. Polnische Untersuchungskommissionen fertigten 1945 Aufnahmen und Beschreibungen dieser Einrichtungen an und vernahmen eine Reihe von Zeugen, u. a. britische Kriegsgefangene, die in dem Danziger Institut arbeiten mußten. Diese Zeugnisse faschistischer Barbarei und Profitsucht erhielten alliierte Gerichte.

Die Kleidungsstücke, die die Ermordeten vor den Gaskammern zurückließen, und ihr Gepäck in den Waggons wurden von Häftlingskommandos gesammelt, nach Medikamenten, Nahrungsmitteln und anderen Dingen, die direkt in Auschwitz Verwendung fanden, durchsucht. Das übrige wurde in einem Lagerabschnitt neben dem Krematorium IV bis zum Abtransport gestapelt. Diese 30 Baracken erhielten wegen der angehäuften Werte in Auschwitz den Namen „Kanada".

Nach einem Bericht des SS-Oberscharführers Reihenbach wurden allein zwischen 1. Dezember 1944 und 15. Januar 1945, in 46 Tagen, in denen die Gaskammern schon außer Betrieb waren, 99 922 Stück Kinderbekleidung und -wäsche, 192 652 Stück Frauenbekleidung und -wäsche, 222 269 Stück Männerbekleidung und -wäsche abtransportiert. Die Baracken in „Kanada" steckte man beim Herannahen der Roten Armee in Brand. Nur sechs der Gebäude blieben teilweise erhalten. In ihnen befanden sich 348 820 Anzüge, 836 255 Kleider, 115 063 Stück Kinderbekleidung, 5 525 Paar Damen- und 38 000 Paar Herrenschuhe, 13 964 Teppiche und ungezählte Brillen, Zahnbürsten, Rasierpinsel, Prothesen und Kinderpuppen und -spielzeug.

Die Rüstungszentrale und das Vernichtungslager Auschwitz waren im engsten Zusammenspiel zwischen der IG Farbenindustrie AG, anderen Konzernen und der SS auf- und ausgebaut worden. Auschwitz war die Stätte, wo die imperialistische Devise „Vernichtung durch Arbeit", die erbarmungslose Ausbeutung der Häftlinge bis zu ihrem Tod, am ausgeprägtesten praktiziert wurde und wo Millionen Menschen aus „rassischen Gründen" sofort durch das Gas ermordet wurden. Imperialistische Ideologie und Mordtechnik, Konzerne, SS und Bürokratie vereinigten sich, um diese Mordstätte zu schaffen und zu betreiben. Wegen dieser Einheit wurde Auschwitz bei vielen klar denkenden Menschen in aller Welt zum Symbol für den Endpunkt des verbrecherischen Vorherrschaftsdranges und Rassenwahns, für die Barbarei des deutschen Faschismus. Fast alle westdeutschen Historiker, die sich mit dem Problem beschäftigen, sprechen in diesem Zusammenhang – entgegen der Komplexität und dem Miteinander – von der angeblichen alleinigen Verantwortung der SS- und Naziführer sowie der SS insgesamt. Sie verselbständigen den Mordapparat und betrachten die „Endlösung der Judenfrage" isoliert von anderen faschistischen Untaten, um eine herbe Kritik an einem Teil der faschistischen Verbrechen zu üben, aber das imperialistische System und seine Träger ungeschoren zu lassen. So erwecken sie den Anschein einer „Bewältigung der Vergangenheit", die nicht die wirklichen Schuldigen trifft und nicht an den Wurzeln der Gesellschaftsordnung rührt.

7. Die Lage der noch in Deutschland verbliebenen Juden 1941/42

Wenn den deutschen Juden, die noch nicht deportiert waren, auch das letzte Stück des Todesweges noch bevorstand, ließ die Situation, in der sie sich befanden, über das vom Faschismus erstrebte Ziel keinen Zweifel.

Nach der Statistik der Reichsvereinigung der Juden in Deutschland lebten am 1. Oktober 1941 163 696, am 1. Januar 1943 nur noch 51 257 deutsche Juden in den deutschen Gebieten nach den Grenzen von 1937. Das hieß, in den fünf großen Deportationswellen der Jahre 1941/42, die deutsche Juden außerhalb der faschistischen Kerker erfaßten, waren 100 516 jüdische Bürger Deutschlands verschleppt worden, etwa 12 000 starben oder suchten selbst den Tod.

Die durch die zahlreichen Bestimmungen bis zum Beginn der Deportation ohnehin schlechte materielle Lage der deutschen Juden verschärfte sich 1941/42 mehr und mehr. Systematisch wurde den nicht Verschleppten fast alles zum Leben Notwendige entzogen. Sie erhielten keine Bezugscheine für Textilien (10. Oktober 1941), keine Rente (20. Dezember 1941), keine Zeitungen und Zeitschriften (17. Februar 1942), keine Raucherkarten (11. Juni 1942), keine Eierkarten (22. Juni 1942), kein Fleisch, keine Fleischwaren, kein Weißbrot und keine Weizenerzeugnisse, keine Milchkarten, keine Sonderzuteilungen und Mangelwaren (19. September 1942).

Es war ihnen u. a. verboten, Bücher aus Bibliotheken zu entleihen (2. August 1941), Erbschaften von „Ariern" anzunehmen, Bücher (14. November 1941) und andere Teile ihres Besitzes zu verkaufen (1. Dezember 1941), öffentliche Fernsprecher zu benutzen (26. Dezember 1941), Privatunterricht zu erteilen (23. Januar 1942), Eingaben an Behörden ohne Prüfung durch die Reichsvereinigung der Juden zu machen (13. Februar 1942), Blumen zu kaufen (16. März 1942), Verkehrsmittel zu benutzen (24. April 1942), Haustiere zu halten (15. Mai 1942), Friseure aufzusuchen (29. Mai 1942), Fahrkartenautomaten zu benutzen (26. Juni 1942), sich in Warteräumen aufzuhalten (7. Juli 1942), vom Staat verliehene Titel zu führen (7. August 1942), Speiseeis zu kaufen (22. August 1942) und Bücher zu erstehen (9. Oktober 1942). Jeder Verstoß gegen die Unzahl der Verbote wurde mit schwersten Strafen bedroht und geahndet.

Außer den Verboten, die jeden trafen, wurden ab 30. Juni 1942 die jüdischen Schulen geschlossen und am 24. August 1942 der Gottesdienst untersagt.

Die nicht deportierten jüdischen Bürger Deutschlands wurden weiter enteignet. Sie mußten Pelze, Pelz- und Wollsachen (10. Januar 1942), Scheren und Kämme (24. April 1942), alle entbehrlichen Kleidungsstücke (9. Juni 1942), alle elektrischen und optischen Geräte, Schreibmaschinen, Vervielfältigungsapparate und Fahrräder mitsamt dem Zubehör (19. Juni 1942) entschädigungslos abliefern.

Auch die Diskriminierung durch den gelben Stern wurde ausgedehnt. Ab 15. April 1942 waren die Wohnungen zu kennzeichnen. Von Zeit zu Zeit erschien die Gestapo, tyrannisierte die Bewohner, mißhandelte sie und entwendete Nahrungs- und Genußmittel und Einrichtungsgegenstände.

Im Mai 1942 zeigte sich am deutlichsten die völlige Rechtlosigkeit der deutschen Juden. Nach dem Brand in der antisowjetischen und antisemitischen Hetzausstellung im Berliner Lustgarten [75] verhaftete die Polizei wahllos 500 jüdische Bürger Berlins und erschoß jeden zweiten – ingesamt 256 – am selben Tag in den SS-Kasernen in Berlin-Lichterfelde. Am nächsten Tag inhaftierte man auch die Familienangehörigen der Verhafteten und brachte sie nach Auschwitz. Die anderen Geiseln der Verhaftungsaktion wurden in das KZ Sachsenhausen verschleppt und dort am 29. Mai 1942 als „Vergeltung" für das Attentat auf Heydrich am 26. Mai in Prag ermordet. An diesem Tage notierte Goebbels in seinem Tagebuch: „Ich werde mit den von mir geplanten Verhaftungen von 500 Berliner Juden fortfahren, und ich werde die Führer der jüdischen Gemeinschaft warnen, daß für jede jüdische Verschwörung und jeden jüdischen Aufstandsversuch 100 bis 150 Juden, die in unseren Händen sind, erschossen werden."[76]

Die Ermordung der 500 Berliner Bürger nach der gleichen Art, wie Wehrmachts- und SS-Einheiten in den besetzten Gebieten mit den Landesbewohnern bei „Vergeltungsaktionen" umsprangen, dokumentierte erneut die faschistische Willkür und warf ein bezeichnendes Licht auf die rechtlose Lage der deutschen Juden. Ein Jahr später wurde ihre Außergesetzstellung auch formell vollendet.

Die bis zur Zerschlagung des Faschismus gehenden Ausrottungs- und Hetzwellen sowie die neuerlichen Beschränkungen und unsäglichen Leiden wirkten sich unmittelbar auf die Stimmung der jüdischen Bevölkerung Deutschlands aus. Die Ungewißheit über ihr Schicksal verschlimmerte sie noch.

Zuerst waren vielfach Illusionen über die Deportationen anzutreffen. Viele der Verfolgten wollten trotz ihrer Erlebnisse seit 1933 nicht glauben, daß man im Deutschland des faschistischen Regimes Menschen skrupel- und gewissenlos dem Tod überantwortete. Sie klammerten sich an jede noch so geringe Hoffnung, z. B. wegen ihrer Verdienste um das Land von den Verschleppungen ausgenommen zu werden. Nur zögernd setzte sich die Einsicht durch, daß in dem Land, das sie als ihr Vaterland liebten, die Barbarei herrschte, nachdem das deutsche Monopolkapital eine offene Diktatur errichtet hatte und seinen Krieg um die Hegemonie in Europa führte.

Wenn es auch lokale und individuelle Unterschiede in diesem Erkenntnisprozeß gab, so können doch die Aufzeichnungen von Dr. Else Behrend-Rosenfeld als Beispiel gelten. Am 16. November 1941 schrieb sie über die erste Deportation, die das von ihr geleitete jüdische Heim in der Nähe Münchens traf: „Thekla Land war eine der ersten, die ich rief. Sie wurde blaß bis in die Lippen, aber sie bewahrte eine bewundernswerte Haltung . . . Eine ganze Reihe von Frauen nahm den schweren Schlag ähnlich ruhig und würdig hin. Nur drei verloren völlig jede Beherrschung, weinten, schrieen und klagten Gott und die Welt an wegen des Unheils, das über sie hereinbrach." Offenbar war noch nichts über den Zweck der Deportationen bekannt, denn am 12. April 1942 notierte Dr. Behrend-Rosenfeld, als sie sich selbst auf den Transport vorbereitete: „In der kommenden Nacht kam mir der Gedanke, wie es wohl sein werde, wenn wir etwa in die Orte bei Lublin kämen, die mir durch die Berichte der Stettiner schon lange bekannt – vertraut konnte man unter diesen Verhältnissen nicht gut sagen! – schienen. Sollte es mir vergönnt sein, die Menschen, mit denen ich so viele Briefe gewechselt hatte, daß sie mir wie alte, liebe Freunde vorkamen, nun wirklich von Angesicht zu Angesicht sehen? Das würde manches leichter machen." Erst am 5. Juli 1942 schien Klarheit über die Fahrt in den Tod zu herrschen: „Seit vierzehn Tagen fehlt jede Nachricht von unseren Deportierten aus Piaski, und wir geben uns keiner Hoffnung mehr hin, sie nach dem Kriege wiederzusehen." Mit den immer rascher folgenden Deportationen wuchs diese Einsicht auch unter den Heimbewohnern, wie die Eintragung vom 26. Juli 1942 zeigte: „Mein Leben ist zur Hölle geworden; ich schleppe mich nur noch mühsam durch die Tage. Woche für Woche kommt am Freitag die Liste der zu Deportierenden ... Was ich gefürchtet hatte, als Frau Schumann von uns ging, ist eingetroffen. Noch acht unserer Insassen, immer solche, die deportiert werden sollten, sind seither still aus dem Leben gegangen." [77]

Das Anwachsen der Zahl der Selbstmorde charakterisiert am besten die Depression unter den deutschen Juden. Immer mehr zogen es vor, von eigener Hand zu sterben, um der Deportation mit ihren Unmenschlichkeiten und dem Schicksal, das sie ahnten oder von dem sie wußten, zu entgehen. Vom Oktober 1941 bis Anfang 1942 wurden allein in Berlin 1 200 Selbstmorde unter der jüdischen Bevölkerung gezählt. Einer von ihnen, Joachim Werber, schrieb in seinem Abschiedsbrief: „Ich gehe nun auf Hitlers Wunsch, aber einmal wird auch er ein ‚Hier ruht' sein. Sie werden es hoffentlich noch erleben. Ich muß jetzt meine große Reise antreten. Ich wünsche, daß es einmal anders gehen wird, als es sich die Hitlerburschen denken." [78]

Zu den Verzweifelten ist auch der Schauspieler Joachim Gottschalk zu rechnen. Er nahm sich am 6. Dezember 1941 zusammen mit seiner Frau das Leben, als sie zur Deportation aufgefordert wurde. Aus demselben Grund gaben sich am 10. Dezember 1941 der evangelische Schriftsteller Jochen Klepper, seine Frau und seine Tochter den Tod.

1942/43 schieden in Berlin etwa 20 Prozent der Juden selber aus dem Leben. So wählten beispielsweise von den 523 Menschen, die am 3. April 1942 deportiert werden sollten, 57 und von den 713 für den Transport am 3. Oktober 1942 vorgesehenen Personen 208 den Freitod.

Allein auf einem der jüdischen Friedhöfe Berlins, der Ruhestätte in Weißensee, wurden aus diesem Grund beigesetzt: 1940 59, 1941 254, 1942 811 und 1943 214 deutsche Juden.

Von den seit 1933 währenden Verfolgungen zermürbt, verkürzten sie ihre Leiden, als die Gestapo sie zur „Abwanderung nach dem Osten" aufforderte. Ihr Tod gehört genauso zur Blutschuld des deutschen Faschismus wie der der Deportierten.

Am frühesten erfuhren die Leiter, Mitarbeiter und Angestellten der Reichsvereinigung der Juden in Deutschland und der ihr unterstehenden jüdischen Gemeinden von den Deportationen und ihren Zielen. Die erste Mitteilung kam wohl am 1. oder 2. Oktober 1941 von Berliner Gestapobeamten: Sie bestellten drei Mitarbeiter der Jüdischen Kultusgemeinde und eröffneten ihnen, daß die „Umsiedlung" der Berliner Juden bevorstünde. Die Verwaltung der Gemeinde hätte dabei mitzuwirken. Zuerst müßten unter strengster Geheimhaltung des Zwecks Fragebogen ausgefüllt werden, die der Gestapo zu übergeben seien. Daraus werde der Transport zusammengestellt, der 1000 Personen umfassen und nach Łódź gehen solle. Die Gemeinde hätte weiter dafür zu sorgen, daß Lebensmittel mitgenommen würden usw.

Dr. Martha Mosse, die zu dieser Besprechung beordert war, berichtete weiter: „Am gleichen Abend fand eine Beratung zwischen den Vorständen der Reichsvereinigung und der Jüdischen Kultusgemeinde statt, bei der auch ich zugegen war. Trotz erheblicher Bedenken entschloß man sich doch, dem Wunsche der Gestapo, bei der Umsiedlung mitzuwirken, zu entsprechen, weil man hoffte, auf diese Weise so viel Gutes wie möglich im Interesse der Betroffenen tun zu können." [79]

Nachdem die Berliner Gestapo die Auswahl nach den vorgelegten Fragebogen getroffen hatte, mußte die jüdische Gemeinde die jeweiligen Mitglieder von ihrem Schicksal informieren. Auch vor jedem weiteren Transport forderte die Gestapo 3000 bis 4000 Unterlagen von der jüdischen Gemeinde an, um die Listen der zu Deportierenden zusammenzustellen.

Vor Beginn der Deportationswellen des Jahres 1942 versammelte Eichmann in Berlin zehn Repräsentanten der Reichsvereinigung der Juden in Deutschland, der Jüdischen Kultusgemeinde in der ČSR und der Israelitischen Kultusgemeinde in Österreich. Der SS-Obersturmbannführer sprach u. a. von Verschleppungen nach Theresienstadt, fügte jedoch hinzu, daß andere „Abwanderungsorte" gemeinsam mit der Wehrmacht bestimmt würden.

Spätestens nach dieser Unterrichtung und nach dem Ausbleiben der Nachrichten von den meisten der Ende 1941/Anfang 1942 Deportierten mußte den jüdischen Funktionären der Zweck der Transporte klar geworden sein. Außerdem hatte der Vorsitzende der Reichsvereinigung der Juden, Dr. Leo Baeck, schon durch einen Flüchtling von der Existenz und Funktion der Gaswagen bei Chełmno erfahren, aber die Nachricht für sich behalten.

Im Frühherbst 1942 wurde die Leitung der Berliner Jüdischen Gemeinde noch weiter getrieben. Nach Abschluß der großen Deportationen aus Österreich kam SS-Sturmbannführer Brunner mit seinen „Spezialisten" aus Wien, um in Berlin die Verhaftungen und Verschleppungen schneller zu beenden. Brunner rief alle männlichen jüdischen Funktionäre zusammen, und Dr. Eppstein eröffnete ihnen, daß sie die Gestaposchergen beim Abholen der Todeskandidaten zu begleiten hätten. Brunners Leute riegelten einzelne Straßenzüge ab und gingen mit jüdischen „Ordnern" von Haus zu Haus, um in den mit dem Stern markierten Wohnungen ihre Opfer zu verhaften, in Verstecken aufzuspüren oder auf der Straße abzufangen.

Der faschistische Druck lähmte weitgehend die jüdischen Funktionäre. Aber auch die unzureichende Organisation, die ungenügenden Mittel, die fehlende einheitliche politische Anschauung, manches menschliche Versagen und vor allem die völlige Isolierung von den kämpfenden Antifaschisten hinderten sie in ihrer Gesamtheit, zumindest Gruppen ihrer Leidensgefährten zum Kampf gegen die drohende Vernichtung anzuregen und sie zu führen, so wie es beispielsweise die Kommunisten und Widerstandskämpfer der illegalen Baum-Gruppe, politische Häftlinge in den Konzentrationslagern, die illegalen Organisationen in dem Warschauer Ghetto und dem Vernichtungslager Sobibor taten.

Subjektiv waren jedoch viele der jüdischen Funktionäre bemüht, innerhalb der eng gesteckten Grenzen das Schicksal ihrer Glaubensgenossen zu mildern und zu erleichtern. Doch angesichts des Mordterrors konnte das nur eine sehr bescheidene Hilfe sein.

Ein Teil dieses Beitrages war die Leitung, Betreuung und der Unterhalt der jüdischen Schulen, so lange sie gestattet waren. Der Hauptteil der Tätigkeit der Reichsvereinigung bestand in der Wohlfahrtspflege und Sozialarbeit, deren sie sich mehr denn je in dieser Zeit widmen mußte, nachdem ihre Mitglieder von der öffentlichen Fürsorge und vom sozialen Schutz ausgeschlossen worden waren. Die jüdische Organisation betreute mehr als 50 Altersheime in verschiedenen Städten, deren Zahl freilich immer geringer wurde. Sie verfügte über Krankenhäuser, Anstalten für Blinde, Taubstumme, Geistesschwache, Heilstätten für Tbk-Kranke, Erholungsheime, Krippen, Kindergärten und -horte, Schwesternheime und Waisenhäuser, aus denen die Betreuten gleichfalls mehr und mehr verschwanden. Für soziale Fürsorge gab allein die Berliner Gemeinde 1941 2 754 440 Reichsmark und für den Unterhalt der Heime 7 065 550 Reichsmark aus.

Völlig isoliert und rechtlos, mit dem Stern gekennzeichnet, aufs engste beschränkt lebend, schwere Zwangsarbeit leistend, vielfach ohne die Hilfe ihrer Organisation, ständig in Angst vor der Gestapo und ihren Helfern, immer in Furcht vor Drangsalierungen, Repressalien und der Deportation – so „lebten" die 51 257 jüdischen Bürger, die sich Ende 1942/Anfang 1943 in Deutschland noch außerhalb der Nazilager befanden.

8. Antifaschistische Erklärungen, Sympathiebezeugungen, Solidarität und Widerstand

War es die Absicht der Faschisten, die deutschen Juden zunächst in ein sichtbares oder unsichtbares Ghetto zu treiben, so gelang ihnen dies doch zum Teil nur unvollkommen. Denn in vielen Orten gab es Menschen, die sich dem faschistischen Terror nicht beugten, sich von der faschistischen Hetze nicht beeinflussen ließen, die Widerstand gegen das faschistische Regime und seine Maßnahmen leisteten. Ein gewichtiger Teil des Widerstandes waren Kundgebungen gegen faschistische Verbrechen, Rassenhetze und Judenverfolgung, beschwörende Aufrufe zur solidarischen Hilfe und Erklärungen über das Ziel des antifaschistischen Kampfes.

An der Spitze aller Hitlergegner, die die faschistischen Verbrechen verurteilten, standen die Kommunisten. Sie brandmarkten nicht nur die millionenfachen Untaten, sondern wiesen vor allem auf ihre Ursachen hin und begründeten die einzige Möglichkeit, sie durch den Sturz des faschistischen Regimes zu beenden und durch den Aufbau eines neuen deutschen Staates Garantien zu schaffen, die eine Wiederholung verhindern konnten.

Auf diesem Leitgedanken, der insbesondere in den grundsätzlichen Erklärungen der KPD-Konferenzen von 1935 und 1939 und auch in dem Appell des ZK der KPD vom November 1938 dargelegt worden war, basierten die Manifestationen der KPD und der von ihr beeinflußten Kräfte in den Jahren 1941 und 1942.

Beispielsweise mahnte im Aufruf „An das deutsche Volk und das deutsche Heer" das ZK der KPD am 6. Oktober 1941: „Wenn es (das deutsche Volk – d. Verf.) frei sein will, wenn es den Schandfleck der Hitlerverbrechen von sich abwaschen will, so muß es den Befreiungskampf der Völker Europas und vor allem den großen Befreiungskrieg der Sowjetunion unterstützen." Das Ziel sei ein Deutschland, „in welchem mit der faschistischen Barbarei Schluß gemacht ist, . . . das mit allen Völkern in Frieden lebt".[80]

Denselben Geist atmete der Aufruf von 158 deutschen Kriegsgefangenen vom 10. Oktober 1941, die sich nach Diskussionen mit führenden KPD-Funktionären an ihre ehemaligen Kameraden wandten. Sie sagten unumwunden: „Es gibt zwei Deutschlands: das Deutschland der Nazischmarotzer und das Deutschland der Werktätigen, das Deutschland der vertierten Raub- und Mordgesellen und das Deutschland des ehrlichen und fleißigen Volkes. Es gibt ein Deutschland der faschistischen Barbaren und das Deutschland der großen Denker, Erfinder und Dichter, die durch ihre Leistungen die Weltkultur bereichert haben. Es gibt ein Deutschland größenwahnsinniger Machthaber . . . Es gibt ein Deutschland des Volkes, das die unverzügliche Einstellung des Krieges fordert.

Zwischen diesen beiden Deutschlands klafft ein Abgrund. Die Mehrheit unseres Volkes hat nichts gemein mit der Irrlehre von der Überlegenheit der deutschen ‚Rasse', die angeblich berufen sei, alle übrigen Völker der Welt zu unterdrücken. Das deutsche Volk braucht nicht die Versklavung anderer Völker, sondern seine eigene Befreiung aus der Naziknechtschaft." [81] Für dieses andere Deutschland, das die Verfasser des Aufrufs eingehend beschrieben, zu kämpfen, forderten sie die humanistisch denkenden Deutschen auf.

Ebenso erklärte der Aufruf von 60 deutschen Politikern, Gewerkschaftern und Schriftstellern vom 25. Januar 1942, den u. a. Wilhelm Pieck und Walter Ulbricht, Johannes R. Becher und Erich Weinert unterschrieben, in knapper Form: „Schließt euch alle zusammen gegen Hitler und seine blutige Leibgarde, gegen SS und Gestapo, gegen das ganze verbrecherische Naziregime. Zögert nicht, verliert keine Zeit, euren Beitrag zu leisten zum Freiheitskampf der Völker gegen die Hitlerbande! Tretet mit aller Kraft den Untaten Hitlers entgegen! Schädigt mit allen Mitteln die barbarische Kriegsmaschine Hitlers, die Europa verwüstet und Deutschland in den Abgrund schleift!" [82]

Und am Ende des Jahres 1942 stand das „Friedensmanifest an das deutsche Volk und an die deutsche Wehrmacht" des ZK der KPD vom 6. Dezember 1942. Es hieß darin: „Je länger der Krieg und die zahllosen himmelschreienden Verbrechen der SS und Gestapo in den besetzten Ländern ... fortgesetzt werden, um so grimmiger der Haß dieser Völker gegen unser Volk." Zur Beendigung des Krieges und des Völkermordes schlug die KPD-Führung ein 10-Punkte-Programm vor. Punkt 4 besagte: „Außerkraftsetzung der entwürdigenden Rassenhetze." [83] In anderen Punkten wurden die Enteignung der Kriegsschuldigen, demokratische Rechte und Freiheiten und soziale Sicherheiten verlangt.

Auf diese Weise verband die KPD die Verurteilung der faschistischen Verbrechen immer und wie keine andere politische Kraft mit wegweisenden Darlegungen für einen Staat ohne Faschismus, Rassismus und Massenmord.

Die einzige nichtkommunistische öffentliche Stellungnahme zur faschistischen Judenverfolgung, die größere Verbreitung fand, stammte von dem studentischen Widerstandskreis um Hans Scholl und Alexander Schmorell in München. Mitte 1942 schrieben sie in ihrem zweiten Flugblatt: „Als Beispiel wollen wir die Tatsache kurz anführen, die Tatsache, daß seit der Eroberung Polens dreihunderttausend Juden in diesem Land auf bestialische Art ermordet worden sind. Hier sehen wir das fürchterliche Verbrechen an der Würde des Menschen, ein Verbrechen, dem sich kein ähnliches in der ganzen Menschengeschichte an die Seite stellen kann." Und gleich darauf mahnten die beiden Medizinstudenten eindringlich: „Jetzt, da uns in den letzten Jahren die Augen vollkommen geöffnet worden sind, jetzt ist es allerhöchste Zeit, diese braune Horde auszurotten." [84] Sahen sie zu diesem Zeitpunkt auch noch nicht die Möglichkeit, in Zukunft solche Verbrechen auszuschalten, so kamen sie in ihren letzten Flugblättern Anfang 1943 zu Einsichten, die sich den Zielen der von der KPD geführten Widerstandsfront näherten.

Auf der Grundlage der vom Zentralkomitee ausgearbeiteten Strategie und Taktik kämpften die KPD und die von Kommunisten geführten Widerstandsorganisationen. Sie propagierten den Kampf gegen Faschismus und Krieg mit allen Mitteln. Sie störten die Kriegsproduktion, unterstützten Kriegsdienstgegner und gingen gegen innenpolitische Maßnahmen der Faschisten an. Sie entlarvten die Nazilügen und verbreiteten die Wahrheit über den Hitlerkrieg und das faschistische Regime. Sie bauten die illegalen Organisationen und Verbindungen aus und verbreiterten durch Einbeziehung sozialdemokratischer, parteiloser und bürgerlicher Hitlergegner die antifaschistische Front.

Eine relativ starke Gruppe von Beauftragten des ZK der KPD unter Leitung des ZK-Mitgliedes Wilhelm Knöchel wirkte zunächst im Rhein- und Ruhrgebiet. Sie fügte die Mitglieder und Organisationen der KPD in einzelnen Städten zu einer festen überbezirklichen Organisation mit einer eigenen Leitung zusammen, die sich durch eine vielfältige antifaschistische Aktivität unter der Losung „Frieden – Freiheit – Fortschritt" auszeichnete. Ein politischer Höhepunkt war die illegale Konferenz der Organisation Ende Mai 1942. Sie analysierte die geleistete Arbeit und gab Richtlinien für ihre Weiterführung, die sie in einem Manifest an alle Kommunisten und Hitlergegner fixierte.

Von Westdeutschland aus festigten die Instrukteure bestehende und knüpften neue Verbindungen zu illegalen Parteiorganisationen in anderen Teilen Westdeutschlands, in Süd-, Nord- und Mitteldeutschland und in Berlin an.

Der ZK-Instrukteur Alfred Kowalke unterstützte die Berliner KPD-Organisation unter der Leitung von Robert Uhrig. Sie hatte ihre Verbindungen über den Berliner Bereich bis nach West- und Süddeutschland und Österreich ausgedehnt. Im Herbst 1941 schlossen sich die Gruppen um Dr. Josef Römer und Walter Budeus und weitere sozialdemokratische und parteilose Antifaschisten der Organisation an. Die Uhrig-Organisation arbeitete außerdem eng mit der großen Organisation unter der Leitung von Harro Schulze-Boysen und Dr. Arvid Harnack zusammen, die vor allem im Berliner Raum über zahlreiche Angehörige und Stützpunkte verfügte. Ihr leitender Kern waren Kommunisten, die – von mittels Fallschirmen abgesetzten ZK-Instrukteuren angeleitet – zahlreiche Patrioten aus verschiedenen Schichten an den antifaschistischen Kampf heranführten. Die Tätigkeit reichte von der antifaschistischen Agitation bis zur Übermittlung von Informationen über faschistische Pläne und Maßnahmen an die Sowjetunion.

Die Hamburger KPD-Organisation unter der Leitung von Robert Abshagen, Bernhard Bästlein und Franz Jacob verfügte bis Herbst 1942 über Stützpunkte in über 30 Großbetrieben und feste Verbindungen zu Parteiorganisationen und Widerstandsgruppen in norddeutschen Städten. Mit den KPD-Organisationen in West- und Mitteldeutschland und in Berlin hatte sie wechselseitige Kontakte. Auch sie bezog nichtkommunistische Arbeiter und bürgerliche Hitlergegner in den Kampf ein.

In Mannheim – um eine weitere der großen illegalen Organisationen der Jahre 1941/42 anzuführen – scharten sich zahlreiche deutsche und ausländische Arbeiter um den erfahrenen KPD-Funktionär Georg Lechleiter. Die Organisation hatte Stützpunkte in den Betrieben ihres Gebiets und bemühte sich, die Verbindungen zu anderen süddeutschen Antifaschisten herzustellen. Ihre Zeitung „Der Vorbote" und einzelne Schriften legten Weg und Ziel des antifaschistischen Kampfes dar.

Diese und andere Organisationen der KPD und unter der Führung von Kommunisten knüpften in tiefster Illegalität ein festes Netz von Antifaschisten, das sich über weite Teile Deutschlands erstreckte. Die Schlagkraft dieser illegalen Organisationen und Gruppen zeigte sich nicht zuletzt an der Zahl antifaschistischer Flugblätter, die die Gestapo registrierte. Sie stieg von 377 Exemplaren im Juni 1941 auf 10227 Stück im Oktober 1941. Nach dem Programm, das die Führung der KPD ausgearbeitet und vorgelegt hatte, kämpften die organisierten Antifaschisten unter schwierigsten Bedingungen für ein Deutschland, das die Lehren aus der Vergangenheit und der Nazizeit ziehen würde, und damit auch für die Befreiung von Rassismus und Judenverfolgung, Unterdrückung anderer Völker und Massenmord.

Bewußt oder unbewußt handelten zahlreiche Menschen in Deutschland nach den Appellen und dem Vorbild der Kommunisten. Es waren jene Deutsche, die sich ein Herz für ihre Mitbürger, die Diskriminierten und Verfolgten bewahrt hatten, die die Judenverfolgung bedrückte und die den Mut hatten, dagegen aufzutreten. Am deutlichsten kam ihre Mißbilligung gegen die Menschenjagd im Herbst 1941 zum Ausdruck, wenn sie den gebrandmarkten Juden begegneten.

Der Romanist Prof. Dr. Victor Klemperer berichtete über Sympathiebezeugungen in Dresden: „Ein weißbärtiger, gepflegter Herr überquert die Straße, grüßt tief, reicht mir die Hand: ‚Sie kennen mich nicht, ich muß Ihnen nur sagen, daß ich solche Methoden verurteile' . . . Ein Möbelträger, der mir von zwei Umzügen her zugetan ist – gute Leute alle, riechen sehr nach KPD –, steht in der Freiberger Straße plötzlich vor mir und packt meine Hand mit seinen beiden Tatzen und flüstert, daß man es über den Fahrdamm weg hören muß: ‚Nu Herr Professor, lassen Sie bloß den Kopf nicht hängen! Nächstens haben sie doch abgewirtschaftet, die verfluchten Brüder!'"[85]

Ähnliches erfuhr Dr. Else Behrend-Rosenfeld in München. Ein Soldat schenkte beispielsweise einer älteren Frau seine Brotmarken, und ein Mann bot in der Straßenbahn mit einer tiefen Verbeugung demonstrativ einer Frau seinen Platz an. Die Lieferanten des Heimes, das Dr. Behrend-Rosenfeld leitete, schimpften auf den gelben Stern und erklärten, sie würden nun erst recht Nahrungsmittel bringen.

Die Breslauer Vikarin Dr. Katharina Staritz schrieb in einem Flugblatt, das auch in anderen Städten verbreitet wurde: „Es ist Christenpflicht, sie nicht etwa der Kennzeichnung wegen vom Gottesdienst auszuschließen. Sie haben das gleiche Heimatrecht in der Kirche wie die anderen Gemeindemitglieder und bedürfen des Trostes aus Gotteswort besonders."[86] Diese Stellungnahme wandte sich zugleich gegen die Absonderungsabsichten der offiziellen protestantischen Kirchenleitung, die sich alsbald von der Vikarin distanzierte. Dr. Staritz wurde am 8. Dezember 1941 in der SS-Zeitung „Das Schwarze Korps" denunziert und danach verhaftet. Im KZ Ravensbrück konnte sie sich jedoch nicht zu ähnlichen Handlungen durchringen. Denn die Hilfsbereitschaft, wie sie evangelische Kirchenorgane verstanden, galt sogenannten Judenchristen.

Alexander Abusch befragte einige Passagiere, die als letzte Auswanderer aus Deutschland kamen und nach Übersee fuhren. Sie hatten noch die ersten Reaktionen auf die Einführung des gelben Sterns erlebt und berichteten aus Frankfurt a. M. von heimlichen Lebensmittelspenden, aus Berlin von einem Buchgeschenk in der S-Bahn, in dem eine deutliche Absage an die Nazimethoden lag, und über die demonstrative Überreichung von Tabakwaren, aus dem Rheinland von Grüßen Unbekannter und Ermunterungsrufen und von einem Bürgermeister: „In einem kleinen Ort, dessen Namen ich nicht nennen will, redete ein anderer Verwandter von mir mit dem Bürgermeister, ‚Ich bin Ihnen nicht böse, Herr Bürgermeister, wenn Sie mich mit dem Stern nicht mehr grüßen.' Der Bürgermeister fuhr auf: ‚Noch tiefer werde ich jetzt den Hut vor Ihnen ziehen.'"[87]

Derartige Kundgebungen des Abscheus gegen die Diskriminierung und der Sympathie für die Verfolgten nahmen einen solchen Umfang an, daß die Nazipresse dagegen polemisieren mußte. Beispielsweise hetzte am 4. und 9. Oktober 1941 der Stuttgarter „NS-Kurier" gegen Deutsche, die – „keineswegs vereinzelt" – in Straßenbahnen und auf der Straße ihren Mitbürgern mit dem gelben Stern freundlich begegneten. Goebbels zog in der Zeitung „Das Reich" vom 16. November 1941 öffentlich gegen solche Kundgebungen zu Felde. Er polemisierte gegen die Einstellung „Juden seien doch auch Menschen", „ihr Jude sei ein anständiger Jude" und wetterte dagegen, daß „Herr Bramsig oder Frau Knöterich beim Anblick einer alten Frau, die den Judenstern trägt, eine Regung von Mitleid empfinden". Goebbels drohte an, solche Bezeugungen mit Repressalien zu unterdrücken: „Hier ist Nächstenliebe nicht nur Schwäche, sondern Pflichtvergessenheit und ein Verbrechen gegen die Staatssicherheit obendrein."

Unter dem Druck der Propaganda und des Terrors hielt sich die Mehrheit der Deutschen neutral oder gar gleichgültig zurück. Außerdem mußten die Verfolgten auch gehässige und brutale Stimmen registrieren, die aber bei ihnen keinesfalls die moralische Wirkung des gut gemeinten Zuspruchs und der solidarischen Zuwendungen aufhoben.

Eine höhere Stufe der Solidaritätsbekundungen waren direkte Hilfeleistungen, die eine Reihe der Verfolgten erfuhr. Im Sinne der Erklärung des ZK der KPD vom November 1938, mit allen Mitteln den verfolgten Juden zu helfen, handelten organisierte Antifaschisten und viele Hitlergegner, die einzeln das Los ihrer verfemten Mitbürger zu erleichtern oder gar abzuwenden versuchten. Menschen verschiedener politischer Einstellung beteiligten sich an dieser Form der Hilfe.

Die illegale Schulze-Boysen/Harnack-Organisation in Berlin half vor allem mit Lebensmitteln und Geld. Sie beauftragte beispielsweise aber auch den Sinologen Dr. Philipp Schaeffer, ein jüdisches Ehepaar zu retten, das sich mit Selbstmordgedanken trug. Er versuchte, mit einem Seil von außen in die Wohnung zu kommen, deren Tür verschlossen war. Schaeffer stürzte ab und erlitt mehrere Knochenbrüche. Im Krankenhaus verhaftet, wurde er vor Gericht gestellt und am 13. Mai 1943 hingerichtet. Von einem anderen Kommunisten berichtete die illegal in Berlin lebende Dr. Else Behrend-Rosenfeld, daß er sie und weitere Versteckte 1942/43 aus der Markthalle mit Lebensmitteln versorgte.

Die illegale Berliner Organisation „Kampfbund", die von den Kommunisten Erich Prenzlau und Wilhelm Jakob geleitet wurde und der Kommunisten, Sozialdemokraten und parteilose Arbeiter angehörten, betreute und verbarg längere Zeit in den Wohnungen ihrer Angehörigen eine dreiköpfige jüdische Familie.

In der Umgebung Berlins half die Widerstandsgruppe Elsholtz, die aus Kommunisten, Sozialdemokraten und bürgerlichen Hitlergegnern bestand, politisch und rassisch Verfolgten und versteckte einige Juden jahrelang.

Von der Erfurter KPD-Organisation versorgten Paul Heissner rassisch Verfolgte mit Nahrungsmitteln und Rudolf Görbing mit Tabakwaren.

Angehörigen der Leipziger KPD-Organisation, die als Desinfektoren tätig waren, gelang es, 1942 mit Hilfe polnischer Genossen in das Zwangsarbeiterlager der Hugo Schneider AG, Leipzig, in Skarżysko-Kamienna zu kommen. Sie informierten sich nicht nur über die dortigen Zustände, sondern sprachen den Insassen Mut zu und verbreiteten das Wissen um ein anderes Deutschland.

Der Kommunist Heitz konnte im Mai 1942 in Koretz Juden vor dem Tod retten, indem er geistesgegenwärtig behauptete, er brauche sie zur Arbeit, und sie aus der Kolonne, die zum Erschießungsplatz marschierte, herausholte. Einigen gelang danach die Flucht, 15 andere versteckte Heitz.

Illegale Kreise intellektueller Hitlergegner, wie die Berliner Gruppe von

Ärzten und Naturwissenschaftlern, die sich später „Europäische Union" nannte, der Kreis „Onkel Emil" um die Berliner Journalistin Ruth Friedrich, dem u. a. Ärzte, Gelehrte und Schauspieler angehörten und der zu einem kommunistischen Arzt Verbindung hatte, halfen mit Nahrungsmitteln, Geld, Verstecken, falschen Papieren und auf andere Weise jüdischen Menschen. Auch Hans Scholl steckte in Polen jüdischen Zwangsarbeitern Nahrungsmittel und Tabak zu. Die bürgerlichen Gruppen „Bund" in Essen, „07" in München, „Kampf dem Faschismus" in Hamburg, die Kontakt mit der Hamburger Organisation der KPD hatten, der Berliner Kreis um Knudsen und eine Breslauer Gruppe leisteten den Verfolgten tätigen Beistand.

Der evangelische Geistliche Dr. Harald Poelchau, Gefängnisseelsorger in Berlin-Plötzensee und Mitglied des illegalen Kreisauer Kreises, half mit Rat und Tat, mit Nahrungsmitteln, falschen Papieren, Geld und Verstecken. Er nutzte dafür Kontakte mit einzelnen Hitlergegnern, darunter dem Pastorenehepaar Wendland, und illegalen Guppen, u. a. dem Kreis „Onkel Emil", aus.

Noch umfangreicher und heute kaum noch ergründbar war die Hilfe Einzelner, die meist ganz auf sich gestellt wirkten. Von dem Berliner Sozialdemokraten Wilhelm Daene war bekannt, daß er mit anderen gemeinsam für jüdische Zwangsarbeiter eintrat und allein mindestens sieben Jüdinnen versteckte. Ähnlich handelte die Sozialdemokratin Else Schock in Berlin, die ein Ehepaar auf ihrem Gartengrundstück unterbrachte und versorgte. Das sozialdemokratische Ehepaar Fritz und Frieda Körtner aus Falkensee versteckte ab Oktober 1942 Hilma Lindower und nahm 1943 den 15jährigen Rolf Kaufmann auf, dessen Eltern deportiert worden waren.

Die Berliner Mitglieder der Bekennenden Kirche Hildegard Jacoby, Helene Jacobs und Dr. Franz Kaufmann beschafften Lebensmittelkarten und gaben sogar ihre eigenen Ausweise an Verfolgte. Kaufmann wurde von der Gestapo ermordet, die beiden Frauen erhielten Zuchthausstrafen. Der Hamburger Bäkker Dechow verteilte heimlich Säcke voll Zwieback. Der Bauer Heinrich Glawion aus Strehlitz (Schlesien) wurde zu 18 Monaten Haft verurteilt, weil er Juden Butter gab. Die Freiburger Katholikin Dr. Gertrud Luckner sammelte Geld und sandte Pakete nach Łódź. Viele ähnliche Fälle der Unterstützung gab es auch in anderen Orten.

Weit schwieriger und gefahrvoller war die illegale Unterbringung von Verfolgten. Aus der Reihe der Beispiele ragten heraus: der Münchener Friedhofswärter Schörghofer, der drei Männer und drei Frauen versteckte, die Frauen Johanna Klieger, Friede Krantz, Sophie Metzger, Ernestine Schmiedel und Frieda Seifert, die in ihren Dörfern acht jüdische Kinder aus deportierten Familien aufnahmen und von dem Königsberger Sondergericht zu Zuchthausstrafen von $3^1/_2$ bis 6 Jahren verurteilt wurden, und die Berliner Lehrerin Elsbeth Abegg, die neben anderen Hilfeleistungen etwa 80 Verfolgten Unterkünfte besorgte.

Das waren nur einige Beispiele einer mannigfaltigen Hilfe, zu der sich direkt oder indirekt eine Vielzahl humanistisch eingestellter Deutscher vereinte. Die Skala ihrer heimlichen Tätigkeit reichte von kleinen Unterstützungen über ständige materielle Zuwendungen bis zum Verstecken und der Rettung vor dem Tod. Allein die Zahl der in Berlin, dem Zentrum solcher riskanter Hilfe, illegal lebenden Juden wurde auf 3 000 bis 4 000 geschätzt, von denen mindestens 1 500 das Ende der Verfolgung erlebten.

Nach 1945 behaupteten auch leitende Herren des Siemenskonzerns, die Rettung jüdischer Zwangsarbeiter vor der Deportation versucht zu haben. Bei näherer Untersuchung stellte sich jedoch heraus, daß sie nur um die einträgliche Profitquelle besorgt waren. Sie verlangten und erreichten, daß die Deportationen erst begannen, als entsprechender „Ersatz" angekommen war. Diese, aus nackter Profitgier bestimmte „Sorge" hatte mit Hilfe nichts zu tun. Genauso stand es mit ähnlichen Fällen, die Apologeten des Imperialismus in der BRD immer wieder hervorheben, z. B. geheime finanzielle Zuwendungen oder Reklamierung unersetzlicher Arbeitskräfte. Sie kamen zwar objektiv den Verfolgten zugute, waren aber den Monopolherren mehr Mittel zum Zweck denn Hilfe, die mit Gefahren für sie selbst verbunden war. Charakteristisch für die Haltung derjenigen Kräfte, die über genügend Möglichkeiten und Einfluß verfügten, das Leben Bedrohter zu retten, war auch, daß sie sich in einigen wenigen Fällen für ihnen persönlich bekannte Deutsche jüdischer Herkunft einsetzten, hingegen zuließen, daß an deren Stelle andere deportiert wurden.

Eine tatsächliche Lebensrettung war die Hilfe zur Flucht ins Ausland, meist in die Schweiz.

Der Pfarrer der Bekennenden Kirche Dr. Dietrich Bonhoeffer bereitete mit Hilfe ihm bekannter Militärs und ziviler Beamter seit Ende 1941 die Rettung von etwa zwölf rassisch Verfolgten vor. Nach Überwindung zahlreicher Schwierigkeiten, auch in der Schweiz, wo Prof. Dr. Karl Barth und andere Protestanten eingriffen, konnten sie im Spätsommer 1942 mit offizieller Genehmigung, allerdings mit dem Odium von Naziagenten behaftet, ausreisen.

Typischer war jedoch die illegale Flucht. 1943 sollten im Monat durchschnittlich 50 verfolgte Juden die Schweizer Grenze überschritten haben. Sie bedurften meist der Hilfe deutscher Hitlergegner. Unter anderen war es Dr. Gertrud Luckner in Freiburg i. Br., die an dieser Rettungsmöglichkeit beteiligt war. Auch Dr. Else Behrend-Rosenfeld gelang im April 1944 mit Unterstützung Freiburger Freunde und von Arbeitern die Flucht in die Schweiz. Anfang 1944 verurteilte das Freiburger Sondergericht den Koch Otto Altenburger, den Maler Franz Heckendorf, den Dekorateur Nikolaus Lebens, sämtlich aus Berlin, und den Gastwirt Wilhelm Martin aus Freiburg im Breisgau, die Berliner Juden die Flucht in die Schweiz ermöglicht hatten, zu Zuchthausstrafen zwischen sechs und zehn Jahren.[88]

Sowohl die Zahlen der illegal Lebenden als auch der Flüchtlinge ließen ermessen, wie eine Reihe deutscher Menschen an diesem Kampf gegen die „Endlösung der Judenfrage" und den Massenmord beteiligt waren. Blieb ihr Erfolg – gemessen an der Zahl der Ermordeten – relativ gering, so bedeutete er doch in jedem Fall den Einsatz des eigenen zur Rettung eines anderen Lebens. Die unermüdliche und aufopfernde Tätigkeit der bekannten und unbekannten Helfer war Teil des Widerstandskampfes des deutschen Volkes.

An dieser Bewegung zur Befreiung Deutschlands vom faschistischen Joch nahmen auch eine Reihe jüdischer Bürger aktiv teil, die damit zugleich die Rassenhetze und -gesetze beseitigen und sich selbst ein Leben ohne Unterdrückung und Verfolgung erkämpfen wollte. Besonders die Gruppe um den Berliner Kommunisten Herbert Baum hatte sich solcher, bisher abseits stehender Menschen angenommen und einige von ihnen für die antifaschistische Front gewonnen.[89]

Die politische Kleinarbeit der Gruppe, die in Schulungen erreichte Klarheit und die Anleitung der KPD-Funktionäre durch den Moskauer Rundfunk und den Deutschen Volkssender schlugen sich u. a. in einer Reihe von Flugblättern nieder. Sie erläuterten den Charakter des faschistischen Üerfalls auf die Sowjetunion, mahnten zur Besinnung und riefen zum Widerstand auf. Eine ihrer Losungen lautete: „Mobilisiert alle Kräfte für die Vorbereitung und Organisierung der antifaschistischen Volksfront!"[90]

Ihre Schriften, die sich teilweise speziell an bestimmte Bevölkerungsgruppen wandten, versandte die Baum-Gruppe mit der Post. Neben der Aufklärungs- und Informationstätigkeit führten ihre Kämpfer die Schulung weiter, bemühten sich, Antifaschisten vor dem Dienst in der Wehrmacht zu bewahren, und störten die Kriegsproduktion. Diese Leistungen waren um so höher zu bewerten, da durch die faschistischen Maßnahmen vielen der Illegalen die Bewegungsfreiheit äußerst beschnitten war. Doch war gerade die Verfolgung ein zusätzlicher Antrieb zum antifaschistischen Kampf, wie es eines der Verdienste der Jungkommunisten um Herbert Baum war, jüdische Mitbürger für den Widerstandskampf mobilisiert zu haben.

Am 18. Mai 1942 entzündeten Angehörige der Baum-Gruppe in der antisowjetischen Hetzausstellung „Das Sowjetparadies" im Berliner Lustgarten Brandsätze. Die Gestapo entdeckte die Täter und folterte sie grausam. Herbert Baum wurde so zugerichtet, daß er den Freitod wählte. 28 seiner Mitkämpfer richtete man 1942/43 hin. Andere starben in Konzentrationslagern. Etwa 50 erhielten hohe Freiheitsstrafen.

Auch während dieser faschistischen Verfolgung bewährte sich die kämpferische Solidarität der Nazigegner, die Angehörigen der Baum-Gruppe ihre

Hilfe gaben. Das Berliner Arbeiterehepaar Heinz und Maria Milkert versteckte z. B. Martin Kochmann. Der Sozialdemokrat Wolfgang Knabe und die der KPD nahestehende Hildegard Knabe, beide Ehepartner waren selbst eingekerkert gewesen, und das sozialdemokratische Ehepaar Heinrich und Hedwig von Kordisch verbargen und betreuten Felix Heymann. Gertrud Richter, deren Ehemann verfolgter Kommunist war, und der Stahnsdorfer Gärtner Thomas Bliemeister brachten Charlotte Paech unter. Als sie aus der darauf folgenden Gestapohaft entfliehen konnte, kam sie durch Vermittlung des evangelischen Geistlichen Poelchau zu der Potsdamer Pfarrersfrau Schneider, die schon andere Verfolgte betreute. Die Pfarrersfrau nahm die Kommunistin in ihrer Wohnung auf und verbarg sie bis 1945.

In antifaschistischer Gemeinsamkeit unterstützten so Kommunisten, Sozialdemokraten, Christen und Parteilose vom Tode bedrohte Kämpfer der Baum-Gruppe. Diese Solidarität war charakteristisch für die Handlungsweise der Widerstandsfront gegenüber den rassisch Verfolgten, denen sie wie allen anderen vom Faschismus Gehetzten halfen.

In Breslau standen Kommunisten und Bürger jüdischer Abstammung vereint in einer Widerstandsgruppe. Bis Juni 1944 zerstörten sie nicht nur Naziplakate, sondern verbreiteten auch eigene Schriften gegen Faschismus und Krieg.

Die geschilderten und viele andere bekannte und noch nicht bekannte Handlungen der Solidarität und des Widerstandes gegen die faschistische Judenverfolgung, bei der zahlreiche Menschen ihr Leben einsetzten und den Verfolgten halfen und manchen retteten, konnten jedoch nicht darüber hinwegtäuschen, daß sehr viele Deutsche unter dem Eindruck der faschistischen Propaganda standen, durch den hemmungslosen Terror eingeschüchtert waren und sich nur mit ihrem eigenen Schicksal beschäftigten. Diese Passivität nutzten die Nazis aus, ihren Vernichtungsplan weiterzuführen.

Dennoch waren die öffentlichen Manifestationen der antifaschistischen Front und die davon zum Teil bewußt, zum Teil unbewußt angeregten Hilfeleistungen Zeugnisse des trotz Terrors und Hetze existierenden und kämpfenden anderen Deutschlands, das zugleich direkt oder indirekt für eine neue humanistische Gesellschaft eintrat, die frei von Rassismus und imperialistischen Verbrechen war. Sie bewiesen seine Existenz in einer Zeit, da die faschistische Judenverfolgung ihren Höhepunkt erreichte, in der 110 000 deutsche Juden und Millionen Bürger anderer Staaten der faschistischen Barbarei zum Opfer fielen.

Kapitel 6

Die letzte Phase des faschistischen Massenmordes (1943–1945)

Wie schon bei anderen Anlässen – beispielsweise am 30. Januar 1939 – erklärte Hitler am 24. Februar 1943: „Dieser Kampf wird ... nicht, wie man es beabsichtigt, mit der Vernichtung der arischen Menschheit, sondern mit der Ausrottung des Judentums in Europa sein Ende finden." [1]

In diesen Worten deutete sich dreierlei an: Angesichts der kurz zuvor verlorenen Schlacht bei Stalingrad und der von der Antihitlerkoalition unter Führung der Sowjetunion erklärten Absicht, den deutschen Faschismus zu zerschlagen, diesen als „Verteidiger der Menschheit" hinzustellen, um neue Kräfte außerhalb Deutschlands für den „europäischen Verteidigungskampf gegen den Bolschewismus" zu gewinnen; zumindest eines der faschistischen Ziele, die Ausrottung der europäischen Juden, zu erreichen; die antikommunistische und antisemitische Hetze zu forcieren, um die ideologische Klammer um die faschistische Koalition fester zu pressen.

1. Der grundlegende Umschwung des zweiten Weltkrieges

Am 19. November 1942 begannen die sowjetischen Truppen an der Wolga ihre Großoffensive. Vier Tage später schloß sich ihr Ring um 20 deutsche und 2 rumänische Divisionen mit 330 000 Soldaten, die in und bei Stalingrad standen. Erst am 31. Januar und 2. Februar 1943 nahmen die faschistischen Befehlshaber die ihnen mehrmals angebotene Kapitulation an und kamen mit nur noch 90 000 Mann in sowjetische Kriegsgefangenschaft. Die sowjetische Offensive, die auch an anderen Frontabschnitten erfolgreich verlief, warf die faschistischen Truppen stellenweise bis zu 700 Kilometern zurück. Die Wehrmacht verlor dabei bis zum 2. Februar 1943 über 800 000 Soldaten.

Neue sowjetische Offensiven begannen am 5. Juli bei Kursk und am 12. Juli 1943 bei Orjol. In einem harten Kampf von 50 Tagen zerschlug die Rote Armee 30 Divisionen mit etwa 500 000 Mann. Während diese Schlacht noch tobte, wurden am 3. August bei Belgorod–Charkow, am 7. August im Mittelabschnitt und am 18. August 1943 an der Südfront weitere große Angriffe eröffnet. Von da an riß die Reihe der sowjetischen Offensiven und Siege nicht mehr ab. Sie zeugten davon, daß sich das politisch-militärische und ökonomische Kräfteverhältnis zugunsten der Antihitlerkoalition verändert hatte, in dem die Sowjetunion die führende Rolle einnahm und die Hauptlast bei der Zerschlagung des deutschen Faschismus trug. In den sowjetischen Siegen erwies sich die allseitige Überlegenheit der sozialistischen Gesellschaftsordnung. Insofern waren die faschistischen Niederlagen keineswegs zufällig oder auf persönliches Versagen und Führungsfehler zurückzuführen. Sie erwuchsen gesetzmäßig aus dem abenteuerlichen imperialistischen Ziel, gegen den gesellschaftlichen Fortschritt anzutreten und das Rad der Geschichte zurückzudrehen.

Seit den faschistischen Niederlagen bei Stalingrad und Kursk, die den grundlegenden Umschwung im zweiten Weltkrieg darstellten, brach im Naziregime eine Krise aus, die mit den weiteren sowjetischen Erfolgen mehr und mehr um sich griff. Die faschistischen Machthaber versuchten, sie durch „totale Mobilmachung“ zu steuern. Am 18. Februar 1943 kündigte Goebbels auf einer Kundgebung in Berlin eine noch verbrecherischere Kriegführung und einen noch ungezügelteren Terror an: „Es geht hier nicht um die Methode, mit der man den Bolschewismus zu Boden schlägt, sondern um das Ziel, nämlich die Beseitigung der Gefahr. Die Frage ist also nicht die, ob die Methoden, die wir anwenden, gut oder schlecht sind, sondern ob sie zum Erfolg führen. Jedenfalls sind wir als nationalsozialistische Volksführung jetzt zu allem entschlossen. Wir packen zu, ohne Rücksicht auf die Einsprüche des einen oder des anderen.“ [2]

In der „totalen Mobilmachung“ erhielten die wichtigsten Monopolherren und das Ministerium für Bewaffnung und Munition und seine Organe weitreichende Vollmachten zur staatsmonopolistischen Regulierung der Wirtschaft. Die Schlüsselpositionen in der Steuerung der Produktion – aufgegliedert in Ausschüsse und Ringe – waren entweder von Monopolherren oder von ihren Vertrauensleuten besetzt, die mittels dieses Systems ihre Diktatur in Staat und Wirtschaft ausbauten. Sie führte zu einer weiteren Konzentration der Produktion und des Kapitals und zur Stärkung der ökonomischen und politischen Macht der größten Konzerne.

Die Entwicklung zu diesem Höhepunkt des staatsmonopolistischen Kapitalismus in Deutschland beseitigte jedoch weder die Krise, noch hob sie die hauptsächlichen Widersprüche auf. Sie verschärfte im Gegenteil den Grundwiderspruch zwischen den Profitgelüsten und Eroberungszielen der aggressiven

Kräfte des deutschen Monopolkapitals und den Interessen sowohl des deutschen Volkes als auch der anderen Völker.

Die deutschen Imperialisten hatten die Skala sozialer Abstufungen gewissermaßen nach unten verlängert, um dem deutschen Arbeiter eine scheinbar höhere Stellung vorzugaukeln. Unter ihm standen ausländische Zwangsarbeiter, ebenfalls unterschiedlich behandelt, am schlechtesten polnische und sowjetische Arbeiter, und darunter wieder KZ-Häftlinge und jüdische Zwangsarbeiter. Die faschistische Propaganda kaschierte die Ausbeutung durch Phrasen vom „Herrenmenschen" und „Vorarbeiter Europas", um aus deutschen Arbeitern Aufseher und Antreiber der Ausbeuter über ihre Klassengenossen zu machen. Der künstlichen unterschiedlichen sozialen Stellung und der Meinungsmanipulation gelang es jedoch nur im geringen Maße, den unüberbrückbaren Widerspruch zwischen Ausbeutern und Ausgebeuteten zu verschleiern und die trotz differenzierter Behandlung bestehenden Gemeinsamkeiten zwischen den Arbeitern zu verwischen.

Die „totale Mobilmachung" richtete sich unmittelbar auch gegen die Menschen in den besetzten Gebieten. Die Forderungen der Konzernherren nach mehr und noch mehr billigen Zwangsarbeitskräften führte zu immer größeren und brutaleren Menschenjagden.

Schon am 25. Oktober 1942 stellte ein Mitarbeiter der Hauptabteilung Politik des Ministeriums für die besetzten Ostgebiete fest: „In der üblichen grenzenlosen Mißachtung wurden bei der ‚Werbung' Methoden angewandt, die wohl nur in den schwärzesten Zeiten des Sklavenhandels ihr Vorbild haben. Es setzte eine regelrechte Menschenjagd ein. Ohne Rücksicht auf Gesundheitszustand und Lebensalter wurden die Menschen nach Deutschland verfrachtet, wo sich alsbald herausstellte, daß weit über 100 000 wegen schwerer Krankheit und sonstiger Arbeitsunfähigkeit zurückgeschickt werden mußten."[3] Der Verfasser war derselbe Dr. Bräutigam, der ein Jahr zuvor Pläne zur Deportation der europäischen Juden weitergab. Er war wohl keiner humanen Anwandlung verdächtig. Seine Worte charakterisierten ohne Übertreibung Ausmaß und Form der Deportationen.

1942/43 erhöhte sich die Zahl der auf solche Weise zusammengetriebenen Zwangsarbeiter um zwei Millionen. Allein aus der Sowjetunion waren es 1,5 Millionen Menschen. Sie wurden unter der Devise „Vernichtung durch Arbeit" bis zum letzten ausgebeutet. Bezeichnend dafür war, was Himmler am 4. Oktober 1943 vor hohen Nazifunktionären erklärte: „Wie es den Russen und den Tschechen geht, ist mir total gleichgültig ... Ob die anderen Völker in Wohlstand leben oder ob sie verrecken vor Hunger, das interessiert mich nur soweit, als wir sie als Sklaven für unsere Kultur brauchen."[4]

Sahen die deutschen Imperialisten und ihre faschistischen Sprecher ihre Pläne zur „Neuordnung" Europas durch die Siege der Roten Armee scheitern, so wollten sie versuchen, in ihren Untergang Abertausende Menschen hineinzuziehen. In erster Linie betraf ihre Vernichtungspolitik Kommunisten und proletarische Kräfte. Ihre wesentlichste Absicht bestand darin, den Wieder- bzw. Neuaufbau der verheerten Gebiete der UdSSR und Osteuropas durch Zerstörungen zu erschweren und durch Verschleppung und Ermordung der Landesbewohner, insbesondere der zur Führung berufenen Kräfte, diese Staaten für die Zukunft zu schwächen oder sie zu behindern, den Weg des Fortschritts zu beschreiten.

2. Die Weiterführung des Mordens und Raubens und die Varianten

Vor dem Hintergrund dieser faschistischen verbrecherischen Politik wurde der Massenmord an den europäischen Juden fortgeführt. Er war die grausige Konsequenz der Rassenhetze und der bereits begangenen Untaten. Angesichts ihres bevorstehenden Endes setzten die faschistischen Machthaber alles daran, zumindest eines ihrer Ziele, die Ermordung der europäischen Juden, zu erreichen.

Goebbels notierte am 2. März 1943 in seinem Tagebuch, warum die antisemitische Verfolgung erneut gesteigert werden sollte: „Vor allem in der Judenfrage sind wir ja so festgelegt, daß es für uns kein Entrinnen mehr gibt. Und das ist auch gut so. Eine Bewegung und ein Volk, die die Brücken hinter sich abgebrochen haben, kämpfen erfahrungsgemäß viel vorbehaltloser als die, die noch eine Rückzugsmöglichkeit besitzen."[5] Die faschistische Propaganda wollte also dem deutschen Volk suggerieren, es wäre wegen des faschistischen Massenmordes auf Gedeih und Verderb mit dem faschistischen Regime verbunden. Mit der neuen Propagandalinie wurde versucht, eine angebliche Gemeinsamkeit des Verbrechens zu beschwören, die Soldaten und Zivilisten veranlassen sollte, bis zum letzten zu kämpfen und zu arbeiten, um das Leben der wirklichen Verbrecher zu verlängern. In diesem Sinne gab Hitler in seiner Rede im Mai 1943 vor Spitzenfunktionären der Nazipartei das Stichwort, die antisemitische Hetze zu verstärken, als er erklärte, daß „der Antisemitismus, wie wir ihn früher in der Partei gepflegt und propagiert haben, auch jetzt wieder das Kernstück unserer geistigen Auseinandersetzung sein muß".[6]

Goebbels führte den Gedanken weiter, als er in aller Öffentlichkeit am 3. Juni 1943 sprach: „Unser Europa wird ihnen (den Juden – d. Verf.) nicht die Krone, sondern die gepanzerte Faust anbieten, und nicht der Patriarch der ganzen Welt wird der Jude sein, sondern ein Aussätziger, der Abschaum, das Opfer seines eigenen verbrecherischen Ehrgeizes, der an unserer Kraft und an unserer Erkenntnis scheitern wird. Vor dieser Weltgefahr haben Sentimentalitäten keinen Platz ... Dagegen gibt es nur ein Mittel: radikale Beseitigung der Gefahr." [7]

Zweifellos standen diese Ausführungen im Zusammenhang mit Goebbels' Rede vom 18. Februar 1943, in der er gleiche Worte gegen den Bolschewismus gebrauchte und gleiche Drohungen hervorstieß.

Während die Naziführer ihre weitergehenden Mordabsichten unterstrichen, ging der Massenmord in den schon bestehenden Vernichtungsstätten Auschwitz, Bełżec, Sobibor und Treblinka weiter, wurde der Ausbau anderer Vernichtungslager vorangetrieben.

Das im November 1941 entstandene KZ Majdanek, in einem Vorort Lublins, bekam im Herbst 1942 mit dem Einbau von sieben Gaskammern den Charakter eines Mordzentrums. Seine Kommandanten waren SS-Sturmbannführer Max Kögel (August bis Oktober 1942), SS-Sturmbannführer Hermann Florstädt (Oktober 1942 bis November 1943), SS-Sturmbannführer Martin Weiß (November 1943 bis Mai 1944) und SS-Sturmbannführer Arthur Liebehenschel (Mai bis Juli 1944). Bis zur Befreiung durch die Rote Armee am 22. Juli 1944 kamen in Majdanek durch Zyklon B, Kohlenmonoxyd und Erschießungen über 200 000 Menschen, vor allem Insassen der Lubliner und Warschauer Ghettos, aber auch solche aus anderen europäischen Ländern, ums Leben. Die wenigen Häftlinge, die man aus den Vernichtungstransporten zum Arbeitseinsatz aussuchte, wurden in Arbeitslager in und bei Lublin gesteckt. Sie waren als Außenkommandos dem KZ Majdanek unterstellt. Hier betrieb das Wirtschaftsunternehmen Ostindustrie GmbH acht Werke mit etwa 16 000 jüdischen und 1 700 polnischen Zwangsarbeitern. Sie waren zum Teil in der Kriegsproduktion beschäftigt. Die Ostindustrie GmbH übernahm und „verwertete" auch Maschinen aus jüdischem Besitz und baute u. a. daraus mit 1 500 Häftlingen ein Eisenwerk auf. 1943 hatte die Gesellschaft einen Umsatz von 26,6 Millionen Złoty und führte außerdem 14,6 Millionen Złoty Erlös aus geraubten Maschinen und anderem jüdischen Besitz ab. Weiter gab es in Lublin einen Betrieb der Deutschen Ausrüstungswerke, eines anderen SS-Wirtschaftsunternehmens, das durch die billige Häftlingsarbeitskraft profitierte.

1943 errichteten die Faschisten ein weiteres Konzentrationslager, das ausschließlich für Juden bestimmt sein sollte: das KZ Bergen-Belsen in der Lüneburger Heide. Im Februar 1943 schlug das Außenministerium dem Reichssicherheitshauptamt vor, etwa 30 000 Juden mit Pässen oder anderen Papieren, die sie als Bürger der westlichen Staaten der Antihitlerkoalition auswiesen, vorläufig von der Deportation in die Vernichtungslager zurückzustellen. Es schrieb am 20. Februar 1943: „Hierfür kommen solche Juden in Frage, die über verwandtschaftliche, freundschaftliche, kaufmännische oder politische Beziehungen zu Angehörigen der Feindstaaten oder zu Personen holländischer, belgischer usw. Staatsangehörigkeit verfügen, die sich z. Zt. in den Feindstaaten aufhalten und dort politisch tätig sind." Es wurde mit diesem Vorschlag offenbar die Absicht verfolgt, trotz Festhaltens an der „Endlösung der Judenfrage", mittels dieses „Faustpfandes" erpresserischen Druck auf die westlichen Alliierten auszuüben.[8]

Im Reichssicherheitshauptamt folgte man der Anregung und ordnete im April an, ein Sonderlager für etwa 10 000 Personen zu errichten, die gegen deutsche Kriegsgefangene ausgetauscht werden könnten. Die Richtlinien der Gestapo vom 31. August 1943 besagten: „Für eine Verlegung in das Aufenthaltslager Bergen-Belsen kommen nur solche Juden in Betracht, die an sich gemäß den Richtlinien für eine Evakuierung nach dem Osten zu erfassen wären, wegen ihrer besonderen Verbindungen zum feindlichen Ausland jedoch zunächst bis auf weiteres zur Verfügung zu halten sind. Im einzelnen:

1. Juden, die verwandtschaftliche oder sonstige Beziehungen zu einflußreichen Personen im feindlichen Ausland haben;

2. Juden, die unter Zugrundelegung eines günstigen Schlüssels für einen Austausch gegen im feindlichen Ausland internierte oder gefangene Reichsangehörige in Frage kommen;

3. Juden, die als Geiseln und als politische oder wirtschaftliche Druckmittel brauchbar sein könnten;

4. jüdische Spitzenfunktionäre."[9]

Dieses Lager wurde ab April 1943 in Bergen-Belsen geschaffen, wo die SS einen Teil des Kriegsgefangenenlagers von der Wehrmacht übernahm. Das neue KZ erhielt die offizielle Bezeichnung „Aufenthaltslager Bergen-Belsen". Seine Kommandanten waren SS-Sturmbannführer Adolf Haas (bis November 1944) und SS-Hauptsturmführer Josef Kramer (bis April 1945).

Entsprechend diesem Zwecke nahm Bergen-Belsen eine Sonderstellung im System der faschistischen Konzentrationslager ein. Zwar unterschieden sich die Verhältnisse wenig von denen in anderen KZ, doch blieben seine Insassen von den üblichen Brutalitäten der SS weitgehend verschont, sollten sie doch im Falle eines Austausches nicht darüber berichten können. Zwischen Sommer 1943 und Herbst 1944 trafen rund 5 000 „Austauschjuden" in Bergen-Belsen ein. Das Lager verließen zu diesem Zweck jedoch nur 358 Personen (222 mit Auswandererpapieren nach Palästina am 29. Juni 1944, 136 südamerikanische Staatsbürger am 21. Januar 1945).

Seit Mitte 1943 benutzte das Reichssicherheitshauptamt Bergen-Belsen auch zur Unterbringung von Deportierten, die nicht ausgetauscht werden sollten, z. B. von Juden aus den Niederlanden. Ein Teil kam später in mehreren Transporten in andere Lager. Und ab Frühjahr 1944 wurden arbeitsunfähige Häftlinge anderer KZ in großer Zahl nach Bergen-Belsen gebracht. Es erhielt wegen der völlig unzureichenden Ernährung, ärztlichen Betreuung und sanitären Verhältnisse seitdem den Charakter eines „Sterbelagers". Zwischen dem 10. Mai 1943 und dem 15. April 1945, dem Tag der Befreiung, kamen in Bergen-Belsen 37 000 Häftlinge um.

Die Entwicklung von Bergen-Belsen deutete an, daß die Nazis die „Endlösung der Judenfrage" unvermindert weiter vorantrieben.

In Norwegen verhaftete man am 25. November 1942 725 jüdische Bürger. Die doppelte Zahl gelangte mit Hilfe der norwegischen Widerstandsbewegung nach Schweden oder wurde im Lande zunächst versteckt. Schon am folgenden Tag wurden 532 der Verhafteten über Stettin nach Auschwitz deportiert. Ein zweiter Transport mit 158 Personen folgte am 24. Februar 1943.

Die jüdische Bevölkerung der von der Wehrmacht besetzten Gebiete Griechenlands brachte man im März 1943 in mehrere Ghettos in Saloniki. Ihre Verschleppung erfolgte – wie auch in den anderen okkupierten Ländern außerhalb Osteuropas – mit tätiger Unterstützung des Außenministeriums. Es vermerkte beispielsweise am 29. April 1943: „Im Zuge der Abschiebung von Juden zum Arbeitseinsatz nach dem Osten haben Kommandos des Reichssicherheitshauptamtes nunmehr mit der Durchführung dieser Aktion in der von deutschen Truppen besetzten Saloniki-Zone in Griechenland begonnen. Am 29. 4. 1943 erging an die deutschen Vertretungen in Rom, Ankara, Madrid, Bern, Budapest, Sofia und Lissabon die Weisung, den dortigen Regierungen von der Ausdehnung der allgemeinen Judenmaßnahme auf die Saloniki-Zone Kenntnis zu geben und ihnen anheim zu stellen, Juden ihrer Staatsangehörigkeit bis zum 15. Juni ds. Js. zurückzuziehen." [10]

Am 20. März 1943 kam der erste Zug aus Griechenland in Auschwitz an. Andere fuhren nach Treblinka und Majdanek. Ein Jahr später begannen die Deportationen aus dem bisher vom faschistischen Italien besetzten Südgriechenland und im Juni 1944 von den griechischen Inseln. Von der jüdischen Bevölkerung Griechenlands fanden schätzungsweise 60 000 den Tod.

Für Dänemark kündigte ein Telegramm an den deutschen diplomatischen Vertreter in Kopenhagen vom 17. September 1943 die Deportation an: „Reichsaußenminister ersucht Sie, über die Art der Durchführung des Abtransports der Juden, der im Prinzip beschlossen ist, genaue Vorschläge zu machen, die insbesondere auch enthalten sollen, wieviel Polizeikräfte Sie dazu benötigen, damit hier diese Polizeiabteilungen in Besprechungen mit der SS freigemacht werden können." [11]

Nach einer Razzia am 1. Oktober 1943, bei der sich 6000 Verfolgte verbergen konnten – ihnen wurde danach von dänischen Antifaschisten zur Flucht nach Schweden verholfen –, verschleppte man 476 Menschen nach Theresienstadt.

Aus Italien, das nach dem Sturz Mussolinis am 8. September 1943 kapituliert hatte und von den Nazis besetzt worden war, traf nach mehreren Verhaftungsaktionen am 23. Oktober 1943 der erste Transport in Auschwitz ein. An weiteren Menschenjagden in Mittel- und Norditalien beteiligten sich sowohl Wehrmachtseinheiten als auch in Triest Leute unter Globocnik, dem an Stelle des gefallenen Wirth der SA-Sturmbannführer und Oberregierungsrat Dietrich Allers, ebenfalls vorher an den „Euthanasie"-Morden beteiligt, zur Seite stand. Knapp 10 000 jüdische Bürger Italiens wurden umgebracht.

In Anbetracht der neuen Deportationen und des bevorstehenden Abschlusses der Mord-„Aktion Reinhard" in den ostpolnischen Vernichtungslagern erklärte Himmler am 6. Oktober 1943 vor den Reichs- und Gauleitern der Nazipartei: „Die Judenfrage in den von uns besetzten Gebieten wird bis zum Ende dieses Jahres erledigt sein. Es werden nur Restbestände von einzelnen Juden übrig bleiben, die untergeschlüpft sind."[12]

Tatsächlich war bis Mitte 1943 die Mehrheit der jüdischen Bevölkerung Europas dem millionenfachen Mord zum Opfer gefallen. Die Blutspur des deutschen Imperialismus durchzog – mit Ausnahme Ungarns – alle europäischen Länder in seinem Herrschaftsbereich. Ströme von Blut und Berge von geraubtem Gut waren das grausige Ergebnis des Strebens nach Hegemonie und des damit verbundenen Rassismus faschistischer Prägung. Die materielle Beute des Mordzuges türmte sich in Vernichtungslagern, füllte Depots der SS und anderer Naziorganisationen und sammelte sich in den Tresoren der Reichsbank.

Als die „Aktion Reinhard" am 19. Oktober 1943 für abgeschlossen erklärt wurde, zog Globocnik in einem Bericht an Himmler Bilanz über die in Bełżec, Sobibor, Treblinka und Majdanek geraubten materiellen Werte. Er gab zugleich Einblick in die nicht erwähnte Zahl der Opfer, schätzungsweise 2 280 000 Menschen. Globocnik berichtete von 53 Millionen Reichsmark in bar, 1,4 Millionen Mark Devisen in bar, 0,8 Millionen Mark Devisen in Gold, Edelmetallen im Werte von 5,3 Millionen Mark, Juwelen, Schmuck, Uhren usw. im Werte von 26 Millionen Mark und 1 000 Waggons Textilien im Werte von 13,3 Millionen Mark, zusammen die ungeheure Summe von 100 049 983,91 Reichsmark.

Im Abschlußbericht der „Aktion Reinhard" vom 15. Dezember 1943 erhöhten sich die Summen um 20 Millionen Mark für Bargeld, 3,7 Millionen Mark für Devisen, 0,9 Millionen Mark für gemünztes Gold, 3,3 Millionen Mark für Edelmetalle, 17 Millionen Mark für Juwelen, Schmuck usw. und 33 Millionen Mark für Spinnstoffe, nach Abzug der Ausgaben zusammen 178 745 960,59 RM.[13]

Dabei war wohl anzunehmen, daß bei der Schätzung jener Passus in den Richtlinien des stellvertretenden Chefs des SS-Wirtschafts-Verwaltungshauptamtes, SS-Brigadeführer August Frank, vom 26. September 1942 beachtet wurde, der besagte:

„Zeit- und personalraubende, kleinliche Wertfeststellungen können hierbei unterbleiben.

Im allgemeinen sind Durchschnittsstückpreise festzusetzen, z. B. für eine gebrauchte Männerhose 3.– Mark, für eine Wolldecke 6.– Mark usw.
Für die Ablieferung der unbrauchbaren Gegenstände an das Reichswirtschaftsministerium sind im allgemeinen Kilopreise zugrundezulegen."[14] Die wirkliche Höhe des Raubes bei der Mord-„Aktion Reinhard" muß also weit mehr betragen haben.

Das Rundschreiben Franks legte auch detailliert fest, was zu rauben und wohin es zu liefern sei: Devisen, Edelmetalle, Schmuck, Juwelen, Perlen, Zahn- und Bruchgold an das Wirtschafts-Verwaltungshauptamt der SS, von dort an die Reichsbank; Uhren, Füllfederhalter, Drehbleistifte, Rasierapparate, Taschenmesser, Scheren, Taschenlampen, Brieftaschen und Portemonnaies ebenfalls an das Wirtschafts-Verwaltungshauptamt zur Instandsetzung, Schätzung und Verteilung an Fronttruppen; Männerkleidung, -wäsche und -schuhe an die KZ, die faschistischen Truppen und die „Volksdeutsche Mittelstelle"; Frauen- und Kinderkleidung, -wäsche und -schuhe an die „Volksdeutsche Mittelstelle"; Federbetten, Stepp- und Wolldecken, Stoffe, Schals, Schirme, Stöcke, Thermosflaschen, Ohrenschützer, Kinderwagen, Kämme, Hand- und Einkaufstaschen, Ledergürtel, Tabakspfeifen, Spiegel, Bestecke, Rucksäcke und Koffer an die KZ und die „Volksdeutsche Mittelstelle"; Bettwäsche, Hand- und Wischtücher, Tischdecken an die faschistischen Truppen und die „Volksdeutsche Mittelstelle"; Brillen an das SS-Sanitätsamt; Pelze an das Bekleidungswerk der Waffen-SS.

Frank unterstrich, daß die Gegenstände vor Verteilung sorgfältig nach Verstecktem zu untersuchen und der Judenstern zu entfernen sei.

Das System der Erfassung des Raubes war perfekt, nichts war ausgelassen. Auch keine faschistische Einrichtung, die mit dem Mord zu tun hatte oder sich daran bereichern konnte, fehlte.

Nach Absprache mit dem Wirtschaftsministerium und dem Chef des Wirtschafts-Verwaltungshauptamtes erörterte das Reichsbankdirektorium die Übernahme von Gold, Juwelen, Geld und Wertpapieren. Es schrieb den Wert auf ein Tarnkonto mit dem Namen „Max Heiliger". Die Golddiskontobank errichtete ebenfalls einen Fonds, der der SS zur Finanzierung ihrer Wirtschaftsunternehmen zur Verfügung stand. Des weiteren wurden im neutralen Ausland Schmucksachen und Devisen verkauft.

Am 13. Mai 1943 vermerkte Frank den Eingang von 94 000 Herren- und

33 000 Damenarmbanduhren sowie von 25 000 Füllfederhaltern. Pohl berichtete am 29. November 1944, daß 20 000 Taschen- und 4 000 Armbanduhren, 3 000 Wecker und Stiluhren, 5 000 Füllfederhalter, 24 Blinden- und 80 Stoppuhren instandgesetzt und zum Versand an die faschistischen Truppen fertig wären. In Reparatur befänden sich weitere 100 000 Armband- und 39 000 Taschenuhren, 7 500 Wecker und Stiluhren, 37 500 Drehbleistifte, 16 000 Füllfederhalter sowie 350 goldene Taschenuhren, 40 Taschenuhren mit Brillanten, 1 200 goldene Armbanduhren, 175 Armbanduhren in Platin oder Gold mit Brillanten.

Von einem Teil der Textilien handelte eine weitere Aufstellung Pohls. Danach bekam das Reichswirtschaftsministerium 570 Waggons, die „Volksdeutsche Mittelstelle" 211 Waggons, der HJ-Landdienst, das Unternehmen „Heinrich", das IG-Farben-Werk in Auschwitz, die Organisation Todt, der Generalinspekteur für das Kraftfahrwesen und die Konzentrationslager zusammen 44 Waggons.

Die „Volksdeutsche Mittelstelle" belieferte damit vor allem sogenannte volksdeutsche Umsiedler, während über die NSV ein anderer Teil Bombengeschädigten übergeben wurde. Auch das WHW war an dem Raub beteiligt. Es beschwerte sich u. a. darüber, daß noch gelbe Sterne an den Kleidungsstücken wären.

Doch nicht nur Nazistaats- und -parteidienststellen wollten Anteil an der „Beute" des Massenmordes nehmen, auch große und kleinere Betriebe, Nazibonzen und Privatpersonen bewarben sich darum. Die IG Farben forderte beispielsweise am 28. Oktober 1943 von Pohl 5 000 Männer- und 2 000 Frauenunterwäschegarnituren sowie 300 Schlafzimmereinrichtungen.[15] In einem weiteren Fall teilte Pohl am 6. Juli 1944 mit, daß der Chemiekonzern für sein KZ in Auschwitz Kleidung für 6 000 männliche und 4 000 weibliche Häftlinge erhalten würde. Ein Hamburger Handelsunternehmen verlangte am 29. September 1943 vom Ghetto Łódź Bettfedern. Ein Sparkassenleiter wollte am 22. März 1943 eine gute Armbanduhr für seinen Sohn haben. Der Nazischriftsteller, Präsident der „Reichsschrifttumskammer" und SS-Gruppenführer Hanns Johst schrieb an Himmler wegen eines Pelzmantels für seine Tochter usw.

Ein weiterer Amtsweg bei der Bereicherung an jüdischem Besitz lief über die Verwaltungen in den okkupierten Ostgebieten. Beispielsweise ordnete der Reichskommissar für die besetzten baltischen Republiken der UdSSR in den „Vorläufigen Richtlinien für die Behandlung der Juden im Gebiet des Reichskommissars für das Ostland" vom 18. August 1941 u. a. an, daß das Vermögen der jüdischen Bevölkerung zu beschlagnahmen und sicherzustellen sei. Am 16. März 1943 bestimmte der Leiter der Finanzabteilung des Reichskommissariats, Karl Vialon, „daß die Zahlstellen des Befehlshabers der Sicherheitspolizei und des SD" die beschlagnahmten Gelder und Wertsachen an die Amtskassen abzuführen hätten. Am 2. Mai 1943 mahnte Vialon, weil *„die in Aussicht ge-*

stellte Ablieferung beschlagnahmter Vermögenswerte in Höhe von über einer Million Reichsmark ... noch nicht eingegangen sei".[16] Er führte am 22. Juni 1943 eine Entscheidung des Wirtschafts-Verwaltungshauptamtes herbei und teilte sie am 16. Juli 1943 dem Höheren SS- und Polizeiführer mit. Danach waren Wertgegenstände und Devisen durch die SS bei der Finanzabteilung des Reichskommissariats, also bei Vialon, abzuliefern.

Der mit dem Massenmord verbundene ungeheure Raub war ein wichtiger Faktor bei der „Endlösung der Judenfrage". Doch hatte er nicht die ausschlaggebende Bedeutung für die Verbrechen, die ihm zuweilen zugemessen wird. Ihm übergeordnet war der Massenmord im Rahmen der faschistischen imperialistischen Kriegsziele. Zusammen mit der verstärkten Zwangsarbeit der noch arbeitsfähigen Juden nach dem IG-Farben-Modell gewann er jedoch an Gewicht, als immer deutlicher wurde, daß die „Neuordnung" Europas für den deutschen Imperialismus im zweiten Weltkrieg nicht mehr erreichbar war und seine unausweichliche Niederlage mehr und mehr sichtbar zu werden begann.

Daß bei der „Endlösung der Judenfrage" ökonomische Erwägungen geringere Bedeutung hatten, zeigte sich gleichfalls bei der Frage: Arbeitseinsatz oder Ermordung der Deportierten? Selbst 1943, als alle Anstrengungen unternommen wurden, die Kriegsproduktion zu erhöhen, verfolgten die faschistischen Machthaber das Ziel, den überwiegenden Teil der Verschleppten umbringen zu lassen. Die Kriegs- und politischen Ereignisse zwangen sie jedoch, im größeren Umfang bei einem Teil der Deportierten, jungen und kräftigen Leuten, von ihrer ursprünglichen Absicht des direkten Mordes zum Prinzip der „Vernichtung durch Arbeit" überzugehen. Sie sollte „im wahrsten Sinne des Wortes erschöpfend sein".[17]

Die Vernichtungslager Auschwitz und Majdanek wurden in dieser Zeit im stärkeren Maße als vorher Stätten der Ausbeutung unter sklavenähnlichen Bedingungen, in denen Menschenleben nur eine geringe Rolle spielten, da die SS sie relativ leicht ersetzbar glaubte. Nur etwa ein Zehntel bis ein Fünftel der Deportierten wurde 1943 in Auschwitz als arbeitsfähig befunden. Die SS betätigte sich bei dieser Auswahl als Sklavenlieferant für große Konzerne, die bei Auschwitz ihre Werke errichtet hatten.

Außerhalb der Konzentrationslager wurden wichtige Produkte in bedeutendem Umfang in Fabriken erzeugt, die mit Ghettos in Polen eng verbunden waren. Auch hier arbeiteten Konzerne und SS Hand in Hand.

Ein solches Zusammenspiel fand z. B. im Zweigwerk der Leipziger Hugo-Schneider-AG (Hasag) bei Skarżysko-Kamienna im Kreis Kielce statt. Die Hasag eignete sich mit Billigung des OKW den polnischen Betrieb an. Sie produzierte Munition, darunter Flakgeschosse, Panzerfäuste und Sprengstoffe.

Von 1942 an waren hier nur jüdische Häftlinge beschäftigt. Sie wurden aus der näheren und weiteren Umgebung ständig herangetrieben, um die durch die Ausbeutung erschöpften Zwangsarbeiter zu ersetzen.

Unter erbärmlichen Bedingungen mußten sie schuften. Teilweise nur mit Papiersäcken bekleidet, ohne jeglichen Gesundheitsschutz, ständig Mißhandlungen durch deutsche Meister und Vorarbeiter ausgesetzt, bei kärglicher Kost und menschenunwürdiger Unterkunft arbeiteten sie täglich zwölf Stunden. „Vor dem Krieg betrug das Leistungssoll 3 Kisten, d. h. 450 Stück", berichtete eine der ehemaligen Zwangsarbeiterinnen. „Die Deutschen nutzten die Häftlinge bis zum äußersten aus, sie setzten ein Tagessoll von 8,9 und 11 Kisten, d. h. 1 650 Würfel Pikrin fest." [18]

Zwischendurch fanden Leibesvisitationen und Erpressungen durch Mißhandlungen statt, bei denen sich die Meister bereicherten oder von denen der Werkschutz seine Beute an die SS abführte. Ständig wurden die jüdischen Arbeiter von Selektionen und Erschießungen auf dem benachbarten Schießstand bedroht, wenn sie ihr Soll nicht erreichten. Auch Angestellte der Hasag beteiligten sich an diesen Morden genauso wie am Massenmord am 30. Juli 1944, als das Gebiet geräumt werden mußte. Die Verhältnisse in Skarżysko-Kamienna waren keineswegs von denen verschieden, die in den KZ oder in Altenburg, Colditz, Flößberg, Herzberg, Leipzig, Meuselwitz, Schlieben und Taucha herrschten, wo die Hasag in Außenkommandos von Buchenwald im Herbst 1944 11 650 KZ-Häftlinge ausbeutete.

Besonders 1944 hatte diese Ausnutzung von KZ-Insassen durch Großbetriebe eine unerhörte Steigerung erfahren. Eine große Reihe von Unternehmen „beschäftigte" in ähnlicher Weise wie die Hasag in Betrieben oder Werkabteilungen ausschließlich jüdische Häftlinge, so z. B. die AEG in Torun etwa 5 000 Jüdinnen oder Krupp in Essen 520 ungarische Jüdinnen.

Am 24. August 1944 wurden die von Krupps Angestellten in Buchenwald ausgewählten Frauen und Mädchen nach Essen transportiert. Unter den 520 befanden sich sechs Häftlinge, die erst zwölf Jahre alt waren, und eine ganze Anzahl, die gerade das 15. Lebensjahr erreicht hatte.

Die Arbeitsstätte war u. a. das Walzwerk II. Die Arbeit, z. B. das Tragen schwerer Gußteile, war dort für Frauen ungeeignet. Es wurde aber auf die schwachen und unterernährten Häftlingsfrauen keinerlei Rücksicht genommen. Einige von ihnen wurden von SS-Leuten totgeschlagen, andere starben durch Entkräftung und an Krankheiten, denn eine ärztliche Behandlung oder Medikamente gab es nicht.

Für 12 326 Tagewerke Häftlingsarbeit im September 1944 zahlte der Kruppkonzern 49 304 Mark an die Verwaltung des KZ Buchenwald. Krupps Verdienst an der ungeheuerlichen Ausbeutung ließ sich dagegen nur ahnen. Die Häftlinge jedenfalls bekamen keinen roten Heller für ihre Arbeit.

Der Einsatz von KZ-Sklavenarbeitern bei Konzernen hatte 1944 einen solchen Umfang erreicht, daß 500 Außenkommandos durch die Konzentrationslager eingerichtet werden mußten.[19] Von den rund 700 000 Häftlingen Ende 1944 waren nach Angabe des Leiters des Amtes D II des Wirtschafts-Verwaltungshauptamtes, SS-Standartenführer Gerhard Maurer, dem der Arbeitseinsatz unterstand, 500 000 bis 600 000 in der Privatindustrie „beschäftigt". Die SS erhielt dafür monatlich etwa 50 Millionen Mark „Leihgebühr".[20] Weit höher dürfte der Profit der Konzerne aus der Sklavenarbeit gewesen sein. Zu diesen Unternehmen gehörten u. a. IG Farbenindustrie AG, Krupp, Bochumer Verein, Heinkel, Messerschmidt, Bayrische Motorenwerke, Blohm & Voß, Stülkenwerft, Continental Gummi AG, Hanomag, Volkswagenwerk, Auto-Union, DKW, Ford, AEG, Waggonfabrik Görlitz, Allgemeine Transportanlagen-Gesellschaft, Württembergische Metallwarenfabrik und Philips.[21]

1944 wurde auch der Auf- und Ausbau unterirdischer Stätten zur Produktion von Treibstoffen, Flugzeugen und Raketen in Mitteldeutschland verstärkt betrieben. Ohne Rücksicht auf Leben und Arbeitskraft mußten hier Zehntausende von Häftlingen aus vielen Ländern Europas schuften, um die Anlagen in kürzester Zeit fertigzustellen. Das berüchtigtste dieser Lager war wohl das KZ Dora-Mittelbau, wo eine Produktionsgemeinschaft mehrerer Konzerne, die Mittelwerk GmbH, durch Häftlinge V-Waffen herstellen ließ. Vor allem wegen dieser skrupellosen Ausbeutung erhöhte sich 1944 die Zahl der Toten in den KZ beträchtlich. Sie wurde vorsichtig auf 250 000 geschätzt.

War die „Endlösung der Judenfrage" bis 1942 aufs engste mit der „Neuordnung" Europas im Sinne des deutschen Imperialismus verknüpft, so war sie – als Variante bei bleibendem Mordziel – von 1943 an zu einem Teil mit unmenschlicher Ausbeutung durch das deutsche Monopolkapital und dem Versuch verbunden, die unvermeidliche Niederlage des Faschismus aufzuschieben.

Am 3. und 4. April 1944 tagten in Krummhübel im Riesengebirge die Judenreferenten des Außenministeriums gemeinsam mit Experten des Reichssicherheitshauptamtes. Auf der Konferenz sollten Erfahrungen ausgetauscht und Maßnahmen besprochen werden, um die antisemitische Hetze im Ausland zu verstärken. So sollte der immer eingehenderen Kenntnis vom faschistischen Massenmord im neutralen und alliierten Ausland[22] entgegengewirkt, der Versuch zur Spaltung der Alliierten unternommen und in den Ländern des faschistischen Blocks die Gemeinsamkeit der Verbrechen beschworen werden.

Offenbar, um die Zusammenkunft und die geplante Propagandaaktion vorzubereiten, verlangte der stellvertretende Leiter der Rundfunkpolitischen Abteilung des Auswärtigen Amtes, Kurt Georg Kiesinger, am 1. Dezember 1943 von der deutschen Gesandtschaft in Lissabon folgende Informationen aus Südamerika: „a) Judenproblem. Einzelheiten über die Einstellung der Bevölkerung zum Judentum, anwachsender Widerstand gegenüber den jüdischen Emigranten ... b) Infiltration des Bolschewismus. Auch hier möglichst konkrete Beispiele wie bei der Judenfrage." Die Beschreibung, wie die „Nachrichten" beschaffen sein sollten, enthüllte ihren Zweck: „Es ist hier nicht mit allgemeinen Redensarten gedient, sondern es ist notwendig, ganz bestimmte Fälle ansprechen zu können. (Z. B. Brasilien: Der vor etwa 1 oder 2 oder 3 Jahren mit einer alten Hose eingewanderte Itzig Löwenstein aus Lodz hat es verstanden, in kurzer Zeit Geld zu machen und im Lebensmittel- oder Kleiderhandel oder sonstwie, durch die bekannten jüdischen Schieber- und Wuchermethoden die anständige Konkurrenz auszuschalten und sich selber ein Vermögen zu ergaunern ...)" [23]

Es besteht kein Zweifel, daß die Rundfunkpolitische Abteilung im Zusammenhang mit der Krummhübeler Tagung auf solche Weise über ihr Sendenetz die antisemitische Hetze forcierte.

Zu Beginn der Tagung referierte Legationsrat Eberhard von Thadden über die „Judenpolitische Lage in Europa und über den Stand der antijüdischen Exekutiv-Maßnahmen".[24] Er verlangte die Unterbindung jeglicher Unterrichtung über die faschistischen Verbrechen. SS-Hauptsturmführer Dr. Ballensiefen sprach über die in Ungarn beginnende Deportation. Beide Ausführungen wurden als geheim bezeichnet und nicht ins Protokoll aufgenommen.

Unberührt von den schrecklichen Einzelheiten, die ihnen unterbreitet wurden, eiferten die Vertreter der einzelnen Auslandsmissionen, ihre Vorschläge zur Verstärkung der Hetze vorzulegen. Sie erörterten auch das Projekt eines antisemitischen Kongresses, der das gleiche Ziel wie ihre Tagung haben sollte.

Rosenberg, der sich mit der fortschreitenden Befreiung der okkupierten Gebiete der Sowjetunion durch die Rote Armee wieder verstärkt in die antisemitische Hetze einschalten wollte, ließ seit Februar 1944 den internationalen Kongreß vorbereiten. Er sollte am 17. Juli 1944 in Kraków beginnen. Es war geplant, den Teilnehmern die Filme „Der ewige Jude" und „Jud Süß" vorzuführen und am Abschlußtag einen Eid zu schwören, nicht in der Bekämpfung der Juden nachzulassen.

Anwesend sollten 198 ausländische und 304 deutsche Antisemiten sein, unter ihnen die Naziprominenz, antisemitische „Wissenschaftler" wie die Professoren Dr. Alfred Bäumler, Dr. Walter Groß, Dr. Eugen Fischer, Dr. Karl Alexander von Müller und Dr. Philip Lenard und Künstler wie Werner Krauß. Aus dem Ausland wurden faschistische Kollaborateure erwartet.

Wegen der beginnenden sowjetischen Großoffensive und der Invasion der westlichen Alliierten in Frankreich mußte der Kongreß Ende Juli auf September 1944 verschoben werden. Schließlich scheiterte wegen des alliierten Vormarsches der Plan gänzlich.

Obwohl diese antisemitische Tagung abgeblasen wurde, ließen faschistische Ideologen und Propagandisten nicht ab, in weiteren Ergüssen ihre verbrecherischen Ideen zu verbreiten. Das ganze Jahr 1944 über erschien eine Reihe solcher Pamphlete.

Die in der letzten Phase des zweiten Weltkrieges geplanten und zum Teil durchgeführten Propagandaaktionen waren Versuche, durch Hervorhebung der angeblichen Gemeinsamkeit der Verbrechen den sich lockernden Ring der Satellitenstaaten wieder enger zu schließen, und sollten außerdem – wie die zeitliche Kongruenz bewies – die letzten Massendeportationen propagandistisch vorbereiten bzw. von ihnen ablenken.

Zu der Zeit, da die ideologische Offensive in Krummhübel besprochen wurde, wütete Eichmann mit seinem ganzen Stab in Ungarn. Die SS-Leute trafen zusammen mit den Wehrmachtseinheiten, die nach einem Putsch ins Land gerufen wurden, am 19. März 1944 in Budapest ein. Mit Unterstützung des Gesandten Dr. Edmund Veesenmayer begannen sie sofort, die Deportation der ungarischen Juden vorzubereiten.

Am 14. Mai 1944 fuhr der erste Zug nach Auschwitz. Knapp acht Wochen später meldete Veesenmayer dem Auswärtigen Amt, daß 439 302 Juden aus Ungarn deportiert waren. Die Juden von Budapest blieben zunächst verschont, weil der ungarische Staatschef unter dem Druck der Weltöffentlichkeit[25] – also keineswegs aus Humanismus, wie bürgerliche Legendenschreiber behaupten – das Eichmann-Kommando zwang, am 24. August 1944 das Land zu verlassen.

Nach einem faschistischen Putsch, der sich gegen die Absicht herrschender Kreise richtete, aus der faschistischen Koalition auszubrechen, und der Verhaftung Horthys kehrte Eichmann mit seinen Leuten am 17. Oktober 1944 nach Ungarn zurück. Er ließ weitere 35 000 Menschen zu Fuß abtransportieren. Erst die Einschließung Budapests durch sowjetische Einheiten am 24. Dezember 1944 beendete die Deportationen. Weit über 300 000 ungarische Juden fanden durch die Nazis den Tod.

Zur Deportation aus Ungarn gehörte auch ein abscheuliches Falschspiel um Menschenleben. Am 5. April 1944 traten Beauftragte des Budapester Judenrates an den Vertreter Eichmanns, SS-Hauptsturmführer Wisliceny, mit der Frage heran, ob die Auswanderung von 10 000 Personen gegen ein Lösegeld von zwei Millionen Dollar erlaubt werden könne. Wisliceny verlangte sofort Geld und erhielt als „Anzahlung" 22 400 Dollar.

Offensichtlich war den Vertretern des Judenrates bei ihrem Vorschlag bekannt, daß sich die Faschisten schon auf solche Angebote eingelassen hatten. Am 19. März 1944 waren von ihnen die Hauptaktionäre und die Besitzer des ungarischen Weiß-Konzerns sowie deren Familien gegen die Übereignung des Riesenunternehmens an die Nazis freigelassen worden. Schon früher, 1942, hatte Wisliceny mit dem Judenrat in Bratislava verhandelt, wo gegen 50 000 Dollar 25 000 Menschen freigekauft werden sollten. Dieses Geschäft mit Menschenleben war damals gescheitert. Dagegen hatte im selben Jahr Eichmann 28 niederländische Juden gegen 1 290 000 Schweizer Franken und weitere 8 Personen gegen Lieferung von Ölsaaten und Übergabe eines großen Industrieunternehmens freigegeben. Außerdem sollten nochmals 28 Menschen gegen 2 800 000 Schweizer Franken losgekauft werden.

In Ungarn verlangte Eichmann, der sich am 25. April 1944 in die Verhandlungen einschaltete, 10 000 fabrikneue Lastkraftwagen mit Anhängern sowie einige Tausend Tonnen Tee, Kaffee, Seife und andere Konsumgüter für die Freigabe von einer Million Menschen. Schon die unerhört hohe Forderung deutete an, daß er nicht ernstlich an das Zustandekommen des großen Handels mit Menschenleben dachte. Er versuchte offenbar eher, die Moral des Budapester Judenrates zu unterhöhlen und ihn hinzuhalten.

Eine noch gewichtigere Absicht war offenbar, über den jüdischen Mittelsmann Joel Brand, der mit Zustimmung Himmlers nach der Türkei und nach Palästina entsandt wurde, Kontakte mit den imperialistischen Kriegsgegnern herzustellen. Anknüpfungspunkt sollten Gespräche über die verlangten Lastkraftwagen sein, die – wie Eichmann betonte – nur gegen die Sowjetunion eingesetzt werden würden. Gerade hierin enthüllte sich der wahre Kern der Episode während der „Lösung der Judenfrage" in Ungarn, die bisher nur unter dem Aspekt eines gemeinen erpresserischen Handels betrachtet worden ist. Sie war in Wirklichkeit die Einleitung zu politischen Geschäften, zu Rettungsversuchen des schon geschlagenen faschistischen Regimes und zu dem Plan, eine indirekte Front mit den kapitalistischen Kriegsgegnern gegen die sozialistische Sowjetunion herzustellen.

Dieselbe Absicht lag deutlich einem weiteren Menschenhandel zugrunde: Für das Versprechen, einen Transport mit 1 685 Personen ins neutrale Ausland fahren zu lassen, hatte der Budapester Judenrat 200 000 Dollar, 100 000 Schweizer Franken, weitere Devisen, 20,5 kg Gold, 2 700 Goldmünzen, 26 Gold- und Platinuhren, 0,75 kg Platin, 225 Brillanten, Wertpapiere in Höhe von 286 000 Pengö und 13,5 Millionen Pengö in bar gezahlt. Am 21. August 1944 trafen die ersten 318 Ungarn über Bergen-Belsen in der Schweiz ein. Die restlichen am 1. Juli 1944 in das KZ deportierten ungarischen Juden als Erpressungsmittel benutzend, versuchten SS-Führer mit Vertretern der westlichen Alliierten ins Gespräch zu kommen. Nach ersten Kontakten[26] ließen sie am 6. Dezember 1944 weitere 1 368 ungarische Bürger aus Bergen-Belsen in die Schweiz.

In der Annahme, daß derartige Gesten eine günstige Wirkung erzielen, intensivierten Anfang 1945 faschistische Führer die Kontaktversuche[27], wobei sie auf die antikommunistische Gemeinsamkeit kapitalistischer Staaten bauten. Die Verbindungsleute wechselten. Aber es blieb das imperialistische Ziel, mit den Westmächten Waffenruhe herzustellen und gegen die Sowjetunion weiterzukämpfen. Dieses Ziel hatte bereits eine andere Fraktion der herrschenden Kreise in Deutschland erstrebt. Es blieb auch die barbarische Methode, menschliche „Faustpfänder" einzusetzen. Das war schon 1940 im Auswärtigen Amt ausgearbeitet worden. So waren Beginn und Ende des faschistischen Massenmordes eng mit der Kriegführung gegen die UdSSR gekoppelt.

3. Verfolgung und Mord in Deutschland 1943–1945

Die faschistische Führung versuchte, der von 1943 an wachsenden antifaschistischen Aktivität mit verschärftem Terror zu begegnen. Ausdruck der Zuspitzung war die Ernennung Himmlers zum Innenminister am 24. August 1943 und die Vereinigung aller außergerichtlichen faschistischen Repressivorgane unter seiner Leitung. Im Rahmen der „totalen Mobilmachung" erhielt er weitreichende Vollmachten, um mit allen, auch gewaltsamen Mitteln die Opposition gegen Krieg und Naziregime zu unterdrücken und die Deutschen zu letzten Kriegsanstrengungen zu zwingen. 1944 erreichte der faschistische Terror seinen Höhepunkt.

Im zweiten Quartal 1944 wurden 14 334 Deutsche aus politischen Gründen inhaftiert. Eine andere spezielle Gestapostatistik, die offenbar Fälle organisierter Opposition umfaßte, besagte, daß zwischen Mai und August wegen „Linksopposition" 1 655, wegen „Rechtsopposition" 714, wegen christlicher Opposition 90 Deutsche verhaftet wurden.

Selbst diese Zahlen, die sich nur auf vier solche Monate beziehen, in denen es einen relativ hohen Anteil „Rechtsoppositioneller" gab, widerlegen Behauptungen westdeutscher Historiker, daß die Putschisten des 20. Juli 1944 („Rechtsopposition") die einzigen und aktivsten Oppositionellen in Deutschland gewesen wären. Sie zeigen vielmehr, daß die Bewußtesten aus der Arbeiterbewegung auch in dieser Periode an der Spitze des illegalen Kampfes standen und ihre ganze Person und Kraft für das Ende des Krieges, den Sturz des faschistischen Regimes und den Aufbau eines neuen Staates mithin für das Ende der Judenverfolgung und die Beseitigung des Antisemitismus, einsetzten.

Auch in Deutschland trat neben dem Versuch, die antifaschistische Bewegung zu unterdrücken, die Absicht der Faschisten zutage, die Kräfte zu dezimieren, die eine neue Gesellschaftsordnung aufbauen könnten. In erster Linie richtete sich der faschistische Mordterror gegen die Kommunisten. Am 18. August 1944 wurde Ernst Thälmann in Buchenwald hinterrücks ermordet. Am 11. Oktober 1944 wurden in Sachsenhausen u. a. das Mitglied des Reichstages Rudolf

Hennig, der KPD-Bezirkssekretär Gustl Sandtner, die Mitglieder des ZK der KPD und des Reichstages Ernst Schneller und Mathias Thesen erschossen. Am 23. Januar 1945 wurde im KZ Dora-Mittelbau der Organisator des illegalen Kampfes gegen die V-Waffenproduktion, das Mitglied des ZK der KPD und des preußischen Landtages Albert Kuntz erschlagen. Mit ihnen fielen viele andere führende Kommunisten dem gerichtlichen und außergerichtlichen faschistischen Mordterror zum Opfer.

Trotz der unaufhaltsamen und gesetzmäßigen militärischen und politischen Niederlagen, die Ende 1942 einsetzten, verzichteten die Nazis in den verbleibenden Teilen ihres Herrschaftsbereiches und auch in Deutschland nicht auf ihren Plan, noch die letzten jüdischen Menschen in den Tod zu schicken.

Ende November 1942, also unmittelbar während des grundlegenden Umschwunges im zweiten Weltkrieg, erschien SS-Sturmbannführer Rolf Günther aus Eichmanns Stab in den Büros der Reichsvereinigung und der Berliner Jüdischen Gemeinde. Er bestimmte rund 500 der Mitarbeiter zur Deportation beim nächsten Transport. Zugleich warnte der SS-Mann vor einer Flucht und kündigte an, daß für jeden Flüchtling ein leitender Funktionär erschossen und die Familien des Geflüchteten und der Geiseln sofort deportiert würden. Während des „Appells" starb der Leiter der Wohlfahrtsstelle, Leo Kreindler, an einem Herzanfall.

Da trotz der Drohung 20 Personen untertauchten und sich freiwillig nur zwei wieder stellten, wurden zwölf Mitarbeiter der Berliner Gemeinde und acht Funktionäre der Reichsvereinigung verhaftet und am 2. Dezember 1942 acht von ihnen erschossen. Die anderen kamen mit den Familien der Ermordeten und der Versteckten in den Deportationstransport, der am 10. Dezember 1942 Auschwitz erreichte. Von ihm wurden 137 Männer als arbeitsfähig ausgesondert, die übrigen starben sofort nach Ankunft in den Gaskammern. Dieser erste geschlossene Vernichtungstransport mit deutschen Juden, der aus Berlin direkt nach Auschwitz ging, einschließlich seiner Vorgeschichte, leitete die siebente Deportationswelle ein.

Sie stand unter dem Zeichen der „totalen Mobilmachung". Nachdem der Minister für Bewaffnung und Munition, Albert Speer, der Ablösung der jüdischen Arbeitskräfte, die außerhalb von Lagern lebten, durch polnische Zwangsarbeiter zugestimmt hatte, kündigte der faschistische Generalbevollmächtigte für den Arbeitseinsatz, Fritz Sauckel, am 26. November 1942 einigen Landesarbeitsämtern an: „Die durch den Einsatz der polnischen Arbeitskräfte freiwerdenden Juden werden Zug um Zug ausgesiedelt werden. Dabei wird zunächst auf die mit Handlangerarbeiten beschäftigten Juden zurückgegriffen werden, da ihr Austausch am leichtesten ist. Die übrigen sogenannten ‚qualifizierten' jüdischen Arbeitskräfte werden den Betrieben so lange belassen, bis der polnische Ersatz durch eine ... Anlernzeit mit den Arbeitsvorgängen hinreichend vertraut gemacht worden ist."[28]

Angesichts der Stalingrader Schlacht schlug auch Pohl am 8. Dezember 1942 Himmler vor, die Zahl der KZ-Häftlinge weiter zu erhöhen. Der Reichsführer SS wies daraufhin sechs Tage später die Gestapo an, „aus kriegswichtigen" Gründen bis Ende Januar 1943 „spätestens mindestens 35 000 arbeitsfähige Häftlinge in die Konzentrationslager einzuweisen". Der Gestapochef Müller, der diesen Befehl Himmlers übermittelte, unterstrich: „Es kommt auf jede einzelne Arbeitskraft an!"[29]

Vom 16. Dezember 1942 datierte ein Fernschreiben Müllers, in dem der genaue Deportationsplan „auf dem Gebiet des Judensektors" fixiert war. Am 11. Januar 1943 beginnend, sollten 45 000 Juden – einschließlich der Arbeitsunfähigen, Greise und Kinder – verschleppt werden, davon 10 000 aus Theresienstadt und 2 000 aus Berlin. Müller fügte hinzu: „Bei Anlegung eines zweckmäßigen Maßstabes fallen bei der Ausmusterung der ankommenden Juden in Auschwitz mindestens 10 000 bis 15 000 Arbeitskräfte an."[30] Durch sein Schreiben vom 23. März 1943 erweiterte er die Verhaftungs- und Deportationswelle zeitlich und dehnte sie auf weitere Personengruppen aus.

Anfang Januar 1943 trieb die Berliner Gestapo in Razzien ihre ersten Opfer für die neuen Deportationen nach Auschwitz zusammen. Am 27./28. Februar war die SS-Leibstandarte „Adolf Hitler" eingesetzt, um – erstmalig ohne vorbereitete Namenslisten – jüdische Zwangsarbeiter zu verhaften. Diese Verhaftungen wurden als „Fabrikaktion" bekannt. Etwa 700 Menschen wurden direkt von ihren Arbeitsstätten in fünf Durchgangslager – Fabrikräume oder Tanzsäle – geschleppt. „Die Juden wurden", berichtete eine Berliner Mitarbeiterin der Berliner Jüdischen Gemeinde, „in ihrer Arbeitskleidung auf die Wagen geladen und in die Durchgangslager transportiert. Darüber hinaus wurden auch viele Juden, insbesondere alte Leute und Kinder, aus den Wohnungen geholt, ohne daß man ihnen Zeit ließ, Sachen einzupacken, sich sachgemäß zu kleiden oder auch nur festzustellen, wo ihre Angehörigen verblieben waren ... Bei der Kultusgemeinde waren 45 Kinder gemeldet, die, getrennt von ihren Eltern, festgenommen worden waren. Bei der Abholung wurde auch sonst mit großer Brutalität verfahren. So kam es vor, daß ältere Leute, die nicht schnell genug die Lastwagen besteigen konnten, auf die Wagen buchstäblich geworfen wurden. Die Folge waren erhebliche Knochenbrüche."[31]

Außerdem wurden am 27./29. Februar 1943 einige hundert jüdische Männer verhaftet, die in „Mischehe" lebten, und in einem Haus der Gemeinde in der Rosenstraße untergebracht. Diese Inhaftierung löste sofortige Demonstrationen der Ehefrauen aus. Sie versammelten sich vor dem Gebäude und forderten lautstark: „Gebt unsere Männer frei!" Die wohl einmalige Straßendemonstration gegen den Gestapoterror in Deutschland hatte teilweise Erfolg: Ein kleinerer Teil der Männer wurde nach Hause entlassen, ein weiterer Teil durfte für kurze Zeit unter Bewachung seine Angehörigen besuchen, um dann mit der Mehrheit in Arbeitslager verschleppt zu werden. Die Gründe für das partielle Nachgeben der Gestapo lagen offensichtlich in der gespannten Stimmung nach der Stalingrader Schlacht, die eine brutale Vertreibung der protestierenden Frauen nicht zuließ.

Zeitweiligen Erfolg hatte auch die Demonstration gegen die „Evakuierung" eines jüdischen Altersheimes, die aufgeschoben werden mußte. So großartig und mutig die Kundgebungen auch waren: die anderen Züge rollten nach Auschwitz. In der ersten Märzhälfte 1943 folgten weitere Razzien und Massendeportationen.

Nach unvollständigen Unterlagen kamen in diesem Deportationsabschnitt vom 13. Januar bis zum 13. März 1943 zwölf Transporte aus Berlin mit schätzungsweise 16 000 Menschen und fünf Züge aus Theresienstadt mit 5 932 Personen in Auschwitz an. Von den Theresienstädtern wurden etwa 80 Prozent, von den Berlinern etwa 80 Prozent der Frauen und Kinder und 25 Prozent der Männer sofort ermordet. Zu wessen Nutzen Tausende von arbeitsfähigen Menschen in das Vernichtungslager deportiert wurden, zeigte eine Anweisung des Wirtschafts-Verwaltungshauptamtes an den Auschwitzer Kommandanten vom 3. März 1943. Sie betonte, daß jüdische Arbeitskräfte aus der Berliner Industrie im Buna-Werk der IG Farben einzusetzen wären. Berichte des Arbeitseinsatzführers von Auschwitz bestätigten, daß die arbeitsfähigen Häftlinge sämtlich in das Buna-Werk kamen.

Dank seiner ausgezeichneten Beziehungen zur SS und seiner Stellung im faschistischen System hatte sich der Chemiekonzern den Löwenanteil an den arbeitsfähigen Auschwitz-Häftlingen gesichert und konnte die Konkurrenz schlagen.

Außer den Deportationstransporten nach Auschwitz fuhren auch noch im März 1943 Züge mit deutschen Juden nach Treblinka, wie aus Unterlagen der Reichsbahn hervorging: „Zur Beförderung von Umsiedlern aus dem Reich nach Treblinka verkehren Samstag/Sonntag, 27./28. März a) DA 101 . . . Last 93 Achsen, 554 t und b) DA 202 . . . Last 80 Achsen, 500 t."[32] Das waren zusammen etwa 85 Waggons mit wahrscheinlich 3 000 bis 4 000 Menschen.

Die SS-Statistik bezifferte die Zahl der am 1. April 1943 noch nicht verschleppten jüdischen Bürger Deutschlands auf 31 910 (14 393 „Sternträger", 15 517 ohne Markierung). Von ihnen lebten 16 688 in „Mischehe". Diese Angabe besagte, daß sich zwischen dem 1. Januar und dem 31. März 1943 die Zahl der jüdischen Bürger Deutschlands um 19 417 verringerte. Von ihnen war der größte Teil deportiert worden, ein kleinerer Teil verübte Selbstmord.

Himmler nannte eine geringere Anzahl von Juden in Deutschland, als er am

23. April 1943 vor Offizieren von drei SS-Divisionen in Charkow mit bezeichnenden Ausdrücken erklärte: „Wir sind bald entlaust. Wir haben nur noch 20 000 Läuse, dann ist es vorbei damit in ganz Deutschland."[33] Und am 5. Juli 1943 teilte Eichmann dem Auswärtigen Amt mit: „Nach dem augenblicklichen Stand der Endlösung der Judenfrage im Reich befinden sich im Reichsgebiet lediglich noch die in deutsch-jüdischer Mischehe lebenden Juden und einige wenige Juden ausländischer Staatsangehörigkeit."[34] Das war zwar nicht ganz zutreffend, deutete jedoch an, daß größere Deportationen aus Deutschland nicht mehr vorgesehen waren.

Teilweise den Deportationen voraus, teilweise mit ihnen gleichlaufend, vollendeten die Faschisten die völlige Entrechtung der jüdischen Bürger Deutschlands.

Am 13. März 1943 ordnete das Reichssicherheitshauptamt an, daß Juden nach Verbüßung ihrer Strafen auf „Lebenszeit" in die KZ Auschwitz und Majdanek zu bringen wären. Das Strafmaß würde dabei keine Rolle spielen. Das Reichsjustizministerium übernahm am 21. April 1943 diese Anweisung.

Die 12. Verordnung zum Nürnberger Rassegesetz vom 25. April 1943 erkannte den Juden das Recht ab, Staatsangehöriger und Schutzangehöriger – zwei neu eingeführte niedere Stufen der Staatsbürgerschaft – zu sein.

Am einschneidendsten war die 13. Verordnung zum „Reichsbürgergesetz" vom 1. Juli 1943. Sie ging noch einen Schritt weiter und bestimmte: „Strafbare Handlungen von Juden werden durch die Polizei geahndet."[35] Und am 3. Juli 1943 erklärte ein Erlaß Himmlers, daß alle gegen Juden bei den Justizbehörden anhängigen Strafsachen der Gestapo zur „Weiterführung" zu übergeben seien.

Die 13. und abschließende Verordnung zu den Nürnberger Rassegesetzen war – genau wie die 11. Verordnung – durch die Ministerialbürokratie von langer Hand vorbereitet worden. Die Anregung zur „Rechtsmittelbeschränkung für Juden" stammte offenbar aus dem Propagandaministerium, wie eine Notiz des Justizministeriums vom 30. Juli 1942 angab. Das Justizministerium stellte daraufhin am 3. August 1942 einen entsprechenden Antrag. Das Innenministerium legte am 13. August den Text einer Verordnung vor. Die Parteikanzlei plädierte für eine umfassende Lösung. Der Reichsminister für Ernährung und Landwirtschaft wünschte weitergehende Formulierungen. Das OKW stimmte zu, während Himmler und die Reichskanzlei vorerst eine Besprechung der zuständigen Referenten befürworteten. Diese Aussprache fand am 25. September statt. Der dabei angenommene Entwurf sah vor, daß Juden keinen Einspruch gegen Entscheidungen der Behörden zu erheben hätten. Justizminister Thierack verschärfte diesen Gedanken und fragte am 13. Oktober 1942 bei Bormann an, ob Hitler folgende Absicht billige: „Unter dem Gedanken der Befreiung des deutschen Volkskörpers von Polen, Russen, Juden und Zigeunern ... beabsichtige ich, die Strafverfolgung gegen Polen, Russen, Juden und Zigeuner dem Reichsführer SS zu überlassen. Ich gehe hierbei davon aus, daß die Justiz nur im kleinen Umfang dazu beitragen kann, Angehörige dieses Volkstums auszurotten. Zweifellos fällt die Justiz jetzt sehr harte Urteile gegen solche Personen, aber das reicht nicht aus, um wesentlich zur Durchführung des oben genannten Gedankens beizutragen. Es hat auch keinen Sinn, solche Personen Jahre hindurch in deutschen Gefängnissen und Zuchthäusern zu konservieren." [36]

Deutlicher als in diesen Worten konnte wohl kaum das Mordziel, zu dem auch die faschistische Justiz einen umfangreichen Beitrag leistete, und die Rolle des Justizterrors im System der faschistischen Unterdrückung ausgedrückt werden. Alle faschistischen Einschränkungen, das in Rechtsformen gegossene Unrecht, liefen auf „Ausrottung" hinaus.

Nicht die Zielstellung, doch die Einbeziehung von Russen und Polen rief den Einspruch anderer Stellen hervor, die sich übergangen und in ihrem Bereich eingeschränkt glaubten. In neuen Verhandlungen wurde festgelegt, daß die Strafverfolgung von Juden der Polizei übergeben werde, die der Polen den Gerichten überlassen bleibe. Für sowjetische Bürger und Zigeuner wurde keine Einigung erzielt. Eine Staatssekretärskonferenz am 21. April 1943 entschied schließlich, die diskutierte Verordnung auf die Zuständigkeit der Polizei für jüdische Angelegenheiten und die Übernahme jüdischen Besitzes im Todesfall zu beschränken. Mit diesem Unrecht, das als Verordnung getarnt wurde, und mit den anderen Regelungen von Mitte März 1943 übernahm es der außergerichtliche Terror gänzlich und allein, die Judenverfolgung durchzuführen. Die Polizei verhängte für die geringste Übertretung der vielen und kaum zu überblickenden Verbote härteste Strafen. Sie reichten von der Einbeziehung in Vernichtungstransporte bis zur sofortigen Ermordung. Unter den vielen war ein älteres Ehepaar, das von der Gestapo in Weimar tot nach Buchenwald gebracht wurde. In ihren Kleidern stand „Hirschmann, Arnstadt". Weiteres konnten die Häftlinge in Buchenwald nicht in Erfahrung bringen.

Nach der offiziellen Erklärung, Deutschland wäre „judenfrei", hatte in den Augen der Faschisten die Reichsvereinigung der Juden in Deutschland jeden Sinn verloren. Sie brauchten sie nicht mehr und bereiteten der sogenannten jüdischen Organisation ein jähes Ende.

Am 10. Juni 1943 erschienen Gestapobeamte in der Berliner Kantstraße 158, dem Sitz der Reichsvereinigung. Sie verhafteten einen großen Teil der Mitarbeiter und beschlagnahmten das Vermögen, meist Grundbesitz wie Friedhöfe und Gebäude wie Synagogen, Schulen, Heime usw., über das die Gemeinde schon seit Jahren nicht mehr verfügen konnte. Die Verwaltung dieses Besitzes der deutschen Juden im Werte von rund 167 Millionen Mark ging an den Oberfinanzpräsidenten von Berlin-Brandenburg über. Das war de facto das Ende der Reichsvereinigung der Juden in Deutschland.

Schon seit Mitte 1942 waren fast alle führenden Funktionäre der jüdischen Organisationen deportiert und zum Teil ermordet worden:

Heinrich Stahl, Vorsitzender der Berliner Jüdischen Gemeinde – am 12. Juni 1942 nach Theresienstadt deportiert, am 4. November 1942 verstorben;

Dr. Arthur Lilienthal, Generalsekretär der Reichsvereinigung – am 22. Juni 1942 mit einem Transport in Richtung Königsberg in den Tod geschickt;

Rabbiner Dr. Leo Baeck, Vorsitzender der Reichsvereinigung – am 28. Januar 1943 in Theresienstadt angekommen;

Dr. Paul Eppstein, Leiter der Wirtschaftsfürsorge und der Auswanderung in der Reichsvereinigung – am 29. Januar 1943 in Theresienstadt angekommen, erschossen am 27. September 1944 in der Kleinen Festung Theresienstadt;

Philipp Kozower, Vorstandsmitglied der Berliner Jüdischen Gemeinde – im Frühjahr 1943 nach Theresienstadt und im Herbst 1944 nach Auschwitz deportiert;

Moritz Henschel, letztes Vorstandsmitglied der Berliner Jüdischen Gemeinde – am 10. Juni 1943 verhaftet und nach Theresienstadt verschickt;

Kurt Levy, letzter Vorsitzender der Reichsvereinigung – am 10. Juni 1943 verhaftet, nach Theresienstadt deportiert, am 30. Oktober 1944 in Auschwitz ermordet.[37]

Nach dem 10. Juni 1943 bestand die jüdische Organisation nur noch zum Schein. Sie sollte „privilegierte" Juden betreuen. Doch ohne Geld und unter Leitung von Dr. Dr. Walter Lustig war sie völlig der Gestapo hörig. Nach 1945 wurde Lustig von Überlebenden der Kollaboration bezichtigt und in Haft genommen. Gleiche Vorwürfe wurden gegen andere Mitarbeiter der Reichsvereinigung erhoben, die nach dem Juni 1943 dort arbeiteten.

Noch schwerere Anklagen galten einigen Juden, die direkt im faschistischen Sold standen und der Gestapo Spitzel- und Zutreiberdienste leisteten. Eine der gefürchtetsten Agentinnen war Stella Kübler. Sie lebte 1942/43 gleich vielen anderen Juden illegal in Berlin. Im März 1943 lernte sie einen Mann kennen, der ihr falsche Ausweise anbot. Er erwies sich als Agent der Gestapo und ließ die Kübler verhaften. Mit Schlägen und Tritten erpreßte man ihr Aussagen und die Zusage, für die Nazis zu „arbeiten". Die neue Gestapoagentin, die die illegalen Unterkünfte von Flüchtlingen kannte, lieferte den Faschisten mehrere hundert Juden aus. Zwei andere jüdische Verräter hießen Rolf Isaaksohn und Bruno Goldstein. Sie wirkten mit der Kübler zusammen. Die Gestapo hatte sie sogar mit Pistolen und Handschellen ausgerüstet. Ähnliche Gestapoagenten gab es auch in anderen Großstädten. Die Kübler und Goldstein wurden nach 1945 in Berlin gerichtlich zur Rechenschaft gezogen.

Der Einsatz von Agenten, die versteckte und untergetauchte Juden aufspüren sollten, zeigte, daß die Faschisten auch nach ihren Erklärungen und der faktischen Zerschlagung der Reichsvereinigung der Juden in Deutschland nicht von der Menschenjagd abließen. Nach den großen Deportationswellen der Jahre 1941 bis 1943 konzentrierten sie sich nun auf kleinere Aktionen, um auch den letzten deutschen Juden zu erfassen.

Ständig gingen kleinere Transporte aus Deutschland nach Auschwitz, so am 19. Mai 1943 aus Berlin, wo 60 Männer als arbeitsfähig registriert, und am 19. Juni 1943 aus Leipzig, wo 10 Männer und 8 Frauen nicht sofort umgebracht wurden.

Ein Teil dieser Menschen war bis dahin von der Deportation verschont geblieben, weil die Nazis sie noch eine Zeitlang brauchten oder sie für prominent ansahen und aus ihnen politisches und materielles Kapital zu schlagen erhofften. Zu der ersten Gruppe gehörten u. a. die letzten Mitarbeiter der jüdischen Gemeinden und der Reichsvertretung der Juden, die vorwiegend nach Theresienstadt deportiert wurden, aber auch Männer wie der Rabbiner Dr. Martin Joseph, der als staatlich angestellter Gefängnisseelsorger tätig war. Er kam am 17. September 1943 in Auschwitz um. Zu der zweiten Gruppe gehörte z. B. Arthur Kochmann, dessen Tochter mit einem hohen italienischen Diplomaten verheiratet war. Nach dessen Abwendung von Mussolini wurde sein Schwiegervater am 28. Dezember 1943 von Gleiwitz nach Auschwitz deportiert.

Viele der seit Mitte 1943 nach Auschwitz Deportierten waren „untergetaucht" gewesen. Sie führten ein unstetes erbärmliches Leben und wurden ständig von der Gestapo und deren besoldeten oder freiwilligen Agenten gejagt. Das Reichssicherheitshauptamt meldete im April 1944 316, im Mai 1944 239 und im Juni 1944 385 Verhaftungen von Juden. Zweifellos fielen die meisten von ihnen dem unablässigen Nachspüren der Nazis zum Opfer.

Nach unvollständigen Unterlagen trafen 1944 in Auschwitz zehn Transporte aus Deutschland ein, darunter acht aus Berlin. Von den 1 500 Deportierten wurden ungefähr 87 Prozent sofort ermordet.

Auch in den Deportationszügen aus anderen Staaten befand sich oft eine Reihe Deutscher. Sie wurden zusammen mit den jüdischen Bürgern der Länder, in die sie emigriert waren, in die Vernichtungslager verschleppt. Unter den seit 1942 aus Holland Deportierten waren beispielsweise die Ärztin und Dominikanerin Dr. Lisamaria Mairowsky und die Philosophin und Karmeliterin Dr. Edith Stein, die schon im April 1933 dem Vatikan ihre Befürchtungen wegen des faschistischen Antisemitismus und Terrors mitteilte und den Papst vergeblich um eine öffentliche Stellungnahme zur „Judenfrage" bat. Edith Stein wurde mit ihrer Schwester Rosa am 8. oder 9. August 1942 in Auschwitz umgebracht.

Die ersten Transporte aus Frankreich, die größere und geschlossenere Gruppen deutschen Juden umfaßten, fuhren im April und Juni 1942 von Drancy nach Auschwitz. Ihnen folgten im März 1943 und im Mai 1944 weitere Züge, so daß die etwa 4000 letzten der 7450 am 22./23. Oktober 1940 aus Baden, der Pfalz und dem Saargebiet Deportierten in den Gaskammern von Auschwitz den Tod fanden.

Eine Reihe deutscher Juden, die in den Niederlanden lebten, kamen mit den großen Transporten aus dem Sammellager Westerbork nach Auschwitz. Unter ihnen war im September 1944 auch die in Frankfurt a. M. geborene Anne Frank mit ihren Eltern und ihrer Schwester. Sie starb nach der Evakuierung aus dem Vernichtungslager Anfang 1945 im KZ Bergen-Belsen. Andere deutsche Juden kamen direkt von Westerbork nach Bergen-Belsen und fanden dort den Tod. Ein größerer Transport, der aus Bergen-Belsen nach Theresienstadt am 25. Januar 1944 fuhr, umfaßte 188 Deutsche. In den Transporten aus dem besetzten Ausland nach Theresienstadt waren ebenfalls einige deutsche Juden.

17 Monate nach dem offiziellen Abschluß der letzten großen Deportation, am 1. Juli 1944, lebten nur noch 14 529 Juden in Deutschland, das waren 17 381 weniger als am 1. April des Vorjahres.

Zu dem Polizeiterror, der ständigen Deportationsdrohung, dem engen Lebenskreis, den kärglichen Lebensbedingungen und der völligen Rechtlosigkeit kam noch die unaufhörliche Hetze der faschistischen Propaganda, die – neben anderen Zielen – die jüdischen Bürger gänzlich isolieren sollte.

Über die Verstärkung der antisemitischen Hetze, die in erster Linie im Rahmen der „totalen Mobilmachung" das deutsche Volk zu höherer Kampfentschlossenheit anstacheln wollte, gab das Propagandaministerium am 29. April 1943 eine Weisung heraus. In ihr hieß es u. a.: „In Überschriften und Zwischentexten muß immer wieder ... auf das jüdisch-bolschewistische Mordbrennertum hingewiesen werden, und nicht nur heute und morgen, sondern es muß laufend als der Todfeind der Welt entlarvt und angeprangert werden ... Darüber hinaus ist es Pflicht der Presse, sich in Zukunft stärker mit diesem Thema zu beschäftigen und die Judenfrage zu einer ständigen Frage in der Arbeit der deutschen Presse zu machen ... Es muß bei jeder Sache festgestellt werden, die Juden sind schuld! Die Juden wollten den Krieg! Die Juden bereiteten in der Welt den Krieg gegen Deutschland vor! Der Jude verschärft den Krieg! Der Jude gewinnt am Krieg! Und immer wieder der Jude ist schuld!"[38]

Diese Losungen wurden nicht nur in Deutschland verbreitet, auch Soldaten an der Front bekamen sie ständig eingehämmert. Beispielsweise schrieb „Die Südfront. Nachrichtenblatt für die deutschen Soldaten in Italien" am 8. November 1944: Es stände „hinter den in den Krieg gehetzten Völkern der Jude", der „seine Söldnertruppen in London und Washington genauso wie im Kreml" habe. „Wir glauben es ihm, daß er, hinter der kämpfenden Front versteckt, auch nach Deutschland das Chaos tragen und hier seinen größten Triumph erleben möchte." Gerade am letzten Satz wurde deutlich, daß, je auswegloser die Lage war, die angebliche Gemeinschaft des Verbrechens beschworen und Angstgefühle erzeugt werden sollten. Die Frontzeitung einer Panzerarmee im Osten „Panzer voran!" schloß einen ähnlichen Hetzartikel mit der bezeichnenden Überschrift „Der Krankheitserreger" am 5. November 1944 mit folgendem Satz: „Eiserne Entschlossenheit und harte Konsequenz sind notwendig, um dieses völkerverseuchende und völkerzerstörende Judengift auszurotten."[39]

Wiederum stimmten sich seriös gebende „Wissenschaftler" in die antisemitische Propaganda ein. Von dem Theologen Prof. Dr. Georg Bertram z. B. erschien im September 1943 in dem antisemitischen Hetzblatt „Weltdienst" der Aufsatz „Vom Wesen des Judentums". Darin führte Bertram aus: Um „den Kampf gegen das Judentum führen zu können, bedarf es immer von neuem einer klaren und tiefgreifenden Erkenntnis seines Wesens ... Das Judentum ist weder Volk noch Rasse, noch Religion. Hinter diesen hohen Menschheitswerten verbirgt es vielmehr niedrigste Machtgier und unbezähmbare Weltherrschaftsgelüste." Die faschistischen Machthaber bewerteten diesen Artikel, der anderen unterstellte, was sie selbst beabsichtigt hatten, so hoch, daß sie ihn in der Zeitschrift „Der SA-Führer" mit der Bemerkung „von historisch-systematischen Gesichtspunkten aus bestätigt er die politischen Forderungen der Zeit und die Notwendigkeit des Abwehrkampfes gegen das Judentum" nochmals veröffentlichten.[40]

Und der Pädagoge Prof. Dr. Theodor Wilhelm forderte – um noch ein weiteres Beispiel zu zitieren – 1944, „Judentum und Freimaurerei gänzlich aus dem nationalen Leben auszusperren ... Die grundlegende Bedeutung dieser Tatsache für das europäische Geistesleben liegt auf der Hand. Sie wird noch dadurch unterstrichen, daß sich, je länger der Krieg dauert, um so unheimlicher der innere Zusammenhang zwischen dem jüdischen Weltbild und der vom Bolschewismus angestrebten Weltordnung offenbart."[41]

Mit ähnlichen Auslassungen erschienen 1943/44 weitere Artikel und Bücher, durch die faschistische Ideologen die Judenverfolgung unterstützten und ergänzten.

Neben der Suche nach Flüchtigen und Versteckten konzentrierten sich die Faschisten in dieser Zeit auf die systematische Verfolgung der jüdischen Ehepartner in „Mischehen" und ihrer Kinder. In diesem Zusammenhang notierte Goebbels am 18. April 1943 in seinem Tagebuch, die Judenfrage sei in Berlin noch nicht gelöst, und das Problem der „Mischehen" existiere weiter.

Schon anderthalb Jahre früher hatten Naziführer erörtert, wie gegen die „nichtarischen Mischehepartner" und gegen „Mischlinge" vorzugehen wäre.

Heydrich erklärte auf der Wannsee-Konferenz, daß bei „Mischehen" von Fall zu Fall zu entscheiden sei, „ob der jüdische Teil evakuiert wird oder . . . einem Altersgetto überstellt wird". Und über ihre Kinder äußerte er: „Mischlinge 1. Grades sind im Hinblick auf die Endlösung der Judenfrage den Juden gleichgestellt."[42] Staatssekretär Stuckart vom Innenministerium schlug dagegen als „Vereinfachung" vor, eine Verordnung zu erlassen, wonach die Ehe automatisch geschieden und die „Mischlinge" zu sterilisieren wären.

Anfang März 1942 wurde diese Frage ausführlich auf der speziell zu diesem Thema einberufenen Zusammenkunft von Beamten aus elf faschistischen Behörden bei Eichmann besprochen. Die Zwangsscheidung wurde aus außenpolitischen Erwägungen verworfen. Jedoch sollten Einzelscheidungen schnell durchgeführt werden. Nach Ablauf einer Frist sollte – wenn die „arischen" Ehepartner die ihnen auferlegten Anträge nicht gestellt hätten – die Staatsanwaltschaft die Scheidung verlangen. Die Zwangssterilisierung wurde von den Behördenvertretern begrüßt. Sie sahen aber noch keinen realisierbaren Weg und meinten, wegen des Aufwandes könnte die Sterilisierung erst nach Kriegsende beginnen. Deshalb befürworteten sie die Deportation der ungefähr 70 000 „Mischlinge" in eine besondere Siedlung außerhalb Deutschlands, aber im faschistischen Herrschaftsbereich.

Bei der zweiten Besprechung dieser Art am 27. Oktober 1942 stimmten die anwesenden Vertreter von 13 Behörden erneut der zwangsweisen Scheidung zu. In bezug auf die „Mischlinge" ergaben sich neue Aspekte: „Eingangs der Besprechung wurde mitgeteilt, daß neue Erkenntnisse und Erfahrungen auf dem Gebiete der Unfruchtbarmachung es wahrscheinlich ermöglichen werden, die Sterilisation in vereinfachter Form und in einem verkürzten Verfahren schon während des Krieges durchzuführen. Mit Rücksicht hierauf wurde dem Vorschlag, sämtliche fortpflanzungsfähigen Mischlinge ersten Grades unfruchtbar zu machen, zugestimmt."[43] In unübertroffenem Zynismus einigte man sich, daß die Betreffenden zwischen der „Abschiebung" oder dem Eingriff wählen konnten.

Die „neuen Erkenntnisse und Erfahrungen" beruhten im wesentlichen auf drei Versuchsreihen. Einmal hatte der Gynäkologe Prof. Dr. Carl Clauberg 1941 Himmler für Sterilisierungsversuche an Frauen interessiert. Im August 1942 erhielt er 300 jüdische Häftlinge aus dem KZ Ravensbrück, die aus Holland stammten, um chemische Präparate des Chemiekonzerns Schering-Kahlbaum AG auszuprobieren. Ab 28. Dezember 1942 experimentierte Clauberg mit einer Reihe von Hilfskräften in Block 30, später in Block 10 des KZ Auschwitz. Die menschenfeindlichen und verbrecherischen Versuche, die nach der Räumung von Auschwitz im KZ Ravensbrück bis April 1945 fortgesetzt wurden, kosteten unzähligen Frauen Gesundheit und Leben, brachten jedoch nicht das von den Faschisten gewünschte Ergebnis. Zum zweiten hatte Brack, einer der Verantwortlichen für die „Euthanasie"-Morde und Initiator der Gaswagen, Himmler in langen Berichten auf die Möglichkeit aufmerksam gemacht, Röntgenstrahlen zur Sterilisierung zu verwenden. Himmler beauftragte daraufhin den Luftwaffenarzt Dr. Horst Schumann, der gleichfalls an den Morden an Geisteskranken beteiligt gewesen war, in Auschwitz eine Einrichtung für Massenversuche aufzubauen. Im Dezember 1942 begannen die Experimente an männlichen jüdischen KZ-Häftlingen in Auschwitz. Nach unsäglichen Qualen für die menschlichen Versuchskaninchen und dem Tod von vielen, mußte Schumann im April 1944 eingestehen, daß auf diesem Wege eine Sterilisierung nicht möglich war. Zum dritten hatte die chemische Fabrik Madaus & Co. in Dresden-Radebeul eine exotische Pflanze entdeckt, deren Saft unfruchtbar machen sollte. Ein Gauhauptstellenleiter für Rassenpolitik und ein Facharzt für Haut- und Geschlechtskrankheiten wiesen unabhängig voneinander Himmler auf diese Entdeckung hin. Der Mediziner zog bezeichnenderweise „die drei Millionen momentan in deutscher Gefangenschaft befindlichen Bolschewisten" in seinen Vorschlag ein.[44] Madaus & Co. erhielt über Pohl und den SS-Reichsarzt, SS-Gruppenführer Dr. Ernst Grawitz, den Auftrag, aus dem Pflanzenextrakt ein Verfahren zur Sterilisierung zu entwickeln. Die Versuche zogen sich ebenfalls bis Mitte 1944 hin und wurden dann ergebnislos abgebrochen.

Während die Experimente liefen, blieben die „Mischlinge" nicht unbehelligt. Zwar traf sie die rigorose Außerrechtstellung der Juden nicht in ihrer ganzen Härte, doch wurden auch ihre Lebensverhältnisse eingeschränkt, und sie spürten die Judenverfolgung am eigenen Leib.

Sie begann mit der Aufnahme ihrer Personalien in die Judenkartei der Gestapo und der Entlassung aus der Wehrmacht nach einem OKW-Befehl vom 20. April 1940, der auch die „arischen" Männer aus „Mischehen" betraf. Am 1. März 1942 ließ der Reichsminister des Inneren mitteilen, daß Gesuche jüdischer „Mischlinge", ihnen die Eheschließung zu gestatten, für die Kriegsdauer nicht mehr bearbeitet würden. Das kam einem Verbot der Heirat gleich. Nach einem Runderlaß des Volksbildungsministeriums vom 20. Juli 1942 wurden „Mischlinge" von jeglichem Schulunterricht ausgeschlossen. Diese und andere „Regelungen" faßte ein umfangreiches Schriftstück der SS-Führung vom 26. Juli 1944 nochmals zusammen. Doch die Nazimachthaber waren zu diesem Zeitpunkt schon auf Grund der militärischen und ökonomischen Situation gezwungen worden, von ihren weitergehenden Plänen abzugehen. Sie versuchten deshalb, das Prinzip „Vernichtung durch Arbeit" anzuwenden.

Am 13. Oktober 1943 ordnete Göring an, daß die nicht wehrdienstpflichtigen „Mischlinge" und die „arischen" Männer, die mit Jüdinnen verheiratet waren, zum Arbeitseinsatz der Organisation Todt (OT) gepreßt werden sollten. Die Gestapo übersandte daraufhin den Betreffenden eine Gestellungsanordnung, in der es im drohenden Ton hieß: „Sie werden hiermit aufgefordert, sich zur

Verwendung in vordringlichem Arbeitseinsatz ... einzufinden. Sie haben mitzubringen: Verpflegung, ausreichend für drei Tage, ferner feste Arbeitskleidung und festes Schuhwerk, 1 bis 2 Wolldecken sowie etwa verfügbare Werkzeuge wie Säge, Beil, Spaten, Hacke oder dergleichen ... Die Nichtbeachtung dieser Anordnung hat schwerste staatspolitische Maßnahmen zur Folge! Es wird Ihnen zur Pflicht gemacht, den obengenannten Termin unter allen Umständen einzuhalten!"[45]

Bei den Empfängern lösten diese Gestellungsbefehle größte Unruhe aus, ähnelten sie doch sehr den „Evakuierungs"-Bescheiden der Jahre 1940/41, deren Folgen wohlbekannt waren.

Die auf diese Art „Sonderdienstverpflichteten" kamen in Arbeitslager, die sich in Deutschland und im besetzten Frankreich befanden. Die Lager waren meistens mit Stacheldraht eingezäunt und bewacht. Die Behandlung ihrer Insassen unterschied sich oft nicht von der ausländischer Arbeitskräfte und KZ-Häftlinge. Die Ernährung war äußerst schlecht. Die Arbeitszeit betrug in der Regel täglich – meist auch sonntags – 12 Stunden. Mancherorts waren die Insassen der Arbeitslager in Häftlingsdrillich gekleidet und mit roten Streifen an dem rechten Ärmel und am linken Hosenbein gekennzeichnet.

Solche Lager der Organisation Todt waren u. a. in Osterode, wo in 12 bis 14 Arbeitsstunden täglich schwerste Arbeit im Steinbruch und beim Gleisbau verrichtet werden mußte, bei Hettstedt, wo die Zwangsarbeiter im Schacht „Freies Leben" eingesetzt waren, und in Neu-Staßfurt, wo sie für die Bauleitung Walter Schlempp, zu der Heinrich Lübke gehörte, unterirdische Anlagen errichten mußten, in Jena, bei Halberstadt, Jiltitz-Koitschen und Zerbst, wohin zahlreiche Berliner gebracht wurden.

Einblick in die Behandlung dieser Häftlinge gab ein Rundschreiben der OT, Einsatzgruppe Kyffhäuser, vom 20. November 1944. Darin hieß es: „Die Leute sind ausschließlich für die händische (sic!) Arbeit auf der Baustelle bestimmt. Irgendwelche Vorbildung fachlicher Natur, auch dann, wenn zweckentsprechender Einsatz vorhanden wäre, ist nicht zu berücksichtigen. Die Leute sind geschlossen vom Lager auf die Baustellen zu führen, in den Pausen ständig unter Aufsicht zu halten und nach Beendigung der Arbeit wieder in das Lager zurückzubringen. Ein Verlassen des Lagers außerhalb der Arbeitszeit ist verboten ... Der Postverkehr der Häftlinge muß überwacht werden ... Sollten irgendwelche Briefe Beanstandungen ergeben, so sind sie dem Gendarmerieposten zuzuleiten und werden von dort der zuständigen Gestapo zur Verfügung gestellt, wie überhaupt auch sämtliche Beanstandungen, die mit jüdischen Mischlingen vorkommen, sofort dem jeweiligen Gendarmerieposten gemeldet werden müssen, der die weitere Verhandlung mit seiner vorgesetzten Dienststelle veranlaßt."[46] Eine andere Verfügung der OT-Einsatzgruppe vom 19. Dezember 1944 unterstrich: „Sind sie (die „Mischlinge" – d. Verf.) krank oder nicht für die

Bauarbeiten geeignet, so sind sie sofort der nächsten Gestapo-Dienststelle zu melden ... Die Gestapo veranlaßt das weitere." [47]

Daß die Wirklichkeit die Anweisungen noch übertraf, bezeugte ein Brief des Buchenwalder SS-Arztes vom 17. März 1945: „Erst vor wenigen Tagen, am 3. März 1945, erhielt ich ein Schreiben der OT-Bauleitung, in dem mir mitgeteilt wurde, daß man bei den Sektionen (toter Häftlinge – d. Verf.) zum Ergebnis eines chronischen Hungerzustandes gekommen sei, den man sich jedoch nicht erklären könne, da die Häftlinge Schwerarbeiterzulagen erhielten. Es wurde weiterhin in dem Schreiben der Verdacht geäußert, daß irgendwelche Unterschlagungen in der Auslieferung der den Häftlingen zustehenden Nahrungsmitteln möglich seien." [48]

Nachdem schon vorher lokale und regionale Dienststellen – z. B. in Frankfurt a. M. – „Mischlinge" deportieren ließen, begann Ende 1944 – soweit sie nicht Zwangsarbeiter waren – ihre Verschleppung nach Theresienstadt.

Zahlreiche „Mischlinge" fanden nicht nur in den Zwangsarbeitslagern den Tod, sie wurden auch direkt ermordet. Eine Oberschwester der durch die „Euthanasie"-Morde berüchtigten Anstalt Hadamar erklärte beispielsweise: „Im Mai 1943 wurden Mischlinge (Halbjuden) – alles Kinder – nach der Anstalt Hadamar gebracht. Die Anzahl der Kinder kann ich nicht genau beziffern, aber nach meinem besten Wissen waren 15 bis 20 Mädchen dabei. Fast alle diese Kinder waren gesund. Einige hatten Hautausschläge. Die Kinder wurden alle durch Injektionen getötet. Als ich im Oktober 1943 von einem 24-Tage-Urlaub nach Hadamar zurückkam, wurde mir gesagt, daß all diese Kinder weg wären." [49]

Die „nichtarischen" Ehepartner von „Mischehen" waren ebenfalls faschistischen Unrechtsgesetzen unterworfen. Allerdings wurden privilegierten „Mischehen", das heißt Ehen zwischen einem „Nichtarier", der einer christlichen Konfession angehörte, und einem „Arier", aus der Kinder hervorgegangen waren, einige Ausnahmen zugebilligt. Diese Ehen standen vor allem unter starkem psychischem Druck, der sich mit zunehmender Judenverfolgung verstärkte.

Die nichtprivilegierten „Mischehen" bekamen dagegen die ganze Härte der faschistischen Beschränkungen zu spüren. Nach dem gescheiterten Versuch, Ende Februar 1943 in Berlin im größeren Umfang die „nichtarischen" Männer dieser Ehen zu deportieren, ordnete am 18. Dezember 1943 das Referat IV B 4 des Reichssicherheitshauptamtes unter Berufung auf Himmler an, daß die jüdischen Männer und Frauen, wenn ihre Ehen geschieden oder ihre Ehepartner verstorben seien, in die Deportationen nach Theresienstadt einzubeziehen seien.

Ein dreiviertel Jahr später, am 13. September 1944, begannen in Köln Verhaftungen jeweils beider Eheleute. Ihr Eigentum wurde mit Ausnahme des Gepäcks beschlagnahmt. Die jüdischen Ehepartner kamen nach Theresienstadt, ihre Lebensgefährten mußten Köln binnen zwei Tagen verlassen. Im Oktober

1944 setzte in Berlin die Verhaftungswelle ein. In Augsburg erhielten jüdische Ehepartner sogar noch am 25. Januar 1945 den Befehl von der Gestapo, sich zum „Arbeitseinsatz" einzufinden. Sie wurden nach Theresienstadt verschleppt. Gleiches geschah in Oldenburg Anfang Februar 1945. In Dresden wurde der Befehl am 13. Februar 1945 ausgegeben. Doch die Bombenangriffe verhinderten die Ausführung.

Am 18. Februar 1945 traf in Theresienstadt ein Transport ein, der aus Leipzig 169, aus Frankfurt a. M. 195, aus Koblenz 18, aus Wiesbaden 25, aus Darmstadt 18, aus Gießen, Hanau und Offenbach 45 und aus Halle 146 Deportierte umfaßte. 48 Insassen des Zuges verstarben während der langen Fahrt. Ein weiterer Transport mit 294 Menschen, u. a. aus Oldenburg, Bremen, Kiel und Hamburg, erreichte zehn Tage nach Abfahrt am 23. Februar 1945 das Ghetto. Ein anderer Zug aus Augsburg kam nach drei Tagen am 23. Februar 1945 in Theresienstadt an. Insgesamt trafen 1945 1954 Deportierte in Theresienstadt ein.

Das waren wohl die letzten Verschleppten der faschistischen Judenverfolgung. In den Konzentrationslagern und Ghettos waren jedoch ihre Leiden noch nicht zu Ende.

4. Das Ende des systematischen Massenmordes

Die Siege der Roten Armee stärkten seit 1943 die Kampfentschlossenheit der internationalen Widerstandsbewegung. Auch ein Teil der Deportierten und Todeskandidaten setzte sich nun in verstärktem Maße gegen den Massenmord zur Wehr. Das Fanal war der Aufstand im Warschauer Ghetto. Schon im Mai 1942 wurde auf Initiative des Beauftragten des ZK der Polnischen Arbeiterpartei im Ghetto der Antifaschistische Block geschaffen. Gleichzeitig entstanden Einheiten der illegalen Volksgarde, die sich im November 1942 mit anderen Gruppen zur Jüdischen Kampforganisation vereinigten. Diese rief am 9. April 1943 zum Widerstand auf, als die Faschisten erneut Bewohner des Ghettos in Vernichtungslager deportieren wollten.

Trotz überlegener Stärke und Bewaffnung und trotz grausamsten Vorgehens gelang es den SS-Einheiten erst am 16. Mai, den Aufstand, der von der Warschauer Organisation der Polnischen Arbeiterpartei Unterstützung erhielt, niederzuschlagen. Obwohl das ganze Gebiet in Trümmer gelegt wurde, kämpften einzelne Gruppen im Warschauer Ghetto bis zum 23. September 1943.

Ihrem Beispiel folgend, erhoben sich am 25. Juni 1943 Insassen des Ghettos Częstochowa und am 12. August 1943 Häftlinge des Vernichtungslagers Treblinka. Der bewaffnete Aufstand im Ghetto Białystok vom 16. bis Ende August 1943 stand unter Leitung der Vereinigten Antifaschistischen Organisation. Eine Gruppe Hitlergegner in der Wehrmacht, die auch mit sowjetischen Partisanen zusammenarbeitete, unterstützte die Häftlinge.[50] Ebenso wie in Treblinka wurden am 18. Oktober 1943 in Sobibor durch den Aufstand des Häftlingstodeskommandos die Vernichtungsanlagen für immer außer Betrieb gesetzt.

Am 26. November 1944 befahl Himmler, die Gaskammern und Krematorien in Auschwitz restlos zu beseitigen, wahrscheinlich um zu verhindern, daß der Roten Armee Beweise für den ungeheuerlichen Massenmord in die Hände fielen. Nach dem letzten Gasmord am 28. November begann am 1. Dezember der Abbruch der Gaskammern und der Krematorien II und III. Das Krematorium V wurde bei der Flucht der SS im Januar 1945 gesprengt.

Am 17. Januar 1945 betrug die Zahl der Häftlinge aller Lager von Auschwitz 66 000. Ab 18. Januar trieben SS-Leute etwa 60 000 von ihnen auf den Todestransport in das KZ Groß-Rosen. Zu Fuß bei grimmiger Kälte, ohne Nahrungsmittel und mit ungenügender Kleidung waren die ausgemergelten Häftlinge bald erschöpft. Ihre Wege kennzeichneten die Leichen der Tausende, die nicht mehr laufen konnten und von SS-Leuten und Wehrmachtssoldaten erschossen wurden. Ihre Zahl schätzte man auf 15 000.

Der größte Teil der Auschwitzer, die den Todesmarsch überlebten, wurden von Groß-Rosen und anderen Orten in Zügen nach Bergen-Belsen, Buchenwald, Flossenbürg, Mauthausen, Ravensbrück und Sachsenhausen transportiert. Während der langen Fahrt starben nochmals Unzählige.

Am 27. Januar 1945 befreiten sowjetische Einheiten Auschwitz. Sie fanden 5 800 Kranke in Auschwitz-Birkenau und 650 Kranke in Monowitz – darunter 180 Kinder – und über 600 Tote.

Der erste Kommandant von Auschwitz, Höß, schätzte, daß mindestens 2 500 000 Menschen in Auschwitz-Birkenau mit Zyklon B ermordet wurden. Hinzu kamen etwa 500 000 Menschen, die dort starben, und die Toten von Auschwitz I und Auschwitz III. Die Außerordentliche Untersuchungskommission, das Internationale Militärtribunal in Nürnberg und der Höchste Nationalgerichtshof Polens schätzten übereinstimmend, daß ungefähr vier Millionen Menschen von den Faschisten im Vernichtungskomplex Auschwitz umgebracht wurden.

Der Vormarsch der alliierten Truppen, besonders der Roten Armee, zeigte das bevorstehende Ende des faschistischen Regimes an, während die Befreiung von Auschwitz die baldige Zerschlagung des KZ-Systems ankündigte. Überall kam es in Nazideutschland – auch in der SS – zu Auflösungserscheinungen. Himmler und andere hohe SS-Führer entwickelten eine hektische Betriebsamkeit. Aus den sich überschneidenden Schritten und durchkreuzenden Anordnungen schälte sich eine Hauptlinie heraus: Es sollten die 714 211 Häftlinge – 511 537 Männer und 202 674 Frauen –, die nach einer Aufstellung vom 15. Januar 1945 in den KZ schmachteten, als „Faustpfand" für politische Kontakte und Geschäfte mit den westlichen Alliierten benutzt, zugleich aber noch möglichst viele umgebracht werden.

Die vom Vormarsch der Roten Armee erzwungene Einstellung der Gasmorde und Beseitigung der Vernichtungsanlagen in Auschwitz benutzten SS-Offiziere bei ihren Verhandlungen über den „Verkauf" ungarischer Juden in der Schweiz[51], um sich als wortgetreue und zuverlässige Partner hinzustellen.

Himmler entsandte am 22. Dezember 1944 seinen finnischen Masseur Felix Kersten nach Schweden, um dem schwedischen Außenministerium die Freilassung von 5 000 bis 6 000 KZ-Häftlingen, 1 700 weiblichen KZ-Insassen, 2 000 bis 3 000 Juden und dänischen und norwegischen Häftlingen, anzubieten. Seit Ende Januar 1945 stand Himmler in Verhandlungen mit dem Schweizer Roten Kreuz, dessen Vertreter am 22. Februar 1945 die KZ-Verwaltung in Oranienburg aufsuchten.

Am 5. Februar 1945 kam ein Zug mit 1 200 Theresienstädtern in der Schweiz an. „Das Ziel dieser Aktion war", berichtete der Transportleiter, SS-Obersturmführer Franz Göring, später, „in der internationalen Presse eine günstige Stimmung hervorzurufen, um dadurch für spätere Zeiten eine bessere Atmosphäre für Deutschland (gemeint ist die Naziclique – d. Verf.) zu schaffen."[52]

Eine Anweisung des Reichsjustizministeriums vom gleichen Tag, wonach bei der Räumung von Haftanstalten Juden und „Mischlinge" nicht zu entlassen seien, zeigte jedoch deutlich, wie es mit der vorgeblich humanen Haltung von Naziführern in Wahrheit bestellt war.

Während das Morden weiterging, wurden die Kontakte ausgebaut. Der Vizepräsident des Schwedischen Roten Kreuzes und Neffe des schwedischen Königs, Graf Folk Bernadotte, sprach am 18. Februar 1945 mit Himmler über die Heimführung dänischer und norwegischer KZ-Häftlinge, Anfang März verhandelte Wolff mit Dulles in Zürich. Am 15. März unterzeichnete Himmler ein Schreiben, in dem es hieß:

„3. Daß jede weitere Tötung von Juden eingestellt und verboten wird und daß die Juden den anderen Konzentrationslager-Gefangenen gleichgestellt werden.

4. Daß die Konzentrationslager nicht geräumt und die Gefangenen dort gelassen werden, wo sie sich zur Zeit befinden und daß alle Häftlinge Lebensmittelpakete aus Schweden empfangen dürfen."[53]

Kersten sollte den scheinheiligen Text, an den sich die Faschisten gar nicht zu halten gedachten, in Schweden präsentieren, um die erpresserischen Verhandlungen voranzutreiben. Dem gleichen Zweck diente auch ein Schreiben Himmlers vom 21. März 1945 an Dr. Hillel Storch, den Stockholmer Vertreter des

Jüdischen Weltkongresses, mit dem ein Beamter des Außenministeriums Verbindungen angeknüpft hatte. Zur Unterstützung der Briefe ließen die Nazis zwischen dem 16. und 18. März das Schwedische Rote Kreuz dänische und norwegische KZ-Häftlinge aus Sachsenhausen abholen.

Am 2. April 1945 enthüllte Himmler in einer längeren Unterredung mit Bernadotte die wirklichen Ziele des faschistischen Verhaltens: Er bat den schwedischen Grafen um Fürsprache bei dem westalliierten Oberkommandierenden Eisenhower. Die bald erfolgte Antwort lautete, es sei eine andere Regierung einzusetzen, erst dann könnten Verhandlungen aufgenommen werden.

Am 19. April landete der Beauftragte des Jüdischen Weltkongresses, Dr. Norbert Masur, in Berlin-Tempelhof. Mit allen Ehren von einer SS-Wache empfangen, traf er am 21. April mit Himmler zusammen. Masur erreichte die Zusage, 1 000 Ravensbrücker Frauen und eine Anzahl holländischer Juden aus Theresienstadt zu entlassen. Schwedische Wagen übernahmen weibliche Häftlinge aus Skandinavien und aus westalliierten Staaten. Die illegale Häftlingsorganisation bemühte sich, zahlreiche weitere KZ-Insassen aus Deutschland und Polen einzuschmuggeln, die besonders gefährdet oder schwer krank waren. Die Hoffnung Himmlers, für die Geste politisch honoriert zu werden, erfüllte sich allerdings nicht.

Zur gleichen Zeit, in der Nacht vom 23. zum 24. April, sprach Schellenberg in Flensburg mit Bernadotte. Er teilte mit, Himmler wolle Eisenhower aufsuchen, und der Schwede solle die Zusammenkunft vermitteln. Am folgenden Abend bot Himmler in Lübeck dem Grafen die bedingungslose Kapitulation an der Westfront an. Gegen die Rote Armee solle dagegen weitergekämpft werden, bis die westlichen Alliierten auf sowjetische Einheiten stießen. Zu weiteren Kapitulationsverhandlungen traf Wolff am selben Tag in der Schweiz ein.

Welches ungeheuerliche Spiel die SS-Führer mit den Menschenleben trieben, um ihr verbrecherisches Leben zu verlängern oder gar zu retten, zeigte deutlich die vollständige Räumung des KZ Dora-Mittelbau und die teilweise Evakuierung des KZ Buchenwald Ende März/Anfang April. Die Doppelzüngigkeit der imperialistischen Schergen manifestierte sich auch in Himmlers Befehl vom 14. April 1945 an die Kommandanten der KZ Dachau und Flossenbürg: „Die Übergabe kommt nicht in Frage. Das Lager ist sofort zu evakuieren. Kein Häftling darf lebendig in die Hände des Feindes fallen.“ [54] Einen Monat nach dem anders lautenden Schreiben, das Kersten nach Schweden brachte, zeigte sich das wahre Gesicht des deutschen Faschismus erneut. Es trat auch aus Hitlers sogenanntem Politischen Testament hervor, in dem er am 29. April 1945 über den „unbarmherzigen Widerstand gegen den Weltvergifter aller Völker, das internationale Judentum“, schrieb.[55]

Während dieser politischen Verhandlungen, in denen skrupellos Menschenleben zur Erpressung benutzt wurden, spekulierten die faschistischen Machthaber, die den deutschen Imperialismus und Militarismus vor der sicheren Niederlage bewahren wollten, auf die antikommunistische Gemeinsamkeit der imperialistischen Kriegsgegner. Der Antikommunismus, der ein tragendes Element in der imperialistischen Politik war – und ist –, sollte noch in den letzten Tagen des faschistischen Regimes dazu dienen, eine Front gegen die UdSSR zu bilden. Nach der Niederlage des deutschen Faschismus schuf der angloamerikanische Imperialismus im Bündnis mit dem westdeutschen Imperialismus in Gestalt der BRD ein Regime, das sich unter Verwerfung des faschistischen Antisemitismus mit dem US-Imperialismus und dem Zionismus gegen den Fortschritt vereinte.

5. Die Kenntnis über den Massenmord

Obwohl die Faschisten versuchten, sorgsam die Mordstätten abzuschirmen, verhüllende Begriffe in ihren Publikationen und Anweisungen gebrauchten, gelangte doch manches Allgemeine und manche Einzelheit über die Verbrechen nach Deutschland und ins Ausland. In erster Linie waren es zahlreiche antifaschistische Organisationen, Nazigegner und andere human gesinnte Menschen, die die Welt informierten und alarmierten. Von den Mächten der Antihitlerkoalition trug namentlich die Sowjetregierung dazu bei.

Am 25. November 1941, 6. Januar 1942 und 27. April 1942 übermittelte das sowjetische Außenministerium den Regierungen, die mit der UdSSR diplomatische Beziehungen hatten, Noten über die faschistischen Untaten auf sowjetischem Territorium. Die Erklärungen erfuhren durch die Presse eine weltweite Publizität.

Die Noten dokumentierten zahlreiche Verbrechen, u. a. die Verfolgung jüdischer Bürger der Sowjetunion und deren Ermordung. Ein spezielles sowjetisches Schriftstück zur „Endlösung der Judenfrage" datierte vom 19. Dezember 1942. Fakten, Berichte und Erklärungen wurden in der sowjetischen Broschüre „We Shall Not Forgive!" (Moskau 1942) zusammengefaßt.

Nachdem durch den Beschluß des Obersten Sowjets vom 2. November 1942 Außerordentliche Staatliche Kommissionen zur Feststellung und Untersuchung der Verbrechen der faschistischen deutschen Eindringlinge und ihrer Helfershelfer gebildet waren, begannen systematische Ermittlungen. In gedruckten Mitteilungen, die sich auf erbeutete Nazidokumente, Zeugenaussagen, Angaben gefangener Faschisten, Feststellungen am Tatort usw. stützten, gaben die Kommissionen ihre Untersuchungsergebnisse bekannt. Die insbesondere von Januar 1944 an in rascher Folge erscheinenden Berichte enthüllten u. a. die

Morde in Kiew, in Minsk und Lwow. Kommissionen aus Vertretern der UdSSR und Polens untersuchten und schilderten die Massenmorde in Majdanek, Treblinka, Chełmno und Auschwitz. Konstantin Simonows Augenzeugenbericht über Majdanek erschien unter dem Titel „Das Vernichtungslager" in mehreren Sprachen – darunter in deutscher – 1944 in Moskau.

Viele Nachrichten über faschistische Verbrechen liefen in der Schweiz zusammen und wurden von dort weiterverbreitet. Der früheste Bericht stammte wohl von einem Schweizer Augenzeugen, der Massenhinrichtungen in Polen erlebt hatte und darüber im Frühjahr 1942 Mitteilungen machte. Zum selben Zeitpunkt, im Mai 1942, unterrichtete ein Züricher Mediziner die Schweizer Ärztegesellschaft über seine Beobachtungen bei Massenverbrechen. Im September 1942 berichtete ein Flüchtling aus Lettland über den Mord in Riga im Dezember 1941 und ein Belgier über die Abschlachtung von arbeitsfähigen jüdischen Frauen und Männern. Die „Neue Züricher Zeitung" griff diese Informationen am 13. September 1942 auf und bewertete sie als erschütternde Zeugnisse einwandfreien Charakters, die jedoch kein abschließendes Urteil ermöglichen würden. Im November 1942 ließ das Genfer Büro des Jüdischen Weltkongresses Augenzeugen der faschistischen Verbrechen unter Eid dem US-Generalkonsul berichten. Ihre Aussagen kamen nach Washington und wurden dort zur Veröffentlichung freigegeben. Zusammen mit dem Inhalt der sowjetischen Noten waren sie Anlaß zu der alliierten Erklärung vom 17. Dezember 1942.[56]

Vor allem über Auschwitz hatte die Welt schon frühzeitig Kenntnis erhalten, die immer mehr ins Detail ging. Denn die internationale Widerstandsorganisation in dem Vernichtungslager betrachtete die Unterrichtung über die Verbrechen in Auschwitz als eine ihrer Hauptaufgaben. Über Partisanen und Widerstandskämpfer in der Umgebung gelang es ihr, nicht nur Mitteilungen, sondern auch SS-Dokumente, Lagepläne und heimlich aufgenommene Fotografien hinauszuschmuggeln. Diese Beweisstücke sollten das Gewissen der Welt aufrütteln, die moralische Kraft der Antihitlerkoalition stärken und vor dem faschistischen Spurenverwischen bewahrt werden. Häftlinge, die mit Hilfe der illegalen Organisation flüchteten, erhielten den Auftrag, genauestens über ihre Erlebnisse zu berichten. Zwei von ihnen, Dr. Rudolf Vrba und Alfred Wetzler, hatten außerdem die Aufgabe, im April 1944 die ungarischen Juden vor den Vernichtungstransporten zu warnen.

Publizistischer Niederschlag dieser Seite des Widerstandes in Auschwitz waren u. a. der Bericht der „Neuen Volkszeitung", New York, vom 14. Juni 1941, der wohl der erste Artikel über Auschwitz war, und die Meldungen der Jüdischen Telegraphen-Agentur, London, vom 13. Dezember 1943 und 2. Juni 1944, die Angaben über den Mord an polnischen Juden und eine Schilderung der Gaskammern in Auschwitz enthielten.

Auf Materialien und Berichten aus Auschwitz beruhte die Broschüre „Das Todeslager", die illegal in Polen erschien. Sie enthielt soviel Details, daß das Reichssicherheitshauptamt Informanden unter den SS-Leuten vermutete.

Aus Berichten alliierter Sender konnten die illegalen Antifaschisten in Auschwitz feststellen, wie erfolgreich ihre Informationstätigkeit war. Sie wirkte sich außerdem unmittelbar auf SS-Leute aus, als der britische Rundfunk aus dem 1944 in Auschwitz geschriebenen und in Kraków hergestellten „Auschwitzer Echo" die Namen von Auschwitzer Massenmördern zitierte und erklärte, daß sie zum Tode verurteilt würden. Wegen beider Vorkommnisse setzte die SS-Zentrale eine Kommission ein, die – allerdings ohne Erfolg – die Stellen suchte, über die die Massenmorde bekannt wurden.

Einen noch größeren Widerhall hatte die Mission von Vrba und Wetzler. Die Auschwitz-Flüchtlinge erreichten im Mai 1944 ihre slowakische Heimat. Über slowakische Antifaschisten teilten sie dem Budapester Judenrat ihre Kenntnisse mit, der jedoch die Warnung nicht beachtete. Die grauenhaften Einzelheiten, die sie über Auschwitz berichteten, gelangten dagegen über die Slowakei und einen katholischen Geistlichen, dem die Flüchtlinge bei einer sechsstündigen Zusammenkunft Ende Mai oder Anfang Juni 1944 ihre 60seitige Schilderung mit Plänen des Lagers und Zeichnungen der Vernichtungsanlagen übergaben, ins neutrale Ausland. Ende Juni veröffentlichten Schweizer Zeitungen den Bericht. Daraufhin forderte der Züricher Chefkorrespondent von Exchange Press, Walter Garret, telegrafisch Roosevelt, Churchill, Eden, den Erzbischof von Canterbury und andere Persönlichkeiten zu Stellungnahmen auf. Viele internationale Presseorgane übernahmen die Nachrichten. Die Aufforderung zum Eingreifen und die konzentrierte Berichterstattung erwirkten u. a. scharfe Proteste Roosevelts, des britischen Außenministers, des Königs von Schweden, des Internationalen Komitees vom Roten Kreuz und des katholischen Nuntius in Budapest gegen die Deportationen aus Ungarn. Vor allem die harten Demarchen aus New York und London bewirkten Horthys Eingreifen und die zeitweilige Unterbrechung der Todestransporte. Im August 1944 wurde der Bericht in der Dokumentation „Die Judenausrottung in Polen" in Genf publiziert. Im November 1944 erschien er, vom War Refugee Board herausgegeben, in englischer Sprache.

Im westlichen Ausland waren seit Kriegsbeginn eine Reihe weiterer Publikationen über die faschistische Judenverfolgung herausgekommen. „Dokumente über die Behandlung deutscher Staatsbürger in Deutschland 1939", die vom britischen Außenministerium 1939 in Englisch und 1940 in Deutsch vorgelegt wurden, informierten insbesondere über die „Kristallnacht". Die Schrift „Judenmord und Christenglaube", zusammengestellt vom Schweizer Evangelischen Hilfswerk, Zürich 1943, unterrichtete u. a. über den Berliner Geiselmord an Angehörigen der Reichsvereinigung im Dezember 1942. In London erschien

1942 die Broschüre „Persecution of the Jews", herausgegeben von den Repräsentanten der alliierten Regierungen und der Informationsabteilung der Vereinten Nationen. In New York kamen beispielsweise heraus: „Hitler's Tenyears War on the Jews" (1943), „Extermination of Polish Jewry" (1943), „The Black Book of Polish Jewry" (1943), „The Jewish Communities of Nazi-occupied Europe" (1944) und „The Jewish Refugee" (1944) von A. Tarkower und K. Grossmann. An einigen dieser und anderen Publikationen arbeiteten auch deutsche Emigranten mit. Das ganze Ausmaß der faschistischen Verbrechen wurde trotz dieser Schilderungen erst 1945 im westlichen Ausland sichtbar, als westalliierte Truppen Buchenwald, Bergen-Belsen, Neuengamme und Dachau erreichten und nach einer Vielzahl von Zeitungsartikeln Zustände und Massenmord in den KZ tief in das Bewußtsein der Leser drangen.

Deutsche Antifaschisten beteiligten sich im Ausland mit eigenen Veröffentlichungen an der Aufklärung über die faschistischen Untaten. So berichtete das in Stockholm erscheinende deutschsprachige kommunistische Organ „Die Welt" 1941 und 1942 mehrmals über die Judenverfolgung in den vom Faschismus okkupierten Gebieten, besonders in Polen und Frankreich, und informierte über Proteste gegen den Massenmord. Am 9. Januar 1944 brachte die Zeitung des Nationalkomitees „Freies Deutschland" einen größeren Artikel über die Massengräber in Babi Jar bei Kiew. Die „Freie Tribüne", das Organ der Freien Deutschen Jugend (FDJ) in London, schrieb im Februar 1944 über das Ghetto Theresienstadt. In der Zeitung „Freies Deutschland", die in Mexiko erschien, wurde u. a. im Oktober 1944 eine Erklärung des Lateinamerikanischen Komitees der Freien Deutschen zur Entdeckung der faschistischen Mordlager Minsk und Majdanek und im November 1944 ein Artikel von Alexander Abusch über die Vernichtungslager und die Verantwortung der Deutschen publiziert.

Ebenso wurde der Rundfunk zu Informationen über faschistische Gewalttaten benutzt. Über den Sender „Freies Deutschland" schilderte beispielsweise am 15. Juni 1944 der ehemalige Divisionspfarrer Dr. Friedrich-Wilhelm Krummacher seine Gedanken beim Anblick der Massengräber von Kiew. Sie seien ihm und anderen Soldaten Anstoß gewesen, sich in die antifaschistische Front einzureihen. Krummacher forderte seine Hörer auf, den gleichen Schritt zu tun.

Thomas Mann ging ebenfalls in seinen Ansprachen an „Deutsche Hörer" im amerikanischen Rundfunk mehrmals auf die faschistische Judenverfolgung ein. Am 27. September 1942 berichtete er von Deportationen aus Frankreich, dem Ghetto in Warschau, den Morden in Minsk und anderen Verbrechen. Am 14. Januar 1945 sprach der Schriftsteller über Auschwitz und Majdanek. Er schloß seine Rede mit den Worten: „Deutsche, ihr sollt es wissen. Entsetzen, Scham und Reue ist das Erste, was not tut. Und nur *ein* Haß tut not: der auf die

Schurken, die den deutschen Namen vor Gott und der ganzen Welt zum Greuel gemacht haben."[57]

An Büchern erschienen z. B. in London das Heft „Unser ist der Morgen" (1942), das neben anderem einen Beitrag von Abusch „Der gelbe Stern und das deutsche Volk" enthielt, im Verlag des Lateinamerikanischen Komitees der Freien Deutschen „El Libro libre" in Mexiko der Sammelband „El Libro Negro del Terror Nazi en Europa" (1943), dessen Vorwort Heinrich Mann verfaßte und an dem sich 55 Autoren aus 16 Staaten beteiligten, und der Roman von Ernst Sommer „Revolte der Heiligen" (1944), der Leben und Aufbegehren in einem Ghetto in Polen schilderte.

Jüdische Flüchtlinge aus Deutschland, u. a. eine Krankenschwester, die die sogenannte Fabrikaktion im Februar 1943 erlebte, und Dr. Else Behrend-Rosenfeld erzählten in der Schweiz von den Geschehnissen aus eigener Anschauung. Die Publikation „Menschen fliehen zu uns . . .", herausgegeben von der Schweizerischen Zentralstelle für Flüchtlingshilfe in Zürich, faßte 1944 solche Berichte zusammen und legte sie erneut der Öffentlichkeit vor.

Kurt Gerstein, ein oppositioneller Protestant, war im August 1942 als SS-Offizier in den Vernichtungslagern Bełżec und Treblinka. Noch auf der Rückfahrt nach Berlin informierte er den schwedischen Gesandtschaftssekretär, Baron von Otter, über die grausigen Geschehnisse, die er gesehen hatte. Otter versprach, den Bericht der schwedischen Regierung zuzuleiten. In Berlin angekommen, versuchte Gerstein vergeblich, den päpstlichen Nuntius zu sprechen. Er wurde nicht empfangen und konnte nur den Sekretär des Bischofs von Berlin, Dr. Winter, unterrichten. Desweiteren sprach Gerstein mit einigen führenden Mitgliedern der Bekennenden Kirche und anderen Personen.

Der Vatikan, den frühzeitig eine Reihe von Nachrichten über die faschistische Judenverfolgung erreichte, erhob gegen den Massenmord keinerlei Protest. Obwohl er mehrfach, u. a. von dem Berliner Bischof Konrad Graf von Preysing, Vertretern der Westalliierten und internationalen antifaschistischen Organisationen, auf die Notwendigkeit und Nützlichkeit einer speziellen oder gemeinsamen Intervention hingewiesen wurde, gab er sich neutral und wies einen solchen Schritt von sich. Diese Haltung nutzte objektiv dem faschistischen Regime und seinen Verbrechen.

Das Internationale Komitee vom Roten Kreuz erhielt ebenfalls direkt eine Reihe Informationen. So konnten zwei aus Kriegsgefangenenlagern in Polen geflohene und wieder ergriffene britische Offiziere trotz der scharfen Bewachung ihre Aufzeichnungen über Vernichtungslager einem kontrollierenden ausländischen Schutzmachtbeamten zustecken, der sie sofort nach der Schweiz weitergab.

Trotz der eigenen Berichte und der zahlreichen Publikationen, die eine Menge Fakten enthielten – aber dennoch aus Mangel an eingehenderen Nachrichten nicht das ganze Ausmaß schildern konnten –, reagierte das Internationale Komitee vom Roten Kreuz äußerst zurückhaltend. Die Organisation, die die Einhaltung der internationalen Abmachungen des Völkerrechtes im Kriege zu überwachen, den Schutz der Kriegsgefangenen zu kontrollieren hatte und den Schutz der Zivilbevölkerung gewährleisten sollte, bemühte sich zwar unter dem Druck der Weltöffentlichkeit um die Besichtigung der Konzentrations- und anderen Lager. Aber als das Internationale Komitee schließlich 1944 die Genehmigung von den Faschisten erhielt, versagten seine Beauftragten und ließen sich von den Nazis täuschen. Im Bericht des Delegierten Dr. M. Rossel vom 23. Juni 1944 hieß es u. a. über Theresienstadt: „Das Lager von Theresienstadt ist ein ‚Endlager', normalerweise wird keiner, der einmal gekommen ist, weiterverschickt . . . Wir werden sagen, daß unser Erstaunen außerordentlich war, im Ghetto eine Stadt zu finden, die fast ein normales Leben lebt; wir haben es schlimmer erwartet." [58]

Im September 1944 veröffentlichte das Internationale Komitee vom Roten Kreuz den offiziellen „Bericht über die Tätigkeit des Roten Kreuzes für Zivilgefangene in Deutschland", der die Eindrücke bei Besuchen in KZ zusammenfaßte. Kein Wort war darin über die Morde in Auschwitz zu finden, obwohl eine Nachricht britischer Kriegsgefangener über die Gaskammern angeführt wurde. Der Bericht kommentierte, daß kein Beweis dafür zu erbringen war, die Häftlinge hätten nicht darüber gesprochen. Der Besucher hatte den Eindruck, der Auschwitzer SS-Kommandant spreche die Wahrheit. Ähnliches wurde über Ravensbrück und Sachsenhausen mitgeteilt, wo ebenfalls die „Höflichkeit" der SS-Offiziere lobend erwähnt war. Solche Berichte und Bemerkungen schlugen Mitteilungen der KZ-Insassen in den Wind und erklärten die todesmutige Informationstätigkeit der illegalen Häftlingsorganisation und ihrer Verbindungsleute für unbefugt.

Eine tatkräftige Hilfe stellten dagegen die Paketsendungen des Internationalen Komitees und nationaler Rot-Kreuz-Organisationen in die KZ dar. Sie wurden durch die antifaschistische Öffentlichkeit initiiert und durch Adressenübermittlungen der illegalen Häftlingsorganisationen und einzelner KZ-Insassen erweitert. Da eine Reihe von Häftlingen durch die SS vom Postempfang ausgeschlossen worden war, half ihnen die internationale Solidarität im KZ, an den Sendungen teilzuhaben.

Dem deutschen Volk gegenüber wurden Einzelheiten über den Massenmord und dessen Ausmaß geheimgehalten. Die Tatsache selbst aber konnte denen nicht verheimlicht werden, die die Ereignisse um sich aufmerksam betrachteten.

Sie hatten über ein Jahrzehnt Äußerungen faschistischer Führer gehört, faschistische Verbrechen erlebt und konnten daraus, auch wenn sie nicht unmittelbar Zeugen waren, ableiten, was geschah. Einwohner vieler Orte beobachteten das Zusammentreiben ihrer jüdischen Mitbürger zur Deportation und sahen die Todestransporte aus ganz Europa auf den Eisenbahnen. Aus Reden der Naziführer, Presseberichten und anderen Quellen konnten sie Schlußfolgerungen über das Schicksal der Verschleppten ziehen.

Dr. Dietrich Bonhoeffer war zusammen mit anderen Anhängern der Bekennenden Kirche wohl einer der ersten, der Fakten über die Deportationen sammelte. In einem Bericht vom 18. Oktober 1941 hielt er Einzelheiten aus Berlin, Düsseldorf, Elberfeld und Köln fest. In einer vollständigeren Ausarbeitung sagte er zwei Tage später weitere Deportationen jüdischer Menschen voraus und untersuchte in einer weiteren Analyse die Bedrohung der „Mischlinge". Diese Schriftstücke sandte er u. a. an führende Militärs, die zur späteren Verschwörung des 20. Juli 1944 gehörten, um diese zu baldigen entschiedenen Schritten zu veranlassen.

Einzelheiten über den Mord in Polen und der UdSSR sickerten nach Deutschland durch. Fronturlauber der faschistischen Wehrmacht berichteten von Massenerschießungen, die sie gesehen hatten. Auch Zivilisten, wie z. B. der Ingenieur Hermann Friedrich Gräbe und sein Polier Mönnikes, hatten zu Erschießungsstätten Zutritt. Arbeiter in Skarżysko-Kamienna, die Eisenbahner der Transporte in die Todeslager, die Bauarbeiter an den Krematorien in Auschwitz, die außerdem Fotos bei der Zentralbauleitung betrachten konnten, die unteren und höheren Angestellten der Arbeitslager, Ghettos und KZ-Außenkommandos und viele andere – sie alle hatten gesehen, welches Schicksal die Deportierten erwartete. Durch manche der Augenzeugen und durch die Informationen der organisierten Antifaschisten erhielten die Vermutungen Nahrung, die in Deutschland kursierten.

Diese nahmen einen solchen Umfang an, daß sich höchste faschistische Staats- und Parteistellen damit beschäftigten. Bormann nahm in einem Rundschreiben vom 9. Oktober 1942 dazu Stellung: „Im Zuge der Arbeiten an der Endlösung der Judenfrage werden neuerdings innerhalb der Bevölkerung in verschiedenen Teilen des Reichsgebiets Erörterungen über ‚sehr scharfe Maßnahmen' gegen die Juden, besonders in den Ostgebieten, angestellt. Die Feststellungen ergaben, daß solche Ausführungen – meist in entstellter oder übertriebener Form – von Urlaubern der verschiedenen im Osten eingesetzten Verbände weitergegeben werden, die selbst Gelegenheit hatten, solche Maßnahmen zu beobachten." Bormann konstatierte, „daß nicht alle Volksgenossen für die Notwendigkeit solcher Maßnahmen das genügende Verständnis aufzubringen vermögen". Da die Gerüchte „oftmals bewußt tendenziösen Charakter" trügen, wäre eine Erklärung erforderlich. Bormann schrieb weiter, das „Gesamtproblem" müsse zu diesem Zeitpunkt „gelöst" werden, weil spätere Generationen dafür kein Verständnis haben würden. Obwohl er verschleiernd vom „Arbeitseinsatz", von „Umsiedlung" und „Verbringung" sprach, ließ sein letzter Satz klar erkennen, daß es sich um Mord handelte: „Es liegt in der Natur der Sache, daß diese teilweise sehr schwierigen Probleme im Interesse der endgültigen Sicherung unseres Volkes nur mit rücksichtsloser Härte gelöst werden können." [59]

Mit ähnlichen Wendungen trat auch die faschistische Propaganda den Gerüchten entgegen. Im Herbst 1943 und Mitte 1944 sah sich die Naziführung sogar gezwungen, auf die Reaktion der Weltöffentlichkeit einzugehen. Der stellvertretende Reichspressechef, Helmut Sündermann, erklärte am 19. Juli 1944 vor Vertretern der ausländischen, mit Nazideutschland befreundeten Presse in Berlin: „Erst 1941 seien die ersten Maßnahmen gegen die Juden in Europa ergriffen worden, und zwar habe es sich um die Verordnung zum Tragen des Judensterns gehandelt. Später wurde dann durch eine planmäßige Isolierung und Einschaltung der Juden in den europäischen Arbeitsprozeß diese erste Maßnahme erweitert. Das seien aber auch die einzigen Maßnahmen, die gegen die Juden unternommen wurden. Bei den Maßnahmen zur Isolierung und Einschaltung in den Arbeitsprozeß habe man eine ganze Reihe von humanitären Gesichtspunkten zur Anwendung gebracht." [60]

Deutlicher als mit solchen offensichtlichen Lügen, die Sündermann noch heute in der BRD verbreitet, mußte im September 1944 der Führungsstab der Wehrmacht in Folge 3 seiner „Führungsunterlagen" auf Gerüchte unter Soldaten reagieren. Er schrieb: „Es gibt heute noch in unserem Volk Menschen, die innerlich nicht ganz sicher sind, wenn wir von der Ausrottung der Juden in unserem Lebensraum reden ... Jüdische Plutokratie und jüdischer Kommunismus sind auf der Jagd nach dem seiner Sklaverei entsprungenen deutschen Volk ... Wer kann in diesem Kampf noch von Mitleid, Nächstenliebe usw. reden? Wer glaubt daran, einen Parasiten (z. B. Laus) bessern oder bekehren zu können? Wir haben nur die Wahl, uns vom Parasiten auffressen zu lassen oder ihn zu vernichten. Der Jude muß vernichtet werden, wo wir ihn treffen." [61]

In solchen Ergüssen mischten sich das Eingeständnis des Massenmordes und der Versuch, damit Schrecken vor alliierten Strafen zu verbreiten, um die Armee und das ganze Volk zum Weiterkämpfen zu veranlassen und das Leben der tatsächlich Schuldigen zu verlängern. Ungeachtet dieser Absicht konnten die Deutschen, die bereit waren zu hören, aus den offiziellen Reden und Schriften, aus den Berichten der Augenzeugen und den antifaschistischen Publikationen entnehmen, was mit den Deportierten geschah. Viele wurden dadurch in ihrer Abscheu gegen das faschistische Regime bestärkt und suchten nach Möglichkeiten, individuell oder organisiert Hilfe zu leisten.

Die Deutschen, die das Schicksal ihrer jüdischen Mitbürger erschütterte, erwarteten von nichtnazistischen Kräften eine Stellungnahme zu den faschistischen Verbrechen, Hilfe, um gegen den Mord angehen zu können, eine Wegweisung, wie das gesamte barbarische System beseitigt werden könnte. Soweit sich diese Deutschen nicht auf die organisierte antifaschistische Front orientierten, wurde ihre Hoffnung enttäuscht.

Der Führer des bürgerlich-imperialistischen Teils der Verschwörung gegen Hitler, Dr. Carl Goerdeler, vertrat Anfang 1941, vor Beginn des systematischen Massenmordes, in einer Denkschrift die „Lösung des Judenproblems" durch Aussiedelung. Er verbreitete sich darüber auch noch bei Gesprächen in Freiburg i. Br. 1942, nachdem schon Hunderttausende ermordet worden waren. In ähnlichem Sinne hieß es in dem Memorandum, das ein evangelischer Pfarrer im Juni 1942 in Stockholm im Auftrage der Verschwörer einem englischen Bischof übergab: „Unverzügliche Aufhebung der Nürnberger Gesetze und Zusammenarbeit zur internationalen Lösung des jüdischen Problems."[62] In einer Denkschrift vom 16. März 1943 erwähnte Goerdeler zwar den Judenmord und fügte hinzu, daß er Verhandlungen – u. a. über Kolonien! – mit den Westmächten erschwere, aber zog keinerlei Schlußfolgerungen anderer Art. Auch in seinen Briefen an Generale bedauerte er nur, daß durch den Mord die Jugend und die Armee verrohe.

Offensichtlich verurteilte Goerdeler die Methoden der faschistischen Judenverfolgung. Doch genauso wie die von ihm vertretene Fraktion des deutschen Imperialismus auf anderen Wegen ihre Ziele erreichen wollte, suchte er nach Möglichkeiten zur „Lösung des jüdischen Problems" auf weniger gewaltsame und blutige Weise, ohne sich direkt vom Antisemitismus zu trennen und ihn zu verwerfen.

Die sich von Goerdeler distanzierende Gruppierung der Verschwörung des 20. Juli 1944 äußerte sich dagegen klarer, aber noch nicht eindeutig genug. In einem von Claus Schenk Graf von Stauffenberg mitverfaßten Entwurf für einen „Aufruf an das deutsche Volk" hieß es: „Zahllose Deutsche, aber auch Angehörige anderer Völker, schmachten seit Jahren in Konzentrationslagern, sind den größten Qualen ausgesetzt und häufig schrecklichen Foltern unterworfen. Viele von ihnen sind zugrunde gegangen. Durch grausame Massenmorde ist unser guter Name besudelt. Mit blutbefleckten Händen ist Hitler seinen Irrweg gewandelt, Tränen, Leid und Elend hinter sich lassend."[63] Es wurde darin versprochen, die Schuldigen zu bestrafen.

Die Leitungen der beiden großen Kirchen hatten versäumt, sich gegen die Völker- und Rassenhetze zu wenden, als die Nazis an die Macht gebracht wurden. Das Bündnis zwischen Thron und Altar, Antikommunismus und jahrhundertealte antisemitische Traditionen hinderten sie daran, ein Zeichen zu setzen. Im faschistischen Krieg, den zu unterstützen sie die Gläubigen aufforderten, unterbreiteten sie ihre Kenntnisse über die Naziverbrechen nicht eindeutig der Öffentlichkeit und forderten sie nicht zur Gegenwehr auf. In allgemein gehaltenen Worten erklärten am 20. März 1942 der Kölner und der Paderborner Bischof gemeinsam: „Jeder Mensch hat das natürliche Recht auf das Leben und die zum Leben notwendigen Güter ... Wir Bischöfe werden nicht unterlassen, gegen die Tötung Unschuldiger Verwahrung einzulegen. Niemand ist seines Lebens sicher, wenn nicht unangetastet dasteht: Du sollst nicht töten."[64]

Der Bischof der Kölner Diözese schrieb in seinem Hirtenbrief über das Recht am 12. Dezember 1942: „Ein solcher Grundsatz ist, daß das Leben der unschuldigen Einzelperson, ob des ungeborenen Kindes, ob des altersschwachen Greises, heilig ist und daß nicht Unschuldige mit Schuldigen oder an Stelle Schuldiger bestraft werden dürfen. Einen Menschen zu töten, ist nur erlaubt zur Bestrafung der Verbrechen durch die Obrigkeit, zur Verteidigung des Vaterlandes oder in gerechter Notwehr."[65] Und schließlich sagte am 19. August 1943 die Fuldaer Bischofskonferenz: „Das fünfte Gebot: ‚Du sollst nicht töten' schützt das Recht des Menschen auf das höchste natürliche Gut, auf die Unversehrtheit von Leib und Leben. Auch dieses Menschenrecht gründet sich im Rechte Gottes auf den Menschen. Mit dem fünften Gebot ist Leib und Leben des Menschen zu etwas Unverletzlichem erklärt."[66]

Solche Äußerungen waren Ausdruck der Unruhe, der Empörung und des Protestes katholischer Laien, die nach einem Wort ihrer Kirchenoberen verlangten. Ohne sich jedoch eindeutig festzulegen, wählten die Bischöfe nur allgemeine Wendungen. Sie wollten keine aufrüttelnde Wirkung bei den Gläubigen erzielen. Außerdem kamen solche Äußerungen viel zu spät, um den Massenmord zu verhindern.

Andere Erklärungen deutscher Bischöfe gelangten nicht an die Öffentlichkeit, da sie nur an die Staatsführung gerichtet waren. Ihr Charakteristikum war ein konzilianter Ton. So bat der Bischof von Osnabrück im Oktober 1941 die Gestapo brieflich, weniger hart bei Deportationen vorzugehen. Am 17. November 1943 wünschte der Erzbischof von Breslau – ebenfalls schriftlich – eine Verbesserung der Lage der in Ghettos verschleppten Juden. Zu einem Teil traten deutsche Bischöfe nur für katholische „Nichtarier" ein, so im Protest desselben Erzbischofs vom 11. November 1942 gegen die geplante Zwangsscheidung von „Mischehen". Auch eine Anpassung an faschistische Maßnahmen war festzustellen, z. B. am 17. Dezember 1941 – nach Einführung des gelben Sterns – die Erwägung, gesonderte Gottesdienste für katholische „Nichtarier" zu veranstalten.

Die herrschende Richtung der Evangelischen Kirche Deutschlands befürwortete gleichfalls am 22. Dezember 1941 die Ausschaltung getaufter „Nichtarier" aus dem kirchlichen Leben. Erst am 8. Februar, 16. Juli und 20. Dezember

1943 – da allerdings in relativ scharfer Form – protestierte der Landesbischof von Württemberg Theophil Wurm schriftlich bei Hitler wegen der Verhaftung und Behandlung evangelischer „Nichtarier". Andere Kirchenführer hielten sich noch mehr zurück.

Dagegen erklärte die 12. Synode der Bekennenden Kirche der Altpreußischen Union am 16./17. Oktober 1943, die Ermordung von Menschen aus Alters-, Krankheits- oder Rassegründen widerspreche der göttlichen Ordnung. Und der Bekenntnispfarrer Walter Höchstädter ließ als Soldat in Frankreich durch einen Franzosen eine achtseitige Schrift drucken, in der er die Verantwortlichen der evangelischen Kirche scharf kritisierte: „Das Blut von Millionen hingeschlachteten Juden, von Männern, Frauen und Kindern schreit heute gen Himmel. Da darf die Kirche nicht schweigen. Sie darf da nicht sagen, die Regelung der Judenfrage sei eine Angelegenheit des Staates ... Wehe ihr, wenn sie durch Schweigen oder durch allerlei zweifelhafte Ausflüchte an den Haßausbrüchen der Welt mitschuldig wird. Wehe ihr, wenn sie sich aus der Sphäre des Hasses stammende Worte und Parolen ... zu eigen macht!" [67]

Erst am 19. Oktober 1945 faßte die evangelische Kirche ihr Zögern und ihre Inkonsequenz im sogenannten Stuttgarter Schuldbekenntnis mit den Worten zusammen: „Wir klagen uns an, daß wir nicht mutiger bekannt, nicht treuer gebetet, nicht fröhlicher geglaubt und nicht brennender geliebt haben." [68] Von führenden deutschen Katholiken lag ein solches Bekenntnis nicht vor.

Die Flugschrift Höchstädters widerspiegelte die Unzufriedenheit bürgerlicher Hitlergegner mit der Haltung jener Kreise, von denen sie eine Orientierung und eine zukunftsträchtige Alternative erwarteten. Jedoch beschränkten sich sowohl die führenden Verschwörer des 20. Juli 1944 als auch die ausschlaggebenden Kräfte der deutschen Kirchenleitungen auf partielle Kritik an faschistischen Maßnahmen, die entweder nicht an die Öffentlichkeit drang oder nur unzureichende Verlautbarungen bot. Sie waren für ihre Anhänger weder in Einzelfragen noch im Kampf gegen das gesamte Naziregime Appell zum Handeln.

Wie auch auf anderen Gebieten bewiesen ihre Stellungnahmen zur Judenverfolgung, daß diese Kräfte teilweise Erscheinungen erkennen und verurteilen, aber nicht ihr Wesen und ihre Ursachen ergründen konnten. Sie suchten die Gründe in dem Charakter und den Ideen einzelner Naziführer, begriffen aber nicht Terror und Verfolgung als Bestandteil des faschistischen imperialistischen Systems. Infolgedessen richtete sich ihr Denken und Planen nicht auf eine Negation des Faschismus und seiner Wurzeln, sondern auf Restauration der Verhältnisse vor 1933, denen Nazismus und Antisemitismus entsprangen. Weder ihre Stellungnahmen zu einzelnen Geschehnissen, noch ihre prinzipiellen Überlegungen waren einem Teil ihrer Anhänger Impulse zum entschiedenen Widerstand und Kampf. Die zu aktivem Handeln Entschlossenen mußten entweder resignieren oder individuell und isoliert auftreten oder sich zum Anschluß an die antifaschistische Front durchringen, die über Organisation, Entschlossenheit und echte Alternative verfügte.

Allein die antifaschistische Widerstandsbewegung unter Führung der KPD und die mit ihr direkt oder indirekt verbundenen Nazigegner setzten ihre Möglichkeiten ein, das deutsche Volk über die faschistischen Verbrechen zu unterrichten und daraus Schlußfolgerungen für das künftige Deutschland zu ziehen.

Auf den Beschlüssen von 1935 und 1939 und den Erfahrungen der ersten Kriegsjahre aufbauend und sie ausbauend, arbeitete die Führung der KPD insbesondere in den Jahren 1943/44 umfassende Programme aus, die bis in Einzelheiten gingen und die Errichtung eines neuen Deutschlands vorbereiteten. Im Zusammenhang mit den Maßnahmen für den Neuaufbau enthielten sie ausdrückliche Richtlinien zur Beseitigung des Rassismus und zur Herstellung der vollen demokratischen Rechte der Verfolgten.

Das bedeutendste programmatische Dokument der antifaschistischen deutschen Bewegung im Jahre 1943 war das Gründungsmanifest des Nationalkomitees „Freies Deutschland" (NKFD). Auf Initiative der KPD-Führung und nach längeren Vorbereitungen schufen antifaschistische Emigranten und kriegsgefangene deutsche Soldaten und Offiziere am 12. und 13. Juli 1943 das Nationalkomitee „Freies Deutschland" als Kampfbündnis verschiedener sozialer und politischer Kräfte unter Führung der Arbeiterklasse. Es entwickelte sich alsbald zum politischen und organisatorischen Zentrum des deutschen Antifaschismus.

Das Ziel des Kampfes war im Manifest vom 13. Juli 1943 fixiert. Es zeichnete ein geschlossenes Bild eines neuen, demokratischen und friedliebenden Deutschlands, das Lehren aus der Vergangenheit ziehen würde. „Das Ziel heißt: Freies Deutschland. Das bedeutet: Eine starke demokratische Staatsmacht, die nichts gemein hat mit der Ohnmacht des Weimarer Regimes, eine Demokratie, die jeden Versuch des Wiederauflebens von Verschwörern gegen die Freiheitsrechte des Volkes oder gegen den Frieden Europas rücksichtslos schon im Keim erstickt."

Dieser Kernpunkt des Programms umschloß die konsequente Umgestaltung der gesellschaftlichen Verhältnisse auf antifaschistisch-demokratischer Grundlage. Dazu waren Maßnahmen auf allen Gebieten notwendig, die näher umrissen wurden. Entscheidend war die Beschlagnahme des Vermögens der Kriegsschuldigen und Kriegsgewinnler. Das bedeutete Entmachtung des Monopol- und Bankkapitals und Garantie für die weitere demokratische Entwicklung. Dazu gehörten Wiederherstellung und Erweiterung der politischen Rechte und sozialen Errungenschaften, vor allem Freiheit des Wortes, der Presse, der Organisation, des Gewissens und der Religion. Recht auf Arbeit und Freiheit der Wirtschaft, des Handels und des Gewerbes. In diesem Zusammenhang erklärte das NKFD eindeutig: „Restlose Beseitigung aller auf Völker- und Rassenhaß beruhenden Gesetze, aller unser Volk entehrenden Einrichtungen des Hitlerregimes, Aufhebung aller gegen die Freiheit und Menschenwürde gerichteten Zwangsgesetze der Hitlerzeit." Die Bedeutung dieser Forderung war dadurch unterstrichen, daß sie gleich dem zitierten umfassenden Kernpunkt folgte. Zu den Programm-Punkten gehörte nicht zuletzt: „Sofortige Befreiung und Entschädigung aller Opfer des Hitlerregimes. Gerechtes, schonungsloses Gericht über die Kriegsverbrecher, über die Anführer, ihre Hintermänner und Helfer, die Deutschland ins Verderben, in Schuld und Schande stürzten."[69]

Dieses Programm der deutschen Antihitlerkoalition gab Antwort auf die wichtigsten Lebensfragen und die echte Bewältigung der Vergangenheit. Es war ein antiimperialistisches Programm, dessen Punkte untrennbar zusammengehörten, sich bedingten und nicht einzeln verwirklicht werden konnten. Es umschloß die Beseitigung von Rassismus und Völkerhaß und -mord.

Auf der Basis dieses Programms wurde nicht nur der Kampf gegen Faschismus und Krieg geführt, sondern es wurden parallel damit weitere Pläne ausgearbeitet. Wiederum war es die Führung der KPD, die die Initiative ergriff und am 6. Februar 1944 eine Kommission mit der Vorbereitung von Vorschlägen für die Errichtung eines demokratischen Staates beauftragte. Diese Kommission, der u. a. Wilhelm Pieck und Walter Ulbricht angehörten, benannte spezielle Verantwortliche für einzelne Bereiche. So beschäftigte sich z. B. Erich Weinert mit Problemen der Umerziehung des deutschen Volkes.

Die Monate darauf waren ausgefüllt mit Diskussionen und Ausarbeitungen, zu denen die Kommission und einzelne ihrer Gruppen auch nichtkommunistische Antifaschisten aus der Bewegung „Freies Deutschland" herangezogen hatte. Beispielsweise besprach die KPD-Führung im April 1944 Fragen der neuen Schule, im September 1944 Kulturprobleme usw.

Das Ergebnis der ausführlichen Diskussionen fand seinen Niederschlag im Aktionsprogramm des Blocks der kämpferischen Demokratie, das Anton Ackermann, Wilhelm Pieck und Walter Ulbricht zwischen dem 16. und 21. Oktober 1944 formulierten. In seiner letzten Fassung waren deutlich die Ursachen und Urheber von Faschismus und Krieg gekennzeichnet. Daraus entwickelten die Verfasser folgende Forderungen:

„1. Sturz Hitlers und Zerschlagung des imperialistischen Kriegs- und Gewaltapparates.

2. Verhaftung und Bestrafung der Kriegsverbrecher.

3. Brechung der Allmacht des faschistisch-imperialistischen Monopolkapitals, Enteignung der großen Kriegsverbrecher.

4. Friedliche Außenpolitik. Anerkennung der Pflicht zur Wiedergutmachung der Kriegsschäden.

5. Aufrichtung eines starken demokratischen Volksregimes. Umstellung der Wirtschaft in den Dienst des Volkes.

6. Beseitigung des vom Hitlerfaschismus herbeigeführten Chaos und Schaffung einer festen Ordnung, Disziplin und Sauberkeit im staatlichen und wirtschaftlichen Leben.

7. Ausrottung aller Wurzeln des Faschismus und Imperialismus und entsprechende Umerziehung des ganzen Volkes zur Demokratie."

Zu den sich daraus ergebenden Sofortmaßnahmen nach der Befreiung gehörten:

„1. Sofortige Freilassung aller von den Faschisten eingekerkerten Freiheits- und Friedenskämpfer. Sofortige Verhaftung und Aburteilung der Nazimörder und Kriegsschuldigen für ihre Verbrechen am eigenen Volke und an den anderen Völkern. Enteignung ihres Besitztums und Vermögens ...

2. Aufhebung aller faschistischen volksfeindlichen, auf Völker- und Rassenhaß beruhenden Gesetze und aller unser Volk entehrenden Einrichtungen des Hitlerregimes. Auflösung aller faschistischen Organisationen.

Verbot jeder faschistischen und imperialistischen Propaganda.

Säuberung des gesamten Erziehungs- und Bildungswesens (Schulen, Universitäten, Bibliotheken, Theater, Kino, Literatur, Zeitungen usw.) von dem faschistischen imperialistischen Unrat und Ungeist. Pflege eines wahrhaft demokratisch-freiheitlichen nationalen Geistes zur Wiederherstellung der Ehre der Nation.

3. Energische Maßnahmen zur Ausrottung aller Wurzeln des barbarischen Faschismus und räuberischen Imperialismus und zur Umerziehung des deutschen Volkes auf freiheitlicher demokratischer Basis für den Frieden und die Freundschaft mit den anderen Völkern ...

4. Energische Entfaltung einer wahren Demokratie, die die staatsbürgerliche Freiheit aller Volksangehörigen ohne Unterschied der Herkunft, des Standes, der Rasse und der Religion und eine ständige Erweiterung der Anteilnahme des ganzen Volkes an der inneren Umgestaltung des Landes sichert."

Die Kraft, die dieses Neugestaltungswerk in Angriff nehmen konnte und dabei führen mußte, war die geeinte Arbeiterklasse: „Schaffung der Einheit der Arbeiterklasse, die sich nur durch innere Geschlossenheit und eine richtige Politik die ihr zukommende wichtige Rolle im Block der kämpferischen Demokratie verschaffen kann." Um sie mußten sich alle gruppieren, die aus der Vergangenheit richtige Schlußfolgerungen zogen: „Entfaltung einer Massenbewegung für die Schaffung eines Blockes der kämpferischen Demokratie, der alle Organisationen, Parteien, Gruppen und Personen erfassen soll, die für die Rettung Deutschlands durch Vernichtung der faschistisch-imperialistischen Reaktion und Aufrichtung eines demokratischen Volksregimes kämpfen werden." [70]

Die Bedeutung der umfassenden Ausarbeitung über Weg und Ziel ging weit über die genannten Sofortmaßnahmen hinaus. Sie war die Fixierung einer demokratischen Politik, die nach dem Sturz des faschistischen Regimes verwirklicht wurde.

Neben den programmatischen Ausarbeitungen leitete die KPD-Führung Maßnahmen ein, um Kräfte auf die ihnen bevorstehenden Aufgaben in Deutschland vorzubereiten. Beispielsweise organisierte sie im September/Oktober 1944 einen Lehrgang, bei dem Wilhelm Pieck, Walter Ulbricht und andere Mitglieder des Zentralkomitees Lektionen und Seminare abhielten. Einer der behandelten Themenkreise war: „Probleme der Zerschlagung der imperialistischen Ideologie und der ideologischen Umerziehung des deutschen Volkes. Auseinandersetzung mit der faschistischen Lebensraumtheorie, der Rassentheorie, mit dem reaktionären Preußentum, dem Sozialimperialismus. Welche positiven Elemente enthält die deutsche Geistesgeschichte?“ [71]

Ähnliche Schulungen führten bewährte Antifaschisten auf der Basis der Programme der KPD und des NKFD in den Unterrichtsstätten der Bewegung „Freies Deutschland“ durch. In ihnen und durch sie wurden Tausende erzogen und umerzogen, die beim späteren Neuaufbau mithalfen.

Zur gleichen Zeit, da die Arbeitskommission des ZK der KPD ihre Tätigkeit begann, nahmen illegale KPD-Organisationen in Deutschland erneut zu den faschistischen Verbrechen Stellung. So erklärte Anfang 1944 die Bezirksorganisation der KPD in Thüringen u. a.: „Ihr wißt . . . mit welch grausigen Methoden die jüdische Bevölkerung Deutschlands und aller unterworfenen Länder hingemordet wurde.“ Sie forderte deshalb zum Widerstand und zum Sturz des verbrecherischen Regimes mit allen Mitteln auf. Sie betonte, daß die Schuldigen zur Rechenschaft gezogen werden würden. [72] Ähnliche Bekundungen veröffentlichte die Berliner KPD-Organisation zur selben Zeit.

Die Leiter der beiden Parteiorganisationen, Dr. Theodor Neubauer, Anton Saefkow und Franz Jacob, alle zugleich Mitglieder der operativen Leitung der KPD in Deutschland, legten zur gleichen Zeit den übrigen Leitungsmitgliedern, die an der Spitze der KPD-Bezirksorganisationen Sachsen und Sachsen-Anhalt standen, eine Analyse der Lage und eine Aufstellung der sich daraus ergebenden Aufgaben vor. Die Ausarbeitung, die sich auf die Beschlüsse und Richtlinien der KPD und des NKFD und die Werke der Klassiker des Marxismus-Leninismus stützte, wurde nach langer und eingehender Diskussion, zu der auch führende Genossen im KZ Sachsenhausen schriftlich beitrugen, Ende April 1944 abgeschlossen. Das Dokument „Wir Kommunisten und das Nationalkomitee ‚Freies Deutschland‘“ beschrieb den Weg zu einem demokratischen Deutschland und formulierte in zehn Punkten Aufgaben, die sofort nach dem Sturz der faschistischen Diktatur zu lösen waren. Dazu gehörte auch die „Aufhebung aller barbarischen und diskriminierenden Rassen- und Religionsgesetze“.

Zur Sicherung der neuen demokratischen Freiheiten sah das Programm vor: „Haftbarmachung aller Naziführer und Kriegsschuldigen mit ihrer Person und mit ihrem Vermögen für alle Kriegsverbrechen und Kriegsschäden im eigenen Land wie in den besetzten Gebieten." Außerdem war die „Einsetzung eines Volksgerichtes zur Aburteilung aller Schuldigen an diesem Völkermord und an den schamlosen Kriegsverbrechen" beabsichtigt.[73]

Diese und die anderen Punkte deckten sich mit dem Programm der deutschen Antihitlerkoalition. Sie orientierten die illegal kämpfenden Kommunisten und die mit ihnen verbundenen Antifaschisten auf die wichtigsten Aufgaben zur Beendigung des Krieges, für die Befreiung vom Nazijoch und für einen demokratischen Neubeginn, der endgültig Schluß mit dem Faschismus und den damit verbundenen Verbrechen machen sollte.

Mit den wegweisenden Programmen und dem entschiedenen Kampf um die Befreiung schuf die KPD entscheidende Voraussetzungen zur grundlegenden Wende in der deutschen Politik, die nach der Niederlage des deutschen Faschismus herbeigeführt werden mußte. Als einzige deutsche Partei zog die Kommunistische Partei Deutschlands echte Lehren aus der Vergangenheit und war dadurch auch allein in der Lage, Rassismus, Antisemitismus und Judenverfolgung endgültig zu beseitigen.

6. Widerstand und Hilfe in der letzen Phase des Massenmordes

Obwohl der faschistische Terror viele der antifaschistischen Organisationen und Gruppen zerschlug, Tausende von illegalen Kämpfern in die Nazikerker geworfen und ermordet wurden, blieben die Kommunisten die führende Kraft im deutschen Widerstand. Die KPD-Organisationen in Berlin, Thüringen und Sachsen, die sich seit Kriegsbeginn systematisch politisch und organisatorisch gefestigt und ihre Reihen verstärkt hatten, führten mit gleicher Intensität wie andere illegale kommunistische Organisationen den Kampf.

Die Berlin-Brandenburger Organisation unter Leitung von Franz Jacob und Anton Saefkow verfügte Anfang 1944 über mindestens 52 Betriebszellen und über 25 Stützpunkte in den größten Berliner Rüstungsbetrieben. In der näheren und weiteren Umgebung Berlins bestanden mindestens 16 illegale Partei- und Betriebsgruppen und über 15 Verbindungen zu Einzelpersonen und anderen antifaschistischen Gruppen, die mit der illegalen Berliner Leitung verbunden waren. Besonders wichtig war ein wechselseitiger Kontakt mit der Leitung der illegalen KPD-Organisation im KZ Sachsenhausen. Die KPD-Organisation in Thüringen hatte Zentren in den größeren Städten und eine beträchtliche Zahl von Untergliederungen und Gruppen in einzelnen Orten. Unter der Leitung von Dr. Theodor Neubauer und Magnus Poser zog sie eine Reihe sozialdemokratischer und parteiloser Arbeiter und bürgerliche Hitlergegner zur Mitarbeit heran. Die sächsische KPD-Organisation unter Führung des Reichstagsabgeordneten Georg Schumann, von Otto Engert und Kurt Kresse konzentrierte sich auf den Leipziger Raum und das Gebiet Halle-Merseburg. Sie hatte weiter Verbindungen zu Kampfgenossen in Chemnitz und Dresden.

Alle drei Parteiorganisationen orientierten ihre Mitglieder und Anhänger auf den entschiedenen Kampf gegen Krieg und Faschismus, für ein Deutschland des Friedens und der Demokratie. Sie propagierten ihre Auffassungen in zahlreichen Flugblättern, die die Menschen aufforderten, sich der Organisation anzuschließen oder selbständig den Kampf aufzunehmen.

Mitte 1943 schlossen sich die Leitungen der drei Organisationen zu einer gemeinsamen politischen Führung zusammen, die die operative Leitung der KPD in Deutschland unter dem ZK der KPD darstellte. In gemeinsam verfaßten Materialien analysierten sie die Lage und stellten weiterführende Aufgaben, in einer mehrmals diskutierten Ausarbeitung bekannten sie sich zur Bewegung „Freies Deutschland" und zu deren Ziel, das Naziregime aus eigener Kraft zu stürzen, den faschistischen Krieg zu beenden und dem deutschen Volk den Weg zu einer progressiven Entwicklung zu bahnen. Die auf diesen Grundgedanken basierenden Materialien, illegalen Schriften und Maßnahmen und die intensive Arbeit der operativen Leitung führten zu einem weiteren Aufschwung der illegalen Tätigkeit sowohl in den Bezirken, die der Leitung unterstanden, als auch in den Orten, zu denen die einzelnen Glieder Verbindungen hatten, so nach Bremen und Hamburg, dem Rhein- und Ruhrgebiet, Hannover und Bielefeld, Württemberg und Bayern, Magdeburg, Breslau, Greifswald und anderen Orten. Überall standen in den Reihen der von Kommunisten geführten Widerstandsorganisationen zahlreiche sozialdemokratische und parteilose Arbeiter und bürgerliche Hitlergegner. Die wohl wichtigste Verbindung wurde in Berlin zu sozialdemokratischen Teilnehmern der Verschwörung des 20. Juli 1944 hergestellt.

Als die Gestapo im Sommer 1944 die illegalen Organisationen entdeckte, nahm sie über 1 000 Verhaftungen vor, und die Nazijustiz sprach ungefähr 400 Todesurteile aus. Schon das allein dokumentierte die Stärke der Organisationen und die Intensität ihres Kampfes.

Trotz dieser schweren Schläge fanden sich zahlreiche nicht verhaftete Angehörige der Organisationen zusammen und setzten in Berlin, Thüringen und Sachsen den Kampf für ein besseres Deutschland fort.

Neben der zentral geleiteten KPD-Organisation im Zentrum Deutschlands bestanden weitere illegale Organisationen. In München wirkte seit 1942 die Antinazistische Deutsche Volksfront, die aus der Zusammenarbeit von Kommunisten und anderen Antifaschisten seit 1941 erwuchs. Sie koordinierte ihre Aktionen aufs engste mit denen der illegalen Organisation ausländischer, insbesondere sowjetischer Kriegsgefangener und Zwangsarbeiter. In Köln umfaßte die Organisation der Bewegung „Freies Deutschland" über 200 aktive Kämpfer, von denen mehr als die Hälfte parteilos waren. Im Pommerschen sammelten sich seit Ende 1942 um die Kommunisten Walter Empacher und Werner Krause ungefähr 90 Parteimitglieder und über 200 andere Mitkämpfer. Im Mansfelder Gebiet vereinigten sich 1942 zwei Organisationen zur Antifaschistischen Arbeitergruppe Mitteldeutschlands, die sich Anfang 1943 unter Leitung von Robert Büchner und Otto Gotsche ein Programm gab, das u. a. die Einbeziehung aller Hitlergegner in die Kampffront vorsah. Diese Organisation griff im Frühjahr 1945 aktiv in die Kämpfe ein und übernahm noch vor Einmarsch alliierter Truppen staatliche Machtfunktionen.

Der entschiedene und todesmutige Kampf der deutschen Kommunisten diente – eingedenk der Stellungnahmen und Direktiven des ZK der KPD – objektiv allen Gegnern des Faschismus und den von ihm Verfolgten. Sie erwiesen diesen im Rahmen ihrer Möglichkeiten entweder direkt Hilfe oder traten indirekt für sie ein, indem sie den Faschismus mit seinen Wurzeln bekämpften.

Nach dem offiziellen Abschluß der Deportationen war die Unterstützung und Hilfe für Verfolgte bald noch dringlicher als vorher, wandte doch die Gestapo nun besondere Aufmerksamkeit auf den einzelnen. In dieser Zeit dominierte die Sorge um Flüchtlinge und Untergetauchte. Vorwiegend mußten und konnten sich die Helfer auf eine Vielzahl von anderen stützen, die ihnen Nahrungsmittel, Lebensmittelmarken und -karten, Geld, echte und falsche Papiere, Unterkünfte usw. besorgten, ohne daß sie zum Teil wußten, für wen sie bestimmt waren.

So gab beispielsweise der Molkereibesitzer Clemens Münch aus Frankfurt a. M. ständig Lebensmittel ab, die Berliner Behördenangestellte Klara Studier entwendete in ihrem Amt Reisemarken, Otto Weidt, Besitzer einer Blindenwerkstatt in Berlin, bewahrte nicht nur lange Zeit seine jüdischen Arbeitskräfte vor der Deportation, sondern unterstützte ab Februar 1943 jüdische Flüchtlinge mit Geld, Lebensmitteln und Quartieren, oder Angehörige des illegalen Kreises „Onkel Emil" brachen in einer Kartenstelle ein, um Bezugscheine und ähnliches für versteckte Juden zu bekommen.

Rassisch Verfolgte verbargen die Berliner Fernmeldebeamtin Ellen Rich, die Moritz Weiß mit Frau und Kind in ihrer Wohnung versteckte und nach der Verhaftung des Mannes dessen Frau ihre Papiere gab und ihr ein neues illegales Quartier besorgte, die achtzehnjährige Berlinerin Martha Beicht, die zwei ihrer jüdischen Mitbürger aufnahm, der Berliner August Kossmann, der ebenfalls eine ganze Familie bei sich versteckte und zu ihrer Versorgung Freizeitarbeit gegen Lebensmittel annahm, Frau Heydorn, die einen Flüchtling aus dem Sammel- und Arbeitserziehungslager Berlin-Wuhlheide ein Jahr lang verbarg, bis ihn andere Helfer bis zum Mai 1945 versteckten, Stephanie Hüllenhagen, die eine Jüdin betreute und die Bewohner des Berliner Miethauses dazu heranzog, das Ehepaar Luise und Max Meinke, welche sogar fünf Personen in ihrer Zweizimmer-Wohnung in Berlin verborgen hielten, Charlotte Hensel, in deren Kellerwohnung eine versteckte Schwangere unter dramatischen Umständen ihr Kind gebar.

Ebenso wie in Berlin fanden sich auch in anderen Orten Helfer: Die Katholikin Maria Weiß bewahrte in Breslau einen jüdischen Mitbürger vor der Deportation. Die Stuttgarter Familie Max Krakower wurde seit Januar 1943 von mehreren Pfarrern und Angehörigen der Bekennenden Kirche in Württemberg, Pommern, Berlin und wieder in Württemberg bis zu ihrer Befreiung versorgt und versteckt.[74] Im Münsterland lebte seit Februar 1943 die Familie Spiegel illegal bei mehreren Bauern. Sie retteten die drei Menschen vor dem Tod, der 37 ihrer Verwandten traf. Das Ehepaar Emma und Hermann Kurras nahm im August 1944 auf seinem Hof in Grünau (Ostpreußen) 13 Juden auf, die aus einem Lager geflohen waren, versteckte sie in einer Erdhöhle unter der Scheune und versorgte sie mit Nahrung und Kleidung. Die geplante Flucht zur sowjetischen Armee wurde durch die Entdeckung der Flüchtlinge vereitelt. Das Ehepaar Kurras erhielt die Todesstrafe.

Hinter der solidarischen Hilfe der antifaschistischen Widerstandsbewegung standen – im Gegensatz zu den bisher angeführten Beispielen – die ganzen Möglichkeiten der illegalen Organisationen. Thüringer Kommunisten sammelten Lebensmittel für Verfolgte bei Bauern und bereiteten illegale Quartiere vor. Mit Hilfe des ehemaligen Leipziger Amtsgerichtsrates Hölzer hielt Magnus Poser, einer der Leiter der Thüringer KPD-Organisation, bis Mai 1944 z. B. eine Verbindung zur Messestadt. Die Leipziger KPD-Organisation nahm u. a. den wegen seiner Herkunft bedrohten Carlheinz von Brück in ihre Reihen auf und betraute ihn mit Aufträgen. Zusammen mit dem katholischen Pfarrer Arkenau organisierte sie weiter das Verstecken und die Fluchthilfe für politisch und rassisch Verfolgte. Kölner Kommunisten versteckten und versorgten Frau und Tochter eines sozialdemokratischen Funktionärs, die deportiert werden sollten, und gewannen sie durch beharrliche Diskussionen für die illegale Tätigkeit.

Die Berliner KPD-Organisation stand über Erdmann Meyer seit 1941 in Verbindung zu der Luckenwalder Gruppe „Gemeinschaft für Frieden und Aufbau". Ihr gehörten sozialdemokratische und parteilose Nazigegner an. Neben anderer illegaler Aktivität lieferte sie Lebensmittel nach Berlin, besorgte falsche Papiere aus dem Wehrmeldeamt Jüterbog, wo ihr Mitglied Henry Landes tätig war, und nahm von 1942 an jüdische Flüchtlinge auf, die ihr aus Berlin – zum

Teil aus dem jüdischen Krankenhaus – durch die Vermittlung der KPD-Organisation zugeführt wurden, so das Zahnarztehepaar Dr. Joachim, Gertrud und Werner Scharff, und Fancia Grün, die aus Theresienstadt geflohen war. Die Gruppe wurde im Oktober 1944 von der Gestapo entdeckt.

Herbert Bogdan, Funktionär der Berliner KPD-Organisation, versteckte den Rechtsanwalt Dr. Glaser und wies ihm später den Fluchtweg in die Schweiz. Nachdem der Verfolgte beim Versuch, die Grenze zu überschreiten, gestellt worden war, konnten die Nazis die illegalen Verbindungen zwischen Berlin und Stuttgart aufspüren und einen Teil der dortigen KPD-Organisation zerschlagen.

Der kommunistische Bühnenmeister Fritz Mynareck und seine Ehefrau versteckten ein Ehepaar und zwei Schwestern. Sie wurden im April 1943 verhaftet. Mynareck kam in Buchenwald um.

Trotz solcher Gefahren und beschränkter Möglichkeiten – z. B. weniger Wohnraum und geringere finanzielle Mittel als Angehörige des Bürgertums oder die Kirchen – leistete die organisierte Widerstandsfront die selbstverständliche Solidarität der Verfolgten und kämpfte zugleich in dem Bewußtsein und mit dem Ziel, die Verhältnisse zu ändern, und aktivierte, wo es möglich war, auch die Hitlergegner unter den jüdischen Bürgern.

Die Auswahl aus einer Vielzahl von Hilfeleistungen machte deutlich, wie vielfältig und aufopfernd sich humanistisch denkende und handelnde Deutsche sorgten. Zusammen mit anderen, deren Taten noch nicht erforscht worden sind, bewahrten sie einige tausend Verfolgte vor dem Tod und retteten zugleich das Ansehen des deutschen Volkes, ungeachtet der ihnen selbst drohenden Gefahren. Derartige Handlungen veranlaßten die Nazipresse Ende 1943/Anfang 1944 zu scharfen Drohungen wie im Stuttgarter „NS-Kurier" am 25. Januar 1944: „Es gibt noch Deutsche, die sich zu edel fühlen, die Schuld der Juden zuzugeben ... Sie vergessen, was die Juden uns angetan haben ... aber sie vergessen nicht, daß die Juden ‚auserwählt' sind."

In den besetzten Gebieten standen gleichfalls deutsche Hitlergegner den rassisch Verfolgten bei, wenn auch die Hilfeleistungen nicht so zahlreich wie in Deutschland waren.

Eine illegale Gruppe in der Wehrmacht, der Kommunisten, Sozialdemokraten, ein Bibelforscher und ein Kunstmaler angehörten, hatte Kontakt mit Insassen des Ghettos Białystok. Sie übermittelte ihnen Nachrichten, besorgte falsche Papiere und Waffen und ermöglichte einigen die Flucht. Zwei dieser Antifaschisten wurden deswegen hingerichtet.[75] Eberhard und Donata Helmrich kümmerten sich um Lebensmittel für die Juden, die in ihrer Gärtnerei in Polen beschäftigt waren, verschafften einigen von ihnen falsche Ausweise und besorgten ihnen Unterkünfte in der Umgebung und in Berlin.

Ab Mai 1943 half der Angestellte der Wirtschaftskammer in Kraków Franz W. Fritsch nach langer Vorbereitung über 1 000 jüdischen Menschen bei der Flucht in die Slowakei. Im Oktober 1943 selbst verhaftet, gelang es ihm zu fliehen und sich versteckt zu halten.[76]

Der Unternehmer Oskar Schindler, der jüdische Arbeitskräfte aus dem Lager Kraków-Plaszow beschäftigte, bemühte sich um bessere Ernährung, Kleidung und medizinische Betreuung. Als sein Betrieb bei Kriegsende „verlagert" wurde, erwirkte er die Erlaubnis, seine Arbeitskräfte mitzunehmen und rettete so etwa 1 100 Menschen vor dem sicheren Tod.[77]

Die Leipziger Arbeiter Herold und Giesel brachten in Skarżysko-Kamienna eine Schwangere zum Arzt und retteten sie nach der Schwangerschaftsunterbrechung mit ihrem Ehemann vor dem sicheren Tod.

Der Berliner Mechaniker Max Peschel, der zum Aufbau der Auschwitzer Buna-Werke dienstverpflichtet war, gab einem jüdischen KZ-Häftling Lebensmittel und Kleidung und schmuggelte für ihn Briefe aus dem und in das Lager. Ähnlich wie er handelten auch andere Deutsche.

In Frankreich, in der Bewegung „Freies Deutschland für den Westen", standen deutsche Kommunisten, Sozialdemokraten und parteilose Antifaschisten Seite an Seite mit ihren Freunden, die vor 1939 aus rassischen Gründen Deutschland verlassen mußten. Wie überall in der Widerstandsbewegung, wurde hier nicht auf Herkunft geachtet, sondern es zählte nur die Kampfentschlossenheit und die Hilfe, wo sie notwendig war.

Ihren Beitrag zum Sturz des Faschismus leisteten auch junge deutsche Emigranten, die mit der Waffe in der Hand in britischen und amerikanischen Einheiten standen. Eine ganze Reihe meldete sich zu besonders gefährlichen Einsätzen. Viele von ihnen fielen beim Kampf um die Befreiung ihres Vaterlandes.

Besonders heldenhafter Widerstand gegen die „Endlösung der Judenfrage" wurde in den Konzentrationslagern geleistet, in denen illegale Organisationen unter kommunistischer Führung bestanden.

Im Auschwitzer Außenkommando Jawiszowice gelang es dem kommunistischen Blockältesten Fritz Hoffmann, 158 von 160 jüdischen Kindern im Alter von 11 bis 17 Jahren das Leben zu retten. In Buchenwald stellte sich der Landtagsabgeordnete der KPD, Lehrer und Leiter des Kinderblocks, Wilhelm Hammann, vor die kleinen Häftlinge und rettete sie durch sein entschlossenes Auftreten vor dem Todesmarsch.

Durch spätere Darstellungen wurde das Schicksal des Kindes Jerzy Stefan Zweig sehr bekannt, das durch den Gewerkschaftsfunktionär Willi Bleicher und andere Buchenwald-Häftlinge vor der Verschleppung bewahrt blieb.

In allen KZ versuchten die tapfersten und besten Antifaschisten, jüdischen

Häftlingen auf vielfältige Weise zu helfen, die unter den Umständen noch möglich war. In Buchenwald unterbanden Kommunisten die Drangsalierung der Juden durch kriminelle Lagerfunktionäre. Die kommunistischen Blockältesten und Kapos bemühten sich – trotz aller Verbote der SS – die Arbeitsbedingungen und die Verpflegung der jüdischen Häftlinge zu verbessern. Die Kameraden im Revier halfen heimlich bei der Krankenbehandlung, andere schwächten SS-Maßnahmen ab und warnten vor besonders gefährlichen Mördern.

Nach vielen langwierigen Vorsprachen bei den SS-Lagerführern erreichten schließlich antifaschistische Funktionäre, daß „zur besseren Aufrechterhaltung der Ordnung" in den jüdischen Blocks jüdische Häftlinge als Blockälteste eingesetzt wurden. Und noch später, unter der Vorspiegelung von Seuchengefahren, vor denen die SS-Leute große Angst hatten, konnte der Landtagsabgeordnete der KPD und Leiter des Häftlingsreviers, Walter Krämer, die Auflösung des Sonderlagers für Juden und ihre Übernahme in das Hauptlager erreichen.

Ein anderer Buchenwald-Häftling, der KPD-Landtagsabgeordnete Robert Siewert, erreichte, daß etwa 200 jüdische Häftlinge von der Verschleppung nach Auschwitz oder Lublin im Oktober 1942 verschont blieben. Schon vorher hatte er bei der SS durchgesetzt, daß sie als Maurer angelernt würden. Gemeinsam mit anderen Häftlingen machte er bei der drohenden Deportation den SS-Führern klar, daß dann ihre Bauarbeiten nicht weitergeführt werden könnten. Daraufhin verschoben sie die Verschleppung wieder und wieder, so daß sie nicht mehr erfolgte.

In Ravensbrück übernahmen die deutschen Kameradinnen, die im Block 1 untergebracht waren, die Patenschaft über den Block der jüdischen Häftlingsfrauen. Sie teilten von ihrer kärglichen Ration noch etwas ab und schickten es ihnen. Auch Verbandszeug und Medikamente waren willkommen, da die Jüdinnen von SS-Ärzten im Häftlingsrevier nicht behandelt wurden. Der mündliche und schriftliche Zuspruch, den Mut nicht zu verlieren, stärkte die Moral der Häftlinge mit dem gelben Zeichen.

Neben dieser unmittelbaren Unterstützung, die ungeachtet der SS-Drohungen vor sich ging und die viele Rückschläge erlitt, wurde den jüdischen Häftlingen indirekt geholfen. Die Kommunisten erläuterten besonders den Häftlingen, die mit den Juden zusammenkamen, das Wesen und die Hintergründe der faschistischen Rassenhetze. Sie erreichten, daß mancher Häftling, der davon beeinflußt worden war, seine Mithäftlinge mit anderen Augen ansah und sein Verhältnis zu ihnen änderte. Die Ergebnisse dieses schwierigen und gefahrvollen Erziehungsprozesses schufen wiederum die Grundlage für neue Unterstützungen und waren zugleich Teil des großen Umdenkungsprozesses im Kampf für ein neues Deutschland.

Diejenigen jüdischen Häftlinge, die sich am illegalen Kampf in den KZ beteiligen wollten, wurden in die geheime Organisation aufgenommen.

Nach den Transporten jüdischer Häftlinge aus den Konzentrationslagern im Inneren Deutschlands verlagerte sich seit Herbst 1942 der Schwerpunkt der Hilfe für jüdische KZ-Insassen nach Auschwitz. Im Stammlager hatten zuerst einzelne, die sich bald zu nationalen Gruppen zusammenfanden, Widerstand geleistet. Im Jahre 1943 vereinigten sich die Gruppen der österreichischen, tschechischen, polnischen, belgischen, französischen und deutschen Kommunisten und Sozialdemokraten zu einer internationalen Organisation. Ihre Leitung bestand zunächst aus dem österreichischen Kommunisten Ernst Burger, dem polnischen Sozialisten Józef Cyrankiewicz, dem Österreicher Hermann Langbein und dem Polen Zbysek Raynoch. Ab Sommer 1944 setzte sich die illegale Leitung aus Cyrankiewicz, den beiden österreichischen Kommunisten Dr. Heinz Dürmayer und Dr. Ludwig Soswinsky und dem deutschen Kommunisten Bruno Baum zusammen. Neben den nationalen Gruppen unterstellten sich einige jüdische Gruppen, darunter eine in Stärke von etwa 300 Häftlingen, der illegalen internationalen Leitung der politischen Häftlinge von Auschwitz.

In Monowitz nahmen die deutschen Kommunisten Stefan Heymann, Ernst Markowitsch, Kurt Posener und andere am Widerstandskampf teil. In der Kohlengrube Jawiszowice organisierten u. a. die deutschen Kommunisten Hermann Axen und Fritz Hoffmann den Kampf. Im Frauenlager waren die Deutsche Orly Reichert und die Österreicherinnen Judith Dürmayer und Hertha Soswinsky führend illegal tätig. Zur Widerstandsorganisation im Außenkommando Rajsko gehörte die deutsche Kommunistin Gerda Schneider. In der SS-Wäscherei und der Lederfabrik vertrat der deutsche Kommunist Sally Grünvogel die illegale Organisation.

Die Verbindungen zwischen den einzelnen Gliedern der verzweigten illegalen Organisation hielten Häftlinge, die, weil sie Elektriker, Schlosser oder Ärzte waren oder zu Transportkommandos gehörten, von der SS hin und her geschickt wurden.

Die Leitung der illegalen Organisation stellte sich als erste Aufgabe, wie Bruno Baum berichtete, „unseren Mitkämpfern ihre Lage zum Bewußtsein zu bringen, um, davon ausgehend, den Boden für die richtigen Folgerungen vorzubereiten. Dazu sammelten wir Nachrichten aus Presse und Rundfunk – darunter auch von ausländischen Sendern – und gaben unseren Freunden mindestens einmal wöchentlich eine mündliche Information über die Lage. Selbstverständlich wurde besonderer Wert auf solche Nachrichten gelegt, die den Häftlingen neuen Lebensmut geben konnten". Und noch eine andere Maßnahme stärkte den Kampfeswillen der Häftlinge: „Als erstes gaben wir im

Stammlager die Losung aus: Wenn man uns auf die Autos lädt, um uns an die Vergasungsstätte zu bringen, dann springen wir an der großen Bahnlinie, an der Eisenbahnkreuzung Oberschlesien–Krakau, von den Wagen, um eine Massenflucht herbeizuführen. Wir hatten ja nichts, aber auch gar nichts zu verlieren – und auf diese Weise hätte wenigstens eine Anzahl von Häftlingen das Leben gewinnen können. Diese erste äußerst primitive Losung fand besonders in den Reihen der Juden ein Echo und wurde Mittel zur Sammlung der aktivsten Kräfte unter ihnen."[78]

Nachdem sich so die illegale Organisation gefestigt hatte, konnte sie zu vielfältigen Hilfeleistungen übergehen. Sie besorgte Brot und andere Nahrungsmittel und Medikamente und verteilte sie. Sie organisierte den Paketempfang und wachte darüber, daß viele etwas zusätzlich erhielten. Ihre Mitglieder fälschten Karteikarten, um die über 50jährigen vor „Aussonderungen" zu schützen. Bei „Selektionen" halfen sie manchem Todeskandidaten unter Vorwänden aus den Absperrketten. Hier tat sich u. a. der Kapo der Desinfektion, der deutsche Kommunist Alfred Ponthius, hervor. Auch die Aussendung von Nachrichten aus dem Lager lag in den Händen der illegalen Leitung. Sie setzte eine „Redaktionskommission" aus dem Ungarn Arbert Haas und dem Deutschen Otto Heller ein. Ihre Materialzusammenstellungen wurden von Baum und Cyrankiewicz durchgesehen und von dem polnischen Sozialisten abgesandt. Meist gingen sie nach Kraków und wurden von dort weitergeleitet. Von Mitte 1944 an sandte die illegale Leitung zweimal wöchentlich Berichte, oft mit Dokumentenbeilagen, aus Auschwitz ab. Auf gleiche Weise entstand das „Auschwitzer Echo", das in Kraków gedruckt und verbreitet wurde.[79] Viele der Fluchten aus Auschwitz wurden von den Angehörigen der illegalen Organisation zu Wege gebracht. Die Flüchtlinge, meist durch die SS unmittelbar gefährdet, reihten sich in Partisanengruppen ein, verstärkten die Verbindungen von außen zum Lager oder versuchten, entsprechend ihrem Auftrag, weiter gelegene Zielorte zu erreichen, um dort illegal tätig zu sein oder über Auschwitz zu berichten.

Besonders ausgewählte illegale Kämpfer gehörten zur geheimen Militärorganisation, die unter der Leitung von je einem österreichischen, polnischen und französischen Häftling stand. Ihre Gruppen bereiteten sich insgeheim auf einen Ausbruch vor. Sie beschafften sich Isolierzangen zum Durchschneiden des elektrisch geladenen Stacheldrahtzaunes, stahlen oder erhielten von außen Schußwaffen, Antifaschistinnen aus den Union-Werken brachten heimlich Sprengstoff ins Lager. Die von der illegalen Leitung ausgearbeiteten Aufstandspläne wurden nach Kraków geschmuggelt, damit sie mit der dortigen polnischen Widerstandsorganisation koordiniert werden konnten.

Vor allem ein Teil des Sonderkommandos in Birkenau, zu dem die illegale Leitung durch den österreichischen Kommunisten Simra Verbindung hatte, war gut mit Waffen ausgerüstet. Es bestand vorwiegend aus jüdischen und einigen sowjetischen Häftlingen. Nach dem illegalen Plan sollte es in Birkenau das Signal zum Ausbruch geben. Nur im Notfall – bei bevorstehender Ermordung – konnte es, so war mit der Leitung vereinbart, selbständig handeln. Dieser Fall trat am 7. Oktober 1944 ein. Ein krimineller Oberkapo hatte die Diskussion über den eventuellen Aufstand belauscht und wollte seine Kenntnisse der SS mitteilen. Da griff das Sonderkommando im Krematorium IV zu den Waffen, tötete drei SS-Leute und steckte das Krematorium in Brand. Danach zerschnitt es den Zaun und brach aus. Ein Teil des Sonderkommandos im Krematorium II schloß sich ihm an.

Die sofort alarmierten SS-Truppen in Stärke von etwa 300 Mann umzingelten einen Teil der Ausgebrochenen in einem Gehölz, das erbittert verteidigt wurde. Andere wurden bei Rajsko erreicht und nach längeren Kämpfen ermordet. In diesem Aufstand fielen etwa 250 Häftlinge des Sonderkommandos. Weitere 200 Angehörige des Kommandos wurden am Abend im Lager umgebracht. Nur einigen der Ausgebrochenen gelang die weitere Flucht. Eine Gruppe von 27 Häftlingen erreichte unter Führung eines Deutschen dessen Heimat. Vom Volkssturm gestellt, gaben sie sich als Flüchtlinge aus einem anderen Lager aus und überlebten die Nazizeit in einem KZ-Außenkommando. Die bewaffnete Aktion in Auschwitz reihte sich würdig den Aufständen in Warschau, Treblinka, Białystok und Sobibor an. Die Wirkung des Aufstandes auf die Häftlinge schilderte Bruno Baum: „. . . mit der Waffe in der Hand waren die Tapferen gefallen und hatten sich nicht kampflos vergasen lassen. Selbstbewußtsein und Selbstachtung der Juden im Lager hoben sich nach diesem ungleichen Kampf. So wurde das Blutopfer des Sonderkommandos ein starkes Band, das die internationale Solidarität festigte."[80]

Bei der Untersuchung des Ausbruchs entdeckte die Lagergestapo die Häftlingsfrauen, die aus den Union-Werken Sprengstoff besorgt hatten. Vier von ihnen wurden am 6. Januar 1945 hingerichtet. „Es waren junge Jüdinnen im Alter von 18 bis 22 Jahren", berichtete Baum. „Sie kamen aus Polen und hatten eigentlich ihr ganzes bewußtes Leben in Unfreiheit verbracht, denn 1939 kamen sie ins Ghetto und 1942 oder 1943 nach Auschwitz. Schon bei der Ankunft auf der Todesrampe von Birkenau nahm man ihnen die Eltern und Geschwister und schickte diese ins Gas. Sie waren die einzigen Überlebenden ihrer Familien und schlossen sich bald der jüdischen Gruppe von 300 Häftlingen an, die mit unserer Widerstandsorganisation verbunden war."[81]

Bald darauf begann die Evakuierung des Konzentrations- und Vernichtungslagers. Den Halberfrorenen und Halbverhungerten aus Auschwitz galt in den KZ, die politische Häftlingsfunktionäre hatten, die ganze Fürsorge der illegalen

Organisation im Rahmen der begrenzten Möglichkeiten. In Buchenwald beispielsweise halfen die Häftlinge selbstlos beim Empfang, der Säuberung, Einkleidung, ersten ärztlichen Versorgung und Ernährung der Neuankömmlinge. Die in der Desinfektion, der Bekleidungskammer, dem Revier und der Küche beschäftigten Häftlinge konnten in dieser Zeit vielfach nur zwei oder drei Nächte in der Woche schlafen. In das primitive Sonderlager mit seinen Zelten, in das die Auschwitzer geworfen wurden, begaben sich erfahrene deutsche Häftlinge gemeinsam mit französischen und ungarischen Kameraden, um das Nötigste zu tun. Andere Häftlingsfunktionäre, vor allem der kommunistische Lagerälteste Hans Eiden, setzten sich dafür ein, daß Notbaracken und sanitäre Einrichtungen, Wasser und Heizmaterial in das Sonderlager kamen. Alle, die helfen konnten, waren für die Evakuierten auf den Beinen, gelenkt von dem illegalen Internationalen Lagerkomitee. „In den wenigen Tagen seines Buchenwalder Aufenthaltes", würdigte später Ota Kraus die Hilfe, „erkannte er den Unterschied zwischen der Häftlings-Selbstverwaltung in Birkenau und in Buchenwald. Die Zusammenarbeit der Häftlinge aller Nationen in Buchenwald erleichterte ihm in vielem das Leben."[82]

Diejenigen Häftlinge, die schon in Auschwitz in den Reihen der internationalen Organisation gestanden hatten, nahmen alsbald nach ihrer Ankunft in dem neuen Lager die illegale Arbeit wieder auf. In Buchenwald waren es u. a. Hermann Axen und Stefan Heymann, in Mauthausen Bruno Baum und Józef Cyrankiewicz. Sie setzten in den illegalen Organisationen dieser Lager gemeinsam mit ihren Kameraden den Kampf bis zur Befreiung fort.

Während Himmler seinen Evakuierungsbefehl erteilte, hatten bereits die Todesmärsche aus Buchenwald begonnen. Vom 7. bis 10. April trieb die SS 28 285 Häftlinge auf den Transport. Sie wollte schon am 5. April mit der Evakuierung der jüdischen Häftlinge beginnen, die zumeist erst vor kurzem aus anderen KZ gekommen waren. Doch diese weigerten sich anzutreten, und viele versteckten sich mit Hilfe der illegalen Organisation im Lager. Das Internationale Lagerkomitee berichtete darüber: „Wir hatten ... einen Aufruf erlassen: wir dulden weder Einzel- noch Massenliquidierungen. Der Befehl ‚Alle Juden ans Tor!' wurde selbstverständlich als der Start zur Liquidierung der Juden betrachtet. Wir gaben die Losung heraus: Niemand auf den Appellplatz! Es erschienen lediglich einige jüdische Gruppen, welche mehr an die friedliche SS als an die Kraft des Lagers glaubten. Drei Stunden ging der Kampf zwischen Lagerführung und dem Lager, aber die Mehrzahl der Juden erschien nicht auf dem Appellplatz. Für den nächsten Morgen war ein Gesamtappell angesetzt. Die SS wollte nunmehr selbst die Juden aus dem Lager heraussuchen. Zu dieser Zeit waren im Lager etwa 8 000 Juden, die meisten aus Polen und Ungarn. In Übereinstimmung mit allen Sektionen (der internationalen Organisation – d. Verf.) beschlossen wir, den Kampf zur Sabotage, Verzögerung und Verhinderung der Judenevakuierung fortzusetzen, es aber nicht zu einer gewaltsamen Auseinandersetzung kommen zu lassen. Von den 8 000 jüdischen Häftlingen suchte die SS 3 000 heraus. Kein jüdischer Antifaschist war dabei. Wir konnten sie wieder restlos in das Lager zurückbringen. Dieser Kampf kostete ein Todesopfer. Ein jüdischer Kamerad (der Deutsche Kurt Baum – d. Verf.) wehrte sich mit dem Schaufelstiel und wurde niedergeschossen."[83] Durch die Verzögerungstaktik, die die illegale Leitung bis zum 10. April fortsetzte, gelang es, die völlige Räumung Buchenwalds zu verhindern. Über 21 000 Häftlinge blieben im Lager und befreiten sich am 11. April 1945 durch einen bewaffneten Aufstand aus eigener Kraft, als amerikanische Truppen in der Nähe kämpften. Die bewaffneten Häftlinge sicherten das Lager zwei Tage lang, bis die Amerikaner heran waren.

Vom 15. bis 30. April 1945 befreiten alliierte Truppen die Konzentrationslager Bergen-Belsen, Sachsenhausen, Neuengamme, Ravensbrück und Dachau. Überall fanden sie Berge von Leichen vor, vor allem in Bergen-Belsen, wo etwa 13 000 Tote unbeerdigt lagen.

In Mauthausen verzögerte die illegale internationale Organisation die letzten Deportationen, verhinderte den letzten Massenmord und bereitete sich auf den bewaffneten Kampf vor. Am 5. Mai schlugen die Häftlinge eines Teillagers unter Führung Bruno Baums los und gaben das Signal zum Aufstand. Die von dem österreichischen Oberst Condre und dem sowjetischen Major Pirogow geführten Häftlinge entwaffneten die SS-Wachen, besetzten die Umgebung und schlugen einen SS-Angriff zurück. Zwei Tage später erreichten amerikanische Truppen Mauthausen.

Am 7. Mai befreiten sowjetische Soldaten das letzte faschistische Lager, das Ghetto Theresienstadt, mit ungefähr 30 500 Insassen, darunter 5 500 deutsche Juden.

Als in der Zeit von März bis Mai 1945 die Befreiung Hitlerdeutschlands erfolgte, war dies auch eine Befreiung für ungefähr 14 000 jüdische Bürger, die von Deportation und Ermordung noch verschont geblieben waren. Weitere deutsche Juden – etwa 5 000 – konnten ihre Verstecke endlich verlassen. Die Zahl der jüdischen Bürger Deutschlands erhöhte sich im Jahre 1945 durch Rückkehrer aus den KZ, aus dem Ghetto Theresienstadt und aus der Emigration. In der oft genannten Zahl von 25 000 Angehörigen der jüdischen Gemeinden 1945 waren allerdings ausländische Juden einbegriffen, die sich nach ihrer Befreiung zunächst oder zum Teil ständig den Gemeinden anschlossen.

Am 8. Mai 1945 schwiegen die Waffen in Europa. Der schreckliche und blutige Krieg war zu Ende. Städte lagen in Trümmern, Landstriche waren völlig verwüstet. Mehr als fünfzig Millionen Tote und weitere ungezählte Millionen von Menschen, verkrüppelt oder mit dauernden Gesundheitsschäden behaftet, waren der Tribut, den die Völker entrichten mußten.

Für den Historiker, der sich mit der Ermittlung der jüdischen Todesopfer beschäftigt, erweist es sich als fast unmöglich, die Spuren der Millionen europäischer Juden im Chaos des Krieges und der Nachkriegswirren im einzelnen zu verfolgen.

So waren die Chronisten weitgehend auf Schätzungen angewiesen. Den Bestand der jüdischen Gruppen in den einzelnen Ländern vor Kriegsausbruch stellten sie der feststellbaren Zahl der Angehörigen nach Kriegsende gegenüber, um nach Abzug des natürlichen Bevölkerungszuwachses die Verlustrate zu erhalten. Doch hier traten neue Schwierigkeiten auf. Zum Teil fehlten für längere Zeiträume sämtliche Statistiken überhaupt. In einigen Ländern hatten die Juden als religiöse Minderheiten gegolten und erschienen dementsprechend auch in den Statistiken, in anderen Ländern – besonders in Osteuropa – galten sie jedoch als nationale Minderheiten.

Daher weichen die Schätzungen teilweise erheblich voneinander ab, je nachdem, welche Kategorie („Glaubensjuden" oder „Rassejuden") zugrundegelegt und von welchen statistischen Vorkriegspositionen ausgegangen wurde. Als verbürgt kann heute festgestellt werden, daß etwa sechs Millionen europäische Juden von den deutschen Faschisten vernichtet worden sind.

In Hitlerdeutschland sind ungefähr 180 000 deutsche Juden der faschistischen Verfolgung zum Opfer gefallen. Hierbei ist zu berücksichtigen, daß bis zum Kriegsausbruch etwa 300 000 Juden die Flucht ins Ausland oder die Auswanderung gelang, von denen die Mehrzahl überlebte.

Die Verantwortlichen an diesem millionenfachen Massenmord und an den Kriegsverbrechen des faschistischen Regimes insgesamt zu bestrafen, hatten schon am 13. Januar 1942 in London Repräsentanten von neun durch Nazideutschland besetzten Staaten als eines ihrer wichtigsten Kriegsziele verkündet. Die in der Antihitlerkoalition verbündeten Staaten erklärten am 17. Dezember 1942: „Die Regierungen von Belgien, der Tschechoslowakei, Luxemburg, den Niederlanden, Norwegen, Polen, Sowjetrußland, England, Amerika und Jugoslawien und auch der Französische Nationalausschuß sind auf zahlreiche Berichte aus Europa aufmerksam gemacht worden, daß die deutschen Behörden sich nicht damit zufriedengeben, den Angehörigen der jüdischen Rasse in allen den Gebieten, über die sich ihre barbarische Herrschaft ausdehnt, die elementarsten Menschenrechte abzusprechen, sondern nun dabei sind, Hitlers oft wiederholte Absicht, die Juden in Europa auszurotten, in die Wirklichkeit umzusetzen ... Die obengenannten Regierungen und der Französische Nationalausschuß verurteilen diese bestialische Politik der kaltblütigen Ausrottung aufs schärfste. Sie erklären, daß solche Geschehnisse nur den Entschluß aller freiheitsliebenden Völker bestärken können, die barbarische Hitler-Tyrannei zu stürzen. Sie bestätigen nochmals ihren feierlichen Entschluß, zu versichern, daß die für die Verbrechen Verantwortlichen der Vergeltung nicht entgehen sollen, und werden zur Verwirklichung dieses Zieles die notwendigen praktischen Maßnahmen durchdrücken." [84]

Am 1. November 1943 legten die Regierungen der UdSSR, Großbritanniens und der USA in der Moskauer „Erklärung über deutsche Grausamkeiten im besetzten Europa" die Prinzipien dar, nach denen die faschistischen Kriegsverbrecher verurteilt werden sollten: Die Beschuldigten sind in den Ländern vor Gericht zu stellen, in denen sie ihre Untaten verübt haben. Es werden von den einzelnen Staaten Kriegsverbrecherlisten aufgestellt, die Grundlage für Fahndungsmaßnahmen sind. Kriegsverbrecher, die die Verantwortung für Untaten in mehreren Ländern tragen, werden nach einer Übereinkunft der Regierungen der alliierten Großmächte abgeurteilt. Die Deklaration unterstrich: „Mögen sich diejenigen, die ihre Hand bisher nicht mit unschuldigem Blut besudelt haben, davor hüten, sich den Reihen der Schuldigen beizugesellen, denn mit aller Sicherheit werden die drei alliierten Mächte sie bis an die äußersten Enden der Welt verfolgen und sie ihren Anklägern ausliefern, damit Gerechtigkeit geschehe." [85]

Die Erklärung von Jalta vom 12. Februar 1945 bekräftigte diese Entschlossenheit und hob hervor:

„*Es ist unser unbeugsamer Wille*, den *deutschen Militarismus und Nationalsozialismus zu zerstören* und dafür Sorge zu tragen, daß Deutschland nie wieder imstande ist, den Weltfrieden zu stören. Wir sind entschlossen, . . . in Übereinstimmung miteinander *solche Maßnahmen in Deutschland zu ergreifen, die für den zukünftigen Frieden und die Sicherheit der Welt notwendig sind.*

Es ist nicht unsere Absicht, das deutsche Volk zu vernichten, aber nur dann, wenn der Nationalsozialismus und Militarismus ausgerottet sind, wird für die Deutschen Hoffnung auf ein würdiges Leben und einen Platz in der Völkergemeinschaft bestehen." [86]

Die Bestrafung der deutschen Faschisten richtete sich nicht nur gegen begangene Verbrechen, sondern sollte auch Verbrechen künftig unmöglich machen. Dieses Ziel war nicht zu erreichen, wenn man sich allein auf die Bestrafung einzelner Verbrecher als individueller Täter beschränkte. Es war ein großer Erfolg der sowjetischen Politik, daß es ihr unter dem unmittelbaren Eindruck des Krieges gelang, zumindest einen Teil dieser Forderungen in Abmachungen der Antihitlerkoalition zu fixieren. Im Mai 1945 begannen Verhandlungen zwischen sowjetischen, amerikanischen, britischen und französischen Juristen, um bestimmte Prinzipien für die Arbeit eines internationalen Militärgerichtshofes festzulegen. Das am 8. August 1945 durch das Londoner Abkommen beschlossene Statut für das Internationale Militärtribunal sah folgende Anklagepunkte vor: Gemeinsamer Plan oder Verschwörung; Verbrechen gegen den Frieden; Kriegsverbrechen; Verbrechen gegen die Humanität.

In der Zeit vom 20. November 1945 bis zum 1. Oktober 1946 wurde in Nürnberg gegen 23 Hauptkriegsverbrecher – unter ihnen Göring, Rosenberg, Frank und Streicher – öffentlich verhandelt. Zwölf von ihnen wurden zum Tode verurteilt und hingerichtet, acht erhielten langjährige Freiheitsstrafen und drei wurden freigesprochen. Der Hauptkriegsverbrecherprozeß wurde von der UdSSR, den USA, von Großbritannien und Frankreich gemeinsam durchgeführt. Doch bereits hier zeigte es sich, daß zwischen den Worten und den Taten der Westmächte ein Widerspruch bestand. Es war vor allem den unermüdlichen Bemühungen der sowjetischen Anklagebehörde zu verdanken, daß wenigstens ein Teil der Kriegsverbrecher seine verdiente Strafe fand. Obwohl die sowjetischen Ankläger oft auf Hintermänner und Propagandisten hinwiesen, saßen die Schöpfer der verbrecherischen Nürnberger Gesetze nicht auf der Anklagebank. Damit war die Verfolgung der sogenannten Schreibtischmörder offen gelassen (Gesetzgeber, Richter, Ideologen der Massenvernichtung usw.). Der Kreis der unmittelbar Verantwortlichen blieb auf die faschistischen Führungsspitzen und die Exekutoren beschränkt. Ferner waren die Verbrechen, die durch die faschistischen Machthaber am deutschen Volk begangen wurden, nicht Gegenstand der Anklage.

Die Ausrottung der Juden nimmt in der Urteilsbegründung des Nürnberger Militärtribunals sowohl bei einzelnen Angeklagten wie Streicher, Kaltenbrunner u. a. als auch bei den verbrecherischen Organisationen einen bedeutenden Platz ein. „Die Verfolgung der Juden durch die Nazi-Regierung ist mit größter Ausführlichkeit vor dem Gerichtshof bewiesen worden. Sie ist ein einziger Bericht von konsequenter und systematischer Unmenschlichkeit größten Stils"[87], heißt es in dem speziell der Judenausrottung gewidmeten Abschnitt der Urteilsbegründung. Doch behandelt sie hauptsächlich nur die letzte Phase der Judenverfolgung, die eigentliche „Endlösung", den Völkermord. Mit der Einengung der Tatbestände wurden die Vorbereitungsstadien und die ideologischen Wurzeln dieses Rassenmordes außer Betracht gelassen. Jedoch war die Ausrottung der Juden der logische und konsequente Schlußakt des antisemitischen Programms und hatte die rassistische Ausgangsposition diesen Schlußakt bereits impliziert. Ohne „Arierparagraphen" und Nürnberger Gesetze konnte es keinen „Judenstern", keine Ghettoisierung und keine Massenausrottung geben. Und das „Antisymbol" des „jüdischen Untermenschen" war integrierender Bestandteil der psychologischen Kriegsvorbereitung und -führung des deutschen Imperialismus.

Auf Empfehlung des alliierten Kontrollrats fand in der Folge eine Reihe weiterer Prozesse statt, die von den Signataren und Unterzeichnern des Nürnberger Statuts in ihren Ländern oder in ihren Besatzungszonen durchgeführt wurden. Die ersten Prozesse dieser Art, die auf der Grundlage der Deklaration der Alliierten vom 17. Dezember 1942 beruhten, hatte die sowjetische Justiz bereits im Juli 1943 in Krasnodar und im Dezember 1943 in Charkow durchgeführt. In Polen kam es zu Prozessen gegen die Kommandanten und das Personal der verschiedenen Vernichtungslager. Darüber hinaus fanden weitere Prozesse in der Sowjetunion, in der Tschechoslowakei, in Jugoslawien, Frankreich, Belgien, Holland, Norwegen und in anderen Ländern statt.

Gegen verantwortliche KZ-Verbrecher von Dachau, Buchenwald, Dora-Mittelbau und Flossenbürg, Neuengamme, Sachsenhausen und Ravensbrück verhandelten sowjetische, britische und amerikanische Militärgerichte. Bekannt wurden die sogenannten Nachfolgeprozesse (Fall 1 bis Fall 12), die amerikanische Militärgerichte von Dezember 1946 bis April 1949 in Nürnberg durchführten. In einem weiteren Verfahren wurde der Organisator der Judenvernichtung im Reichssicherheitshauptamt, Adolf Eichmann, am 11. Dezember 1961 in Jerusalem zum Tode verurteilt und am 31. Mai 1962 hingerichtet.

Die Manifestationen von Jalta vom Februar 1945 über die Zukunft des deutschen Volkes standen ebenso wie die bereits in Moskau im November 1943 bekundete Absicht, die faschistischen Verbrecher zu bestrafen, in Übereinstimmung mit vielen Erklärungen der von der KPD geführten deutschen Widerstandsbewegung.

Nach der Zerschlagung des Faschismus in Deutschland bestand die historische Chance, eine neue Gesellschaftsordnung und einen neuen Staat zu errichten. Am 11. Juni 1945 stellte das ZK der KPD an die Spitze seines Zehn-Punkte-Programms: „Vollständige Liquidierung der Überreste des Hitlerregimes und der Hitlerpartei. Mithilfe aller ehrlichen Deutschen bei der Aufspürung versteckter Naziführer, Gestapoagenten und SS-Banditen. Restlose Säuberung aller öffentlichen Ämter von den aktiven Nazisten. Außer der Bestrafung der großen Kriegsverbrecher, die vor den Gerichten der Vereinten Nationen stehen werden, strengste Bestrafung durch deutsche Gerichte aller jener Nazis, die sich krimineller Verbrechen und der Teilnahme an Hitlers Volksverrat schuldig gemacht haben." [88]

Aber nur in der sowjetischen Besatzungszone und danach in der DDR wurden die vom ZK der KPD weiter genannten Ziele, insbesondere die Enteignung der Konzern- und Bankherren und der Großgrundbesitzer, zur Sicherung des Friedens und der Demokratie konsequent verwirklicht.

Bis September 1964 wurde in der DDR gegen 16 572 Personen Anklage erhoben – das sind 25 Prozent mehr als in der dreimal größeren BRD –, und 12 807 von ihnen wurden als Kriegsverbrecher verurteilt – mehr als doppelt soviel wie in der BRD. Die DDR-Behörden haben wiederholt Listen von Naziverbrechern veröffentlicht, die in der BRD unangefochten leben und oft sogar

Posten in der Justiz, in der Polizei, in der Armee, im diplomatischen Dienst, in anderen Organen des Verwaltungsapparates und in der Wissenschaft bekleiden.

Zehntausende schwerbelasteter Nazis waren in führende Stellungen im Staatsapparat eingerückt. Den älteren Jahrgängen wurden hohe Staatspensionen, teilweise mit rückwirkender Kraft, zugesprochen. Andere fanden in Industriekonzernen einflußreiche Positionen.

Die DDR-Behörden haben ihnen zugängliches Beweismaterial den westdeutschen Strafverfolgungsbehörden angeboten oder zur Verfügung gestellt, ohne daß eine angemessene Bestrafung der Kriegsverbrecher erfolgte.

In der imperialistischen BRD wurde von den Justizorganen bis zum 31. Dezember 1964 gegen 12 457 Personen Anklage erhoben, doch bis zum März 1965 erhielten nur 5 234 eine Strafe, die meist nicht der Schwere ihrer Verbrechen entsprach. Bezeichnend ist auch, daß viele dieser Prozesse lange Jahre verschleppt wurden und dadurch Mörder fünfzehn und zwanzig Jahre unbehelligt leben konnten. Mit dem Wiedererstarken des westdeutschen Imperialismus und Militarismus und der Restaurierung seiner Macht ging eine Rehabilitierungskampagne der faschistischen Verbrecher einher.

Die von Oberländer (verantwortlich für die Judenpogrome in Lwow im Juli 1941) und Globke (Mitverfasser der Nürnberger Gesetze) begangenen schweren Verbrechen deckte ein Prozeß des Obersten Gerichts der DDR zu einem Zeitpunkt auf, als beide noch hohe Regierungsämter in der BRD bekleideten.

Am 1. September 1964, genau fünfundzwanzig Jahre nach der Entfesselung des zweiten Weltkrieges durch den deutschen Imperialismus, erklärte die Volkskammer der DDR – wiederum im Gegensatz zur Haltung des Parlaments der BRD –, daß faschistische Verbrechen entsprechend dem Völkerrecht nicht verjähren.

Die revolutionäre Arbeiterbewegung hatte stets darauf hingewiesen, daß die Ausmerzung von Antisemitismus und Rassismus nur dann dauerhaft gewährleistet ist, wenn die gesellschaftlichen Bedingungen für deren Existenz beseitigt sind. Auf dieser Grundlage wurden in der Deutschen Demokratischen Republik die Lehren aus der Vergangenheit gezogen. Der sozialistische Staat schützt seine Bürger vor jeglicher nationalistischer, rassistischer oder religiöser Diskriminierung, der die klassenmäßigen Wurzeln entzogen worden sind.

Anmerkungen

Einleitung

1 *Bertolt Brecht*, Schriften zur Politik und Gesellschaft, Bd. 2: 1933–1936, Berlin – Weimar 1968, S. 99.
2 Wir folgen der unseres Erachtens berechtigten Formulierung von *Paul W. Massing* (Vorgeschichte des politischen Antisemitismus, Frankfurt a. M. 1959), dessen Werk des öfteren zitiert wird.
3 Zit. nach: *Massing*, S. 2.
4 *Marx/Engels*, Werke, Bd. 21, Berlin 1962, S. 435.
5 *Massing*, S. 2.
6 *Wilhelm Marr*, Der Sieg des Judentums über das Germanentum, Bern 1879.
7 *Ebenda*, S. 12.
8 *Ebenda*, S. 43.
9 *Otto Glagau*, Der Bankerott des Nationalliberalismus und die „Reaction", Berlin 1878, S. 71.
10 *Eugen Dühring*, Die Judenfrage als Frage der Racenschädlichkeit für Existenz, Sitte und Kultur der Völker, Karlsruhe 1881.
11 *Fritz Lübbe/Heinrich F. Lohrmann*, Deutsche Dichtung in Vergangenheit und Gegenwart, Hannover 1941, S. 193.
12 *Paul de Lagarde*, Deutsche Schriften, Gesamtausgabe, München 1924, S. 41.
13 *Wolfgang Heise*, Antisemitismus und Antikommunismus. In: Deutsche Zeitschrift für Philosophie, 12/1961, S. 1424, 1426.
14 *Joseph Arthur Graf de Gobineau*, Versuch über die Ungleichheit der Menschenrassen, 2 Bde., Paris 1853–1855. Zit. nach der Ausgabe von 1935 auf S. 356 f.
15 *Lübbe/Lohrmann*, S. 193.
16 Rembrandt als Erzieher. Von einem Deutschen (d. i. *August Julius Langbehn*), Leipzig 1922, S. 183 f.
17 *Houston Stewart Chamberlain*, Die Grundlagen des neunzehnten Jahrhunderts, München 1900, Bd. 2, S. 709. Das Buch erlebte 1944 seine 30. Auflage.
18 *Ebenda*, S. 725.
19 *Heinrich Treitschke*, Ein Wort über unser Judentum. In: Preußische Jahrbücher 1879. Dieser Artikel erschien 1880 auch als Broschüre.

20 *August Rohling*, Der Talmudjude. Zur Beherzigung für Juden und Christen aller Stände, Münster 1871. Das Buch erlebte 1919 seine 25. Auflage.

21 Handbuch der Judenfrage. Die wichtigsten Tatsachen zur Beurteilung des jüdischen Volkes, zusammengestellt u. hg. v. *Theodor Fritsch*, Leipzig 1887.

22 *Justus* (d. i. E. v. Rudolf), Judenspiegel, Paderborn 1883.

23 *Ismar Elbogen/Eleonore Sterling*, Die Geschichte der Juden in Deutschland. Eine Einführung, Frankfurt a. M. 1966, S. 254.

24 *Ebenda*, S. 254 f.

25 *Massing*, S. 22.

26 Zit. nach: *ebenda*, S. 68 f.

27 Zu Ahlwardts anrüchigem Lebenslauf vgl. *ebenda*, S. 88 f. – Massing zitiert auch Maximilian Harden, es sei das „Sicherheitsventil des Judenhasses" gewesen, das den antikapitalistischen Mittelstand hindere, zur Arbeiterbewegung zu stoßen.

28 *Ebenda*, S. 115.

29 *Ebenda*, S. 142 f.

30 Zum Alldeutschen Verband und zu seiner Funktion in unserem Zusammenhang vgl. *ebenda*, S. 152 ff. Aus marxistischer Sicht vgl. *Jürgen Kuczynski*, Studien zur Geschichte des deutschen Imperialismus, Bd. 2: Propaganda-Organisationen des Monopolkapitals, Berlin 1950, S. 99–101; ferner: Die bürgerlichen Parteien in Deutschland 1830–1945. Handbuch der Geschichte der bürgerlichen Parteien und anderer bürgerlicher Interessenorganisationen vom Vormärz bis zum Jahre 1945, Bd. 1, hg. v. *Dieter Fricke*, Leipzig 1968, S. 36–40.

31 Zit. nach: *Iring Fetscher*, Zur Entstehung des politischen Antisemitismus in Deutschland. In: Antisemitismus. Zur Pathologie der bürgerlichen Gesellschaft, hg. v. Hermann Huss u. Andreas Schröter, Frankfurt a. M. 1968. S. 27.

32 *Massing*, S. 157.

33 Polen, Deutschland und die Oder-Neiße-Grenze, hg. v. Deutschen Institut für Zeitgeschichte in Verbindung mit der Deutsch-Polnischen Historiker-Kommission unter d. verantw. Red. v. *Rudi Goguel*, Berlin 1959, S. 928–930.

34 Die folgenden Angaben stützen sich auf *Hans-Jochen-Gamm*, Judentumskunde. Eine Einführung, München 1964, S. 125.

35 *Maria Zelzer*, Weg und Schicksal der Stuttgarter Juden. Ein Gedenkbuch, hg. v. d. Stadt Stuttgart, Stuttgart 1964, S. 99 f.

36 Die folgenden Angaben stützen sich auf Entscheidungsjahr 1932. Zur Judenfrage in der Endphase der Weimarer Republik. Ein Sammelband, hg. v. *Werner E. Mosse* unter Mitwirkung v. Arnold Paucker, 2. revidierte u. erw. Aufl., Tübingen 1966.

37 Zit. nach: *Gerhard Krause*, Zur Naturgeschichte der antisemitischen Bewegung in Deutschland, Berlin 1890, S. 25.

38 Die folgenden Angaben stützen sich auf *Arnold Paucker*, Der jüdische Abwehrkampf gegen Antisemitismus und Nationalsozialismus in den letzten Jahren der Weimarer Republik, Hamburg 1968, S. 246.

39 Einige aufschlußreiche Dokumente zur Tätigkeit des VNJ in: *Klaus J. Herrmann*, Das Dritte Reich und die deutsch-jüdischen Organisationen 1933–1934, Köln 1969.

40 *Moses Heß*, Rom und Jerusalem. Die letzte Nationalitätsfrage. Briefe und Noten, Epilog, 5. Abschn., Leipzig 1862, S. 183. Zit. nach: Edmund Silberner, Sozialisten zur

Judenfrage. Ein Beitrag zur Geschichte des Sozialismus vom Anfang des 19. Jahrhunderts bis 1914, Berlin 1962, S. 190.

41 *Moses Heß*, Dynamische Stofflehre, Paris 1887, S. 32 f. Zit. nach: Silberner.

42 *Theodor Herzl*, Der Judenstaat. Versuch einer modernen Lösung der Judenfrage, Leipzig – Wien 1896.

43 *Marx/Engels*, Werke, Bd. 1, Berlin 1956, S. 347–377; ferner *Auguste Corun*, Karl Marx und Friedrich Engels. Leben und Werk, Bd. 1: 1818–1844, Berlin 1954, S. 465 bis 480. – *Massing* nennt die Marxsche Analyse ein „Muster für die revolutionär-sozialistische Behandlung des Judenproblems". Gegen Marx den Vorwurf des Antisemitismus erheben, „heißt nichts weniger als die Marxsche Gesellschaftskritik eliminieren" (S. 167).

44 Die Geschichte der Berliner Arbeiter-Bewegung. Ein Kapitel zur Geschichte der deutschen Sozialdemokratie, hg. v. *Eduard Bernstein*, T. 2: Die Geschichte des Sozialistengesetzes, Berlin 1907, S. 59.

45 *Protokoll über die Verhandlungen des Parteitages der Sozialdemokratischen Partei Deutschlands*, abgehalten zu Köln a. Rhein vom 22. bis 29. Oktober 1893, Berlin 1893, S. 223 f.

46 *Marx/Engels*, Werke, Bd. 22, Berlin 1963, S. 49 f.

47 *W. I. Lenin*, Werke, Bd. 29, Berlin 1961, S. 239 f.

48 Offensichtlich war diese Prognose Bebels auch von den Vorstellungen einer wachsenden Assimilation der deutschen Juden in die deutsche Gesellschaft geprägt, die ja damals selbst bei den Alldeutschen als Möglichkeit erörtert wurde.

49 *Max Zetterbaum*. In: Die Neue Zeit, 1900/1901, S. 324–330, 367–373. Zit. nach: Silberner, S. 228.

50 *Karl Kautsky*, Rasse und Judentum. In: Die Neue Zeit, 1914, Ergänzungsheft 20, S. 82. Zit. nach: Silberner, S. 224.

51 *Ebenda*, S. 94. Zit. nach: Silberner, S. 223.

52 *Ebenda*, S. 80. Zit. nach: Silberner, S. 224.

53 *Der Zionismus in unseren Tagen.* Aus den Thesen zum XVI. Parteitag der KP Israels. In: Horizont, 29/1969. – Auch der französische Soziologe *Georges Friedmann* gelangt in seiner Studie „Das Ende des jüdischen Volkes" (Hamburg 1968, S. 211) zu der Feststellung: „Es gibt keine jüdische Nation. Es gibt eine israelische Nation."

54 *Neues Deutschland* v. 18. 6. 1969.

55 *Silberner*.

56 *Ebenda*, S. 291.

57 *Massing*, S. 217.

58 *Geschichte der deutschen Arbeiterbewegung*, Bd. 3: Von 1917 bis 1923, Berlin 1966, S. 9.

59 *Ebenda*, S. 198 f.

60 Zur Politik der OHL in der Frage der Minderheiten des zaristischen Rußlands vgl. *Deutschland im ersten Weltkrieg*, Bd. 1: Vorbereitung, Entfesselung und Verlauf des Krieges bis Ende 1914, v. einem Autorenkoll. u. Leitung v. F. Klein, Berlin 1968, S. 379.

61 Vgl. *Mosse*, S. 435.

62 *Werner Sombart*, Judentaufen, München 1912. – Auch Bebel hatte befragt werden sollen, jedoch wurde von ihm eine Stellungnahme überhaupt abgelehnt (S. 5).

63 *Werner Sombart*, Die Juden und das Wirtschaftsleben, München 1911.

64 Die verdienstvolle Studie von *Joachim Petzold*, Die Dolchstoßlegende (Berlin 1963), weist zu Recht auf den Anteil des Herausgebers der „Süddeutschen Monatshefte", Prof. Ludwig Coßmann, hin, der trotz seiner Agitation gegen die deutsche „Kriegsschuld" 1942 im Ghetto Theresienstadt endete (S. 103–106).

65 *Arthur Dinter*, Die Sünde wider das Blut, Leipzig 1918.

66 *Otto Hauser*, Geschichte des Judentums, Weimar 1921.

67 *Ebenda*, S. 526.

68 *Ebenda*, S. 514.

69 Zu diesen einerseits völkisch, andererseits christlichsozial orientierten antisemitischen Komponenten im deutschen Teil der Donaumonarchie vgl. *Albert Fuchs*, Geistige Strömungen in Österreich 1867–1918, Wien 1949; über Karl Meyer S. 58–63; über Georg v. Schönerer S. 177–185.

70 *Ismar Elbogen*, Ein Jahrhundert jüdischen Lebens. Die Geschichte des neuzeitlichen Judentums, hg. v. Ellen Littmann, Frankfurt a. M. 1967, S. 468.

71 *Gottfried zur Beek*, Die Geheimnisse der Weisen von Zion, München 1919.

72 *Ebenda*. Zit. nach: Alfred Rosenberg, Die Protokolle der Weisen von Zion und die jüdische Weltpolitik, München 1933, S. 99.

73 *Hermann L. Strack*, Jüdische Geheimgesetze?, Berlin 1920, S. 31–36. Über die Entstehungsgeschichte ferner: *Elbogen*, S. 467, 670, 688. – Strack, Professor an der Universität Berlin und Geheimer Konsistorialrat (geb. 1848), hat in mehreren Streitschriften die religiös verbrämte Antisemitenhetze mit großer Sachkenntnis angeprangert, beschränkte sich aber – wie er selber betonte – „auf die Frage ..., was die Religion der Juden ist und welchen Einfluß diese Religion auf ihre Bekenner hat oder haben muß" (*ebenda*, S. 11).

74 *Philip Graves*. In: Times v. 16.–18. 8. 1921; *Benjamin W. Segel*, Die Protokolle der Weisen von Zion. Eine Erledigung, Berlin 1924; *Henry Bernstein*, The Truth about "The Protocols of Zion", New York 1935; *John S. Curtiss*, An Appraisal of the Protocols of Zion, 1942.

75 *Elbogen*, S. 688.

76 Allgemein versteht man darunter die Parteien der ersten Großen Koalition 1919 unter Führung der SPD.

77 Zit. nach: *Mosse*, S. 229.

78 Zit. nach: *ebenda*, S. 319.

79 Zit. nach: *ebenda*, S. 290.

80 Zit. nach *Kurt Meier*, Kirche und Judentum. Die Haltung der evangelischen Kirche zur Judenpolitik des Dritten Reiches, Halle 1968, S. 74; vgl. *ders.*, Die Deutschen Christen, Halle 1965.

81 Zit. nach: *Mosse*, S. 262.

82 *Ebenda*, S. 274.

83 Die folgenden Angaben stützen sich auf *ebenda*.

84 Die Fakten über den Centralverein deutscher Staatsbürger jüdischen Glaubens sind entnommen aus *Paucker* u. *Kurt J. Ball-Kaduri*, Das Leben der Juden in Deutschland 1933, Frankfurt a. M. 1933; vgl. ferner: *Analysis of Central-Verein Policy in Germany*, New York 1945.

85 *Paucker*, S. 38 f.
86 *Ebenda*, S. 247.
87 *Ebenda*, S. 168 f.
88 *Ebenda*, S. 90.
89 Näheres hierüber bei *Albert Norden*, Fälscher. Zur Geschichte der deutsch-sowjetischen Beziehungen, Berlin 1959, S. 172, 226 f.
90 *Paucker*, S. 37.
91 Zit. nach: *Mosse*, S. 382.
92 Zit. nach: *ebenda*, S. 19.
93 *Paucker*, S. 88 f.
94 *Ebenda*, S. 144.
95 Zit. nach: *Alphons Silbermann*, Ein Kapitel der deutschen Geschichte. In: Die Welt, Ausg. B, v. 26. 11. 1964.
96 Der zweite Kongreß der Kommunistischen Internationale. Protokoll der Verhandlungen vom 19. Juli in Petrograd und vom 23. Juli bis 7. August 1920 in Moskau, Hamburg 1921, S. 198.
97 *Rundschau*, 11/1933.

Kapitel 1

1 *Geschichte der deutschen Arbeiterbewegung*, Bd. 4: Von 1924 bis Januar 1933, Berlin 1966, S. 213–391; *Wolfgang Ruge*, Deutschland von 1917 bis 1933. Lehrbuch der deutschen Geschichte (Beiträge), Bd. 10, Berlin 1967, S. 347–482; *Joachim Streisand*, Deutsche Geschichte in einem Band. Ein Überblick, Berlin 1970, S. 283–371.
2 *Streisand*, S. 347.
3 Zit. nach: Geschichte der internationalen Beziehungen 1917–1939, hg. v. *W. G. Truchanowski*, Berlin 1963, S. 315.
4 *Deutsche Führerbriefe*, September 1932. Zit. nach: Streisand, S. 348.
5 *Geschichte der deutschen Arbeiterbewegung*, Bd. 4, S. 259.
6 *Ebenda*, S. 371.
7 Kennzeichen „J". Bilder, Dokumente, Berichte zur Geschichte der Verbrechen des Hitlerfaschismus an den deutschen Juden 1933 bis 1945, hg. v. *Helmut Eschwege*, Berlin 1966 (im folgenden: Kennzeichen „J"), Dok. I/1, S. 29–31.
8 *Geschichte der deutschen Arbeiterbewegung*, Bd. 4, S. 386.
9 Die folgenden Angaben stützen sich auf *Ruge*, S. 354 f., u. *Streisand*, S. 350 ff.
10 *Geschichte der deutschen Arbeiterbewegung*, Bd. 4, S. 232. – Einige Autoren sprechen von einer Umlage von 5 Pfennigen.
11 Das zweibändige Werk erlebte in Deutschland 8 Auflagen. Ford hatte sich 1927 von seinem Buch distanziert und die Juden „für das Unrecht, das ich unabsichtlich begangen habe", um Vergebung gebeten. – Vgl. *Ismar Elbogen*, Ein Jahrhundert jüdischen Lebens, hg. v. Ellen Littmann, Frankfurt a. M. 1967, S. 508 ff.
12 *Streisand*, S. 354.

13 *Wolfgang Heise,* Aufbruch in die Illusion. Zur Kritik der bürgerlichen Philosophie in Deutschland, Berlin 1964, S. 323–331.

14 Vgl. auch *Eva G. Reichmann,* Flucht in den Haß. Die Ursachen der deutschen Judenkatastrophe, Frankfurt a. M. ⟨1955⟩, S. 238 f.

15 *Geschichte der deutschen Arbeiterbewegung,* Bd. 4, Dok. 114, S. 607.

16 *Heise.*

17 *Adolf Hitler,* Mein Kampf, München 1939, S. 334; vgl. hierzu die instruktive Studie von *Alexander Bein,* „Der jüdische Parasit". Bemerkungen zur Semantik der Judenfrage. In: Vierteljahreshefte für Zeitgeschichte, Stuttgart, 2/1965, S. 121–149.

18 *Hitler,* S. 337.

19 *Walter Frank,* Hofprediger Adolf Stoecker und die christlich-soziale Bewegung, Hamburg 1935.

20 Der Nationalsozialismus. Dokumente 1933–1945, hg., eingel. u. dargest. v. *Walther Hofer,* Frankfurt a. M. 1962, S. 28–31.

21 Kennzeichen „J", Dok. I/2, S. 31.

22 Ebenda, Dok. I/3, S. 31.

23 *Geschichte der deutschen Arbeiterbewegung,* Bd. 5: Von Januar 1933 bis Mai 1945, Berlin 1966, Dok. 2, S. 442.

24 *Ebenda,* Dok. 5, S. 446 f.

25 Kennzeichen „J", Dok. I/4, S. 32.

26 Die folgenden Angaben stützen sich auf *Hans Buchheim,* Die SS – Das Herrschaftsinstrument. In: Anatomie des SS-Staates, Bd. 1, München 1967, S. 15–212.

27 *Kurt J. Ball-Kaduri,* Das Leben der Juden in Deutschland im Jahre 1933. Ein Zeitbericht, Frankfurt a. M. 1963 (im folgenden: *Ball-Kaduri,* Leben), S. 42 f. – Die Nazipropaganda benutzte die Bezeichnung „Ostjuden" zur Diffamierung der jüdischen Bürger.

28 *CV-Zeitung* v. 2. 3. 1933.

29 *Ball-Kaduri,* Leben, S. 53.

30 *Ebenda,* S. 70–80.

31 *Ludwig Foerderer,* SA-Terror in Breslau. In: Wir haben es gesehen, hg. v. Gerhard Schoenberner, Hamburg 1962, S. 18–22.

32 *Wolffs Telegrafenbüro,* Nr. 701 v. 31. 3. 1933. Zit. nach: Monumenta Judaica. 2 000 Jahre Geschichte und Kultur der Juden am Rhein, Köln 1964, S. 610.

33 Die Juden in Köln, hg. v. *Zwi Asarja,* Köln 1959, S. 333.

34 *Ball-Kaduri,* Leben, S. 82.

35 Kennzeichen „J", Dok. II/1, S. 36–41.

36 *Der gelbe Fleck.* Die Ausrottung von 500 000 deutschen Juden, Paris 1936, S. 25. – Die in diesem Buch zusammengetragenen Fakten beruhen z. T. auf Erlebnisberichten nicht genannter Augenzeugen.

37 Kennzeichen „J", Dok. II/2, S. 41 f.

38 *Der gelbe Fleck,* S. 27.

39 *Helmut Genschel.* Die Verdrängung der Juden aus der Wirtschaft im Dritten Reich. Göttingen 1966, S. 53.

40 *A. Piecherowski,* Der Untergang der jüdischen Gemeinde Nordhorn, Almelo 1964, S. 42 ff.

41 Kennzeichen „J", Dok. II/5, S. 44 f.
42 *Völkischer Beobachter* v. 29. 3. 1933.
43 *Der gelbe Fleck*, S. 27 f.
44 So lautete die Überschrift eines Leitartikels von Robert Weltsch in der *Jüdischen Rundschau* v. 4. 4. 1933.
45 Alle Erklärungen wurden von dem den jüdischen Organisationen nahestehenden Verlag Jakow Trachtenberg gesammelt und dann auf Veranlassung der Reichsregierung publiziert: *Die Greuelpropaganda ist eine Lügenpropaganda, sagen die deutschen Juden selbst*, Berlin 1933. Die kleine Auflage wurde vom Auswärtigen Amt restlos aufgekauft und im Ausland vertrieben.
46 *Ebenda*, S. 33.
47 *Hannah Arendt*, Eichmann in Jerusalem. Ein Bericht von der Banalität des Bösen, München 1964, S. 162; *Die Kontroverse*. Hannah Arendt, Eichmann und die Juden, München 1964.
48 *Max Gruenewald*, Der Anfang der Reichsvertretung. In: Deutsches Judentum. Aufstieg und Krise, hg. v. Robert Weltsch, Stuttgart 1963 (im folgenden: Deutsches Judentum), S. 320.
49 Hierüber ausführlich: *Nathan Feinberg*, The Activities of Central Jewish Organisations following Hitler's Rise to Power. In: Yad Washem Studies, Bd. 1, Jerusalem 1957, S. 67–84.
50 *Geschichte der deutschen Arbeiterbewegung*, Bd. 5, S. 31 f., u. Dok. 8, S. 449 f.
51 *Klaus Drobisch*, Hindenburg-, Hitler-, Adenauerspende. In: Zeitschrift für Geschichtswissenschaft, 3/1967, S. 455.
52 *Hofer*, S. 121 f., 130.
53 *Bruno Blau*, Das Ausnahmerecht für die Juden in Deutschland 1933 bis 1945, Düsseldorf 1965.
54 *Ebenda*, S. 18.
55 Namentliche Aufstellung emigrierter jüdischer Hochschullehrer in *Das deutsche Volk klagt an*, Paris 1936, S. 37–47.
56 *Der gelbe Fleck*, S. 158.
57 Zit. nach: *Jüdische Rundschau* v. 16. 5. 1933.
58 Über den Anteil der Juden an der deutschen Nationalkultur siehe *Jüdisches Lexikon*, Bd. 1–4, Berlin 1927–1930; *Arnold Zweig*, Bilanz der deutschen Judenheit 1933, Köln 1961; Juden im deutschen Kulturbereich, hg. v. *Siegmund Kaznelson*, Berlin 1959; *Hans-Jochen Gamm*, Judentumskunde, München 1964; *Cecil Roth*, Der jüdische Beitrag zu Kultur und Zivilisation. In: Die Juden in Deutschland. Ein Almanach, hg. v. Heinz Ganther, Hamburg 1959 (im folgenden: Ganther, Juden), S. 17–92.
59 *Der gelbe Fleck*, S. 161.
60 *Ebenda*, S. 160.
61 *Ebenda*, S. 156.
62 *Gans Gaertner*, Probleme der jüdischen Schule während der Hitlerjahre. In: Deutsches Judentum, S. 326–330; *Solomon Colochner*, Jewish Education under National Socialism. In: Yad Washem Studies, Bd. 3, Jerusalem 1959, S. 161–185.
63 Die folgenden Angaben stützen sich auf *Peter de Mendelssohn*, Zeitungsstadt Berlin, Berlin 1959.

64 Kennzeichen „J", Bilddok., S. 46.

65 *Ebenda*, Bilddok., S. 62.

66 Eine unvollständige Namensliste ermordeter jüdischer Bürger ist abgedruckt in *Der gelbe Fleck*, S. 253–266.

67 Kennzeichen „J", Bilddok. S. 43. Die Angabe, Lessing sei in Prag erstochen worden, beruht auf einem Irrtum.

68 *Hubert Mohr*, Katholische Orden und deutscher Imperialismus, Berlin 1965, S. 265 bis 266.

69 *Paulus*, Paderborn 1934, S. 139 f.

70 *Kirche und Bolschewismus*, hg. v. Bischöflichen Generalvikariat, Trier 1937. Zit. nach: Guenter Lewy, Die katholische Kirche und das Dritte Reich, München 1965, S. 229.

71 Zit. nach: *ebenda*, S. 305 f.

72 *Ebenda*, S. 300; vgl. auch *Walter Sulzbach*, Die zwei Wurzeln des Judenhasses, Stuttgart 1959, S. 33 ff.

73 *Lewy*, S. 309.

74 *Kurt-Dietrich Schmidt*, Die Bekenntnisse des Jahres 1933, Göttingen 1934, S. 135 f., zit. nach *Kurt Meier*, Kirche und Judentum, Halle 1968, S. 82.

75 *Ebenda*, S. 145 ff. Zit. nach: *Meier*, Kirche und Judentum, S. 83.

76 Niemöller war im ersten Weltkrieg U-Boot-Kommandant, wurde dann Pfarrer und hatte sich bereits vor 1933 zum Wortführer antifaschistischer Kreise in der evangelischen Kirche entwickelt.

77 *Hans-Josef Steinberg*, Widerstand und Verfolgung in Essen 1933 bis 1945, Hannover 1969, Dok. 38, S. 265.

78 *Mark Wischnitzer*, Die jüdische Wanderung unter der Naziherrschaft 1933 bis 1939. In: Ganter, Juden, S. 102.

79 *Maria Zelzer*, Weg und Schicksal der Stuttgarter Juden, Stuttgart ⟨1964⟩, S. 183.

80 *de Mendelssohn*, S. 356.

81 *Dokumente zur Geschichte der Frankfurter Juden 1933 bis 1945*, Frankfurt a. M. 1963, S. 338.

82 *Margaret T. Edelheim-Muehsam*, Die Haltung der jüdischen Presse gegenüber der nationalsozialistischen Bedrohung. In: Deutsches Judentum, S. 361.

83 Die folgenden Angaben stützen sich auf *Kurt Alexander*, Die Reichsvertretung der deutschen Juden. In: Festschrift zum 80. Geburtstag von Rabbiner Dr. Leo Baeck, London 1953, S. 76–84; *Ball-Kaduri*, Leben; *K. Y. Ball-Kaduri*, The National Representation of Jews in Germany – Obstacles and Accomplishments at its Settlement. In: Yad Washem Studies, Bd. 2, Jerusalem 1958, S. 159–178; *Feinberg; Gruenewald*, a. a. O., S. 315–325.

84 *Gruenewald*, a. a. O., S. 320.

85 *Ebenda*, S. 319.

86 Die folgenden Angaben stützen sich auf *Alexander*, a. a. O., und andere Autoren.

87 Vgl. *Gaertner*, a. a. O., *Colochner*, a. a. O.

88 *Wischnitzer*, a. a. O., S. 102.

89 *Werner Rosenstock*, Exodus 1933 bis 1939. Ein Überblick über die jüdische Auswanderung aus Deutschland. In: Deutsches Judentum, S. 386; vgl. ferner: *Blau; Kurt R. Großmann*, Die jüdischen Auslandsorganisationen und ihre Arbeit in Deutschland.

In: Ganther, Juden, S. 137–164; *Wolfgang Scheffler*, Judenverfolgung im Dritten Reich 1933 bis 1945, erw. Aufl., Frankfurt a. M. 1961, gekürzte Neuaufl., Berlin 1966.

90 *Wischnitzer*, a. a. O., S. 101.

91 Die folgenden Angaben stützen sich auf *Wischnitzer*, a. a. O., S. 105 ff., u. *Feinberg*, a. a. O.

92 *Wischnitzer*, a. a. O., S. 104.

93 Die folgenden Angaben stützen sich auf *Streisand*, S. 388 ff.

94 *Geschichte der deutschen Arbeiterbewegung*, Bd. 5, Dok. 18, S. 463–465.

95 *Ebenda*, S. 60.

96 *Blau*, S. 25–29.

97 *Genschel*, S. 97–99.

98 Fall 5. Anklageplädoyer, ausgewählte Dokumente, Urteil des Flick-Prozesses, mit einer Studie über die „Arisierungen" des Flick-Konzerns, hg. v. *Karl-Heinz Thieleke*, Berlin 1965, S. 370–375; auszugsweise in: Kennzeichen „J", Dok. III/2, S. 51 f.

99 *Der Stürmer*, 41/1934.

100 *Ebenda*, 47/1934.

101 *Ebenda*, 4/1935.

102 Auszüge in: Kennzeichen „J", Dok. VIII/1, S. 83 f.

103 *Der Stürmer*, Sondernummer: Albert Hirschland, der Rasseschänder von Magdeburg, 1935.

104 *Der gelbe Fleck*, S. 235.

105 Kennzeichen „J", Dok. II/11, S. 48, u. IV/9, S. 63.

106 Zit. in: *Der gelbe Fleck*, S. 167 f.

107 Zit. in: *ebenda*, S. 221.

108 Zit. in: *ebenda*.

109 *M. Müller-Claudius*, Der Antisemitismus und das deutsche Verhängnis, Frankfurt a. M. 1948, S. 128 ff.

110 *Genschel*, S. 258 f.

111 Näheres über Ha'avarah bei *Genschel* u. *Arendt*. – Über den Interessenkonflikt zwischen Ha'avarah und Arabern vgl. *Heinz Tillmann*, Deutschlands Araberpolitik im zweiten Weltkrieg, Berlin 1965, S. 29 ff.

112 Schnellbrief des Reichsministeriums des Innern v. 17. 12. 1937. Auszugsweise abgedr. in: Kennzeichen „J", Dok. XIII/1, S. 132–136.

113 *Hannah Arendt*, Elemente totaler Herrschaft, Frankfurt a. M. 1958, S. 59 ff., 192.

114 Rundschreiben des Direktors des CV, Dr. Ludwig Holländer, an die Hauptvorstandsmitglieder v. 6. 12. 1929. Abgedr. in: *Arnold Paucker*, Der jüdische Abwehrkampf gegen Antisemitismus und Nationalsozialismus in den letzten Jahren der Weimarer Republik, Hamburg 1968, Dok. 10, S. 166–169.

115 *Andrew Sharf*, The British Press and the Holocaust. In: Yad Washem Studies, Bd. 5, Jerusalem 1963, S. 190.

116 *Ebenda*, S. 182 f.

117 *Geschichte der deutschen Arbeiterbewegung*, Bd. 5, Dok. 15, S. 458–461.

118 *Zur Geschichte der deutschen antifaschistischen Widerstandsbewegung 1933–1945.* Eine Auswahl von Materialien, Berichten und Dokumenten, Berlin 1957, S. 26.

Kapitel 2

1 *Geschichte der deutschen Arbeiterbewegung*, Bd. 5: Von Januar 1933 bis Mai 1945, Berlin 1966, Dok. 22, S. 472.

2 *Ebenda*, S. 109.

3 *Ebenda*, S. 114.

4 *Ebenda*, S. 118.

5 *Zur Geschichte der Kommunistischen Partei Deutschlands*, 2. durchges. Aufl., Berlin 1955, S. 378 (Faksimile).

6 Die folgenden Angaben stützen sich auf *Erich Paterna/Werner Fischer/Kurt Gossweiler/Gertrud Markus/Kurt Pätzold*, Deutschland von 1933 bis 1939. Lehrbuch der deutschen Geschichte (Beiträge), Bd. 11, Berlin 1969, S. 219–224.

7 Kennzeichen „J". Bilder, Dokumente, Berichte zur Geschichte der Verbrechen des Hitlerfaschismus an den deutschen Juden 1933 bis 1945, hg. v. *Helmut Eschwege*, Berlin 1966 (im folgenden: Kennzeichen „J"), Dok. V/1, S. 69 f.

8 Reichsbürgergesetz vom 15. September 1935; Gesetz zum Schutze des deutschen Blutes und der deutschen Ehre vom 15. September 1935; Gesetz zum Schutze der Erbgesundheit des deutschen Volkes (Ehegesundheitsgesetz) vom 18. Oktober 1935 nebst allen Ausführungsvorschriften und den einschlägigen Gesetzen und Verordnungen, erläut. v. *Dr. Wilhelm Stuckart u. Dr. Hans Globke*, München – Berlin 1936, S. 25.

9 *Bruno Blau*, Das Ausnahmerecht für die Juden in Deutschland 1933 bis 1945, Düsseldorf 1965, S. 29.

10 *Bernhard Lösener*, Das Reichsministerium des Innern und die Judengesetzgebung. In: Vierteljahreshefte für Zeitgeschichte, 8/1961, S. 262–313.

11 Kennzeichen „J", Dok. V/6, S. 72–74.

12 Über die Verordnungen Nr. 7–10 siehe auch S. 210 u. 215 f.

13 Siehe S. 288.

14 Über die Verordnungen Nr. 12 u. 13 siehe S. 349 f.

15 Kennzeichen „J", Dok. V/6, S. 74–77.

16 *Zeitschrift der Akademie für Deutsches Recht* v. 15. 1. 1937, S. 56 f.

17 *Berliner Allgemeine*, Zeitung der Juden in Deutschland, v. 8. 6. 1951.

18 Kennzeichen „J", Dok. V/3, S. 71.

19 *Ernst Niekisch*, Das Reich der niederen Dämonen, Berlin 1957, S. 208.

20 *Der Stürmer*, Sondernummer v. 8. 1. 1938; Faksimile in: Kennzeichen „J", Dok. VI/5, S. 79.

21 *Reichsgerichtliche Entscheidungen in Strafsachen*, Bd. 71, S. 28.

22 *Friedrich Karl Kaul*, ... und das von Rechts wegen, Berlin 1961, S. 53 f.

23 Zit. nach: Dr. Hans Globke. Aktenauszüge, Dokumente, hg. v. *Reinhard-M. Strecker*, Hamburg 1961, S. 111; auszugsweise in: Kennzeichen „J", Dok. VI/2, S. 77 f.

24 Nürnberger Dokument NG-154. Zit. nach: *Strecker*, S. 119.

25 Ebenda, S. 121. – Rothaug war im Nürnberger Juristenprozeß zu lebenslanger Zuchthausstrafe verurteilt, aber kurz danach begnadigt worden. Er starb 1967 in Köln.

Öffentliche Proteste erzwangen die Einleitung eines Verfahrens gegen Markl und seine Amtsenthebung.

26 Kennzeichen „J", Dok. VII/3, S. 81.

27 Auszugsweise in: ebenda, Dok. VII/4, S. 83.

28 Auszugsweise in: ebenda, Dok. VII/2, S. 80.

29 *Alfred Rosenberg*, Die Spur des Juden im Wandel der Zeiten, München 1937, S. 152.

30 Zit. nach: *Alfred A. Häsler*, Das Boot ist voll ... Die Schweiz und die Flüchtlinge 1933 bis 1945, Zürich – Stuttgart 1967, S. 54.

31 Auszugsweise in: Kennzeichen „J", Dok. VII/5, S. 83.

32 Zit. nach: *Häsler*, S. 338.

33 Die Zeitschrift wurde von 1941 an als Vierteljahresschrift vom „Institut zur Erforschung der Judenfrage" in Frankfurt a. M. herausgegeben. Verantwortliche Redakteure waren ab 1936 H. Hauptmann und L. Deyerling, ab 1941 P.-H. Seraphim und 1944 Kl. Schickert.

34 Vgl. *Helmut Heiber*, Walter Frank und sein Reichsinstitut für Geschichte des neuen Deutschland, Stuttgart 1966, S. 413 ff.

35 Nach 1945 Sprecher der „Landsmannschaft Schlesien" in der BRD, Professor für Vorgeschichte an der Universität München, emeritiert.

36 *Hans-Jochen Gamm*, Judentumskunde. Eine Einführung, München 1964, S. 54.

37 Nach 1945 Direktor des „Instituts für Ostrecht" an der Universität München, führend in der westdeutschen „Ostforschung".

38 Nach 1945 Studienleiter der Verwaltungsakademie Bochum, Verfasser revanchistischer Schriften.

39 *Johannes Stark/Wilhelm Müller*, Jüdische und deutsche Physik, Leipzig 1941; *Philipp Lenard*, Deutsche Physik, München 1936; Auszüge hieraus in: Kennzeichen „J", Dok. VIII/4, S. 85 f.

40 *Joachim C. Fest*, Das Gesicht des Dritten Reiches, München 1963, S. 343 ff.

41 Deutsches Zentralarchiv Potsdam, Nr. 965, Bl. 13 u. 130.

42 *Manfred Unger*, Die „Endlösung" in Leipzig. Dokumente zur Geschichte der Judenverfolgung 1933 bis 1945. In: Zeitschrift für Geschichtswissenschaft, 5/1963, S. 943, 946 f.

43 *Rudolf G. Binding*, Antwort eines Deutschen an die Welt, Frankfurt a. M. 1933.

44 *Edgar J. Jung*, Sinndeutung der deutschen Revolution, Oldenburg i. O. 1933. Zit. nach: Fest, S. 486.

45 Kennzeichen „J", Dok. III/3, S. 53.

46 Ebenda, Dok. III/4, S. 53 f.

47 *K. Y. Ball-Kaduri*, The National Representation of Jews in Germany. Ostacles and Accomplishments at its Establishment (im folgenden: *Ball-Kaduri*, Representation). In: Yad Washem Studies (im folgenden: YWS), Bd. 2, Jerusalem 1958, S. 178.

48 Über die „Arisierung" des Petschek-Konzerns vgl. Fall 5, Anklageplädoyer, ausgewählte Dokumente, Urteil des Flick-Prozesses, mit einer Studie über die „Arisierungen" des Flick-Konzerns, hg. v. *Karl-Heinz Thieleke*, Berlin 1965, S. 393–452; Aktenauszüge in: Kennzeichen „J", Dok. XI/9–11, S. 123 f.

49 Die folgenden Angaben stützen sich auf *Konrad*, Hitlers Judenpogrom – ein Raubzug des Monopolkapitals. In: Die Internationale, 4–5/1938, S. 47–60; auszugsweise in: Kennzeichen „J", Dok. XI/8, S. 117–123.

50 *Kölnische Zeitung* v. 13. 10. 1935.

51 Auszugsweise in: Kennzeichen „J", Dok. X/1, S. 97.

52 *Helmut Genschel*, Die Verdrängung der Juden aus der Wirtschaft im Dritten Reich, Göttingen 1966, S. 206 f.

53 *Deutschland-Information des ZK der KPD*, 4/1938, S. 56.

54 *Hans Mommsen*, Der nationalsozialistische Polizeistaat und die Judenverfolgung vor 1938. In: Vierteljahreshefte für Zeitgeschichte, 1/1962, S. 87.

55 Hitlers Denkschrift zum Vierjahresplan, hg. u. eingel. v. *Wilhelm Treue*. In: Vierteljahreshefte für Zeitgeschichte, 2/1955, S. 210. Zit. nach: *Geschichte der deutschen Arbeiterbewegung*, Bd. 5, Dok. 30, S. 484–486.

56 *Geschichte der deutschen Arbeiterbewegung*, Bd. 5, Dok. 26, S. 477 f.

57 *Ebenda*, S. 142.

58 Die folgenden Angaben stützen sich auf *ebenda*, S. 144 f., 149, 176–179, 489–491.

59 Zur Politik der SPD vgl. *ebenda*, S. 134 f., 156 f., 202–505.

60 *Guenter Lewy*, Die katholische Kirche und das Dritte Reich, München 1965, S. 232.

61 *K. D. Schmidt*, Dokumente des Kirchenkampfes, Bd. 2. Die Zeit des Reichskirchenausschusses 1935–1937, 1. T., Göttingen 1964, S. 700. Auszugsweise abgedr. in: *Kurt Meier*, Kirche und Judentum, Halle 1968, S. 30.

62 *Wilhelm Niemöller*, Die Evangelische Kirche im Dritten Reich. Handbuch des Kirchenkampfes, Bielefeld 1956, S. 58 u. 197. – Die Denkschrift wurde von Pfarrer Werner Koch und dem Theologen Ernst Tillich ins Ausland expediert. Beide wurden zusammen mit Dr. Weißler verhaftet.

63 *W. Niesel*, Der Weg der Bekennenden Kirche, Zürich 1957. – *Niemöller* gibt 805, *Steward W. Hermann* (Eure Seelen wollen wir, München – Berlin 1951) 806 Verhaftungen an.

64 Die folgenden Angaben stützen sich auf *K. Y. Ball-Kaduri*, Testimonies and Recollections about Activities organized by German Jewry during the Years 1933 to 1945. In: YWS, Bd. 4, 1960, S. 317–339.

65 *Ball-Kaduri*, Representation, a. a. O., S. 174 – Es handelt sich um das Protokoll einer Diskussion zwischen Ball-Kaduri, Herzfeld, Meyer und Lubinsky in Palästina am 30. 1. 1954.

66 Archiv Yad Washem (im folgenden: AYW), Jerusalem, Dok. 01/127: Hans Klee, Georg Kareski und die Jüdische Volkspartei; hierüber ferner Dok. 01/125: Bericht von E. Pollack; Dok. 01/194: Bericht von G. Lubinsky; Dok. 01/217: Bericht von Rabbiner Nußbaum.

67 Kennzeichen „J", Dok. IX/4, S. 91 f.

68 Zum Schulproblem ferner: *Solomon Colochner*, Jewish Education under National Socialism. In: YWS, Bd. 3, 1959, S. 161–185; *Hans Gärtner*, Probleme der jüdischen Schule während der Hitlerjahre. In: Deutsches Judentum – Aufstieg und Krise, hg. v. Robert Weltsch, Stuttgart 1963, S. 326–352. Auszugsweise in: Kennzeichen „J", Dok. IX/3, S. 91.

69 Zur Kulturarbeit ferner: *Herbert Freeden*, Jüdisches Theater in Nazideutschland, Tübingen 1964; AYW, Dok. 01/6: Management of the Kulturbund; ferner Dok. 01/39: Bericht von A. Rau; Dok. 01/240: Bericht von L. Striemer.

70 Kennzeichen „J", Dok. IX/2, S. 89–91.

71 *Gutachten des Instituts für Zeitgeschichte,* Bd. 1, München 1958, Nr. 2/4: Die Auswanderung der Juden aus Deutschland zwischen 1933 und 1939, S. 79–84; Ergänzung hierzu Bd. 2, München 1966, Nr. 2/1: Mitnahme von Devisen und Schmuckstücken bei Auswanderung von Juden, S. 23 f.
72 *Ball-Kaduri,* Representation, a. a. O., S. 174.
73 *Hans Habe,* Die Mission, Berlin – Weimar 1966, S. 56 f.
74 *Ebenda,* S. 336.
75 Der Prozeß gegen die Hauptkriegsverbrecher vor dem Internationalen Militärgericht (IMG), Nürnberg 1947 ff., Bd. XXVII, Dok. PS-1301, S. 160 ff.
76 *Das Schwarze Korps* v. 4. 8. 1938: „Es gibt doch nach ‚anständige' Juden."
77 *Geschichte der deutschen Arbeiterbewegung,* Bd. 5, Dok. 49, S. 509.
78 *Maria Zelzer,* Weg und Schicksal der Stuttgarter Juden, Stuttgart ⟨1964⟩, S. 192.
79 Kennzeichen „J", Dok. X/2, S. 97.
80 *Friedrich Karl Kaul,* Der Fall des Herschel Grynszpan, Berlin 1965, S. 33; *Gerald Reitlinger,* Die Endlösung, (West-)Berlin 1960, S. 11 f.
81 *Das Schwarze Korps* v. 3. 11. 1938: „Das fehlte noch!".
82 *Kaul,* Der Fall des Herschel Grynszpan, S. 7–10.
83 *Ebenda,* S. 175–177.

Kapitel 3

1 *Hermann Graml,* Der 9. November 1938. „Reichskristallnacht", Bonn 1957, Schriftenreihe der Bundeszentrale für Heimatdienst, H. 2.
2 Auszugsweise abgedr. in: Kennzeichen „J". Bilder, Dokumente, Berichte zur Geschichte der Verbrechen des Hitlerfaschismus an den deutschen Juden 1933 bis 1945, hg. v. *Helmut Eschwege* (im folgenden: Kennzeichen „J"), Dok. X/6, S. 100. – Der Bericht trägt das Datum des 13. 2. 1939.
3 Ebenda.
4 Ebenda, Dok. X/5, S. 99.
5 Ebenda, Dok. X/4, S. 99.
6 Die Bezeichnung „Kristallnacht" wurde von der Nazipropaganda geprägt. Dadurch sollte der Eindruck erweckt werden, es habe sich bei dem Pogrom nur um die Demolierung von ein paar Fensterscheiben gehandelt.
7 *Hans Lamm,* Über die innere und äußere Entwicklung des deutschen Judentums im Dritten Reich, Phil. Diss. Erlangen 1951 (MS), S. 79.
8 *Deutschland-Information des ZK der KPD,* 10/1938, S. 25.
9 *Ebenda,* 9/1938, S. 7.
10 *Graml,* S. 48.
11 Kennzeichen „J", Dok. X/9, S. 103.
12 *Helmut Krausnick,* Judenverfolgung. In: Anatomie des SS-Staates, Bd. 2, München 1967, S. 277. – In dem Bericht Heydrichs an Göring v. 11. 11. 1938, dessen Zahlen-

angaben allerdings großenteils unzutreffend sind, werden nur 20 000 Verhaftete genannt. Auszugsweise abgedr. in: Kennzeichen „J", Dok. X/8, S. 101.

13 *Emil Carlebach*, Die Lage der jüdischen Häftlinge in Buchenwald. In: Buchenwald – Mahnung und Verpflichtung, Berlin 1960, S. 126.

14 Kennzeichen „J", Dok. X/7, S. 100 f.

15 So hoch schätzte der Führer der Reichsgruppe Versicherungen, Hilgard, die Schäden. – Vgl. *Helmut Genschel*, Die Verdrängung der Juden aus der Wirtschaft im Dritten Reich, Göttingen 1966, S. 182.

16 *Graml*, S. 44.

17 Göring auf einer Sitzung im Reichsluftfahrtministerium am 12. 11. 1938.

18 *Ein Waffenstillstandstag.* Illegale Flugschrift der KPD unter dem Titel „Excentric Shampoo", Nov. 1938, S. 14.

19 *Else R. Behrend-Rosenfeld*, Ich stand nicht allein, Hamburg 1949, S. 76.

20 Die Juden in Köln. Von den ältesten Zeiten bis zur Gegenwart, hg. v. *Zwi Asaria*, Köln 1959, S. 255 f.

21 *Hans Franke*, Geschichte und Schicksal der Juden in Heilbronn, Heibronn 1963, S. 178.

22 Zit. nach: *Krausnick*, a. a. O., S. 277.

23 *Hans Seigewasser*, Die Kristallnacht. In: Unser Appell v. 1. 11.1948.

24 *Die Rote Fahne*, Reichsausgabe, 7/1938: „Sonderausgabe gegen Hitlers Judenpogrome".

25 Kennzeichen „J", Dok. X/11, S. 105 (Faksimile).

26 *Siegbert Kahn*, Dokumente des Kampfes der revolutionären deutschen Arbeiterbewegung gegen Antisemitismus und Judenverfolgung. In: Beiträge zur Geschichte der deutschen Arbeiterbewegung, 3/1960, S. 558 f.

27 Die folgenden Angaben stützen sich auf die illegale KPD-Flugschrift *„Ein Waffenstillstandstag"*, S. 28–46; siehe auch Kennzeichen „J", Dok. X/10, S. 103 f.

28 *Lionel Kochan*, Pogrom. 10. November 1938, London 1957, S. 129.

29 *Akten zur Deutschen Auswärtigen Politik 1918 bis 1945*, Serie D, Bd. 5, Baden-Baden 1953, S. 780–785.

30 Die Zahlenangaben stützen sich auf *Genschel*, S. 204 f.

31 Das Protokoll dieser Sitzung ist nur teilweise erhalten und diente im Nürnberger Prozeß als Beweisstück. Auszugsweise abgedr. in: Kennzeichen „J", Dok. XI/1, S. 106 bis 113.

32 Faksimile in: ebenda, Dok. XI/5, S. 116.

33 Ebenda, Dok. XI/6 u. XI/7, S. 116 f.

34 Schreiben Wächtlers an Goebbels v. 21. 11. 1938. Abgedr. in: *Der Weg*, 37/1946.

35 Auszugsweise abgedr. in: Kennzeichen „J", Dok. XI/2, S. 113.

36 *Eugen Kogon*, Der SS-Staat, Berlin 1947, S. 193 f.

37 Die folgenden Angaben stützen sich auf *Genschel*, S. 160–166, 237–246, 195–207.

38 *W. Markmann/P. Enterlein*, Die Entjudung der deutschen Wirtschaft, Berlin 1938, S. 13. Zit. nach: Hans Radandt, Kriegsverbrecher-Konzern Mansfeld, Berlin 1958, S. 199.

39 Vgl. die „Judenbann"-Verordnung in Dresden v. 12. 8. 1940, in: Kennzeichen „J", Dok. XII/6, S. 127.

40 *Mark Wischnitzer,* Die jüdische Wanderung unter der Naziherrschaft 1933–1939. In: Die Juden in Deutschland. Ein Almanach, hg. v. Heinz Ganther, Hamburg ⟨1959⟩, S. 125.

41 *Ebenda,* S. 135; *Genschel,* S. 209, 291; *Hans Erich Fabian* (Die letzte Etappe. In: Festschrift zum 80. Geburtstag von Rabbiner Dr. Leo Baeck, London 1953, S. 88) gibt für 1939 erheblich niedrigere Bestandsziffern an, die sich aber offenbar auf lückenhafte Statistiken der Reichsvereinigung stützen.

42 Die folgenden Angaben stützen sich auf *Herbert H. Freeden,* Jüdische Theater im Dritten Reich. In: Aus Politik und Zeitgeschichte, Beilage zur Wochenzeitung „Das Parlament", 45/1963, S. 19 f.; *Kurt Jakob Ball-Kaduri,* Das Leben der Juden in Deutschland im Jahre 1933, Frankfurt a. M. 1963, S. 148–150.

43 Kennzeichen „J", Bilddok.: „Auf dem Wege zur Hinrichtung", S. 239.

44 Auszugsweise abgedr. in: ebenda, Dok. XIII/7, S. 139.

45 *Die Kontroverse.* Hannah Arendt, Eichmann und die Juden, München 1964.

46 *Hannah Arendt,* Eichmann in Jerusalem. Ein Bericht von der Banalität des Bösen, München 1964; *Raoul Hilberg,* The Destruktion of the European Jews, Chicago 1961.

47 *Fabian,* a. a. O., S. 87 f.

48 Kennzeichen „J", Dok. XIII/4, S. 137.

49 *Das Schwarze Korps* v. 24. 11. 1938. Auszugsweise abgedr. in: ebenda, Dok. XIII/5, S. 137.

50 Kennzeichen „J", Dok. XIII/6, S. 137–139.

51 *Ebenda,* Dok. XI/1, S. 111. – Über das Schicksal dieser burgenländischen Juden schrieb Friedrich Wolf sein Drama „Das Schiff auf der Donau".

52 *Maria Zelzer,* Weg und Schicksal der Stuttgarter Juden, Stuttgart ⟨1964⟩, S. 214.

53 Die folgenden Angaben stützen sich auf Wischnitzer, a. a. O., S. 117–124.

54 *Geschichte der deutschen Arbeiterbewegung,* Bd. 5: Von Januar 1933 bis Mai 1945, Berlin 1966, Dok. 49, S. 507.

55 *Geschichte des zweiten Weltkrieges 1939 bis 1945.* Militärhistorischer Abriß, T. 1, Red.: S. P. Platonow ⟨u. a.⟩, Berlin 1961, S. 33 f.

56 Oberländer wurde trotz seiner faschistischen Vergangenheit 1953 zum „Vertriebenenminister" der Regierung der BRD ernannt. Er mußte nach dem Prozeß des Obersten Gerichts der DDR am 29. 4. 1960 seinen Rücktritt einreichen.

57 *Kochan,* S. 15.

58 Kleine Enzyklopädie Deutsche Geschichte, hg. v. *E. Müller-Mertens* u. a., Leipzig 1965, S. 398.

59 *Geschichte der deutschen Arbeiterbewegung,* Bd. 5, S. 205 f., Dok. 54, S. 516–519.

60 *Guenter Lewy,* Die katholische Kirche und das Dritte Reich, München 1965, S. 311.

61 *Ebenda,* S. 337.

62 Die folgenden Angaben stützen sich auf *Joachim Streisand,* Die deutschen evangelischen Kirchen und die faschistische Diktatur. In: Zeitschrift für Geschichtswissenschaft, 4/1966, S. 568–587; *Horst Dohle,* Die Stellung der evangelischen Kirche in Deutschland zum Antisemitismus und zur Judenverfolgung zwischen 1933 und 1945, Phil. Diss. Berlin 1963 (MS); *Kurt Meier,* Kirche und Judentum, Halle 1968.

63 *Weltkampf,* München 1941, S. 112 f.

64 *An der Stechbahn.* Erlebnisse und Berichte aus dem Büro Grüber in den Jahren der Verfolgung, Berlin 1957; Auszüge in Kennzeichen „J", Dok. XXVIII/6, S. 321–324.
65 *Streisand,* a. a. O., S. 575 f.
66 *Zur Geschichte der KPD,* 2. Aufl., Berlin 1955, S. 403–404, 405, 402.
67 *Geschichte der deutschen Arbeiterbewegung,* Bd. 5, Dok. 51, S. 513.
68 *Ebenda,* S. 235 f.

Kapitel 4

1 Hitler, Reden und Proklamationen 1932–1945, hg. v. *Max Domarus,* Bd. 2/1, München 1965, S. 1058.
2 Siehe Anatomie des Krieges. Neue Dokumente über die Rolle des deutschen Monopolkapitals bei der Vorbereitung und Durchführung des zweiten Weltkrieges, hg. u. eingel. v. *Dietrich Eichholtz u. Wolfgang Schumann,* Berlin 1969, Dok. 120 ff., S. 257 ff.
3 Zit. nach: *Geschichte der deutschen Arbeiterbewegung,* Bd. 5: Von Januar 1933 bis Mai 1945, Berlin 1966, S. 246, 270 u. 277.
4 Siehe dazu S. 142 f., S. 230 f. u. S. 262 ff.
5 *Geschichte der deutschen Arbeiterbewegung,* Bd. 5, Dok. 62, S. 527.
6 *Domarus,* Bd. 2/1, S. 1381 u. 1391.
7 Der Prozeß gegen die Hauptkriegsverbrecher vor dem Internationalen Militärgerichtshof (IMG), Nürnberg 1947 ff., Bd. XXII, Dok. 686-PS, S. 255.
8 Siehe dazu S. 243 f.
9 Institut für Marxismus-Leninismus beim ZK der SED, Zentrales Parteiarchiv, St 31/16.
10 Siehe dazu S. 275 f.
11 Kennzeichen „J". Bilder, Dokumente, Berichte zur Geschichte der Verbrechen des Hitlerfaschismus an den deutschen Juden 1933 bis 1945, hg. v. *Helmut Eschwege,* Berlin 1966 (im folgenden: Kennzeichen „J"), Dok. XII/8, S. 140 ff.
12 Sämtliche Angaben u. Zitate nach: *Nazidokumente sprechen,* Prag o. J. ⟨unpag.⟩.
13 Kennzeichen „J", Dok. XI/1, S. 113.
14 Nürnberger Dokument NG-5764.
15 Eichmann-Prozeß, Dok. 464. – Im Juli 1940 war die Deportationsabsicht auch Frank bekannt, der sie als „Entlastung" des sog. Generalgouvernements begrüßte.
16 Kennzeichen „J", Dok. XIII/10, S. 145 f.
17 Nürnberger Dokument NG-2586.
18 Beck und Goerdeler. Gemeinschaftsdokumente für den Frieden 1941–1944, hg. v. *Wilhelm Ritter von Schramm,* München 1965, S. 106.
19 Siehe dazu S. 282 f.
20 Nürnberger Dokument NG-3933.
21 Zit. nach: *Geschichte der deutschen Arbeiterbewegung,* Bd. 5, Dok. 60, S. 525.
22 Zit. nach: *ebenda,* Dok. 62, S. 527.
23 *Verfügungen, Anordnungen, Bekanntgaben,* hg. v. d. Parteikanzlei der NSDAP, Bd. 2, München o. J., S. 130.

24 Zit. nach: *Manfred Unger*, Die „Endlösung" in Leipzig. In: Zeitschrift für Geschichtswissenschaft, 5/1963, S. 955.
25 Siehe dazu S. 287 f.
26 *H. G. Adler*, Die verheimlichte Wahrheit. Theresienstädter Dokumente, Tübingen 1958, S. 321 f.
27 Meldungen aus dem Reich. Auswahl aus den geheimen Lageberichten des Sicherheitsdienstes der SS 1939–1944, hg. v. *Heinz Boberach*, Neuwied – (West-)Berlin 1965, Nr. 145, S. 115.
28 Sämtliche Angaben u. Zitate nach *Rudi Goguel*, Über die Mitwirkung deutscher Ostforscher am Okkupationsregime in Polen im zweiten Weltkrieg, untersucht an drei Institutionen der deutschen Ostforschung, Phil. Diss. Berlin 1964 (MS), S. 154 ff.
29 Zit. nach: *Edith Zorn*, Zu den Hintergründen des „seltsamen Krieges". In: Zeitschrift für Geschichtswissenschaft, 6/1964, S. 1012.
30 *Faschismus – Getto – Massenmord*. Dokumentation über Ausrottung und Widerstand der Juden in Polen während des zweiten Weltkrieges, hg. v. Jüdischen Historischen Institut Warschau, Berlin 1960, Dok. 18, S. 59.
31 Deutsches Zentralarchiv Potsdam, Auswärtiges Amt, Konsulat Temesvar, Nr. 272, Bl. 264 ff.
32 Siehe dazu S. 290 ff.
33 Zit. nach: *Nazidokumente sprechen.*
34 *Faschismus – Getto – Massenmord*, Dok. 12, S. 52.
35 *Else R. Behrend-Rosenfeld*, Ich stand nicht allein. Erlebnisse einer Jüdin in Deutschland 1933–1944, Frankfurt a. M. 1963, S. 78; vgl. auch: Lebenszeichen aus Piaski. Briefe Deportierter aus dem Distrikt Lublin 1940–1943, hg. v. *Else Rosenfeld* u. *Gertrud Luckner*, München 1968.
36 Nürnberger Dokument NG-4933.
37 *Behrend-Rosenfeld*, S. 14.
38 *Ebenda*, S. 75.
39 *Margarete Susman*, Ich habe viele Leben gelebt. Erinnerungen, Stuttgart ⟨1964⟩, S. 14 u. 136.
40 Kennzeichen „J", Dok. X/11, S. 105. – Siehe S. 199 ff.
41 Revolutionäre deutsche Parteiprogramme. Vom Kommunistischen Manifest zum Programm des Sozialismus, hg. u. eingel. v. *Lothar Berthold* u. *Ernst Diehl*, Berlin 1964, S. 177. – Siehe S. 230 f.
42 *Geschichte der deutschen Arbeiterbewegung*, Bd. 5, Dok. 66, S. 534, u. Dok. 68, S. 537.
43 *Walter A. Schmidt*, Damit Deutschland lebe. Ein Quellenwerk über den deutschen antifaschistischen Widerstandskampf 1933–1945, Berlin 1959, S. 766.
44 *Margot Pikarski*, Sie bleiben unvergessen, Berlin 1968, S. 9 ff. – Siehe weiter S. 327 f.
45 Kennzeichen „J", Dok. XXVIII/4, S. 321 ff., u. Dok. XXVII/6, S. 319 f.
46 Ebenda, Dok. XXVI/11, S. 309 f.
47 Ebenda, Dok. XXVIII/6, S. 324.
48 Sämtliche Angaben nach: *Heinz David Leuner*, Als Mitleid ein Verbrechen war, Wiesbaden 1966, S. 70 ff. u. 165.
49 Kennzeichen „J", Dok. XXIX/1, S. 333 f.; *Buchenwald*. Mahnung und Verpflichtung, Berlin 1960, S. 126 f.

50 *Faschismus – Getto – Massenmord.* Dok. 19, S. 60 f.
51 Nürnberger Dokument NG-2610.
52 Siehe dazu S. 288.
53 IMG, Bd. XXVI, Dok. 477-PS, S. 54.
54 Nürnberger Dokument NOKW-256.
55 Kennzeichen „J", Dok. XIII/13, S. 147 f.
56 *Völkischer Beobachter* v. 29. 3. 1941.
57 Nürnberger Dokument NO-426.
58 Nürnberger Dokument NG-3104.

Kapitel 5

1 Kennzeichen „J". Bilder, Dokumente, Berichte zur Geschichte der Verbrechen des Hitlerfaschismus an den deutschen Juden 1933 bis 1945, hg. v. *Helmut Eschwege*, Berlin 1966 (im folgenden: Kennzeichen „J"), Dok. XIII/14, S. 148.
2 *Geschichte der deutschen Arbeiterbewegung*, Bd. 5: Von Januar 1933 bis Mai 1945, Berlin 1966, Dok. 75, S. 547.
3 *Ebenda*, Dok. 79, S. 550 ff.
4 Zit. nach: *Fall 12.* Das Urteil gegen das Oberkommando der Wehrmacht, Berlin 1960, S. 90 f.
5 Siehe Anatomie des Krieges. Neue Dokumente über die Rolle des deutschen Monopolkapitals bei der Vorbereitung und Durchführung des zweiten Weltkrieges, hg. u. eingel. v. *Dietrich Eichholtz* u. *Wolfgang Schumann*, Berlin 1969, Dok. 165 ff., S. 338 ff.
6 Reichsgesetzblatt (RGBl), 1942, T. 1, S. 419.
7 Zit. nach: Der Prozeß gegen die Hauptkriegsverbrecher vor dem Internationalen Militärgerichtshof (IMG), Nürnberg 1947 ff., Bd. XIX, S. 557 f.
8 Siehe dazu S. 237.
9 Die Vergangenheit warnt. Dokumente über die Germanisierungs- und Austilgungspolitik der Naziokkupanten in der Tschechoslowakei, hg. v. *Václav Král*, Prag 1960, Dok. 6, S. 67.
10 Kennzeichen „J", Dok. XX/1, S. 219 ff.
11 Ebenda, S. 221.
12 Zit. nach: *Helmut Krausnick*, Judenverfolgung. In: Hans Buchheim/Martin Broszat/Hans-Adolf Jacobsen/Helmut Krausnick, Anatomie des SS-Staates, Bd. 2, München 1967, S. 300.
13 Fall 9. Das Urteil im Einsatzgruppenprozeß, hg. v. *Kazimierz Leszczyński*, Berlin 1963 (im folgenden: Fall 9), S. 31 f.
14 IMG. Bd. XXXIV, Dok. 4064-PS, S. 130 f.
15 Ebenda, Bd. XXXII, Dok. 3257-PS, S. 73 f.
16 Zit. nach: Fall 9, S. 42.
17 *Freies Deutschland*, Moskau, v. 9. 1. 1944.
18 Siehe weitere u. detaillierte Angaben in: Fall 9, S. 46 ff.

19 Nürnberger Dokument NO-365.
20 Um Entstehen und Entwicklung des Vernichtungslagers Auschwitz im Zusammenhang schildern zu können, ist ihm ein eigener Abschnitt gewidmet. Siehe S. 304 ff.
21 Kennzeichen „J", Dok. XX/2, S. 225 ff.
22 Zit. nach: *Friedrich Karl Kaul,* Der Fall Eichmann, Berlin 1963, S. 393.
23 *Antisemitismus in Westdeutschland.* Judenfeinde und Judenmörder im Herrschaftsapparat der Bundesrepublik, Berlin o. J., Dok. 12b–12d.
24 *Ota Kraus/Erich Kulka,* Massenmord und Profit. Die faschistische Ausrottungspolitik und ihre ökonomischen Hintergründe, Berlin 1963, S. 78 ff.
25 *Faschismus – Getto – Massenmord.* Dokumentation über Ausrottung und Widerstand der Juden in Polen während des zweiten Weltkrieges, hg. v. Jüdischen Historischen Institut Warschau, Berlin 1960, Dok. 199, S. 262 f.
26 Über die folgenden Jahre siehe S. 345 ff.
27 Nürnberger Dokumente R-129 u. 1469-PS.
28 Kennzeichen „J", Dok. XIV/1 u. XIV/2, S. 155 ff.
29 Ebenda, Dok. XIV/7, S. 161.
30 Ebenda, Dok. XIV/1, S. 176. – Siehe S. 294 f.
31 *Bruno Blau,* Das Ausnahmerecht für die Juden in Deutschland 1933–1945, Düsseldorf 1965, Nr. 346, S. 98.
32 Siehe S. 268.
33 RGBl., 1941, T. 1, S. 722.
34 Siehe S. 322 f.
35 *Joseph Goebbels,* Die Juden sind schuld. In: Das Reich v. 16. 11. 1941.
36 *Léon Poliakow/Josef Wulf,* Das Dritte Reich und seine Diener, (West)-Berlin 1956, S. 405.
37 Zit. nach: *Antisemitismus in Westdeutschland,* S. 31.
38 Zit. nach: *Krausnick,* a. a. O., S. 308.
39 IMG, Bd. XXXII, Dok. 3666-PS, S. 437.
40 Zit. nach: *H. G. Adler,* Theresienstadt 1941–1945. Das Antlitz einer Zwangsgemeinschaft, Tübingen 1960, S. 720.
41 *Faschismus – Getto – Massenmord,* Dok. 194, S. 253.
42 Eichmannprozeß, Dok. 1280.
43 *Biuletyn Głownej Komisji Badania Zbrodni Hitlerowskich w Polsce,* Bd. XIII, Warschau 1960, Dok. 29, S. 30 F ff.
44 Kennzeichen „J", Dok. XV/5, S. 171 f.
45 *H. G. Adler,* Die verheimlichte Wahrheit. Theresienstädter Dokumente, Tübingen 1958, Dok. 28, S. 68 f.
46 Kennzeichen „J", Dok. XV/5, S. 171.
47 Ebenda.
48 *Jeanette Wolff,* Sadismus oder Wahnsinn, Dresden 1947, S. 6 f. – Die Verfasserin zog allerdings keine antifaschistische Konsequenz aus ihren Erlebnissen, wie ihre Position in der BRD später zeigte.
49 Briefe aus Litzmannstadt, hg. v. *Janusz Gumkowski, Adam Rutkowski ⟨u. a.⟩,* Köln 1967, S. 64.
50 *Faschismus – Getto – Massenmord,* Dok. 221, S. 292, u. Dok. 262, S. 338.

51 *Dokumenty i Materialy*, Bd. 3, Warschau – Łódź – Kraków 1945, S. 131 f.
52 *Faschismus – Getto – Massenmord*, Dok. 262, S. 338.
53 Nürnberger Dokument NO-365.
54 Nürnberger Dokument PS-3665.
55 IMG, Bd. XXX, Dok. 2273-PS, S. 80.
56 Ebenda, Bd. XXXII, Dok. 3428-PS, S. 280 f.
57 Ebenda, Bd. XXIV, Dok. 501-PS, S. 108.
58 Zit. nach: *Adler*, S. 722.
59 Kennzeichen „J", Dok. XX/2, S. 231.
60 Alle Angaben nach *Adler*.
61 *Arnold Munter*, Ein Augenzeuge berichtet aus Theresienstadt. In: Heinz Kühnrich, Judenmörder Eichmann. Kein Fall der Vergangenheit, Berlin 1961, S. 138.
62 Zit. nach: *Hermann Langbein*, ... wir haben es getan. Selbstporträts in Tagebüchern und Briefen 1939–1945, Wien – Köln – Stuttgart – Zürich 1964, S. 29 ff.
63 *Buchenwald*. Mahnung und Verpflichtung, Berlin 1960, S. 133.
64 IMG, Bd. XXIV, Dok. 654-PS, S. 200.
65 *Faschismus – Getto – Massenmord*, Dok. 202, S. 269, Dok. 204, S. 271, Dok. 302, S. 391, Dok. 209, S. 275, u. Dok. 260, S. 336.
66 Siehe S. 383 f. – Über die Raub-„Aktion Reinhard" siehe S. 366 ff.
67 Alle folgenden Angaben vor allem nach *Hefte von Auschwitz; IG Farben – Auschwitz – Massenmord*. Über die Blutschuld der IG Farben, Berlin o. J.; *Friedrich Karl Kaul*, Ärzte in Auschwitz, Berlin 1968.
68 Siehe S. 355 f.
69 *Rudolf Höß*, Kommandant in Auschwitz. Autobiographische Aufzeichnungen, München 1963, S. 98 f.
70 *IG Farben – Auschwitz – Massenmord*, Dok. 9, S. 18.
71 Kennzeichen „J", Dok. XXIII/5, S. 270.
72 Nürnberger Dokument NI-4184.
73 Siehe S. 348 f.
74 *Höß*, S. 161.
75 Siehe S. 327 f.
76 Zit. nach: *Gerald Reitlinger*, Die Endlösung. Hitlers Versuch der Ausrottung der Juden Europas 1939–1945, (West-)Berlin 1957, S. 111.
77 *Else Behrend-Rosenfeld*, Ich stand nicht allein. Erlebnisse einer Jüdin in Deutschland 1933–1944, Frankfurt a. M. 1963, S. 123 f., 143, 164 u. 166 f.
78 *Erkämpft das Menschenrecht*. Lebensbilder und letzte Briefe antifaschistischer Widerstandskämpfer, Berlin 1958, S. 620.
79 Zit. nach: *Adler*, S. 782. – Der Leiter der israelitischen Kultusgemeinde Wien war schon am 30. September 1941 von der Gestapo unterrichtet worden, daß zwischen 15. Oktober und 3. November Deportationen nach Łódź stattfänden, wie die Kultusgemeinde eingeschaltet würde und was jeder der zu Deportierenden mitzunehmen und vorzubereiten hätte (Eichmannprozeß, Dok. 1151).
80 *Geschichte der deutschen Arbeiterbewegung*, Bd. 5, Dok. 79, S. 551 ff.
81 *Sie kämpften für Deutschland*. Zur Geschichte des Kampfes der Bewegung „Freies Deutschland" bei der 1. Ukrainischen Front der Sowjetarmee, Berlin 1959, S. 116 f.

82 *Geschichte der deutschen Arbeiterbewegung*, Bd. 5, Dok. 83, S. 557 f.
83 *Zur Geschichte der deutschen antifaschistischen Widerstandsbewegung 1933–1945.* Eine Auswahl von Materialien, Berichten und Dokumenten, Berlin 1958, S. 176 u. 179.
84 Wir schweigen nicht! Eine Dokumentation über den antifaschistischen Kampf Münchner Studenten 1942/43, hg. v. *Klaus Drobisch*, Berlin 1972, Dok. 4, S. 90.
85 *Victor Klemperer*, LTI. Notizbuch eines Philologen, Leipzig 1970, S. 204 f.
86 Meldungen aus dem Reich. Auswahl aus den geheimen Lageberichten des Sicherheitsdienstes der SS 1939–1944, hg. v. *Heinz Boberach*, Neuwied – (West-)Berlin 1965, Nr. 240, S. 195.
87 Zit. nach: *Alexander Abusch*, Der gelbe Stern und das deutsche Volk. In: Unser ist der Morgen, London 1942, S. 7 f.
88 Sämtliche Beispiele nach Kennzeichen „J", Dok. XXVI/3 ff., S. 303 ff.; *Heinz David Leuner*, Als Mitleid ein Verbrechen war. Deutschlands stille Helden 1939–1945, Wiesbaden 1966, S. 86 ff.; *Kurt R. Grossmann*, Die unbesungenen Helden. Menschen in Deutschlands dunklen Tagen, (West-)Berlin 1961.
89 Siehe S. 264 f.
90 Zit. nach: *Margot Pikarski*, Über die führende Rolle der Parteiorganisation der KPD in der antifaschistischen Widerstandsgruppe Herbert Baum, Berlin 1939–1942. In: Beiträge zur Geschichte der deutschen Arbeiterbewegung, 5/1966, S. 879.

Kapitel 6

1 Hitler, Reden und Proklamationen 1932–1945, hg. v. *Max Domarus*, München 1965, Bd. 2/2, S. 1992.
2 Dokumente zur Deutschen Politik und Geschichte von 1848 bis zur Gegenwart, hg. v. *Johannes Hohlfeld*, Bd. 5, (West-)Berlin o. J., S. 399 f.
3 Der Prozeß gegen die Hauptkriegsverbrecher vor dem Internationalen Militärgerichtshof (IMG), Nürnberg 1947 ff., Bd. XXV. Dok. 294-PS, S. 388 f.
4 Ebenda, Bd. XXIX, Dok. 1919-PS, S. 122 f.
5 Goebbels' Tagebücher aus den Jahren 1942/1943, hg. v. *Louis Lochner*, Zürich 1948, S. 242.
6 *Ebenda*, S. 324 f.
7 *Hohlfeld*, S. 427 f.
8 Siehe S. 244.
9 *Eberhard Kolb*, Bergen-Belsen. Geschichte des „Aufenthaltslägers" 1943–1945, Hannover 1962, S. 205 u. 211 f.
10 *Léon Poliakow/Josef Wulf*, Das Dritte Reich und seine Diener, (West-)Berlin 1956, S. 61 f.
11 Nürnberger Dokument NG-5121.
12 Zit. nach: *Helmut Krausnick*, Judenverfolgung. In: Hans Buchheim/Martin Broszat/Hans-Adolf Jacobsen/Helmut Krausnick, Anatomie des SS-Staates, Bd. 2, München 1967, S. 364.

13 *Ota Kraus/Erich Kulka,* Massenmord und Profit. Die faschistische Ausrottungspolitik und ihre ökonomischen Hintergründe, Berlin 1963, S. 285 ff.

14 *Faschismus – Getto – Massenmord.* Dokumentation über Ausrottung und Widerstand der Juden in Polen während des zweiten Weltkrieges, hg. v. Jüdischen Historischen Institut Warschau, Berlin 1960, Dok. 316, S. 406.

15 Anatomie des Krieges. Neue Dokumente über die Rolle des deutschen Monopolkapitals bei der Vorbereitung und Durchführung des zweiten Weltkrieges, hg. u. eingel. v. *Dietrich Eichholtz u. Wolfgang Schumann,* Berlin 1969 (im folgenden: Anatomie des Krieges), Dok. 239, S. 438 f.

16 Zit. nach: *Braunbuch.* Kriegs- und Naziverbrecher in der Bundesrepublik, Berlin 1965, S. 42.

17 Nürnberger Dokument R-129.

18 *Faschismus – Getto – Massenmord,* Dok. 374, S. 464.

19 Nürnberger Dokument NO-4243.

20 Nürnberger Dokument NO-1578.

21 Anatomie des Krieges, Dok. 268, S. 472 ff.

22 Siehe S. 363 ff.

23 *Antisemitismus in Westdeutschland.* Judenfeinde und Judenmörder im Herrschaftsapparat der Bundesrepublik, Berlin o. J., Dok. 10 b–10 c.

24 IMG, Bd. XXXII, Dok. 3319-PS, S. 166.

25 Siele S. 365 ff.

26 Siehe S. 361.

27 Siehe S. 361 ff.

28 Kennzeichen „J". Bilder, Dokumente, Berichte zur Geschichte der Verbrechen des Hitlerfaschismus an den deutschen Juden 1933–1945, hg. v. *Helmut Eschwege.* Berlin 1966 (im folgenden: Kennzeichen „J"), Dok. XV/10, S. 175.

29 IMG, Bd. XXVI, Dok. 1063 (d)-PS, S. 701 f.

30 Kennzeichen „J", Dok. XXIII/1, S. 264.

31 Zit. nach: *H. G. Adler,* Theresienstadt 1941–1945. Das Antlitz einer Zwangsgemeinschaft, Tübingen 1960, S. 785.

32 *Treblinka,* Warschau o. J., (unpag.).

33 Zit. nach: IMG, Bd. XIX, S. 566.

34 Nürnberger Dokument NG-2652-E.

35 Kennzeichen „J". Dok. XVII/7, S. 187.

36 Nürnberger Dokument NG-558.

37 Siehe *Hans Fabian,* Die letzte Etappe. In: Festschrift zum 80. Geburtstag von Rabbiner Leo Baeck, London 1953, S. 93; Bewährung im Untergang. Ein Gedenkbuch, hg. v. *E. G. Löwenthal,* Stuttgart 1966, S. 165 ff., S. 122 ff., S. 42 ff., S. 190, S. 116 ff.

38 *Josef Wulf,* Presse und Funk im Dritten Reich, Gütersloh 1964, S. 255 f.

39 *Poliakow/Wulf,* S. 412.

40 Zit. nach: *Antisemitismus in Westdeutschland,* S. 31.

41 Zit. nach: *Braunbuch,* S. 333.

42 Kennzeichen „J", Dok. XX/2, S. 234 u. 232.

43 Ebenda, Dok. XX/4, S. 237.

44 Nürnberger Dokument NO-035.

45 *Der Fall Lübke.* Legende und Wahrheit, Berlin o. J., Dok. 48.
46 Ebenda, Dok. 42 a.
47 Ebenda, Dok. 45.
48 Ebenda, Dok. 37 a–37 b.
49 Nürnberger Dokument NO-1427.
50 *Bernhard Mark,* Der Aufstand im Warschauer Ghetto, Berlin 1957, S. 384 f.
51 Siehe S. 344.
52 Kennzeichen „J", Dok. XVIII/10, S. 210.
53 Zit. nach: *Achim Besgen,* Der stille Befehl, München 1960, S. 49.
54 Zit. nach: *Gertrud Meyer,* Nacht über Hamburg. Berichte und Dokumente, Frankfurt a. M. 1971, S. 191.
55 Kennzeichen „J", Dok. XXV/4, S. 286.
56 Siehe S. 390 f.
57 *Thomas Mann,* Gesammelte Werke, Bd. 12, Berlin 1955, S. 729.
58 *H. G. Adler,* Die verheimlichte Wahrheit. Theresienstädter Dokumente, Tübingen 1958, Dok. 224, S. 312 f.
59 *Verfügungen, Anordnungen, Bekanntgaben,* hg. v. d. Parteikanzlei der NSDAP, Bd. 3, München o. J., S. 131 f.
60 *Adler,* Dok. 226, S. 319.
61 Zit. nach: *Max Weinreich,* Hitler's Professor, New York 1946, S. 239.
62 *Dietrich Bonhoeffer,* Gesammelte Schriften, Bd. 1, München 1958, S. 488.
63 Zit. nach: *Daniil Melnikow,* 20. Juli 1944. Legende und Wirklichkeit, Berlin 1967, S. 194.
64 *Wilhelm Corsten,* Kölner Aktenstücke zur Lage der katholischen Kirche in Deutschland 1933–1945, Köln 1949, Dok. 214, S. 261.
65 *Ebenda,* Dok. 218, S. 267.
66 *Ebenda,* Dok. 227, S. 300.
67 Zit. nach: *Heinz David Leuner,* Als Mitleid ein Verbrechen war. Deutschlands stille Helden 1939–1945, Wiesbaden 1966, S. 175 f.
68 *Hat die Kirche geschwiegen?* (West-)Berlin 1958, S. 19.
69 *Sie kämpften für Deutschland.* Zur Geschichte des Kampfes der Bewegung „Freies Deutschland" bei der 1. Ukrainischen Front der Sowjetarmee, Berlin 1959, S. 148 f.
70 *Zwei Dokumente der KPD aus den Jahren 1944 und 1945 für das neue, demokratische Deutschland.* In: Beiträge zur Geschichte der deutschen Arbeiterbewegung, 2/1965. S. 261 f.
71 Zit. nach: *Lothar Berthold,* Der Kampf gegen das Hitlerregime – der Kampf für ein neues demokratisches Deutschland. In: Beiträge zur Geschichte der deutschen Arbeiterbewegung, 6/1964, S. 1020.
72 *Gertrud Glondajewski/Heinz Schumann,* Die Neubauer-Poser-Gruppe. Dokumente und Materialien des illegalen antifaschistischen Kampfes (Thüringen – 1939 bis 1945), Berlin 1957, S. 109 f.
73 *Gertrud Glondajewski/Gerhard Roßmann.* Ein bedeutendes politisches Dokument des illegalen antifaschistischen Kampfes der Kommunistischen Partei Deutschlands. In: Beiträge zur Geschichte der deutschen Arbeiterbewegung, 4/1966, S. 670.
74 Alle Angaben nach: *Leuner,* S. 167 ff.; *Kurt R. Grossmann,* Die unbesungenen Helden. Menschen in Deutschlands dunklen Tagen, (West-)Berlin 1961.

75 *Mark*, S. 384 f.
76 Kennzeichen „J", Dok. XXVIII/9, S. 326 f.
77 Ebenda, Dok. XXVIII/11, S. 328 f.
78 *Bruno Baum*, Widerstand in Auschwitz, Berlin 1957, S. 71 u. 69.
79 Siehe S. 365.
80 *Baum*, S. 78.
81 *Ebenda*, S. 103.
82 *Ota Kraus/Erich Kulka*, Die Todesfabrik, Berlin 1957, S. 232.
83 *Buchenwald*. Mahnung und Verpflichtung, Berlin 1960, S. 432 f.
84 Zit. nach: IMG, Bd. XII, S. 396 f.
85 Konferenzen und Vorträge, hg. v. *Helmuth K. G. Rönnefarth* u. *Heinrich Euler*, T. 2, Bd. 4, Würzburg 1959, S. 217.
86 *Potsdamer Abkommen und andere Dokumente*, Berlin 1950, S. 8 f.
87 Der Nürnberger Prozeß. Aus den Protokollen, Dokumenten und Materialien des Prozesses gegen die Hauptkriegsverbrecher vor dem Internationalen Militärgerichtshof, ausgew. u. eingel. v. *Peter Alfons Steiniger*, Bd. 1, Berlin 1966, S. 199.
88 Zit. nach: *Geschichte der deutschen Arbeiterbewegung*, Bd. 6: Von Mai 1945 bis 1949, Berlin 1966, S. 40.

Auswahlbibliographie

Dokumentationen und Memoirenliteratur

Andreas-Friedrich, Ruth, Der Schattenmann, Berlin 1972
Angeklagter Nr. 6. Eine Auschwitz-Dokumentation, hg. v. *Friedrich Karl Kaul* u. *Joachim Noack*, Berlin 1966
Auschwitz. Zeugnisse und Berichte, Frankfurt a. M. 1962
Auschwitz-Prozeß Frankfurt am Main (Berlin 1965). Schlußvortrag und Erwiderung des Prof. Dr. *Friedrich Karl Kaul*
Dokumente zum Auschwitz-Prozeß:
Bd. 1: I.G. Farben – Auschwitz – Massenmord
Bd. 2: NS-Juristen – Auschwitz – Massenmord
Bd. 3: I.G. Farben – Auschwitz – Experimente
Die Bevölkerungs- und Berufsverhältnisse der Juden im Deutschen Reich, bearb. v. *Heinrich Silbergleit*, Berlin 1930
Blau, Bruno, Das Ausnahmerecht für die Juden in Deutschland 1933–1945, Düsseldorf 1965 (aus dem Englischen)
Bloch, Erich, Geschichte der Juden von Konstanz im 19. und 20. Jahrhundert. Eine Dokumentation, Konstanz 1971
Braunbuch. Kriegs- und Naziverbrecher in der Bundesrepublik und in Westberlin, hg. v. Nationalrat der Nationalen Front des demokratischen Deutschland, Berlin 1968
Buchenwald. Mahnung und Verpflichtung, Red.: *Walter Bartel (u. a.)*, Berlin 1960
Dokumente über die Verfolgung der jüdischen Bürger in Baden-Württemberg durch das nationalsozialistische Regime 1933–1945, Band 1, 2, Stuttgart 1966
Dokumente zur Geschichte der Frankfurter Juden 1933–1945, Frankfurt a. M. 1963
Drobisch, Klaus, Dokumente zu Rolf Hochhuth „Der Stellvertreter", Berlin 1965
Eichmann – Henker, Handlanger, Hintermänner. Eine Dokumentation, ⟨Berlin 1961⟩
Eichmann in Ungarn. Dokumente, hg. v. *Jenö Levai*, Budapest ⟨1961⟩
Fall 3. Das Urteil im Juristenprozeß, hg. v. *Peter Alfons Steiniger* u. *Kazimierz Leszczyński*, Berlin 1969
Fall 5. Anklageplädoyer, ausgewählte Dokumente, Urteil des Flick-Prozesses, mit einer Studie über die „Arisierungen" des Flick-Konzerns, hg. v. *Karl-Heinz Thieleke*, eingel. v. Klaus Drobisch, Berlin 1965
Fall 9. Das Urteil im SS-Einsatzgruppenprozeß, hg. v. *Kazimierz Leszczyński*, Berlin 1963

Faschismus, Getto, Massenmord. Dokumentation über Ausrottung und Widerstand der Juden in Polen während des zweiten Weltkrieges, hg. v. Jüdischen Historischen Institut Warschau, Berlin 1960
Im Feuer vergangen. Tagebücher aus dem Ghetto, Berlin 1958 (aus dem Polnischen)
Der gelbe Fleck, Vorwort v. *Lion Feuchtwanger,* Paris 1936
Ghetto. Berichte aus dem Warschauer Ghetto 1939–1945, Berlin 1966 (aus dem Jiddischen)
Girard, Ilse, Professor Peter Heinz Seraphim – „wissenschaftlicher" Wegbereiter faschistischer Ideologie unter Hitler und Adenauer. In: Dokumentation der Zeit, 126/1956
Globke und die Ausrottung der Juden, Berlin 1961
Globke, der Bürokrat des Todes, Berlin 1963
Hefte von Auschwitz, hg. v. Staatlichen Museum Auschwitz, 1/1959 ff. (aus dem Polnischen)
Hellwig, Joachim/Deike, Günter, Ein Tagebuch für Anne Frank, Berlin 1959
Höß, Rudolf. Kommandant in Auschwitz, eingel. u. komment. v. *Martin Broszat,* München 1965
Justiz im Dritten Reich, hg. v. *Ilse Staff,* Frankfurt a. M. 1964
Kahn, Siegbert, Dokumente des Kampfes der revolutionären deutschen Arbeiterbewegung gegen Antisemitismus und Judenverfolgung. In: Beiträge zur Geschichte der deutschen Arbeiterbewegung, 3/1960
Kennzeichen „J". Bilder, Dokumente, Berichte zur Geschichte der Verbrechen des Hitlerfaschismus an den deutschen Juden 1933–1945, hg. v. *Helmut Eschwege,* mit einem Geleitwort v. Arnold Zweig, einer Einleitung v. Rudi Goguel u. einer Chronik der faschistischen Judenverfolgung von Klaus Drobisch, Berlin 1966
Die evangelische Kirche in Deutschland und die Judenfrage, Genf 1945
Klemperer, Viktor, LTI. Notizbuch eines Philologen, Leipzig 1970
Lebenszeichen aus Piaski. Briefe Deportierter aus dem Distrikt Lublin 1940–1943, hg. v. *Else Rosenfeld* u. *Gertrud Luckner,* München 1968
Ludwig, Max (= Max Oppenheimer), Aus dem Tagebuch des Hans O. Dokumente und Berichte über die Deportation und den Untergang der Heidelberger Juden, Heidelberg 1965
Madajczyk, Czesław, Generalplan Ost. In: Przegląd Zachodni, 3/1961, u. Polish Western Affairs, 2/1962, Maidanek – Lublin 1964
Nazi-Dokumente sprechen, Prag ⟨1965⟩
Piotrowski, Stanisław, Hans Franks Tagebuch, Warschau 1963
Poliakov, Leon/Wulf, Joseph, Das Dritte Reich und die Juden, (West-)Berlin 1955
Dies., Das Dritte Reich und seine Diener, (West-)Berlin 1956
Dies., Das Dritte Reich und seine Denker, (West-)Berlin 1959
Der Nürnberger Prozeß. Aus den Protokollen, Dokumenten und Materialien des Prozesses gegen die Hauptkriegsverbrecher vor dem Internationalen Militärgerichtshof, ausgew. u. eingel. v. *Peter Alfons Steiniger,* Bd. 1, 2, Berlin 1962
Riesenburger, Martin, Das Licht verlöschte nicht, Berlin 1960
Rolnikaite, Maria, Mein Tagebuch, Berlin 1967 (aus dem Lettischen)
Schuldig im Sinne des Rechts und des Völkerrechts. Auszüge aus dem Protokoll des Prozesses gegen den KZ-Arzt Fischer vor dem Obersten Gericht der DDR (Berlin 1966)

Das Schwarzbuch. Tatsachen und Dokumente. Die Lage der Juden in Deutschland 1933, Paris 1934
SS im Einsatz. Eine Dokumentation über die Verbrechen der SS, Berlin 1964
An der Stechbahn. Erlebnisse aus dem Büro Grüber in den Jahren der Verfolgung, Berlin 1957
Der gelbe Stern, hg. v. *Gerhard Schoenberner*, Hamburg 1960
Streit, Josef, Anklagerede des Generalstaatsanwalts der DDR, Josef Streit, im Prozeß gegen Globke. In: Dokumentation der Zeit, 293/1963
In letzter Stunde 1933–1945. Schriften deutscher Künstler des zwanzigsten Jahrhunderts, hg. v. *Diether Schmidt*, Bd. 2, Dresden 1964
Tagebuch einer jüdischen Gemeinde 1941–1943, Mainz 1968
Das Tagebuch der Anne Frank (mit einem Nachwort v. *Heinrich Grüber)*, Berlin 1961 (aus dem Holländischen)
Das Tagebuch des Dawid Rubinowicz, Berlin 1961 (aus dem Polnischen)
Terezin, Prag 1965
Unger, Manfred, Die „Endlösung" in Leipzig. In: Zeitschrift für Geschichtswissenschaft, 5/1963
Verbrecherische Ziele – verbrecherische Mittel! Dokumente der Okkupationspolitik des faschistischen Deutschlands auf dem Territorium der UdSSR (1941–1944), Moskau 1963
Vidor, Katalin, Unterm Zeichen des Sterns, Leipzig 1963 (aus dem Russischen)
Die verheimlichte Wahrheit. Theresienstädter Dokumente, hg. v. *H. G. Adler*, Tübingen 1958
Weinstock, Rolf, „Rolf, Kopf hoch". Die Geschichte eines jungen Juden, Berlin 1950
Deutsche Widerstandskämpfer 1933–1945. Biographien und Briefe, Bd. 1, 2, Berlin 1970
Wolff, Jeanette, Sadismus oder Wahnsinn. Erlebnisse in den deutschen Konzentrationslagern im Osten, Greiz 1946
Wulf, Josef, Das Dritte Reich und seine Vollstrecker, (West-)Berlin 1961

Darstellungen

Adler, H. G., Theresienstadt 1941–1945, Tübingen 1955
Ball-Kaduri, Kurt J., Das Leben der Juden in Deutschland 1933, Frankfurt a. M. 1963
Baum, Bruno, Widerstand in Auschwitz, Berlin 1962
Ders., Die letzten Tage von Mauthausen, Berlin 1965
Bebel, August, Sozialdemokratie und Antisemitismus, Berlin 1908
Behr, Stefan, Der Bevölkerungsrückgang der deutschen Juden, Frankfurt a. M., 1932
Bleyer, Wolfgang/Drechsler, Karl/ Förster, Gerhard/ Hass, Gerhart, Deutschland von 1939 bis 1945. Lehrbuch der deutschen Geschichte (Beiträge), Bd. 12, Berlin 1969
Broszat, Martin/Buchheim, Hans/Jacobsen, Hans-Adolf/Krausnick, Helmut, Anatomie des SS-Staates, Bd. 1, 2, München 1967
von Brück, Carlheinz, Im Namen der Menschlichkeit, Berlin 1964
Comas, Juan, Rasse als Mythos, (West-)Berlin 1966 (Schriftenreihe der Unesco) (aus dem Englischen)

Damals in Sachsenhausen, Berlin 1970
Dieckmann, Götz, Existenzbedingungen und Widerstand im KZ Dora-Mittelbau unter dem Aspekt der funktionellen Einbeziehung der SS in das System der faschistischen Kriegswirtschaft, Phil. Diss. Berlin 1968 (MS)
Dohle, Horst, Die Stellung der evangelischen Kirche in Deutschland zum Antisemitismus und zur Judenverfolgung zwischen 1933 und 1945, Phil. Diss. Berlin 1963 (MS)
Düwell, Kurt, Die Rheingebiete in der Judenpolitik des Nationalsozialismus vor 1942, Bonn 1967
Elbogen, Ismar, Geschichte der Juden in Deutschland, Berlin 1935 (Neuaufl. hg. v. Eleonore Sterling, Frankfurt a. M. 1967)
Engels, Friedrich, Über den Antisemitismus. In: Marx-Engels, Werke, Bd. 22, Berlin 1970
Entscheidungsjahr 1932. Zur Judenfrage in der Endphase der Weimarer Republik, hg. v. *Werner Mosse,* Tübingen 1966
Franke, Hans, Geschichte und Schicksal der Juden in Heilbronn, Heilbronn 1963
Frey, Hans, Die Hölle von Kamiena, Berlin – Potsdam 1949
Gamm, Hans-Jochen, Judentumskunde, München 1961
Genschel, Helmut, Die Verdrängung der Juden aus der Wirtschaft im Dritten Reich, Göttingen 1966
Geschichte der deutschen Arbeiterbewegung, Bd. 4, 5, Berlin 1966 (mit Dokumenten)
Goguel, Rudi, Über die Mitwirkung deutscher Ostforscher am Okkupationsregime in Polen im zweiten Weltkrieg, untersucht an drei Institutionen der deutschen Ostforschung, Phil. Diss. Berlin 1964 (MS)
Graetz, Heinrich, Volkstümliche Geschichte der Juden, Bd. 1–3, Wien – Leipzig 1923
Grossmann, Kurt R., Die unbesungenen Helden, (West-)Berlin 1961
Häsler, Alfred, Das Boot ist voll. Die Schweiz und die Flüchtlinge 1933–1945, Zürich – Stuttgart 1967
Heise, Wolfgang, Antisemitismus und Antikommunismus. In: Deutsche Zeitschrift für Philosophie, 12/1961
Ders., Aufbruch in die Illusion. Zur Kritik der bürgerlichen Philosophie in Deutschland, Berlin 1964
Heller, Otto, Der Untergang des Judentums. Die Judenfrage, ihre Kritik, ihre Lösung durch den Sozialismus, Wien – Berlin 1931
Henkys, Reinhard, Die nationalsozialistischen Gewaltverbrechen, Stuttgart – (West-) Berlin 1964
Heymann, Stefan, Marxismus und Rassenfrage, Berlin 1948
Hilberg, Raoul, The Destruction of the Europeans Jews, Chicago 1961
Hochmuth, Ursel/Meyer, Gertrud, Streiflichter aus dem Hamburger Widerstand 1933 bis 1945, Frankfurt a. M. 1969 (mit Dokumenten)
Höhne, Heinz, Der Orden unter dem Totenkopf, Gütersloh 1967
Die Juden in Deutschland. Ein Almanach, hg. v. *Heinz Ganther,* Hamburg 1959
Die Juden in Köln, hg. v. *Zwi Asaria,* Köln 1959
Kahn, Siegbert, Antisemitismus und Rassenhetze. Eine Übersicht über ihre Entwicklung in Deutschland, Berlin 1948
Kaul, Friedrich Karl, Der Fall Eichmann, Berlin 1964
Ders., Der Fall des Herschel Grynszpan, Berlin 1965

Ders., So wahr mir Gott helfe. Pitaval der Kaiserzeit, Berlin 1969
Kaul, Friedrich Karl/Matthäus, Winfried, Ärzte in Auschwitz, Berlin 1968
Dies., Geschichte des Reichsgerichts, Bd. 4: 1933–1945, Berlin 1971
Kautsky, Karl, Rasse und Judentum, Stuttgart 1921
Kempner, Robert, Eichmann und Komplizen, Zürich – Wien 1961 (mit Dokumenten)
Kochan, Lionel, Pogrom. 10. November 1938, London 1957
Kogon, Eugen, Der SS-Staat, Frankfurt a. M. 1959
Kolb, Eberhard, Bergen-Belsen, Hannover 1962 (mit Dokumenten)
Kraus, Ota/Kulka, Erich, Die Todesfabrik, Berlin 1957 (aus dem Tschechischen)
Dies., Massenmord und Profit, Berlin 1963 (aus dem Tschechischen)
Krause, Gerhard, Zur Naturgeschichte der antisemitischen Bewegung in Deutschland (Berliner Arbeiter-Bibliothek, Serie 2, 2/1890)
Kühnrich, Heinz, Judenmörder Eichmann – kein Fall der Vergangenheit, Berlin 1961
Kuczynski, Jürgen, Die Barbarei – extremster Ausdruck der Monopolherrschaft in Deutschland. In: Zeitschrift für Geschichtswissenschaft, 7/1961
Lamm, Hans, Von Juden in München, München 1959
Langbein, Hermann, Im Namen des deutschen Volkes, Wien – Köln – Stuttgart – Zürich 1963
Leben und Schicksal. Zur Einweihung der Synagoge in Hannover, Hannover 1963
Leiris, Michel, Rasse und Kultur, (West-)Berlin 1966 (Schriftenreihe der Unesco) (aus dem Englischen)
Lenin, W. I., Der Chinakrieg. In: Werke, Bd. 4, Berlin 1968
Ders., Braucht das jüdische Proletariat eine „selbständige politische Partei"? Resolutionsentwurf über die Stellung des „Bundes" in der Partei. In: Werke, Bd. 6, Berlin 1968
Ders., Ein Maximum von Schamlosigkeit und ein Minimum von Logik. Die Stellung des „Bund" in der Partei. In: Werke, Bd. 7, Berlin 1971
Ders., An die jüdischen Arbeiter. In: Werke, Bd. 8, Berlin 1958
Ders., Sozialismus und Religion. Die Reaktion beginnt den bewaffneten Kampf. In: Werke, Bd. 10, Berlin 1967
Ders., Nationalisierung der jüdischen Schule. Über die „nationalkulturelle" Autonomie. In: Werke, Bd. 19, Berlin 1968
Ders., Kritische Bemerkungen zur nationalen Frage. Politische Lehren. Gesetzentwurf über die nationale Gleichberechtigung. Zur Frage der nationalen Politik. Die nationale Gleichberechtigung. In: Werke, Bd. 20, Berlin 1968
Ders., Ein Vortrag über die Revolution von 1905. In: Werke, Bd. 23, Berlin 1970
Ders., Über die Pogromhetze gegen die Juden. In: Werke, Bd. 29, Berlin 1970
Lewy, Guenter, Die Katholische Kirche und das Dritte Reich, München ⟨1964⟩ (aus dem Amerikanischen)
Mader, Julius, Juden gegen Ware. In: Horizont, 37/1970
Maier, Harry, Soziologie der Päpste, Berlin 1965 (mit Dokumenten)
Mark, Bernard, Der Aufstand im Warschauer Ghetto, Berlin 1957 (aus dem Polnischen)
Marx, Karl, Zur Judenfrage. In: Marx-Engels, Werke, Bd. 1, Berlin 1961
Massing, Paul W., Vorgeschichte des politischen Antisemitismus, Frankfurt a. M. 1959
Meier, Kurt, Kristallnacht und Kirche. Die Haltung der evangelischen Kirche zur Judenpolitik. In: Wissenschaftliche Zeitschrift der Karl-Marx-Universität Leipzig, 1/1964

Ders., Kirche und Judentum, Halle 1968 (mit Dokumenten)
Mohrmann, Walter, Antisemitismus. Ideologie und Geschichte im Kaiserreich und in der Weimarer Republik, Berlin 1972
Monumenta Judaica. Zweitausend Jahre Geschichte und Kultur der Juden am Rhein, Köln 1964
Moser, Jonny, Die Judenverfolgung in Österreich 1938–1945, Wien – Frankfurt a. M. – Zürich 1966
Müller, Norbert, Wehrmacht und Okkupation 1941–1944, Berlin 1971 (mit Dokumenten)
Müller, Ursula, Antisemitische Theorie und Politik im deutschen Katholizismus seit Beginn der allgemeinen Krise des Kapitalismus bis zur Zerschlagung der faschistischen Diktatur in Deutschland, Phil. Diss. Leipzig 1969 (MS)
Ogiermann, Otto, Bis zum letzten Atemzug. Der Prozeß gegen Bernhard Lichtenberg, Leipzig 1968 (mit Dokumenten)
Oppenheimer, Max, Eichmann und die Eichmänner, Ludwigsburg 1961
Pätzold, Kurt, Antisemitismus und Judenverfolgung (Januar 1933 bis August 1935), Phil. Diss. 1973 (MS)
Paterna, Erich/Fischer, Werner/Gossweiler, Kurt/Markus, Gertrud/Pätzold, Kurt, Deutschland von 1933 bis 1939. Lehrbuch der deutschen Geschichte (Beiträge), Bd. 11, Berlin 1969
Paucker, Arnold, Der jüdische Abwehrkampf gegen Antisemitismus und Nationalsozialismus in den letzten Jahren der Weimarer Republik, Hamburg 1968
Pikarski, Margot, Sie bleiben unvergessen, Berlin 1968 (mit Dokumenten)
Rassen, Rassen„theorie" und imperialistische Politik, hg. v. *Henry Görschler*, Berlin 1961
Reichmann, Eva Gabriele, Flucht in den Haß. Die Ursachen der deutschen Judenkatastrophe ⟨Frankfurt a. M. 1955⟩ (aus dem Englischen)
Reitlinger, Gerald, Die Endlösung, (West-)Berlin 1960 (aus dem Englischen)
Riesenburger, Martin, Also spricht Dein Bruder, Berlin 1958
Russell of Liverpool, Lord, Geissel der Menschheit, Berlin 1955 (aus dem Englischen)
Saller, Karl, Die Rassenlehre des Nationalsozialismus in Wissenschaft und Propaganda, Darmstadt 1961
Scheffler, Wolfgang, Judenverfolgung im Dritten Reich 1933–1945, Frankfurt a. M. – Wien – Zürich 1961 (mit Dokumenten)
Schicksal jüdischer Bürger in Nürnberg 1850–1946, Nürnberg 1965
Schleier, Hans/Seeber, Gustav, Zur Entwicklung und Rolle des Antisemitismus in Deutschland von 1871–1914. In: Zeitschrift für Geschichtswissenschaft, 7/1961
Sehn, Jan, Konzentrationslager Oświęcim-Brzezinka (Auschwitz-Birkenau), Warschau 1957
Stärker als die Angst, hg. v. *Heinrich Fink*, Berlin 1968 (mit Memoiren)
Streisand, Joachim, Deutsche Geschichte in einem Band. Ein Überblick, Berlin 1970
Weiskopf, Franz Carl, Unter fremden Himmeln. Ein Abriß der deutschen Literatur im Exil 1933–1947, Berlin 1948
Christlicher Widerstand gegen den Faschismus, Berlin 1955
Zelzer, Maria, Weg und Schicksal der Stuttgarter Juden, Stuttgart ⟨1964⟩
Zörner, Guste ⟨u. a.⟩, Frauen-KZ Ravensbrück, Berlin 1971
Zweig, Arnold, Bilanz der deutschen Judenheit 1933, Amsterdam 1934 (Neuauflage: Köln 1962)

Verzeichnis der Abkürzungen

AEG	Allgemeine Elektricitäts-Gesellschaft AG
ADGB	Allgemeiner Deutscher Gewerkschaftsbund
AJDC	American Joint Distribution Committee (Internationale jüdische Organisation zur Verteilung der Subsidien an die Emigranten)
AKD	Arbeitsgemeinschaft Katholischer Deutscher
ALA	Anzeigen-Gesellschaft im Hugenberg-Konzern
BK	Bekennende Kirche
BVP	Bayerische Volkspartei
CV	Centralverein deutscher Staatsbürger jüdischen Glaubens
DAF	Deutsche Arbeitsfront
DC	Glaubensbewegung „Deutsche Christen"
DDP	Deutsche Demokratische Partei
DHV	Deutschnationaler Handlungsgehilfenverband
DNVP	Deutschnationale Volkspartei
DVP	Deutsche Volkspartei
Gestapa	Geheimes Staatspolizeiamt
Gestapo	Geheime Staatspolizei
Hasag	Hugo Schneider AG
HICEM	Dachorganisation der jüdischen internationalen Hilfsorganisationen mit Sitz in Paris
HJ	Hitlerjugend
IG, IG Farben	IG Farbenindustrie AG
IGCR	Intergovernmental Committee for Refugee (Internationale Flüchtlingskonferenz, Evian, Juli 1938)
JCA	Jewish Colonization Assoziation (Internationale jüdische Organisation zur Ansiedlung der Emigranten)
Jungdo	Jungdeutscher Orden
KC	Kartell-Convent deutscher Studenten jüdischen Glaubens
KI, Komintern	Kommunistische Internationale
KL	Konzentrationslager (von den Faschisten verwendete Abkürzung)
KPD	Kommunistische Partei Deutschlands

KPdSU (B)	Kommunistische Partei der Sowjetunion (Bolschewiki)
KZ	Konzentrationslager
NKFD	Nationalkomitee „Freies Deutschland"
NSBO	Nationalsozialistische Betriebszellenorganisation
NSDAP	Nationalsozialistische Deutsche Arbeiterpartei
NSDStB	Nationalsozialistischer Deutscher Studentenbund
NSKK	Nationalsozialistisches Kraftfahrkorps
NSV	Nationalsozialistische Volkswohlfahrt
OKH	Oberkommando des Heeres
OKW	Oberkommando der Wehrmacht
ORT	Organization for Rehabilitation through Training (Internationale jüdische Organisation zur Umschulung der Emigranten)
OT	Organisation Todt
Paltreu	Palästina-Treuhand-Gesellschaft
RFSS	Reichsführer SS
RFSSuChdDtPol	Reichsführer SS und Chef der deutschen Polizei
RGO	Revolutionäre Gewerkschaftsopposition
RjF	Reichsbund jüdischer Frontsoldaten
RSHA	Reichssicherheitshauptamt
SA	Sturmabteilung der NSDAP
SD	Sicherheitsdienst der SS
SPD	Sozialdemokratische Partei Deutschlands
SS	Schutzstaffel der NSDAP
TU	Telegrafen-Union
UFA	Universum-Film AG
VKL	Vorläufige Kirchenleitung
VNJ	Verband nationaldeutscher Juden
WHW	Winterhilfswerk
WVHA	Wirtschaftsverwaltungshauptamt
Wipro	Materndienst für die Provinzpresse im Hugenberg-Konzern
ZVD	Zionistische Vereinigung für Deutschland
ZK	Zentralkomitee

Personenverzeichnis